比較法の作法

Philosophy and Method of Comparative Law

思想と方法

貝瀬幸雄

立教大学出版会
〈発売 丸善雄松堂〉

まえがき──学際的比較法の勧め──

比較が人間の宿命である。

　　　　　　　　──京極純一『文明の作法──ことわざ心景』（1970年）

　およそ比較とは、同一性を手がかりとして、その相の下に多様性を解釈することである。

──マッソン・ウルセル（小林忠秀訳・末木剛博監修）『比較哲学』（1997年）

　わたくしがこの文章でやったことは、結果的にはまさにこのフランカステルのいう、現実的なものと想像的なもののレオナルド的弁証法の一つの局部的究明であり、それはまた魅力ある彼のあいまいなものと未完成なものとへの、追いつ追われつの一つの小さいが少しばかり緊張した追跡であったように思われる。そして最後に、もう一つだけ言わせて貰えれば、わたくしの心には、その間、精神史はどんな立場のものであろうが、あたかも歴史がその一部門としての考古学（アルケオロジー）を必要としているように、名前は如何様でもよいが、いわば「精神のアルケオロジー」の如きものを非常に必要としているという何か飢渇感のようなものが附き纏って離れなかったのである。その限りにおいて、これはわたくし流の、自らに対してもこれは言えることだが、一つの「学問のすすめ」になっているかもしれない。

　　　　　　　　──林達夫『精神史──一つの方法序説──』（1969年）

iv

For comparative law, cosmopolitanism is useful as guidance for many of its substantive topics. Like comparative law, cosmopolitanism is interested in global topics without suggesting global uniformity. ...... researchers of a cosmopolitan spirit should be curious about diverse ways of understanding and should explore the use of new methods in order to expand their horizons. With such a spirit, cosmopolitanism then also has a cross-disciplinary dimension in fostering interdisciplinary research and collaboration. ...... The aspiration of this book can be phrased as a call for a cosmopolitan perspective to comparative law.

——Mathias Siems, *Comparative Law*; (3rd ed.,2022) pp.455-457.

Globalisation is not one thing; law is not one thing. Almost everyone involved with law needs to take globalisation seriously, but in different degrees, in different ways, in different contexts. Accordingly, most explorations of the implications of globalisations for law are appropriately approached at quite specific levels or at least through middle-range lenses rather than via general theories of law, despite the strong magnetic pull of universalism and Grand Theory.

——William Twining, *Jurist in Context: A Memoir* (2019) p.243.

　本書は前著『現代アメリカ比較法学の行方——マティアス・ライマンの比較法学を中心に』(日本評論社、2022年) の続編として、比較法学の基礎理論 (いわゆる「比較法プロパー」) を、その思想と方法に重点を置きつつ探求する。前著がアメリカの研究者による比較法理論史とドイツ歴史法学派のアメリカ法学への継受・影響の問題を分析しているのに対し (その後、アメリカ比較法史の包括的な概説として、David S. Clark, *American Comparative Law* (Oxford U.P., 2022) が刊行された)、本書は、グローバリゼーションと法多元主義、コスモポリタン法学、グローバル比較法学、法伝統論といった現代的な課題についてフィンランド、カナダ、イタリア比較法学を中心とする成果を摂取し、比較法史、法的フォルマント論を活かした比較法方法論からも示唆を得ようとす

る試みである。さらに本書の後半では、ベルギー、オランダ、ドイツにおける
ヨーロッパ民事訴訟法史研究に学んだ比較法史を展開し、ハーモナイゼーショ
ンの可能性を探る。本書全体が、比較法史を中心とする学際的比較法の試行錯
誤的な実践の1つ、学際的比較法の勧めなのである。

　本書の序論「法とグローバリゼーション入門」の原題は、「ヤーッコ・フサ
の『法とグローバリゼーション入門』について」である。初出は『立教法学』
102号（2020年）である。

　第1部「比較法の思想――コスモポリタン法学序説――」は、その一部を「コ
スモポリタン法学序説（1）――『パトリック・グレン追悼論集』について」
と題して、『立教法学』107号（2022年）に発表し、今回は大幅加筆のうえ、本
書に収めた。その後半部分および「補論――学際的比較法の勧め――」は書き
下ろしである。第2部「比較法の方法――『黒いガイウス』論からの出発――」
は、「比較法学者たちの饗宴（5・完）――『黒いガイウス』論からの出発」と
いう表題で、『立教法学』108号（2023年）に発表した。形式的には著者の旧稿
「比較法学者たちの饗宴（1）-（4）」『立教法務研究』3・5・8・10号（2010年-
2017年）の続編であるが、実質的には独立の比較法方法論である。本書に収め
るにあたり若干加筆し、体裁を改めた。第3部「比較法史の実践――歴史叙述
としての民事訴訟――」は、「歴史叙述としての民事訴訟（1）-（5・完）」とし
て『立教法務研究』6・7・9・10・12号（2013年-2019年）に発表した旧稿に全
面的に加筆訂正した。前著の原型となった旧稿「続・マティアス・ライマンの
比較法学（1）-（3）」が2020年以降の発表であるから、本書と前著は、この13年
ほどの比較法・比較訴訟法を中心とする私の研究成果に全面的に加筆し、一貫
した著作として再構成したものということになる。

　私事にわたるが、2023年3月で65歳となり、定年を迎えた。たまたま同年か
ら新制度が導入され、70歳まで特別専任教授として研究を継続することが可能
になった。さらに私の定年記念号まで『立教法学』の1巻として刊行していた
だき、皆さんが充実した論稿を寄せてくださった。心から感謝する。法学部で
は引き続き「比較法」の講義を担当し、毎回300名ほどの履修者がいるので、
比較法学の啓蒙と発展を強く願っておられた故五十嵐清先生にささやかながら
ご恩返しができているのではないか、と思っている。

vi

　さるギリシア古典学徒の絢爛たるホメロス研究に、「皆、人生という旅をしている。その旅を色彩豊かにするか、モノクロにするのか、それは自分次第なのだ。旅は続く。さらにカラフルな、輝く旅路を楽しみにしよう。次は、ヘルメスの黄金の翼のついたサンダルを履いて、輝く葡萄酒色の海の上をひとっ飛びしてみたい」とあった（西塔由貴子『ホメロスと色彩』）。残念ながら私の場合はモノクロの旅路が続きそうであるが、これからはグローバル法多元主義（global legal pluralism）を手始めに研究を進めてゆきたい。困難な出版事情の中で、本書のような本格的な研究書の出版を引き受けていただいた、立教大学出版会に謝意を表したい。本書は『現代アメリカ比較法学の行方』に続く、私の第8冊目の作品である。

2025年2月　国分寺の書斎にて

著者識

目　次

まえがき──学際的比較法の勧め──……………………………………………… *iii*

序論──法とグローバリゼーション入門── ……………………… *1*

Ⅰ．はじめに …………………………………………………………………… *1*

Ⅱ．『法とグローバリゼーション入門』の概要 ……………………………… *3*

Ⅲ．結語 ……………………………………………………………………… *26*

【補論──学際的比較法の勧め──】………………………………………… *28*

第1部　比較法の思想──コスモポリタン法学序説── ……… *33*

Ⅰ．はじめに …………………………………………………………………… *36*

Ⅱ．『コスモポリタン法学』序論「どこに『真の活動』があるのか
（Where the 'Real Action' Is）──比較法からコスモポリタン法学へ──」
（ヘルゲ・デデク）………………………………………………………… *46*

Ⅲ．『コスモポリタン法学』第1部「比較法の伝統──コンテクスト、歴史、
見込み（Promise）──」…………………………………………………… *60*

Ⅳ．『コスモポリタン法学』第2部「伝統の概念──その可能性と課題──」
……………………………………………………………………………… *113*

Ⅴ．『コスモポリタン法学』第3部「境界を横断する──文化移転、法
的コスモポリタニズム、国家の解消──」……………………………… *147*

Ⅵ．結語 ……………………………………………………………………… *173*

viii

第2部　比較法の方法
──「黒いガイウス」論からの出発── ……………… *177*

Ⅰ．序言 ……………………………………………………………… *181*

Ⅱ．モナテリの「黒いガイウス」精読 ……………………………… *184*

　　1. 西欧的ルーツの捏造 ………………………………………… *184*

　　2. 西欧の天才（the Western Genius）の批判 ………………… *198*

　　3. 結論──「西欧マインド（the Western Mind）の終焉」── …… *223*

　　4. 要約 ………………………………………………………… *224*

Ⅲ．「黒いガイウス」の挑戦（その1）──比較法方法論への貢献── … *227*

Ⅳ．「黒いガイウス」の挑戦（その2）
　　──モナテリの『比較法の諸方法への序論』── ………………… *240*

　　1. 本書の「序文」から ………………………………………… *240*

　　2. 学問（自律的学問分野）としての比較法 ………………… *244*

　　3. 比較法と法的地理学（legal geography）………………… *259*

　　4. 比較法と法史学 …………………………………………… *276*

　　5. 比較法と法理論（legal theory）………………………… *290*

　　6. 比較法と法改革（legal reforms）………………………… *301*

　　7. 本書における「比較法の方法」…………………………… *310*

Ⅴ．結語 …………………………………………………………… *315*

第3部　比較法史の実践──歴史叙述としての民事訴訟──
　　………………………………………………………………… *319*

Ⅰ．序言 …………………………………………………………… *322*

Ⅱ．ヴァン・カネヘムの『ヨーロッパ民事訴訟の歴史』…………… *325*

Ⅲ．歴史小品──ヴァン・カネヘム『ヨーロッパ民事訴訟の歴史』の
　　基礎にあるもの── …………………………………………… *473*

Ⅳ．ヴァン・レーの比較民事訴訟法史──ヴァン・カネヘムに続くもの──
　　………………………………………………………………… *485*

Ⅴ．クヌート・ヴォルフガング・ネルの
　　『ヨーロッパ大陸民事訴訟概史』………………………………… *509*

目 次　*ix*

Ⅵ. 手続的ユス・コムーネの再生 ……………………………………………… *597*

　1. 序言 …………………………………………………………………… *597*

　2. ヨーロッパ民事訴訟法学の基礎とハーモナイゼーション
　　　──シュテルナーの場合── ……………………………… *597*

　3. 法史学からの貢献
　　　──ヴァン・レーのハーモナイゼーション理論── …………… *641*

　4. 比較法学からの挑戦──グレンの法伝統論を中心に── ……… *645*

　5. 結語 …………………………………………………………………… *658*

結論──比較法学再考── ……………………………………… *663*

索　引 …………………………………………………………………… *665*

序論──法とグローバリゼーション入門──

　　Globalisation is mainly an intellectual construct, emphasising the impact of the ideas about globalization. ...... Globalisation is of natural interest for comparative lawyers.

　　　　　　──Mathias Siems, *Comparative Law*（3rd ed., 2022）pp.285-286.

　従来の史家はややもすれば、ヨーロッパと西アジア、西アジアと東アジアを相互にまったく孤立したもののように理解しすぎたきらいがある。もしそうでないとすれば、逆にある一地域を世界文明の根源地と仮定し、他のすべての地方の文明はそれが伝播した支流に過ぎないとして、つねに本流から劣るものと見なそうとする傾向があった。しかし事実は地上人類の知能はほぼ平均しており、先進国つねに先進国たらず、後進国つねに後進国たらず、先進国の優位は交通によってたちまち後進国の奪い去るところとなって、そこに世界史の発展を見ることができるのである。

　　　　　　──宮崎市定『アジア史概説』（1973年、全集第18巻15-16頁）

Ⅰ．はじめに

　本書全体の序論として、（そしてまた、筆者が先に発表した『比較法学者たちの饗宴（4）』および『比較法学入門』の第3部「グローバル比較法」[1]を補う

1）　貝瀬幸雄『比較法学入門』（日本評論社、2019年）115頁。

ために）フィンランドの比較法学者ヤーッコ・フサ（Jaakko Husa）の新著『法とグローバリゼーション入門』（Advanced Introduction to Law and Globalisation）（2018年刊）[2]をまず検討し、グローバリゼーションが法と比較法学に及ぼした影響を概観してみたい。著者のフサは、1966年生まれで、フィンランド・ラップランド大学比較法・憲法教授を経て、2018年にヘルシンキ大学の「法とグローバリゼーション」教授に就任した。比較法を中心とする多数の論説の他、英文の主著として、『憲法に関する北欧的考察——比較北欧的パースペクティヴ』（2002年）、『フィンランド憲法——コンテクスト的分析』（2011年）、『比較法新入門』（2015年）がある。大部のリーディングズである『比較法方法論』（2017年）の共編者でもある[3]。

　ここで取り上げる『法とグローバリゼーション入門』は、第1部「基礎」（第1章「法とグローバリゼーションを定義する」、第2章「歴史の中のグローバリゼーション」）、第2部「法的グローバリゼーション」（第3章「比較法とグローバル法」、第4章「グローバル化するリーガリティ［legalities］」）、第3部「理論と方法論」（第5章「グローバルに理論化する」、第6章「方法論的観点」）、第4部「教育と言語」（第7章「法曹教育」、第8章「法言語と法的グローバリゼーション」、第9章「結論」）の全4部から構成される。中心を占めるのは、第2部第4章である。

2）　Jaakko Husa, *Advanced Introduction to Law and Globalisation* (Edward Elgar Pub., 2018). 以下、"Husa"と略記する。本書の書評として、Vito Breda, *Mod.L.Rev.* 82 (4), 755 (2019)

3）　それぞれ、Husa, *Nordic Reflections on Constitutional Law: A Comparative Nordic Perspective* (Peter Lang Pub., 2002); *id.*, *The Constitution of Finland: A Contextual Analysis*(Hart Pub., 2011); *id.*, *A New Introduction to Comparative Law* (Hart Pub., 2015); M.Adams/J.Husa/M.Oderkerk (eds.), *Comparative Law Methodology, 2vols.* (Edward Elgar Pub., 2017).

序　論　*3*

Ⅱ. 『法とグローバリゼーション入門』の概要

(1) フサ前掲書・第1部「基礎」第1章「法とグローバリゼーションを定義する」

　フサの著作は、広義の比較法ないし比較法学を基礎とする「グローバルな法多元主義（global legal pluralism）」を出発点とし、法とグローバリゼーションを広く包括的に論ずることを目的とする。1990年代の情報革命はわれわれの世界観に重大な変化をもたらし、その結果としてグローバリゼーションが大いに語られるようになっているが、グローバリゼーションが法にどれほど影響を及ぼし、利益をもたらしてきたかについて、意見の一致は見られていない。グローバリゼーションは、その性質上多面的（multidimensional）で、定義することは極めて困難であるけれども、境界を越えて広がってゆくリーガリティ（legalities）（法的存在）が、法的グローバリゼーションの核心なのである。

　フサはこのように論じて、「法的グローバリゼーションとは、様々に組織された大規模な諸規範（normativities）が、国民国家、超国家的組織、非国家的組織の伝統的境界を越えて、徐々に相互に結び付き、相互に依存してゆくようになるプロセスである」と、緩やかな定義を提示するにとどめている。ここにいう「諸規範」とは、国家の法秩序から現地（自生）の口誦的伝統、あるいは国際的人権のカタログから国際取引上の自発的に精緻化された慣習規則に至る、リーガリティの多様な形態をいう。法的グローバリゼーションは、統一性を増加させる要素を含む一方で、ローカルかつ地域的な偏差（deviation）を生むこともある（つまり、グローバルはコスモポリタンと同義ではない）。ローカルとグローバルとの関係は、単なる衝突（collision or conflict）にとどまらず、より複雑である[4]。

　グローバリゼーションは、国内法・国際法に関する西欧の伝統的前提に挑戦し、国際刑事裁判所のようなグローバルな新たな法制度を生み出し、グローバリゼーションの多様な担い手（actors of globalisation）──NGO、グローバル

---

4)　Husa, *Id*., 3-6.

4

なロー・ファーム、金融市場、多国籍企業など——が、新種の諸規範の創造に関与する。その持続的でトランスナショナルなプロセスは、リーガル・プロフェッションにも深い影響を及ぼす（例えば、世界的な規模のオフィスを営む巨大ロー・ファームの出現）。グローバリゼーションによりオーヴァーラップする法源を、国民国家の制約を受けずに理解して、法の多元性に対処する必要が高まったため、法学者も、グローバル法のような新たな法分野を論ずるようになった。法的グローバリゼーションは、国家を超えた多様な形態のトランスナショナルな秩序から構成される。「法とグローバリゼーション」とは、トランスナショナル法とグローバル法の領域での理論的テーマと議論とを扱う、「非国家的法（non-national law）のマクロ・レヴェルの動向」を表す一般的用語で、1つの法分野を示すものではない。

　「法とグローバリゼーション」に関する多様な次元を全てカヴァーする試みは、これまでなされていないため、フサの同書は、グローバルな法多元主義の理念に基づき、学際的な方法で、法的グローバリゼーションの重要な諸次元につき、包括的かつ批判的な見解を提供しようとする。法多元主義とは、1つの地理的エリアにおいて、同時に複数の法システム（あるいは規範的秩序）が存在する状態をいう[5]。

（2）第1部「基礎」第2章「歴史の中のグローバリゼーション」

　フサは、法的グローバリゼーションの中心的な実例を、古代からヨーロッパ化に至る歴史的コンテクストの中で論ずる。法的グローバリゼーションの起源と原因については、多様な見解があるが、その起源は、われわれが考えるよりも古い（これはグローバリゼーション一般にあてはまる）。グローバリゼーションは、過去についての認識方法を大きく変革するため、各国を孤立させて考察したり、世界史は西欧からのみ出現すると考えたりすることが、困難となった。

　フサによれば、法的グローバリゼーションを現実的かつ包括的に把握するには、規範的ではなく社会法学的理解が必要である。歴史的視点は、グローバル

5）　*Id.*,6-9.

な法多元主義において重要な・法の非規範的理解（a non-normative way of understanding law）をもたらし、法的グローバリゼーションのより広汎な議論の基本となる。法のトランスナショナル化とグローバル・ヒストリーの登場が、法史学に影響を与え、その結果として——一定の場所や時代に付属せずに、特に法的グローバリゼーションの歴史を論ずる法史学である——グローバル法史が形成されていった。グローバル法史が、法史学のサブ分野たる地位を占めるようになるとして、それが現在のグローバリゼーションとどのように結び付くのか。重要で大規模な並行性（parallel）を見出すために、歴史を振り返ることにする[6]。

　フサは、過去のグローバリゼーションの例として「ローマ法とグローバリゼーション」、「植民地主義と法的グローバリゼーション」を解説する。まず前者については、相互関連性・相互依存・越境性以外に、グローバリゼーションの権力ないし覇権という次元を強調すれば、特定の法伝統の覇権・支配として理解できる。ローマ帝国の場合も、法を通じた世界形成・ローマ法のグローバリゼーションである。このローマ法のグローバル化（globalising force）を支えるのは、その実体的内容と、ローマ法がローマ帝国の至高の文明性の表現と見られていたこと（ローマ法の法文化的要素）である。ローマは、軍事力で征服したコミュニティに、実際にはローマ法を強制しなかった。ローマ法のグローバリゼーションは、文化的プレスティージに基づく・穏やかな形の法文化的拡張であって、（指導的法文化の拡張という点で）西欧法伝統の近代的グローバリゼーションと類似する。中世後期にも、異なった回路でローマ法のグローバリゼーションが見られ、500年代におけるユスティニアヌス法典（市民法大全）の編纂、ボローニャを中心とするイタリアの諸大学における新たな法学の誕生、大学での市民法大全による法曹養成の結果として、ローマ法とカノン法に基づく普通法（Gemeines Recht, ius commune）が西欧全土で形成され、西欧キリスト教諸国では、それが事実上グローバル法と考えられるようになった[7]。

---

6)　*Id.*, 12-16.

7)　*Id.*, 16-19.

6

　ローマのグローバリゼーションの他に、現在の法的グローバリゼーションと結び付く重要な時代が、西欧法の拡張をもたらした植民地主義の時代である。植民地主義はヨーロッパの帝国主義的勢力から生じたもので、法的支配はその多様な支配の一形態にすぎない。今日のグローバリゼーションも、経済的・政治的・軍事的・文化的局面を有していて、法はグローバリゼーションのこれらの他の局面のコロラリーにすぎないことから、現代も植民地主義の時代に類似しているのである。過去の植民地主義的な法的グローバリゼーションは、法の均質化（homogenisation）と、経済力によって人を結び付けて富と権力の不平等をもたらすという点で、現代のグローバリゼーションと類似性を有している。したがって、両者を比較すれば、グローバル法とコスモポリタン法秩序という、楽天的な理念を批判するためには有益である（ただし、現代のグローバリゼーションの長期的結果を予見することは不可能である）。法的観点からすれば、かつては、土着の法伝統が非文明的で劣等なものとみなされて、西欧法・キリスト教的価値が植民地に移植された。現代の法移植も、全人類世界で支持できる普遍的価値が存在する、というイデオロギーに立脚している。しかし、現代においては、文明化の使命によって西欧法の移植を正当化できないために、代わりに法の支配、経済的効率、デモクラシーが説かれる。現代のグローバリゼーションには、明示の政治的コントロールが及ばないという重要な違いがあり、相互依存とコミュニケーション・テクノロジー（インターネット）とによる社会的空間の圧縮が、遥かに大きな特色なのである[8]。

　フサは、続く「グローバリゼーションと雑種的法システム」と題した節において、過去の法的グローバリゼーションは、現在の法システム・法文化にも影響を及ぼしているのであるから、植民地主義と帝国主義は時代遅れであるとする見解は誤っている、とする。さらに、強力で影響力のある法文化（コモン・ローとシヴィル・ロー）は、グローバリゼーションの影響を受けても、グローバル化した世界で存続・繁栄できるが、これは全ての法文化にあてはまるわけではないと説き、「法的グローバリゼーションの好奇心をそそる（curious）局

---

8)　*Id.*, 19-23.

面」として、混合法システム・雑種的システムを検討する。フサは、混合法文化の性質は法史学により解明される（植民地主義的な法的グローバリゼーションの産物である）と指摘するとともに、雑種システムの法文化的性質にとって、グローバリゼーションは大きな脅威でもあると言う。すなわち、法的グローバリゼーションは帝国主義的性質を有し、混合法システムの法文化やリーガル・プロフェッションに、不利な帝国主義的法文化支配（imperialistic legal-cultural dominance）を及ぼすのである（例えば、フィリピンとアメリカ合衆国）。

　フサによれば、法的グローバリゼーションを論ずるには、グローバル法史の考察が重要である。植民地主義と関連する法的グローバリゼーションは、法がいかにして権力の道具として利用されるのかを示し、外見上は無色な技術にすぎないリーガリティが、実は支配のネットワークの一部を構成しているということを明らかにする。法的グローバリゼーションをめぐる現在の議論にとって、歴史の教訓は重要なのである[9]。

(3) 第2部「法的グローバリゼーション」第3章（各章はフサ・前掲書では第1部から通算されている）「比較法とグローバル法」

　法とグローバリゼーションに対する多元主義的アプローチを論ずる場合には、法への非国家的視座とグローバルな法多元主義とを強調する、現代比較法学を無視することはできない。フサは、グローバリゼーションにおける比較法の役割と地位、比較法とグローバル法との関係を検討する。現代比較法学は、次第に「法システム」よりも「法文化」概念を活用するようになっており、法文化は、法を社会的・歴史的コンテクストの中に置くことを要請する。法がトランスナショナル化し、主権国家のウェストファリア的秩序（Westphalian order）が崩壊してゆく場合に、法的グローバリゼーションという現象は比較法の基本的な要素となり、法的ルールや法制度を超えた、「基本的価値、共有されている信念、共通の思考方法、法曹・立法者・市民の利益」が重要となるのである[10]。

9） *Id.*, 23-27.

10） *Id.*, 31-33.

8

　法的グローバリゼーションの議論では、「グローバル法」の観念を無視できない。規範的なグローバル法は、法的グローバリゼーションとは、本質的に非国家的なガヴァナンス・システムの法、国家主権の範囲を超えて発展する諸規範（normativities）である、と規定する。こうしたグローバル法は、例えば国際仲裁人のようなプロフェッションの実務から生ずる。グローバル法は、トランスナショナル法と密接に関係し、その特別な一部である。トランスナショナル法は、①あらゆる種類のトランスナショナルな現象を規律する法、②トランスナショナルな法律問題をめぐって、国内法と国家間法（interstate law）の相互作用のプロセスの中で形成されてきた法分野、③国家の法システムや国際法から自立した（autonomous）トランスナショナルな社会法的多元主義（transnational socio-legal pluralism）、などと定義される。グローバル法は、国際法・外国法・トランスナショナル法・比較法を含むアマルガム的概念であり、隣接的諸概念と密接に関連している。なお、特に国際組織が重要な役割を果たす分野をグローバル・ガヴァナンスと呼ぶが、グローバル法もグローバル・ガヴァナンスも、法的グローバリゼーションの一部で、比較法との関係では実質的に同一であるから、法的グローバリゼーションの規範的形態に論及する場合には、一貫して「グローバル法」を用いる[11]。

　学問的なサブ分野（academic sub-discipline）として、比較法は、（ヨーロッパ大陸における広汎な法典化が進んだ）19世紀および20世紀に、国際私法の副産物として国家主権理論の影響下に生成発展した。現代の比較法は、国際私法・厳格な機能主義的アプローチ・国家中心の思考で覆われてはおらず、より多元的で方法論的に柔軟な分野へと、発展している（法多元主義と結び付いたためである）。比較法の方法と理論は、伝統的に国民国家に束縛されており、その点がグローバル法との重要な違いであるものの、一見するほど本質的な相違ではない。

　規範的グローバル法は、表面的なレヴェルでの比較法研究に関連し、法の支配・人権・国際取引法などが関心の対象であるが、理論的・認識論的グローバ

---

11) *Id.*, 31-37.

ル法は、深いレヴェルの比較法研究に関連する。比較法研究は、①自国法の発展・批判のために、立法のモデルを探求する実践的・非体系的比較、②複数の法システムの社会法的問題の最も経済的に効率の良い解決を求める、法のハーモナイゼーションのための統合的比較、③主に規範的な知的関心から、特定の法分野で相違点と類似点を、より体系的な方法で探求する比較、④規範的な知的関心に拘泥せず、相違点と類似点の生ずる理由を、社会法学・法史学・法人類学に接近して探求する比較、⑤比較法の理論と方法論を発展させるための比較、の五段階に分かれ、いずれもグローバル法と関係がある。すなわち、①と②は、いずれも収束のために利用でき、より一貫性・統一性をもたらす手段としてグローバル法を発展させるが、このような手段的比較法は、グローバル・ガヴァナンスに奉仕する。③の比較は、収束促進的グローバル法・差異促進的グローバル法のいずれにおいても活用でき、グローバリゼーションの効果と法文化の消滅とを批判するために利用できる点で重要である。④の比較は、もはや規範的な知的関心や、特定の国家的・国際的フレームワークに固執しない。この場合に、研究者は同時に比較法学者・トランスナショナリスト・グローバリストなのである。⑤の比較は、④と区別することが難しいが、ここでは理論的グローバル法論と比較法論とが出会い、オーヴァーラップし、融合するのであり、実定法やトランスナショナルな法を対象とする比較というよりも、法理論（legal theory）に接近する。比較法的アプローチと、トランスナショナルないしグローバル的アプローチとは、国家に拘束されたアプローチに比べ、普遍主義的であるという点で本質的に共通している[12]。

　グローバル法も比較法も、国家を超えたものであるけれども、人類の共通の利益を保護することへの関心がより強い点で、グローバル法の方が普遍主義的である。グローバル法の背後にある普遍主義は、近代比較法の認識論的普遍主義——国境を越えて、法についての一般的・非国家的知識を獲得しなければならない、という認識上の衝動・エートス——よりも先へ進んでいる。グローバルな市場における比較法の機能は、グローバル・ダイナミックスとローカル・

---

12) *Id.*, 37-40.

10

コンテクストとが衝突するのみではなく、どのように収束して新たなグローカルされた成果（glocalised outcomes）を生むかを、より良く理解させるところにある。厳格な収束的普遍主義（convergence-universalism）は、普遍主義的ハーモナイゼーションを目指すもので、トランスナショナル法の最終目標は、国境を越えた世界法に移行することにある。このタイプの収束的普遍主義は、コスモポリタン法の理念を具現化している（法的コスモポリタニズムの好例が、人権である）。その本質において、収束促進的アプローチも差異促進的アプローチも、いずれも自国中心主義を排除していることが重要である。国家法の法的・認識論的支配に断固として反抗し、法実証主義を批判する点で、いずれも普遍主義的なのである。比較法とグローバル法は、相互に矛盾するものではなく、相互に支え合っている。グローバルな法多元主義的世界で、法とその他のタイプのリーガリティを比較するには、比較法の国家中心的・西洋法中心的伝統を改めなければならず、そうすれば、比較法は法的グローバリゼーションの世界で機能できる[13]。

(4) 第2部「法的グローバリゼーション」第4章「グローバル化するリーガリティ」

　法的グローバリゼーションは、既述のように、実定的意味での法に限られず、法文化やトランスナショナル化しつつある諸規範（normativities）にもかかわる。ここでは、法的グローバリゼーションへの基本的なアプローチを採用し、グローバルな規模での複雑なリーガリティ——旧来の境界を越え、国家主権および法の唯一の源泉である国家という古典的理解に挑戦する、法およびその他のタイプのリーガリティ——の規範的次元に焦点を絞って、フサは検討している。したがって、本章では、①法の支配、②グローバルな立憲主義（constitutionalism）、③商人法（lex mercatoria）を主に論じ、④司法のグローバリゼーションの問題を追加する[14]。

（a）まず第1に、法の支配は、結果的に経済的・社会的改善をもたらす決定的ファクター・万能薬で、発展途上国を対象とする改革プログラムのコアであっ

---

13)　*Id.*, 40-47.

14)　*Id.*, 48-49.

て、グローバル法において重要な役割を果たすとされ、西欧の支配的見解によれば、法の支配と、規律の行き届いた効率的なグローバル・エコノミー、デモクラシーと結び付くと考えられてきた（法によるグローバル・ガヴァナンスの発展）。しかしながら、法の支配が、経済発展を生み出す能力を有するかどうかは自明ではなく、法の支配の移植という理念は、様々な困難に直面する。フサは、「法と発展（開発）」——これは、経済的・社会的発展というコンテクストにおける、法の学際的研究である——という視点から、法の支配をグローバルに論ずる[15]。

　「法と開発」運動は、現在のグローバル法ないしグローバル・ガヴァナンスの議論よりも先行しており、1950年代および1960年代の先駆的な運動は、1980年代および1990年代には「良いガヴァナンス（good governance）」プログラムへと転換した。これを3つの時期に分けると、まず1960年代および1970年代の第1期は、近代化イデオロギーに基づいており、そこでの中心的問題は、ローカルな制度・文化・社会の産物であると解されていた「後進性（underdevelopment）」であったため、様々な法移植（西欧の法制度の、発展途上国への輸出）が行われた。しかしながら、西欧のリベラルな法制度・リーガリズムは、発展途上国の実態とは無関係で、この移植は（インフォーマルでローカルな法伝統の密な網の目を構成する）ローカルな慣習法その他の法制度に対し無神経であったから、1974年までには、この第1期の運動が失敗したことが明らかになった[16]。

　「法と開発」運動の第2期においては、1980年代初頭に、国家から市場志向的ポリシーへと焦点が移行し、法的グローバリゼーションの重要な担い手（actors）である国際通貨基金（IMF）と世界銀行の大きな影響を受けた——自由貿易、民営化、パブリック・ポリシーへの最小限の関与を伴う小さな政府を内容とする——「ワシントン・コンセンサス（Washington Consensus）」が成立して、大規模な法移植による法改革（システム全体の改革から、運営可能な特定の法制度の構造的改革へと重点が移行した）が、行われることとなった（「ビッグ・バン」アプローチ）。これは、ネオ・リベラル・グローバリゼーショ

---

15)　*Id.*, 49-51.

16)　*Id.*, 51-52.

12

ンと呼ぶことができ、財産権の法的保障・競争市場・その他の西欧的法理念の拡大をもたらした。この第2期には、進歩はガヴァナンスの問題であるとされ、法の支配、財産権、後には人権のように、法的要件を充足した場合にのみ、経済的発展が可能となるとされた。法的グローバリゼーションが、経済的グローバリゼーションと結び付いたのである[17]。

「法と開発」運動の第3期は、1990年代に始まり、世界銀行のような担い手の支援によって、発展途上かつ移行中のポスト社会主義諸国における法改革プログラムが大きく発達するという、新たな積極的局面が展開した。発展途上的・移行的経済においては、「法の支配」に基づく統治が必要である、というコンセンサスが存在していたのである。しかしながら、法の支配は多義的であり、普遍的価値を有するものではなく、実現は容易ではない（多元的な比較法研究からの教訓）。以上のようなプロジェクトは失敗に終わったが、西欧の専門家が、ローカル・ナレッジの役割と、ローカルな条件に適応させる必要性とを認識できなかったことが、その決定的要因であった。フサはこのように論じ、西欧の法的普遍主義（legal universalism）を実現することの難しさを示す具体例として、中国を挙げている[18]。

すなわち、法の支配、基本的人権、自由市場、経済発展、デモクラシーはグローバル法のタペストリーの一部を構成するが、中国共産党に見られるように、権威主義的レジームも、自国なりの法の支配に基づき、「権力の国内での再配分による自己改革」のために、法を利用する。法の支配を、社会主義的市場経済の一部として機能させるのである。西欧の法文化と政治的リベラリズムのイデオロギーの枠内でも、「法の支配」の概念は一義的ではない（例えば、コモン・ローのrule of lawとドイツのRechtsstaatとは、明らかに異なる）が、それでも、西欧諸国の定義は相当類似している。中国における法の支配の定義は、西欧の法の支配の目標と対立するものであって、財産権と契約の履行が脆弱で、裁判所が実際には独立して法を適用せず、とりわけ西欧スタイルの権力分立（立憲主義）が欠けている、という点で決定的に異なる。「人による支配（統治者の

---

17) *Id.*, 52-54.

18) *Id.*, 54-55.

道徳的性格に依存した支配）」という儒教的ユートピア的理念とは、法−文化的コンテクストが異なるので、いずれの法の支配が「正しい」かは断言できない。ルスコラ（Rusukola）は、普遍的規範的観点よりも、グローバルな法多元主義を認めることを提言している。中国においては、法は国家権力の監視者というよりも、支配・統治の道具であるとされている。しかしながら、中国版「法の支配」が全てではなく、中国も重要なグローバルな担い手（global actor）であって、法的グローバリゼーションの次元では、国際商事仲裁に積極的なのである[19]。

　フサによれば、グローバルな法多元主義から出発するのが、実り豊かな結果をもたらすのであり、その場合に、社会における法の役割を過大評価してはならない。法の支配について語る場合にも、社会的危機と正当性の問題（legitimacy problems）を、単なる法的問題として覆い隠すリスクがある。例えばミャンマーは、グローバルな法の支配のプロジェクトにおいて中心的役割を果たすはずであったが、西欧のオプティミスティックな期待とは異なる結果となった。ローカルなコンテクストが極めて重要であるため（ミャンマーでは、植民地の実務から、ガヴァナンスの道具としての法という理念が発生し、1980年代には法システムに対する行政の圧倒的優位へと向かった）、法の支配をグローバル化することは、容易ではないのである。つまり、法制度の移植と輸出にあたっては、多様な社会的・経済的・文化的・政治的ファクターが輸出国と受入国で非常に異なるから、法的グローバリゼーションのテクニックが単純に機能するわけではなく、移植されたものはその元来の法文化とは異なった働きをする、ということを理解する必要がある。

　フサは、法の支配という観点からすれば、憲法事項に関するヨーロッパ評議会（Council of Europe）の諮問委員会である「法によるデモクラシーのためのヨーロッパ委員会（European Commission for Democracy through Law）」（いわゆるヴェニス委員会）が極めて興味深いとする。法の支配に関するその委員会報告書（2011年）は、法の支配を8つの要素から定義しているが（法へのアクセス可能性、法的権利の問題が裁量ではなく法によって決せられること、法

---

19) *Id.*, 55-59.

14

の前の平等、人権の保護、裁判のフェアネスなど）、グローバルな法の支配は、リベラリズムの西欧的イデオロギーから出発しているから、報告書には、真にグローバルに定義することが困難な要素も含まれている。例えば、西欧の自由主義モデルに従わない政治システムにおける人権とは何を意味するか、宗教規範に基づくコミュニティでフェアネスとは何を意味するか、といったことである。法と社会に関する理解が異なることから、法の支配のグローバルな観念に到達するのは容易ではないのである[20]。

（b）第2に、法の支配・基本権・権力分立・民主主義的統治は、全て立憲主義の傘のもとに位置づけられるが、国民国家と伝統的な国際法の理解とを越えてその境界を拡大してきたという点で、これは新しいタイプの立憲主義（グローバルな立憲主義）なのである。立憲主義がグローバルなファクターとして抬頭してきたのは、グローバルな法多元主義が現実である世界において、国際法における分裂的傾向に対抗するためである。すなわち、国際法の断片的状態からの救済を求める場合に、国際的法曹はまず憲法に注目する。とりわけヨーロッパにおいては、法多元主義が立憲主義の論議を深め、グローバルな立憲主義は、グローバル法の包括的概念および法的グローバリゼーションと密接に関連している。立憲主義とは、憲法的諸原則に従ったガヴァナンスであり、成文憲法ないし形式的憲法のみでは十分でない。国家政府はその権力を制限されなければならない。立憲主義は、成文憲法とともに、非常に多様な憲法実務（very different constitutional practice）を含む。グローバリゼーションを背景に、立憲主義の概念は変動しつつあり、現代立憲主義の発展は、①英米の動向に沿った憲法のグローバル化（第二次大戦後の統治権の制限、法の支配への忠誠、基本権の保護などの新規定）という段階と、②20世紀後半と21世紀初頭の、立憲主義の中核的要素が伝統的国民国家を越えて、新しいトランスナショナルでグローバルな舞台に溢れ出る——立憲主義と法的グローバリゼーションとが密接に結合する——段階とに、区分することができる[21]。

　フサは、「グローバルな立憲主義」の表題の下で、①「立憲主義におけるグ

20）*Id.*, 59-63.

21）*Id.*, 63-65.

ローバルなもの（The global）」、②「立憲的（憲法的）普及主義？」、③「人権」
の順で、以下のように分析する。

　①グローバルな立憲主義は、より広汎なグローバル法の特殊な一要素である。
その内容は一枚岩的ではなく、多様な立場が主張されてきた。すなわち、（ア）
立憲主義は、国民国家を超えてトランスナショナルな範囲、プライヴェート・
セクターへと移動しなければならない、とする立場（例えば、多国籍企業も人
権を尊重しなければならない）、（イ）グローバリゼーションは国家と内国憲法
とを緊張関係に置き、国家は、かつて政府が保持していた一定の機能を、非国
家的担い手（actors）に移していった、とする立場、（ウ）国際法に立脚し、
立憲主義の原理と価値に従って発展した新国際秩序を評価し、その特殊な部分
が──散在する国際的法文から形成される──国際憲法である、とする立場な
ど、グローバルな立憲主義をめぐる議論は「憲法的不協和音」と評された。果
たして、国民国家の法規範のヒエラルヒーと統一性を伴わない、グローバルな
立憲主義が成功するのか、立憲主義は断片化した国際法を正して統一性を回復
できないのではないか。グローバルな立憲主義は国家的理念に基づいており、
各国の憲法は、憲法秩序を創造する共通の政治的共同体を前提とするが、憲法
化された国際法の場合には、そのような共同体は存在していない。グローバル
な立憲主義は、非国家志向的憲法が学界で有力化していることの表れであり、
他のグローバル化されたリーガリティと同様に、そこには、西欧タイプのリベ
ラルな憲法が普遍的に適用されるべきである、とする規範的普遍主義が内在す
る。しかし、憲法上の差異（多様なローカルな適応）も大きく、立憲主義と
いっても、明確な制度的プロジェクトと結び付いてはいない政治的・道徳的考
え方（mindset）にとどまる[22]。

　②続いてフサは、「立憲的（憲法的）普及主義？」として、次のように述べ
る。グローバルな立憲主義に未来はないとまでいう必要はないが、グローバル
な世界の発展が統一的な憲法空間を意味するものではない、とする見解にも長
所がある。法の支配などの憲法上の原理原則は、重要ではあるが真にグローバ

22）*Id.*, 65-69.

16

ルなものとはいえず、それをグローバルなものと考えるのは帝国主義的法思考・植民地的思考である。また、明らかに規範的な法的普遍主義を放棄ないし修正する場合のみ、規範的グローバル法だけではなくグローバルな法多元主義をも考慮した、センスィティヴな社会法学的アプローチが可能となる。憲法理念は規範的なルールや理論に限られず、多様な法文化的コンテクストを有するコンフリクトをも対象とする。立憲主義には多様な形態があり、グローバルな立憲主義は、西欧憲法秩序とは異なった憲法モデルの影響を受けうる、ということを認識しておく必要がある。以上のように、グローバルな法の支配と、グローバルな立憲主義には問題があるが、人権の助けを借りて、かかる問題を解決できるかどうかを、次に検討する[23]。

　③人権は伝統的国際法上の道具概念であったが、相互に依存する国家のネットワークに基づくグローバリゼーションが、独立主権国家の理念に立脚した伝統的国際法の基盤を弱体化させ、人権と——特に1980年代からの——その拡大が、国際法を一変させた。同時に、人権それ自体がグローバルな法的原動力（global legal dynamic）の重要な部分となり、さらに、グローバリゼーションと権利に関係した法的コスモポリタニズムを推し進めた。人権は本質的にグローバルなもので、グローバリゼーションの過程での、その現実の役割を知るには、グローバリゼーションに対する人権法の反応を見ればよい[24]。

(c)　第3に、商取引の場合には、法的グローバリゼーションは違った形態をとり、法のグローバルな集合体（global bodies of law）を創造することが、より容易となる。「商人法（lex mercatoria）」は、元来はヨーロッパ全土で中世の商人が用いた、取引原則の集成（商慣習と実務慣行の緩やかな規範の体系）であったが、現代においては法的グローバリゼーションの一局面・グローバル法の一形態・トランスナショナルな商事法と考えられる。商人法に対しては、様々な学問的批判があるものの、法的グローバリゼーションの主要な3つの基準、すなわち非国家性、明確なヒエラルヒーの欠如、越境性を満たしている。この緩やかな商事規範の集塊（conglomeration of commercial normativities）

---

23)　*Id.*, 69-71.

24)　*Id.*, 71-73.

は、契約の自由と財産の譲渡性を強調し、取引実務に基づいていることから、法的技術を避け、大学や教会に由来する普通法・学識法とは異なって、公式の法源とは別に、国際取引のための自律的でトランスナショナルな実体的・手続的ルールを生み出した。商人法は、トランスナショナル法よりも明らかに狭い観念で、不文のトランスナショナル商事法の一部を示すものとして用いられたが、英米商事法の重要性が増大し、国際取引において英米法モデルも立派に機能することが明らかになる。第二次大戦後に、多国籍企業が、主権国家のオフィシャル以外の・グローバルな取引に関与する者が承認する定型的標準約款を用いるようになり、非国家的基盤に基づく国際取引法が発達して、グローバル法の一種である「新しい商人法（a new lex mercatoria）」について語ることが可能となった。今日では、多国籍企業、私的仲裁機関、国際的ロー・ファームなどのプライヴェートな担い手による、広汎で十分に発達した非国家的システムが存在する。「新しい商人法」は、グローバルなリーガリティの一部で、西欧の法文化が大きな役割を果たしている。グローバルな「商人法」は、非国家的たらんとし、（仲裁ないし代替的紛争解決に比べ）遅延する・公開の・費用がかかる複雑な国家法システムを回避する。「新しい商人法」は、法的グローバリゼーションの一部で、ヴァリエーションと適応を認める柔軟性を有するから、グローバルな法的多元主義にも貢献する[25]。

(d) 第4に、実体的法的グローバリゼーションのみでは不十分であり、異なる法域の裁判官同士の相互作用が増加することによる司法の国際化も重要である。司法の国際化とは、裁判官が自らの仕事を国境を超えた共通の司法的努力ととらえ、その結果として、高次の裁判所という一種の社会心理学的なグローバルな共同体が実体化することをいう。裁判実務における外国法源の利用が増加するにつれて、こうした精神的な法的グローバリゼーションが形成されてゆく。司法の国際化は、西欧支配の法的グローバリゼーションの一部であるが、真にグローバルなものにするためには、グローバルな法多元主義と西欧の法文化の外での経験を尊重すべきである[26]。

---

25) *Id.*, 77-86.

26) *Id.*, 86-89.

18

(e) 第5に、「グローバリゼーションか、それとも複数のグローバリゼーションか」と題して、フサはこう分析する。グローバリゼーションに関する膨大な文献の中では、グローバリゼーションが、単一の概念でとらえうる比較的一貫した現象・単一のプロセスのように用いられることがあるが、これは誤った見解である。なぜなら、グローバリゼーションとは西欧のテクノロジー、人権、立憲主義、オープン・マーケットの拡大に限られず、イスラーム化のような対立傾向もあるし、ローカルな担い手の力も無視できないからである。法的グローバリゼーションには多様な見解があり、西欧起源の一般原則と法原則は必ずしもグローバルなものではない。法的グローバリゼーションにもかかわらず、多様なローカルな適応（local applications）と法多元主義が優勢となり、新たな形態の法的混成種（legal hybridity）が現われ、土着の人々（indigenous peoples）とその法伝統が認知されている。フサは、西欧法以外の・グローバル化されたリーガリティの例としてヒンドゥー法を挙げ、グローバル法のように構成・再構成の進行するプロセスを示している（古代サンスクリット語のヒンドゥー法のテクストは、内的多元性に対してオープンであり、法は単に主権国家の創造物ではないことを想起させる）、と指摘する。グローバルな法多元主義によれば、グローバルな目標に達するために法と法的手段を放棄する必要はない（深い懐疑主義やペシミズムは不要である）[27]。

(f) 最後に、フサの要約によれば、国民国家は多くのグローバルな挑戦を受けている。グローバルなプロセスを止めることは困難であり、理想化された主権国家観では、グローバル化された現実というテストを通過することはできない。法の支配、立憲主義、商人法といったリーガリティの意味について、専門家の間でも見解が一致しないのであって、これは——統一的な法的コスモポリタニズムよりも——グローバルな法多元主義と多様性に有利に傾く。実体的グローバル法は、非国家的リーガリティをトランスナショナル化する・西欧起源の規範的要素(the Western-originated normative element of transnationalising non-state legalities) に着目するが、こうしたグローバル化されたリーガリティを認識す

---

27) *Id.*, 89-94.

る方法が、いかなる理論的・方法論的基盤に基づいているのかを明らかにし、西欧法文化に埋め込まれた理論や方法論を批判的に論じるべきである[28]。

(5) 第3部「理論と方法論」第5章「グローバルに理論化すること」の概要

　西欧の法のグランド・セオリーの主流は、普遍的に通用する法の理論を説く。いかなる理論家も、自己が属する法文化からの無意識的な影響を免れるのは難しいので（文化的に条件づけられた法とリーガリティの観念を前提としてしまう）、一般法理論は果たしてグローバル性を主張できるのか、グローバル化した世界で法を理論化できるのか。法理論の主流は統一性を追求し、法レジームを包括的で統合された規範構造として描くから、グローバルな法多元主義と文化間の相違とに対して鈍感である。西欧法理論の主流は、自然法理論、法実証主義、リアリスティックないし社会的法学（realistic/sociological jurisprudence）の3つに分かれる。前2者は、自己の規範観念を他の法文化域にまで拡大する帝国主義的性格を有し、グローバルな法多元主義に対応するのが困難であるのに対して、リアリズムは、多様性とローカルなヴァリエーションにもっと開かれており、グローバルな法多元主義を受け入れる枠組みを提供できるのである。

　グローバルな法多元主義を理解するための理論的枠組みを構築するには、厳格な属地主義と拡張的な普及主義との中間に位置する、コスモポリタン的・多元的な法観念が必要である（今日では、トランスナショナル法理論の必要性が認められている）。多元主義的アプローチを受容するには、概念上の類似性に依存してはならず、法は常に「コンテクストの中の法（law-in-context）」であることを認めなければならない（グローバルなジュリダイヴァーシティ[Juridiversity]）の理念）。パトリック・グレンの法伝統論は、グローバルな法多元主義と矛盾しないし、メンスキーやトゥワイニングは、文化的コンテクストの中に法を置くことの重要性を強調する（「グローバルな法理論」。タマナハ[Brian Tamanaha]）も、グローバルな観点に親和的なアプローチを支持する）。グローバルな法多元主義は、世界の法の純粋な記述的理論ではなく、ローカル

---

28) *Id.*, 94-96.

20

で地域的なリーガリティの価値を擁護し、法の変容するコンテクストの重要性、非国家的リーガリティへの法的寛容さを説き、極端な相対主義や法的シニシズムに屈することなく、法文化的帝国主義を放棄するのである（グレンの言う「法における多様性の維持〔sustainable diversity〕」）。

　法をグローバルに理論化しようとするこれらの試みは、法伝統・トランスナショナル法・グローバル法についてのアカデミックな議論であり、必ずしも法理論として承認されたものではない（そもそも「法とグローバリゼーション」自体が1つの法分野ではなく、学派というに馴染まない）。明確な回答はないものの、法に対するオープンでコンテクストを意識したアプローチが必要である[29]。

(6) 第3部「理論と方法論」第6章「方法論上の諸見解」

　ここまでは、法多元主義という現象を、方法論以外の視点から論じてきた。本章では、法の重要部分がグローバル化した世界で法を研究するための、新たな方法論的出発点を検討する。法的グローバリゼーションは、国家主権や国家法システムといった根本的法理念や法学方法論に対する挑戦である。

　西欧の法学方法論の中核をなしているのは、法中心主義（legal centralism）である。これは17・18世紀の英・米・仏の三大政治革命の近代法イデオロギー（the legal ideology of modernity）とともに登場し、①法は国家に専属する、②単一の法システムは単一の地理的エリアに対応する、③法は常に立法者のようなオフィシャルな機関の産物である、という内容である。こうした法中心主義が変化した好例がヨーロッパである。国家法・EU法・国際人権法・多様で変化しつつあるローカルな慣習的伝統が、法規範としての力を有しつつ並存するとともに、ヨーロッパ化が進行しているため、通用力ある法秩序が同時に存在し、オーヴァーラップする法秩序を理解するには、多元主義によらざるを得ない（「商人法」の場合も同様である）。国民国家とその実定法システムが崩壊しているのであるから、ヨーロッパの法律家は、単に法多元主義が自己の法理論的枠組みとフィットしないというだけの理由で、これを無視することはできな

---

29) *Id.*, 100-118.

い。グローバルな法多元主義は、法的グローバリゼーションの不可欠な一部であって、タマナハが言うように「あらゆる場所に存在する」のである（ヨーロッパに限らず、フサは超国家的な中米司法裁判所［the Central American Court of Justice］・中米統合システムを擁する中米も例として挙げる）。

　法多元主義には、西欧中世や15世紀以降のヨーロッパの植民地に見られる古い法多元主義と、会社法・契約法・公法・保護法（protective law）のグローバリゼーションのような大規模な法的変化、すなわち現代的法多元主義とがある。後者は、現代西欧法文化における法中心主義の崩壊を招いた（特にEUは、多くの競合するオフィシャルな法を有しており、法的に多極的［polycentric］である）。法的境界が崩壊したことで、国民国家の主権は無視され、国家の法システムをより広いエリアに融合させた。

　法が変容すれば、法学方法論も従わざるを得ない。グローバルに通用する方法は存在しないのであるから（複数のリーガリティには複数の方法、アプローチを選択するにあたっての柔軟性が必要である）、法的グローバリゼーションは、方法論的多元主義（methodological pluralism）——西欧法の論理的・体系的分析とその普遍化を改めることでもある——を要求する。すなわち、多極的（polycentric）なグローバリゼーション（法を文化的コンテクストの中に置くことを重視する、多元的でオープンな法理論）は、法中心主義という認識論に基づくアプローチ・技術・方法論にも挑戦している。このアプローチは、必ずしも相対主義やポスト・モダニズムに至るのではなく、法は同一の地理的エリア内でも文化特有の多様な現われ方をするととらえ、法理論は「あなたの主題はどのような方法を必要とするか」と問うべきであるとする。方法論的多元主義には、法学教育の果たす役割が実際上重要である。

　自国の法システムに基づく純理論的アプローチ以外に——ただし、方法論上の変革を過大視すべきではなく、伝統的アプローチも存続する——比較法的・経済的・人類学的アプローチ、さらには経験的・コンピュータ的方法論が必要となる。「要するに、方法論的多元主義は、法人類学者、法制史家、法社会学者のみに関するものではない。法中心主義の中で鍛えられた理論的方法は時代遅れで、現代のグローバルな法多元主義にほとんど対応していない。極めて重要であるが、法律家は、法的多極主義（polycentrism）が存在すること、多元

22

主義は、土着の人々のアフリカ法や慣習法にのみ関係するものではなく、むしろ統合されたヨーロッパやその他の西欧法域に実在することを、認識すべきである」[30]。

(7) 第4部「教育と言語」第7章「法律家の教育」

　法とグローバリゼーションは、法学教育にも影響するとフサは言う。グローバルな法律家が必要とされるようになったのは、比較的最近のことである。法学教育の中核は、自国の言語を用いた自国法の教育にあり、国家主権の理念に立脚しているが、法的グローバリゼーションの到来によって、非国家的な法的要素をどのようにして法学教育で考慮するかが主要な争点となった。

　法学教育においては、カリキュラムが決定的役割を果たすけれども、単に法学部生に法の知識とスキルを提供するだけではなく、「法学士を目指して学んでいる間に身に着ける不文・非公式・自然の教訓、複雑な価値、パースペクティヴ」を内容とする「隠れたカリキュラム（hidden curriculum）」が存在するのである。法学のカリキュラムは、法学部生を、重要な法概念・法制度と、リーガル・リーズニングのプロフェッショナルとしてのやり方とに親しませることを、基本的目標とする。「隠れたカリキュラム」は、依然として自国のシステム・概念・制度に立脚しており、「法律家のように考える」ことは極めてドメスティックなものと考えられている。

　しかしながら、グローバリゼーションとトランスナショナル法の拡大によって、法ないし法学のグローバリゼーション（グローバル法、トランスナショナル法、トランスナショナル・ガヴァナンスなどの講座の新設）だけではなく、リーガル・マインドのグローバリゼーション（globalisation of the legal mind）も必要となった（後者の方が、key challengeである）。可能な対策として、法学のカリキュラムにおいて、非国家的・渉外的でグローバルな要素を拡大し、比較法の内容を広く理解することが考えられる。類似の問題に対する多くのアプローチを学ぶことで、ありうるアプローチの幅について学習者の精神を広げ、

---

30) *Id.*, 119-133.

暗黙の自国中心的態度を和らげ、非国家的——トランスナショナルでグローバルな——リーガル・マインドと、グローバルな法観念とを育む。

　法学のカリキュラムの問題は、1年次のコースと専門化された選択制カリキュラムの上級コースとの間にギャップがあることで、法的グローバリゼーションに関連する情報を——上級コースのエリートに限定せずに——より多くの学生にいかにして伝達するかが、カリキュラム上の課題となる。法的グローバリゼーションを考慮に入れ、多元性を意識したグローバル法プログラムを採用しているロー・スクールが、既に存在する。最初にこうしたプログラムを採用したのは、ニュー・ヨーク大学で（1994年）、フサは特にルクセンブルク大学とキングス・カレッジ・ロンドンに言及している。例えば、ルクセンブルク大学の法学士号プログラムでは、自国法と世界の主要法システムを学び、多言語主義を特色とし、学生は、最初から外国語の法的素材に没頭する。キングス・カレッジの修士号プログラムは、トランスナショナルな視点から多様なコースを提供し、法理論とトランスナショナルな法文化の中での訓練とを結合して、複雑な法律問題を分析することを学生に要求し、法理論と法のグローバルな社会・経済学にかなりの重点を置いている。

　フサは、結論として次のように言う。グローバルな法多元主義を法学のカリキュラムに導入する必要があり、現代比較法学はそのための教訓となるアプローチを提供する。法学教育の新しいアプローチは、国家法および（国家主権の意思から生ずる）伝統的形態の国際法とは異なる、オーヴァーラップした断片的で競合的なリーガリティに、容易に対応できる学生を養成する。新しい法学の学位プログラム（law degree programs）は、法的グローバリゼーションの課題に応え、非国家的なグローバルなコンテクストの中で活動できるように、準備されていなければならない[31]。

(8) 第4部「教育と言語」第8章「法言語と法的グローバリゼーション」

　本章では、法的グローバリゼーションのコンテクストで、法と言語に関連す

---

31) *Id.*, 137-146.

る問題を扱い、さらに狭義の法と言語の問題を超えて、グローバルな法言語の可能性を検討する。グローバル化ないしトランスナショナル化された法秩序を、相互に関連づけようとする場合には、法と言語の問題——時間と空間の中で、つまりコンテクストの中で最もよく理解できる文化的現象である——は避けて通れない。法文化と法言語は、相互に関連している。しかしながら、グローバル法やグローバル・ガヴァナンスを語る者が、法と言語に十分な注意を払っているとは思えない。

　フサはまず法言語一般を論ずる。法言語は、サブ言語（sub-language）すなわち法・法的素材のテクスト集合体において用いられる特殊な言語で、ルールや原理を含むこうした文書の作成者は、語彙と慣用的言語を共有している。西欧の法言語は、概念的・抽象的であって、法概念は法的思考や各法言語の論理操作を反映しており、例えば複雑なリーガル・イングリッシュは日常英語と多くの点で異なっているので、その翻訳には、コモン・ローとその歴史の理解を必要とする。したがって、素材には原語で接する必要があって、そのためには、原語で表わされたソースを自力で利用できるだけの法言語——ネイティヴに匹敵するほどの知識は要求されない——を修得すべきである。特殊な目的のための言語としての法言語を理解するには、テクストの理解だけではなく、制度、システム、規範、手続、さらには法文化、法史の知識が求められる（比較法によって知識を獲得するには、外国法言語の法文化的コンテクストも知らなければならない）。法と同様、法言語も多様なコンテクストと結び付いた生き物であるから、グローバルな法多元主義とともに、グローバルな言語多元主義（global linguistic pluralism）を採用することになる。

　次いで、フサは、グローバルな法言語を検討し、歴史的観点からすれば、グローバル法言語は非現実的・不自然なものではないとして、中世普通法で用いられた国際共通語（lingua franca）としてのラテン語に言及する。グローバル化ないしトランスナショナル化された法秩序において、法言語の問題を克服するためのアプローチとして、フサは、①共通法典の起草プロセスに参画すること（例えば、英語でコミュニケーションをとるとともに英語で作成されたヨーロッパ民法典）、②モデル法（各国の法文化にパワーを認めて覇権的問題に応えようとする点で、①のアプローチとは異なる）、③公式言語の数を制限する

こと（国連）、④関係する全ての言語の権威を承認すること（例えば、EU）を挙げ、コスモポリタン言語の候補としては英語が最適のように思われるとする。グローバルな法言語の理念は、法普遍主義、コスモポリタン願望、法の非属地主義化と結び付いており、実務上は英語が世界を通じたコミュニケーションを促進する手段として普及していること、法の非国家的構造の重要性が増していることを意味する。

　英語は、植民地化の過程を通じて法言語としての地位を拡大していったが、グローバルなリーガル・イングリッシュないしグローバリッシュ（Globalish）は、ネイティヴのイギリス人が読み書きする英語とは異なり、非国家的法的コミュニケーションのための特殊言語で、コモン・ローの言語・概念には拘束されない。グローバル化された世界における、国際共通語（lingua franca）としての英語という理念は、中国の法言語のような競争相手が存在するために、現実化にはかなり遠いようであるが、グローバリッシュに対する批判があるからといって（言語の選択は無色ではなく、英語をグローバルに用いることは、アングロ・サクソン諸国の法文化的・政治的支配を意味する）、グローバルな共同体についてのあらゆる理想を排除することにはならない[32]。

(9) 第4部「教育と言語」第9章「結論」

　フサは、例えばグローバルな経済問題などの、極めて重要な局面が本書では取り扱われていないとしつつ、①グローバリゼーションのプロセスおよび文化間のコミュニケーションの増加によって、非伝統的形態のリーガリティが拡大し、「法」の観念全般が甚だしい変化を遂げている、②西欧の法的グローバリゼーションの本質は、他の法文化に対する普遍化と西欧の法モデルを世界に継受・移植することであって、そのコロラリーとして、英語がグローバルな法言語として拡大したが、こうしたヴィジョンは、グローバルな法多元主義を考慮していない、③法的グローバリゼーションは、多様な学問的観点——社会法学研究、グローバル法史、グローバル的志向の法理学、比較法学など——から、

---

32)　*Id.*, 147-160.

26

これまで以上にローカル・コンテクストに注目して、（リーガル・プロフェッションのグローバリゼーションも含めて）分析・批判されなければならない、④本書では、グローバルな法多元主義の重要性を強調した（国連やIMFのようなグローバルな多国間的組織も、多様でグローバルな実体をより良く反映するように、再構築されなければならない）、⑤法的コスモポリタニズムは高貴な理想であるが、人類の能力を超えた無理な要求（tall order）で、グローバリズムに対処するにはリアリズムが必要である、⑥グローバル法ないしグローバル・ガヴァナンスのプロジェクトを放棄する必要はなく、シニシズムや行き過ぎた相対主義に陥らずに、グローバルな多元主義を取り入れるべきである、とまとめている[33]。

Ⅲ．結語

　フサの本書は、「グローバルな法多元主義」を基本理念として、グローバリゼーションが法に及ぼす影響を包括的に論じており、『進んだ入門書』という表題が示すように、かなり高度で抽象的な内容となっている。

　フサは、法的グローバリゼーションを論ずるには、グローバル法史の考察が不可欠であるし、比較法とグローバル法は相互に支え合っている（ただし、比較法の国家中心的・西洋法中心的伝統は、改められる必要がある）としたうえで、「グローバル化するリーガリティ」の具体例として、グローバル法における（法と開発という視点からとらえた）「法の支配」、新しいタイプの「グローバルな立憲主義」、国際取引のための自律的でトランスナショナルな「新しい商人法」を取り上げる。フサは、国民国家に対するグローバルな挑戦であるこれらの現象を把握するには、グローバルな法多元主義と多様性を肯定すべきである、とするのである。

　フサの説くところによれば、グローバル化されたリーガリティ（法的存在）を認識し、グローバル化された世界で、法を理論化するためには、リアリズム

---

33) *Id.*, 161-165.

法学ないし社会学的法学に立脚し、コスモポリタン的・多元的法観念を採用し、法を文化的コンテクストの中に置いて、グローバルな法多元主義を構想すること（法に対するオープンで、コンテクストを意識したアプローチ）が肝要である。現代の多極的な法的グローバリゼーションは、方法論的多元主義を要求し、法中心主義のもとでの理論的アプローチは既に時代遅れとなっている。法的グローバリゼーションの要請に応え、現代比較法学の助けを借りて、非国家的なグローバルなコンテクストの中で活躍できる法律家を養成する――グローバルな法多元主義を導入した――カリキュラム（リーガル・マインドのグローバリゼーション）が求められる。グローバルな法多元主義とともに、グローバルな言語多元主義が採用されるが、グローバル化された法秩序における法言語の問題を克服するには、グローバル法言語・コスモポリタン言語として英語を用いるのが最適である。

　これらの他にも、様々な魅力的な指摘・提言が見られるが、グローバリゼーションに対するアプローチとして、グローバルな法多元主義を前提とする点で、メンスキーの大作と共通しており、「グローバル比較法学」の構築に貢献するところ大であると言えよう。なお、フサが指摘する「グローバル法史」の必要性については全く同感で、ようやく『比較法史』の本格的論集が刊行され[34]、『オックスフォード・ヨーロッパ法史ハンドブック』にドゥーヴェが論稿「グローバル法史」を寄せているにとどまる現状では[35]、まだまだ開拓の余地が多いと言わざるを得ない。また、フサは、「グローバル法」は国際法・外国法・トランスナショナル法を含むアマルガム的概念で、隣接概念と密接に関連し、相互に支え合っていると論じている。比較法についてフサは、方法論的多元主義を採用しつつ、穏健な機能主義を基調としているのである。

34）Moréteau/Masferrer/Modéer (eds.), *Comparative Legal History* (Elgar, 2019). Duve,Global Legal History. Setting Europe in Perspective, in: Phihlajamäki/Dubber/Godfrey (eds.), *The Oxford Handbook of European Legal History* (2018) 115-139. さらに、Duve, What is global legal history ?, *Comparative Legal History* (2020/2) 73-115.

35）フサの見解につき、貝瀬幸雄「比較法学者たちの饗宴（4）」『立教法務研究』第10号（2017年）15-16頁を参照されたい。

［補論――学際的比較法の勧め――］

　冒頭の小論（原題は「ヤーッコ・フサの『法とグローバリゼーション入門』」）を踏まえて、フサの新著『学際的比較法学――隣接分野と肩を擦り合わせるか（Rubbing Shoulders）、それとも集団の中で孤立するか』（2022年）の序論部分を、（本書第1部を補うために）ここで紹介したい（以下、フサの前掲書を、同書ないし『学際的比較法』と呼ぶ）。筆者の北欧比較法学事始めの一環でもある。同書は、フサの既発表の論稿を加筆・修正・改説して一書にまとめたもので、単なる論文集ではない（同書の序文による）。フサは、既に論文「学際的比較法――スキュラとカリュブディスの間（両難に挟まれて）」（2014年）を発表し、その中で、比較法とマクロ経済学、比較法と言言語学の両テーマを検討したが[1]、今回はさらに法史学、比較文学、社会理論、渉外法学と、比較法との関係を分析している。『学際的比較法』の構成は、次の通りである。

　第1章　混雑した部屋で孤立しているのか？
　第2章　歴史――橋の下の水以上のものか？――
　第3章　言語――言葉、言葉だけか？――
　第4章　想像力、文化、比較法
　第5章　経済学――経路依存性（path dependence）と法的起源――
　第6章　社会――比較法と社会理論――
　第7章　法――境界を越えて――
　第8章　適応と即興

　同書の第1章は、比較法の学問的地位（academic place）を、「アカデミアにおける比較法学者」、「学際性と比較学（comparatism）」、「本書について」、の3節に分けて検討する。フサによれば、同書は法学研究の一形態としての比較法を中心とし、そこでの比較法とは、「組織された人類共同体の規範的現象としての法を比較研究する、法的知識の学問分野」で、広義の法システムの相違点と類似点を研究・説明する、多様な方法（ways）を手短に言ったもの

---

1)　Jaakko Husa, Interdiciplinary Comparative Law――Between Scylla and Charybdis？, *Journal of Comparative Law* 9（2014）28-42.

（shorthand）である。比較法学者は、法学の他の分野や他の学問分野一般と、独自の複雑な関係を有するため、比較法学および比較法学者のアイデンティティを揺るがすこととなった（法の教義学的研究でも、法の社会学でも、法史学でもないならば、比較法は何を対象とするのか）。学際性の時代には、「比較法とは何か」という問いを避けることは、ますます困難となった。

「学際性」という観念は「多元的学問性（multidisciplinarity）」および「横断的学問性（transdisciplinary）」という観念に近いが、フサの同書における学際性とは、「研究者が学問の境界を横断して、相互のパースペクティヴを知らせ（inform each other's perspectives）、知識を伝達して、彼らの研究成果を比較する研究モデル」、「知の専門分野を、他の分野に伝達する方法」である。学際的研究とは、諸々のアプローチの真の綜合（a genuine synthesis of approaches）を求めて、多様な学問分野の知識と方法を統合する試みである。比較法は、法の教義学的研究とは異なり、法学界に強固な基盤を持たないので、「それ自身の役割、アプローチ、正統性（legitimacy）」を問い続けており、アマチュアリズムが比較法の決定的な方法論的特色となっている。単なる「比較学（comparology, comparative science）」といったものが存在しないため、比較法は、いずれかの隣接諸学を基礎とすることができず（これに対して、例えば法史学は歴史学を基礎とすることができる）、知のフィールドの中で孤立してしまう。法の比較研究は、19世紀における比較学の中でも比較的遅れて登場したが、この分野に刺激と意欲を提供したのは、科学であるという希望（scientific hope）であった。しかしながら、自覚的な比較法学者は、自らを教義学者（doctrinalists）であるとは考えておらず、法学の一族のメンバーとしての地位は、不明確・周辺的・秘儀的であった。

法教義学・法理論（legal doctrine）は、知識の分野としての法と、専門的実務の分野としての法の独自の結び付きを示すもので、確固たる地位を占めていたが、1990年代から状況は変化した。自然科学の影響と、より経験的な研究方法への志向が顕著となり、比較法学は文化的転換（cultural turn）を経験して、従来よりも真剣に、学際的研究を行う必要に迫られた。各国の法理論は、本質的にロー・スクールおよび法学部の学者が構築する多様な形態（format）の学識法で、相当の類似性を示しており、学問分野としての法は、等しく一元的な法を

対象とする一元的な学問的統一体で、問題のない一般的概念であると考えられる傾向にあったが、フサによればこれは現実離れした考えである。学際的法学研究は、規範性の要素を離れて行うことはできないように見える。多様な法の専門分野の研究の重心・境界区分は簡単には定められず、その基礎にある方法論的・理論的前提も変化しやすいが、それら全ては法学であるとみなされる。法学においては、最も古くからのメンバー、あるいはコアとなる分野は、法の教義学的研究であり、それ以外は学問的には若く、端役にすぎないとみなされる。

　法の比較研究は、法教義学と若干の類似性を有するが、認識論的・方法論的理由から、比較法と法教義学は多くの点で異なる。比較法も法的ルール・法原則・法概念を体系化し解釈するけれども、比較法研究の成果は、その本質的性格において規範的なものではない。法の教義学的研究は、認識論的に「内部的（内向きの）」観点に立つのに対し（内部的方法）、比較法学者は、外国法を「アウトサイダー」としての認識論的観点からとらえる（外部的方法）、という点が重要である。比較法学者は、学問の密になった部屋で孤立しているように見えるが（なぜこのように孤立したままであるのか？）、学際的アプローチの抬頭により（したがって、比較法学者は他の学問分野の肩を借りやすくなる）、法学界がゆっくりと変化し始めた2020年代とは、これは相容れない状態である。今日の学界で孤立しているのはリスクが大きく、法の・より「科学的」な知識が追求されていて、情報テクノロジーの発達により、法の比較研究において、学際性という新たな課題が生じている。学際性というパースペクティヴは、権威ある学界の場で研究成果を公表するのを助ける。比較法学者にとって、学際的になればそれだけ、アカデミアにおいて確固たる地位が約束されるが、法学者による共同研究も大幅に要求されるのである[2]。

　比較法の孤立の背後にある理由は何か。比較法は、独立の希望と、学際的である必要との不安定な関係から生ずる緊張状態にある。一般に、学問分野としての法には、学際的傾向が不可欠で、それは知識の独自の集合体としての法という理念を脅かすが、現代比較法にとっては、学際性の抬頭という展開は豊か

---

2)　Jaakko Husa, *Interdisciplinary Comparative Law*（2022）1-8.　その書評として、Bogdan, *RabelsZ* 87（2023）217.

な成果をもたらすであろう。少なくとも理論上、比較法学者は生ける法の重要性を強調してきたのであって、比較法はより経験的に（empirical）なりつつある。しかしながら、比較法研究は依然としてかなり理論的（doctrinal）であり、法史や法社会学のような本質的な盟友（natural allies）ですら、広範には比較法に取り入れられていない。「法律家が法の境界（内向きの認識論的観点）を歩み出ると、法学以外の専門分野の概念や方法を誤解するリスクが、具体化するかもしれない。それでも、真摯な比較法研究は、法律家の狭い認識論的および方法論的に内向きの視点から、外に踏み出す必要がある。法をコンテクストの中に置き、法が現実にどう動いているのかを発見するには、規範的で内向きな認識論的観点から、外に踏み出す必要がある。ヨーロッパにおける近時の比較法の知的発展は、今日の比較法学者の殆どがポストモダン主義者であるとは言えないが、法学以外の知の領域に及ぶ方法論的多元主義（methodological pluralism）に基づく研究を行っている、ということを示している。……学際的研究は、現代比較法学の当然の一部をなしているように見えるが、それは使いやすい万能薬ではなく、難しさと複雑さをよく理解するためには、批判的で肌理の細かい分析が必要である」[3]。

　フサは同書の結論において、他の学問分野との協力は、未来の比較法の発展に不可欠の要素であるが、学際性は比較法研究にとって諸刃の剣でもあり、コンテクストを踏まえた法の比較研究には、学際的・国際的共同研究（研究チーム）が必要であるとする。フサによれば、「次の世紀には、トランスナショナル法やグローバル法の観念が優勢になるにつれて、比較法の観念が消滅する可能性がある。名称が変わったとしても、コンテクストの中で外国法を理解するには、何らかの形の学際性を必要とする、という事実は変わらないであろう」[4]。私のこの書物全体が、比較法と法史学のコラボレーションを企図した『学際的比較法』の勧めなのである。

---

3)　*Id.*, 8-11.

4)　*Id.*, 230-231.

第1部　比較法の思想

——コスモポリタン法学序説——

ユートピアは、複数のユートピアのための枠であって、そこで人々は自由に随意的に結合して理想的コミュニティーの中で自分自身の善き生のヴィジョンを追求しそれを実現しようとするが、そこでは誰も自分のユートピアのヴィジョンを他人に押し付けることはできない。……　私が主張したいと思う真理の半分は、ユートピアはメタ・ユートピアだという点にある。それは、複数のユートピア実験が試されうる環境である。

　　　　——ノージック（嶋津格訳）『アナーキー・国家・ユートピア』（1992年）506頁

　これらグローバル・ヒストリー理論の前提をなすのは、我々の意見によれば接続性（connectedness）の原理である。空間的に認識を拡大しても、拡大の対象となったそれぞれ個別の歴史空間が、相互に無関係であり続けるならば、「グローバル」な視座というものはそれほど積極的な意味を持ちえないであろう。そもそも世界システムという現象の存立もありえない。……「接続史」が「関係史」と異なるのは、その関係性がどのような態様であるか十分具体的に解明する素材が欠落していても、接続の「事実」に注意を向けて、事象の推論的再構成に援用することであろう。これまで歴史の「語り」から忘れ去られていた、重要な連関を発見する契機となるかもしれないからである。

　　　　——佐藤彰一『フランク史 I』（2021年）3-4頁

　Legal cosmopolitanism is a noble ideal but it is also a fabulously tall order that may exceed the capability of humanity, such as it is now. …… We need to embrace global legal pluralism without falling into cynicism and an exaggerated relativism. It would be good to be able to assume a balanced view that does not fall on the side of either global legal optimism or pessimism.

　　　　——Jaakko Husa, *Advanced Introduction to Law and Globalisation* (2018)

pp.164-165.

Ⅰ. はじめに

（1）カナダを代表する比較法学者で、グローバル比較法論（global discourse on comparative law）の中心人物であるパトリック・グレン（Patrick Glenn）（1940年-2014年）[1] が説いた「コスモポリタン国家」論と、法を「伝統」として概念化する彼の着想とを批判的に検討し、その知的遺産を讃えようという意図から、グレン追悼論集『コスモポリタン法学』（*A Cosmopolitan Jurisprudence*）が、2021年12月に刊行された[2]。同書は、『グローバリゼーションと法理論』、『グローバリゼーションと法学』の著者である法理学者ウィリアム・トゥワイニング（William Twining）[3] の序文を巻頭に置き、カナダ・マギル大学教授ヘルゲ・デデク（Helge Dedek）（本書の編者）の序論、第1部「比較法の伝統——コンテクスト、歴史、見込み（promise）——」、第2部「伝統の概念——可能性と課題——」、第3部「境界を横断する——文化移転、法的コスモポリタニズム、国家の解消——」から構成される。ここで同書の序論と第1部を中心に紹介す

---

1) パトリック・グレンのネクロロジーとして、例えばGerber, *Am.J.Com.L.* 63（2015）1-2; Kasirer, *Rev. int. dr. comp.* 66（2014）1117-1121. グレンは1978年から2014年まで、カナダのマギル大学法学部教授を務めた。代表作として、本文でも言及する『世界の諸法伝統（*Legal Traditions of the World*）』（初版2000年、第5版2014年）、『普遍法論（*On Common Laws*）』（2005年）、『コスモポリタン国家論（*The Cosmopolitan State*）』（2013年）がある（いずれも、オックスフォード大学出版局から刊行されている）。

2) Helge Dedek (ed.), *A Cosmopolitan Jurisprudence : Essays in Memory of H.Patrick Glenn* (Cambridge U.P., 2022). 書評として、H. L. Baxbaum, *Am.J.Comp.L* 70. （2023）879.

3) William Twining, *Globalisation and Legal Theory* (Butterworth, 2000); *id.*, *Globalisation and legal scholarship* (WLP, 2009).

ることによって、比較法学における「コスモポリタン法学」と「法伝統論」の
可能性を探ってみたい。

(2)（ⅰ）グレンの比較法理論は、五十嵐清の論稿「法伝統とは何か」（2008年）
を通じて、既にわが国にも知られ、「比較法学の新たな出発への試みとして高
く評価されているが、学界でグレンの法伝統論が定着するかどうか疑問であ
る」[4]と五十嵐は述べている。小川浩三は、五十嵐との対談において、グレン
の立論を「いわばルーマンのシステム理論のようなもので、環境からの影響に
対してシステムはそれを直接に受けるのではなく（それではシステムは壊れて
しまう）、システムを作動させて自己を作り替えることによって受容し対応し
てゆく、それと同じように『法伝統』と呼ばれるものは、外部からの影響に
よってとってかわられるのではなく、自分を作り替えながら、しかし『法伝統』
は持続してゆく……。ここでも重要なことは、受容する側から受容されるもの
を眺める視点です」、と分析している[5]。
　筆者（貝瀬）自身は旧稿において、「特定のエリア研究を比較法学の中に取
り込むという従来の『法文化』の役割に代わって、マクロの比較のフレーム
ワークとして『法文化』が活用されるようになると、規範的情報の交流が常態
であるとか、『いかなる形でも伝統間の接触があれば、各伝統の総体的なアイ
デンティティは非排他的になる。各伝統は、受容する側の伝統における多様な
傾向を支持するような相手方の諸要素を含むのである。今日の世界では、それ
ゆえ伝統の純粋なアイデンティティは存在しないのである』といったグレンの
分析を現代の比較法文化論に導入することは十分に可能であろう。ただ、グレ
ンの法伝統論は、その『観念史』（トゥワイニングの表現）としての性格ゆえ
に、ジョン・ベルやランドマークのようなマクロの比較のためのフレームワー

---

4)　五十嵐清『比較法ハンドブック（第3版）』（2010年）301頁。グレンの法伝統論の紹介と
　　して、同「法伝統とは何か」鈴木録弥追悼論集「民事法学への挑戦と新たな構築」（創
　　文社、2008年）80頁。

5)　山田卓生他編『ある比較法学者の歩いた道──五十嵐清先生に聞く』（信山社、2015年）
　　160頁。

クを提供できていないという点に大きな問題がある」と位置づけて、グレンの思想の、比較法文化論における積極的な活用を提案している[6]。グレンの比較法理論は、豊かな可能性を秘めている。先の趣旨から編まれた『コスモポリタン法学——H. パトリック・グレン追悼論集』の諸論稿を味読することで、その現代的意義を照射してみたい。

（ⅱ）まず、『追悼論集』の内容を検討するに先立ち、同論集冒頭のヘルゲ・デデク論文が言及しているパトリック・グレンの遺作「多様な（differential）コスモポリタニズム」（2016年）を取り上げ、グレンのコスモポリタン国家論・コスモポリタン法学の構想をうかがっておこう[7]。

　グレンによれば、世界には多くのタイプのコスモポリタニズムが存在するが、「移行中の」コスモポリタニズム（"transitional" cosmopolitanism）という理念が適切である。この理念によれば、国民国家の世界から普遍的義務の世界へと、カテゴリーの境界を越えて移動する場合の、論理上の動揺（logical "jolt"）を避けることができるからである。移行中のコスモポリタニズムという理念は、世界の複雑さを考察する際の手段として、「双方ともに（あれもこれも）」という多価的論理（multivalued logic）と一致する。これに対し、独立国家とその法を構想する際に大きな役割を果たしたのが、古典的な「いずれか一方（あれかこれか）」の論理である。われわれは、出発点は異なるものの、全員が同じスピードで、移行中のコスモポリタニズムというプロセスを辿らなければならないのか。移行のプロセスを一般化するには、世界の現状からすれば、個別の国民と国家にとどまらず、極めて多様な国家が、法の様々な領域やタイプを区別するやり方で、調整する必要がある。その場合に、国家法への運動とコスモポリタン法への運動を区別することができ、それらの運動は、特定の分野でとりわけ徹底的かつ広汎に進められる。正義のコスモポリタン的形態（cosmopolitan

---

6）　貝瀬幸雄「比較法学者たちの饗宴（3）」『立教法務研究』8号（2015年）169-170頁、同『比較法学入門』（日本評論社、2019年）74-75頁。

7）　以下は、Patrick Glenn, Differential Cosmopolitanism, *Transnational Legal Theory* 7 (2016) 57ff.の概要である。同論文はダウンロードしたものを用いた。

form of justice）が、まだまだ不十分であることを認めつつ、いつ、どの点で
われわれはコスモポリタンであることを望むのか、を問う必要がある。「多様
な（区別された）コスモポリタニズム（a "differentiated cosmopolitanism"）」
という考えは、その解答の第一歩である。

　グレンは以上のように論じて、①コスモポリタン国家の観念は、より広範な
形態のコスモポリタン秩序に先行する必要条件か、②コスモポリタン国家は、
どのようにしてそのような秩序に貢献するのか、をさらに検討する。

（a）①の問題について、グレンはこう解答する。コスモポリタン国家は、より
大きな形態のコスモポリタン秩序の前提条件ではあるが、それ以上にコスモポ
リタン的正義の障害とはならない。広く普及した国民国家という観念は、実は
これまでどこにも実在したことはなく、現代国家は全てコスモポリタン国家で
あり、最小の国家においてさえ、人類の多様性（human diversity）が勝利を占
めている。領土的に限定された国家内部、あるいはその国家相互間において、
統一性・画一性が達成できず、不平等（inequality）を排除できないならば、
より広い形態の憲法秩序（constitutional order）というものが果たしてありう
るのか。コスモポリタニズムという観念が、一般的に受け入れられるためには、
「国民（nation）」という支配的な観念を開放する（opening up）何らかのプロ
セスが不可欠である。人類社会の理想的形態は「国民国家」である、と3世紀
にわたって教育されてきたが、人類の自然な状態は「共生（convivencia）」で
あって、人類が存続するために並列調和的（paraconsistent）な思考が必要で
ある、と再教育するには長い時間がかかる。コスモポリタン国家は、現代世界
における人類構成の実態を反映していて、国民国家という観念は神話なのであ
る。成功した個別のコスモポリタン国家は、家族や部族を超えた規模での人類
集団は同質的ではありえない、という基本的な状況に対処する方法を発見した
のである。成功した形態の国家が、あるタイプの均衡ないし共生を実現してい
るにもかかわらず、社会的閉鎖性（societal closure）や「協働（collaboration）
を妨げる個別の国家の伝統」が、コスモポリタン的解決の主な障害となってい
る。より広いコスモポリタン秩序に対する障害として現存するのは、部族、宗
教共同体、国家それ自体であるが、いずれも多様な形態の類別化・区別
（differentiation）によって「共生」が可能となっている。グレンによれば、い

かなる国家もその「国際的法秩序」の形式も、今日では「主権」とはみなされず、国家は必然的に相互依存関係にある（the necessary independence of statehood today）、という意識が育ちつつある。国家はその内部構造においてコスモポリタン的であるとされ、この内部的多様性は、外部世界との関係で多様化されたコスモポリタニズム（forms of differentiated cosmopolitanism）をもたらす前兆なのである。19世紀および20世紀には力のあった空間的考慮は、法的世界においては次第に重要性を失いつつあり、コスモポリタン国家の性格とその機能の複雑さを検討すれば、この兆候はいっそう明らかになる。

（b）次に②の問題、すなわち「コスモポリタン国家は、より大きな形態のコスモポリタン秩序にどのように貢献できるか」を、グレンはこう分析している。コスモポリタン国家が承認されれば、コスモポリタン的思考への移行となり、より広範なコスモポリタン秩序の形態へと向かうかもしれない。情報のスペクトルの最下層にいる人々のレヴェルでは、ナショナリズムが依然として根強いが、いったん均衡ないし共生の形態（modes of equilibrium or convivencia）が確立すれば、さらなる建設が可能となる。このプロセスは単なる移行ではなく、多様化・区別（differentiation）へのプロセスでもなければならない。全ての法・政治が同時に揃って、より大きなコスモポリタン秩序に向かって動くことはできない（「ローカル」なレヴェルにとどまる法・政治も多い）。問題は多様性を調整することではなく（多様性は常にわれわれとともにある）、世界に依然として存続する画一性ないし共通性（unity or commonality）（あるいはその多様な形態）を、調整することである。

　より大きなコスモポリタン秩序を認める第一歩として、まず、場所的・空間的次元は不要である。領土はリーガリティに付随する条件にすぎず、17世紀にスペインの軛から逃れるために、オランダのナショナリストの情熱をこめてフーバー（フーベルス）が最初に主張したものであって、コスモポリタン秩序の越えがたい障害ではない。（属人的な）宗教法や商人法（lex mercatoria）も、領土的性格は有しない。これらの非領土的ないし属人的な法に言及する場合は、「認識論上の共同体（epistemological community）」と表現され、場所的には定義されないのである。多様なコスモポリタニズムの形態に移行するために、最も役立つ道具は、普遍法・普通法（common law）の概念であろう。過去2世紀

の静態的思考の影響から、普通法とは、一定の領土内で共通ないし統一的に適用される法である、と一般に解されるようになったが、歴史的には、普通法は普遍的でない固有法（jus proprium）から区別するために用いられた。ヨーロッパ大陸では、普通法は絶えず固有法と相互に接触し（constant interaction）、明確な領土的範囲を有しなかった。普通法が適用されるのは、それが援用されたか（on its vocation）、もしくは、より個別的で（particular）領土的に限定された、固有法（jura propria）との関係の解釈が問題となる場合であった。普通法は、全ヨーロッパで適用された・単一の領土的秩序（territorial order）ではなく、浮動的な（floating）普遍的タイプの法であった。

コモン・ローの世界でも、普通法は同様の浮動的・非領土的機能を果たし、局地的でないがゆえに普遍的で、共通の国王裁判所の新興コモン・ローと個別の慣習とが、絶えず関係を保ちつつ存在していた。普通法は、イングランド内に自身のスペースを有さず、場所的な個別法・固有法に対する関係的ないし補充的な法（relational or suppletive law）としてのみ存在していたのである。イングランドが自然的・政治的境界を有していることは、コモン・ローの存在ないし正統性の条件ではなかった。植民地化によって海外に移植されたコモン・ローは、新たな領土では属人法（personal law）であって、先行のローカルな法ないし固有法とは交替せず、コモンウェルス全体を超えても、コモン・ローは残余的（residual）・補充的な法であり続けた。

コスモポリタン法の議論においても、関係的・補充的な法という、元来の歴史的意味での普通法・普遍法の観念が、コモン・ロー域、大陸法域を問わず、しばしば援用されている。例えば、「世界法」の課題を論ずるにあたり「多元主義的普通法・共通法（droit common pluralist）」を提唱し（これは、「覇権的タイプのグローバリゼーション」を回避するために、「世界法（droit mondial）」を目指す移行中の概念であるとする）、あるいは、「人権共通法（common law of human rights）」を説く（人権共通法の構築のためには、トランスナショナルな「司法の対話（judicial dialogue）」が必要であるとする）、といった論者が見られる。（法の領土性に対する意味での）法の属人性、普遍法、司法の対話はいずれも、トランスナショナルな法的考察への道を開くための、移行の道具（instruments of transition）である。全ての法分野が、規範の国際的ないしト

ランスナショナルな形態に適しているとは限らないが、今日では法のある分野は、他の分野よりもいっそうコスモポリタン的であり、国境を越えた法源や制度の構築をさらに進めることが可能で、多様なテクニックが利用できる（例えば、国際刑事法、トランスナショナルな子どもの権利、国際倒産、国籍法など）。ただし、これらのテクニックが実効性を有するかどうかは、各国とその法秩序の出発点がどこであるかに依存し、移行の速度も多様である。また、世界においては（生物学の場合と同様に）多様性を好むのが一般的であるから、移行の終結・完成も多様なはずで、法的多様性への反対を招くような抵触という観念（inevitable notion of conflict）は、当然には生じない。

(c) 本論文のグレンの結論を、最後に紹介する。世界はある閉鎖形態（one form of closure）（これは部族、宗教、国家の形態で、今日も残存していることが多い）から他の形態へと、徐々に移行するプロセスを辿っているが、現在の閉鎖的レジームよりも広範な閉鎖形態と交代する（あるいはそれに覆われる）ことはありえない。より広範なコスモポリタン法秩序は、移行と多様化（differentiation）のゆっくりとしたプロセスから生じなければならない。このプロセスにおいて、コスモポリタン法理論は、現在の規範の形式に代わるものを提示する際の「批判理論」として、不可欠な役割を果たすであろう。裁判所は、規範と規範性の領域を多様化させるプロセス（the process of differentiation of norms and fields of normativity）において必須と思われる素晴らしい功績を次第に果たしつつあるので、このプロセスにおける裁判所の役割も重大である。

(d) 以上が、グレンの遺作の概略である。グレンによれば、現代国家は全てコスモポリタン国家であり、「共生」と並列調和的思考が必要で、普遍法によって固有法が補充されつつ、「移行と多様化のゆっくりとしたプロセス」を経て、コスモポリタン法秩序へと向かってゆく（移行中のコスモポリタニズム）。このプロセスで、現在の規範形式に代わるものを提示する「批判理論」が、コスモポリタン法理論なのである。本追悼論集は、ここで説かれたコスモポリタン法学と、それに先立つグレンの法伝統論を踏まえて、現代比較法学の最先端の理論を展開しようとするものである。それでは、本論集の内容を詳しく辿ってゆこう。

(3)『追悼論集』冒頭のトゥワイニングの序文は、次のように注意を喚起する。

第1部　比較法の思想　　*43*

比較法学者にとって、グレンは博学で思慮深く高度に独創的で、サブ分野内の正統派に挑戦する傾向がある学者として、既によく知られていた。しかしながら、『世界の諸法伝統』が、一般法理学（general jurisprudence）への大胆でラディカルで論争的な貢献でもあったことは、殆どの人にとって意想外で、同書はグレンに刺激的な挑発者（agent provocateur）としてのイメージを与えたが、同書の大胆なテーゼを洗練・拡充・発展させた、彼の後続の作品とのコンテクストでとらえる必要がある。こう述べたうえで、トゥワイニングは、法理論・法学にとって、グレンの代表作『世界の諸法伝統』が重要な意味を持つ理由を、4つ指摘している。

　第1に、同書は、殆どのグローバリゼーション理論が陥りがちな還元主義（reductionism）とグローバルの過剰（inflated globababble）に傾かずに、純粋にグローバルなパースペクティヴ（のみ）を採用している。法現象は、多様で流動的で絶えず変化し、相互に作用し合っている、というのがグレンの複雑なメッセージであり、「瞬間的な（momentary）法システム」の静態的なスナップショットでは、法現象は把握できないのである。

　第2に、同書は、主権的国民国家と西欧の国内法システムは、もはや法の「本質（essence）」ではないという理解を進めるために、従来切り捨てられがちであったマクロの比較が重要であることを示した。西欧のパースペクティヴを超えることで、比較法と法理論一般の脱植民地化に大きく貢献したのである。

　第3に、同書は、法システム・文化・文明・法族よりも「伝統」を中心概念として採用し、歴史と過去を再び中心に据えるとともに（reinsert）、過去と現在の二分法（dichotomies）を斥けた。すなわち『世界の諸法伝統』は、ヴィーコ、モンテスキュー、メーン、ヴィノグラードフの歴史法学の（いったん休止中であった）伝統の復活と見ることができ、法の理論的理解の柱として、社会史的（sociohistorical）パースペクティヴを再度確立しようとするブライアン・タマナハ（Brian Tamanaha）のような現代の法学者と提携するもので、世界史（world history）との重要な橋渡しを行った。しかしながらトゥワイニングは、伝統は本質的に慈悲深く（benign）、「多様性の維持」（sustainable diversity）という希望の支えとなるとするグレンの理解は、あまりに楽観主義的に感じられるとする。「規範的情報の流れ」というグレンの特異な伝統概念は、難点も

44

あり大いに批判されてきたが、彼の目的には極めてよく適合する。このグレンのアプローチは、①伝統のアイデンティティを構成するコアとしての情報、②伝統の基礎にある正当化（justification）、③伝統の変化の概念、④伝統の他の伝統との関係、といった4つの局面で諸伝統の比較を可能とする。グレンは、「『文化』の概念は過去を軽視している」とトゥワイニングとの会話で指摘したことがあり、「伝統」という理念を「情報」に限定して自己のプロジェクトを操作しやすくする一方で、過去を現在の一部として取り扱ったのである。

　第4に、独立したサブ分野（sub-discipline）としての比較法は、かなり狭い範囲の問題に視野を限定する傾向がある。グレンは、比較法を直接に、堕落（corruption）・原理主義（fundamentalism）・多価的論理（multivalent logic）・「文明の衝突」・カオス理論といったトピカルな思想と結び付け、その領域を拡大した。

　トゥワイニングによれば、この論集は、「極めて博学で独創的な学者グレンの、よりニュアンスに富んだ慎重な考察を背景にして、彼の思想を、刺激的な動因・挑発者（agent provocateur）と適切に位置づけるものである。ジョン・ベルが示唆するように、グレンはマクロとミクロの比較研究の截然たる二分法を切り崩した。そのため、パトリック・グレンの研究は、比較法に新たな方向を示していることに加え、法理論家および他の分野の同僚の関心を惹くのである」。なおトゥワイニングは、その主著である『一般法理学』（2009年）の「非国家法の重要性」を説く章において、「かなり包括的な法のコスモポリタン原理は、あらゆるレヴェルの関係と秩序、それらのレヴェルの間の関係、超国家的（例えば、国際的、地域的）および非国家的法（例えば、宗教法、トランスナショナル法、ショニック法［chthonic law］すなわち伝統/慣習）、あらゆる形態の『ソフト・ロー』を含む」、全ての重要な法の形態を取り込むものでな

---

8)　W.Twining, Foreword, in: Helge Dedek（ed.）, *supra* note 2, ix-xi.トゥワイニングのグローバリゼーション理論については、貝瀬「比較法学者たちの饗宴（2）」『立教法務研究』5号（2012年）121-122頁。本文第一点の「グローバルの過剰（globababble）」については、トゥワイニングの自伝 *Jurist in Context A Memoir*（Cambridge U.P., 2019）234を参照されたい。トゥワイニングは、William Twining, *General Jurisprudence*（Oxford U.P., 2009）362で、「法のコスモポリタン原理」に言及する。

ければならない」と述べ、法理学の立場から「法のコスモポリタン原理」に理解を示している点が、注目される[8]。トゥワイニングは、グレンの『世界の諸法伝統』の一般法理学に対する貢献を的確に指摘しつつも、伝統が「多様性の維持」に役立つとするグレンの立論は楽観的にすぎる、と厳しく批判している。同様の評価は、以下に示すように本書の編者であるデデクにも見られる。

II. 『コスモポリタン法学』序論「どこに『真の活動』があるのか（Where the 'Real Action' Is）──比較法からコスモポリタン法学へ──」（ヘルゲ・デデク）

（1）本論集の「序論」であるデデク論文は、①コスモポリタン法学、②批判的参加、③パトリック・グレンと比較法学、④伝統、⑤本書への寄稿、⑥コスモポリタン的会話、の6章から構成されている。

　まずこの論稿は、グレンは、法を「分散した（de-centred）・有機的で自足的（organic, self-sustaining）だが境界のない開かれたディスコース」ととらえ、権威・権力という中心的概念を用いずに法を理論化しよう、という野心を抱いていたと説く。グレンは、彼の「伝統」という概念に結晶化しているように、対話と交渉による紛争処理の可能性、伝統が絶えず交流しつつもその独自のアイデンティティを維持する、平和的共存の可能性を信じていた。彼のヴィジョンにおいては、ヒエラルヒーと支配という観念は存在せず、中心と周辺という区分が消滅した・多元的な諸伝統のグローバルな「多様性の維持」（sustainable diversity）が図られる。

　さらにグレンは、比較法という混乱したサブ分野（sub-discipline）を、国民国家という法システム・実定法を比較の単位として用いる、因習的な自己限定から解放しようと考えた。こうした自己限定は、法全体についての西欧思想に由来しているため、グレンは（比較法に限定せずに）法実証主義（positivist theories）に代わる法理論を、国民国家をリファレンス・ポイントとせずに提示しようという野心を抱き、法における方法論的ナショナリズムの伝統を批判した。この部分は、グレンの人間的特色である純粋なオプティミズムと、多様性の維持を通じた平和共存への彼の信念とを理論的に反映しているので、本論集はグレンの著作のこうした局面と、本書の表題ともなった「コスモポリタン法学」という彼の野心に、特に注目するのである。グレンが、死後に発表され

た彼の最後の論稿で名付けた「コスモポリタン法理論」(cosmopolitan legal theory) は、西欧の国家の鋳型 (Westphalian matrix of statehood) を徐々に克服してゆくプロセスにおいて、現在の規範的形式に代わるものを提示する「批判理論」(critical theory) としての役割を果たすであろう、とデデクは評価する[9]。

さらにデデクは、ウルフ・ハンネルツ (Ulf Hannerz) による人類学的見地からのコスモポリタニズムについての有名な定義を引き(「何よりも、多様性それ自体に対する知的な開放性を前提とする、『他者』とかかわろうとする方向性、意欲」)、この定義はグレンのコスモポリタン的願望の核心を美しくとらえているとする。グレンにとって、比較法の実践、比較法学者であることは、ただ1つの国家伝統、ただ1つの方法論的枠組み、ただ1つの価値体系によらずに思考するという点で、彼の知的作業の出発点であった。このパースペクティヴの相対性は、他者の中での自己を認識することを可能とし、伝統的な「比較」分析を超えた「比較」観をもたらす。グレンは、比較法を魅力的なものにするために、「真の活動」(real action) がなされている場にそれを連れ戻し、われわれの比較法観を変えようとした。支配的であった方法論的ナショナリズムでは、「コスモポリタン的状況」のもたらす課題に不十分にしか対応できなかったことを示し、「グローバリゼーション」および「多元的文化主義」(multiculturalism) の議論に貢献する・比較法の潜在的能力を、グレンは顕在化したのである。グレンは、静態的でない「比較」のパースペクティヴが持つ能力をとらえることで、新たな法のコスモポリタン的理解の基礎を準備できると期待していた。1990年代に流行した──「文明の衝突」という比喩を典型とする──悲観的な本質主義 (essentialism) に代わるものとして、「多様性の維持」「調和」(conciliation)「共存・共生」(convivencia) といった用語でグレンは思索した。この見解においては、絶え間ない情報の流れは国境に制約されず、「文化」を分かつとされる境界線も、ぼやけたものとされるのである[10]。

---

9) Helge Dedek, Where the 'Real Action' Is : From Comparative Law to Cosmopolitan Jurisprudence, in: Helge Dedek (ed.), *supra* note 2, 3-5.

10) *Id.*, 5-6.

48

デデクによれば、他者とかかわろうとするグレンの意欲は、世界旅行者である比較法学者のコスモポリタニズムによるのみならず、カナダ人特有の「内部的」多様性（自己イメージ）——一人のカナダ人のアイデンティティの中にある、多元的な文化的アイデンティティ（a plurality of cultural identities within one Canadian identity）——の表れでもある[11]。

(2) グレンの作品は、広い範囲から賞賛され、賞を獲得し（1998年のイギリス・ブリストルにおける第15回比較法国際会議で、比較法国際アカデミー大賞［Grand Prize］を授与された）、比較法の「主流」へと進み、法史学や法理学のような隣接分野からも注目された。彼のプロジェクトは、極端に野心的であったため（グレンの著作はその一貫性において優れていたものの、単一の学問上のパースペクティヴや学派にこだわらず、多くの学問分野・文献を用いた折衷的考察を行った）、厳しい批判の対象ともなった。グレンの著作については賛否両論が甚だしいけれども、この読者を苛立たせる破壊的資質（this irritating and disruptive quality）は、同質的な言語ゲームを再生産するサークルから、ショックを与えて脱出するためには重要であって、不可欠な対話（conversations）を促し、それを続けることがグレンのもたらした最も重要な遺産である、とデデクは評価する。

すなわち、グレンの見解に「直観的に」反対することから出発しても、グレンの創造性と鋭い感性によって、読者は新たな洞察が得られる。グレンは寛容でオープンな人物であり、彼の作品の真摯な考察から生ずる批判を歓迎した。この論集のライトモティーフは、彼の作品への「批判的参加」を促すことなのである[12]。

(3) 続く「パトリック・グレンと比較法学」の章を紹介する。グレンは、常に比較法の学問的構造・制度・ネットワークの中にとどまっていたが、まず国際・比較私法、国際・比較民事訴訟法から出発し、根本的問題に対する関心を

---

11) *Id.*, 9.

12) *Id.*, 10-12.

次第に深め、国民国家に依存せずに（それを唯一のレファレンス・ポイントとせずに）法を概念化しようとする試みである、『世界の諸法伝統』初版を2000年に刊行する。「伝統」に関する彼の著作で設定された理論的基盤を前提とし、国民国家の実定法に固定されるのは誤った方針であることを示そうとするプロジェクトを、グレンはさらに進めた（2006年の『普遍法論』から、最後に完成した2013年のモノグラフ『コスモポリタン国家論』まで）。

　デデクによれば、方法論を自由に変えるグレンのプロジェクトが、他の学問分野で成功を収めたとは考えにくい。グレンの学者としての軌跡は、学問分野としての比較法の1つの指標（an indicator）であり、ここ数十年の比較法学の発展を背景とすることで、最もよく理解できる。20世紀に生じた自己限定的な伝統から逃れようとする、「比較法」の闘争の典型として理解することも可能である。すなわち、比較法は、メーン、ヴィノグラードフ、コーラー、ポストといった思想家たちの著作の民族学的基盤を離れ、私法偏向的な実定的・機能的作業へと縮小し、1980年代以降は、この比較法のパラダイムが内部から批判され、危機的な状況になった。グレンの著作『世界の諸法伝統』は、比較私法学者の古典的領域から出発して、他の学問分野へと範囲を広げることで、学問的な型からの拘束を打破しようとしたのであり、ルネ・ダヴィッドやツヴァイゲルト/ケッツの伝統的学問に足場を置きつつ、理論的・学際的野心を示そうとした。『世界の諸法伝統』は、かつての比較法の普遍主義学派（universalist school of comparative law）と、法発展のグローバルな概観図を描こうとするヴィノグラードフらの学問的努力を思い起こさせる。最終的にグレンは、彼のそれまでの努力の頂点として、立憲主義（constitutionalism）と国家に集中する理論的アプローチへと進んだ（『コスモポリタン国家』）。

　比較法学が自己懐疑で無力化し、方法的自己逃避を行っていた10年間に、巨大な均衡ないし全体像（grand proportions）を再構築するプロジェクトを提示しようという勇気を示した、という点でグレンの作品は際立っている。グレンが成功したとすれば、それを「比較法のフレッシュ・スタート」と評価することも、あるいは、伝統的な方法論を打破して比較法学を背後に取り残していった（グレンのプロジェクトは、もはや今日認められている意味での「比較法」ではない）、と考えるにとどめることも、いずれも可能であろう。たとえ

50

グレンが失敗したとしても、彼は、比較法学の伝統的な境界を越えて進む、進取の気性（そして代替的ヴィジョン）が必要であることを示したのである[13]。以上のように、デデクはグレンの業績を位置づけている。

（4）『世界の諸法伝統』を執筆するというグレンのプロジェクトは、「法族」などのマクロ比較法の周知のカテゴリーの再生産のように見え、単に「ショニック伝統」（chthonic tradition）という異なった分類を追加したことが顕著な特色である――このように、一般化・ステレオタイプ化するのは、自生的ないしポスト脱コロニアル的研究のパースペクティヴ（Indigenous or Post/De-Colonial studies perspective）からすれば、明らかに問題であった。植民地の歴史を殆ど考察していない、比較法学における法族論のコンテクストで見れば、自生的リーガリティ（Indigenous legalities）は、慣習から法への敷居をまたぐにすぎないものとそれまで考えられていたので、比較法の標準的体系書に自生的リーガリティを含めたグレンの『世界の諸法伝統』は、植民地の過去と取り組むのが遅かった比較法学の内部では、パイオニア的作品であった、とデデクは指摘する[14]。

　さらに「伝統」とは、周知のユニットに新たなものを追加し、新しいラベルを貼っただけのものではなく、遥かに大きな意義を有するグレンのプロジェクトの礎石（cornerstone）であった。グレンにとって、「伝統」により法を考察することは、国家の法システムとして、すなわち、国家の立法者によって与えられた効力を有する「当為」（ought）として法を理解するのとは、根本的に異なっていた。グレンは、法を空間や時間によって制限されないディスコースとして、情報の流れとして考えた。すなわち「伝統」こそが、この流動性、過去性（pastness）、法的ディスコースに典型的な・過去の権威的現存（the authoritative presence of the past）を、表現しているように思われたのである。グレンによれば、伝統は強制装置としての法から焦点をずらし、この装置を国家と同視することを防ぐという機能を果たすもので、国民国家および実定法と

13）　*Id.*, 12-14.

14）　*Id.*, 14.

は同じ広がりを持たない（not coextensive）。デデクは、こうした反国家中心主義的・反実証主義的理論は、法の権力的・暴力的側面を殆ど無視しているが、グレンの伝統概念にはさらに、伝統の単なる観察・記述ではなく、規範としての独自の目立つ「ひねり」（a peculiar yet prominent twist）が加えられている、と説く[15]。

　すなわちグレンは、「伝統」に内在する性質として、コミュニケーションを通じて紛争を克服する可能性を強調し、法を伝統によって概念化することで、「調和のエピステモロジー（認識論）」（epistemology of conciliation）への扉を開く。伝統としての法というグレンの理解は、「法についての対話としての法」（law as conversation about law）というメタ・ナラティヴ（meta-narratives）な方向へと向かい、そうした推論的性質（discursive nature）の典型である「現実に生きる伝統（real-life traditions）」が、グレンの叙述の中心となる（ユダヤ法、イスラーム法、学識的普通法における学問的論争・意見交換のような、法的議論のやり取りと調和に見られる、エレガントな学識の伝統）。グレンの伝統概念の目的は、諸伝統の間の・（再）調和のための認識論的枠組み（epistemological framework for the（re-）conciliation）を創造することである。「通約可能性」（Commensurability）が、伝統を「集合させる・一か所にまとめる」という意味での、「比較」（com-paring）のプロセスの基本となる。ポスト・コロニアルの、覇権の階層構造を特徴とするグローバルな秩序のもとでは、（再）調和という課題は、不正と暴力という歴史的背景と、覇権によらない伝統を承認しようとしない不平等な状況に挑戦するものである。しかしながら、暴力の役割と存在を認めようとしないグレンのバイアスは、「通約可能性」に必然的に含まれている「認識上の」暴力に対しても鈍感である。「通約可能性」を図る「共通の尺度」が、ヘゲモニックな伝統により強制されていることを認めないのである（善意の普遍主義）[16]。

　デデクは、グレンの伝統概念が、コミュニケーションと法的ディスコースの自己参照性（self-referentiality）——特にその「過去性」（pastness）——に注目

15）*Id.*, 15-16.

16）*Id.*, 16-17.

52

し） ていることから、ルーマンのシステム理論との比較を試みている。デデクに
よれば、コミュニケーションの自己参照系（self-reference cycles of communication）
に注目する点で、両者は類似しており、伝統は規範的情報を交換し、システム
は多様な構造的連結によってコミュニケーションを図るなど、いずれも自己中
心的ではない。しかしながら、デデクによれば双方の出発点は全く異なる。
ルーマン理論は、システムは不和（difference）であるがゆえに、内部と外部
を分かつラインの機能が重要であるとするのに対し、グレンの伝統概念は、二
元論（binaries）と厳密な境界線とを抹消し、閉鎖性（closure）と境界は社会
構造のより良い理解を妨げ、本質的にわれわれの想像力を制限する危険を伴う
から、法の概念化にあたり境界線（borderlines）というイメージは用いるべき
ではない（その方が、こうした自己制限から法学が解放される）、と主張する[17]。

　伝統概念には流動性が内在している（the inherent fluidity）、というグレンの
仮定は極めて重要な意義を持ち、この特質こそが、比較の単位としての伝統を、
「法族」のようなマクロの比較の伝来的なカテゴリーから区別していると考え
られる、とデデクは指摘する。2006年に『オックスフォード比較法ハンドブッ
ク』に発表した論稿「法伝統」において、グレンは、そのようなマクロの比較
の単位（法族）で世界の諸法をグループ化する、という比較法学の慣習を批判
した。世界の諸法は分類すべきではなく、それは19世紀の科学主義（scientism）
の産物で、法は「静態的」であるという不当な仮定に基づいている、と論じた
のである[18]。

　グレンによれば、「伝統」のレンズを用いるのは、単に「法族」「法圏」と
いったラベルの張替えとは全く異なる作業で、伝統を本質的に流動的かつ変幻
自在なもの（inherently fluid and protean）ととらえ、伝統は絶えず進化し、相
互に作用し、明確に分離できないように絡み合っているという前提に立つ。伝
統に基づく世界の諸法の理解は、決して「分類する」作業に至らない。伝統は、
一方では具体的存在で、経験的伝統の認識が可能であるとともに、同時に、よ
り大きなプラトン的な「伝統」の理念・イデアの具体化（concretization of a

---

17) *Id.*, 17-18.

18) *Id.*, 18.

larger, one might say Platonic idea of 'tradition') にも見える特殊な両義性を有している。経験的に観察可能な個別の伝統は、このより大きな伝統の理念・イデアの適正な表現とはいえないのである[19]。

　法伝統は、単に特定時点の特定の状況の静態的なスナップショットではなく、過去が永続的に権威的存在であることから、過去と現在の区別・二元論（binary）は、プロセスと不断の情報の流れへと解消され、伝統は常に生成中の状況にある（in a permanent state of becoming）。このように歴史的プロセスに着目することで、矛盾は克服されるとし、外見上のコントラストは、具体化した全体の補助的なモメント（complementary moments of concretizations of totalities）であるとするのは、ヘーゲル（およびマルクス）の弁証法に類似しているが、グレン自身はヘーゲルをインスピレーションの源泉であるとは言及していない。グレンはそれ以外の文献から示唆を受け、非古典的・非伝統的論理の探究に赴くとともに、彼の著書『コスモポリタン国家論』の結論においてドゥールズ/ガタリ（Deleuze and Guattari）を引用し、自らが異なった知的伝統に位置することを明らかにしている[20]。

　グレンの著作は、それゆえ極めて論争的で、グレンの世界および法の役割の捉え方に加担するには、信念における飛躍（a leap of faith）が必要である。グレンの理念（ideals）は、理論というよりも信念の体系ないし一種の世界観（worldview or Weltanschauung）として考察するのが有益である。その場合には、グレンの「比較」（com-paring）のアプローチとの「通約不可能性」（Incommensurability）の問題が大きく立ちはだかり、同じ世界観を共有していなければ、グレンとのコミュニケーションと相互理解が殆ど困難になる。グレンは、「存在」（法伝統とは何か）と「当為」（法と伝統との関係はどのようなものであるべきか）との間を容易に移行するため、われわれは不可解なまま取り残される。「ヘーゲル弁証法は、世界観（Weltanschauung）がダンスをするための模範を提供する」と言われるが、私がグレンの著作について考察するのを好むのは、それがダンスへの誘いで、知的であるとともに直観的・本能的

19）*Id.*, 18-19.

20）*Id.*, 19-20.

54

な魅力を備えた、愉しく希望に満ちたものであるからだ、とデデクは感想を述べている[21]。

（5）デデク論文の第5章は、本書所収の各論文に言及し、編者としての位置づけを試みている。本書に寄せられた論稿は方法論、学派、スタイルにおいて多様であるが、いずれもグレンの着想を批判的に検討して、さらなる会話の糸口にするためにそれを用いている。デデクは寄せられた15編の論稿を3部に編成したが、いずれのテーマも相互排他的なものではなく、複数のメイン・テーマにかかわることがあると注記する[22]。以下、デデクによる要約を紹介しよう。

　まず本論文集の第1部は、「比較法の伝統――コンテクスト、歴史、見込み（promise）――」と題されており、グレンが学問的に没頭したテーマと、比較法の発展・歴史・将来に関する彼の学問的軌跡とを出発点とする。第1章「比較法にどう取り組むか――若干の教訓――」では、マウロ・ブッサーニ（Mauro Bussani）が、グレンの学問的遺産がわれわれの（比較）法理解にどう貢献したかを、法・伝統・調和（conciliation）といった中心的観念に焦点を合わせて考察する。第2章「比較法のルーツにおける『比較方法』」では、ジョルジョ・レスタ（Giorgio Resta）が、「比較方法」の原点のディスコースの顕著な特色を再検討する。レスタは、①法学研究の対象として比較法を受け入れるための「科学的パラダイム」の重要性と、②分類学的本質主義（taxonomic essentialism）と進化論的決定主義のような基本的前提が失われたことが、「比較方法」への信頼の喪失をどのように早めたかに照明をあて、「比較方法」の精神史（intellectual history）を再検討する。こうしたパラダイム・シフトの余波を受けて、私法偏重のミクロの比較法伝統が発展した。グレンのこの伝統に対する批判と、彼のマクロ比較中心主義に刺激されて書かれたのが、ジョン・ベル（John Bell）の第3章「ミクロの比較の価値」である。ベルは、法システムが実際にどう作用しているかを教えてくれるのは、特定の問題の慎重かつ徹底的な分析で、そうした分析が、法の機能に関する貴重な一般的洞察をも

---

21) *Id.*, 20.

22) *Id.*, 21.

たらすと論じている。第4章でエシン・エリュジュ（Esin Örücü）は、比較法学の主流が、社会文化的変化（sociocultural change）、特に混合法システムのコンテクストで出会った、複雑な問題に対処する方法について考察している。第5章で、ミケーレ・グラツィアデイ（Michele Graziadei）は、比較法についての対話を促し、国家的およびトランスナショナルなレヴェルの双方で、多元主義が比較法学に何をもたらすかを探求することを通じて、比較法研究のパラダイムを移行させたグレンの役割を讃え、「比較法におけるバリアを破った」ことを評価する[23]。

　本論文集の第2部には、グレンの概念枠組みの起点（zeroes）である「伝統の概念——その可能性と課題——」を扱う諸論稿を収めている。この第2部の寄稿者たちの目的は、「伝統」の概念と、法的ディスコースにおける「伝統」の役割・可能性につき、自身のパースペクティヴを提示することである。「情報が多すぎる」と題した第6章で、マーティン・クリギア（Martin Krygier）は、1986年に彼が（「伝統としての法」という論稿で）初めて考察した「伝統」というトピックを再度取り上げ、法の理解のためにこの概念が重要であることを強調したグレンの功績を讃える。ただし、法秩序は伝統であると認めることが、社会秩序と法秩序の共存・両者間の相互の調和に実際上の意味を持ちうる（real-life implications for the mutual acccommodation）、というグレンの主張には賛成できないと説く。既に検討したように、グレンは、法を「伝統」として概念化する方法と「システム」として概念化する方法とを対比し、後者のレンズは、静態的で具体化された国家中心的な法の理解を促進してしまうと説いている。キャサリーン・ヴァルッケ（Catherine Valcke）は、第7章「法伝統としての法システム」において、法伝統と法システムという2つのパースペクティヴは相容れないものではなく、「流動的な境界を特徴とし、国民国家というウェストファリア的概念と依然として矛盾していない、伝統としての国家法システム（national legal systems as traditions）」という定義を支持する。第8章「パトリック・グレンから学ぶ——伝統・変化・革新（Innovation）——」において、

---

23) *Id.*, 21-22.

56

デイヴィッド・ネルケン（David Nelken）は、伝統と変化との関係をより深く観察し、伝統がいかに生産・再生産されるかに着目して、この関係をより巧みに説明しようと試みている。ネルケンは、タルムード法伝統におけるラビによるプロズブル——債権者に融資の返済を保証する法律——の改革（the Rabbinical innovation of the Prozbul）を検討して、伝統の内部で変化を実現する場合、変化は伝統からの離反ではなく、伝統を維持しようとする最善の努力の具体化として説明されなければならない、と結論づけている。第9章「スンニ派法伝統——多元主義、形式主義、改革の概観——」で、アームド・フェクリー・イブラヒム（Ahmed Fekry Ibrahim）は、法伝統の出現と再生産について類似のテーマを扱い、イスラーム法伝統をより良く理解するために、「書物の中の法」を超えた「リアリスト」的アプローチ、学識法曹同士の交流を提唱し、裁判実務を意識的に取り込み、法的変革への新たな道を開こうとする。第2部の最終章（第10章）「通約可能性（Commensurability）、比較法、儒教的法伝統（Confucian Legal Tradition）」で、マリー・キム（Marie Seong-Hak Kim）は、伝統に関するグレンの思想と諸伝統の通約可能性から議論を進め、歴史的儒教における系統的特質（lineage property in historical Confucianism）という概念を検証している[24]。

　本論集の最後の第3部は、「境界を横断する——文化移転、法的コスモポリタニズム、国家の解消（Dissolution）——」と題され、「国家なき」普遍法（stateless common laws）、法的知識の拡散と情報の移転のメカニズム、国家そのものを不要とする可能性、に対するグレンの関心とかかわるテーマを扱う諸論稿を集めている。第3部冒頭の第11章「サラマンカ学派—— 一つの普遍法か？——」において、トーマス・ドゥーヴェ（Thomas Duve）は、グレンは歴史的プロセスの観察を通じて伝統、普遍法、コスモポリタン国家についての彼の着想を展開したが、グレンの着想は法史研究とりわけグローバル法史（global legal history）にどれほど情報と利益をもたらしたかと問い、グレンがかつてヒスパニック普遍法（Hispanic common law）として記述した「サラマンカ学

24）*Id.*, 22-23.

派」を具体例として、グレンのアプローチ（およびその限界）を検討する。第12章「非コモン・ロー」（Un-Common Law）では、ヴィヴィアン・グロスウォルド・カーラン（Vivian Grosswald Curran）は、イギリスのコモン・ローの発展、起源、ヨーロッパ大陸法システムとの対照性を検討し、コモン・ローの歴史は、未来のヨーロッパ普遍法・共通法（European common law）の克服しがたい障害となるかを探求し、諸伝統間の相互理解が進んでいる、と指摘する。第13章「規範的翻訳の構造」で、長谷川晃は、法伝統間の規範的情報の移転のプロセスに取り組み、規範的翻訳理論（a theory of normative translation）の必要性を主張し、日本における西欧の「権利」概念の理解と再創造のプロセスを、具体例として挙げている。第3部の最後の2編は、グレンの国家・主権・コスモポリタニズムに関する理念を中心に論じている。グンナー・フォルケ・シュッペールト（Gunnar Folke Schuppert）の論稿である第14章「プロセスとしての国家――閉鎖性と開放性（Closure and Openness）との間の現代国家――」は、国家を概念化する際の「閉鎖性の諸要素」と「コスモポリタン的方法」との緊張関係に注目し、国家のコスモポリタン的「開放」（opening-up）を制限する一連のプロセスを検証する。最後の第15章「コスモポリタン的結合（Attachments）」において、ネイル・ウォーカー（Neil Walker）は、非凡な比較法学者としてのグレンの軌跡を辿り、「コスモポリタン国家」の――グレンの比較法中心主義（comparativism）からの離脱ではなく、まことしやかにそれを継続するという――外見上の「矛盾語法」（oxymoron）を探求する。ウォーカーによれば、グレンは、より強力なコスモポリタニズムの見解に対抗して、異なる国家の「下層土」（different state 'subsoils'）に根ざした、グローバルなコスモポリタン的実践（a global cosmopolitan practice）を描いたのである[25]。

(6) デデク論文の最終章「コスモポリタン的対話」は、次のように論じている。もしグレンが生きていたとすれば、コスモポリタニズムを格好のターゲットとする土着のポピュリズムからの挑戦に対して、グレンはどのようにコスモポリ

---

25) *Id.*, 23-24.

タン的やり方を守り、それを洗練すればよいのか、を大いに語ったであろう。コスモポリタニズムは、グローバルな「大後退（great regression）」によって、ひどい打撃をこうむっている。復活しつつあるナショナリズム・自国民中心主義・人種差別主義などの反コスモポリタニズムは、憎悪や無知だけではなく、非合理なものへの信仰・その崇拝からも生まれる。蒙昧な反啓蒙の破壊的攻撃に抵抗するために、グレンの作品の精神とその「共生（convivencia）」という中心的テーマを反映した選択が、当然になされるべきである。

　グレンが絶えず追い求めた「批判的コスモポリタン理論」も、西欧イデオロギーを超え、啓蒙と反啓蒙の対抗関係から生ずる緊張を概念化することに終わらず、その範囲を拡大し深化させ、「下からの」コスモポリタニズム（cosmopolitanisms 'from below'）を生み出さなければならない。しかしながら、西欧の想像力を完全に逃れる自生的な「定着性」（Indigenous 'rootedness'）が存在することを、認めなければならない。グレンには申し訳ないが、そこでは「普遍的な通約可能性」ではなく、「ラディカルな通約不可能性」（radical incommensurability）が前提となる。グレンの理念により、そしてその理念を超えて、以上の緊急の問題を考察することこそが、「真の活動のありか」（where the 'real action' is）なのである。グレンにとって比較法は、他の学問に比べて法学がより深く陥っている方法論的ナショナリズムを攻撃するための、完璧なプラットフォームでもある。「比較法」というパッケージにくるまれて、グレンの驚くほど破壊的な理念は、進歩的な学者が周辺から望んでいるよりも遥かに深く、学問の主流へと侵入したのである。

　こうして、グレンの「コスモポリタン法学」は法的議論の「コスモポリタン化」に大きく貢献し、法学全般を「真の活動のありか」の方向に少しだけ推し進めた。本書も同様なプロジェクトへのささやかな貢献となることを、望んでいる。必然的に本書には少数の学者が寄稿したにとどまるが、それは閉鎖的で排他的なサークル、すなわち他を排除して「遺産」を継承することを意味しない。われわれが着手した包括的な議論（inclusive discourse）に共鳴する対話、「他者」とかかわろうという意欲、その意味で「コスモポリタンな」対話を継続することを、本書は求めているのである[26]。

---

26) *Id.*, 24-25.

（7）以上のデデク論文は、法学のコスモポリタン化に貢献し、法学の「真の活動のありか」に向かうものであるとして、グレンの「コスモポリタン法学」——コスモポリタニズムに移行するプロセスにおいて現在の規範的形式に代わる批判理論——を顕彰し、コスモポリタン的対話の実現・継続、グレンの作品への「批判的参加」という本書全体の基本的パースペクティヴを提示する。多元的な諸伝統のグローバルな「多様性の維持」・「調和」・「共生」（convivencia）というグレンの作品の精神と、「批判的コスモポリタン理論」の拡大・深化に努め、「下からの」コスモポリタニズムを生み出すべきことをデデクは説き、国民国家と実定法（法実証主義）に拘束されている法学の方法論的ナショナリズムに対して、グレンの理論の持つ破壊力を讃えるのである。グレンは、伝統的な方法論を打破し、空間的・時間的に拘束されない情報の流れとして法を流動的に把握し（「法伝統」）、静態的でない比較のパースペクティヴがコスモポリタン的状況・グローバリゼーション・多元的文化主義に対応できることを示そうとした。その「勇気」「進取の気性」を賞賛しつつも、グレンの反国家中心主義的理論が法の権力的・暴力的側面を無視しがちで、比較における「通約可能性」に含まれる認識上の暴力に対して鈍感になりがちであること、グレンは「存在」と「当為」の間を容易に行き来するために、グレンと同じ世界観を共有していなければ、コミュニケーション・相互理解が殆ど困難であることなどを的確に論評している。グレンの人間的特色である「純粋なオプティミズムと、多様性の維持を通じた平和共存への信念」が彼の立論の中核にある、との指摘も興味深い。

Ⅲ．『コスモポリタン法学』第1部「比較法の伝統──コンテクスト、歴史、見込み（Promise）──」

1.（1）本論集第1部は、ブッサーニ（トレント大学教授）の論稿「比較法にどう取り組むか──若干の教訓」に始まる。ブッサーニは、「私はいつもグレンの個人的特質──彼の謙虚なコミュニケーションの取り方と、他者の新しい議論を絶えず受け入れる広い心（精神的開放性）──が彼の学問上の作品の中心にもあった、と考えてきた。以下ではグレンの学問的遺産をコンテクストに置き、全体的な視野から、グレンの人と学問との結び付きを示すことにしよう」と述べる。グレンは、その主著（opus magnum）である『世界の諸法伝統』と、それをめぐる議論によって長く記憶されるであろうから、同書が基本とする（彼の人と学問で織り上げられたかのような）3つの概念、すなわち「法・伝統・調和」を批判的に論じてゆく、というのがブッサーニの叙述のプランである。以下、彼の分析を検討しよう。

グレンは法の概念を明示的には批判していないが、非西欧伝統においては規範性の法的形式と非法的形式とは明確に区別できない、とする多数の法人類学者の知見にグレンは依拠している。グレンの認識によれば、法伝統は、法的規範と非法的規範とを明確に区別せず、国家の権威に対する関係でリーガリティを獲得するものでもない。以上のパースペクティヴからして、グレンは、国家法を法システムの指標（lodestar）として重視する比較法学の主流から離反したのである。実定法は西欧の外では必ずしも法システムのコアではない、というグレンの指摘は正しく、各社会が（例えばショニック法伝統、宗教、ヨーロッパの植民地的ないしポスト植民地的遺産から生まれる）実定法以外の法的諸層（legal layers）をどれだけ重視しているかにより、実定法は絶えず挑戦を受ける。伝統的諸層は決して消滅しておらず、「移植された」法的ルールの実

現に影響を与え、この現象は西欧の実証的観点からは明確に把握できない。過去2世紀の法的ディスコースの主流は、法を常に国家の創造物であるととらえてきたけれども、グレンによれば、この見解はヨーロッパの自民族中心主義（ethnocentrism）の結果で、直面した現実をヨーロッパの法思想がそのようなやり方で体系化したためにすぎない。しかしながら、全ての社会は法によって生存し、そのルールを実効性あるものにしようとするのだから、いかなる法源であれ、社会の法は、国家法と共通する機能的・構造的な基本的特色——すなわち、ルールへの服従による社会秩序の維持——を有している。社会秩序が求めるものに対する社会の応答（response）であるからには、それは依然として法なのである。法システムを正確に研究するには、公式の法源と非公式の法源、伝統的な層とそれ以外の根拠に基づく層、それらが互いに作用し影響を与える方法を区別し、それぞれの果たす役割を分析する必要がある。国家の権威に由来しないルールは本来「法的」ではない、とする実証的態度を捨てなければ、認識へと通じる小道（cognitive pathway）は閉ざされてしまう[27]。

（2）以上のグレンの警告は西欧にも同様にあてはまる、とブッサーニは指摘し、①西欧の（ウェストファリア的）国家の浸食（erosion）、および②西欧の広い社会的・経済的関係のエリアでの法秩序を創造する非公式な領域の繁栄、という2つの現象を考察する。

　まず①について、ブッサーニは「慣習としての国家」（The State as a Habit）と題して、従来は商取引、海事、環境、資源開発、知的財産権、通信などが「広範に非国家化されている学問分野」の対象とされ、国家以外のグローバルな舞台の「中心」（centres）で創造される「グローバル秩序」が、国家のアクター（担い手）の選択を形成し、その伝統的機能を分散させてきた、と言う。自律的な経済的支配能力が弱まるにつれ、国家の役割は、公的でローカルな機関から、法的・経済的秩序を超えた機関へと変化した。次第にグローバリゼーションの影響を受け、国家はルールの創造者からルールの受け手（rule-taker）

---

27) Mauro Bussani, How to Do Comparative Law: Some Lessons to Be Learned, in: Helge Dedek (ed.), *supra* note 2, 29-31.

へと変化する。以上の現象からして、法システムの研究は、もはや国家法を崇拝する注釈作業であってはならない。実証主義の伝統は、比較法・外国法・国際法の古典的区分を作り出したが、これは法的現実の断片を表すにすぎず、学問的な壁を設ける代わりに、比較法の観点から、より大きな法的現実に目を向け、そこにある一連の法創造的実体（an array of law-producing entities）——これは超国家的ないしトランスナショナルな性格を持ち、国家法・国際法的手段ではコントロールできないレヴェルで繁栄するリーガリティを生み出すため、法源についての実証的説明の中に取り込むことができない——を相互に比較したり、国家法の構造と比較したりすべきである。

　先の②の現象について、ブッサーニは、法実証主義の失敗は別の（①と相互に関連しているが、比較法の主流からはあまり論じられていない）パースペクティヴからも理解できる、と主張する。すなわち、非西欧世界に限らず、われわれの社会の内部にも、多層的な法システム（a stratified multilevel legal system）の存在が認められると述べ、公式法とは無関係にルールが繁茂し、紛争が公式の裁判外で解決される多様な法的諸層の生存・再生を、ブッサーニは論じている。ここでの「法」とは、一定の共同体が自己を規律するために採用するルールの総体をいい、法的ルールと社会的ルールの区別は、その限りで消滅する。ブッサーニは、西欧において現存する法の階層（straitification）は、4つのルールの層からなるとする。ブッサーニは、①′通常の公式の層、②′慣習を起源とし、「個人的権威」の原則の影響を受けたルールと紛争解決手段に依存する層（殆どの西欧の家族と血縁関係とが、この層に帰属する）、③′「非公式」ルールと「非公式」裁定装置（adjudication devices）とによって、秩序が与えられている層（共同体的慣習に基づき、血縁外のファクターにより、実効性が保証されている。日常生活における小規模紛争の解決など）、④′トランスナショナルなビジネス法、および金融法分野の層、を挙げている。④′の層では、私的ないし準私的な国際的組織体（private or semi-private international bodies）が定めるルール、または商事実務・金融実務により時間をかけて形成された慣習上のルールが適用され、独自の法廷と裁定者とにより紛争を解決する「自家製の」レジーム（'home-made' regime）が、存在する。このように、西欧にも非公式の法的な層は常に存在し、法学と法学教育の長く続いた実証主

義的態度が、この現象を覆い隠してきた。これらの非公式の法的な層は、機能性と合理性（非公式ルールの実用性・合理性・効率性）により裏づけられて、存続してきた[28]。

(3) ブッサーニは、グレンから学ぶべき教訓として、①謙虚さという教訓（an unassuming lesson）、②法伝統すなわち開放性（open-mindedness）という教訓、③法的調和という教訓、④楽観主義（optimism）という教訓を挙げる。

　まず第1に、謙虚さについてである。法の階層化（stratification）を考慮すれば、国内的・国際的・比較法的パースペクティヴから理解・対処すべき法的関係に必要な認識を得ることができる。特に比較法的観点からすれば、法システムは一枚岩的・一元的な（monolithic）制度ではなくダイナミックな存在であり、その各層はその他の層からの圧力に対して様々な関係に立つ。多様な社会の生ける法（living law）に対して、深い影響を及ぼす（公式法以外の）重要な現象を見逃さないために、多層的・多元的・比較法的パースペクティヴ（a multilayered, pluralistic, and comparative perspective）が必要となる。こうしたパースペクティヴは、法的局面の伝統的理解を問題とし、主流的見解を広い社会的コンテクストと結び付け、法的メカニズムの機能を支える文化的諸前提を明らかにする。伝統的な知を超えて、あらゆる法が機能し、その中に埋め込まれている文化的枠組みを探求することは、前記のパースペクティヴからすれば魅力的であるが、そのためには、グレンの人と学問に顕著な特質、すなわち遠目が効き、文化的寛容を備え、自己の価値に謙虚であることが要求される[29]。

(4) 第2に、グレンの「世界観」（Weltanschauung）において、決定的に重要なのは法伝統の観念である。グレンは、法伝統を情報の「ブラン・タブ」（bran-tub）であるとし、歴史的に法伝統間では、一片の情報がまさにこの伝統に由来すると特定できないほどに情報の交換があり、諸々の伝統とアイデンティティを踏まえ、雑多な背景から生ずる情報を楽しんで活用することが多く

---

28) *Id.*, 31-37.

29) *Id.*, 38.

64

見られる。伝統を情報の容赦のない流れ（relentless flow）として重視し、この流れが一定の社会において整除されて、個人の考え方（mindset）や選好を通じて社会が形成されるとするならば、次の①から③の重要な結果が生ずる。

①いかなる社会でも、グループ分けにあたり——言語、宗教、家族的紐帯など の——同化させる力（identitarian forces of all groupings）の強さは、一定の伝統において利用できる情報の種類に依存する。

②常に伝統の流れは他の流れと交流し、相互に情報を交換し、互いに挑戦し、相手を取り込もうと成長する。グレンによれば、「伝統は社会のアイデンティティの決定を左右する要素であり、世界には、根本的に異なった全面的に調和不能な社会的アイデンティティなど存在しない」。伝統を広くとらえることは、抽象的な手段（命令、規範、ルール、原則など）で法を分析する法理論家が見落としがちな要素（特に「過去」の持つ影響力）を把握でき、グレンにとっては、法を理解する不可欠の方法である。

③法伝統が孤立することは、全く例外的である。殆どの伝播はインフォーマルで、影響は交換による双方的なものであり、交換の主たる担い手は政府とは限らず、個人・商人グループ・法律家・植民者を含む移住者のこともある。

またグレンによれば、いかなる情報が保存され将来獲得されるかを、伝統は完全にコントロールできない。伝統と変化を矛盾する二律背反（antinomies）として扱う、ポスト啓蒙主義的傾向（the post-Enlightenment tendency）は、容認できない。法的グローバリゼーションは、法制度とルールの統一に向かう進歩的なもので、過去も未来も所与であるから、歴史と地理は放棄されるとする主流の見解を、グレンは批判する。現実的見地から、外見上の二律背反を取り込み調停するグレンの開放性は、根本的な教訓として学ばれるべきである[30]。

（5）グレンによれば、「根本的に異なり、全面的に調和不能な社会的アイデンティティは、世界に存在しない」。また、法システムに対する上からあるいは外部からの、ルールや制度の強制は、「両負けのゲーム」（a lose-lose game）に

30）*Id.*, 38-40.

なることが多い。それゆえグレンは、諸法の調和可能性（a possible reconciliation of laws）——世界の主要で複雑な法伝統全体を容認し、相互に依存しているがゆえに、全ての法伝統がある程度は自分自身でもある、ととらえるプロセス——というパースペクティヴからの議論を好んだ。しかしブッサーニは、この種のメシア的文化革命に対しては、グレンよりも懐疑的かつ悲観的である。全ての主要法伝統にわたって、同じ態様で同時にこの「調和的」態度で臨むことはできず（選択的かつ不均等にならざるを得ない）、法的調和の価値と望ましさは、それを実現する方法と、勝者・敗者の得点表（the potential scores）次第である、と彼は考えている。

　ブッサーニは以下の3点に注意を促している。①人類学者の指摘によれば、多数の社会（西欧も同様）は、自国民中心主義を拡大する。これは、自己の文明の形態が他の文明よりも優れていると考えて、それをできる限り拡張し、自己の利益を深めようとする傾向があるからである。②他国における法の改革を、外部から目標とする場合に、十分な比較法的手段の支え（その解決方法が新たな背景で通用するように、コンテクストに合わせること［contextualization］）を欠いていることが多い。③これらの努力を評価する場合、文化的レヴェルと機能的レヴェルとで、分析を区別しなければならない。文化的レヴェルでは、グレンのように歴史の教訓に注目する論者は、法的多様性を圧搾する（compression）最も顕著な現象である植民地化には限界があり、強制的伝播に対し批判的な反応を引き起こしたものの、植民地におけるヨーロッパ・モデルの普及に大きく貢献したことも知っている。西欧で教育を受けたローカルな（現地の）エリートの意向を無視した・外国モデルの超越的な押し付け（superimposition）は、文化の排除（de-culturalization）、脆弱なアイデンティティの圧殺、意味の破壊をもたらす。しかしながら、機能的レヴェルでは、西欧的パラダイムとの相違は、必ずしも歓迎されるべきものとは限らないため、異なった評価が必要である。すなわち、この相違は、必ずしも必要不可欠ではない慣習的ルールの結果であることが多く、西欧スタイルの経済発展を目指す場合に、これらの相違を維持すると非常にコストがかかるからである。また法統一のプロセスは、上や外部からの強制がなくても、同様なルールの集合体を、多様な利用者グループが自発的に受け入れることによっても実現できる。実効

性のある、広範でトランスナショナルな遵守がなされるのである（例えば、商人法 [lex mercatoria]）[31]。

（6）最後にブッサーニは、グレンの「楽観主義の教訓」に言及する。西欧世界の外では、西欧モデルの循環・普及（circulation）は、効果的でも効率的でもないことが多い。ルールの移植ないし輸入にあたって、その必要性と手段とは、問題の法分野と対象となる世界とに応じて大きく異なる。法の創造者と受け手とが共有する文化的背景が欠けていたり、ローカルな法使用者の本質的な関与を無視したりすれば、移植のプロセスは、ことごとくが単なる思考実験あるいはコスト倒れとなる。しかしグレンの姿勢はより「楽観的」で、明らかに自国民中心主義の拡張には関心がなく、法伝統間の紛争・威圧・暴力といった出会いは、両立と交換（cohabitation and interchange）を続ける法伝統には、不可避のモメントにすぎない。支配の努力は、全ての主要法伝統の容赦ない生存のダイナミクスにおける、永久的な腐敗の形（form of corruption）である、とグレンはとらえる。グレンによれば、世界の主要な複雑な法伝統は相互に依存し、その1つが消滅することは、他の主要法伝統にとっても損失となる（主要なサポート先や、自問のきっかけを失う）。このようなグレンの理解は、法における多様性を維持する積極的活動のための第一歩であり、世界の法律家間のコミュニケーションを改善するプロセスが、紛争の平和的解決の期待を高め、法的使命の質を向上させると考えるのである。

ブッサーニは、以上のグレンの楽観主義は、彼の「人類に友好的」で快活な人柄や、長きにわたり多様性と一貫性（共通のアイデンティティ）を維持してきた文化（カナダ文化）の中で成長してきたことに由来するのであろうとする。この種の文化（グレンの言う「伝統」）は、次第にトランスナショナル化してゆく世界からの挑戦にどう対処すべきかを、全ての人に教えてくれるであろう（グレンもわれわれに多くを教えてくれた）、と最後に指摘するのである[32]。

---

31) *Id.*, 40-42.

32) *Id.*, 42-43.

（7）　以上のようにブッサーニは、グレンの『世界の諸法伝統』における3つの基本概念である「法・伝統・調和」を取り上げ、まず非西欧法伝統において、実定法は必ずしも法システムのコアではなく、規範性の法的形式と非法的形式とは明確に区別できない（社会の法は、ルールへの服従による社会秩序の維持という特色を有する）から、国家に由来しないルールは本来「法的」ではないとする実証主義的態度は捨てるべきである、と警告する。ブッサーニは、この警告は西欧にも妥当するとして、「慣習としての国家」という視点を提示し、トランスナショナルな法創造的実体、あるいは国家以外のグローバルな舞台の中心で創造される「グローバル秩序」を相互に（あるいは国家法と）比較すべきである、と主張するのである。ブッサーニによれば、西欧社会にも多層的な法システム（共同体の自己規律のためのルールの総体）・非公式の法的な層が存在し、多様な社会の生ける法を理解するには、多層的・多元的比較法的パースペクティヴが必要である。法的メカニズムの機能を支える文化的枠組みを明らかにするためには、視野の広さ・文化的慣用・謙虚さといった、グレンの学問的特質が要求される。グレンは、法伝統を情報の「ブラン・タブ」として捉え、伝統は社会のアイデンティティを決定する要素で、全面的に調和不能なことはありえない（諸法の調和可能性）とするが、これはグレンの楽観主義である。「法の創造者と受け手とが共有する文化的背景」や「ローカルな法使用者の本質的な関与」に配慮しない西欧モデルの普及・循環は、効果的でも効率的でもないとブッサーニは批判している。

2.　（1）　本論集第1部の第2論文は、ジョルジョ・レスタ（ローマ第4大学准教授）の「比較法のルーツ（the Roots）における『比較方法』」である。レスタによれば、比較法の方法は、比較法学の認識論上の位置づけ（比較法は方法かそれとも科学か、という議論）の副産物として、これまで背後に取り残されていた。過去20年の間に、比較法学者は方法論の重要性を再発見し、「方法論をめぐる闘争」（フランソワ・ジェニー）が突然再燃し、比較法の教育・研究のための理論的枠組みに取り組む論稿・著作が、次第に増加した。このように新たに方法論に魅せられるようになったのは、「比較する」あるいは「他者を理解する」という過程にかかわる重要な理論的問題を、従来は単純化しすぎていたという

だけではなく、ポスト国家的環境（post-national environment）において、比較法学が深刻な課題に直面し（比較法の発生と発展の前提であった文化的・政治的・制度的枠組み全体が、消滅しかかっている）、転換点に立っているためである。

　パトリック・グレンによれば、独立分野としての比較法は19世紀の産物で、国家的法実証主義、領土に基づく法域の観念、法学研究の「科学的」パラダイムといった一連のファクターの論理的帰結である。西欧秩序の崩壊によって、法的ナショナリズムの基盤が大きく変化し、法はもはや政治的国家（political state）のみが産出するものとは考えられなくなった。法的実体の中立的・客観的な記述への信仰は大幅に失われ、比較法学者は、法実証主義の時代に発達した規範性概念（the conception of normativity）が危機にさらされていることから生ずる課題に取り組んでいる、と感じるようになった。比較法の伝統的モデルに対する批判は、「国家法の崩壊」と、それを取り巻く理論的枠組みの解体を認識したことに始まる。こうした背景のもとで、方法論の論争は、変貌しつつあるグローバルなシナリオの中で、比較法の理論的枠組み全体を批判的に考察する、またとない機会である。方法の実効性を評価するには、探求の目的が予め決まっていなければならないが、比較法の使用は多岐にわたっているため比較方法は存在しない、とグレンは述べている。これも極めて思慮に富む重要な見解であるけれども、理論的パースペクティヴとしての「折衷主義」は、認識をコントロールするパラダイムを放棄した結果であり、比較法の歴史を振り返れば、その形成期には、ヨーロッパの知的サークルにおいて、「単一の」比較方法が存在するという正反対の見解が最も信頼されていた。レスタは、以上のように論じて、本論文では、「比較方法」に関する初期の議論の顕著な特色に再び光をあて、法学研究の自律的分野として比較法学が認められるにあたり、「科学的パラダイム」がいかに重要であったかを解明する目的から、法的比較主義・比較法思想（legal comparativism）を中心に検討する、と主題を提示している。

　レスタによれば、比較法は進化論的法律学と結び付き、同時代の法学者には時代遅れと見られていたために、パリ会議以前の法的比較主義に関する文献は散発的で豊富とはいいがたいが、比較法学の性格と目的に関する初期の研究を

第1部　比較法の思想　　*69*

今日再読するのは有益である。なぜならば、当初から法学以外の科学（特に生物学と古典文献学）が、現実を理解するための分析の手段として、また新しい「学問」を正当化するためのレトリック上の道具として重視されていたことが、まず明らかになるからである。さらに、19世紀の卓越した多くの法学者が共有していた、単一の標準的な方法が存在するという信仰は、比較法の当初の議論を支えていた理論的なメタ・フレームワーク（the theoretical meta-framework）（グレンが繰り返し指摘する、分類学的本質主義［taxonomic essentialism］と、進化論的決定主義）が、知的な正統性とその実質的根拠とを失うと、直ちに消滅してしまったことも、判明する。1900年以前の比較法理論を一瞥しておくことは、現代の比較法方法論に歴史的深みを加え、比較法の「伝統的モデル」が直面している課題の性質をよく理解するためには、実りの多い作業である[33]。

（2）続く第2章「比較主義・比較学（comparativism）の擡頭」で、レスタは、人類の理解を深める実践的手段としての「比較（comparison）」と、認識上の発見を方法論的に保証する理論的枠組み（自立した研究分野）としての「比較主義・比較学（comparativism）」とを、まず区別する。比較は、自然科学の分野では発見と理由づけ（reasoning）のための主要な技法として確立しており、社会科学においても理解可能性（intelligibility）をもたらす有効な手段として、伝統的に（中世普通法においても）しばしば援用されてきた。これに対し、自立した研究分野（an autonomous field of research）としての比較主義・比較学の擡頭は、18世紀末および19世紀に始まる、ヨーロッパ特有の文化的現象である。この知的動向の鋭い観察者であったフリードリッヒ・ニーチェは、その著書『人間的な、あまりに人間的な』において、彼自身の世紀を、美的感性の高まりにより、高次の道徳性を備えた形式・慣習が選別される「比較の時代」と呼び、この時代の顕著な特色は、宗教と形而上学が与えた伝統的な解答への不信、世俗的・現世的次元の発見、近代科学への信仰、自然的・文化的パタンの衝突・対立であるとした。

---

33) Giorgio Resta, The 'Comparative Method' at the Roots of Comparative Law, in: Helge Dedek (ed.), *supra* note 2, 44-46.

70

　こうした「実験」の最前線にあった自然科学の分野で、比較のアプローチが
まず発達し、体系的に適用された。18世紀には、主たる関心は分類学的本質主
義（classificatory, taxonomic essentialism）にあった（ビュフォンやリンネの
ようなナチュラリストに支配的な傾向）。18世紀末には、生物学的多様性の分
類よりも、多様性の説明に努力が向けられるようになる。科学の用語は、不変
の自然的秩序と種の持続性とを前提としていたが、次第に断続性・不連続性や
不規則性が注目され、ギャップと例外を説明することが、自然科学者の主たる
任務となり、そうした説明に向けられた努力が、有機的組織体の進化理論に結
実した。以上の背景のもとで、比較解剖学（comparative anatomy）、古生物学
（paleontology）、比較発生学（comparative embryology）などの新しい学問分
野が誕生し、批判的役割を果たした。とりわけ、比較解剖学に決定的に貢献し
たジョルジュ・キュヴィエ（Georges Cuvier）は、有機体の機能が、その構造
（身体的特徴）よりも優位に立つことを主張し、「可視的な」範囲を超えて、種
の間の類似性を特定することが可能となった。キュヴィエによれば、科学的比
較は、自然科学に不可欠な道具で、この方法によってのみ、自然史という現象
を規律する一般的な観察法則（general laws of observation）を発見できるので
ある。

　「比較主義者」的メンタリティ（"comparativist"mentality）を採用すること
は、特殊創造説的世界観・人間中心的世界観（a creationist and anthropocentric
vision of the world）の放棄を伴い、ダーウィン的進化論の出現により、不動の
コスモスとしての世界観、人間中心の世界観が排除された。体系的比較は、批
判的理論構成（reasoning）に用いられて、多くの分野での科学的議論を大幅
に革新した。近代人文学（humanities）は、比較学とりわけ比較言語学（19世
紀にはフィロロジーと呼ばれた）の発展の著しい影響を受けた。イギリスがイ
ンドを植民地化したことによって、サンスクリット語と古代ヨーロッパ諸語と
の類縁性（affinities）の解明が進み、さらにドイツの諸大学における「語族」
研究の科学的アプローチが発達したため、比較言語学は一挙に大きな進歩を遂
げ、（比較古典学は、言語は生成する有機体で、人間の移住によって拡大し、
生物の種と同様に家族に再分類でき、進化によって複雑化する傾向がある、と
いう基本的前提に立っていたので）言語学者と生物学者が、極めて頻繁に相互

の業績を引用した。

　比較言語学の功績は目覚ましく、インド・ヨーロッパ語族間の類似性、それと古代サンスクリット語との類似性を示し、語系と歴史の問題が収束することを解明した。19世紀の言語学者は、専ら通時的・歴史的観点から、問題の諸言語が同一の語族に属するかどうか（発生論的・遺伝学的関係があるか）を示すために、言語を比較した。比較方法は、祖語（parent languages and proto languages）を再構成する機能を果たし、多様な社会の発展のパタンを科学的に説明する能力に優れていたため、絶大なプレスティージを獲得した。同時代人からすれば、「比較方法」（the Comparative Method）はただ1つしか存在せず、それは比較言語学が発展させ充実した成果を上げた方法を指していた（比較方法は、推論により社会史を構築する［construct inferential histories of societies］場合の共通の道具となった）。

　初期の比較言語学に典型的な「系統的」（genealogic）アプローチは、すぐに他の社会科学・人文科学に拡張され、文化形態と社会制度の起源についての進化論的説明を提供した。比較言語学の方法を、法制度にそのまま移転できるかどうかについては、反論もあった。比較方法は、対象とする現象に機能的同質性（functional homogeneity）が認められることを前提としていたけれども、ロマンティック・ナショナリズムが頂点にあった当時の法学においては、法律家はそのユニークで通約不能な（incommensurable）性格を主張する傾向があり、法は内国の伝統に深く根ざした特殊な文化の孤立した産物である、とみなされていたためである[34]。

（3）比較法による理論構成（comparative reasoning）に反対した論者の中で、最も影響力が大きかった者として、レスタは、フリードリッヒ・カール・フォン・サヴィニーを挙げる。法の歴史的性格を強調したにもかかわらず、サヴィニーは、自国の法伝統を大きく超えた広い範囲に及ぶ法学研究の効用について懐疑的であった。ドイツ民法典の採否をめぐるアントン・フリードリッヒ・

34）*Id.*, 47-52.

ティボーとの論争において、比較法に対するサヴィニーの批判的スタンスが明らかにされている、とレスタは指摘する。ティボーは普遍法史を提唱し、法についての知識を深めるために、非ヨーロッパ文明を参照する必要性を強調した。サヴィニーは、外国法伝統を研究するのは、その内在的「価値」によるので、ローマ法の権威ある伝統に比肩する法システムは他に存在しない、と辛辣に応じた。さらにサヴィニーによれば、法の本質は、民族の過去全体から推察され、その精神的形態（spiritual forms）の歴史に拘束されているので、キリスト教的ヨーロッパ民族（Christian -European nations）に属しない異別の文明を探求しても得るものはなく、ドイツ統一の法的基盤を構築するという実践的必要からすれば、ローマ・ゲルマン法伝統のみが考慮に値する、とされた。領土に基づく法域の観念と、法と民族文化との関係についての「ロマン主義的」見解とを共有する全ての世代の法律家は、この制限的立場をとった。

　しかしながら、主流からは外れるが、超国家的ハーモナイゼーションを含む法改革の目的から、類似の発展段階（ランベールの用語）にある諸外国の法を研究する立場（これは比較法の歴史の記述の中で登場するにとどまる）と、パリ会議の当時は極めて影響力のあった（今日では忘れ去られつつある）最初の真正な比較法「理論」（the first veritable 'theory'）には、法における「他者性」への関心が残っていた、とレスタは指摘する。後者の「理論」の特色は、歴史的アプローチと比較のアプローチの統合、分類学的本質主義、（古代社会・原初的社会を含む）あらゆる社会の法制度・信仰・理念への関心、法発展の実証的説明への関心であった。この段階では、比較法は人類学や社会学と殆ど区別できなかった。レスタによれば、初期の段階で方法論を問題としたのは、後者の一派で、既に1810年にアンゼルム・フォイエルバッハが法学と自然科学との関係を取り上げ、比較と結合とは経験科学における発見の豊かな源泉であるのに、なぜ比較解剖学があって比較法学がいまだに存在しないのか、法の普遍理論・立法の科学は、諸民族の法と慣習の比較によって基礎づけられなければならない、と主張した。

　既に19世紀初めに、法学者は、解剖学や古典学における成果を、法学も従うべきモデルと考えていた。単にインスピレーションを得るためだけではなく、新たな理論的枠組みや革新的な研究方法を科学的に正当化する目的で、これら

の学問への関心を持続させたのである。「分類し、秩序づけ、抽象化し、一般化する」という時代の要求・傾向に即していたから、学際的原則（a transdisciplinary theorem）は極めて強力であった。比較法の初期の議論には、この姿勢がことのほかよく表れており、当時比較方法とは何を意味していたかが明らかである、とレスタは述べている[35]。

（4）レスタは、イギリスの偉大な法史学者で比較法学者（comparativist）であった、ヘンリー・サムナー・メーン（Henry Sumner Maine）の後期の作品を例として取り上げる。彼の『古代法』では、方法論はマージナルな役割しか果たしていないが、後期の作品では新しい科学である「比較法学」（comparative jurisprudence）の理論的・方法論的基礎について、率直に考察しているからである。

　インド総督府参事会法務官（Legal Member of the Governor General's Council）としての経験から、メーンは、『古代法』における法的進歩についての仮説を検証する機会を得るとともに、ローカルなルールや慣習や制度に通じるに至り、比較法史に対する一貫したアプローチを、1871年に刊行した『東西における村落共同体』（Village-Communities in the East and West）の冒頭で展開した（同書に収められた論稿で、インドは、比較古典学・比較神話学と同様に、比較法学という新しい科学をわれわれに提供してくれるかもしれず、どの共通母語の子孫よりも古いアーリア言語と、遥か初期の発展段階にあるアーリア的制度、アーリア的慣習、アーリア的法などを含むから、明らかに新しい科学の素材となる、とメーンは論じている）。すなわち比較法史においては、多数の並行現象を検証し、その中のいくつかが互いに歴史的継承順に関連していること（related to one another in the order of historical succession）を明らかにする。しかしながら、法・法理念・意見・慣習のような人間社会の現象は、言語よりも外的状況の影響を広く受けやすいので、法学に対して「比較方法」を適用しても、利益や信頼性の点で比較古典学の水準には及ばない、とメーン

---

35)　*Id.*, 52-55.

は説いている。

　メーンの分析は、1860年代のイギリスで名声を博していた比較言語学の成果、すなわち、同一「家族」に属する言語間の結び付き・関連（connection）を確定すれば、その「家族」の個別のメンバーの歴史のギャップを埋めることができる、という基本的着想を、法制度の研究に移転しよう（transposing）とする。比較言語学は、比較法という新しい科学を発展させるための参照モデル（reference model）なのである。「メーンは、観察に基づく正確な知識という、新しい科学的要素を研究分野にもたらした」（ヴィノグラードフの評言）。彼は、この科学的態度に従って、比較言語学の「インド・ヨーロッパ」というパラメーターを受け入れ、古典学の規準（canons）によれば血統・家系（descent）を共有する「アーリア」社会の法、慣習、制度を研究の中心に据え、それ以外の土着の伝統の研究は、実り少なく思弁的であるとして退けた。

　メーンは、「比較方法」を極めて有望な分析の道具であると考えたが、法と言語の類似性を強調したサヴィニーよりも慎重であった。法と法理念は、言語以上に外的事情の影響を受けやすいから、法制度と慣習の類似性は、共通の起源の証明とは限らず、移転・模倣・独立の発明などの別個の原因によるかもしれないことを、メーンは率直に認めていた。「科学的比較」の技法を、機械的に用いるのではなく、法の作用に含まれる多様なファクターを考慮して調整しなければならないとし、共時的な比較方法と通時的な歴史的方法とを統合することで、修正を試みた。直接的な観察と歴史研究とは互いに助け合うもので、過去と現在の区別は消滅し、歴史的方法と比較方法とは区別できなくなる。この2つのアプローチの統合・共働（synergic implementation）によって、法制度の内容と意味について、さらに深い知識が獲得でき、近代西欧思想の多くのアプリオリな仮定が修正される。例えば、人間行動の主要な原因は経済的動機にあるという経済学者の信念や、ベンサムの功利主義社会哲学は、メーンによれば、近代ヨーロッパと異なる社会には妥当しない、非歴史的な一般化なのである（以上は、前掲『東西の村落共同体』の冒頭部分による）。

　またレスタによれば、より進歩の遅れている社会の・対応する制度（comparable institutions in less-advanced societies）を参照することで、歴史記録に残るギャップを埋めることが可能になる（歴史的方法が、比較方法によっ

て修正される）、というメーンの指摘は極めて重要である。ヨーロッパの初期の法史の理解は、共通の血統（common parentage）を有する他の社会（インド）の研究によって深められるのである。厳格な進化論的決定主義に共感はしていなかったが、メーンは「進化法則」を信じており、社会は揺籃期から成熟した段階へと次第に発展し、複雑化してゆくと考えていた。この進化法則は、中立的・科学的な選択ではなく、ヴィクトリア朝の時代精神、すなわち進歩する社会の歴史はギリシアに始まり英帝国で頂点に達したという思想と一致していた。メーンの学問は、ジョン・オースティンがイギリスに普及させた実証主義的パラダイムとは、ラディカルに異なる法観念を採用し、法史学を、国家主義的性格と狭い観察範囲（ドイツ歴史法学派の遺産）から解放し、他国の文化と伝統の研究への道を開いた点で、極めて革新的であった。しかしながら、メーンは彼の時代の影響下にあり、比較言語学に倣って、比較史的研究をインド・ヨーロッパ族に限定した点では、「西欧法伝統のアーリア・モデル」（Aryan model of the Western legal tradition）の影響を受けたヨーロッパ大陸の学者たちと異ならない（レスタは、ここでモナテリとコシャーカーを引用する）。

　このメーンの限界を後に克服したのが、「比較法学雑誌」（Zeitschrift für vergleichende Rechtswissenschaft）を中心とするドイツの学者たち（ベルンヘフト、コーラー、ポストら）であった。彼らは、原始社会を含むあらゆる社会の法と慣習に注目し、歴史なき社会の口承的伝統も分析対象となるとした。歴史的アプローチは、実用に耐えなかったので、「比較方法」を重視した「民族学的法律学」（ethnological jurisprudence）という新たな科学を発展させようとした。このドイツの学者たちは、フィールドワークを行わず、初期のアマチュアの民族学者や植民地当局のデータに依存せざるを得なかったので、比較法は、社会における法発展の一般法則を定立する際に必要な道具として用いられた[36]。

(5) 最後にレスタ論文は、「結論」としてこう述べる。歴史記録に残ったギャップを埋め、発展の統一的パタンを再構成するための道具として比較方法を用い

---

36) *Id.*, 55-61.

ることは、根拠がなく、「人工的で不毛である」と後代の人類学者から厳しく批判された。フランツ・ボアズは、初期の比較学者たちの「グランド・セオリー」は、認識論上の欠陥があると弾劾し、社会の成長を規律する統一的法則がある（それを発見すれば、文明を深化させる原因が理解できる）という信仰を批判し、真に機能的なプロセスから明確・確定的な現象の現実の歴史を引き出すことを主張した。こうした人類学における「リアリスト」への転換は、法学にも生じ、パリ会議以後、民族学的法律学はマージナルな存在となり、社会のグローバル・ヒストリーを構築するという着想は廃棄され、普遍的発展法則により多様性を説明するという努力はなされなくなった。比較分析の範囲は、近代資本主義社会の法に限定され、一般的な研究方法も、次第に帰納的方法（induction）へと変わってゆき、比較法の新たなパラダイムが出現して、機能的方法（functional method）が普及し、比較プロジェクトの現実的折衷主義を強化した。

　比較法の初期の議論は、ヨーロッパ中心主義的・植民地的枠組みの中に埋め込まれていたため、現代的関心・魅力には訴えないが、違った形で模倣・再生される、比較法研究の一般的傾向を明らかにする点で示唆的である。まず第1の傾向であるが、パトリック・グレンは、比較法の「オーソドックスな」アプローチの顕著な2つの特徴として、分類学的本質主義と科学的実証主義を挙げる。これは、今日では多くの理由から批判されているアプローチではあるが、それでも依然として多くの支持を得ている。もう1つの傾向として、比較主義者が学際的理論に依存し、法学以外の科学（extra-legal sciences）が、比較法研究の理論的枠組みの目指すところを決定する（orient）ように、絶えず（今日でも）推奨される。比較法学者は、多様な法および多様な社会の関係を理解するという困難な課題に役立つ、一貫した理論的枠組みを絶えず求めていることから、全体的な知的傾向の変化に敏感なのである。ただし、比較法学は「本質的に」学際的研究に対してオープンであるけれども、法的現象の特殊性に対する理解を失ってはならない。

　かつての科学的規準（canon）を代表していた生物学と古典文献学に代わって、今日特権的地位を占めているのは経済学で、「数理的比較法」の試みは興味深い。しかしながら、新しい「比較法と経済学」の認識論的基盤を深く分析

すれば、（パトリック・グレンが指摘しているように）それが国家法と経済的指標（indicator）に集中した・現代資本主義の副産物であって、オーソドックスなモデルと同じ弱点を抱えていることが、容易に明らかになる。「こうした観点からすれば、パトリック・グレンの教訓は、『法』と『伝統』双方のより豊かな観念を強調するとともに、方法論的多元主義（methodological pluralism）を絶えず求めていた点で、貴重である」[37]。

（6）レスタ論文は、法的ナショナリズム・国家法・法実証主義（規範性概念）の崩壊により、変貌しつつあるグローバルなシナリオのもとで、比較法の理論的枠組み・方法論の批判的考察が必要となったとして、現代の比較法方法論の実効性を検討し、比較法の伝統的モデルが直面する課題への理解を深めるために、比較方法に関する初期の議論を、「法的比較主義・法における比較思想（legal comparativism）」（実践的手段としての比較とは区別される、自立した学問分野）を中心に、歴史的に再検討しようとする。当初から、法学以外の科学が、比較法の分析手段・学問的正当化の道具として重視されていたこと、単一の標準的な比較方法が存在するという信仰が、その理論的フレームワーク（グレンの言う、分類学的本質主義と進化論的決定主義）がオーソリティを失ったために消滅したことを、レスタは明らかにする。レスタは、比較法に関する初期の議論は、模倣・再生される比較法研究の一般的傾向を明らかにする点で示唆的であるとして、①先の分類学的本質主義と科学的実証主義、②比較主義者が学際的議論に依存し、法学以外の科学が比較法研究の理論的枠組みを決定すること、の2点を指摘する。レスタによれば、今日では数理的比較法、「比較法と経済学」が特権的な地位を占めるが、この方法論は、「国家法と経済的指標に集中した・現代資本主義の副産物」で、伝統的モデルと同様の弱点を抱えている。法と伝統双方の観念を豊かにするとともに、方法論的多元主義を絶えず追求していたグレンの立場は大いに教訓を与えてくれる、とレスタは高く評価するのである。

---

37) *Id.*, 61-63.

78

3.（1）本論集第1部の第3論文であるジョン・ベル（ケンブリッジ大学名誉教授）の「ミクロの比較の価値」は、ミクロの比較が比較法学者の伝統的なアプローチであるとして、それは特定の社会問題（例えば同性婚）を取り上げ、多様な法システムがどのように規律しているかを参照し、類似点と相違点を観察して結論を導き出すとする。

　ベルによれば、ミクロの比較の位置づけについて、ウィリアム・トゥワイニングは、2つの有益なコメントを寄せている。すなわち、①ミクロの比較は、比較研究の唯一の方法ではなく、世界のより広い範囲を横断して作用する・広く定義されたトピック（例えば、法の支配）を対象とするマクロの比較も存在し、ミクロの比較は、マクロの比較を前提とする。両者は相互補完的である。②ミクロの比較を、これまでのようなやり方で伝統的に重視するのは危険であるうえ、西欧の法的ルール、国家法、母法であるコモン・ローと大陸法システムとの関係の比較を中心にするのは、視野が狭すぎる。これは「国家および西欧」モデルの弱点である。そのため、比較法の二次的文献にも歪曲効果を及ぼし、その視野が狭まり、最善の実務が見落され、トランスナショナル・コスモポリタン法学の豊饒さと多様さが損なわれる。確かにグレンの作品は、トゥワイニングが推奨するようなマクロの比較の重要性を示しているが、伝統的なミクロの比較にも、マクロの比較の基礎となり法システムの現実の複雑な作用に対する感覚を養う、という重要な役割が残されている[38]。

（2）ベルは、グレンのマクロの比較を以下のように要約する。グレンの知的エネルギーは、より洗練されたマクロの比較分析を発展させることに向けられ、彼の著書『世界の諸法伝統』は、法システムを分類してプロクルステスの寝台（Procrustean bed）に押し込むことはせずに、社会問題を秩序正しい方法で処理した過去の経験から伝統を構築してゆく、多様なシステムに照明をあてようとした。グレンは、国民国家とその法システムに視野を限定せず、個別の社会的・イデオロギー的観点と結び付いた、法的紛争を解決するためのアプローチ

---

38) John Bell, The Value of Micro-Comparison, in: Helge Dedek (ed.),*supra* note 2, 64-65. ベルの比較法論については、貝瀬・前掲注（6）147-150頁を参照されたい。

に大きな関心を寄せた。このアプローチは、個別の国民国家に限定されないし、法システムの全体において機能するとも限らず、同一の法システムの内部でも複数の伝統が機能していることがある。

　グレンの分析によれば、法とは、人間集団の共生（living together）という問題を、予見可能な・結束性のある形で（in a predictable and cohesive manner）処理できるようにする、1つのメカニズムである。伝統の核心は、現在の問題の解決に向けて過去を持ち出すことであり、伝達のプロセスと、解決のためのインスピレーションを与える素材（グレンの言う情報のブラン・タブ［bran-tub］）である。伝統は、宗教やイデオロギーなど法以外の価値に基礎づけられ、同質的なものではなく、個別のコミュニティの中で法的問題を解決するためのアプローチ（あるいは、そのブレンド）を伝える。グレンは、国家法の概念に依存せず、「商人法」なども含む、よりコスモポリタン的なパースペクティヴを採用している[39]。

　法伝統の概念を提唱する際に、グレンは私法と商事法を中心とし、伝統内での公法にあまりスペースを割いていない、とベルは批判する。西欧法伝統において、公法はカノン法（最初の偉大なヨーロッパの"public administration"の法）に多くを負っていたにもかかわらず、各国の行政法は独自の発展を遂げた。しかしながら、個人の基本的人権の概念をヨーロッパ大陸法伝統の中に正しく位置づけるには、（国家の「法への服従」は19世紀自由主義の産物で、歴史は浅いとしても）「法治国家」の価値が必要不可欠である。ヨーロッパ大陸諸国では、公法と私法のルール・原則の間には深い分裂が見られ、コモン・ローに比べ、大陸法伝統の重要な特色となっている。啓蒙の時代に始まる個人の人権への信念が、西欧法伝統の一部を構成するなら、憲法的正義（constitutional justice）およびトランスナショナルな法制における人権の宣言もまた、現代法伝統の一部として記述すべきである。現在では、大陸法伝統諸国には、コモン・ロー諸国や北欧諸国とは異なった・ローマ法やカノン法と関係のない憲法的正義の伝統が存在する、と指摘されている。また1920年にオーストリア憲法

---

39) *Id.*, 66-67.

80

裁判所が創設されて以来、通常裁判所とは異なる憲法裁判所が発展し、個人の権利保護・権力分立に貢献した。現代ヨーロッパ大陸法の記述に、これらの特色を取り入れるべきである[40]。

　ベルが強調したいのは、法伝統は様々な方法で区分することができるという点である（公法・私法のいずれに着目するかで分類は異なる。グレンも、「伝統」の基礎にある実体［reality］の多様性は、十分に意識していた）。分類によって、多様な特徴の相互作用が明らかになり（構造の解明）、分類の基礎となる共通のテーマを洞察できるのである。ベルによれば、法伝統の区分にあたりグレンが重視したのは、変化・合理性・ヒューマニズムといった組織化の理念および価値（the organizing ideas and values）の持つ力（the power of ideas）であった。（国家による物理的な力の独占という、ケルゼン的権力思想と結合した）法の支配（the rule of law）の理念を、グレンはあまり高く評価していなかった。グレンは、法はその帝国（empire）を拡張し、社会を拘束するためのメカニズムを定めるものと考えていたからである[41]。

　しかしながら、ルールを創造し、具体的状況に適用するプロセスの重要性は、グレンも指摘していた。ベルは次のように論じている。法システムごとに紛争解決プロセスは異なり、古典ローマの法システムは土着の（ショニック）法システムに類した素人裁判人（the lay iudex）を利用し、プロフェッショナルの門番（gatekeeper）として法務官（praetor）を置くという特色を有していたが、裁判官の役割が専門職化するに従って、このローマ的特色は変化した。ローマ法から継承した西欧法伝統の最も顕著な特色は、法的紛争の個別相対的性格（the discrete character）で、法的観点からのみ問題が把握される。訴訟は裁判所やリーガル・プロフェッションのような「制度」（institutions）を生み、法もまた社会からは切り離された制度の中で生ずる。カノン法とルネサンスが、多様なリーガル・プロフェッションを創造し、後にその役割と教育が正式なものとなった。中世以降、プロフェッションと並んで、導入（induction）のプロセスにおける大学の役割が重要となり、法学教育は国家の教育政策・ヨー

---

40) *Id.*, 67.

41) *Id.*, 67-68.

ロッパ大陸法の遺産に応じた多様な形態をとった。宗教システムとは異なって、法は、個人の道徳的判断から独立した本質的に規範的なものであるとみなされた。グレンは、コモン・ローは裁判の倫理（an ethic of adjudication）であって、必ずしも他のシステムと移調・交換する（transposable）ことはできないと考えていたが、ベルは、法的変革のファクターとして、制度およびリーガル・プロフェッションの機能と理念（ideas）との関係が重要であるとする。ベルとイビットソン（David Ibbetson）を代表者とするヨーロッパ法発展のプロジェクトでは、法発展を形成する社会的・政治的ファクターと、19世紀および20世紀における不法行為法の発展に及んだプロフェッションと「制度」（institutions）との影響が、指摘された。ベルはこの2つの分析から、法伝統を横断して及ぶ影響をとらえることが可能で、グレンの法伝統の分類では把握できない横断的テーマ（cross-cutting themes）が数多く存在する（このことはグレン自身が認めていた）、と論じている[42]。

　ベルによれば、グレンの『世界の諸法伝統』は、プラグマティックな技能（pragmatic exercise）としての法を描き出し、個別の社会的背景のもとで、問題解決のために多様な伝統と素材を用いる法律家を検討している。ルネ・ダヴィッドの法族論と同様に、グレンの「伝統」も純粋なもの（pure）ではなく、長年にわたる堆積物の多様な層から生まれたもので、多様な経験がブレンドされ、機能するシステムが時間をかけて構築されたのである。特定の地域で、地理と歴史が顕著な混合（mix）を生み出す役割を果たし、その経験が、グレンの言う伝統を作り上げている（インドにおける異なる法伝統の混合としてのヒンドゥー法を、グレンは例示する）。グレンの分析は、多元主義（pluralism）を法発展の決定的特色としてとらえる。グレンにとって多様性（diversity）とは、単に抵抗（レジスタンス）を操作する方法や、ローカルな事情にすぎないのではなく、不可欠・根元的なもの（fundamental）なのである。このアプローチは、土着法・属人法（personal laws）の多元性を強調するヴェルナー・メンスキーのより詳細な研究にも適合し、グレンもメンスキーも、伝統と現代的特

---

42) *Id.*, 68-69.

色（modernity）を利用して、社会が適応してゆくように援助する法曹と立法者の姿を描いている[43]。

伝統について、グレンとは異なった性格づけも可能であろうが、グレンから学ぶべき重要な教訓がある。例えば「法の支配」のような一般的問題について、世界銀行は、法システムが現実にどう作用しているかを慎重に理解するのではなく、諸国の裁判制度の作用を他のデータや調査に基づいて形式的に比較したにとどまり、法伝統の特徴を重視しなかった。このアプローチは、計測のしやすさという単一の枠組みによるもので、狭きにすぎた。グレンは、これとは異なるパースペクティヴを提供して、「法の支配」は遥かに多様な意味を持つと説いた。グレンの法伝統の多様性についてのアプローチは、『世界の諸法伝統』の第10章によく表れている。グレンは、個々の伝統の複合性・複雑さ（complexity）を認め、理念とプラクティスとしての伝統（the traditions as ideas and practices）は様々な時代に多様な解釈を伴うとする。この伝統は、個別の法の担い手（legal actors）と個別のトピックに囲まれた多数のサブ伝統から構成される。内部での衝突はないにしても、伝統の日常的な作用の一部としての、内部的「多様性」は認められる。それでも全体としては、伝統の分岐しつつある部分の中にも、「家族としての類似性（a family resemblance）」を保つ一貫性が存在する。このような形で法を活かすには、多価的思考（multivalent thinking）と、国家法の空間とそれ以外の（私的で集団的な）規律方法の空間を認めるアプローチとの、2つの思考方法が必要である。「多価的思考」は、規範的結果について"all or nothing"である法的ルールよりも、原則の競合（competing principles）を有効であるとし、原則が衝突する場合の処理の仕方を示唆する。必然的に生ずる緊張関係の解決を、ケースの個別的事実関係に基づく「事情に応じたセンス（situation sense）」に委ねるアプローチを良しとし、解決における多元性（pluralism）を肯定するのである。グレンの作品からは、マクロの比較をどう実行できるかだけではなく、西欧の経験のみに限定されない豊かな法の理解が可能となる、とベルは評価する[44]。

43）*Id.*, 69-70.

44）*Id.*, 70-71.

（3）ベル論文の第2章は、「ミクロの比較の例——バーナード・ラデン（Bernard Rudden）の作品——」と題され、ミクロの細部から広い教訓を導く・傑出した学者であるラデンの作品を検討し、以上に代わるアプローチを提示する。グレンが考えていた以上に現実の法の作用に基づいていた点で、ラデンのアプローチは、ミクロの比較の広範な価値を示しているとベルは評価し、ラデンの①"Torticles"と題する論稿（1991年）、②効率的契約違反（efficient breach）の論稿（1986年）、③開示義務の論稿（1985年、1991年）、④紳士協定（gentlemen's agreements）の論稿（1999年）の4編を取り上げる。ラデンは、スケールの大きな一般化には取り組まずに特定の問題を取り上げ、丹念に仕上げられた小品を好んだが、それはより広い含意を有し、細部まで調査が行き届き、法の機能に関する経済理論に基づく非法学的アプローチを採用していた、とベルは述べる[45]。

　前掲①論文は、ベル自身が、不法行為に関するコモン・ローの本質を、他の法システムとの比較において論ずる場合に、よく利用する素晴らしい1編で、細部に十分注意を払いながら教訓を引き出している。19世紀の民法典の極めて概括的な定式と比較して、特殊な問題をめぐって特殊なルールとともに発展してきた、コモン・ローの特徴を明らかにしている。②論文は、アメリカのUCCとフランス民法典の契約違反に関するルールを対比し、後者の元来の意味と判例によるその解釈を、「効率的契約違反」と対比する形で記述する。契約の履行という狭い特殊な論点で2つの法システムを対比するだけにとどまらず、経済理論を用いて、フランスにおいて支配的な道徳的価値の体系に挑んでいる。この論文の本質は、フランスの法分野の読者に経済分析を説明する、と

---

45)　①　は、Rudden, Torticles, *Tulane European and Civil L. F.* 6 (1991) 105. ②　は、Bernard Rudden/Philippe Juilhard, La théorie de la violation efficace in *RIDC*, 38 (1986) 1015. ③は、Rudden, Le juste et l'inefficace: Pour un non-devoir de renseignements, *RTDCiv* 84 (1985) 91および*id*, The Duty of Disclosure, *Ins L&P* (1991) 45. ④は、*id*, The Gentleman's Agreement in Legal Theory and in Modern Practice, *FPRL* 7 (1991) 199. このほか、ベルは、*id*, The Domain of Contract, in: Donald Harris /Denis Tallon (eds.), *Contract Law Today* (Oxford U.P., 1989)にも言及している。

84

いう教育的目的にあり、契約における法の社会的機能を論じたものと読むことができる。③論文は、開示義務という英仏契約法の特殊な側面を論じながら、法の経済的機能に対する洞察へと発展させ、④論文は法と非法（law and non-law）に関するカルボニエの見解に対するラデンの関心を示すもので、法律家の姿勢について一般的な結論を導く。

　ラデンは、西欧資本主義の経済体制における法の役割、実務における法的ルールの役割、ソ連およびロシアの社会主義・ポスト社会主義における法の役割といった大きなテーマに取り組むが、大著や大論文は執筆せず、トゥワイニングやグレンのような大がかりなレトリックは用いず、特定の問題を取り上げ、具体的な法システムの内部における機能を示したのである。ラデンとグレンの主要な比較研究方法は、対照的であった。2人とも、法の役割とその機能について、広範な問題を設定することができた。しかしながら、まずミクロの比較からの一般化は暫定的なものにすぎず、慎重に集められた証拠を超えた洞察を示すことは問題である。反対に、マクロの比較が示す着想は、経験的情報によって制限される。したがって、特定の情報と一般理論との正しいバランスを確保するための闘争が生ずる[46]。

（4）ベルの論稿の第3章は、「ミクロの比較の目的」を検討する。ベルによれば、フサが『比較法入門』（2015年）で説くように、マクロの比較とミクロの比較を厳密に区別する必要はない。「グレンは、マクロの比較の重要性を明らかにし、法的ルールと制度、社会文化とイデオロギー、歴史と地理を統合する。法は孤立した現象ではなく、より広い文化理念と価値を反映した社会的プロセスで、彼が提示する伝統とは、『深い歴史』の反映であって、マクロの比較が解明できるのは、社会共同体内部の法の反響の深さ（depth of the resonance）なのである」。

　同様に、グロスフェルト（Bernhard Grossfeld）も伝統を支持するが、彼の場合は、伝統とは、他国の法を理解するためのコンテクストである。比較法は、

---

46) Bell, *supra* note 2, 71-73.

外国法に示された世界的動向に着目して自国法を理解するので、ミクロの比較に基づくパースペクティヴの拡大なのである。ベルも、ミクロの比較の重要性を主張し、伝統はグレンとは異なったテーマ（例えばグロスフェルトは決疑論、類推的推論、世代間の公平［casuistry, analogical reasoning, or intergenerational equity］などを挙げる）に沿って分類することができる、と指摘する（グレンも、自分の理念に最も好都合な分類を行っている）。マクロの比較の場合には、研究対象の複雑さを表現するための感性（a feel）が必要である。個々の法システムの特定かつ詳細な（ミクロの）比較を行う場合にも、そのシステムの最も有益な要素を引き出しているという確信が必要であって、詳細な証拠と広範な理論との相互作用（interplay）が要求される。理念と法の関係に関するハイ・レヴェルの理論や一般化（例えばコモン・ローと大陸法の比較）は、細部に注意を向けることによって調整する必要がある。

　ベルは、なぜミクロの比較を行うのかという問いに答えて、法族や法伝統について広範な一般化（broad generalizations）を行うのみでは、法システムがどう作用しているのかをあまり深く理解できないからであるという。グレン自身も、個別の「伝統」の研究にあたり、一般的著作ではなく、多数のミクロの特殊研究に大幅に依拠し（ミクロの描写は一般化を堅固なものにする）、法システムは諸伝統の複雑な混合であることが多い、という結論に達したのである。マクロの比較が強固であるかどうかは、説明しようとする法システムの特定の事例（specific instances）の綿密な検査で、どの程度マクロの比較を実証できるかによる。典型的なマクロの比較は、特定の事例の中にパタンを見出し、そのパタンに基づく理論を発展させる試みである。マクロのレヴェルとミクロのレヴェルの間には相互関係（reciprocal relationship）が存在するのである[47]。

(5) ベル論文の第4章「普遍法（common laws）——なぜミクロの比較が重要であるかの1つの例示——」は、ミクロの比較研究が重要であることを示す具体例として、普遍法（common laws）をめぐる議論を挙げ、普遍法を創造する

---

47) *Id.*, 73-76.

ために、多様な法システムを横断する共通原則（common principles）を発見することが、多くの比較法研究の永遠の課題であると、まず指摘する。パトリック・グレンも、普遍法は人類を調和させるための媒体・手段となりうるととらえ、恣意的な強制ではなく人類共働（collaboration）の成果であると位置づけ、普遍化は各法伝統の使命であり、普遍法は将来も国家法の形成に影響を及ぼすと理解していた。比較法は、こうした普遍法と国家法の相互関係を示す指標（indicator）の1つである。ベルによれば、グレンは、『普遍法論』（On Common Laws）（2005年）において、ローマ法学上のユス・コムーネ（the Romanistic ius commune）と普遍法が、「国家成立前およびその後の超国家的な参照点（pre-national and then supranational points of reference）」として機能していたことに着目し、国家が重要性を失いつつある現代世界で、人と取引のモビリティに法が対応するための1つのモデルとなる、と論じている[48]。

　ベルによれば、ミクロの比較によって綿密にとらえると、①「普遍法」（common laws）はどのような性質を持つのか、国家法と同様にルールと原則の集合体なのか、②問題の最善の解決は何かについて、法システム間で甚だしい不一致（genuine disagreements）が認められるので、どう処理すればよいか、という2つの重要な問題点が明らかになる。

　まず①について、ベルは次のように論ずる。ヨーロッパの普遍法は、緊密な体系化や実定的ルールによる拘束力ある国家的・超国家的法秩序を求めているのではないから、国家法のルール（19世紀・20世紀の詳細な法典）に比べ、遥かに一般的なレヴェル（行為の方向性を示す項目［points of orientation for conduct］）にとどまらざるを得ない。起草者にとって重要なのは、考慮すべきファクターと、あるアプローチが他のアプローチに比べてなぜ有益であるのかということである。ルールを機械的に適用するのではなく、正しい解決に議論を方向づけるという、従来とは異なった思考が求められる。

　ミクロの比較による具体的分析で、この論点の現状を探ると、普遍法・共通法を作成するための膨大な努力の成果である「共通参照枠草案」（the Draft

---

48) *Id.*, 76.

Common Frame of Reference; DCFR）および「ヨーロッパ不法行為原則」
（Principles of European Tort Law; PETL）に関する近時の多くの比較研究のお
かげで、グレンの理念が、具体的法分野でどこまで実現されているかが明らか
になる、とベルは指摘する。この「草案」と「原則」は、個別の法システムに
おける法の適用を方向づける（orient the application of the law）価値の集合体、
規制的理念（regulative ideal）と理解できようが、多くの項目で極めて詳細な
ルールの組み合わせとして構成されており、各国の現行の規定に代わるものと
して制定された「法典」（ルールのモデル法典）である。法の統一という政治
的プロジェクトを明示してはいないが、規定の詳細をコメンタリーに委ねる方
針はとられておらず、多様なEUの法システムをこの共通枠組みの諸原則と揃
えよう、という意図が明らかに根底にある。この普遍法が提供する解決は、普
遍法の単一の概念構造内では体系的であって、普遍法と国内法とで大部分が入
れ替わる場合にのみ実際に機能する。あらゆるトピックをカヴァーしようと試
みていることから、法典類似の内容にしたいという「草案」の野望がうかがわ
れるが、起草者は最終的に、政策的理由から各国が特別のルールを置く領域
（原子力汚染、自動車事故など）が存在することを認め、多くのトピックの解
決を国家法に委託している。「草案」の3：205条以下の規定をめぐる議論は、
不法行為責任について、「草案」と並んで各国の特別法が存在することを認め
ている。「普遍法」は不法行為の一般原則に限定して構成し、残りは、特別の
統一法ないし特別法（lex specialis）としての国家法に委ねるのが、優れた方
法であることを示しているのである。共通法典実現への試みを、各国法の（ミ
クロの）観点から検討すれば、マクロの極めて抽象的なレヴェルの議論では十
分明確にならない、「共通法」を有することの意味について、適正な議論が可
能になる。以上が、①の問題点に対するベルの分析である[49]。

　次に②の問題点であるが、ベルによれば、法システム間で、最善の問題解決
は何であるかについて、甚だしい不一致があるため、共通法は代替案
（alternatives）ないし競合する解決間での選択を定めることになる。「草案」も

49）*Id.*, 76-79.

「原則」も、「現在の法をリステートし、将来の発展のためにありうるモデルを導入した」とするが、法システム間に重要な差異がある場合に、法をリステートすることはできないし、何が最善の解決かは、起草者たちの議論に委ねられる。起草者たちは、構成国法の影響を受けたモデル解答を展開したのであり、「草案」と「原則」は、国家法のサマリーでも最小限の共通分母でもなく、個別の法システムから離れた最善のプラクティスを探求したところも多い（例えば、いずれもドイツおよびオーストリア法から出発しながら、違法性[unlawfulness] 概念を不要とし、経済的損失の回復へと傾いた）。「最善の解決」を採用した法典は、多様なアプローチをとる各システムに対し、変革（change）を求める。現代の「共通法」論は、グレンとは異なり（グレンは、ユス・コムーネおよびイギリスのコモン・ローを、選択的な実務上のリソース、進行中の協働[ongoing collaboration] の一部として理解した）、収束を推進するために設計された諸原則の、人工的な超国家的集合体で、それゆえ諸国の経験に基づく「最善のプラクティス」として提示する。ミクロの比較は、共通の「法典」ないし「リステートメント」に綜合できる生（なま）の資料を提供するだけではなく、これらの原則が適用される際の抵抗点（the points of resistance）と、多様なコンテクストとが理解できるように手助けし、共通法の正式のルールと原則の作用とは別に、何が「変革」されなければならないかを法律家に理解させる。共通法の広範な言明と現行国家法の細目との緊張に注意することで、グレンが指摘したような「変化」の性格が、いっそう明らかになるのである[50]。

(6) 最後にベルは、「結論」として、ミクロの比較は比較法の重要な局面であって、マクロの比較を発展させるための資料とともに、その頑強さをチェックするための方法も提供すると説く。マクロの比較は、性急に行うことはできず、学業の成熟を必要とする。

　まず第1に、マクロのレヴェルで有意義な提言をし、洗練されたマクロの構図を描くには、大量のミクロ分析を読み、個別のデータを豊富に蓄積しなけれ

---

50) *Id.*, 79-80.

ばならない。「法族」論の文献、および非ヨーロッパ法システムの大まかで貧弱な分類に対する強い批判は、基礎となるミクロ研究が欠如していることの証拠である。今日、ミクロの比較法に取り組む者は、従来以上に多様な関心（異別の法概念・法制度の実践的影響だけではなく、大規模なガヴァナンスの理念［grand ideas of governance］への関心）と、多様な才能・スキル（アジア・アフリカ諸国に通用する言語能力）を持たなければならない。

　第2に、比較方法の訓練においては、小規模な研究（small-scale studies）を行う能力の開発が要求される。グランド・セオリーを進めるのは容易だが、それを防御するのは難しい。「小規模なプロジェクトに細心の注意が払えれば、深刻な問題に巧みなやり方で取り組むことが可能になるし、より重要で大きな問題を見つけ出す訓練にもなる。特定の問題が狭きにすぎ、壮大な結果を生み出すには方法が厳格・窮屈にすぎるとしても、そのプロジェクトが豊かな成果をもたらす可能性があれば、グローバルな争点を前もって理解しておくことが要求されるであろう。このように『なすことにより学ぶ』（learning by doing）のは美徳で、小規模のミクロの比較において可能となる。しかし、グレンに従ってマクロの比較を行うように、というトゥワイニングの励ましは、異なった作業を要求し、大陸と語群とを横断する協力（collaboration）が一般に必要となろう。ファースト・ハンドの知識が、チーム作業と溶け合うのである」。

　ベルは、伝統的な「国家と西欧」的研究、すなわち彼の「ヨーロッパ法発展プロジェクト」においてさえ、以上のことを個人的に経験したとする。このプロジェクトでは、ほぼヨーロッパ全土から集まった70名の研究者が、法の発展に影響するファクターを探求したが、一定の期間内に、なぜそのような変化・法発展が生じたのかを明確にできなかったので、さらに焦点を絞って、1850年から2000年に及ぶ期間の、不法行為における過失責任（fault liability in tort）を取り上げた。この特定のトピックの内部でも、さらに6つのメイン・テーマ（不法行為理論の発展、自動車事故の責任、医療過誤の責任、技術革新により生ずる責任、隣人間の責任、生産物責任）を選択する必要があり、①社会的・政治的理念、②プロフェッションと制度（institutions）という、変化に影響する2つのファクターにつき高水準の研究を行い、参加した研究者たちのペーパーとセミナーでの議論とを活用して、ベルとイビットソン両名は法の変化を説明し、

そこから一般化を試みる概論的著作を執筆できた。この一般化（generalization）の作業中も、他の参加者たちの作品に刺激されて、多数の小規模なミクロのプロジェクトを実行し、彼らが展開した結論に照らして敷衍する必要があった。

　最後に、ベルは次のように述べる。以上の作業は特異な比較法のプロセスではなく、参加者の作品に依拠して、データがいっそう複雑かつ豊穣になったのであり、一般化作業をさらに行うためには、ミクロの比較における協働・コラボレーションが重要である。「多くの点で、グレンは特殊なケースであろう。グレンは、単独で法システムを広範に論ずる著作を執筆したが、この種の著作は、必然的に個別のさまざまなインプットを取り入れることになる。グレンは他の作品を取捨選択して、自分自身の綜合的著作を打ち立てたが、彼以外の者はチームの協力によって作業を行い、仲間の間で絶えず相互に交流することで、基本的情報を更新して、形成されつつある結論と一般化の信頼性を高めるやり方の方が効率的であると考えるであろう」[51]。

(7)　ミクロ比較法の最良のスケッチでもあるベル論文は、グレンは「人間集団の共生という問題を、予見可能な・結束性のある形で処理できるようにする1つのメカニズム」が法であるとし（プラグマティックな技能としての法）、過去の経験から多様な伝統を構築するシステム、あるいは法的紛争を解決するためのアプローチに着目して、国家法に依存しない・よりコスモポリタン的パースペクティヴを採用している、とグレンのマクロの比較を分析する。ベルは、①グレンの法伝統が私法と商事法中心で、公法に十分なスペースを割いていない（憲法的正義、トランスナショナルな人権の宣言も現代法伝統の一部である）、②グレンは、「変化・合理性・ヒューマニズムといった組織化の理念」を重視して法伝統を区分したが、法伝統は様々な方法で区分でき、法発展を形成する「制度」およびリーガル・プロフェッションの機能が、法伝統を横断して法的変革に及ぼす影響を考えることができる（コモン・ローは他のシステムと

---

51)　*Id.*, 80-82. 本文中のベルとイビットソンの共同研究の総論部分は、John Bell/David Ibbetson, *European Legal Development: The Case of Tort* (Oxford U.P., 2012) である。同書については、貝瀬・前掲書・注（6）19-20頁。

移調・交換不可能である、とするグレンの見解には反対）、と批判する。しかしながら、グレンは、多元主義・多様性が法発展には不可欠・根元的であるとしており、多価的思考と「解決における多元性」を重視するグレンの法伝統論からは、マクロの比較の方法のみならず、「西欧の経験に限定されない豊かな法の理解」が可能になる、とベルは評価している。ベルは、法伝統の広範な一般化（マクロの比較）のみでは法システムの作用を深く理解できないので、綿密なミクロの比較によって実証する必要がある（ミクロの比較とマクロの比較の相互作用）と説く。さらにベルは、普遍法を創造するには多様な法システムを横断する共通原則の発見が必要となり、そのためにはミクロの比較研究が重要であるとする。ミクロの比較は、最善のプラクティスの超国家的集合体である、ヨーロッパの普遍法・共通法（法典ないしリステートメント）に綜合できる生の資料を提供し、共通法とは別に、現行国家法の変革を促し、マクロの比較の強固さをチェックする役割を果たす。ベルは、グレンは特殊なケースであるとしたうえで、ミクロの比較においても、一般化された結論の信頼性を高めるためには、チーム作業・協働が有効であると勧めている。

4.（1）第1部の第4論文は、混合法研究で高名な、トルコ出身のエシン・エリュジュ（スコットランド・グラスゴー大学名誉教授）の「混合法システムにおける比較法研究の社会文化的課題」である。①序論、②社会文化的課題に直面する比較法の主流、③今日の比較法研究における社会・文化的なものの位置、④混合法システムにおける比較法研究が直面している複雑さ（complexities）、⑤「誰の法、誰の文化、誰の伝統、誰の言語か？」、の各章から構成される。

　序論において、エリュジュはこう論じている。パトリック・グレンは、著書『普遍法』（*On Common Laws*）で、普遍性と個別性、統一性と多様性、多様における統一、拡大とローカルな感覚は、法システムの歴史における決定的モメントであるとする。グレンによれば、普遍法の概念は、主に歴史的な意味を有し、普遍的でない個別法・固有法（the particular law）との関係で「普遍的」なのであって（「関係的普遍法」[relational common law]）、プライオリティを有するローカルな法と両立する限りで存在し、拘束力ある権威を伴わない、という特色を共有する（the ius commune, le droit commun, el derecho comun, il

92

diritto commune, das gemeines Recht は、全てこうした特色を有する）。相互に
作用する多数の普遍法は、ヨーロッパ法の本質的な多様性を反映し、人口ない
し影響の主要な中心から放射され、内部の固有法（iure propria）と様々に調整
される。このことから、今日ユス・コムーネを理解するためには、単一のアー
チを架ける普遍法というよりも、複数の普遍法（multiple common laws）という
仮説の方が通りやすい（plausible）。このグレンの指摘は、「ヨーロッパ法」の
共通の核心を創造する作業を進めるプロジェクトに決定的に重要であるとともに、
以下で論じようとする、混合法システムにおける法伝統の理解にとって、必須
のものである。さらにグレンは、普遍法の相互関係を考察し、固有法に寛容な
普遍法は互いの関係でも寛容であって、攻撃的というよりもむしろ情報を共有し、
この相互関係が収束をもたらすとする（そしてまた、この関係は以下の混合法
システムの分析にとっても重要である、とエリュジュは言う）。法伝統と法文化
はオーヴァーラップし、相互に関係する。普遍法同士の相互作用と、普遍法と
固有法との関係もまた、社会文化を含めたオーヴァーラップとブレンドを生み
出す。社会文化のブレンドで、新たな社会文化が誕生するのである。大陸法や
コモン・ローのようなシンプルな単一システム（mono-system）の内部にも、慣
習法や宗教法の要素を容易に探知できるし、法伝統は絶えず接触し合流するの
で、その結果として混合法システム・二重システム・雑種・法多元主義が生ま
れ、これらの雑種・混合（hybrids）の研究には、社会的・文化的コンテクスト
ないしニュアンスの理解が、通常よりも遥かに深く求められる。さらに、法シ
ステムは常に移行中で（shifting and in transition）、閉ざされてはいないため、
絶えず伝播と注入（diffusion and infusion）が生ずる。古典的比較法は、こうし
た動態的システムを理解する手段に乏しかったが、現代比較法は学際的方法を
視野に入れ、混合法システムの研究においては、ルール分析とコンテクストが
与えるインパクトの分析という、2つのアプローチを併用できる。複雑な混合法
システム、および法多元主義の研究を通じて、社会文化（socio-culture）が比較
法学者にいかに広範な課題を豊富に提供するかを、明らかにできる[52]。

---

52) Esin Örücü, Sociocultural Challenges for Comparative Legal Studies in Mixed Legal
　　Systems, in: Helge Dedek (ed.), *supra* note 2, 83-85. エリュジュの混合法論については、
　　貝瀬・前掲注（6）233-243頁および貝瀬・前掲書・注（6）99-105頁。

（2）20世紀の半ば過ぎまでは、古典的比較法学の主流は、実証主義・リーガリズム・法中心主義・法単一主義に安住し、1つの法域には1つの法と1つの文化が存在する、という前提に立っていた。機能的等価性（functional equivalence）が重視され、どの法システムであれ、類似の社会問題を共有しており、ルールと制度はその解決のためにあるから、解決の仕方が多様であっても、機能的に等価である（比較法学者は、同一の問題を解決する「機能的に比較可能な」制度を発見し、それらの解決を比較する）と考えていた。しかしながら、ある法システムが直面する制度的事実（institutional facts）に対応するものが、他の法システムに存在しない場合には、機能的アプローチは不満足に終わるため、ある程度類似したシステム相互間でなければ、比較法学者は作業ができない。ただし、「法」がルールの集合体のみを意味し、そのルールのミクロの比較が目的であるならば、機能的アプローチの有用性は否定できない。EUのコンテクストでは、比較法はハーモナイゼーション（漸次的収束）のプロセスで決定的役割を果たす推進力を有し、ヨーロッパにおける「共通の核心」研究（common core studies）では、格別の地位を占めている[53]。

（3）異質なもの同士を、コンテクストを考慮して比較する場合には、機能的に等価なルールを超えたアプローチによる比較が必要となる。例えば西欧法システムと、宗教システムないし発展途上法システムとを比較するときは、機能的・制度的アプローチは一般に適切ではない、とされる。根本的な批判が加えられるのは、比較の対象となる地域ないし法分野が、特殊な歴史・社会的習俗・倫理的価値・政治的イデオロギー・文化的相違・宗教的信条から、「比較の役に立たない、比較に適さない（not lending themselves）」という理由で、限定される点である。1つの制度ないし1つのルールが多くの機能を有することから生ずる問題もある。

　エリュジュは、まずわれわれの学問の名称を、「比較法」（comparative law）から「比較法研究・比較法学」（comparative legal studies）に改め、社会学者

---

53) *Id.*, 85-86.

と人類学者の主張を真摯に考慮して、経済的・社会的・文化的・宗教的のいずれであれ、コンテクストを取り入れるべきであると提言する。コンテクストを考慮すれば、それだけ法社会学に接近し、「比較法研究・比較法学」の名称が適切になる。とりわけ複雑な混合（hybrids）を研究する場合に、いわゆる地域主義者（regionalists）の機能を果たそうとする比較法学者は、深いレヴェルの比較研究（deep-level comparative research）、批判的比較研究、社会学的方法論、グローバル比較法学（global comparative law）といった、新たなアプローチを活用しなければならない（いわゆるポストモダン的発展）。それ自体「批判的」アプローチである「深いレヴェルの比較法」は、比較法を法哲学と併せて考察し、技術的というよりも法理学的（jurisprudential）アプローチを採用するとともに、実定法の根底にある理念（the ideas）をとらえることの重要性を強調する。考察の「深さ」が、重要なポイントである。

　さらに、法は文化に埋め込まれたもので、法文化の副産物であると解される（グレンは「文化」というタームを好まず、非形式主義的で、静態的というより動態的で、法の理解における時間の価値を示す「伝統」を用いた。法社会学者の用いる文化概念が、グレンには特に西欧的構造物［construction］と思われたのである。「伝統」は、過去と現在を結び付け、継続と革新の双方へと向かう）。法と文化の相互の影響関係が、法システム間の差異を形成する、という「文化としての法」（law-as-culture）理解は、20世紀末から比較法文献の顕著な特色となる。比較法学者は、立法者と法の解釈者を形成する「環境と社会的背景（milieu and social setting）」の中に入り込まねばならず、特に複雑な混合と法多元主義に取り組む場合には、文化的・人類学的パースペクティヴが必要とされた。比較法の作品においては、一般に「文化」という語は2つの極めて広い意味を持つ。法制度に関する事実（facts about legal institutions）から、多様な行動形態（forms of behaviour）（あるいは理念・価値・願望・メンタリティという、もっと不透明・不明瞭な局面）に至る、「比較の本来の対象（natural objects）」が、法文化であるとされる。法文化に取り組む「研究方法（方法および方法論）」として用いられることもある。さらに、混合法域の研究を深めるほど法多元主義へと進み、国家は法を創造する唯一の担い手（actor）ではなく、社会秩序の規範性は多様な淵源（a variety of sources of normativity）に基づい

ている、という前提をとるようになる。西欧においては、1国家に1つの普遍的妥当性を有する法が存在する、と伝統的に考えるため、複雑な混合と法多元主義（メンスキーのいう"pluri-legal law"）は、「特定の人間集団（国家の特定の法域に、最初から慣習的に居住していた者）のための例外」、ないし「公式法（オフィシャル・ロー）の一部として共存する・一般法と属人法との組み合わせ（a combination of general law and personal laws）」であるとされる。その研究には、社会についてのより深い理解が必要となるので、比較法学者は躊躇する。以上は、「批判的比較法」とオーヴァーラップした「深いレヴェルの比較法」であり、そこでの関心は時には調和不可能とさえ思われる法システム間の相違にある。

さらに、いわゆるトランスナショナル法（国民国家を超える法）という新しい研究分野も登場し、EU法・国際法・国際組織法の発展と国内法への移植・施行により生ずる問題は、比較法の視野を広げ、公法・私法の双方をカヴァーするようになったため、他の社会科学の方法をより豊富に取り入れることが望ましい、と指摘されている（マティアス・ジームスの主張による）。

エリュジュは、いかなるアプローチを用いたとしても、「なぜ比較するのか？」という疑問に突き当たるので、法システム間の類似点と相違点の記述に続き、伝統・文化・経済・イデオロギー・宗教・歴史的偶然などによる説明段階が置かれるが、これは様々なターミノロジーで表現しているだけで、実は新しいものは何もないと断じ、最も重要な疑問は「『法』とは何か？」ということであるとする。とりわけ、複雑な混合と法多元主義にアプローチする場合に、この疑問が深まる。法が国家法にとどまらない多元的なものであるならば、道徳と倫理（自然法）、社会規範と慣習（どこで生活するかにかかわらず、常に存在する）についても法的ルールがあり、国際法と人権法も法の形態として次第に容認されるはずである。国家法すなわち公式法が法の唯一の形態ではなく、エリュジュによれば、「あらゆる法源が共存し、法実証主義は、自然法および社会文化的規範と競わなければならない。今日の法律家は、法を常に動態的なものとしてとらえる『多元性に敏感なレンズ（plurality-sensitive lenses）』を装着しなければならない。そうしたアプローチは、確実に主流の比較法学者たちを刺激する」[54]。

---

54) *Id.*, 86-90.

（4）エリュジュは、「混合法システムにおいて、比較法研究が直面する複雑さ」をさらに検討する。エリュジュは、比較法研究の古いお馴染みのテーマに対し新たな関心が再燃している例として、法移植を挙げ、その建設的役割を証明するのが（副産物である）混合法システムの存在であると論ずる。過去30年の間に、混合法システムへの新たな関心と共同研究プロジェクトが「4倍に膨れ上がり（quadrupled）」、「混合精神の時代（the era of the hybriditygeist）」と呼ぶのが適切となった。エリュジュらが企画した『法システムの研究——混合と進みつつある混合』（1996年）の第1章であるパトリック・グレンの「ケベック——混合と一元論（Monism）」は同書の中核となった、とエリュジュは高く評価し、それ以後の多くのプロジェクトでの、グレンとの共同作業を回顧している。

　2000年に刊行されたオタワ大学の研究によれば、98の大陸法一元的システム（civil law mono-systems）、および47のコモン・ロー一元的システム（common law mono-systems）に対し、構成要素として多様な法（大陸法、コモン・ロー、慣習法、イスラーム法、ユダヤ法など）が結合している95の混合法システムが存在する。比較法学者にとって、混合法システムの包括的研究は難しい課題であるが、比較法学・社会学双方にとって重要な貢献となる。ポスト植民地時代に、アジア・アフリカでは、現地の研究者による比較法研究が栄えたが、それ以前から同様の比較研究を行っていた西欧の比較法学者が、混合法域および法多元主義への関心の高まりを反映して、かつては地域研究（regional studies）と呼ばれていた分野や、比較法の主流がカヴァーしていない法域への研究を現在では進めている。私法以外の領域、西欧以外の地域（以前のいわゆる地域研究ないしエリア研究）に取り組み、グローバル化の時代（そこでは自己の理解には、「他者」の理解が不可欠である）にふさわしい複合的学際的アプローチ（multidisciplinary approach）を取り入れることで、われわれは比較法のイメージの刷新を図る途上にある。このようにエリュジュは述べている。

　世界の95の混合法域は、単なる大陸法とコモン・ローとの組み合わせにとどまらず、全体像は変化する。この法域で機能している法システムを理解するには、下層と上層の法規範を見るのみでは不十分である。例えば、複雑な混合が見られる南東アジアでは、広範な規範的秩序の中で、多数の法システム・サブ

システム（イスラーム、中国、ヒンドゥー、土着の慣習、ヨーロッパなどの法規範）が共存しており、ケベックやEUのような「二元的」法システム（bi-jural systems）に対して、「多元的」法システム（multi-jural）と呼ばれる。前記の深いレヴェルの比較研究、批判的比較研究、社会学方法論、グローバル比較法（いわゆるポストモダン的発展）は、複雑な混合法と法多元主義の研究に適している。質的・量的データの双方を用いる比較法研究への社会学的アプローチは、伝統的比較法における「法」の形式的理解に代えて、法社会学的に理解し、法と社会の結び付きに注目する「法文化」のタームを使用する。法は社会の反映であるとする「鏡像理論（mirror theory)」は、（単に社会を反映するにとどまらず）大規模な法移植によって混合法システムそのものが形成されてきたため、問題である[55]。

(5) 最後に、「誰の法、誰の文化、誰の伝統、誰の言語か？」と題する、エリュジュ論文の結論を紹介する。まずエリュジュは、トルコの例を挙げる。オスマン帝国崩壊後、トルコにおける法律革命を指導したのは、同時代の西欧化を実現したいという願望であった。現在でも、EUの「共同体の既得成果、アキ・コミュノテール（acquis communautaire)」の要件を満たしてEUに加盟するために、大がかりな翻訳作業が必要な、大陸法の輸入による急速な法改革が進行中である。エリュジュによれば、トルコは、古典的意味での混合法域でも明白な混合でもないが、スイス・ドイツ・イタリア・フランス法を受容・調整・混合し、トルコという受け皿で融解して上層を構成した（主に1926年から1930年の間に、立法的に再構成された）総合的・折衷的法システムである（大陸法伝統に属するような外見をとる）。同時に、これらの多様な法と、それとは異なる社会文化を反映した価値と要求（輸入法とは大きく異なった、過去のオスマン帝国の法システムの要素）を持つ人々の生活との、双方を混合させた法システムでもある。この2つの意味で、トルコは混合的なのである。法システムの機能に際しては、現代的な法の諸層（modern layers）の間の相互作用が最も

---

55) *Id.*, 90-92.

重要であるが、現代的な諸層と基礎にある（伝統的・宗教的な）諸層との間の相互作用も、同じく重要である。将来も、トルコの法システムと社会文化システムは混合状態を維持するであろう、とエリュジュは予見する。法の継受から90年を経た現代法は、（当初の前掲諸法が融合・混合して）徹底してトルコ的（Turkish）であり、法文化は「イスラーム的徴候を伴った（with a hint of Islam）ヨーロッパ大陸的なもの（civilian）」である（なお、トルコ語はヨーロッパの諸言語とは語源は無関係で、ラテン語を基礎とはしていない）。

　混合法システムにおいては、少なくとも2つの法文化・法伝統が機能している。大陸法とコモン・ローの単純で古典的な混合法システムと、3つ以上の要素からなる複雑な混合法システムとが存在する。各構成要素が異なった社会文化（socio-cultures）を反映し、ユニークな成果をもたらす。法が法文化の反映で、法文化が文化一般の一部であるなら、少なくとも2つの文化や言語が共存し混合する（intermingle）法域では、法と文化、法と言語との間にどのようなタイプの結び付き（connection）や関係が認められるのか。複雑な混合では、問題は社会文化的かつ法文化的になり、果たして「文化としての法（law-as-culture）」を語りうるのか、混合性それ自体が文化であるといえるのか、文化における混合性をどう分析・理解すればよいのか、混合性を言語・伝統・文化によって解体し再構築できるのか、が問われる。

　比較法学者からすれば、混合性というコンテクストでは、「法は言語の中で、言語を通じて生きているとすれば、法が他の言語へと移転された（transferred）場合に、法に何が起きるか」（グロスフェルト）、法ないし法システムとその制定法の言語との間には、どれほど強固なつながり（link）があるのか、伝統は繰り返し創造・構築されるものであるから、どのようにして伝統を把握すればよいか、が問題となる。これらを論じているのは、言語学者・社会学者・人類学者であることが多い。グレンは、混合法域を、普遍法の合流地点、相互依存が進行中の地点、普遍法の1つによる排他的専有（exclusive appropriation）が失敗しつつある地点ととらえ、多くの法システムが混合化するにつれて「混合法域」の重要性は減少し、普遍法は今後も調和と均衡を保つ手段であり続けるであろう、と主張する（グレン『普遍法論』）。エリュジュは、単純・複雑いずれの混合法システムにおいても、調和と均衡状態にある多様な伝統と文化が、

混合法システムを作り上げ、最終的には確固たるものとするか、ブレンドを生み出すであろう、と論じている（ヴァーノン・パーマーは、混合法システムは「混合性」［mixedness］という新たな文化を創造すると形容した）。

エリュジュによれば、「ヨーロッパの文化的多様性は、われわれに共通の文化的アイデンティティの基盤である」から、標準化と画一化は、このアイデンティティを損なう。混合性・雑種性は、ヨーロッパの共通の文化的アイデンティである。混合法システムにおいても、法伝統を形成する多様な法源からなる法の集団（the masses of laws）同士で、浸透が進行中（ongoing permeability）で、特定の過去の文化とは結び付かない、独自の混合的法文化・社会文化を創造している。このタイプの文化の研究には、比較法学者だけではなく、人類学者と社会学者の助けが必要である。ジプシー法やクエーカー教徒の共同体の法のように、地理的限界を伴わない法（混合性のヴァリエーション）も多い。将来の比較法学者は、増加する混合法システムや、法多元主義を理解・分析するために、社会・比較法学者（socio-comparatists）ないし人類学・比較法学者となるのか、それとも、正式の社会学者・人類学者・心理学者と常に共同作業を行う「共同（combined）比較法研究」によるべきであるのか。

古典的な単純な混合法システムを構成する大陸法とコモン・ローの「要素」それ自体が、ある程度まで混合的である、と法史学者により指摘されている。グレンは、これらの2つの異なる法文化・法伝統に由来する制度が、ケベックのように1つの法域に共存している場合は、「法は高度の複雑さに対して寛容」であり、様々なタイプの「混合」（mixité）は共存・相互強化が可能で、混合は時間とともに拡張し、進行中の混合は混合の源泉（the sources of the mix）を保持している、と論じている。

ヴァヌアツ共和国（the Island Republic of Vanuatu）は、多数の島と公用語の他に100を超える土着の多様な言語とから構成され、国民の大半は少なくとも3つの言語を操る。ここで文化・伝統・法・言語を結び付けるファクターは何か。慣習法を考慮に入れた新しい混合が登場し、個別の必要から生ずるプラグマティックな混合の例も見られるという（スー・ファラン［Sue Farran］の指摘）。あらゆる混合法システムに、全体にアーチを架けてはいるが（overarching）必ずしも支配的ではない（混合の源を維持しつつ、現在は新

100

しい統一体へとブレンドされている）、独自の混合文化が存在するといえるのか。外国法と外国文化をブレンドして、トルコ的法システムを作り上げたトルコでは、法実務家ですら「法源」を認識していないが、このような「隠れた混合（covert mix）」は、法・言語・文化・伝統の関係への新たな侵入（inroads）を示すもので、「誰の法、誰の文化、誰の伝統、誰の言語か？」という質問は正当化されるのであろうか、とエリュジュは問う。増加しつつある複雑な混合と法多元主義を目の当たりにする現代の比較法学者は、厄介ではあるが、それだけに刺激的な社会文化的課題に出会うのである[56]。

(6) エリュジュ論文は、「複数の普遍法」の寛容な相互関係が、情報の共有によって収束をもたらすとともに、混合法システムにおける法伝統を分析する場合にも、重要な役割を果たす、というグレンの仮説を高く評価する。グレンは、混合法域を普遍法の合流地点・相互依存が進行中の地点ととらえ（ただしグレンは、様々なタイプの混合は、共存・相互強化・拡張が可能であるとも指摘する）、混合化の進行につれて混合法域の重要性は減少し、普遍法が調和と均衡を保つ手段として存続すると予想するが、エリュジュは、調和と均衡状態にある多様な伝統と文化が、確固たる混合法システムを作り上げる（あるいはブレンドを生み出す）、と反論している。エリュジュによれば、機能的に等価なルールを超えた・異質なもの同士を対象とする「比較法研究・比較法学」では、コンテクストの考慮が不可欠で、複雑な混合と法多元主義の研究においては、文化的・人類学的パースペクティヴと、深いレヴェルの比較研究やグローバル比較法学などの、新しいアプローチの活用が要求される（ポストモダン的発展）。あらゆる法源が共存しているので、法を常に動態的なものとしてとらえる「多元性に敏感なレンズ」を装着しなければならない。混合法システムは、大規模な法移植によって形成され、その包括的研究のために、グローバル化の時代にふさわしい複合的学際的アプローチが導入され、比較法のイメージが刷新されつつある。エリュジュは、母国のトルコを例に挙げ、現代的な法システムとそ

---

56) *Id.*, 92-96.

の基礎にある伝統的・宗教的な諸層（社会文化システム）との相互作用（混合状態）が重要である、と注意を促している。

5.　(1)　本論集第1部の末尾は、ミケーレ・グラツィアデイ（トリノ大学教授）の論稿「比較法におけるバリアを破る」である。①パトリックの道、②法一元論（Legal Monism）と国家法、③法一元論を浸食する諸ファクター、④法多元主義——国家を超える法——、⑤グローバリゼーションの時代における比較法、⑥法言語学・翻訳・認識（cognition）、⑦比較法と法人類学、⑧結論の8章からなる。

　グラツィアデイは、グレンの作品は比較法研究に革新をもたらしたが、その主要かつ永続的な貢献は、「伝統」概念を再活性化したこと（revitalization）であり、それこそが世界の比較法教育における標準的参考文献となった『世界の諸法伝統』の根本理念である、と説く。「伝統」の観念が多様な諸法を比較するための知的な枠組みになる、というグレンの着想は、予想以上に豊かで生産的なものとなったとして、グラツィアデイは、EU条約（Treaty on the European Union）およびヨーロッパ司法裁判所による「伝統」概念の使用を挙げ、さらにヨーロッパ法律協会（European Law Institute）が2018年に着手した「ヨーロッパにおける共通憲法伝統（Common Constitutional Traditions）の法源を特定する」集団的プロジェクトに言及している。これは法的変化の方向を解明し、そのための準備の必要性を指摘するグレンの能力を示すほんの一例である。

　グラツィアデイによれば、グレンの著作『世界の諸法伝統』の基本的着想は、最初は学界で広く共有されなかったため、少なからぬ知的バリアを破り、比較法は実証主義の補完（complement）ではなく、ローカル・ナレッジに深い関心を寄せつつ世界レヴェルで展開する・実証主義に代わる統合的な企て（an alternative integrative enterprise）である、ということを示さなければならなかった。グレンは、空前のレヴェルの多元主義とコスモポリタニズムが、20世紀において法を形成することを直ちに認識した。国家法が競合する権威の源泉と相互に依存し合い、世界政府が確立されていないがゆえに、このダイナミックな状態が大規模で発生し、極めてパワフルな社会・経済的担い手（socioeconomic players）がグローバリゼーションを推進して、その具体的内容を決定する。以上の動向は、世界で大幅に共有されている諸価値へと、憲法的・国際的レヴェルで収束してゆき、富の分配が国際的・国内的に不均等にとどまっていることから、世界的規模での正義という問題が、多くの学問分野（政治哲学・経済学・国際法など）の中心的テーマとなる。

　グラツィアデイによると、こうした情景の中で、法一元主義（legal monism）と法多元主義という正反対の思想が支配的となるが、法のトランスナショナルでコスモポリタンな次元の影響によって、この2つの思考がどのように変容してきたかを示そうとしたところに、グレンの作品の大きなメリットがある。まず現代法学の2本の支柱である法一元論と法多元主義を取り上げたうえで、比較法、法言語学、法人類学が、予想以上に多元的・コスモポリタン的となった現代の新しい法思想の形成、法の進化にどのような役割を果たし、どのようにともに貢献したかを明らかにして、グレンの学問に敬意を表したい、とグラツィアデイはまとめている[57]。

(2)　グラツィアデイが第1に検討するのは、「法一元論と国家法」である。法一元論とは、全ての法が由来する・主権（sovereign power）および主権国家（sovereign state）の概念に基づく分析枠組みである。各領土には、主権国家と法が存在し、国民は、国家が責任を負う法を通じて、国家組織によって支配・統治される。適用される法は国家意思の表れで、その機関により執行される。

　デモクラシーの出現によって、国家の意思は国民の意思へと転換し、民主主義的自治という理念が民主主義政体によって支えられるに至る。この枠組みを支える前提は不変のままにとどまり、民主主義政体への移行による深刻な課題に直面しつつも、法一元論は廃棄されなかった。国家の構造は一様ではないが（例えば連邦国家）、国家に由来するものとしての法が、一般に容認される支配・統治の正当な手段と考えられている限りで、法一元論は依然として、通商の主要な道具としての座を占めていることが多い。国家法は、国民としての地

---

57)　Michele Graziadei, Breaking Barriers in Comparative Law, in: Helge Dedek (ed.), *supra* note 2, 97-100.　グラツィアデイの法移植論については、貝瀬・前掲書・注（6）84-86頁。

位を構成する政治的紐帯に基づいて、国民一般に適用される。この意味で国家法は、法のもとでの全国民の形式的平等を条件として、普遍的に適用される、支配・統治の手段としてニュートラルなものである。国家法の正当性は、まず政治権力の神聖な承認（divine sanction）によって裏づけられ、次いで、より包括的な民主主義政体のもとで、民主主義的正当性が国家法に与えられたが、同時に国家法の正当性は、国境が国家権力の限界を画するという考えにも依存していた。このような正当性の理解は、国際法とは国家間の関係を規律する法であり、各国家はその領土内で主権を有する、という国際法の伝統的理解の原動力となった。

　以上の枠組みには、理念的簡潔さ（ideal simplicity）という利点があった。このモデルによれば、単一の国家は単一の法を意味する。法一元論は、全世界のための1つの普遍法（a universal law）の発達の可能性を排除するものではない。しかしながら、そうした法の発展には、世界レヴェルでの単一の主権と単一の法的コミュニティの創造が要求され、世界政府がなければ、国家間の関係を規律する法のみが認められ、全世界を横断する（国家の権威ないし国家慣行に基づく）世俗法は存在しないとされるのである[58]。

(3)　次いでグラツィアデイは、現在通用している仮説である法単一主義を浸食するファクターを検討する。ヨーロッパの文脈では、①民主主義政府の抬頭と、②トランスナショナルな経済関係の発達という両ファクターが、決定的インパクトを及ぼしたけれども、西欧以外では、より複雑な事情——国家および国家法の権威と、共同体および個人が従う法との間に、絶えずギャップが存在したこと——から、法一元論は敗北した。植民地時代には、宗主国とその組織が植民地に向けて確立した、不平等な法的レジームの断層が存在した。

　ヨーロッパにおける前掲①②のファクターは、同一方向へと作用し、個人の自治が未曽有のレヴェルまで認められ、民主主義によって価値と意見の多元性が政治的・法的に承認されたために、新たな種類の多元主義（a new kind of

---

58) *Id.*, 100-101.

pluralism）が生まれた。民主主義政体は、衝突しがちな価値の多元性を調節し、価値の間の均衡を見出す可能性を残したのである。現代民主主義は、諸価値の多元性を認めて、価値間の衝突を処理する能力を有する。民主主義は、法の前での国民の平等を宣言し擁護するが、同時に個人の多様性と個人および団体の自治を認める。活気に満ちた民主主義は、多様性を調節できなければならず（排斥的というよりも包含的）、民主的生活への国民の参加により、多元的な新たな種類の「開かれた」法的一元論に到達する。民主主義も当初は、全ての人々のためのものではなかったのであり（例えば、アメリカにおける人種差別、現代におけるジェンダー問題）、現代の国家法の枠組みは、法の前の平等を確立することによって、その枠組みの中で多元主義（pluralism）が可能であることを保障する必要がある（国民たる権利［citizenship］と民主主義への、包括的・多元的アプローチ）。

　グラツィアデイによれば、国家の領域を超えて個人の権利を保障する国際的なレジームも、この歴史の一部である。普遍的に承認された価値が危険にさらされている場合には、国際的共同体は、正義を確保するために介入して、内国の裁判官・法廷を補助するか、これと交替することができる（極端な場合として、戦争犯罪の訴追・弾劾）。またヨーロッパの憲法裁判所やその他の最高裁判所は、次第にヨーロッパ人権裁判所の判例に従い、ヨーロッパ司法裁判所の先行判決訴訟（preliminary ruling）に問題を付託するようになっている。このような義務が承認されることは、国家法を唯一の法源と考える見解の正当性を危うくするファクターとなる。

　さらに前掲②でグラツィアデイが指摘しているように、トランスナショナルな経済関係の発達も、法的一元論を切り崩す大きな力となる。第二次世界大戦の原因の1つであった「隣人を貧しくする（beggar-thy-neighbour）経済政策」を捨てる決断が、この方向に踏み出す決定的第一歩となったが、国際取引に対応できる本質を私法が備えていたこと（the intrinsic means）が、こうした関係の確立に大きく貢献している。すなわち、私法は個人および団体の自治（autonomy）を表現するもので、独立の自己組織能力（an independent capacity for self-organization）を有しているとして、戦時中の全体主義的独裁国家のような極端な例外的ケースを除き、私法は国家からの一定の自立

（autonomy）を歴史的に享有してきた。公序則に代表されるローカルな法秩序に反しない限り、私法上の取り決め（arrangements）は、国境を越えた拘束力を有する。私法が、特定の政治的目的や価値を追求する場合でも、公法とは区別された・公権的でない意思決定のメカニズムが働く。国際経済関係のネットワークの確立が、国家および国家による立法権の独占にとって持つ意味は、為替手形による国際通貨市場の成立について考察した、モンテスキューのような18世紀の思想家には既に明らかであった。為替手形による通貨の迅速・低廉な国際的移動、通貨交換の導入による多様な通貨の売買が可能となり、通貨の発行は主権の表明ではあるが、国家の通貨の価値は、単一の国家を超えて、国際市場に委ねられるようになる。国家的権威の一方的・暴力的行使は、ローカルな通貨の価値の低下と為政者の没落を招くのである。

　国際取引は、市場の統合を進めるが、その方法は多様である。各国の法システムよりも、大幅に多元主義を許容・推進する方法もある。ヨーロッパにおける市場統合は、法的ハーモナイゼーション措置（加盟国とEUの間の、主権の階層的移転を伴う）と、財貨とサーヴィスの提供に関する規制の相互承認（1国のルールが他国で有効とされる限りで、主権の水平的移転を伴う）とを通じて実現された。法的一元論では理解・分析・コントロールできない新たな問題が、市場統合が求められる限りで発生した、とグラツィアデイは論じている[59]。

（4）グラツィアデイは、「法多元主義——国家を超えた法——」というテーマを、続いて取り上げる。法を理解するための参照枠組み（a frame of reference）として法多元主義が辿った歴史からは、「多元主義」は多元的に定義されなければならず、法多元主義とは、一定の特色を共有しつつ、それ以外の点では異なる概念の集合（a group of conceptions）を表すことが、明らかになる。法多元主義と同様に、法が生まれる場の多様性（multiplicity）を連想させる観念として、「法文化」を主張するのが、法多元主義に取り組む指導的法学者、千葉正士である。

---

59) *Id.*, 102-105.

ヨーロッパにおいては、法多元主義は、国家法秩序と非国家法秩序との相互作用を探求するための理論枠組みとして、1世紀の歴史を持つ。そのルーツは、社会集団の自律的な実務と、国家のオフィシャルとの相互作用を考慮した、社会法と生ける法（social law and living law）という着想にある。この法観念の代表的な支持者で、法実証主義と法一元論の反対者であったオイゲン・エールリッヒの貴重な業績は、ヨーロッパ法学界の主流にはならなかったが、イデオロギーとしての法中心主義的国家主権主義（legocentric statism）に反対する論者にとって、彼の知的遺産は極めて重要である。最近では、グローバル法の構造を検討したギュンター・トイブナー（Gunther Teubner）に刺激を与えている。現代民主主義の抬頭、信念・価値・生活様式の多元性の保護、民主的生活の基礎としての個人的・集団的自立（自治）の承認により、民主主義的立憲主義への多元的アプローチ（a pluralistic approach to democratic constitutionalism）が支持され、独裁制崩壊後の民主政治の発展をもたらした。

　法多元主義への関心の第2の高まりは、植民地的およびポスト植民地的法レジームを背景として始まる。植民地においては、法秩序の多元性が妥当していたが（in place）、それらは同等に機能していたわけではなく、ローカルな慣習やローカルな法と正義のシステムに従うことを拒んだ植民者は、自ら選択した法レジームを植民地に持ち込んだ。それは、宗主国で浸透している価値や統治システムの構造を、必ずしも反映しているとは限らなかった（例えば、植民地の統治者は、権力分立原理を無視した）。独立によって、ローカルな権力システムの基盤が変化したが、新しく独立した国家も、「高度の中央集権国家を基礎として垂直に統合された単一の主権」へと発展しないことが多く、全領土に適用される単一の法など問題外であった。多元的な法の編成は、ヨーロッパ法史において、決して異例な現象ではなく、植民地化された諸国に限られるものでもなかった。国際的な規模では、法のもとでの生活様式としては、法多元主義が優勢であると認められている。法多元主義は、多様な法規範のグループ同士の同時的な相互作用の結果であるとは限らず、法史学者が指摘するように、長期にわたる法の変化につれて、新旧両秩序の要素が同時に表れ、同一の背景のもとで機能する場合もある。

　グラツィアデイは、国家法の尊厳（sanctity）・正当性・道徳性・有効性はも

はや自明のものではなく、議論の余地がないものでもないとする。国家法の目的と手段は正当性が必要で、その効果は、経験的にテストされなければならない。国家に由来する法は、多様な社会的背景のもとで、多様な正義感・道徳性・社会秩序と交差し（intersect）、多様な勢力によって問題とされ、それが長期にわたればレジームの変化につながるのである[60]。

(5) 本論文の冒頭での問題設定に従い、以上の法一元論と法多元主義の分析から転じて、比較法・法言語学・法人類学の3つの学問分野が、現代の法的背景の・よりリアリスティックな理解にどのように貢献したかを、(ⅰ)「グローバリゼーションの時代における比較法」、(ⅱ)「法言語学・翻訳・認識（cognition）」、(ⅲ)「比較法と法人類学」の3つの論点に分けて、グラツィアデイは検討する。

(ⅰ) まず、「グローバリゼーションの時代における比較法」である。グラツィアデイは、ここ数十年の間に再生を遂げた比較法における新たなアプローチを取り上げ、なぜ現代において、比較法が依然として法的分析に不可欠の道具であるのかを、次のように説明する。世界政府の実現が覚束ない現代では、世界レヴェルでの規律が必要な問題（気候変動、大規模な環境汚染、国際的経済取引、感染症、インターネットの規制など）に対処するグローバルな法秩序は、特定のセクター・領土に限定された断片的なものである（それゆえ、これらのテーマを論ずる場合には、政府［ガヴァメント］ではなくガヴァナンスという概念を用いる）。この新しい世界秩序の研究は、それを具体化する無数の法レジームの研究である。いずれのレジームも、移植、特定の法制度の模倣と適応、独創的な革新を原動力（dynamic）とし、単一のruling powerの産物ではない。現代の膨大な比較法文献は、この原動力と、その結果である規範のタペストリーの分析にあてられる（多様なレジームを統合する国際的動向と、高度の断片化およびレジーム同士の衝突）。多様なレジームの法改革でなされた選択

---

60) *Id.*, 105 -108.

108

（choices）を、十分な情報に基づいて、（民主主義や正義と公正の実現、国境
を越えたリーガリティの尊重という観点から）批判的に論ずるための適正な方
法を発見するのが、今日のグローバル化された世界における、比較法学者のコ
ミュニティの中心的任務となっている。比較法学者が、世界レヴェルで法がど
のように形成されるかを理解する、という比較法学の力を見逃している（miss
the uptake of their discipline）ならば、驚くべきことである。

　比較法学者以外の国際的研究機関も、多様な部門で世界の法システムがいか
に機能しているかを表すための、指標と順位を発表している。そこでは、法改
革・法制度・法と開発（law and development）に関する比較法文献が参照さ
れていて、市場の担い手、NGO、国家、各国の行政機関、国際組織が、この
指標と順位を活用している[61]。

（ⅱ）「法言語学、翻訳、認識」の章では、グラツィアデイは以下のように分析
する。20世紀における機械法学（mechanical jurisprudence）への攻撃が、法
の不確定性というパンドラの箱を開け、それに対応して解釈の多元性が説かれ、
多元主義者の地位を高めた。しかしながら、この理論的動向は、外見ほど偶像
破壊的ではない。言語が法の枠組みを構成し、その内容をコントロールすると
いうのが、依然として法律家の共通の認識（the common wisdom）である。テ
クストに記載され、あるいは口頭で述べられた言語が、法を表現する場合には、
（一般的な言語に比べ）より詳細で深い分析が要求される。グローバルな普遍
法や、統一的な意味を伝える普遍言語がなく、普遍性を求める断片的でトラン
スナショナルな法レジームが存在するにとどまる現状では、コミュニケーショ
ンと翻訳の問題が生ずる。法多元主義者の多くは、言語的・概念的多元性の問
題にどう取り組むかを、十分に研究してはいない。これと対照的に、パトリッ
ク・グレンらのケベック出身の法多元主義者は、この問題を明確に意識してい
る。

　グラツィアデイによれば、翻訳と専門用語の研究、社会言語学（sociolinguistics）、

61）*Id.*, 108-109.

第1部　比較法の思想　　*109*

言語以前のないし非言語的なコミュニケーション行為、あるいはそうした行為と言語行為との関係の認識論的研究（cognitive research）、言語人類学が、以上の研究の代表的なフロンティアである。これまで比較法学は、規範的共同体が使用する言語の多様性の持つ意義に、あまり取り組んでいなかったが、法と言語研究は、次第に注目を集めつつある。まだ多くの課題が残されている前記の研究分野では、知的・科学的革命が進行中で、言語や翻訳の機能、言語的・非言語的コミュニケーションの認識構造についての重要な研究を、比較法学に取り入れる機は熟している。そうすれば、異なる言語の間で、同一の規範的意味を正確に伝達することが可能かというような、比較法の議論における多くの仮象問題（false problems）を解決するのに役立つであろう、とグラツィアデイは予測する[62]。

（ⅲ）最後に、「比較法と法人類学」である。グラツィアデイによれば、最初に法律家としての訓練を受けた人類学者や、後に社会人類学者に転じた法律家はいるが、法学と人類学の教義の中核部分には殆ど共通の要素はなく、人類学は同じ規範的コミットメントを共有していないし、法学も、人類学の方法的洞察を取り入れなくとも差し支えない。しかしながら、比較法学と法人類学のサブ領域（sub-domains）では、研究範囲が重複していることは明かである。比較法は規範的野心（normative ambitions）を有しないし、「異別性」と「類似性」を探求するのに必要な経験科学的方向性（empirical orientation）を、人類学と共有している。

　しかるに、比較法が、産業化された世界の法域に属する法を主な対象とするのに対し、法人類学は学問と実務の明確な一分野として表現されず、そこでは権力が国家機関と官僚制を通じて行使されることもなく、専門的・法的ヴォキャブラリーも存在しないなど、学識ある法律家に馴染みのない場で必要とされるという理由から、比較法と人類学を区別する傾向がある。

　しかしながら、変貌しつつある世界では、グレンの『世界の諸法伝統』が指

62）*Id.*, 109-111.

110

摘するように、この粗雑な区別は過去のものである。裁判運営、金融市場規制、人権レジーム、国際刑事訴訟、憲法の創造、自生的（土着の）権利、文化遺産など、法律家が日常の実務で扱うコンテクストで、人類学的研究が行われるようになっており、比較法は「現代の批判的人類学に他ならない」と指摘されている。比較法学は、独立科学として誕生した、当初の狭い法観念（いわゆる比較立法学）を破棄して、フォーマルな法とインフォーマルな法、オフィシャルな法と代替的性質の規範（alternative kinds of normativity）、伝統的法システムと現代的法システムが相互に作用するコンテクストに取り組んでおり、西欧の周辺というよりも、中心の法域で法の人類学が必要であることを知るべきである。したがって、法人類学と比較法は協力すべきであって、学問を横断した対話（これは贅沢ではなく、必要なのである）が、複雑な社会的・制度的相互作用の理解を助けてくれる（グラツィアデイはこの部分で、一例として人類学者でもあるアネリーゼ・ライルズ［Annelise Riles］による金融担保［financial collateral］の研究を挙げている)[63]。

(6) グラツィアデイの全体の結論を示そう。法の研究を通じた社会関係の豊かな理解を目指して、これまで検討してきたような法の説明モデルを確立しようとする試みが重ねられてきた。これらのモデルは、それ自身が独自の生命を帯びる傾向がある。モデルの担い手（actors）は、自己の社会環境の認識に応じて、自己の議論とプラクティスを構成する。この認識は、好みのイデオロギーと手を組むことが極めて多い。現代においては、世界的規模で法を統合しようとする運動は、かつて世界政府を空想した哲学者、政治学者、法律家が示した道を辿らず、トランスナショナルなレヴェルでの、個別のサブシステムのセクト的統合にとどまった。その結果として、テクニカルな権限と正当性を主張するにすぎない担い手（actors）のネットワークから、断片化した法が生ずる。こうしてグローバル法は、トランスナショナルなレジームを確立するために引き合う力によって形成・統合されてきた、多様でローカルなレジーム間の相互

---

63) *Id.*, 111-113.

作用から、生まれるのである。この枠組みの中において、比較法は、このシステムの複合体がどのように進化するかを理解するための手段として、名誉ある地位を占める。比較法が、変化に対してオープンなままの姿勢を保ち、いくつかの隣接分野における相当な進歩をもたらした理論・方法・成果に取り組むならば、比較法の中心的地位はこのまま維持されるであろう。このアプローチは、パトリック・グレンが真の学問精神によって見事に切り開いた研究の伝統に対応している[64]。

(7)　グラツィアデイ論文は、グレンの主要な功績として、比較法が、実証主義の補完ではなく、「ローカル・ナレッジに深い関心を寄せつつ世界レヴェルで展開する・実証主義に代わる統合的な企て」であると位置づけ、多様な諸法を比較するための知的な枠組みとして「伝統」概念を再活性化したこと、を挙げる。「20世紀において、空前のレヴェルの多元主義とコスモポリタニズムが法を形成すること」をグレンが認識して、このように構想したことを、グラツィアデイは高く評価する。法のトランスナショナルでコスモポリタンな次元の影響が、法一元主義と法多元主義（後者が最も有望な知的枠組みである）をどのように変容させ、多元的・コスモポリタン的な現代法思想の形成・深化に、比較法・法言語学・法人類学がどう貢献したかを、グラツィアデイは検討する。デモクラシーの出現・民主主義体制への移行と、トランスナショナルな経済関係の発達によっても、（仮説としての）法一元論は消滅しなかったが、価値の多元性を調節し均衡を保つ、新たな「開かれた」法一元論への切り崩しが展開した。個人の権利を保障する国際的なレジームの発達もあって、国家法を唯一の法源とする見解の正当性が、疑問視されるに至る。国際取引の進展によるヨーロッパ市場の統合は、法一元論では理解できない新たな問題を生み出している。「国家法秩序と非国家法秩序との相互作用を探求するための理論的枠組み」である法多元主義は、「社会法と生ける法」という着想と、（ポスト）植民地的法レジームとに由来し、グローバル法の構造をめぐる議論に刺激を与え、

---

64)　*Id.*, 113-114.

民主主義的立憲主義への多元的アプローチは、独裁制崩壊後の民主政治の発展に貢献した。グラツィアデイは、国家法の正当性はもはや自明ではなく、その目的と手段には正当性が必要で、その効果は経験的にテストされなければならないと論ずる。グローバリゼーションの時代における比較法研究は、グローバルな法秩序の各レジームの移植・模倣と適応・独創的な革新の原動力とその結果である、規範のタペストリーの研究であるとして、世界レヴェルで法がどのように形成されるかを理解する比較法学の力を、グラツィアデイは強調する。法多元主義者の多くは、規範的共同体が使用する言語の多元性・多様性（コミュニケーションと翻訳）の意義を十分に研究していないが、社会言語学・非言語的コミュニケーションの認識構造論・言語人類学などのフロンティアにおける重要な研究成果を、比較法学に取り入れるべきである。比較法学は狭い法観念（比較立法学）を放棄して、フォーマルな法とインフォーマルな法、伝統的法システムと現代法システムなどが相互に作用するコンテクストに取り組んでいるのであるから、西欧の周辺のみならず、その中心においても、法人類学と比較法との学問横断的対話が必要である。グレンが指摘するように、両分野の粗雑な区別は過去のものである。グレンのように、比較法がオープンな姿勢で隣接分野の成果に取り組むならば、グローバル法を生むシステム複合体の進化を理解する比較法の中心的地位は、揺るがないであろう。

　以上のようにグラツィアデイ論文は論じている。

Ⅳ. 『コスモポリタン法学』第2部「伝統の概念——その可能性と課題——」

1. (1) 本論集第2部からは、「伝統」ないし「法伝統」の総論を扱うクリギア論文とヴァルッケ論文、タルムード法伝統を論ずる比較法学者ネルケンの論文を紹介する。イスラーム、儒教法伝統を扱う各論的労作の紹介は割愛する。第2部冒頭のマーティン・クリギア（オーストラリアのニュー・サウス・ウェールズ大学教授。「法と社会理論」担当）の論稿「情報が多すぎる」をまず検討しよう。クリギアは、著書『フィリップ・セルズニック』の他、法の支配に関する多数の論稿を著している。

クリギアは、まず自らの研究履歴を振り返る。すなわち彼は1980年代には、法の深い「伝統性」（profound traditionality）に対し法理論が無関心である、と批判した。80年代後半には、「伝統としての法」と題する原稿を完成していたが、出版には至らなかった。本論集への寄稿の誘いがあったのをきっかけにその原稿を再読し、法伝統に関する——法伝統に対するクリギアの関心が休眠状態にあった間に刊行された——グレンの著作を読み始めた。クリギアは、法における過去性（past）が、不可欠で根深い規範として現存していることをグレンが適切に理解し、現代のパローキアルな「時間的な断面で切り取った」（time-slice）法システムの特徴づけには反対していること、そしてまた、グレンが博学で魅力的でスタイリッシュな散文の著者であることを発見したのである。さらにグレンは、社会における伝統的な形式と内容の法源、および同様な法秩序に対して侮蔑的な、ポスト西欧的啓蒙（post-Western Enlightenment）にも敵対していた。伝統的社会は、ダイナミックでも自己批判的でも合理的でもない、さらに西欧社会は伝統と近代性を区別するが（the dichotomy between tradition and modernity）、これらは全て虚偽である、と（グレンの主張と同様

114

に）クリギアは断じ、伝統概念の再検討を試みる[65]。

（2）最初にクリギアは、「過去性（pastness）」の問題を論じる。法においては、あらゆる伝統に見られる「権威性（authoritative）」ないし「規範性（normative）」という中心的特色が極めて顕著であるのにもかかわらず、なぜ伝統に対して、これまで法の立場から殆ど注目されてこなかったのか理解できない、とクリギアは疑問を提示する。グレンは、多様な伝統を学ぶにつれて、法の標準的特徴を「システム、文化、家族（法族）、国民国家」に分類することに不満を覚え、空間的・時間的に限定された（ポスト西欧起源の）主権国家が法を独占する、という標準的な西欧モデルを斥けるようになった。

　グレンが伝統的な概念装置に不満を抱いた理由には、従来から指摘されているものと、伝統を福音伝道主義のように信奉する（quasi-evangelical embrace of tradition）グレンに特有のものとがある。従来から指摘されている根本的理由とは、社会の生活・習俗・法と社会全体の特徴を形成する限りで、過去の要素は現在において規範的な意義を有する（normatively significant）、ということである。過去の多くは、知られることもなく、忘れ去られる。現在の一部ではないが、続く世代の関心の対象であり続ける過去も存在する。伝統における過去は、単なる歴史的過去とは異なり、「われわれは、いつもこうしてきたのだから、こうすべきである」というように、現在の規範的部分として、その周囲にまとわりついている。この規範的過去性を意識しないこともある。こうした通時的関係からすれば、「過去は決して死んではいない。それは過去ですらない」（エドワード・シルズ『伝統』［1981年］）という指摘の方が、真実に近い。

　このような意味での伝統はどこにでもあり、これまで無視されてきたわれわれの生活様式の根本的な特徴でもある。現代の伝統も同様に「規範的に現前する過去（normatively present pasts）」を有しているが、それが重要な概念とみなされることは稀で、「伝統は、現在の社会科学に支配的な非時間的概念

65）Martin Krygier, Too Much Information, in: Helge Dedek (ed.), *supra* note 2, 117-118.

（atemporal）によって失われた、（隠された）社会構造の一局面である。社会科学は、伝統に直面することを避け、『歴史的ファクター』に依拠することで、伝統を説明枠組みから排除した。こうして社会科学は、伝統を無視さるべき残り物のカテゴリー、知性を妨害するものとして扱った」（前掲エドワード・シルズ）。しかしながら、伝統はわれわれの生活に浸透している。社会生活や実務の重要な部分は、過去から移転された信念や「生活形態」（forms of life）で構成されているから、伝統は、現在において規範的意義を維持しているコンテクストであるとともに、思考・想像・活動の媒体でもある。

　クリギアによれば、伝統は複雑で多様な現象である。グレンが強調するように、複雑な伝統は、収束・競争する多くのサブ伝統を含む。社会学者が「法多元主義」に気づく遥か以前に、人類学者は、複雑な社会における大伝統と多数の小伝統とを区別していた。しかし、この二分法は（法においても宗教においても）簡略化し過ぎであり、様々な結び付きと方向性が存在することが、すぐに承認された。ここでも、現代的伝統を古い伝統から区別するのは、両者における宗教・道徳・法科学・哲学などにおける近代性（modernity）の程度の違いである、とされた。

　伝統の中には、宗教秩序や法秩序のように、他の伝統よりも省察的で、計画的に維持され制度化されているものがある（解釈・伝達・実行のための権威的な機関が存在し、伝統を維持する）。そこでは、過去は明示的に規範的現在として扱われる。あらゆる制度化された伝統と同様に、法の実務・手続・制度は、規範的に重要な過去のテクスト・制度・慣行などの保全と伝達に活用される。全ての移行中の（ongoing）伝統においては、承継・伝達されたものは、法実務・手続・法制度の関与によって変容し、関与者自身も変化する。法は、複雑で永続的で権威的かつ制度化された伝統として、維持される。規範として現存する過去（a normatively present past）の内容は、法秩序ごとに大きく異なり、伝統における「法的感性」（クリフォード・ギアツの表現）も、驚くほど異なることがある。以上のようなプラクティスの結果として、伝統には深い持続性が認められるが、不変のままにとどまることは殆どない。「現在」を造形する・伝承された諸層の間の弁証法的相互作用（dialectical interplay）、（権威ある解釈者、伝統の保護者、素人参加による）絶えざる更新、こうした遺産の再形成

が、伝統の特色なのである。グレンもこれらのことをわきまえており、法秩序のこのような中心的特色が「伝統」であるとし、瞬間的な法システムの共時的性質よりも、伝統の通時的性質の方がより良い理解をもたらすとして、「法システム」という用語に反対した。「法文化」という表現も、過去の規範的現存に注意を払っていないとして、グレンは同様に反対した。

　さらにグレンによれば、伝統は、われわれの基本概念が把握できていないものに注意を向けるだけではなく、あらゆる法秩序の根底にあるものを表現している。全ての法を、特定の「システム」「文化」「国家」において「現在」生じているものと結び付け、そこから出発する（そして、典型的にはそこで終わってしまう）ことは、近視眼的であり、法システムの基盤にあって深く根ざしている法を軽視している。法伝統の理念は、法システムの不可欠の基盤で、法システムを横断し、それを超える教育手段として、必須のものである。その通時的性格から、伝統を語ることは、過去に遡るのみならず、同時に現在と相互に交流し、過去・現在・未来の関係に向かうことである。グレンの適切な比喩によれば、「伝統は、必然的に通時的性格を有する。伝統は、『瞬間的な』法システム、すなわち一定の時点で効力を有する法という理念とは、非常に異なる。伝統を理解することは、映画を見ているようなもので、瞬間的な法システムを理解することは、映画の一コマを見ているようなものである」。

　クリギアによれば、国家法システムと法文化は、いずれも比較的近時の西欧の土着の伝統から生まれたので、普遍的に妥当する分析概念であると考えるべきではない。それらは比較の目的には不十分で、これまで好んで用いられた形態（国家・国民・システム）に先行する、根本的な性質と伝統の貢献については沈黙している。特定の近代的事例と法伝統の産物が、現在の形で自立していた（self-standing）と誤解し、それらを全てのアプローチの枠組みとするという誤りを犯しているのである[66]。

（3）クリギアは、「具象化と衝突（抵触）」（reification and conflict）と題して、

66）*Id.*, 118-125.

次のように言う。伝統とは、規範的に存在する過去を有することであるから、それが無視されるのは、伝統の支持者（partisan）にとって不快である。しかし、伝統的法観念に対するグレンの批判はその域にとどまらず、彼の伝統への愛着がいかに特殊かつ顕著であり、何が彼の尋常ならざる情熱をかき立てているかを明らかにしている。

　まずグレンは、伝統は法秩序を具象化（reify）しない、という信念を持っている。社会的具象化（social reification）の最も明瞭な形態は、現代国家ないし国家法システムの中に見出される。法律家はシステムと国家を具象化し、社会学者は「文化」という――どこにもきちんと収まらない現象の万能の収納庫である――ブラック・ボックスで、同様に処理する。少なくとも比較法の場合には、殆ど至るところに、具象化が存在する。「文化概念に対すると同様の批判が、様式（style）、メンタリティ、文明といった類似の構成物（construction）に対しても――それが、人間集団の具象化とカテゴリー化に役立つ限りにおいて――可能である」（グレン）。法が1つの「システム」の不可欠の一部であると考えられるならば、そのシステムの関係者（participants）は、特定の固有の「法文化」を共有し、そうしたシステム・文化・国家・家族の「外部」にある法は、別の実体（entity）の一部で、相互に抵触・衝突する可能性がある。「システム、文化、文明、メンタリティを通じて、具象化のプロセスが表れる。これらは全て、境界を追跡する努力であり、比較（com-paring）および共生とは両立しない方法であって、内部では同質化、外部に対しては区別を行うものであった」（グレン）。したがって、（同一空間の中で2つの法システムが機能することは、不可能であるため）法秩序について語る場合には、通常は「抵触・衝突」という言葉が用いられる。人間集団を、具象化・客観化・実体化された形式でとらえると、同一の空間を調和した状態で占有することができないから、衝突が生ずる。グレンは、伝統という概念は、その性質上具象化や分離（全面的な閉鎖［totalizing closure］）を行わないと主張し、それゆえに彼は伝統に魅せられるのである。

　伝統という概念それ自体は、このように本質的に具象化・全面的な閉鎖（閉め出し）に適しない、とグレンは信じているが、特定の伝統が過去の具象化という形をとることはある、と認めてもいる。しかも、こうした伝統の「堕落・

腐敗」（corruptions）の誘惑は常にあり、極めて頻繁に生じている。クリギア
は、伝統とは単なる過去の現存ではありえない、とする。古くから、法文化の
成果として現在も共有されており、世代を超えて伝達され続けている、古来の
伝統（age-old traditions）の場合には、過去の規範的現存ではあるが、「具象化
された」過去（reified past）が規範的に現存しているのではないか、と指摘す
るのである。クリギアは、グレンが極めて奇妙な、争いの余地のある伝統概念
を採用したことを批判し、このような楽天的な伝統概念ではなく、彼の性格の
中心にある「宥和への希望」（conciliatory hopefulness）を立論の基礎とする方
が、望ましいと論じている[67]。

（4）クリギアは、マルクスにおける「階級」、ハートの「ルール」、ドゥオーキ
ンの「原理」のように、説得力のある思想家が用いると、平凡で漫然と使われ
ている日常用語も、大がかりな理論における極めて洗練された構成要素になる
と述べる。グレンの比較法への貢献によって、「伝統」という概念も同様の地
位を占めるに至った、とクリギアは評価する。クリギアによれば、伝統は法秩
序をより大幅な相互承認・寛容・宥和的共生へと開放する、とグレンは考えて
いる。伝統の境界は、（それ以外の境界とは異なり）密着したままで描き出す
（be closely delineated）ことができる、という地図の描き直し（remapping）
が、グレンの立論の基礎にある。

　シルズは、「伝統とは、過去から現在へと伝達される何ものかである」とす
るが、グレンはこれに反対し、伝統を過去の「情報」に限定する。伝統という
用語は、実務・制度・生活様式・それらの伝達方法・伝達されたものへの反応
の仕方なども含みうるが、グレンは、特に情報に限定するのである。グレンに
よれば、情報は具象化（reification）・境界・分離に抵抗し、自由に流通し、具
象化のいかなるプロセスも、構造を厳格に分離することを不可能とする。結果
として、社会構造の浸透（permeability）がもたらされ、閉鎖（closure）は殆
ど成功しなくなる。それゆえ、伝統を情報であると定義することが、グレンに

---

67) *Id.*, 125-126.

とって重要となる。伝統（規範的情報）と解された法は、規範的主張・議論・対話とともに、調和・和解（reconciliation）をもたらすはずである、とグレンは説く。「こうして法伝統は互いに語り掛け、世界の全ての大法伝統は、彼らの互いの関係について多くを語るであろう」。

　グレンによれば、法伝統には本質的に境界は存在せず、伝統は多価的論理（multivalent forms of logic）に従って機能し、多様性に寛容であるから、衝突・競争するのではなく、集めて並べるという「比較」（com-paring）のプロセスを通じて影響を与え、共生（convivencia）を許容する。さらに、伝統は本質的に寛容であるというのみでは足りず、伝統は寛容を超えるものである。すなわち、主要な大法伝統（major legal traditions）は、現実に架橋しているから（they build real bridges）複雑なのであって、その複雑さを記述するためには、寛容よりも相互依存（interdependence）、ないし非分離（non-separation）という概念の方が適切に思われる。

　クリギアによれば、グレンの法伝統は、遺伝的性質を持たない単純な情報である。法実務に影響を与えるが、それをコントロールすることはない。グレンの法伝統は、議論には寛容である。議論は、紛争の平和的解決をもたらすとともに、具象化と均質化（reification and homogenisation）に対する効果的な解毒剤となる。伝統を、自立・分離した純粋なものとして特定することは困難であり、その外延は曖昧（fuzzy）であって、それ自身の中に対抗的要素を含み、他の伝統との関係においてのみ、アイデンティファイできる。情報としての伝統は境界を持たず、その流れはコントロール不能で、完全な閉鎖・隔離は不可能である。グレンは、情報の「ブラン・タブ」としての伝統というイメージを好んで用いる。いったん情報がその中に入れば、そこから何を取り出せるか予見することは難しい。伝統は曖昧な概念であると批判されるが、そもそも世界における規範的情報の塊（the mass of normative information）を指すにすぎないのだから、曖昧なのは当然である。何でも取り込むことができ、フィルターにかけたり排除したりする形式的なプロセスがない、ブラン・タブというメタファーを用いるのが的確である。伝統を伝達された情報ととらえれば、形成中のブラン・タブ（an ongoing bran-tub）は、本来エリートや階級を伴わない新たな世代によってかき回され、伝統と安定性との結び付きは弱まることになる。

120

伝統はむしろ、変化の根拠を提供するリソースとなり、過去は未来を創造するために結集させられる。伝統というブラン・タブは、衝突・紛争を処理することができ、他のブラン・タブと混合するので、絶えざる変化の源である。他の伝統と僅かでも接触すれば、最初の伝統の情報基盤が変化し、その全体のアイデンティティも変化する。接触する各伝統のアイデンティティ全体は、非排他的（non-exclusive）なものになるから、今日の世界には伝統の純粋なアイデンティティ（pure identities of tradition）は存在しない。

　クリギアは、以上のグレンの立論を、あらゆる者にとって豊かな選択・変化・調整（accommodation）を許す、オープンで魅力的な見解である、と評価している[68]。

(5)　クリギアは、ブラン・タブから選び出そうとする者は、その中にいるのではなく外部に立っていて、ブラン・タブがランダムに提供するものを選別しているように見える、という。グレンの言う「主要な大法伝統（large and major traditions）」は、伝授を受けた内部の者（新入者）（initiates）に伝統が何を語り、何を行うかを知る手がかりを持たない──伝統の内部にいない──アウトサイダーに対しては、このようにふるまう。クリギアは、強い伝統は、他の自然的・社会的影響と相まって、内部にいるメンバー（initiates）の思考と実践を深い次元から構成する（アウトサイダーには理解困難である）、と指摘する。クリフォード・ギアツの「ローカル・ナレッジ（local knowledge）」研究は、文化システムであるとともに、特殊な精神枠組み（a special frame of mind）でもあるコモンセンスの多様性を明らかにしたうえで、多様な法システムが、われわれの言う法と事実の区別をどのように処理しているかを、示そうとする。ギアツの研究からは、多様な法源、多様な情報源へと導かれるだけではなく、「特有のやり方で現実を想像する（distinctive manner of imagining the real）」法的感性（legal sensitivity: ギアツの用語）の力を、われわれは感じ取る。有力な伝統の中で育った者は、ブラン・タブから選び出すか、それとも、法シス

---

68)　*Id.*, 127-130.

テムごとに異なる具体的な法規から選び出すかを、容易には決められない。法的感性は、単なる情報の断片ではなく、より深い、メンバーに共通した、より内部的な（more inward）内面化されたものなのである。

クリギアの批判によれば、グレンは伝統の構造上の重要性を「具象化（reify）」したくはない（具体化して考えたくはない）し、まして法伝統間の「通約不可能性（incommensurability）」を、従来以上に主張するつもりはないとし、伝統概念を最小限に限定することで、問題を容易に処理しようとしている。伝統を情報であると説明するグレンのブラン・タブのメタファーは、伝統への参加者（participants）としてわれわれが伝統に帰属する局面について、何も深くは語っていない。このような帰属は、単なる情報ではなく規範的なものであることが多く、伝統とは常に規範的なのである、とクリギアは論じ、続いて「規範性（normativity）」の問題の検討に入る[69]。

(6) 複雑な現象と、それを記述する概念について、1つの構成要素が最も重要であるかのように要約され、論じられることが多い。伝統という現象と概念の理解に大きく貢献した、ポーランドの偉大な社会思想史家である故イェジー・ザッキー（Jerzy Szacki: 1971年に『伝統——問題性の再検討』というポーランド語の著作を出版したが、国外では知られていない）が指摘したように、伝統をめぐる議論の場合も同様である。

ザッキーは、過去と現在のつながりにアプローチする方法は3つあるが、社会科学の文献における「伝統」の議論は、そのうちの1つを念頭に置くか、あるいは、その相違や相互作用を認識せずに、組み合わせて用いていた、と批判する。すなわち、①伝統を提供するプロセス（世代相互に伝統を伝達する活動）と、伝達を実現する手段・方法とに、注目する見解（トレント公会議後に、ローマ教会が強調した「積極的伝統」）、②伝統を、過去から伝えられた歴史的沈殿物・遺産と考え、受け継がれた伝統を、理解の中心に据える見解（初期の教父たちのいう「消極的伝統」。ガダマーや伝統への反対者であるマルクスも、

---

69) *Id.*, 130-132.

同様の概念を用いる）、③ザッキーの言う「主体的」伝統概念で、過去から伝達された遺産を擁護（ないし批判）することに特別の価値を認め、その権威を承認する特有の姿勢（ヴェーバーの言う「伝統的正当性」[traditional legitimacy]、法学者のマックス・ラデン。継承されたものから現代独自の立場で選択することを重視する、ポーランドの文芸批評家ローマン・ジマンド[Roman Zimand]の立場を、クリギアは推奨する）、の3つがある。これらの伝統概念は、伝統という現象の、非常に異なる局面（要件、手段・方法、目標）に着目していたのである。

　グレンはこの3つの局面を十分に理解していた。健康で生命力のある伝統は、過去の相続物を「獲得」（the capture of deposits of the past）しなければならず、フィードバックを通じた継続的な回帰的・反復的プロセスによって、絶えず伝達を続けなければならない「通時的性格」を有する。伝統の「過去性」も重要であるが、それだけでは不十分で、伝統に参加・関与する者が存在するゆえに、伝統は規範的なのである。グレンは、法伝統の変幻自在でコントロールできない性格を強調する目的から、法伝統を単純な情報として説明するが、「大法伝統」は最初から複雑でなければならない、と彼が理解していることは明かである。伝統とは、単純な情報（それは短命で、すぐに忘れられる）ではなく、伝統に変貌するのは「規範的な情報」（normative information）である。グレンも、「伝統の理論は、全ての伝統は規範的でなければならないことをわれわれに教え、どう行動すべきかを過去から導き、モデルを提供する。法は、おそらく人間の営為の最も規範的なものであるから、全ての伝統の中でも、特に法伝統は、この一般的現象から離反すべきではない。混乱させるところはあるものの、規範性はこれらの法伝統のコンスタントな特徴である」、と説く。

　グレンは、伝統の伝達に際しては、いくつかの要素が協働することを指摘する。グレンによるその取り扱いには、2つの顕著な特徴がある。第1に、グレンにとって、伝統とは単なる情報であって、その伝達や受容ではないから、ザッキーのいう前掲②のタイプ（「遺産」）、すなわち「過去からわれわれにもたらされたもの」のみが、本来の伝統を構成する。それが伝達されるプロセスと、「遺産」により影響を受けた者の反応（伝達を維持しようとする[maintenance]プロセス）は、伝統それ自体とは区別される。グレンにとって、伝統に作用す

る後者の要素は、伝統が生きてゆくためには不可欠であるが、伝統それ自体の一部ではない。情報それ自体は支配力を有しないが、助言（advice）を与え、われわれはこの助言を個別の問題にどうあてはめるかを決断するのであるから、伝統とは説得的権威（persuasive authority）である。本来の伝統と、伝統を構成員に伝える伝達手続とが備わっていれば、われわれは、ブラン・タブから自由に拾い上げて選択できる（free to pick and choose）。

しかし、クリギアによれば、伝統としての情報は、伝統に参加・関与する者にとって「規範的」なものであって、決して、グレンが想像するように透明無色（innocent）でランダムではない。伝統の規範性は、伝統の内容が価値あるもので現代でも通用する、という時を超えた集団的判断に基づく。伝統の中にいる法律家による法の解釈においては、現在も有効な過去の法（presently valid past law）は、潜在的に記憶にとどめられていなければならず、それは、彼らが生きている現代にも、規範・権威として効力を及ぼすように意図されたものなのである。これは、法の権威的伝統の規制的規範（a regulative norm of the authoritative tradition of law）である。伝統は、その参加者・関与者にとって規範的であるが、アウトサイダーには殆ど規範性を有しない。

第2に、グレンによる説明のもう1つの特色は、ブラン・タブであり、グレンのプログラム上の目的よりも、分析の際に役立つ。ブラン・タブの中には、それを満たす者にとっても、空（から）にする者にとっても、あまり規範性（normativity）は存在せず、どのような品目がタブの中に存在し、それがどのような情報を伝えるかについては、あまり関心が持たれない。しかしながら、特に制度化された大きな主要法伝統の場合は、事情が異なる。出入りするものが、規範的情報か、単なる情報にすぎないか、それとも雑音かに関心のある者たちが運用しているからである。クリギアは、自分が法伝統における裁判官か判断を求める構成員であるならば、法がランダムであることは望まず、必要とあれば法を知ることができ、それが実現できるように設計されている法実務を望むとする。

クリギアによれば、もし法が福袋（a lucky dip）でないならば、われわれは、何らかの方法で法を解釈し、実現し、生活圏における規範的要素として多少なりとも重視するために、その素材を「マッサージ（massage）」（グレンの用語）しようと熱中するであろう。何世代にもわたり、調達者と受容者が、情報に付

与しようとしてきた規範性に影響されて、これらの反応が生ずるのであり、こうした作用が生じなければ、単なる情報が存在するにすぎない。伝達と受容の全体的プロセスが進行する以前は、単なる情報は伝統の一部ではない。伝統の規範性は、伝統的情報につき決して偶然に生ずるのではなく、事前に情報は選定されている。特定の伝統の内部で情報を処理する方法は、情報それ自体からは生まれない。解釈権が認められた伝統の共同体（the traditions' authorized interpretive communities）が共有している、伝統内に埋め込まれた特定の解釈方法によって（depends on its being embedded as that-to-be-interpreted-in-certain-ways）、情報をどう理解すべきかを解釈者が決定する。

　情報が規範的なものとして受容され、伝統の一部に転換して、初めて現存する伝統において活用できるようになる。その場合、情報の保有者および伝達者は情報に愛着を覚え、敬虔・権力・貪欲・気質・神聖な真理への正直な信仰・単純な差異などの様々な理由から、それ以外の情報や解釈を排除しようとすることが多い。これらのいずれが不自然で、伝統の「堕落（corruption）」であるのか。いずれも、伝統を重視する人々が、規範性を表現する方法である。われわれは、人々が多様に思考し行動することを好むであろうが、規範として現存する過去（the normative presence of the past）は、どの道を進めばよいのかをわれわれに何も教えてくれないのである[70]。

(7) グレンの伝統観は「あまりに楽天的（pollyannish）」である、とするマルティン・シャピロの指摘に対し、グレンは次のように反論している。すなわち、あらゆる伝統には「堕落（corruption）」の可能性（形式的な教えと、それからの逸脱から生じるギャップ）があることを、『世界の諸法伝統』において（シャピロの批判に刺激されて）新しく論じたので、伝統の議論を、野放図な楽天主義と同視するのは適切ではない、と。グレンは、伝統は様々な種類の（社会的・精神的・制度的な）「堕落」に陥りやすい（伝統は不寛容・閉鎖的・他者に対し敵対的になりうる）ことを強調するが、彼は、伝統の本質は遥かに

---

70) *Id.*, 132-139.

優れたものであるととらえようとしており、伝統の不確定で変動しやすく時には悲惨な作用よりも、伝統の「守護神（better angels）」（そのようなものは存在しない伝統もある）を基礎づけるための概念を求めている。本質的に境界のない伝統と、密閉されたシステム・文化との対比をもっともらしく見せる、自由に流れる川のイメージや、ランダムに集められてタブに投げ込まれた情報の断片のイメージは、誇張されたもので、規範的伝統を支えることはできない。

　システム論者たちは、「開かれたシステム」を探求し、文化の典型は混合であるから「本質化される（essentialized）」べきではない、などと主張する。グレンのおかげで、伝統への初期の愛着を覚醒させた自分（クリギア）は、伝統に注意を払わない傲慢さには反感を覚える。われわれは、伝統なしで済ますことはできないが、伝統の古き友人である自分ですら同感できないほどの好意を、グレンは伝統に対して抱いているのである[71]。

（8）最後にクリギアは、「結論」として、次のように述べる。ヨーロッパ共産主義の崩壊とともに、伝統に関する研究プロジェクトを終え、その地域の権威主義的政治体制が（規範的に現存しない）過去へと退却することをクリギアは望んでいたが、それ以来失望することが多かった。中欧・東欧の政治的分裂、政策的論議、党派的連携のパタン、デモクラシーの質は、「深い過去（deep past）」と非常に関係しており、この遺産は、社会心理学的なルーツを持ち、良からぬ強い伝統に育まれたものであった。ポスト共産主義社会で繰り返された「法の支配」推進プロジェクトは、殆ど成功を収めなかったが、この苦境は、法と国家の関係に対する（高度に規範的で、導入された法的情報を殆ど尊重しない）深い伝統を反映していることが多かった。

　法は、概して伝統（重要な事実）に依存していることを、われわれは認めるべきであるが、だからといって、（グレンが熱望していたような）法秩序・社会秩序間の相互の調和（mutual accommodations）が推進されるわけではない。伝統が当然に調和を妨げるのでもない。他の法伝統と衝突し、それを排除し、

---

71) *Id.*, 139-140.

126

傲慢にふるまうのが、法伝統それ自体の本質に反するから（あるいは「堕落」だから）というのではなく、それ以外の独自の理由で、今後とも調和が促進されなければならない。法伝統はその性質上、他の法伝統に、敵対的にも寛容にも利用できるのである[72]。

(9) クリギア論文は、法伝統に深い関心を寄せていた法社会学者が、グレンの伝統概念に若干の疑義を示しつつ、伝統の過去性・規範的現在性、伝統の具象性の有無、伝統の相互依存・非分離、情報の「ブラン・タブ」・規範的情報としての伝統、積極的伝統・消極的伝統・主体的伝統と伝統へのアプローチ・参加、伝統の伝達プロセスと参加者の反応、共同体における伝統の解釈、グレンの伝統観の楽天性、法伝統相互の調和、といった主要な論点を分析してゆく、やや晦渋な内容である。クリギアは、グレンが「法伝統」を「現在において規範的意義を有しているコンテクスト」と理解し、「法における過去性」を重視して（法伝統において、過去は明示的に規範的現在として扱われる）、西欧社会における伝統と近代性の区別は虚偽である、とグレンが断ずることに賛同する。グレンは、多様な伝統を学ぶことによって、「空間的・時間的に限定された（ポスト西欧起源の）主権国家が法を独占する、という標準的な西欧モデル」は、比較的近時の西欧の土着の伝統から生まれたもので、普遍的な分析概念ではなく、比較の目的には不十分である、という結論に達した。あらゆる法秩序の根底にある法伝統の理念は、通時的性格を有し、深い持続性が認められ、現在を造形する諸相の間の相互作用・絶え間ない更新によって再形成が進み、法システム相互間を横断する。グレンによれば、伝統とは過去の情報であり、情報は、具象化・境界の設定・分離に抵抗する。情報として自由に流通する法伝統には、本質的に境界が存在せず、多価的論理に従い、多様性に寛容であって、伝統は「比較」のプロセスを通じて、法秩序の大幅な相互承認・寛容・宥和的共生をもたらす。情報の「ブラン・タブ」としての伝統は、衝突・紛争を処理し、他のブラン・タブと混合して、その全体のアイデンティティは絶えず変化

---

72) *Id.*, 140-142.

する。クリギアは、以上のグレンの立場を「豊かな選択・変化・調整を許す、オープンで魅力的な見解」と評価するが、「古来、法文化の成果として現在も共有され、世代を超えて伝達されている」伝統の場合には、具象化された過去が現存しているのではないか、と疑義を呈し、楽天的な伝統概念よりも、「宥和への希望」を立論の基礎とすべきである、と批判する。クリギアは、伝統としての情報は、グレンが説くように無色透明でもランダムでもなく、伝統の価値・現代における通用力を肯定する、時を超えた集団的判断が基礎にあり、伝統の参加者・関与者にとって、情報は規範的であると反論する。クリギアによれば、グレンは伝統に対して特殊で顕著な愛着を抱いており、その伝統観はあまりに楽天的である。法伝統は、その性質上他の法伝統に敵対的にもなれば、寛容にもなりうるので、グレンが熱望していたように法秩序相互間の調和を促進するとは限らない。このようにクリギアは、論稿を締めくくっている。

2.（1）本論集第2部の第2論文は、キャサリーン・ヴァルッケ（トロント大学法学部教授。比較法）の「法伝統としての法システム」である。比較法学が、伝統的にウェストファリア的法システムに注目してきたのに対し、グレンの画期的な『世界の諸法伝統』は、法伝統の方が分析の視点としてはより優れていると指摘して、世界の法を7つの支配的法伝統の周囲に位置づけ、法族論の文献の中でも注目を集めた、とヴァルッケは評価する。グレンは、法が基本的に認識論的・規範的・歴史的で、輪郭が曖昧で動態的であるのに対し、法システムは、物質的（physicality）・静態的・領土的なもので、制度としても、法についての考察方法（manner of thinking）としても、構造的な欠陥がある、と言う。グレンによれば、法伝統は、集団的判断から生ずる規範的情報であり、時を超えて行使され、伝統の内容は今日でも通用する価値を有する。伝統の概念は、伝統それ自体、その伝達プロセス、伝統に対する現代的反応の3つの現象から構成される。伝統は、過去・現在・未来の法的事実（legal facts）の間の精神的・知的つながり（intellectual connections）が蓄積され進化したもので、伝統のパラダイムは、法と法実務の精神的・知的な性格を強調するにはとりわけ適切である、とヴァルッケは論じる。

　またグレンは、規範的根拠に基づく伝統というパラダイム（the tradition

128

paradigm on normative grounds）を好んだ。法システムというパラダイムが、植民地的覇権から受け継いだ法構造を反映し、植民地権力が法共同体に強制した外部的定義であるのに対し、法伝統のパラダイムは、支配よりも集団的な受容（collective acceptance）を表す内部的定義、ないし法共同体自身による定義だからである。法伝統のパラダイムは、集団的に活動している担い手・関与者（participants）が、内部でそのように考えている認識上の共同体（epistemic community）であれば、それを独立の法秩序として位置づけるのである。グレンの他にも、グローバリゼーションと法多元主義の研究者（ポール・シッフ・バーマン、ロジャー・コトレル、ブライアン・タマナハ、ラルフ・ミヒェルスら）は、国家のパラダイムを克服し、法に規範性を与えるインフォーマルな法源（informal sources of legal normativity）を説明するために、比較法学者に対して視野を広げるよう繰り返し要求してきた。トランスナショナルな法創造と紛争解決という、現代のグローバルなコンテクストにおいては、国家のパラダイムは時代遅れであって、比較法もそこから退去すべきである、という広いコンセンサスが成立している。

　ヴァルッケは、こう現状を整理したうえで、ウェストファリア的観念と矛盾しない「（精神的に自己決定を行う）伝統としての法システム」(the legal system as ［intellectually self-determined］tradition）を提唱することによって、対立する両者（法システムと法伝統）の融合を図ろうとする。すなわち、伝統的比較法学が、認識論的次元（epistemic dimension）を排除しないで済むように、法システムを概念化し、内的に輪郭が認識されている共同体としての法システム（legal systems, as internally delineated epistemic communities）――それは、比較的明瞭な重心（いわば女王蜂）をぼやけた外延が取り巻いている、蜂の群れのようなものである、とヴァルッケは喩えている――を構想するのである[73]。

(2) ヴァルッケは、「十分特定された（実体的）重心（a well-defined ［material］

---

73) Catherine Valcke, Legal Systems as Legal Traditions, in: Helge Dedek (ed.), *supra* note 2, 143-145.

center of gravity)」と題して、次のように論ずる。文献によれば、法の内外から認識される共同体は、「その分野における実務（actual practices）」の周囲を取り巻いて循環する（revolving around）ものとして示される。共同体の構成員は、共同体と結び付いた「社会的活動」や「共通の実務」、あるいは「社会秩序の具体的パタン」、時間的・空間的に位置する具体的な事物と行為を伴う「共通のドキュメント」（アナリーゼ・ライルズの表現）・「テクスト」・「事実とテクニックのチェックリスト」（ダンカン・ケネディ）の組み合わせを解釈する。共同体は、これらの事物や行為に帰属する「意味」によって生命を与えられるが、「意味」よりも先に、「意味ある行為（meaningful acts）」が必要である（マックス・ヴェーバーは、倫理的生活には、共同体における具体的表現、公共空間に位置する表現が必要であるとする。クリフォード・ギアツも同旨）。

　ヴァルッケはこう説いたうえで、法における「意味ある行為」とは何か、を考察する。法実務（legal practice）は、通常は議論と実行（implementation）の組み合わせ、あるいは実行「に向けた」（geared at）議論である、とされる。何が最終的に裁判所によって適法ないし不適法とコード化（coded）され、執行されなければならないのかを決め、訴訟当事者以外の全ての法の担い手・関与者（legal actors）の行動を（直接性の程度においては劣るが）特色づける議論が、法実務である。立法は、典型的には、裁判の実現を最大化するように起草される。法システムを構成する全てのルール・議論・素材は、最終的に裁判所によって実現されるかどうか、を唯一の目的としている（ニクラス・ルーマンの言う、法/非法の二元的コード［the legal/illegal binary ‘coding’］）。裁判官が、法/非法のいずれに分類するかは法システムによって異なるが、二元的コードの構造は常に存在する。法実務についての以上の記述が正しいとすれば、いかなる法共同体においても、最終的に、その法共同体特有の法/非法コードを直接の目標とする全ての作用（operations）だけが、「意味ある行為」として位置づけられ、共同体の裁判官の面前で開陳された議論のみが、真に重要となる。裁判官は、「単なる」議論を具体的な手段に転換する権限を付与され、全ての法システムにおいて裁判拒絶の禁止義務を負う唯一の法の担い手であり、裁判官のみが、あらゆる法共同体で個人が切望する終局的判断（事件の一回的・全面的解決）を下しうるからである。したがって、裁判官に向けられた議論は、

130

共同体の集団的委託の表明（expressions of the community's collective commitment）として、軽率な議論とは異なり、ある程度の思慮深さが反映されているから（コモン・ロー・システムにおける、判決理由［ratio decidendi］と傍論［obiter dicta］の区別は、以上の相違を反映している）、特に重視されるべきである。

　裁判官および裁判を強調するこうした見解は、大半の法システムを代表するとはいえない（とりわけ、大陸法にはあてはまらない）と説かれるが、ヴァルッケは、ratioとdictaという表現はコモン・ロー特有であるけれども、同一の観念は大陸法諸国にも存在する、と反論する。すなわち、大陸法システム（少なくとも、フランスおよびその影響を受けたシステム）では、イギリスに比べ裁判例（judicial decisions）が遥かに明快さを欠く（much less explicit）（フランスの裁判例は、単なる事件の処理、コモン・ローにいうconclusionを提供するにすぎない）。裁判例は、成文法よりも低い権威しか持たない（less authoritative）と考えられ、完全な理由づけは学者に委ねられていることから、同一観念の表現の仕方が、イギリスとは異なるにすぎないのである（また、カズイスティックな議論よりも、民法に直接依拠する原則論が、一般的に好まれるからでもある）。ヴァルッケによれば、全ての法システムが、究極的に裁判（adjudication）を（正当にも）中心に置いているといえるなら、これらの共同体は、構成員に対し実現できる特有の制度に基礎を置いた議論（discourses）を通じて、自己決定する（self-defined）共同体なのである。実現に強制力を必要とする限りで、関連する個人の身体・財産と法システムとの、最小限の領土的結び付き・関連性（minimal territorial connection）が要求される[74]。

（3）ヴァルッケは、法システムは、比較的よく確定された（well-defined）制度的・実体的重心を有する一方で、その周辺は精神的（観念的）に決定されている（determined intellectually）ため、流動的・浸透的でつかみどころのない状態であると言う。

---

74) *Id.*, 145-149.

（ⅰ）まず、時間的不確定性についてである。法システムは、動態的なシステムで、その回帰的性質（reflective quality）からして、形態と内容が絶えず変化していることに争いはない。法の作用（operations）は、未来の作用を考察してプロジェクトを立てる一方で、先行する法の作用を回顧する必要がある。新たな法の作用は、将来に情報を伝えるために、今度は備蓄品（stockpile）となり、その全体的規模は増加せざるを得ない。しかし、新しい作用は、絶えず既存の備蓄品の（再）解釈を伴い、解釈は内容の修正をもたらす。システムの規模と内容も、同様に自己再生（self-regeneration）のプロセスを経て進化する。

　新たな作用が、全て過去の作用の既存のストックに依存しているとすれば、最初の作用は何に依存していたのかという「鶏か卵か」のディレンマに直面することになるが、ルーマンの社会学的洞察が、解明の手がかりとなる。ルーマンによれば、法システムの形成は、3つの段階で進行し、まず第1が、個別の処理の蓄積である。社会生活は必然的にメンバー相互の紛争を伴うから、その時点で個人は紛争解決の責任を負い、個人的な善悪の感覚によって、あるいは聖書・ギリシア神話などに依拠して手続を進める。この段階では、紛争解決の典拠（sources）は無限である。完全な「浸透性」・（ルーマンの言う）「情報の開放性」の段階である。

　第2が、以上の処理が十分に蓄積され、記録により知的に回顧し、解決の正当化根拠のパタンを知ることが可能となった段階である。この段階では「法意識」が生まれ、先のパタンは、新たな紛争を解決するために保存される。その要点は、次第に「規範」としての地位にまで高まり、共同体の構成員に、将来の紛争解決のための「規範的期待（normative expectations）」を抱かせるようになる。「規範的な」ルール・格言・概念などは、やがて法的素材の集合体へと凝結し、特有の技巧（technique）（「法ドグマティック」）と専門家集団（リーガル・プロフェッショナル）が登場する。ここで初めて、最初の段階での「情報の開放性」が、最小限の「規範的閉鎖性（normative closure）」、すなわち、自己再生的「システム」に必要な閉鎖性と交替する。法的素材、法ドグマティック、リーガル・プロフェッション、他の社会的実務とは若干切り離さ

れた・完結した（閉鎖的な）「法実務」（enclosed 'legal practice'）が、徐々に
登場する。

　第3が、法システムの形成プロセスの最終段階で、ルーマンの言う、実務そ
れ自体の回顧・再考（reflecting back on the practice itself）である。紛争解決
手続の遅延のない結果だけではなく、解決手続を支える専門的議論の、成長し
つつある集合体（the growing body of professional arguments）についても、学
者が再考することが可能となる。われわれは、それ自体を「法として」考察す
る法（law reflecting upon itself as law）（「法」プロパー）と、客観的な法に基
づいて、個別の紛争を解決する法システム（「法システム」プロパー）とを、
有することになる。裁判官、法律家、学者に対応する3つの連続した段階があ
るとともに、法システムの消滅も、同様の三段階のプロセスで進行する。法シ
ステムは、「それが既に存在している瞬間から、実際に存在するようになる」
といっても、一見したほどトートロジカルではない。法は生来的に事実的かつ
精神的（factual and intellectual）なものである、というルーマンの説明によれ
ば、法は、事実上既に存在している瞬間から、規範的にも存在するようになる
のである。ルーマンによれば、そうしたオートポイエーティックな自己再生的
システム（that autopoietic［itself regenerating］systems）は、常に歴史的シス
テムで、自らが置かれた状態から出発する。自己再生システムの1つとしての
法実務は、歴史的に常にそこにあった法とともに作用するのである。

　以上の図式からわかるように、法システムとその構成要素が、規範的にいっ
て「存在」しているのかどうかを、カテゴリカルに判定できる正確な時点は存
在しないのであるから、法システムの時間的不確定性は明らかである。法シス
テムの重心とは異なり、その時間的境界は流動的で、法システムの規模と内容
は絶えず変化し、この変化が生じる時点は、正確に特定できない[75]。

（ⅱ）ヴァルッケは、法システムの形成を説明する際に、ルーマンもシステム
の空間的不確定性を強調しているが、法システムの内部組織（the internal

75）*Id.*, 150-155.

organization）についての彼の説明には、賛成できないとする。まずルーマンは、前記のように、法システムは三段階で形成されてゆくので、ケルゼン的な意味で階層的ではなく、「中心」と「周辺」の同心円的構造を有し、法の内部組織は、法システム形成の三段階に対応して、3つの同心円的な層（concentric layers）をなしているという。すなわち、裁判官により構成される「重心（center of gravity）」の第1の層、将来の規律・処理（rulings）に情報を与えるために、裁判官による判断を考察し、そこからルールと議論を取り出す法律家の第2層、第2層で提供された素材の、全体的な一貫性と妥当性を向上させるための考察を行う学者の第3層である。

　ヴァルッケは、第1の層におけるreasoning（ケースの処理）は、第2・第3の層とは質的に異なるが（法システムの中心と周辺を、ヴァルッケはルーマンと同じく区別する）、第2・第3の層のreasoning（ケースの処理についての議論）は同一である、とルーマンに反論する。過去の判決からルールを引き出す仕事（第2の層）は、そうした処理の質を評価する仕事（第3の層）と全く同様に、「規範的」（normative）であり、いずれも、所定のケースを裁判官がどう判断すべきか、に向けられた議論だからである。

　しかしながら、全ての法的素材と法の担い手・関与者（actors）とが、中心から等距離にあって、単一の同質的で周辺的な層を形成しているのではなく、規範的重要性（normative salience）の違いに応じて（裁判官との距離が近く、彼を納得させる可能性が高い重要な素材・担い手か、その可能性に乏しい高度に「創造的な」素材・担い手か、その中間か）、中心からの、あるいは相互の距離は異なる。担い手と素材の重要性の程度は、時とともに変化し、それまで無視されていた淵源や素材（sources and materials）を裁判官が利用し始めると、対応してその淵源や素材は、システムの中心へと接近する。システム全体の空間的形態からすれば、システムの構成要素が、重要性を獲得したり失ったりして、中心から移動すると、システム全体の範囲や密度が、周辺において変化する結果となる。従来無視されていた素材を、裁判所が参照すると、システムはその境界を新しい素材にまで広げ、それを包含するので、全体の範囲が周辺において拡大する。素材が、後続のケースで再利用されると、その素材は中心へと向かい、システムの密度は、それに比例して増加する。逆に、素材がシ

134

ステムの外に完全に排除される場合には、その境界は後退して、システム全体の範囲が縮小し、今度は単に、最初の構成要素が欠けただけであるから、密度が回復されることもない。より古く成熟した法システムは、時とともに構成要素が安定化する機会があったので、より若い生成中の法システムに比べ、それだけ緊密に結合しており、小規模ながら密度は高い。成熟したシステムの規範的閉鎖性（normative closure）は強固で、既に大量の素材を取り入れるだけの時間があったため、システム外で新たな素材を探す必要性が排除され、情報への開放性（informational openness）に乏しい（ルーマンの分析による）。したがって、法システムの根本的な規範的性格からして、時間的不確定性（特定の時点でのその存否を、カテゴリカルに答えるのは不可能であること）と同様に、法システムないしその要素に、特定の時点での正確な場所（exact locations）を帰属させることは、不可能なのである[76]。

（4）ヴァルッケは、結論として次のように述べる。法システムの自己構成プロセス（self-structuring process）の内部を探求した結果、1つの包括的構造の出現は、非常に類似していることが観察できた。まず本論文の第1部で、法システムは、あらゆる認識上の共同体と同様に、一連の事実すなわち各共同体の最上級裁判所の判断を中心として、空間的・時間的に明確に特定できる（この判断と各法システムの関係は、女王蜂とその群れの関係のようなものである）、と指摘した。本論文の第2部では、これらの重心は、実務上の議論で囲まれ、その周辺（縁）は、蜂の群れの外延のように不明瞭で絶えず変化しているとし、ニクラス・ルーマンに従い、法的素材と法的議論がどこまで、どの時点で法システムの一部と考えられるかは、その素材と議論の規範的重要性によって決定され、変化すると論じた。

　ヴァルッケは、比較法学者が伝統的に国家裁判所の判断に着目してきたのは正当であるとするが、それは、集団的サンクションを背景とする紛争解決手続を備えた「非国家的共同体」を、先の自律した蜂の群れ（比喩）から排除する

---

76) *Id.*, 155-158.

第1部　比較法の思想　*135*

趣旨ではない。国家裁判所以外の判断機関に、現実の執行権限が与えられるときが来れば、分析枠組みの修正が必要となる。

　同様にヴァルッケによれば、蜂の群れの比喩から明らかなように、国家裁判所に焦点を合わせたからといって、各国民国家の領土と（先の比喩でいえば）蜂の群れとが、同じ広さを持つ（coextensive）必要はない。国家裁判所は、通常はお互いに規範と素材を取り入れるから、ある程度の規範的ないし素材的混合性（hybridity）が認められ、そうした組み入れが各国の統一性（integrity）を浸食するのではないか、との懸念は根拠のないものである。ルーマンも、法システムが正しく「規範的に閉鎖されている」（normatively closed）限りで、どれほど情報が開放されても（informational openness）、国家の統一性は脅かされないとする。

　要するに、比較法学者も、長らく規範的混合性に順応し、国家裁判所がより良く外国の情報を与えられるように積極的に支持してきたのであるから、前記のいずれの点でも、伝統的比較法学は、正道から逸れて遠くに行き過ぎたわけではない[77]。

（5）ヴァルッケ論文は、グレンの見解を、「法伝統は認識上の共同体の集団的判断から生ずる規範的情報で、法的事実の精神的・知的つながりが蓄積され進化したものである」（「規範的根拠に基づく伝統」というパラダイム）と要約し、法と実務の知的・精神的性格を強調するのに適切である、と評価する。トランスナショナルな法創造と紛争解決、という現代のグローバルなコンテクストでは、国家という時代遅れのパラダイムから、比較法は脱却すべきであるとして、ヴァルッケは、伝統的比較法学と調和可能なように法システムを概念化し、法システムと法伝統の融合を図り、「（精神的に自己決定を行う）伝統としての法システム」「内的に輪郭が認識されている共同体としての法システム」という構想を提唱する。法システムは、実務上の議論で囲まれた各共同体の最上級裁判所の判断を中心に特定でき、その周辺を、ぼやけた外延が取り巻き、裁判官

77）*Id.*, 158-160.

による「法/非法」の二元的コードへの分類を直接の目標とする、「法共同体における意味ある行為」（法共同体の裁判官に向けられた議論・共同体の集団的委託の表明）を通じて、この共同体は自己決定を行う。法システムは動態的・流動的で、その規模と内容は絶えず変化し、時間的にも空間的にも不確定な自己再生システムであり、法システムの自己構成プロセスは、非常に類似している。比較法学者が、伝統的に国家裁判所の判断に着目してきたのは正当であるが、それは非国家的裁判所を排除する趣旨ではない。以上のように、ルーマンの社会システム論を援用する難解な論稿であるが、裁判・裁判官中心の立論は、ややコモン・ロー思考に偏しているのではないだろうか。

3.　(1)　本論集第2部の第3論文は、デイヴィッド・ネルケン（ロンドン・キングズ・カレッジ比較法・トランスナショナル法教授）の「パトリック・グレンから学ぶ——伝統、変化、革新」である。まずネルケンは、グレンを、並外れて博学で温和な学者であり、その著作は大いなる刺激の源であったと讃える。ルグラン/マンデイ共編の『比較法学——伝統と変化』に収められた論文の基礎となったワークショップにおいて、初めてグレンに出会った際に、彼はユーモラスな集中ぶりで通約不可能性（incommensurability）と比較不可能性（incomparability）との違いを論じ、中世におけるタルムード法のマイモニデスによる法典化（Maimonides' medieval codification）の意義を論じ始めた、と回顧する[78]。ネルケンは、本論文で、（比較法学へのグレンの主要な理論的貢献である）法伝統の理念を再活性化しようというグレンの努力をまず論じ、それから、タルムード（グレンが主著の『世界の諸法伝統』で論じている7つの法伝統の中でも、アクセスしにくいもの）に記録されている、伝統の更新（renewal）をめぐる論争的エピソードを検討すること（ケース・スタディ）で、グレンの理念をテストしようと試みる。

　ネルケンによれば、グレンの研究は、「法における持続可能な多様性（sustainable diversity）」の論拠を打ち立てる（build a case）ためのものであり、

78）David Nelken, Learning from Patrick Glenn, in: Helge Dedek (ed.), *supra* note2, 161.

法伝統の観念は、平和的共存に必要な概念的・調整的装置を提供するので、多様化した世界にとって必要である。ネルケンは、法伝統と革新（innovation）との関係、あるいは伝統がどのようにして（再）生産されるのかを、より良く理解することによって、伝統と変化のダイナミックス（dynamics of tradition and change）をどこまで解明できるのか、という問題に関心を寄せる。ネルケンの専門分野である法社会学では、ローレンス・フリードマンのような主流の研究者が、「教育された伝統は、自立した歴史を語る」というストーリーが覆い隠している・変化の真の動因（伝統よりも広範な社会的諸力）が存在する場合に、社会科学的アプローチは重要な調整者（correctives）となる、と論じてきた。しかしながら、実証的なタイプの社会科学研究はグレンの中心的プロジェクトではなく、例えばノルマン・コンクウェスト後のイングランドにおけるコモン・ローの成長を、そのような法形態をもたらした合理的選択によって理解しようとする思考実験（thought experiments）が、グレンには見られる。グレンによれば、比較法学者は、「部分的に重なる伝統」という見地から、法における差異を探求しなければならない、とされる。ネルケンは、社会学的変化を「説明」しよう（'explain' sociological change）とする者にとって、法伝統が自らを再生産する方法について、グレンが述べたことから学ぶところは大きいとしつつも、文化よりも「伝統」というタームを用いるのが過去をより良く理解する方法である、というグレンの提案は疑問であると批判する[79]。

(2) そこでまず、ネルケン論文は、第1節で「伝統についてのグレンの立場」を取り上げる。伝統に対するグレンの関心は、法に対する地域的・サブ国家的・地方的アプローチの生き残り（survival）（大陸におけるプロフェッションであるアヴォカ、アルザス・ロレーヌの状況、グレンの出身地であるケベックの状況など）を追跡した初期の作品に既に表れており、その後も、グレンは混合法域（hybrid jurisdictions）に魅力を感じ続けた。グレンは、伝統を地理的な位置と結び付いたものというよりも、イデオロギー的構造として論じている。

---

79) *Id.*, 162-163.

伝統と近代（the traditional and the modern）を、依然として対立させている社会科学の著作とは異なり、グレンにとって、近代性・合理性（modernity and even rationality）は、伝統の類型と考えられる。グレンの伝統の中核となるのは、「情報」（information）という観念で、過去から現在に至る特定の社会的コンテクストからもたらされる。伝統を通じて移動するこの情報とは、物語・概念・信条・事実・シンボル・価値・政治理論などを含み、「過去から獲得されたものは、本来規範性を有し（inherently normative）、いかに行動すべきかについての現在の教訓を提供する」、というメッセージをもたらす点で重要である。グレンによれば、西欧伝統は規範的であり、過去から導き出された行動モデルを提供するが、人間の行為をどこまで規律するかについて、法伝統間では明確な差異が存在する。極めて重要なことに、伝統は自らが語るのではなくて、必要に応じて選択されるのであり、「それゆえ特定の伝統の支持者たちが支配する情報のプールは、伝統それ自体が完全にコントロールすることはできない。伝統の規模が大きくなるにつれて、獲得された情報も多様化するであろう」[80]。

　伝統が、どのようにして影響力・支配力（hold）を維持するかについての、グレンの微温的な見解は、大いに議論を呼んだ。グレンは、成熟した伝統の複雑性を根拠に、伝統は安定したコアを有するが、固定した境界を持たないオープンな存在である、ととらえたのである。すなわち、複雑な主要法伝統は、相互に矛盾する（相容れない）サブ伝統を取りまとめる（hold together）能力を持つがゆえに複雑になり、サブ伝統は、多様で多元的で矛盾しているがゆえに、それを取りまとめる主要伝統は、多価的な（multivalent）思考方法を必要とする。しかしながらネルケンは、①伝統が複雑であるために、矛盾抵触する諸理念に対し寛容になることは、直観的に納得できるが、②伝統相互間にも同様のことがあてはまるかどうかは、さほど明らかではない、と疑問を呈する。グレンは①②双方の開放性を結び付け、伝統同士の接触があると、各伝統の全体的なアイデンティティは非排他的（non-exclusive）なものとなるとする。伝統は、

80）*Id.*, 163-164.

情報として定義されるから、接触により情報基盤に変化が生じ、情報全体が拡大して、全体としてのアイデンティティ（overall identity）も変化する。しかし、伝統の権威（authority）は1つであって、階層的な支配と反対の・対話と規範的な参加（normative engagement）を許容する、とグレンは説くのである。法多元主義の場合の処理に適するからという理由で、グレンは、法実証主義者が採用する法観念よりも、法伝統の観念を好んでいる。

　比較法のコンテクストで、グレンが法伝統というタームを強く支持するのは、比較法学をリードしてきた分類という目的を粉砕できるからである。グレンは、（法）システムや（法）文化といった、伝統と近似・競合する観念に対し特に批判的で、いずれもグループやシステムの内部的統一性を重視し、浸透性（permeability）や連続性よりも、分離や相違（separation and difference）を強調する西欧の傾向に影響されることが多い、とする。文化概念は、種族の婉曲的表現として用いられやすく、植民地主義を正当化しやすいので、特にシステム・自足的なユニットであると誤解された法と衝突する。グレンによれば、文化というタームは西欧的啓蒙の産物で、極めて多義的である。グレンは、「伝統」というタームは文化から自由なもの（culture free）で、特定の文明の所産ではなく、全ての文明の法に形成的影響（formative influence）を及ぼし、4つの問題点において共通であるために、比較目的で利用可能である（これに対し、文化が異なると概念枠組みも異なってしまう）、と論じる。伝統のアイデンティティを構成するコアの性質、伝統の基礎にある正統性の根拠、変化という概念、伝統相互間の関係において、伝統は共通している（これはトゥワイニング『一般法理学』の指摘）[81]。

　グレンの伝統観に対しては、異論もある。①伝統内での紛争および伝統相互間での紛争は、全て伝統によって解決される、とするグレンの主張は、問題の設定および解決の双方で伝統に安易に頼りすぎ、紛争の真のポイントを経験的に検証して学びうる成果を減少させる（アンドリュー・ハルピン［Andrew Halpin]）。②グレンは、伝統を観念史（history of ideas）へと転化して、姿

81）*Id.*, 164-167.

勢・期待・制度（institutions）・慣行（habits）・実務の役割に殆ど注意を払っていない（ジョン・ベル）。③伝統の現実的効果に、限られた注意しか向けていないので、グレンの説明は過度に理念主義的（idealistic）になる危険がある（マルティン・シャピロ）。このように批判されているのである。ネルケンは、グレンの議論における伝統・変化・革新の相互関係に、特に関心があるとする。グレンは、①伝統とは生きたもので、沈潜し、凍結し、仮死状態にもなりうる、②伝統は若く確固たる存在で、耐久性を有する、③ルールが持続するのは伝統の規範性による、と述べ、さらに伝統が、いかにして社会生活を形成するのかを論ずる。一方で伝統は、安定性（stability）に貢献し、変化の基礎となるのは一貫性に対する異論（claims to coherence）である、とグレンは認めている。グレンにとって伝統とは、保証や永続性ではなく、むしろ変化の動因（an engine of change）である。

　伝達される情報、ないし新たな世代がかき回すことで前進する、ブラン・タブ（bran-tub churned by new generations）であると伝統を理解すれば、安定性を伴った伝統という思想は、より薄弱となる。経験的リサーチに用いるには、一貫性と変化に関するグレンの見解は、慎重に扱う必要がある。グレンによる社会的変化の分析は、必ずしも一貫していない、混ぜ合わせのメタファーに依存する傾向がある。伝統とは、基本的テーマの周囲に組織されたデータの緩やかな集塊（a loose conglomeration）であって、「束」「道具箱」「ブラン・タブ」などと様々に表現される。多くの宗教伝統では、伝統という基本観念は、「道」（way, path）という前向きなメタファーと結び付けられていることが多いが、伝統の基本的要素に関するグレンの理解（情報）は、現代の情報テクノロジーと結び付いている。グレンのアプローチは、法システムが収束する場合には、あらゆる伝統のオープンで調整的な論理で説明できるし、法システムが衝突・抵触する場合には、伝統がわれわれの知覚と態度を構成する際の認識論上のバリアとなる、と説明できる。いずれにせよ、正反対の結果を、伝統によって等しく導くことができるのである。「伝統は、いったいどのようにして社会的行動を形成するのか、社会的アクターが判断を正当化する理由を限定することによってか、それとも、当然であるという判断を補助して、影響力を増すことによってか」。ネルケンによれば、グレンはこう問いかけたうえで、いかにして

第1部　比較法の思想　*141*

伝統が変化の理由の供給源となるのかを強調し、過去は未来を生み出す動因となる（mobilized）、と説いている。しかしながら、グレンによると、受容された情報という形式の伝統は壊れやすく（fragile）、多様性・変化・堕落（corruption）の種子、邪悪で個人的な目的に転化しうる様々な形の人間的な脆さ、をはらんでいる。

　ジョン・ベルは、グレンは一貫性（coherence）の重要さを過小評価しており、情報というメタファーは一貫性の要請を満たしていない、と批判する。すなわち、法は現代において再加工・再処理（reprocessed）できる情報の「ブラン・タブ（bran-tub）」ではなく、時を超えて交渉を重ねてきた（renegotiated over time）一貫性を有している。ここにいう「時を超えた一貫性」とは何か、伝統は、そのような「再交渉（renegotiation）」をどのように達成するのかを解明するために、ネルケンは、タルムード法（グレンのテキストブックの1章を占める）における、伝統をめぐる論争のケース・スタディを行う[82]。

（3）ネルケン論文の第2節は、「伝統と革新——プロズブル（the Prozbul）のケース・スタディ——」である。タルムードで報告されている、伝統と革新の最も著名なエピソードは、ミシュナの権威（the Mishnaic authority）で、第二神殿時代（the period of the second Temple）末に生きた大ヒレル（Hillel the Elder）に属する、ラビの立法プロズブル制度である。ユダヤ伝統を信奉する者の間でも、ヒレルの事績についての中立的な記述というものは見られないとしつつ、ネルケンは、その基本的な概略を次のように説明する。すなわち、トーラー（Torah）（モーセ五書。口伝律法を指すこともある）が、7年ごとに安息年（シュミタ年［Shmita year］）を指定し、その年が終了すると、全ての債務は帳消しになって、貧者や恵まれない者は保護され、その者に永遠の債務から逃れる機会を与えた。しかし、貸付を停止しないように、トーラーが明示的に警告を与え、大ヒレルの示唆を受けて、ラビたちはユダヤ法に抜け穴を設

---

82) *Id.*, 167-170.

142

けた。ユダヤ人仲間に対して利息を請求するのは、トーラーで禁じられていた
ため、無利子のローンには、それが裁判所に委託されるものとする法律文書を
随伴させた。債務免除の法は、（裁判所の）公的領域内にあるローンには適用
されなかったから、この画期的制度は、貸主・借主の双方に利益をもたらした。
安息年が終了しても、この債務は消滅しないことになり、貸主の不安が除去さ
れるのである[83]。

　こうした介入をめぐる論争の中心にあるのは、聖典の法を、事実上明示的に
廃棄する法的手段ないしフィクションを創造する、ラビ一般（特に大ヒレル）
の権威・権限（the authority）である。ヒレルの布告（decree）は当時のラビ
の権限に基づくもので、ユダヤ人の多数派がイスラエルに住んでいる場合にの
み、シュミタ法は聖典としての地位（biblical status）を有する、と説く者もい
る。今日でも、正統派を実践するユダヤ人の多くは、取引上必要があれば、適
切に起草されたプロズブルを有していると確信している。ネルケンによれば、
現在の目的からして、特に興味深いのは、ヒレルの布告の論争が、（ヨーロッ
パ啓蒙以降に、伝統の論争を展開した正統派・保守派・改革派の間におけるの
と同様に）ユダヤ伝統における革新の範囲と限界についての、メタ論争（meta-
debate）の位置を占めたことである。正統派の陣営は、ヒレルの革新の範囲を
狭く解する傾向にあり、ユダヤ法で十分に承認された技法（ハラーハー
[Halacha]）をどう用いたかを強調し、ヒレルは、より重要な法（貧者に貸し
付ける聖典上の義務）を強化して、貧者への貸付を中止しないように抜け穴を
設けたにすぎない、と説く。ラビの裁量を優先して、聖書のテクストを台無し
にするのではなく、ヒレルは、聖典の権威を「強化」するために、ラビの権限
を用いていることになる。保守派と改革派は、ヒレルの立法が、必要な場合に
は、聖書のテクストを出し抜く（outflanked）方法を示している点を重視する。
正統派において、プロズブルの導入を計画的な革新のモデル、すなわち、新た
な課題と時代の変化に伝統がついてゆけるようにする方法としてとらえるのは、
少数派である。「現代的正統派（Modern Orthodox）」の陣営を代表するデイ

---

83) *Id.*, 170-171.

第1部　比較法の思想　*143*

ヴィッド・ハートマン（David Hartman）は、ミシュナの（Mishnaic）感性と
敏感さを持つ、画期的な宗教的指導者の例としてヒレルを挙げ、ハラーハーの
（halachic）先例よりも、ヒレルは彼自身の道徳的確信に従い、創造的な法解
釈（creative reasoning）のシステムを採用して、聖典のシュミタ法（shmita
law）を制限し、代わりの解決に達したのである、と論ずる[84]。

　ネルケンは、ユダヤ伝統の内部でも、見解の不一致が深刻化しているが、ユ
ダヤ伝統と関連するキリスト教伝統およびイスラーム伝統においても、多様な
反応が見られるとする。これは、利息付きの貸付が許されるか、という神学上
の問題のみならず、営利的な貸付を制限しようとした宗教伝統が、それに成功
し、現実に経済的成功を収めたのかどうかという、経験的証拠の評価にも関係
する。近時の有力説によれば、イスラーム商法とイスラーム伝統は、ムスリム
諸国における資本主義の発展を抑制し、長らく逸脱させたことに責任があると
されるが、それ以外の政治的・経済的要因を、イスラーム伝統よりも重視する
見解も主張されている。しかしネルケンは、他の伝統における諸見解は、グレ
ンが期待していたような開放性（openness）を反映してはおらず、むしろ矛
盾するイデオロギー間での選択を求める論争的弁証学（polemical apologetics）、
ないしゼロ・サム論が唱えられているのである、とする。例えば、キリスト教
のある注釈者は、プロズブルは、ユダヤ人がごまかし（subterfuge）により
「法」を回避する一例にすぎない、と批判している。イスラーム教の著者たち
の多くは、信仰に関する宗教ルールを至高なものとする彼らの立場は、利息付
きの貸付を禁止しつつ、事業の成功のための多様な代替的手段を取り入れる、
というイスラーム金融の構成によって十分立証されていると言う。ネルケンは、
研究者による他の伝統に対する批判的アプローチの衝撃的な一例として、ヴェ
ルナー・ゾンバルトの『ユダヤ人と近代資本主義』（邦題『ユダヤ人と経済生
活』）を挙げている。ゾンバルトは、タルムードの成立時期を考えれば、そこ
に含まれる経済分野の記述は殆ど驚異的で、特にプロズブルは、高度に組織化
された貸付のシステムの表れ（sign）である、と述べている。このような皮肉

---

84)　*Id.,* 171-172.

144

な賛辞を呈するゾンバルトの目的は、プロテスタンティズムが資本主義を形成する役割を果たした、とするマックス・ヴェーバーのテーゼに代わるものを提供しよう（ユダヤ主義と近代資本主義とを結び付ける）というところにある。ウェーバーと同様に、ゾンバルトも他の伝統の中に入り込み、それが歴史に及ぼした影響を説明しようとしたが、ヴェーバーに比べ、ユダヤ伝統を資本主義の倫理の淵源であるとするゾンバルトの位置づけは、粗雑で問題をはらんでいる。ゾンバルトは、ユダヤ人を自由貿易の父・資本主義のパイオニアと呼ぶならば、外部者（strangers）に対するその態度によって、自由放任政策に向かう大きな刺激を受けた、商法および産業法の自由取引の精神が、この役割を準備したということに注意すべきである、と言う。しかしながら、歴史的発展を、ユダヤ的伝統の直接の結果であると説明する際に、ゾンバルトは、「ユダヤ人」の本質はあらゆる時と時間を横断するところにあるとし、ユダヤ的敬虔さという特質にもこの理論があてはまる、と論じている[85]。

(4) ネルケン論文の「結論」は以下の通りである。

グレンの洞察は、タルムードに記録された顕著な革新をめぐる議論のケース・スタディから、われわれが重要な教訓を得るのを可能にするが、その指摘は若干の修正を要する。既述の通り、ヒレルによるプロズブル制定の意味と含意について、ユダヤ伝統内部で甚だしい不一致があるとともに、解釈者たちが正当化しようとしている革新の範囲についても、広範な主張がなされている。多様な伝統が、変化をどのようにもたらすかについて、独自の見解を有するとしても、その伝統は、共通のルーツを有する他者には理解可能（intelligible）である、とするグレンの主張は正しい。既に見たように、イスラーム伝統のような宗教法伝統において、あちこちでなされている論争の間には、少なくとも何らかの共通性が存在する。独自の伝統の定義によりつつ、宗教法伝統が複雑さを含みつつ生き残るならば、それらは必然的に「開かれたもの（open）」なのである。しかし、ネルケンによれば、伝統は、しばしば内部的・外部的に自

---

85) *Id.*, 173-175.

他を区別することで繁栄するのであって（社会学的にいえば「敵」を必要とする）、その程度を過小評価してはならない。「伝統は、安定と同様に、変化にも大きく関係するというグレンの主張には、十分な確証が認められる。プロズブルの革新は、変化を生み出す場合にも、伝統がどれほど一貫性を尊重しているかを示す必要があることを、証明している。プロズブルによる革新は、法の通常の発展方法の例外である、とされるので（立法活動ないしヴェーバーのいう法創造に類する）、確定した手続に従い、直接的ないし間接的にシステムの残部・例外（the rest）の権威を強化する。しかし、例外的な布告（decrees）のケースを超えて、伝統による永続的な変化が可能となるのは、多様な状況下で、多様な方法でのテクストの解釈と文化的実践（cultural practice）が、必要かつ可能な場合である。それゆえ伝統は、文化一般のように、制約であると同時に供給源（resource）でもある。何が生まれるかは、人々がこの資源をどう利用するかに依存している」。

　宗教伝統および法伝統の場合には、タルムードの寓話に表われているように、過去をしてわれわれに語りかけさせる者の権威に固定することが、特に必要である。全面的に「新しい」と見えるものを導入できるかどうかは、伝統を存続させる最善の努力を果たしていると、聴衆に納得させる解釈者の能力次第である。「しかし、最善の努力が成功したとしても、なぜ、いかなる場合に、所与の伝統がより広範な社会的変化を妨げ、またはそれを可能にするのかを、教えてくれることはできない。資本主義的発展を挫折させ、または促したのはグレンの言う『中核的価値（core value）』であるのか。ヒレルの決断を促した事情と、その社会的・経済的結果について、われわれは殆ど知らないのである。伝統的権威による歴史的なコンテクストの設定が欠けていることが、計画的であろうがなかろうが、伝統には別のプライオリティがある。ユダヤ伝統内部での現代的論争においても、ヒレルがなぜそのような行動を選択したのか、という理由について深く考察しないまま正当化する、という技術的問題をどれほど重視するかが争われているのである。このように、グレンが伝統について語る場合に理念と価値を重視するのは、伝統が自らを語る方法を反映している。伝統内部での不一致が生ずるのは、未来を形成する、より大きな力を公平に探究することではなく、現代にとって伝統が持つ意味に注目しているからである。

……伝統的な歴史叙述の弱点は、伝統それ自体（継承者の忠誠を維持する力の中核でもある）と殆ど関係のない説明を周辺に追いやることである、と見ることもできよう。同時に、外部的な説明と伝統の自己理解とを、截然と区別するのには慎重でなければならない。……ゾンバルトの場合におけるように、伝統の『外部的』探求は、過去の説明であるとともに、同程度に伝統が現代にとって持つ意味とも、関係がある。システムや文化のようなライヴァルに対して、伝統概念を高く評価するグレンの議論とは反対に、ゾンバルトの作品は、伝統の概念は、学者により人種差別主義的・本質主義者的（essentialist）・過度の決定主義的（over-determining）やり方で利用可能である、ということを示している」[86]。

（5）ネルケン論文は、グレンの法伝統の観念は、法における持続可能な多様性の維持、平和的共存に必要であるとしたうえで、法伝統とその革新・変化のダイナミズム、伝統の再生産のメカニズムを、法社会学・比較法の観点から解明しようとする。グレンは法多元主義に対処し、分類という目的を排除するために、「伝統は、安定したコアを有するが、固定した境界を持たないオープンな存在である」とするが、グレンが説くように法伝統相互で寛容になるかどうかは定かでない。グレンは、伝統とは情報であって保障や永続性ではなく、変化の動因であるとするけれども、経験的リサーチに用いるには一貫性を欠くメタファーである、とネルケンは批判して、タルムード法における伝統をめぐる論争を分析するのである。

---

86) *Id.*, 176-179.

V. 『コスモポリタン法学』第3部「境界を横断する──文化移転、法的コスモポリタニズム、国家の解消──」

1.（1）本論集第3部は、「境界を横断する──文化移転、法的コスモポリタニズム、国家の解消──」である。本稿では、法伝統とグローバル法史との協働を提唱するドゥーヴェ論文と、グレンのコスモポリタン理論を掘り下げたウォーカー論文を中心に紹介する。グレンの理論と直接関わらないカーラン論文（コモン・ロー法史のスケッチである）も、比較法学からの貢献であるため、簡単に検討する。法哲学・国家論の深い素養を必要とする長谷川論文、シュッペールト論文の紹介は割愛させていただく。

　第3部冒頭の第13章に置かれているのが、トーマス・ドゥーヴェ（マックス・プランク法制史および法理論研究所長、フランクフルト大学比較法史教授）「サラマンカ学派──1つの普遍法か？」である。ドゥーヴェは、「法伝統」「普遍法（common laws）」「コスモポリタン国家」をめぐるグレンの考察は、法史学に関する極めて該博な知見に裏づけられており、特に、法伝統を規範的情報ととらえるグレンの思想は、普遍法の思想とともに、グローバル法史（global legal history）という生成中の分野に、重要かつ開放的なパースペクティヴを提供することができる、と言う。「法のトランスナショナル化を扱う法史学は、規範的情報を、グローバルなスケールの新たな実体（new realities）へと翻訳する不断のプロセスとして、規範性の発展（the development of normativity）を分析し、国民国家を超えた諸システムの開閉（the opening and closing of systems）を研究するためのモデルを必要としている」。グレンの著作は、こうしたモデルのための基本的素材となる。ドゥーヴェは、近代初期の法史から、（グレンが「スペイン系普遍法」[a Hispanic common law]の一部として触れたにとどまる）サラマンカ学派を例にとって、以上の指摘を敷衍しようとす

148

る[87]。

サラマンカ学派は、ダイナミックに拡大するイベリア人の諸帝国を背景として、16および17世紀にサラマンカで誕生した精神的潮流である。その神学的起源にもかかわらず、「告解聴聞席と大陸の境界を遥かに越えて持続的な影響を及ぼし」、法史の重要な一部となっている。最も著名なのが、海外のイベリア植民地支配の正統性をめぐる、フランシスコ・デ・ヴィトリアの1539年に始まる一連の講義である。国際法に限らず、サラマンカ学派は契約法、不当利得法理論、財産法、刑事法、憲法理論、政治思想にも根本的な刺激を与え、この学派に属する神学者・法律家・教会法学者（canonists）は、伝統的に普通法および地方特別法（ius particulare）を基礎としていた正義論に、道徳哲学と神学に基づく彼らの議論によって、重要な規範の層を付け加えた（an important additional layer of normativity）。サラマンカ学派は、国際的レヴェルで今日まで用いられている、法と正義に関する法的・政治的言語（a legal-political language）を生み出し、世俗的領域と宗教的領域との関係を再形成して、革命と法的近代性（juridical modernity）とを正当化するのに用いられ、帝国の言語（the language of empires）を形成したのである。サラマンカ学派を、ヨーロッパのキリスト教的価値の拡張として歓迎する者と、ヨーロッパ的キリスト教的帝国主義、西欧による世界の法的植民地化ととらえる者とが見られたが、いずれも自己の立場を強引に正当化しすぎるきらいがあった。それらの見解は、ドゥーヴェによれば、規範的な領域におけるグローバルな知識の創造プロセス、およびグレンが実際上必然的でかつ望ましいと考えた、コスモポリタン法の出現を正当に評価し損ねている。

サラマンカ学派の規範的考察（normative reflection）を、普遍法（common law）に対する貢献、規範的情報、グレンの意味での法伝統として把握するならば、その学派の言語・影響・持続的変化・われわれの規範的秩序にとっての重要性を、より良く理解できるのである。歴史家は、一見混沌とした過去を観察して分類・構成する必要があるため、分類学を明示的に排除するグレンのア

87）Thomas Duve, The School of Salamanca: A Common Law? , in: Helge Dedek (ed.), supra note2, 223.

第1部　比較法の思想　*149*

プローチには、分析を進めるうえでの弱点があると考えるであろう。しかしサ
ラマンカ学派を、「普遍法」ないし法伝統の特殊な場合（a special case）とと
らえれば、一地域と結び付いた歴史的構成物というだけではなく、認識論上・
実践上のコミュニティ（epistemic communities and communities of practice）
で、特徴的な方法で規範的情報を提供し、法についての世界的規模での議論
（the worldwide discourse on law）に影響を与え、グレンが描いた巨大な円環
的なフィードバックのプロセスの一部を構成したものの名称である、と理解で
きるであろう。こうした普遍法を詳しく叙述する前に、まずサラマンカ学派の
一般的特色を考察する[88]。

（2）ドゥーヴェは、「世界秩序についてのプラグマティックな考察」と題して、
サラマンカ学派の特色を分析する。フランシスコ・デ・ヴィトリアが、スペイ
ン帝国の指導的大学であるサラマンカ大学に着任してからの激動の時期、サラ
マンカ大学およびサン・エステバン・ドミニコ会神学院の学者たちは、その職
務と同等に、形而上的および世俗的・科学的局面における世界秩序の考察に没
頭していた。神学者は、世界秩序は（自然秩序・経済秩序・法秩序の全てがそ
れに由来する）神の秩序であると考え、ドミニコ会士は、伝統的にペトルス・
ロンバルドゥスの命題集に従って考察してきたが、ヴィトリアの着任後は、ド
ミニコ会士で教会博士である聖トマス・アクィナスの『神学大全』を、神学の
教育および世界秩序とその永遠の原理の考察の主要な参考としたのである。
ヴィトリアは、パリで既に『神学大全』の内容を研究し、その印刷準備に協力
していたが、サラマンカで神学の最重要クラスの担当者となったので、全ての
講義をアクィナスの神学を基礎として行った。サラマンカにおける授業の準備
と討議のために、大量の著作が編集・印刷され、特に法史学にとって重要なの
は、アクィナスの『神学大全』の正義に関する問題へのコメントを集成した、
正義と法に特化した（神学ではなく、神学的に基礎づけられた法を中心に置く）
ジャンルの書物であった[89]。

---

88)　*Id.*, 224-225.

89)　*Id.*, 225-226.

150

サラマンカの神学者たちは、こうした体系的な作業とともに、実生活にも深くかかわり、16世紀の（対外的拡張、戦争、インフレーションなどの）激動の時代には、道徳的な疑問（例えば、アメリカの先住民に対する力の行使が、どこまで正当化できるか）に対する助言がドミニコ会士に求められたので、終末論的な希望と恐れ、神学の革新の必要、ヴィトリアの人格的影響と相まって、サラマンカが、極めて実践的な性格を有する新たな道徳神学（a new moral theology）の中心となったのである。この実践志向から、ヴィトリアのクラスにおいても、顧問（consultants）としての彼の活動においても、教会当局（Church authorities）の日常的な実務が、浩瀚な著書（treatise）に著された体系的原理に照らして検討された。神学者たちは、国王やローマ教皇庁が望まないであろう結論を導くことを恐れなかった。商人や軍人のみならず、神聖ローマ皇帝カルロス1世、国王や枢機卿も助言を求めたため、サラマンカ学派は、当時の重要な政治的問題をも取り扱うようになり、トレント公会議（the Council of Trent）や多くの「会議（juntas）」に参加し、特定の問題の諮問を受け、ヘンリー8世の婚姻、エラスムスの著作の異端性（Erasmism）、アメリカにカスティリャ人が存在することの合法性（legitimacy）、正義の戦争（the just war）、原住民の洗礼、奴隷制などの正当性について意見を述べた。とりわけ、ヴィトリアとサラマンカ学派を著名にしたのは、「新世界（New World）」について彼らがとった立場で、レコンキスタは知的なチャレンジではなく、（皇帝とその助言者を含む）全関係者の魂の救済を危険にさらす、現実的なケースであると説いたのである。神学者たちは法律家ではなかったが、正義の普遍的原理を個別の状況といかに関連させるか、広義の普遍法と地方特別法との緊張関係をいかに解決するか（これはグレンによれば、普遍法の中心問題である）を知るエキスパートであったから、これらの問題について、意見を表明する資格があるとともに義務もあると感じていた[90]。

(3) さらにドゥーヴェは、「フランシスコ・デ・ヴィトリアと国際法」を論ず

---

90) *Id.*, 226-228.

る。神学者は、全ての正義の重要問題に対し見解を表明しなければならないという確信から、ヴィトリアは、彼の卓越した『神学再講義（Relectiones Theologicae）』の2回を『インディオについて（De indis）』および『戦争の法について（De jure belli）』にあて、カスティリャ人がアメリカ大陸とカリブ諸島に存在していることの正当性を検討した。16世紀前半のカリブ海諸島の侵略、インカ帝国における虐殺、クスコ（Cuzco）の包囲などのスペイン国王による支配を正当化する根拠として、1493年の教皇アレクサンドル6世の教書とポルトガルとの1494年トルデシラス条約が挙げられたが、ヴィトリアは納得せず、自然法に基づく自由移動とコミュニティ形成の権利（ius communicandi）、平和に改宗させる権利、神の法の違反に対する闘争・抵抗などが、正義の戦争を正当化する根拠となりうるとした。カルロス皇帝はこの結論を快く思わず、サラマンカのドミニコ修道院長に謝罪を求めた。19世紀後半に、学問分野として国際法が形成されてゆくのを背景に、ヴィトリアの議論が再構成され、再び彼の名声は高まった。19世紀後半には、スペインの法律家が、ヨーロッパ思想へのスペインの寄与を強調して、ヴィトリアを国際法の創始者であるとし、影響力の大きなカトリックの国際法学者（例えばカール・シュミット）がヴィトリアの重要性を強調し、現代でも批判法学、ポスト・コロニアルの批判的学者、国際法への第三世界のアプローチ（TWAIL）が、サラマンカ学派の再評価に貢献した。今日に至るまで、ヴィトリアの理論は様々な評価を受けており、「国際法の父」という彼の呼称は両義的（ambivalent）であるが、平和を維持し人権を保護するシステムの創造者ととらえるか、帝国主義の支持者であるとするかにかかわらず、ヴィトリアとサラマンカ学派は、ヨーロッパ的現象が世界に拡大していったものであると理解するのが通常である。しかしながら、これが本当に充分なサラマンカ学派の理解であるのか、それともサラマンカは「普遍法（common law）」と考えられる規範的情報（normative information）の重要な提供地であり、地球全体で生じている・グローバルな規範を産出する巨大なネットワーク（huge network of global norm production）の一部ではないのか、とドゥーヴェは疑問を提起する[91]。

---

91) *Id.*, 228-230.

152

(4) ドゥーヴェは、「普遍法としてのサラマンカ学派？」と題して検討を進める（本論文の中心であろう）。サラマンカでは、教会と国王に奉仕する将来のエリートが教育され、その多くが、アメリカないしアジアでキャリアを積んだ。スペイン帝国の海外領土には、司教管区（dioceses）、教会管区（ecclesiastical provinces）、出版所、大学が創設され、重要な地位はサラマンカ学派で占められ、サラマンカ大学の学則（statutes）がコピーされ、サラマンカから書物が輸入された。その結果、サラマンカで提供された規範的情報が、今度は再生産され、トマス・アクィナスの『神学大全（the Summa）』と、トピックおよび討論から生ずる学問的実践を基礎として、世界の多くの場所で新たな実体（new realities）・規範的知識へと「翻訳」された。「モデルの継受」というよりも、特殊なケースのための新たな規範を創造する巨大なプロセスが発生し、権威の刺激を受けてはいるが、実践理性から、すなわち認識論的共同体・実践的共同体（epistemic communities and communities of practice）における弁証法的理性（dialectical reasoning）から生まれた規範が激増したのである。ヨーロッパから派遣されたエリートに加え、現地で生まれたヨーロッパ人の子孫たち（クレオール）が大学や教会で地位を占め、自生のエリートたちも征服者の言語を迅速に修得した。「つまり、若干異なってはいるが相互に密接に関連した認識論的共同体が新たに出現して、利用可能な規範的情報の文化的翻訳をもとに、新たな規範的情報を生み出し、新たな実践的共同体が助言を行い、告解聴聞席において魂の裁判官（judex animarum）として判断を示し、宗教会議・メキシコの地方評議会（Provincial Councils）・スペインおよびポルトガルの君主国のその他の地域において具体的ケースを解決する、という職務を果たす際にも、同一のことを行った（did the same）のである。これら全ての認識論的・実践的共同体にとって、サラマンカは、当然重要な参照地点（point of reference）としての地位を保っていた」。その他にも、コインブラ、ルーヴァン、ローマなどの諸大学で教育・執筆がなされ、法的手続に類似した告解聴聞席での判断実務を通じて、道徳神学の用語が人々の日々の生活・政策実務に浸透し、パトリック・グレンのいう「ブラン・タブ（bran-tub）」・普遍法・法伝統の一部となった[92]。

---

92) *Id.*, 230-232.

ドゥーヴェは、個々の著者ではなく、法創造のプロセス（process of lawmaking）に注目すれば、サラマンカ学派が世界に及ぼした影響と、サラマンカで実践されていた法的合理性のパタン（the presence of a pattern of legal rationality）とが、よりいっそう明確になると指摘し、好例として、ラテン・アメリカ北部の法史および教会史において、極めて重要な意義を有した第3回メキシコ地方評議会（Provincial Council）を挙げる。そこでは、大教会区の僧正（bishops）の大部分、総督府を保有する大司教（the archbishop）がサラマンカで教育を受けており、教会会議（he church assembly）の――聖職者の行為、原住民の処遇、彼らの権利義務、修道院へのクレオール女性の受け入れ、チチメカ族（Chichimeca Indians）に対する戦争の正当性、高利の疑いのある貸付などに対する不服申立てをめぐる――法創造プロセスにおいては、サラマンカ学派の文献が繰り返し参照され、サラマンカ学派特有の方法と実務が用いられた（原住民に対する力の行使が正当かどうかを論ずるにあたり、委員会の教父たちは、ヴィトリアの『再講義（relectiones）』に依拠した）（ラテン・アメリカ、フィリピン、現代の台湾でも、類似の状況が生じた）。

「司祭と宣教師、神学者と法律家、国王の臣下、商人は、何らかの都市・地域・大陸に限定されない、多数の小規模の認識論的共同体・実践的共同体から構成される、議論の共同体（discourse community）のメンバーとなった。書物・書簡・報告書・人々自身が、広大な領土の中を循環した。彼ら全員が、サラマンカの唯一の重要な中心で生まれた法的・政治的言語を、類似の・時には大きく異なるコンテクストへと翻訳し、その翻訳は読まれ、受容され、サラマンカ・コインブラなどの場所で再度翻訳された。したがって彼らは、個別的な性質を有する・神学に基づく法の言語（a language of theologically grounded law of a particular nature）を発展させることに貢献したのである。意味は当然変化した。それはすぐに、サラマンカで当初発達したであろう純粋な語彙ではなくなった。多くの人々が関与すれば、いっそう言語の多様化が進んだであろう。グレンの用語法の意味での、中世および近代初期の『普通法（ius commune）』に非常に類似した、高度に多様な『普遍法（common law）』が発達したのである」[93]。

---

93) *Id.*, 232-233.

（5）続く「規範的情報と実践」の章で、ドゥーヴェは次のように評価する。「グレンの見解によれば、法の歴史は、規範的情報が長く持続的にループするもの（a long enduring process of continuous looping）で、その情報のフィードバックであるが、この見解は、サラマンカ学派について、より満足のゆくパースペクティヴを展開するのに役立つ。グレンの見解は、その学派が、サラマンカ、イベリア、ヨーロッパ、スペイン帝国に限られないことを明らかにする助けになるのである。サラマンカ学派を、グレンの意味での『普遍法』、ないしグローバルな知の産出（global knowledge production）の一事例と理解する方が、遥かに満足できるように思われる。多くの理由から、グレンの見解は、さらに進んだ研究のためのパースペクティヴに目を開かせてくれるとともに、法史の研究を法的な知の創造の現象とする近時の傾向とも一致する。グレンの見解は、サラマンカ学派の思想を、拡張・宗派化（confessionalization）・情報革命の時代における類似の現象の、より広い水平線上に位置づけるのを助け、これらのファクターは全て、情報伝達の促進および規範的思想とその実践の多元化（pluralization）に貢献したのである」。

　しかしながらドゥーヴェは、法伝統を規範的情報とし、サラマンカ学派を普遍法とするグレンのパースペクティヴは説明力に欠ける（lack explanatory force）、と思わせる重要な歴史的局面が存在する、と言う。すなわち、サラマンカで発達した規範的構成（the normative reasoning）の活力は、少なからずその（紛争解決のために用いられ、トピック・対論から出発する）実践的性格によるものであった。書物の中の規範的情報と、トピックと対論に基づく同一のルールは、極めて多様な状況のもとで働く神学者と法律家により、多様な現実に照らして翻訳されなければならなかった。サラマンカ学派のこうした実践志向と、歴史の領域での知的創造の一般的特色から、実践（practice）としてのみ理解できる「法的知識」の部分が、途方もなく重視されたのである。こうしたカズイスティックな法創造の実践的局面は（ジェームス・ボイド・ホワイトによれば、「法的知識は、一つの精神活動、法のルール・ケース・その他の素材を処理する方法、それ自体一組の指示や固定した規定に還元できない活動である」）、グレンの用語で再構成することが不可能であるため（グレンは、彼の思想から実践・実務を明示的に排除する）、法史学者のパースペクティヴか

らすれば、グレンのモデルは、人間行動学的な（praxeological）アプローチと、「規範的知識」のより広い理解とを、補充する必要がある。これらは、ルター主義者やカルヴァン主義者の自然法のような類似の現象から、サラマンカ学派を区別する基準を発達させ、法史学者の研究対象を構成するためには必要であり、必然的に法史学者は、グレンが嫌悪した分類学に思い切って接近するのである[94]。

（6）最後に、本論文の「エピローグ」を取り上げる。サラマンカ学派が論じた問題の多くは、今日でもわれわれの心を奪う（国際法上の力の行使をどう正当化するか、人権の法理論的基礎とその範囲など）。「これらの問題を考察できる言語は、既に示した通り、サラマンカとそれ以外の場所とで実質的に共有されている。その言語は、当然ながらもはや16世紀と同じではなく、法伝統のコアにある継続的な翻訳プロセスの中で変化した。グレンが極めて印象的に表現した『ループないしフィードバックのプロセス（looping or feedback process)』が、ますます多くの場で生じたのである。それは征服者の言語のままではない。国王が土地を占有し、商人と砲艦が自由貿易を強制したところではどこでも、抵抗者・犠牲者・協力者は、侵略者のヴォキャブラリーを採用したが、それは、ヴィトリア、のちにはグロティウス、ロックの言語であった。16世紀の権力闘争において、法の専門家は、彼ら自身の利益になるように創造・実践し、彼らの制度・信仰に基づいて運動し、正義の探究において批判的・日和見的であることが多かった。法と政治のグローバル言語（a global language of law and politics）の発展に、彼らがどう貢献したかは、グレンのように、それを一つの普遍法（common law）として論ずることによって、より良く把握できる。そのようなものとして、法システムの開閉の大きなプロセス（a major process of opening and closing of legal systems）の部分となり、おそらくは21世紀の法の基礎となる一種の普遍法典（a sort of universal code of legality）となる。パトリック・グレンが、彼の作品の中で描いたコスモポリタン法の小さな部分な

---

94) *Id.*, 233-234.

156

のである」[95]。

(7) ドゥーヴェの論稿は、法伝統を規範的情報ととらえ、普遍法を提唱するグレンの思想は、グローバル法史という生成中の分野に、重要なパースペクティヴを提供できるとして、ヴィトリアの国際法講義に代表され、神学的に基礎づけられた世界秩序・法の体系化に取り組んだ16・17世紀のサラマンカ学派を、グレンの説く「普遍法」ないしグローバルな知の産出の創造プロセス（その1事例）と位置づけよう、とする試みである。16世紀の権力闘争における法と政治のグローバル言語の発展に、法律家がどう貢献したかは、グレンのようにそれを普遍法（コスモポリタン法の小さな一部）として論ずることで、より良く理解できるからである。ドゥーヴェは、サラマンカは、「普遍法」と考えられる規範的情報の重要な発信地・参照地点で、グローバルな規範を産出する巨大なネットワークの一部ではないか、と問題提起を行い、『神学大全』と学問的実践（例えば告解聴聞席での判断実務）に基づく規範的知識が、世界各地で翻訳・再生産され、相互に密接に関連した認識論的共同体が新たに生まれ、規範的情報の文化的翻訳に基づく新たな規範的情報が生み出される、と分析する。ドゥーヴェは、サラマンカ学派が世界に影響を及ぼしたのは、トピック・対論から出発する実践的性格によるもので、法史学者からすれば、グレンのモデルには「人間行動学的なアプローチと『規範的知識』のより広い理解」を補い、法史学の研究対象を構成する必要がある（それだけ、グレンが嫌悪した分類学に接近する）、と批判するのである。

2. (1) 第3部の第2論文は、ヴィヴィアン・グロスウォルド・カーラン（Vivian Grosswald Curran）（ピッツバーグ大学卓越教授［Distinguished Professor of Law］、比較法国際アカデミー副会長）の「非普遍法（The Un-Common Law）」である。カーランは、グレンが亡くなる数週間前に、ヴィーンでの比較法国際アカデミーで顔を合わせ、春にパリの憲法院で行われる予定であったグレンの

---

95) *Id.*, 234-235.

第1部 比較法の思想 *157*

講演について論じ合ったが、心身ともに極めて健康そうであったし、亡くなる数日前には、アメリカ比較法協会についてエネルギッシュな内容のeメールが送られてきたばかりだったので、グレンの死にショックを受けた、と述べる。カーランによれば、グレンは法的相互肥沃化（legal cross-fertilization）の可能性、トランスナショナル化により必然的に変化してゆくニーズ、そうした現象の一部であったテクノロジーの、偉大な信奉者であった。

　カーランによれば、西側の国民は、再び国家中心主義を頑強に支持しようとする傾向にあるが、法をトランスナショナル化してきた国際取引の力は衰えておらず、内国裁判所も国際化された舞台で控えめながら活躍している。「知恵とは、時代の兆候（the signs of time）をとらえようとする試みである」と言われてきたが、この論文では過去を見つめることで、そのような試みを行おうとする。すなわち、コレージュ・ド・フランスのデルマ＝マルティ（Delmas-Marty）教授が組織した、未来のための新たなユス・コムーネの可能性を検討する大プロジェクト――国境を横断する調和のとれた（harmonious）法的結果を、いかにして探求するかがその目的である――の一部として、コモン・ローの発展について論じるのである。ここにいうユス・コムーネとは、今日のEU構成国に影響する2つの超国家的裁判所の対象よりも広く、各国の内国法制を刈り取って集めたもの（a larger swath of national domestic systems）である。同プロジェクトは、現在の体系的構造が、「諸法伝統」（Legal Traditions）における国家的・文化的差異という意味で継続することを前提とし、トランスナショナルな調和が、有益な解決をもたらすような問題に世界が直面している、という認識を前提としている。ユス・コムーネを準備するには、コミュニケーションの限界が絶えず存在すると考え、相互に有益な一定のレヴェルで、問題点の理解を交差させること（an intersection of issue understanding）が必要である[96]。

(2) 以上の「序論」に次いで、カーランは、「コモン・ローのルーツ」として、

---

96) Vivian Grosswald Curran, The Un-Common Law, in: Helge Dedek (ed.), *supra* note 2, 237-238.

158

短い前置きの後に、①コモン・ロー伝統のスケッチ、②初期の制度、③現代コモン・ローの時代への小旅行（a short excursus）を論じ、「結論」を述べる。フランスを典型とするヨーロッパ大陸法秩序（the Continental European civilian legal orders）と強い対照をなす法概念、と定義されてきたコモン・ローが、ノルマン＝フレンチ国王（a Norman French King）の努力により統合強化されて進化し、フランスで運用されていたフランス封建法に基づくシステムが、イギリス国民の誇りとなったのは、運命の皮肉（an irony of fate）であった、とカーランは言う。そこでは、カネヘムの『イングランドのコモン・ローの誕生』（1988年）が援用されている。カネヘムは同書において、イングランドの国民精神（the national spirit）の問題をヨーロッパ大陸と対比し、コモン・ローの存在は、（フリッツ・プリングスハイム［Fritz Pringsheim］の理論とは異なり）明確な国民精神によるのではなく、気まぐれな歴史的偶然（the vagaries of historical happenstance）による、そもそもイギリス国民（an English people）といったものは存在しなかった（12世紀のイングランドでは、民族の混合が甚だしく、文書では「フランス人」と呼ばれたノルマン人、イングランド人［the Englishmen］、フラマン人、ウェールズ人、デーン人［の子孫］が存在した）、と論じている。ブラックストーンも『釈義』（Commentaries）の中で、言語の豊かさ（混合性）を指摘しつつ、コモン・ローの多起源性（multitude of origins）を強調している。カネヘムはさらに、こうした多文化主義的混合に加え、コモン・ローは1国全土の法ではなく、国内の「一階級の法」（the law of a class）にすぎなかった、と述べている[97]。

(3) カーランは、「コモン・ロー伝統のスケッチ」の項で、今日のコモン・ロー諸国では、裁判所の判決の「テクスト」が無限に存在し、制定法と規則が絶えず増大しているにもかかわらず、コモン・ロー伝統とは、まず第1に不文の形態（unwritten form）をとるものであるといわれる、と述べる。法的推論（legal reasoning）が、成文法からではなく、当事者が裁判所に提示した、現在およ

---

97) *Id.*, 238-239.

び過去の人事の混合物（the intermingling of human events）から始まり、先例（precedents）に表れた、過去の訴訟当事者のナラティヴ（the narratives of past litigants）に対して法的重要性を付与するから、不文性こそがコモン・ローの特色である、とされるのである。

　ウィリアム征服王の統治するイングランドは、ヨーロッパで最もよく組織化された国家であり（直接的・全国的な課税システムを既に有していた）、国王が国家権力を統合していた。現代の基準からすれば、中央集権国家とはいえないが、コモン・ローを生んだのは、イングランドの組織であった。学者たちが、ボローニャから、ローマ法をヨーロッパ全土に持ち帰ったときには、コモン・ローは十分に確立され発展したシステムとなっていたため、イギリス法をローマ法の示唆を受けた法典に改革しようという試みに対して、イングランドの学者たちは抵抗を繰り返し、大陸諸国とは異なって、イングランドではローマ法の継受は生じなかった、というのが周知の命題である。コモン・ローと古典ローマ法が、ケース・ローに依存し、法典を欠いているという点は、ロスコー・パウンドが論じているように、表面的な類似性にすぎない。カーランによれば、法典以前の形態であっても、ローマ法は個別事例に一般原則を演繹的推論を通じて適用している（大陸法的推論）のに対し、コモン・ローは、個別的な法（a law of the particular, the individual）なのである。

　イングランドのコモン・ローは、強力な国王が、自己の裁判所の権限の範囲を全国に拡張するにつれて強化された。法典化に抵抗できるほどに実務上機能し、国王裁判所の先例を学ぶことで伝達されたコモン・ローの法システムは、陪審制に負うところが大きく、ヨーロッパでは最古の国家的法システムであった。これに対し大陸では、ボローニャの注釈学派（glossators）がもたらしたユス・コムーネを通じて法が普及し、国家より小規模な地域（localities）でも通用した。イングランド法とヨーロッパ大陸法とが分岐し始めたのは、両者がカノン法に対する共通の関心を示し、かつイングランドのノルマンおよびアンジュー家の国王たち（the Norman and Angevin kings of England）が、ノルマンディーに財産を有していたことから、同一の影響を受けつつあったときであった。その時点では、他のヨーロッパ諸国は、ようやく近代化のプロセスを開始し、国民国家を形成し、封建制のような古い方法と組織化の原理を廃棄し

160

始めたばかりであったのに対し、前世紀において既にイングランドでは、近代化と中央集権化のプロセスが始まっていたのである。ヨーロッパ大陸では、法に対しても新たなアプローチが生まれていたのに対し、イングランドは十分に確立した慣習を維持し続け、法実務は法曹学院における事業として教授された。イングランドにおける近代化は急激であったが、後に大陸法がローマの法的編成を採用したときには、衰えてしまったような伝統に執着することもあった。カネヘムは、歴史的発展を根拠とするエクイティとコモン・ローの管轄権の古い区分が、最近まで存続したことを挙げている。この区別は、イングランドでは1875年最高法院法、アメリカでは1936年連邦民事訴訟規則で終わりを告げたが、今日でも、コモン・ローとエクイティのいずれに基づくかによって、救済が異なる。大陸の法学者は、とりわけ英米のトラストを素材として、この概念を区別することの重要性を学ぶ。大陸法では、受託者（trustee）の権限をコモン・ローとエクイティで区分することができないため、トラストを大陸法上再現することはできないのである。18世紀について述べながら、メイトランドは「純然たるエクイティ上の債務の代表例は、受託者と他人のための信託が設定された財産を、保有する者の義務である。コモン・ロー裁判所は、そのような債務を全く知らないのである」と述べていた[98]。

(4) 引き続きカーランは「初期の諸制度」として、「12世紀初期には、イングランド裁判所は、社会的・営業的・法的目的から、多くの人々が集う場所であった。小規模事件の法的判断は、法廷に出席する『出仕義務者（suitors）』が主に行った。アメリカにおいても20世紀の最初の数十年間は、これらの12世紀の前例に若干類似した雰囲気の中で、後に最高裁判事およびニュルンベルク裁判アメリカ側訴追人となったジャクソン裁判官が、ニュー・ヨーク州で法実務を開始した、ということを指摘しておくのは興味深いであろう」と述べている。

　ヘンリー1世ないしその代理人は、重大な犯罪や国王の平和を侵害する、極

98）*Id.*, 239-242.

めて広い範囲の事項に関わる紛争を、国王裁判所で解決し、紛争解決のために国王ないしその代理人が行う全国土の巡察（eyres）は、ヘンリー2世の治世までには巡回裁判所と呼ばれるようになり、アメリカに現在も存続する連邦上訴巡回裁判所のモデルとなった。古来のイングランドの刑事裁判は、「神判（ordeal）」によるものであったが、13世紀までには教会が神判を禁止し、さらに1219年にヘンリー3世が巡回裁判令状によってこれを禁止した。その国王の令状（royal writ）には、神判に代わるガイドラインが示されていなかったため、裁判官が自ら適切と思われるガイドラインを発展させ、法的基準の司法による創造が、コモン・ロー方法論の要となった。プラクネットによれば、13世紀のイングランドの裁判官は、ケースからケースへと進み、そのトライアル・アンド・エラーから、実行可能で満足のゆく陪審というシステムが生まれるまで、手探りで歩んだのである。陪審は、理性に基づき有罪・無罪を評価する方法ではなく、神判と同様の魔術の呪縛を受けた、非科学的な神判の一形態である、と当初は考えられていた。

　「1275年に、イングランド全土で陪審が強行的な制度となり、陪審員は12名に減少し、有罪・無罪に関する被告の情報を提供できる人々で構成する、という合理的な目標を伴うようになった。刑事・民事双方のトライアルで陪審を利用することが、コモン・ローの特質となり、素人が偏見を抱かないような証拠を審理する、というコンセプトに沿った証拠法の発展、裁判官による陪審への説示（the judicial jury instruction）の重要性、裁判官の前での集中的口頭審問としてのコモン・ロー民事裁判が、特色となった。陪審を欠く上訴審のレヴェルでは、事実は再審理されなかった。初期の陪審は証人であって、『陪審査問（attaint）』として知られる手続で、偽証を訴追される可能性があった。時の経過につれて、巡察はゆっくりと廃れてゆき、その収益を生む役割は国王の課税が取って代わり、王座部（King's Bench）による巡回裁判は、後に人民間訴訟裁判所（the Court of Common Pleas）として知られるようになった。その名称はイングランドでは消滅したが、デラウェア、オハイオ、ペンシルヴェニアなどの若干のアメリカの州に残っている」。

　陪審と並ぶもう1つのコモン・ローの基本的制度は、（12世紀半ばに遡る）令状（writ）であり、極めて形式主義的な形で、プリーディングと裁判へのアク

セスがそれを取り巻いている。令状は王座部の裁量権を縮小させ、エドワード1世時代には、もはや王座部には帰属しない裁量権とともに、議会が司法的役割を果たした。議会の起源は、司法的および行政的性質を帯びていて、初期の議会は、臣民である地主（landed subjects）ならびに聖職者からの申立てにつき裁判を行った（adjudicating petitions）。令状の繁栄は、司法上の裁量権を狭め、コモン・ローの発展を制約したが、メイトランドによれば、同時に国王の権限を統合するというメリットもあった[99]。

(5)「現代コモン・ローの時代への小旅行」と題する次節で、カーランは、「以上の初期の制度は、今日でも依然として名残をとどめている（反響している）が、過去とは殆ど類似していないシステムの中に、微かに認められるにすぎなくなった」として、若干の具体例を解説する。例えば、①多数の異なった制度に分かれていた裁判所が統合され、全ての裁判所がコモン・ローとエクイティの双方に管轄権を有するようになったが、多様な初期の裁判所で普及していた法概念は、抑制されることなく今日でも機能しており、租税や海事法の分野は、特別裁判所に分割されている。②民事陪審はイングランドでは廃止されたが、アメリカでは民事・刑事双方のトライアルにおいて、陪審は原告の憲法上の権利として存続している。③コモン・ローの痕跡として、英米双方でリーガル・プロフェッショナルの権限は同等である。④イングランドでは、より効率的なプリーディングと迅速な判決を求めて、裁判所間の競争によって裁判所システムが発展した（コモン・ロー文化と社会のダイナミックな相互作用）[100]。

(6) カーランは「結論」として、トランスナショナルな解決を緊急に必要とする事項を考えれば、以上のコモン・ローの起源から、果たして新たなユス・コムーネにとって克服しがたいほどの障害が認められるかと問う。デニング卿は、大陸起源の条約と制定法を分析する際に、EU加盟国であることがイングランドの裁判官に困難をもたらすか、を考察した（Bulmer Ltd v. Bollinger SA,

---

99) *Id.*, 242-244.

100) *Id.*, 244-246.

[1974] 2 All ER 1226)。方法論的には、シヴィル・ローとコモン・ローの両シ
ステムは衝突を続けるが、比較法学者が、自国裁判所で日々直面する単純化で
きないもの（the irreducibles）を翻訳する、という使命に取り組むことで、そ
れらをハーモナイズするという理想・理念に貢献でき（人類は近接化
[approximation] によってのみ、そのゴールを目指して進む）、単純化できな
い差異は、理解の絶対的な障害にはならず、理解が進むにつれ、ハーモニーと
豊かな相互協議（fruitful mutual consultation）が生まれる、とカーランは指摘
するのである[101]。

(7) カーランの本論文は、新たなユス・コムーネの構築を目指すプロジェクト
のために準備されたもので、グレンの著作の直接の検討を目的としていない。
コモン・ロー法史を検討し（ただしその叙述はカネヘムやプラクネットに負う
ところが多い）、新たなユス・コムーネの構築にとって、克服困難な障害が存
在するかどうかを考察した論稿であるが、グレンの『世界の諸法伝統』のコモ
ン・ロー伝統の章が（同書の書評者から）必ずしも高く評価されていないこと
からすれば、その歴史叙述を補う意味は認められよう。

3. (1) 本書の巻末に配置されているネイル・ウォーカーの論稿「コスモポリ
タン的結合（attachments）」は、①比較法を超えて、②コスモポリタン国家に
碇を下ろす（anchoring）、③漂うコスモポリタニズム、の3章からなる。
　まず①では、ウォーカーは次のように述べる。最後のおそらくは最も重要な
著作である『コスモポリタン国家論』（2013年）の中で、極めて著名な比較法
学者であるグレンは、比較法学について殆ど一言も述べていないが、個人的か
つ知的理由からすれば、これはさほど驚くべきことではない。グレンは、彼の
作品を回顧し精緻化するよりも、直面している新たな問題点を探求することに
常に関心を抱いており、知的好奇心と社会的・政治的良心に突き動かされ、学
問的努力を共同作業（a collaborative exercise）と理解し、自分は互いを豊か

---

101) *Id.*, 246-248.

にする大規模な対話に参加していると考えていた。彼の作品には、強力で重要な継続性が認められるが、グレンは気質的に、1つの大きなアイディアの提供者であるよりも、多様な対象についての知の蓄積者（the accumulator of knowledge）である（自分は、ハリネズミ［hedgehog］というよりは狐である）、と自己を位置づける傾向があった。これら全てのファクターは、比較法とグレンの非凡な業績が、後続のコスモポリタン国家論に殆ど姿を現さなかった理由を説明する助けとなる。さらにまた、理念のレヴェル（the level of ideas）から説明することも可能である。グレンにとって比較法は、多様な法理論の流れを結び付けるものの探求であるとともに、それを分断するものの探求でもあった。近代国家の時代に出現した比較法は、根本的な緊張関係を内包し、最初から国家中心的バイアスを有するとともに、有意義に比較を行うための規範性の共通のスペクトル（a common spectrum of normative possibilities）を必要としていた。時空を超えた規範性の現実のパタン（actual patterns of normativity）に十分に注意を払って検討を進めれば、独立した国家に結び付けられた規範の閉鎖的形態（the forms of normative closure）が持つ、脆弱さと不確定性が明らかとなる。国家にまたがる共通の規範の範囲や、国家間の規範の移動形態（forms of normative movement between states）の広がりが解明される。比較法学者としてのグレンの作品は、こうしたトランスナショナルな運動と共通性の解明に大いに貢献し、それによって得られた洞察が、「コスモポリタン国家」の緊張関係と複雑さをめぐるグレンの分析の出発点となっている。比較法は、グレンがコスモポリタン国家の輪郭を一瞥するための手段であったが、彼はその支えを、世界を厳格な国家的用語（strictly statist terms）で区分する傾向がある比較法の遺産とともに脇へ取り除け、法的思考および政治的文化における国家中心的傾向（the statist tendency）に挑戦する、という最後の大プロジェクトに取り組んだのである[102]。

(2) 続いて②の「コスモポリタン国家に碇を下ろす」でウォーカーは、「コス

---

102) Neil Walker, Cosmopolitan Attachments, in: Helge Dedek (ed.), *supra* note 2, 280-281.

モポリタン国家」という用語はグレンの発明ではないが、グレンはその理解を大いに深めたとする。グレンは、「コスモポリタン」と「国家」を結び付けるという・この矛盾語法が示唆するもの（an oxymoronic suggestion）をめぐる論争に果敢に参加した。グレンは、単一文化的な含みを持つ「国民国家」という観念そのものを、大衆的・学術的ディスコース双方における、架空の（神話的）構成物であるとして斥け、現代では「純粋な」国民国家など存在しないし、歴史上もそのような同質的実体が存在したことはなかった、ロマン主義的想像力（the romantic imaginary）の外側には、常に人種的・言語的・宗教的マイノリティがいたのであると説く。その一方で、「われわれの法的・政治的権利義務の第一次的源泉は、国家やその他の副次的なグローバル・ユニットなどではなく、われわれが帰属する単一のグローバルな共同体である」という確信を伴った「強いコスモポリタニズム」には、グレンは与しない。この「強いコスモポリタニズム」は、深い倫理的普遍主義、あるいはわれわれのローカルな活動のグローバルな相互依存がますます深まっていることを、根拠としている。グレンは、このいずれにも従わず、より古くからの・語源的により正確で一般的な意味に、コスモポリタン的状況を理解し、その「コスモス」（多様な諸国の一般的特色）にふさわしいものを、調和がとれるように「集める」（a harmonious bringing together）とともに、普遍的形態ないし普遍的表現を伴わない・特定の「ポリス」に特有の（そのポリスのパースペクティヴ内でのみ存在する）ものも「集める」ことである、とコスモポリタニズムを理解する。グレンにとって、コスモポリタン国家の理念は、部分的に利益と価値を共有している・相互に依存する世界の一部として、調和のとれた共存という倫理（an ethic of harmonious coexistence）に貢献するのである[103]。

ウォーカーによれば、グレンのアプローチで最も顕著かつ独創的であるのは、コスモポリタニズムは政治的近代（political modernity）の構造に深く、広範囲にわたって碇を下ろしている（anchored）、と指摘したことである。グレンは、どのようにしてコスモポリタン的実務が様々な連結・結合（interlocking

---

103) *Id.*, 281-282.

attachments）から生み出されるか、これらの連結・結合（attachments）が、現代のグローバルな関係枠組みの中のコスモポリタン的傾向を、正常化し安定させるのにどのように貢献しているのかを強調する。グレンにとっては、まず何よりも、コスモポリタニズムは、ローカルな経験と実務に根ざしている。「コスモポリタン国家」というラベルが示すように、今日のコスモポリタン的道のりを辿れば、最初の源泉（the primary source）は、近代国家とそれを形成した多様な利益・文化・実務であって、長い歴史的パタンの一部としてとらえることができる。近代国家の様々な前身である古典ギリシアのポリス、初期の「国家としての教会」、帝国、中世都市国家、王朝国家は、近代へと橋渡しをするとともに、各時代におけるコスモポリタニズムのローカルな源泉（the local wellsprings of cosmopolitanism）を提供した。こうしたローカル性の主張は、例外的なものとは考えられない。「強い」コスモポリタニズムとは区別された、現代的コスモポリタニズムの大半は、「根ざした（rooted）」などの形容詞を用いてローカル性を強調している、とグレン自身が認めている。規範的にも経験的にも、グレンのローカルなもの（the local）への傾倒は極めて深い。規範的には、グレンはコスモポリタニズムの原点がローカルなものであること（the local roots）を、断定的に（categorical）認めている。グレンにとって、前近代の強固な遺産を伴う、ローカルに基礎づけられたコスモポリタニズムは、グローバルなモラルと世界政府という、より強固な枠組みが存在しない場合にのみ（その前触れとして）許容できる「次善の（second best）」結果である、とするのは無意味である。国家の内部と国家相互間の双方での社会的・政治的関係は、グレンの観点からすれば、単純化できない差異という倫理（an ethic of irreducible difference）を核心とする。グレンの広大なコスモポリタン理論においては、差異を評価すること（法システムの多様性の維持）と、その調和（多様体の共存）を図ることは同義なのである。グレンの『普遍法論』は、領域を越えて「普遍的に」通用する規範と原則を理解することで、ローカルで局地的な「法伝統」が、どれほど補充されて豊かになったかを明らかにした。グレンの『コスモポリタン国家論』でも、同じテーマが反復・強化されているが、こちらでは近代国家のその他の備品（furniture）——立憲主義（constitutionalism）や、グレンの言う「制度的コスモポリタニズム（institutional cosmopolitanism）」

——のコスモポリタン的適性が賞賛されている[104]。

　ローカルな土壌に垂直に根ざしたコスモポリタニズムと並んで、近時のグローバリゼーションの高まりとともに強化された、トランスナショナルなメカニズムとプラクティスに基礎を置く追加的・水平的コスモポリタニズムにも、グレンは言及している。普遍法、憲法的・国制的志向性（constitutional orientations）、制度的多元主義のパタン（patterns of institutional pluralism）は、ローカルな局面と切り離されて別々に発展したのではなく、場を越えた実務の相互協力によって成功を収めたために、法域を横断した強い結合（connections）を生み出し、それを自ら強化する傾向にあったのである。このプロセスは、商人法からIT法（lex digitalis）に至る普遍法のトランスナショナルな結合形態（transnationally joined -up forms of common law）の出現、各国憲法のテクストの解釈にあたり非国家的典拠（non-national authorities）が利用されることが激増したこと、グローバルおよびリージョナル双方のトランスナショナルな機関（institutions）が激増したこと、国際的法学の新潮流における多面的なアプローチの発展、に表れている。これらの垂直的・水平的要素は、現代のコスモポリタニズムに、印象的な結合（impressive attachments）をもたらす。これまでは、文化よりも構造が、精神よりもシステムが重視されてきたが（客体的結合）、コスモポリタン的進路を進める主体的結合（subjective attachments）は何であり、コスモポリタニズムを選択・促進・享有する「コスモポリタンズ」は誰であるのか、とウォーカーは問題を提起する。グレンはこの問題に十分体系的には言及しておらず、コスモポリタン市民権（citizenship）をめぐり、コスモポリタン的アプローチが、民衆意識（popular consciousness）にどのように影響してきたかを直接的に検討しているにとどまる。グレンは、過去1世紀にわたって、相互排他的な国民的地位としての市民権（mutually exclusive national statuses）という観念から、われわれが遠ざかってきたことを詳しく論じ、その代わりに、コスモポリタン市民として、多重的市民権や住民権（denizenship）、その他の共同体構成員の段階的資格、国

---

104) *Id.*, 282-284.

家以外の存在の市民権を次第に取り入れていった。政治的帰属および市民権と結び付いた諸権原は、単一でカテゴリカルで厳密に区分されるものではなくなった。グレンは、コスモポリタン的結合の感情的局面（affective dimension）を、コスモポリタン的感性（cosmopolitan sensibility）の極めて対照的な側面を示す2つのテーマに付随して論じている。まず第1にグレンは、トランスナショナルな普遍法の構造、開かれた立憲主義、国際組織法を積極的に作り出し、コスモポリタン親和的な機能を営むコスモポリタン的オフィシャル（cosmopolitan officials）の役割に関心がある。そこでは法律家、外交官、その他の高順位の公僕、スペシャリストの役人といったエリートが対象である。第2に、グレンの議論には、われわれの制度的背景とそれに埋め込まれた認識のプラクティスは、既にコスモポリタン的傾向があり、コスモポリタン的開放性は、ピエール・ブルデューの言う日常的経験のドクサ（the doxa of everyday experience）の一部となっている、という暗黙の指摘が含まれている。現代の日常的コスモポリタニズムは、民衆文化よりも深く広範に進行しており、共通の経験とプラクティスの当然の特色となっている[105]。

(3) 最終章の「漂うコスモポリタニズム？（Cosmopolitanism Adrift?）」では、コスモポリタン国家についてのグレンの一般理論は、極めて示唆に富み、説得力があり、反対する箇所は殆どないと、ウォーカーはほぼ全面的に賛同する。コスモポリタン的結合の主体的局面に関するグレンの説明は、いまだ準備的な内容ではあるが重要な洞察を含み、オフィシャルの重要性に着目するとともに、われわれが服従している客体的構造（とりわけ法的・政治的構造）の中に、コスモポリタニズムがどれほど多く埋め込まれているかを強調している点で、グレンは正しいのである。しかしながら、①グレンの理論は、極めて包括的である（the sheer inclusiveness）ため、様々なタイプのコスモポリタニズムをわれわれが区別してよいのか、どのように区別するのか、②最近再び活発になっているコスモポリタニズムの敵からどのように擁護すべきか、という2つの関

---

105) *Id.*, 284-286.

心が残る[106]。

　包括性という点からすれば、グレンの理論の強みは同時に弱点でもある。コスモポリタン的構造と性質（structures and dispositions）が浸透していることを、そのように強力に主張する場合に、グレンは、彼が選んだ対立的見解、すなわち単一国家中心主義（a unitary nation statist）や強いコスモポリタニズムをマージナル化することに熱心であるが、グレンによって慎重に描かれた・現存するコスモポリタン像を前にして、これらの反対説に与する者がいるであろうか。定着したコスモポリタニズム（anchored cosmopolitanism）に賛成するグレンの立論が、有無を言わさぬものであったとしても、重要な区別と困難な選択の余地を残したまま終わっており、グローバルな動向がコスモポリタニズムに向かっているとして、その多くのヴァリアンツのいずれが優位に立っている（立つべきである）のか。グレンは、それは彼が答えるべき問題ではないと反論するであろう。国家という形態が、人類史で最も広く普及していた近代後期（the age of late modernity）においては、国家は、実はグローバル・ガヴァナンスという本質的にコスモポリタンなシステム（an essentially cosmopolitan system of global governance）の基礎であった、とグレンは強く主張する。コスモポリタニズムへの信念が極めて強いために、コスモポリタン国家が衰えたとしても、それに代わるものがあるから案ずる必要はない、とグレンはアドヴァイスするであろう。グレンの関心の中心はアイデンティティと承認（recognition）であり、他の人々との交流・社会的紐帯および政治的コミュニティの形成のための（法的）枠組みが、どれほど閉ざされている（あるいはオープンである）かによって、世界を理解しようとしてきた。しかしながら、経済力と配分的正義という、同じく重要で横断的な（cross-cutting）問題があるうえ、現代コスモポリタニズムへの反論はまさに、それがグローバルな経済自由主義の波に乗った可動性のある少数のエリートを重んじている、というところにある[107]。

　グレンは『コスモポリタン国家論』を刊行した翌年に死去したが、その後ま

106）*Id.*, 286.

107）*Id.*, 286-287.

もなく、ポピュリズムの顕著な復活が見られた。社会を「純粋な人々」と「堕落・腐敗したエリート」に二分する根拠薄弱なイデオロギーに基づくもので、ポピュリズムの力はトランスナショナルな共鳴を発生させ、自国中心主義・ネイティヴィスト（nativist）の外観をまとう傾向がある（「アメリカ・ファースト」）。これらのネイティヴィストやポピュリストの力から、コスモポリタン的結合をどのように守るのか。コスモポリタン的制度の普及と堅固さについてグレンが述べた確信は、これらの攻撃に対し楽観的にすぎ、グレンの極めて包括的なカテゴリーの中で、コスモポリタニズムの形態を——グローバルな利益に到達するコスモポリタニズムと、可動的なエリートに傾くコスモポリタニズムとに——区別することが急務ではないか。ネイティヴィズムの敵対的レトリックと、無遠慮なカリカチュアに晒された場合に、コスモポリタン的結合の理解と実践をどのように発展させればよいのか。皮肉なことに、グレンが当然のものとして歓迎したコスモポリタニズムの特質は、こうしたイデオロギー的な渦巻き（maelstrom）の中では、弱点にもなりうる。現在ではあまり利用されないコスモポリタニズムの歴史的な功績は、あらゆる現代コスモポリタン国家の大衆文化にふさわしい、内外に目配りをした利益・価値・プライオリティというよりも、不当な特典、権力者の陰謀として斥けられる。これまで、ネイティヴィズムが必ずしも最善のストーリーだったわけではないが、コスモポリタニズムの擁護者も、その土地・時代特有のより優れたもの（better vernaculars）を発展させなければならない。なぜコスモポリタン的制度と配備（cosmopolitan institutions and dispositions）を長らく追求し、発展させ、それを育み続けるべきであるのかにつき、素晴らしくニュアンスに富んだ主張をグレンは展開しているので、彼がもし存命であれば、このような敵対的状況の中で、どうコスモポリタン的方法を守り洗練すればよいか、その停泊地から漂い出すのをどう阻止すればよいかについて、グレンは多くを語ってくれたであろう。このような緊急の課題にアプローチするための洞察を求めて、グレンの著作を研究し続けることが、彼の遺産を褒め称える最上の方法なのである[108]。

108）*Id.*, 287-289.

第1部　比較法の思想　*171*

（4）ウォーカー論文は、グレンは、比較法における国家中心的バイアスと法規範の閉鎖性に挑戦し、国家間の共通規範ないし規範の移動形態（トランスナショナルな運動）を解明することで得られた洞察を活かして、「コスモポリタン国家」の分析に取り組み、その理解を大いに深めたと評価する。グレンによれば、純粋な国民国家は架空の構成物で、常に人種的・言語的・宗教的マイノリティが存在した。グレンは、多様な諸国の一般的特色である「コスモス」と、普遍的ではない特定の「ポリス」に特有の特色とを、調和のとれた共存（単純化できない差異を評価し、多様体の調和・共存を図る）という倫理に適合するように「集める」コスモポリタニズムを提唱する。「コスモポリタニズムは、政治的近代の構造に深く、広範囲にわたって碇を下ろしている」というのが、グレンの独創的な認識である。コスモポリタニズムは、様々な要素の「結合」（attachments）から生まれ、何よりもまずローカルな経験と実務に根ざしている、とグレンはそのローカル性を強調する（ローカルな土壌に根ざしたコスモポリタニズム）。さらにグレンは、グローバリゼーションの進行・トランスナショナルな実務の相互協力を基礎とする、追加的・水平的コスモポリタニズムにも言及する。これらの垂直的・水平的要素は、現代のコスモポリタニズムに新たな結合をもたらすが、ウォーカーによれば、「コスモポリタン的進路を進める主体的結合は何か」、すなわち「コスモポリタンズ」は誰であるのか、が問題となる。グレンは、コスモポリタン的感性（sensibility）を論ずるにあたり、コスモポリタン親和的な機能を営むコスモポリタン的オフィシャル（法律家・外交官などのエリート）に関心を示すが、ウォーカーはさらに「現代の日常的コスモポリタニズム」にも注目している。ウォーカーは、コスモポリタン国家についてのグレンの一般理論に全面的に賛成しながらも、グローバルな動向がコスモポリタニズムに向かっているならば、様々なタイプのコスモポリタニズムを区別して、その中からいずれを選択すべきか（現代的コスモポリタニズムに対しては、「グローバルな経済自由主義の波に乗った可動性のある少数のエリートを重んじている」という批判がなされている）、グローバルな利益に到達するコスモポリタニズム・コスモポリタン的結合を、自国中心主義者・ネイティヴィストやポピュリストの攻撃からどのように守るべきか、といった問題提起を行う。グレンの著作は、これらの緊急の課題にアプローチするため

の多くの洞察を与えてくれるであろう、とウォーカーは述べている。

　以上をもって、不十分ながら『コスモポリタン法学』所収の諸論稿の紹介と、簡単な要約を終える。イスラーム法伝統、儒教法伝統、法言語論、国家論を扱った諸論稿は残念ながら割愛させていただいた。ただし、コスモポリタニズムを分析した最後のウォーカー論文は取り上げた。最後に章を改めて、本書『コスモポリタン法学』所収の論稿に共通する現代比較法学の特色について、やや詳しく述べてみたい。

VI. 結語

　既に序論で言及したように、フサは「法的コスモポリタニズムは高貴な理想であるとともに、人類の能力を超えるかもしれない途方もなく無理な要求でもある。われわれはシニシズムや誇張された相対主義に陥ることなく、グローバルな法多元主義を取り入れる必要がある。グローバルな法的オプティミズムかペシミズムのいずれかの側に傾くのではなく、バランスのとれた見解をとることができるのがよいであろう」と評価する[109]。フサは、法的コスモポリタニズムよりも、グローバルな法多元主義を自らの立論の基礎とするのである。

　これに対し、優れて前衛的なテキストブックである『比較法』第3版（2022年）の末尾で、マティアス・ジームスは「学際性とコスモポリタニズムは、未来の比較法の決定的特色である」とする。ジームスは、コスモポリタニズムには、（世界市民を自称したディオゲネスに始まる）記述的次元と（カントの政治哲学や近時の国際法、開発政策、グローバル・ジャスティスと関連する道徳的コスモポリタニズムのような）規範的次元とがあり、また普遍主義と関係するコスモポリタニズムと、ポスト普遍主義的な「ルーツを有する（根づいた）コスモポリタニズム（rooted cosmopolitanism）」とに分類することもできる、と指摘する。「比較法にとってコスモポリタニズムは、その多くの重要なトピックの有益な指針（guidance）である。コスモポリタニズムは、比較法のようにグローバルなトピックに関心を抱くが、グローバルな統一性（global uniformity）をほのめかすことはない。このように一方ではコスモポリタニズムは、人類は

109）本書26頁。

どこにでも帰属でき、苦境（predicaments）を共有しており、この苦境にどう立ち向かうかを、他の共同体とともに探求するという思想によって、国家と法族の役割を特定・評価するのに利用でき、法的世界が国民国家の法のみで構成されるとするのは不十分である、とする見解と調和する。他方でコスモポリタニズムは、普遍主義ほどナイーヴではないから、グローバルなレヴェルで考察することのみならず、『コスモポリタン国家』を検討し、グローバルなものとローカルなものが、多元主義的に相互作用を及ぼすその他の方法を検討することは、コスモポリタニズムと矛盾しないのである（ここでジームスは、グレンの『コスモポリタン国家論』を引用している［貝瀬］）。加えて、コスモポリタン的なパースペクティヴは、比較法の方法についても示唆するところがある。『我』と『汝』の間には埋めがたいギャップがあるという、外国の理念や文化を理解不能にする立場をコスモポリタニズムはとらず、外国と自国の文化の混合可能性を認め、他の人々・文化・経験に対してオープンな姿勢を示す。しかしながら、同一の理解の方法が世界のどこでも通用すると考えるほど、コスモポリタニズムは単純ではない。『コスモポリタン的比較（cosmopolitan comparison）』は、比較の対象に対して外部の基準（external standard）を押し付けようとはしないであろう。コスモポリタン的精神を有する研究者は、多様な理解の方法に興味を持ち、彼らの視野を拡大するために新たな方法を用いよう、と試みるはずである。そのような精神からすれば、コスモポリタニズムは、学際的な研究と協働（interdisciplinary research and collaboration）を促進する学問横断的な特質も有する。……本書（ジームスの前掲著書『比較法』）の願望は、比較法にコスモポリタン的パースペクティヴを求めることである、と言い表すことができる」と情熱的に主張する[110]。

　ポール・シッフ・バーマンは、その著書『グローバル法多元主義』（2012年）において、多元主義に取り組むハイブリッドなアプローチとして「コスモポリタン多元主義法学（a cosmopolitan pluralist jurisprudence）」を提唱し、バーマンの編著『オックスフォード・グローバル法多元主義ハンドブック』（2020年）

---

110) Mathias Siems, *Comparative Law* (3rd ed., 2022) 455-457.

では、コスモポリタニズムは、複合的な提携関係・オーヴァーラップする共同体の同一性（一体性）を承認するのみならず、複合的な法システムをも承認し、多元主義は、これらの法システム・準法システム（quasi-legal systems）が国家と非国家的実体の双方を含むことを肯定するから、グローバルな法多元主義の発展は、完全にコスモポリタン理論と両立する、と指摘している[111]。

『コスモポリタン法学』に寄せた論稿において、グラツィアデイは「グレンは、空前のレヴェルの多元主義とコスモポリタニズムが、20世紀において法を形成することを、直ちに認識した。国家法が、競合する権威の源泉と相互に依存し合い、世界政府が確立されていないがゆえに、このダイナミックな状態が大規模に発生し、極めてパワフルな社会・経済的担い手がグローバリゼーションを推進して、その具体的内容を決定する」と、グレンの鋭い洞察に感嘆するのである[112]。

要するに、コスモポリタニズム・グローバル法多元主義・学際性は、未来の比較法の顕著な特質となるのであって、法伝統論・コスモポリタン法学に代表されるパトリック・グレンの業績は、野心的な先駆と言ってよいであろう。この第1部で紹介したパトリック・グレン追悼論集『コスモポリタン法学』所収の諸論稿は、そうしたグレンの独創性・先駆性を多様な角度から照射し、「比較法の思想」を描き出そうとする。普遍法によって固有法が補充されつつコスモポリタン法秩序に向かうプロセスで（複数の普遍法は寛容な相互関係にあるが、情報の共有によって収束する）、現在の規範形式に代わるものを提示する批判理論が、「コスモポリタン法学」・「比較法におけるコスモポリタニズム」である。グレンに代表されるこの見解は、グローバリゼーションのもとで、法的ナショナリズム・国家法・法実証主義は崩壊し、空前のレヴェルの多元主義とコスモポリタニズムが、法を形成するようになったとする。そもそも主権国家が法を独占するという「標準的な西欧モデル」は、近時の西欧の土着のモデルから生まれたもので、比較の目的に十分な普遍的な分析概念ではないから

111）Paul Schiff Berman (ed.), *The Oxford Handbook of Global Legal Pluralism* (2020) 28-29. Berman, *Global Legal Pluralism: A Jurisprudence of Law Beyond Borders* (2012) 14, 141.

112）前注（57）を参照されたい。

（比較法は法実証主義の補完ではなく、狭い法観念・比較立法学は放棄されるべきである）、国家法に依存しない多価的思考と、「解決における多元性」を重視したコスモポリタン的パースペクティヴが必要である、と批判するのである。複雑な混合と法多元主義の研究には、文化的・人類学的パースペクティヴが必要で、深いレヴェルの比較研究・グローバル比較法学などの新しいアプローチの開発と、法を動態的なものと捉える「多元性に敏感なレンズ」が必要である。比較法は、オープンな姿勢で隣接分野の成果を吸収すべきである（方法論的多元主義）。

　この「コスモポリタン法学」は、多元的で多様な諸伝統のグローバルな「多様性の維持」・「調和」・「共生」、「批判的コスモポリタン理論」の拡大・深化を説き、静態的でない比較のパースペクティヴを採用する。法伝統を規範的情報ととらえ、グローバルな知の創造プロセスとしての普遍法を提唱するグレンの見解は、グローバル法史にも貢献できる。グレンの「コスモポリタン国家論」においては、多様な国家の一般的特色である「コスモス」と、特定の「ポリス」に特有の特色とを、「調和のとれた共存」のために「集める」コスモポリタニズム、ローカルな土壌に根ざしたコスモポリタニズムが提唱されるが、水平的コスモポリタニズム、コスモポリタンズ、グローバルな利益に到達するコスモポリタニズムについても、検討が必要であるとされる。グレンの法伝統論は、法理論一般・一般法理学への大胆な貢献（脱植民地化）であるが、伝統が多様性の維持に役立つとするグレンの理解に対しては、楽観的にすぎ、「宥和への希望」を立論の基礎とすべきである、と批判されている。しかしながら、グレンの立論の特異性にもかかわらず、コスモポリタニズム・コスモポリタン法学は、グローバル比較法学・トランスナショナル比較法学の重要な理論的・思想的支柱となるであろう。

第2部　比較法の方法

―― 「黒いガイウス」論からの出発 ――

第2部　比較法の方法　*179*

　地中海世界というものを、よりとらわれない立場から、より広い視野の
もとでみるならば、それは一方、北側に〈ギリシア→ローマ→ビザンツ→
ヨーロッパ〉というインド・ヨーロッパ系の文化があり、他方、南側や東
側に〈エジプト→フェニキア→シリア→アラビア〉といったハム・セム系
の文化がある。地中海世界とは、本来この2つの系統の文化が、気候、風
土を同じくする1つの場——すなわち地中海という場において相互に渉り
あい、影響しあいながら発展してきた2元的な複合的世界、複数の文明の
関連し合う文化の坩堝、アマルガムであると言ってよい。

——伊東俊太郎『比較文明』（1985年）148-149頁

　　The first expression of the need for analyzing the connection between
Roman law and the law of the other peoples of the ancient Mediterranean
world can be found in the works of jurisconsults of legal Humanism. In the
sixteenth and seventeenth centuries, the age of Renaissance, the interest in
antiquity, in the works of classical authors became keen all over Europe. As
far as Europa concerned, this interest could first be observed in Italy. It was
Burckhardt who called attention to this fact, in a highly vivid descriptive
form, in the last century.

——Gábor Hamza, *Comparative Law and Antiquity* (Akadémiai Kiadò,

Budapest 1991) p.25.

　ガイウスは、古典期盛期の中葉に、およそ110年から180年にわたって生
きたローマの法律家である。彼は提要の枠組み（the institutional scheme）
の創始者であり、それによってローマ法は、数世紀にわたって非常に緊密
な整除された法のシステムとして表現されてきた。彼の学問的アプローチ
と重要性から、ローマ法の全ての研究者は、ガイウスについてよく知悉し
ていた。そのためガイウスの名前は、一段とすぐれた「格別の」ローマ法
学者（"the" Roman jurist）を象徴するものとなった。ガイウスは、真の意
味でのユスティニアヌス法典の創造者である。ユスティニアヌス皇帝は彼
のことを「われら自身のガイウス」と呼び、あらゆる法律家の法学への導

き手となった、その教師への愛情を示している。

——ジュゼッペ・モナテリ「黒いガイウス」の脚注1

Ⅰ．序言

（1）この第2部では、（連作「比較法学者たちの饗宴」[1]の補遺として）イタリアを代表する比較法学者の1人ジュゼッペ・モナテリ（P.G.Monateri）（1958年生まれ）の論稿で、その副題が示す通り「西欧法伝統の多文化的起源の探究」を試みた力作「黒いガイウス」（2000年）と、『比較法の諸方法への序論』（2021年）[2]に代表されるモナテリの比較法方法論とを検討する。比較法史の知見が、現代比較法学の方法にいかに活かされているかも、モナテリを素材として、不十分ながら明らかにしてみたい。モナテリは、既に前掲「比較法学者たちの饗宴」でも紹介したウゴ・マッテイ（1961年生まれ）、ミケーレ・グラツィアデイ（1958年生まれ）とともに、トリノ大学比較法教授として活躍している。英文の近作としては、コンパクトな前掲『比較法の諸方法への序論』（2021年）の他、リヴィングストンらとの共著『イタリアの法システム（第2版）』（初版はカペレッティ/ペリロ/メリマンの共著）（2015年）、英文の編著として『比較法の方法』（2012年）、膨大なアンソロジー『比較法

---

1) 貝瀬幸雄「比較法学者たちの饗宴 (1)-(4)」『立教法務研究』3・5・8・10号（2010年-2017年）。

2) P.G. Monateri, Black Gaius：A Quest for the Multicultural Origins of the " Western Legal Tradition", *Hastings L. J.* 51 (2000) 479-555.

3) 本文に掲げた順では、①Monateri, *Advanced Introduction to Comparative Legal Studies* (Elgar, 2021); ②Livingston/Monateri/Parisi, *The Italian Legal System : An Introduction* (2ed., Stanford U.P., 2015) ; ③Monateri(ed.), *Methods of Comparative Law* (Elgar, 2012) ; ④Ginsberg/Monateri/Parisi(eds.), *Classics in Comparative Law, 4vols* (Elgar, 2014); ⑤Monateri(ed.), *Comparative Contract Law* (Elgar, 2017); ⑥Monateri/Chiaves/Balestrieri (eds.), *Contract Law in Italy* (Kluwer, 2021).

182

の古典』（全4巻、2014年）、『比較契約法』（2017年）、『イタリア契約法』（2021年）[3)]
などがある。「黒いガイウス」は、ギンスバーグ/モナテリ/パリシ共編の前掲
アンソロジー『比較法の古典』第2巻（141頁以下）に全文が収録されている。
同書に収められたモナテリの論稿は、これ1作のみであり（必ずしも1人1作主
義をとっていないにもかかわらず）、「比較法の古典（classics）」として著者自
選の会心の作ということであろう（なお、「法的フォルマント」論で知られた
ロドルフォ・サッコ［2022年3月没］が長年比較法を講じていたトリノ大学は、
イタリア比較法学［トリノ学派］の拠点の1つとして知られ、モナテリ、グラ
ツィアデイ、マッテイの各教授の他に、比較公法の準教授5名、比較私法の准
教授5名を擁している［2022年8月現在］)[4)]。

(2) モナテリの論稿の題名である「黒いガイウス」とは、マーティン・バーナ
ル（Martin Bernal）の著書『黒いアテナ——古典文明のアフリカ・アジア的
起源』（1987年）[5)] の意図的な「もじり」（intentional misquotation）である。同
論文は、いわゆる「西欧法伝統」の起源に関する自尊心の強い評価に対し警鐘
を鳴らし、その伝統の「独創性・根源主義」（originalism）、そもそもそれが伝
統であるとすることそれ自体を批判し、国際的な文化支配（cultural
governance）という新たなプロジェクトの前提に挑戦する。モナテリによれば、
あらゆる古代法に対するローマ法の至高性（supremacy）を根拠に、西欧法伝
統を再構築しようとする努力が近時は見られるが、この努力は、系図（系譜）
の探究（アイデンティティの構築に不可欠のメカニズム）により、法分野にお
ける「西欧」の至高性を正当化しようとする戦略にほかならない。こうした

---

4) イタリア比較法学については、貝瀬『比較法学入門』（日本評論社、2019年）160頁以下、
　同「比較法学者たちの饗宴（1）」『立教法務研究』3号（2010年）11頁以下。

5) Martin Bernal, *Black Athena : The Afroasiatic Roots of Classical Civilization, vol.1, The
　Fabrication of Ancient Greece 1785-1985* (Rutgers U.P., 1987). この第1巻の翻訳として、マー
　ティン・バナール（片岡幸彦監訳）『ブラック・アテナ　古代ギリシア文明のアフロ・ア
　ジア的ルーツ I 古代ギリシアの捏造　1975－1985』（新評論、2007年）。なお、2002年・
　2006年に同書第2巻・第3巻が刊行され、わが国でも第2巻が2004年に翻訳された。

「ルーツを遡ること」（tracing back of the roots）は、現代の文化研究において中心的位置を占める「再現」（representation）の作業である[6]。

　「西欧文明の系図上の樹木（genealogical tree）が、多様な土地の土壌に根ざすものであることが明らかになれば、多元主義的で、多様で、多民族主義的で、文化多元主義的な社会が正当化される」[7]であろう。しかしながら、非ヨーロッパ的要素を「西欧」の伝統から排除する戦略は、今や常識的となった法史の構図を作り上げ、非常な成功を収める結果となった。モナテリは、この現状は根拠のないもので、正当性を批判することによって背景と前景とを入れ替えれば、現状に対抗する（新たな角度からのアプローチで、新たな洞察を得る）ことが可能になるとする。その結果として、スタンダードな物語のグローバルな書き換え（a global re-writing of the standard narrative）が生まれるのではないか、と主張する。西欧法伝統におけるローマ法の通説的位置づけを排除し、いわゆる「ローマ法」は、多様な地中海文明（特にアフリカおよびセム［Semitic］文明）の努力の産物である、とするのがモナテリの結論である[8]。以下、モナテリの前掲論文の叙述の順序に従い、①西欧的ルーツの捏造（manufacturing）、②西欧的天才（the Western Genius）の批判、③結論──「西欧マインドの終焉」──を取り上げてゆく。

---

6) Monateri, *supra* note 2, 481.

7) Guy MacLean Rogers, Multiculturalism and the Foundations of Western Civilization, in: M.R.Lefkowitz/G.M.Rogers (eds.), *Black Athena Revisited* (1996) 429からの引用である。

8) Monateri, *supra* note 2, 482.

Ⅱ．モナテリの「黒いガイウス」精読

1．西欧的ルーツの捏造

モナテリ論文の第1部「西欧的ルーツの捏造」は、Ａ．系図と支配（Genealogies and Governance）、Ｂ．修正論に対する反応――専門家の抵抗――、Ｃ．「西欧的規準（Canon）」――伝統と普及（Dissemination）――、の3つの問題点を論じている。

Ａ．（1）リベラルで保守的な法学は、歴史における法（law-in-history）という捉え方を重視しており、モナテリは、この点に批判的検討を加える必要があるとする。西欧の法意識は、人間精神の独創的な所産であるローマ法によって基礎づけられている、という理解は強力な実践的意味を持った支配のプロジェクト（projects of governance）である（法分野における「歴史的意識の歴史」の探究）。西欧人が19世紀以降誇りとしている歴史意識は、先行する文化・文明、同時代の他の文化・文明と、西欧文明との関係をとらえる際の、イデオロギー的な位置づけにすぎない。特に法分野においては、このような歴史意識は、特殊西欧的な偏見で、近代産業社会の至高性・卓越性を、歴史を遡ることにより正当化しようとしている[9]。

ローマ法は、西欧法学の基盤であるのみならず、今日でも人間精神の最高の所産の1つであって、高度に発達したローマ法学は、あらゆる近代法の指針と

---

9)　*Id.*, 484-485.

なり（アメリカ法思想の発展においてさえ、要としての役割［pivotal role］を果たした）、普遍的に妥当する「政治的理性」（Political Reason）の基礎を提供したとされる。以上のバイアスは、歴史家たちも共有していて、多様な古代地中海法（ancient Mediterranean laws）の中でも、ローマ法のみが、西欧文明の法的支柱（the legal pillar）として承認されている。西欧の法システムは、共通の伝統、すなわち特定の価値・法技術への類似したアプローチ、共通した構造を有する家族の一部であるとされ、この法族論が、先ほどのバイアスのかかったアプローチと結び付く。そのため、現代比較法学と旧来のローマ法研究は、ルーツを辿る方向へ収束し、ローマ法の賛美によって、伝統（進行しつつある不断のプロセスでもある）の最終的成果である西欧法の「独自性」（uniqueness）が、極めて高く評価されることになる。現代的課題に対処し、新たなヨーロッパ諸国の法を構築するための、ローマ法の（共通の接着剤としての）有用性を宣言するプロジェクトが近時顕在化しているが、このプロジェクトは、アメリカの文化的代替物としてヨーロッパを発展させよう、という極めて実践的な意図を持つもので、「古きものの再生」（renewal of the old）という理論（ローマ法は、西欧法史の接合剤として時代を通じて生き残り、再生・更新するという理解）と絡み合っている[10]。

　比較法の新興学派（the rising academic discipline）は、意識的にせよ無意識的にせよ、特定の支配のもくろみ（agenda of governance）に加担している。「われわれと彼ら」、中心と周辺、西と東といった相違の枠組み（frame of diversities）を描くのが、その典型的機能である。大陸法とコモン・ローという古典的区分を低く評価し、「現代」西欧法システム間の収束を肯定して、世界の他の全ての法文化に優越する・ローマ法学を支柱とする統一的な西欧法族（a more unitary Western legal family）を構想する。しかし、このような理論に対しては批判的態度をとるべきである、とモナテリは警鐘を鳴らす。

　モナテリは、以上の論者が説く教義（tenets）を、次の4点に要約する。①西欧法は古代世界において最も発達した極めて洗練された法システムである。

---

10) *Id.*, 484-488.

②ローマ法は西欧法伝統の根元であり（at the root）、特にそれを「西欧的」たらしめている。③ローマ法は自己を更新・再生する力強い能力を備え、今日でも現実的な支配（actual governance）の基礎として貢献することができる。④ローマ法からは、法実務および法学のための特殊な民族的「才能」を汲み取ることができる（the well-spring of a peculiar ethnic "genius"）。モナテリの目的は、ローマ法についてのこの「根源主義的」（Originalist）見解、およびそれと結び付いた「連続性」モデル（"Continuity" model）に対し異議申し立てを行うことである。その際に彼は、「不連続性」モデル（"Discontinuity" model）、すなわち一種の「考古学的」アプローチを用いる。

(2) 西洋法族を構築するのは、比較法学に特有の作業である。世界を法族ないし文化圏に分割するのに用いられる方法は、系図的方法（method of genealogies）である。西欧法の再構築された系図は、ローマ法にルーツを有する。歴史学のスタンダードな理論（ヘイドン・ホワイト『メタヒストリー——19世紀ヨーロッパにおける歴史的想像力』[1973年][11]）によれば、叙述のモティーフ・動因（narrative motifs）の配列に従って、1つのストーリーに諸要素は編成され（ローマのルーツは叙述の「開始的モティーフ」、中世の多様な出来事と近代国家の誕生は「過渡期のモティーフ」、現在構築されている西欧システムは「終結するモティーフ」を提供する）、構成の努力一般に見られるように、その再現（representation）は必然的に排除（exclusion）を伴う。以上の叙述・物語（narrative）は、ローマ法研究の再生（renewal）、およびドイツ文化における法比較主義（legal comparativism）の誕生と結び付いている。どのようにしてこの叙述・物語が誕生したか、を理解することが重要である[12]。

(3) モナテリは、「アーリア・モデル」という表題のもとに、法における西欧

---

11) Hayden White, *Metahistory: The Historical Imagination in Nineteenth-Century Europe* (1973) による。その翻訳として、ヘイドン・ホワイト（岩崎稔監訳）『メタヒストリー——19世紀ヨーロッパにおける歴史的想像力』（作品社、2017年）がある。

12) Monateri, *supra* note 2, 489-490.

の自己意識（the Western self-consciousness in law）の根底にある、既述の認識・着想（ideas）が、どのような現実的必要性と戦略によって、明確な理論へと統合されたのかを探求する。19世紀初頭に、ドイツに法的歴史主義（legal historicism）が突然出現したのは、ローマ法の異様に孤立した観念（peculiarly insulted conception）に基づくもので、比較のアプローチ（comparativism）と混ざり合って、西欧法伝統の「アーリア・モデル」（Aryan model）を生み出したのである。「アーリア・モデル」とは、過去の共通のインド・ヨーロッパ期（Indo-European period）にまで遡りうる、多様な人々の間の強力な文化横断的紐帯（the strong cross-cultural links）によって、彼らの多様な制度の類似性をとらえる枠組み（a framework of similarities）を想定する理論である[13]。

　法的歴史主義とは、当時の最も影響力を持ったドイツの法学者カール・フリードリッヒ・フォン・サヴィニーが採用した理論で、自然法という普遍主義的理論、18世紀の啓蒙時代の支配的パラダイムに代わるものとして提唱された。サヴィニーによれば、法とは、ローカルな伝統に深く根ざした・民族の極めて深い信念の表明で、その民族の風習・道徳・慣習・歴史と不可分なものであり、法と国家の本質（the essence of a nation）との間には有機的なつながりがある。サヴィニーとその学派は、歴史の産物であるローマ法の「崇拝」（cult）によって、法の普遍主義的・合理的な観念（理性法）を克服しなければならず、彼らにとってローマ法は、ドイツ法史に具現化された、理性法の代替物（alternative）であった。ローマ法は、ヨーロッパ（特にドイツ）の普通法（common law）として機能する、というのがサヴィニーの構想であった、とモナテリは強調する。サヴィニーの戦略は、全国家的なドイツ法を創造することにあった（1900年のドイツ全土の共通私法の法典化によって、このプロセスは終結した）。新たな法を「科学的に」構成するための素材（building blocks）となったのが、ローマ法の膨大なテクストである。サヴィニーがローマ法の全体的な重要性を強調したために、ローマ法は、単なる実定法を超えた独自の精神史を含むもの（an implied intellectual history）と考えられるようになる。ローマ法は、完全

---

13) *Id.*, 490-491.

188

で自律的なシステムとして研究されなければならず、それを踏まえて、科学的な諸原則に従って近代的な法システムを創造・発展させることが可能になる。ここにも、「古きものの再生」（the renewal of the old）という理論、今日でも再び（ツィンマーマンらにより）肯定されている支配のプロジェクトを見て取ることができる。このアプローチは、ローマ法の独自性（uniqueness）という「イデオロギー」を生み、それ以外の全ての法の重要性をほぼ全面的に排除する、という結果をもたらした。

　サヴィニーの後進の多く（フォイエルバッハ、ガンス［ドイツ比較法学の創始者と評されている］、ウンガーら）は、比較研究は法学と言語学において重要であるとし、始原的な西欧文明に共通のアーリア的背景（the original common Aryan background of Western civilizations）を再構築するという戦略（排除の論理）を、比較研究と結び付けたのである。比較研究に対する以上の動向は、1829年に専門誌『外国法学・立法評論』（Kritische Zeitschrift für Rechtswissenschaft und Gesetzgebung des Auslandes）を誕生させた。比較法を人種と結び付けるイデオロギー的基礎は、制度と人種、ローマの制度とそのインド・ヨーロッパ的背景との間に密接なつながりがあるとするヘーゲル哲学（ヘーゲルはヨーロッパとインドを偏愛し、アフリカを蔑視している）にまで、遡ることができる。比較に関するこの「アーリア的」アプローチ（排除の論理）は、グリム兄弟が「アーリア理論」の創造に中心的役割を果たした比較言語学の知見に、極めて多くを負っている[14]。

（4）モナテリは、「アーリア理論」の構築にかかわったのは、いずれも確固たる名声を有する傑出した学者たちで、その作品の学問的内容に疑義を挟むものではないとしつつ、古代ゲルマン法の研究に「アーリア・モデル」が次第に影響を及ぼすようになった19世紀ドイツにおける高度の法学研究と、人種問題とが結び付いていたこと（the link）を重視すべきであるとする。19世紀末に発表されたロスバッハ（August Rossbach）らの業績は、アーリア民族共同体を

14）*Id.*, 491-493.

強調し、比較言語学の方法を用いて、ローマ法のカテゴリーを基礎とする「原初的アーリア法」（Original Aryan Law）・「根元法」（Urrecht）の類型を再構築しようとする努力であった。アーリア理論は、コシャーカー（Koschaker）らによって厳しく批判されたが、その理論的成功を阻むことはできなかったため、19世紀ドイツにおいては、「歴史のフィールド」（historical field）と読者・愛好家との間で（ヘイドン・ホワイト［Hayden White］の表現）、以下のモデルが伝達された。①ローマ人、ゲルマン人、その他の民族は、全て彼らに共通のインド・ヨーロッパ的ルーツで結び付いている。②ローマ法は、インド・ヨーロッパ法文化の一部である。③ローマ法は、この文化の最も完成された産物である。④ローマ法は、最も完成された西欧法システムとして、現代のドイツ法システムを構築する基盤となりうる。

　ローマは、神話・作り話の投影（the projection of a myth）であり、ローマと結び付いた歴史意識と系図（genealogies）は、過小評価できない政治的重要性（political dimension）を持つので、抵抗する必要があるとモナテリは主張する。以上のアーリア的枠組みはかなりの成功を収めたが、次にこのライヴァルである「アフリカ・セム理論」（African-Semitic Theory）が、歴史理論の競争においていかにして敗者となったのかを考察しなければならない、とモナテリは分析を進めるのである[15]。

(5)　アーリア理論が広く普及して常識化しているのに対し、ローマ法の東方的・アフリカ的起源を指摘する代替的な対抗モデルは絶えず批判にさらされ、背後に退いたままである。このモデルは、中東とエジプトを高水準の法文化の地帯であるとし、ローマ法が依然として極めてプリミティヴであった時代に、ローマ人はそこからより発達した法理論を借用したと説く。モナテリはこれを「アフリカ・セム・モデル」と呼ぶ（エジプトはアフリカに存在するため、モナテリは、バイアスに満ちたアーリア起源を重視する「オリエンタル」ないし中東国家という名称は用いずに、純然たる地理的根拠に基づく・中立的でリベ

---

15) *Id.*, 493-496.

ラルな「アフリカ」という呼び名を用いる。また「セム」という人種にかかわるタームを併せ用いるのは、アーリア的というタームの政治的問題を口当たりの良い表現で隠匿すべきではない、と考えたからである。いずれも、2つの理論の対立点をクリア・カットに示すための、彼の戦略的用語である）[16]。

　「アフリカ・セム」理論は、古代の驚くべき『シリア・ローマ法書』（シリアとローマ法制の比較法書）が（1862年にラント［J.P.N. Land］によって）発見・刊行されたことに始まり、ギリシアの（インド・ヨーロッパ的）影響を強調する者、ヘブライ（セム）法からの移植に基づくとする者、楔形文字の法テクストとの類似を強調する者の間で長期の論争を引き起こし、ローマ法とそれ以外の非インド・ヨーロッパ的古代法との相互的関連性の研究を促した。この流れの中で、19世紀後半にフランスの多数の研究者が、ローマ法は古代東方およびアフリカの法的特徴（ancient Eastern and African legal traits）の束ないしアマルガムである（ローマ法は、エジプトおよび中東から借用したもの［borrowings］の束として発展した）、とする理論を発展させた[17]。

　この「アフリカ・セム」理論は、アーリア・モデル、およびそれから派生したローマ法の「独創性」（Uniqueness）モデルの双方に強力に挑戦するとともに、それらに代わるものを提供する点で、われわれの議論にとって重要である、とモナテリは評価する。モナテリは、①2つの理論の対立が、法的進化の地中海的局面と北方アーリア的局面とを示すもので、そのまま、19世紀末ヨーロッパにおいてライヴァル関係にあった独仏両国の研究者の差異に対応していることが極めて興味深い、②この対立は、19世紀末から20世紀初めの4半世紀における、進化論的パラダイムと伝播的・拡散的アプローチ（diffusionist approach）との衝突に対応している、③2つのモデルは、ローマ法に対する異なったイデオロギーに基づき、「専門家」に対して異なったインパクトを及ぼした、④アーリア・モデルは、インド・ヨーロッパ族内のローマ法進化の「連続的モデル」を示唆するが、アフリカ・セム・モデルは、エジプトと中東からの借用による、

---

16) *Id.*, 496-497.

17) *Id.*, 497-498. シリア・ローマ法書（Syrisch-roemisches Rechtsbuch）については、モナテリ論文の（注101）を参照されたい。

オリジナルなローマ・モデルからの断絶（break）を説いたので、「不連続的アプローチ」に有利に働く、と述べる。

（6）続いてモナテリは、両モデルの深い対立を理解するために、「アフリカ・地中海理論」を確立したフランスの2人の東洋学者Eugene Revillout（1847年-1913年）と、Georges Vacher de Lapogue（1854年-1936年）の作品を検討する[18]。

まずRevilloutは、定評のあるエジプト学者であったが、ローマ法のエジプト起源論を展開する目的から、エジプト法学の研究を進めた。彼は、ローマ法の専門家が構築したモデルを論駁し、ローマ法は外国から借用した法的パタンの束（a bundle of legal patterns）として発達したと述べ、①ローマ法学の典型的所産とされている商法と債務法は、実際はバビロニア法に由来する、②公法および法と政治の関係の枠組みは、ギリシアに由来する、③人法（the Law of Persons）と一般法学（general jurisprudence）はエジプト起源であるとして、ローマ法へのアフリカ・地中海的移植（African-Mediterranean transplants）を主張した。モナテリは、彼のプロジェクトは今日から見れば、ローマ法のグローバルなディコンストラクションの試みであり、当時の法史学に対するグローバルな批判であったとする。モナテリは、Revilloutの主張が正しかったかどうかが重要なのではなく、彼が新しいパラダイムを提唱し、それに対する反応がどうであったのかを理解することが肝要であるという。

Revilloutと独立に類似したアプローチを採用したのがLapogueであり、アッシリア法の影響を強調しつつ、①ローマにおける「外国人法務官（Praetor）」が、ローマ法にオリエントの法システムを大幅に移植した、②古典期の偉大な法学者たち（特にパピニアヌスとウルピアヌス）の中にローマ出身の者は1人もいなかったので、その時代にさらに大規模な法移植が生じた、と説いた。ただしLapogueの見解は、当時の法学者の著作は、属領（provinces）の実務をローマ的カテゴリーの中に取り入れ、ローマ法をローマという都市の法から帝国全土に及ぶグローバルな法に転換し拡大したのである、というものであった[19]。

---

18) *Id.*, 497-499.

19) *Id.*, 499-502.

B.（1）モナテリによれば、以上の「アフリカ・セム」仮説に対して、フランスのジルソン、ドイツのミッタイス、ゴルトシュミットに代表される専門家たちは厳しい反応を示した。ローマの「独創性」（originalism）・「再生能力」（capacity of renewal）を称賛し、非専門家に干渉するという戦略的な反応を見せたのである。すなわち、外国からパタンを借用したかもしれないが、それは生の素材として外生的に貢献した（exogenic contributions）にとどまり（したがってその貢献は極めて乏しいか、あるいは無視できる）、洗練された法的概念に転換したのは、ローマの法的才能・ローマ法の至高の能力である、と専門家たちは論じた。

　ジルソンのこの「独創性モデル」（Uniqueness Model）は、多様な地中海的・中東的な法の共存を認めるグラソン（Glasson）のアプローチに従ったもので、グラソンは歴史的アプローチと比較分析を結合させている。しかし、グラソンの比較は、相互の借用・移植を考慮に入れておらず、類型論的アプローチによってアフリカ・地中海諸法が存在することの意味を把握するのではなく、多様な諸法が「独立して」生存すること（independent lives）を前提とする枠組みにすぎなかった。モナテリは、グラソンの研究にはアーリア・モデルを入れる余地はなく、ローマ法がその他の既存の法とは「独立に」成長したことを認めているとする。

（2）こうしたアプローチにおいて定着したローマ法の自立性（autonomy）は、20年後にジルソンによって明言された。法務官（Praetor）の国際的裁判管轄権の行使によって、ローマ法にも借用（borrowings）が生じたことを、ジルソンも19世紀末には否定できなくなってはいたが、彼はこれらの外国の特性が「有機的に同化された」という比喩（the metaphor of the "organic assimilation"）を用い、ローマ法の「自生の」（autochthonous）特徴は損なわれなかったとして、ローマ法の純粋性と独自性に対して及んだかもしれないインパクトを麻痺させた（etherized）。しかしながら、ローマ法がアフリカ・地中海諸法によって改良されたことは否定できない、とモナテリは批判している。

　ジルソンのような審美的枠組みにおいては、ローマ法の「接触」とありうべき「汚染」（contamination）の問題は、比喩というレトリカルな策略によって

解決されている。ローマ法の再生および同化能力、独創的で優秀な法システム
を維持する能力という、ローマ法の神話の特色がここに表れており、ランベー
ルやアップルトン（Appleton）のような傑出したフランスの学者や、ドイツの
ミッタイスおよびゴルトシュミットにも、この文化防衛（cultural defense）の
アプローチは受け継がれている[20]。

(3) 古代法史学派（the School of Antike Rechtsgeschichte）の創始者で、古代
地中海諸法の研究者たるミッタイスは、東ローマ帝国で通用していた「卑俗」
民衆法の画期的研究で知られるが、彼は、ローマ帝国法への東方モデルの影響
は否定せずに、「アフリカ・セム」パタンの後期古典期ローマ法への移植に際
して、ギリシア文化が決定的役割を果たしたことを重視する（ローマが借用し
たものは、インド・ヨーロッパ族内部でのギリシアからの移植であるとして、
ローマ法へのアジア・アフリカからの影響を殺菌消毒する）戦略を採用した。
ゴルトシュミットは全く異なる戦略をとり、古代地中海世界全体の経済的単一
性を強調しつつも、フランスのオリエンタリストはローマ人の才能・天才
（Roman genius）に特有の法創造能力を認識していなかった、と批判する。ゴ
ルトシュミットはローマの商法上の制度の多くがバビロニア、エジプト、フェ
ニキア、ギリシア法起源であることは認めながら、ローマ法においてのみ、こ
れらの制度は「十分な法形式」を取り得たのである、と主張している（ローマ
人の説明不能な独創性［uniqueness］）[21]。

(4) 1901年のスーサの石碑（Stele of Susa）、ハムラビ法典の発見などの継続中
の発掘作業によって、アフリカ・セム仮説は次第に支持されるようになり、
オーストリアの著名な学者W.ミュラーが地中海共通法（common
Mediterranean law）（ローマ法は、その一例であったにすぎない）のモデルを
1903年に提唱したが、他の古代文明が共有していた「原始的な」アイディアを
発展させるローマ人の天才を主張する法史学者から酷評された。

---

20) *Id.*, 502-504.

21) *Id.*, 504-506.

194

モナテリは、多くの古代文書の史料批判はRevilloutの主張の正しさを肯定する方向に向かっているとし、膨大なエジプトの法的文書を検討したアメリカのユージン・クルーズ・ウリベ（Eugene Cruiz-Uribe）の結論（Revilloutのアプローチは正しく、新たな資料の検証が必要である）を援用する。そのような修正（revisionism）は、ローマ法の「専門家」には（Comparative Law and Antiquity [1991] の著者ガボール・ハムザ［Gábor Hamza］を例外として）全く支持されておらず、ローマ法学者のアカデミックなサークルの外部で、独立した古代法学者によって発展させられるべきである、とモナテリは結論づけている[22]。

C.（1）引き続きモナテリは、「西欧的規準：伝統と普及」（The "Western Canon" : Tradition and Dissemination）と題して、ここまでの分析で、西欧法伝統の「歴史意識それ自体の歴史」（a history of the historical consciousness）の再構成が済み、いわゆる西欧法伝統全体の背後にある教義（tenets）を論じる準備が整ったとする。法制史の専門家は、ローマ法が多数の借用（borrowings）を含むことを認めつつ、アフリカ・セム仮説に対しては、彼らが説いている「科学的」教義を否定するような比喩、レトリックによるごまかし、審美的な議論などの「詩的な」反応を示し、これらの「借用」をローマ法の「永続的な再生」（ever-renewing）という枠組みに押し込んでしまう、新たなモデルを改良した。このモデルは、今日におけるツィンマーマン（Reinhard Zimmermann）らの理論[23]と同一である。アーリア・モデルが廃棄され、ローマ法の独創性が公然とは語られなくなった現在において、ローマ的伝統の連続性と偉大さ（continuity and greatness）を争い得なくするための、より強力なモデルが、論争の過程で作り上げられたのである。

モナテリは、この新しいモデルは「概念と理念の統一体で、生命を持ち再生するもの（a living and regenerating body of conceptions and ideas）としての伝統」という考えを基礎としていると説き、同じく包括的な西欧法伝統を再構成

---

22) *Id.*, 506.

23) *Id.*, 488, n.46.　ツィンマーマンの見解については、貝瀬「比較法学者たちの饗宴（2）」『立教法務研究』5号（2012年）98頁以下を参照されたい。

しようとするハロルド・J・バーマンの伝統論（『法と革命——西欧法伝統の形成』[1983年]）[24] を取り上げる。バーマンによれば、西欧法伝統の2つの主要なファクターは、①法制度が、数世代・数世紀にわたって連続的に発展し、各世代は特定の目標を目指しつつ、先行する世代の業績に意識的に依存している、②この連続的発展のプロセスは、変革ではなく有機的成長（organic growth）のプロセスである、というところにある。このモデルにおける「伝統」とは、外部に実在するもので、われわれがそれに参加してその進化に貢献することは可能であるが、われわれ自身の戦略（strategy）の産物・結果ではない。また、意味のある構図を描くために、外部の事実にわれわれが押し付ける枠組み（framework）から生まれるものではない。しかしながら、法におけるこの「伝統」の捉え方は、人文学で現在支配的である「理解の枠組みの概念」とは相容れない。多様な要素を集めて、1つの統一体・統一された「伝統」を構成するためには「枠組み」が必要であり、その枠組みの利用を正当化する理論は、外部の事実により強要されるのではなく、目的を追求するために、われわれの現在の意図的な活動・戦略によって、形成される。過去から現在に至る人間活動の叙述、すなわち歴史の「流れ（course）」とは、幻想にすぎない[25]。

（2）モナテリは、歴史的理解の枠組みについて以上の考えを採用したうえで、「伝統と連続」としての歴史というモデルと、「不連続的・断続的（discontinuity）」モデルとの、いずれを選択すべきかを検討する。過去10年間に、西欧の法制史家は、持続性への顕著なバイアスにとらわれていた。そのバイアスのメリットと意味について、1980年代に、発展における不連続性を問題としたマルクス主義的法制史家の間で議論が戦わされ（構造主義に立脚したラディカルな研究者が、不連続性を強調した）、歴史的説明（historical account）の持つ政治的局面があらわになった。すなわち、ラディカルな社会では、不連続性に基づく自己正当化が遥かに容易で、ラディカルな歴史家は、「歴史の流れ（Course of

---

24) *Id.*, 481, n.4. Harold J.Berman, *Law and Revolution: The Formation of the Western Legal Tradition* (1983) 5による。

25) *Id.*, 507-508.

History）」における大きな断絶や革命の契機を容易に認めるのである。

　系図的正当化（genealogical legitimization）に取り組むノン・ラディカルな研究者には、これと反対のことが妥当し、伝統の存在を認める連続的アプローチには、その根底に、歴史における変化を体系的に否定する傾向がある。連続的アプローチは、つねに変化を「進化しつつある」（evolving）伝統内部のこととし、戦略的選択は、未来志向の政治的性格を持つ目的的プロジェクトではなく、強い制約のもとにある過去のコンテクストに対する反応である、とする。しかしながら、この連続的アプローチは、連続性を肯定したいという願望に基づく脆弱なものであるとして、モナテリは、進化的モデルと対照的な「考古学的な」不連続アプローチ（"archeological" discontinuous approach）を検討する[26]。

（3）ミシェル・フーコーは、歴史はわれわれの実存そのもの（our very being）に不連続性を取り入れる限りで、有効なものとなると説く。フーコーのアプローチは、歴史的再構成のフィクションとしての性格（the fictive character）を強調して、「歴史的」意識の価値に深刻な疑問を投げかけた点で重要である。不連続性のパラダイムが、いかにして分散というパタン（the pattern of dissemination）と結び付けられ、進化モデルと対立するかも理解できる。事件・出来事（events）は散乱して見え、自力で理論を形成して集合することはなく、実在の人間が、叙述によって戦略に従ってそれらを結合する。全ての理論は、人工的に構成されたもので、排除を必然的に伴う。理解は採用した枠組みに依存し、事件・出来事の分類は理論に依存し、どの理論を採用するかは戦略次第であるとすれば、なぜ不連続の代替的モデルよりも、連続モデルが選択されなければならないのか。モナテリの観点からすれば、ローマと西欧の独創的な法的天才を称賛し、その他の文明からの借用がなされたことに抵抗するのは、現代の産業化社会の文化的優位を、歴史を遡ることによって（retroactively）維持しようという、より大規模なプロジェクトに基づくからである。本論文の第2部では、連続モデルと反対の見解を採用し、こうした偏見を捨て去るべき

26）*Id.*, 508-509.

十分な理由を明らかにする[27]。

(4) さらにモナテリは、この議論は法史学のみならず比較法にとっても重要で、歴史における散乱・分散と不連続の問題は、比較法における法的特色の伝播（diffusion, dispersion）にかかわると述べる。ワトソンの法移植論[28]はここでの枠組みによく適合し、法史学の批判理論のための道具として、極めて有益である。しかしながら、ワトソン理論が果たす脱正当化の役割（the delegitimizing role）・その革命的パワーは、従来正しく理解されてこなかった。

　ワトソンによれば、法は主に借用によって発達し、法史は莫大な量の借用を特色とし、法システムは、通常は他の法システムから継受したパタンのアマルガムである。法の借用・法理念の伝播（diffusion）の研究にあたっては、借用した「特色」（traits）のカタログにとどまらず、法的「統一性」（unity）を形成・維持する（文化を共有し選択するための）工夫・装置（devices）の検証が必要となる。比較法の究極的な目的は、法および法的変革（legal change）の一般理論を提供し、法システムおよび法的ルールと、それが機能している社会との関係を示すことである。社会的関心から比較的隔離され、絶えず正統性（legitimacy）を探求する法創造エリート（law-making elite）が、法を生み出す中心であるがゆえに、法はその領域内で自律的に機能する。法の移植は、最も適切なモデルの探求の結果でもなく、社会的経済的ファクターの果たす役割も希薄であって、偶然によるところが大きい。

　ワトソンの説く「法の自律性」の理論は、特に西欧において、正統性を有しない現在の支配的エリートを厳しく批判する際にも利用できる。つまりこの理論によれば、隔離されたエリートが求めた借用物の束として、法の全体像が描き出され、そのエリートたちは、正統化の戦略から絶えず事実を否定し、高度に精妙な解釈理論と学問的に構成した進化の系図（scholarly elaborated

---

27）*Id.*, 509-510.

28）ワトソン理論については、五十嵐清『比較法ハンドブック（第3版）』（2010年）135頁以下に詳しい。

198

genealogies of evolution）を提示するのである[29]。

（5）ワトソンの法移植論のこうしたラディカルな解釈・読解は、批判のための根拠を示すとともに、比較法が脱正当化プロジェクト（delegitimizing projects）にどのように利用できるのかを、明らかにするためでもある。法的進化の連続と不連続の問題は、指導的ローマ法学者の1人であるワトソンの理論のみによって処理することが可能で、ローマ法の専門家の旧弊な理論に対しても、ワトソン理論は利用できる。確かに借用は継受国の創造的・選択的活動であるが、継受国のシステムが外国にインスピレーションを発見し、その国内の文化的戦略が「接触」ないし「汚染」（contamination）によって展開された、ということが重要なのである、とモナテリは強調する。これは、借用した継受国のシステムを劣等なものと評価することではなく、単なる素材・典拠批判（source criticism）の問題である。その素材・典拠がどこに由来し、なぜ、どのようにして継受されたのかが重要であり、ルーツを探ればその点が明らかになる。もし系図が、隔離されたエリートによって、正当化のために唱えられ、法システムの束のような性質（bundle-like nature）を隠蔽しているならば、歓迎できない文明との歓迎できない接触を否定しよう（その文明に負うことを否定しよう）、という典型的な排除（exclusion）を意味する。このようにモナテリは批判している[30]。

2. 西欧の天才（the Western Genius）の批判

　モナテリ論文の第2部「西欧の天才の批判」は、A. 西欧法族の脱法族化（Defamiliarizing）、B. 契約、魔術、外来性（the Exotic）、C. 国家の起源、D. 法のメカニック、E. 新興法律家の理論、F. 編纂と脱ローマ化（Redaction and Deromanization）の6章から構成される。

29）Monateri, *supra* note 2, 510-512.

30）*Id.*, 512-513.

第2部　比較法の方法　*199*

A.（1）第1部で発展させた不連続性の議論は、現代ヨーロッパ法と古代古典期ローマ法との結び付きにかかわるために、特に重要である。ピーター・スタイン（Peter Stein）のような傑出したローマ法学者が、不連続性のパタンを支持し、「現代ヨーロッパ大陸法は古典期の法の直系の子孫である」とするツィンマーマンの見解は、その起源に関する正しい理解とはいえない、としている。本書第2部の1で論じたように、人文学で採用されている枠組み概念を共有するならば、ローマ法の独創性と連続性の理論は不要となる。ローマ法は外国から借用した特色の束、より広い範囲の地中海諸法の反復にすぎず、現代法学における特別の地位を失うことになる。

　またローマ法が、古代から現代に至る連続する伝統でないならば、現代法のルーツがローマ法であるとするのは、明かに誤りである。歴史における多数の断絶（breaks）は、本質において不変だが基礎において進化する伝統、という極めて「形而上的な」理念によってのみ補充することができる。ワトソンのエリート理論を思い起こせば、連続モデルを維持する極めて特殊な理由は、専門家としてのローマ法学者の生き残り、彼らが歪ませたモデルを維持する既得的利益（a vested interest）であることが、明らかになる。

（2）モナテリによれば、このローマ法学者たちの特殊な利害も考慮に入れるべきである。サブ・グループのこうした特殊な利害は、法の一般的な構図（picture）に影響する。現代西欧法がローマの独創性に由来するとするならば、西欧法史を、ローマ時代から進化を遂げ、格別の「唯一の」現代法として優位を誇っているものとして理解できる。また比較法学の努力によって、コモン・ロー族と大陸法族は共通の起源を有し、ローカルなヴァリアンツが単一のシステムに融合しつつあるので、比較法学は、伝統的なローマ偏重の法史学とともに、法分野におけるグローバルな文化的支配（global cultural governance）を目指すプロジェクトでもある。このプロジェクトの主要な戦略は、西欧と異なる法文化（例えばバビロン、エジプト、シリア法）をエキゾティックなものとして外来化すること（exoticization）である[31]。

31）*Id.*, 514-515.

（3）しかしながら、連続モデルを放棄して、ワトソンの法移植理論と典拠批判の標準的（法史学の外部で通常は採用されている）方法に基づく不連続的アプローチを採用すれば、われわれの見解は大きく変化する。不連続モデルは、ローマ法は多くの多様な典拠・源泉（sources）に由来し、何世紀にもわたり多様な動機を持つ人々が、過去の記録を新たな目的に基づき摘み集め、継ぎはぎ細工をし、拡充したものであることを表す。ローマ法は、「オリジナルな」源泉から進化した・一貫した統一的な伝統ではなく、多様な一連の制度的・文化的背景が拡散しているものである（in dispersion）。

　この見解からすれば、ローマ法の「再生」とは、ローマ法それ自体の中にある特殊な能力を示すのではなく、新たなルールと解決策を古いローマ法のテクストの権威と結び付ける、後世の法律家の特殊な能力、ヨーロッパにおいて支配的であった正統化の戦略（the strategy of legitimization）を示している。このようなアプローチの変更は、西欧法の「イデオロギー」に多様な効果を及ぼす。すなわち、西欧法は、その他の法と同様に外来的な（exotic）継ぎはぎ細工（patchwork）で、ローマ法のみならずその他の古代法にも由来していることになり、西欧の制度とその起源に関する・よりグローバル化された観点を示唆するのである。モナテリは、この第2部の戦略は、ローマ法の「原始性」（primitivism）を明らかにし、その外来性を強調し、その本来の性格が現代の西欧精神からいかに異質であるかを示すことによって、ローマ法に関する現在の「イデオロギー的」説明を批判することであると述べる（契約理論、国家理論、紛争解決、古代の法文化の形成にあたり専門家的エリートが果たした役割、といった重要な論点を中心に議論する）[32]。

（4）続いてモナテリは、以下の叙述へ読者を導くために、ローマ法史とそれ以外の（エジプトを中心とする）地中海法史の簡潔な概観を試みる。

　まずローマ法史は、ローマ法の専門家として高名なロビンソンの標準的概説による[33]。伝説によればローマは紀元前753年に築かれ、565年のユスティニアヌ

32）*Id.*, 515-516.

33）O.F.Robinson *et al., European Legal History* (2d ed., 1994) をモナテリは主に参照している。

ス帝の死により終焉を迎えた。ほぼ13世紀に及ぶこの期間は、君主制（Monarchy）、共和制（Republic）、元首制（Principate）、独裁制（Dominate）に分かつことができる。紀元前366年から紀元前1世紀まで、政務官（magistrates）、元老院、民衆の3要素からなる貴族主義的共和政の形で、ローマの政体（constitution）は安定したが、共和制全体が、閥族的な枠組み（clanic framework）の中で形成された少数の重要な一族によって支配されていた。ローマ市民に対する裁判権の行使は、法務官（Praetor）の職務であり、紀元前242年からは、外国人に関する事件を処理する第2法務官が創設された。帝国の後期まで（until the Late Empire）、ローマは本質的に拡張された都市国家であったため、これらはローマ市の制度であったが、最終的には帝国全体を規律する役割を果たすようになった。

　紀元前133年から、ローマ社会の内部で大きな改革が進み、旧来の閥族体制が崩壊し、カエサルが属する単一の一族が支配するに至った。最初の皇帝となるアウグストゥスが元首制の出発点となる新たな政体を作り、この時期は民会・元老院・政務官職全てが理論上は従来通り機能し、新たな統治の理論は打ち出されず、「皇帝」は形式上は政務官の1人、元老院議員の卓越した第一人者にとどまった。212年に、アントニヌス勅令がローマ市民権を帝国の全居住者に拡張し、古来の都市構造が崩壊したが、これは極めて重大であって、「ローマ法のグローバル化」と呼ばれる。

　3世紀は経済的・政治的混乱の時代で、西方へのゲルマン民族の大移動により、東ローマ帝国が次第に経済的・政治的に優位に立つようになった。3世紀末には、ディオクレティアヌス（284年–305年）が中央集権体制を復活させ、皇帝権力を高度の集中的官僚制を備えた神権的君主制へと変形し、首都をローマから移動した。彼の死後7年の312年に、コンスタンティヌス帝が、東方のギリシア語を用いるエリートたちに広まっていた新たなキリスト教信仰を採用し、コンスタンティノープルに「新たなローマ」を創設した。ゲルマン民族により軍隊が構成され、ラテン語を用い、カトリックを宗教とした西方と、ギリシア語を用いるギリシア正教の東方とは、395年のテオドシウス帝の死により、最終的に分断されたのである[34]。

---

34) Monateri, *supra* note 2, 516-517.

202

（5）地理的な地域を示す「地中海的」とは、一般的観点および法的観点から、多様な人々の共通の歴史的進化を表す空間的概念としても用いられる。古代地中海法の範囲は広大であり、その歴史は3000年に及ぶ。エジプト古代史は、古王国時代、中王国時代、新王国時代の3つの基本的変動期に分けることができ、それ以後は他民族の侵入が続き、アレクサンダー大王率いるギリシア人によって征服されるまで、ペルシア帝国に吸収された。

　紀元前332年には、アレクサンダーの死後に国王となったプトレマイオスにちなんだプトレマイオス朝が始まった。エジプトが存在するアフリカ海岸を含む・東地中海地域の法に関する文献は、20世紀に入ると、若干のヨーロッパの論稿、エジプト法に関するジャック・ピレンヌの3巻の著書、特にユダヤ法に焦点を合わせた比較分析（例えばユダヤ法とエジプト法の比較）などが発表され、極めてゆっくりとではあるが増加してゆき、近時はアメリカの文献においてこのテーマの復権が見られる[35]。

　古代エジプトは、砂漠の氾濫原を中心とし河川を基礎とする社会であって、強固な中央の管理組織を必要とする大規模な経済プロジェクト、公共事業、ブロンズの生産により発展した。一般に古代エジプト人は、法学に多大の貢献をしたとはいえないが、最初期の神官文字のパピュロス（Hieratic papyri）には、多くの法律文書が残されている。古代エジプト法についてのわれわれの知識は、象形文字、神官文字、民衆文字、アラム語、コプト語の記録文書によるものである。特に古代法の比較に極めて重要なアラム語は、現在のシリアに相当する地域で元来用いられ、アッシリア、新バビロニア、ペルシア帝国の大部分における共通語（lingua franca）となった西部セム族の言語（West Semitic language）であり、アラム語で書かれた文書の多くは発達した商事取引法実務を反映している。

　遥か後に登場したコプト語は、中王国後期までエジプトに居住したキリスト教徒の言語で、比較の観点からすると、コプト法はユニークな内容を有する。すなわち、コプト法は5000年にわたり存在した諸々の法システムの混合の最終

35）*Id.*, 519-520.

段階を表すもので、アラブによるエジプト征服（641年）に始まり、アラビア法が取って代わった10世紀頃まで存続し、多くのテクストが残っていて、極めて古い実務についての情報を与えてくれる。例えば、ローマによる征服以前の古代エジプトの売買制度は、コプト人の制度の基盤となった[36]。

(6) 以下の議論において特に注目すべきは、プトレマイオス朝時代とグレコ・ローマン・エジプト（Greco-Roman Egypt）時代である。前者はヘレニズムとして知られ、ギリシア・近東・エジプトのパタンの複雑な融合体を表す文明の・広汎な地中海的枠組みに対応する。プトレマイオス朝エジプトを含むヘレニズム王国は、アウグストゥス帝時代に元首制（Principate）が創設され全域をローマが接収したときに、終焉を迎えた。ヘレニズムは、古代エジプトからローマ化されたエジプトへの移行において、そしてまた法移植の観点から、重要な意義を持つ。1831年にドロイゼン（Johann Gustav Droysen）が創造した「ヘレニズム」とは、バイアスのかかった用語である。イェルサレムのキリスト教共同体内部の「ヘレニスト」と「ヘブライ人」との不和に言及した使徒行伝の解釈をめぐる書簡の中で、ドロイゼンは、前者の「ヘレニスト」を「東方のギリシア人」であると誤解し、1836年の著書「ヘレニズムの歴史」において踏襲したが（今日では、パウロが、「ギリシア語を話すユダヤ人」と「ヘブライ語を話すユダヤ人」とを対比する趣旨で用いたことが、明らかであるとされる）、このような「ヘレニズム」という用語は、ギリシアのエリートの役割を強調し、非ギリシア文化の貢献を否定するものである。こうした用語の混乱は、直ちに問題のルーツに及び、ヘレニズムは、ギリシア文化が東方へとインドまで拡大した時代であると定義されたが、これは甚だ疑わしい主張である。アレクサンダーの死後に、膨大な領土はいくつかの王国に分裂したけれども、その全領域は、新たな共通の文化（culture）に基づく共通の文明（a common civilization）を形成し、このプロセスは、ギリシア語に由来するSynchretism（異なったパタンの寄せ集め）という名称で呼ばれた。今日の英米の文献では、

---

36) *Id.*, 520-522.

204

ギリシアのパタンとアフリカ・アジア・パタンとの相互作用である、と歴史を
再構成するモデルが優勢である。

　ヘレニズムを伝えたのは言語と制度である。「コイネー」として知られる・
簡略化された形のギリシア語がこの帝国の共通語となり、ローマによる征服後
も、そのままにとどまった。ローマ帝国の東部では、ラテン語ではなくギリシ
ア語が共通語だったのである。問題は、こうした混合した文化の共通の制度
（the common institutions of this amalgam culture）が、どこからもたらされた
かである。モナテリは、ローマ法とアフリカ・地中海法を対比するために、次
のBにおいて若干の例を取り上げる[37]。

B.（1）モナテリは、「契約、魔術、外来性（the Exotic）」と題して、ローマ
法の中でも、契約法は最も賞讃され、最も大きな影響を及ぼし、今日において
もこの分野のローマの法技術は、新たな共通ヨーロッパ法の法的枠組みの基礎
として（ツィンマーマンらにより）提案されているため、本研究において特に
関心の対象となる領域であると説く。アラン・ワトソン（Watson）ですら、
ローマ契約法の重要な欠陥を批判しており、法制史以外のあらゆる分野で用い
られている率直な資料批判を適用すれば、ローマ人は、契約の一般理論も契約
法も発展させず、個々の契約の法に対象を限定していたにとどまる（バーマン
は、ローマの契約の個別類型から契約法理論を形成したのは、後世のヨーロッ
パの法律家である、と主張している）。

　しかるに、伝統的なローマ法学者は、ローマの偉大さが危うくなる場合には、
この欠陥を否定しようと努めてきた。ここにも、連続モデル（a continuity
model）を採用するか、不連続モデル（dis-continuity model）を採用するかの
違いを認めることができ、前者によれば、現代において表面に表れた契約の一
般理論は、ローマの著作の中に潜在していたといえるし、後者のアプローチに
よれば、一般契約法は近代の成果であって、ローマのテクストに言及すること
によって、結果的に正当化されるのである。バックランド/マックネア

37）*Id.*, 522-523.

（Buckland/McNair）は、「ローマの法律家は個別の契約を『専ら』（exclusively）論じたけれども、他の契約からの類推（analogies）を『何度も』（regularly）利用したのであって、それはより広範な理論が潜在的に存在していることの証拠である」と主張した。しかしながら、モナテリによれば、他の契約からの類推を用いる必要があったのは一般理論を欠いていたことの証拠であって、多様な契約を類似したものとしてパラレルにとらえ（アイデンティティを欠いた類似性）、同じラベルを貼ったにとどまり、それ以上には進まなかったのである[38]。

（2）ローマ法学において契約法が欠落していたことを示すために、モナテリは、ローマにおける契約の中でも最古の問答（口頭）契約（stipulatio）と売買契約とを、その重要性にかんがみて具体的に検討する。問答契約は、他の古代法と同様にローマ法にも浸透している外在来性・魔術性（the exotic and magic）を明らかにするし、売買契約は、ローマ法思想の技術的欠陥を示してくれる。まず問答契約は、「汝は誓約するか？（Spondesne?）」「予は誓約する（Spondeo）」という問答で構成され、両当事者は対面で正確に方式を遵守しなければならず、これ以外の言葉を用いても法的効果を生じない。モナテリは、ここに言語の魔力（magic）に対する信仰を見出すのは容易であるとし、確かにローマ法はこのような言語上の儀式を廃止する方向へ進化したが、元来のシステムの優秀性を讃えながら、そのような事後の変化（儀式の廃止）の方を強調するのは正当ではない、と批判する。

　契約における方式性（formalities）は、ネゴシエーションを終了させるとともに、契約とその文言を証明するという、2つの機能を営むと考えられるが、問答契約の方式は純粋に魔術的・外来的なもので、第1の機能しか有しない（これはローマ人には周知の大きな弱点であり、それは直ちには改善されなかった）。問答契約の初期の歴史は曖昧で、その神聖な性格（法的装置としての欠陥）は、一種の宣誓であることを示すギリシア語に由来するspondeoという言

---

38) *Id.*, 523-524.

葉を用いたためである。ローマにおける宣誓とは、神を証人として召喚することであるから、契約の文言についてそれ以上の証明が不要となる。

　モナテリは、さらに売買契約の例を挙げ、ローマ人にとって売買契約は形式的要件を要しない諾成契約であって、「偉大なローマ人の発明の1つ」とされるが、売買・賃貸借・組合・委任の僅か4種の諾成契約が存在するにすぎず、契約の高度に発達したシステムにしては貧弱である、と指摘する。ローマの売買契約の大きな欠陥は、本来的な担保責任が欠けていたことである（the lack of inherent warranties）。法学者は、売主の一般的な責任を発展させようとしたが、古典期には未発達な段階にあったため、買主は、通常は売主と問答契約を締結して自己の利益を保護せざるを得ず、諾成契約の長所は失われ（例えば、遠隔地売買を躊躇する）、当事者は前記のような問答契約の対面で行う「魔術」に依存したのである[39]。

(3) モナテリは、ローマ契約法の原始性（primitivism）は、それ以外の古代地中海諸法と比較すればより良く理解できるとし、そのためには、ヘレニズム後に生まれた枠組みの中で論じる必要があるという。すなわち、極めて重要なことに、グレコ・ローマン期のエジプト文明はローマ古典法と共存しており、古代において支配的であった属人性の原則（principle of personality）に従い、エジプト法はエジプトにおいてエジプト人に適用されていたので（同様に、ギリシア人にもギリシア法が適用された）、数世紀にわたり、ローマとエジプトの法システムは、互いに閉ざされた状態にあったのである。

　ローマの時代に、エジプト（国家）法は（アントニヌス勅令後も）依然として機能しており、その間土着のエジプト人は、ギリシア法に従って生活しているプトレマイオス朝のギリシア人からは独立したグループを形成していた。プトレマイオス朝時代もローマの時代も、ギリシア法とエジプト法は明確に区別され、両者間の抵触を処理する規則の体系が、実務的問題に対処するために発達した（契約の分野では、文書の書かれた言語が準拠法を決定するのが原則で

---

39) *Id.*, 524-527.

あった）。

　ギリシア法・ローマ法・エジプト法が相互に及ぼした影響は、極めて複雑な問題であるが、特に保証（guarantees）の分野では、多くの契約条項がエジプトの制度のコピーで、その結果、3つのシステムの諸要素から構成された1つの法を形成した。ローマ法学者の説明に依拠したとしても、ローマの売買法および商事取引法では、保証の法が極めて貧弱であったのであるから、この点はわれわれの議論にとって特に重要である。当事者が他の法システムを利用しようと決断したために、社会の要請から外れたローマ法の欠陥が生き残ったのであろう、とモナテリは指摘している[40]。

（4）さらにモナテリによれば、ここで述べた事実は、第二次大戦後には既に知られていた。古いドイツ的パラダイムに従い、ローマ法を隔離されたシステムとして研究するのではなく、既存のデータを批判的に再検討し、地中海域の中のその他の諸法システムの1つとして研究するならば、ローマ法は、限定されたグループの・旧弊な形式に拘束された法で、「帝国」の法ではないことが、直ちに明らかとなる。ローマ法は、古代地中海世界・アフリカ海岸・近東の極めて経済的に発達した地域において、最も信頼できる商取引法ではなかった。西欧においてローマ法が圧倒的に重視されているのは、極めてイデオロギー的な理由による、とモナテリは批判する。

　アントニヌス勅令後も、エジプトの法制は有効なものとして維持されていたが、3世紀の危機（the Great Crisis of the third century）（すなわち軍人皇帝時代）の後にエジプトで、ガイウス、パウルス、パピニアヌス、ウルピアヌスらのローマの法学者の著作の断片が発見されている。これは、属領的性格のローマ法（a Roman Law of provincial character）を構築する基盤・文化的活動がエジプトにあったことを示している。帝国全体の立法が地方の外国法に強制されることは殆どなく、こうした文化的活動から混合的システムが出現した。

　商法のような発達した分野においては、「ヘレニズム的」な法（Hellenistic

40）*Id.*, 527-528.

208

law）がローマ法に与えた影響は、「強力」かつ「圧倒的に重要」であった。その影響は、第三者のための契約の原理の発展にうかがわれるし、グレコ・エジプト法（Greco-Egyptian law）で発展した独立契約者・請負人（independent contractors）の制度は、ユスティニアヌス帝が帝国法に採用した。近時の文献によれば、これまで参照してきた後期エジプト法以前のエジプト王朝時代（the Egyptian dynastic periods）にも、十分に確立した契約法のシステムが既に存在し、同一の・厳格に規則正しい形式で表現された多数の契約が、記録として残されている。

　モナテリは、ローマの実務や問答契約とは対照的に、この形式は書面化され、約因（consideration）を明示しており、何の魔術・魔力にも依存していない点で、現代の契約に酷似している（われわれにとってexoticではない）と評価する。さらにモナテリは、財産を譲渡する場合のローマの複雑な儀式に詳しく論及し（握取行為［mancipatio］）、以上の比較からすれば、エジプトの法システムは発達した文化にふさわしく洗練されたもので、エジプト人による法の概念化は、断じてローマと同等ではない、と述べている。

　エジプト以外の古代近東諸法も同様で、アッシリア法の利息および複利の非常に発達した計算システムや、保証のための流通証券として債務を書き板（tablet）に記載するというシステムは、ローマ法には見られない。また、単一の事業体として商人のキャラヴァンが組織され、売買に伴う全ての経費・租税・損益が関係者の間で割り当てられるという、中世ヨーロッパにおいてようやく達成された仕組みが採用されていた。シュメールには、成熟した法システムが存在し、法的文書に発見された契約取引の基本的パタンは、楔形文字の記録やアラム語・民衆語の文書にも存在していた。

　ローマ法とエジプトおよび近東諸法の発展とを比較すると、法学におけるローマ法の優位は、20世紀初めには既に時代遅れであったドイツ的パラダイムの遺産にすぎず、ローマ法研究の「復活」「再生」は、イデオロギー的理由からのみ説明可能で、ガヴァナンス・プロジェクトに奉仕するための誤った認識である、とますます強く感ずる。モナテリは、以上のように結論を下すのである[41]。

---

41) *Id.*, 528-531.

C．（1）続く「国家の起源」において、モナテリは、第2の主たるサンプルとして公法を取り上げ、法的観点からとらえた国家概念の発展を検討する。ローマ法の大きな特徴は、公法が全面的に欠如していることであるとされ、伝統的文献ですら、ローマ法は国家の明確で機能的な定義を提供しなかったと認めている。現実に統治している特定の人物や特定の家族から、国家が独立した組織体としてそれ自体存在している、とするのが国家理論の核心である。国家の存在は、統治のルールと権威の正統性によって確保される[42]。

　モナテリは、ローマ史においては、元首制（Principate）と3世紀の危機（Great Crisis）後に登場した専制君主制（Dominate）とは、明瞭に区別できるとし、まず前者は、非常時の官職（magistracy）に始まり、その性格を全面的に失うことはなかったので、結果として承継（succession）のシステムが認められていなかった。地位の承継をめぐって紛争が続き、承継システムの欠如は、ローマ政体の中心的な欠陥であるとされた。帝国国防軍が重要な役割を果たしたことも一般に知られており、一度ならず、帝国の様々な領域で軍隊がその指揮者を国王に擁立し、軍事力によって王位を争った。決め手は派閥、特に軍人の数と力であって、彼らの行為の法的性質ではなく、複数の候補者が打倒されるまで、各人が正統性を有していた（legitimate）。この中心的問題に対処するルールも理論も発展させられなかったローマの法律家の「無能ぶり」は、極めて衝撃的である。

（2）国内秩序を回復するために、4世紀には極めて異なる統治原理に基づく政体が構築され、①オリエントをモデルとする専制君主制への転換、②共同統治者間での領土の分割、③行政機構の再編成、といった方法がとられた。新しいモデルでは、皇帝の権威は神聖であるとされたが、312年のコンスタンティヌスによる改革とキリスト教の採用後は、神としての皇帝崇拝から、神の代理人（god's agent）として皇帝を位置づける理論へと転換した。ローマの政体では欠けていた、神聖な君主制（sacred monarchy）と、強固な官僚制とを備えた

42）*Id.*, 531-532.

210

帝国という明確な概念が、ここに生まれたのである。伝統的な進化論的パラダイムからすれば、独裁制をどう考えようと、中央集権国家（central state）が実現され、「オリエントの」モデルからの文化的借用（cultural borrowings）によって、ローマの政体が、カオスから秩序正しい一連の原理と実務（principles and practices）（通常はヘレニスティック［Hellenistic］と呼ばれる、帝国東部の統治形態）へと、変貌したのである[43]。

(3) 問題は、このモデルがどこから導入されたかであるが、この権力機構の形態は、紀元前332年のアレクサンダー大王によるペルシア帝国とエジプトへの遠征に由来する。そこで、①ヘレニズム期における、エジプトないしアジアの形態、②3世紀の危機（Great crisis）後のローマの新たな統治形態で、それらがどこまで実現されたかを、次に検討する。

　第1の問題、すなわちヘレニズム国家における権力機構の「独創性」については、ここでも2つのモデルに分かれる。すなわち、ヘレニズム君主制のアフリカ・アジア的起源（ヘレニズム期の国王は、エジプトの君主制の後継者である）を主張する見解と、この起源を全面的に否定し、特にエジプトのローカルな人民をうまくコントロールするために、既存の官僚組織を利用しつつ宗教的形態を採用した、純然たるギリシア的軍事政体（a pure Greek military government）であるとして、ギリシア独自の創造であると説く見解とがある。注意すべきは、ギリシアの自律的な創造であるとする第2の見解でさえ、ヘレニズム期の諸王国は、エジプトおよびペルシアの専制君主制の形態と、特にエジプトの既存の官僚制とを採用した、と認めていることである。権力の形式と行政組織は、権力構造の核心で、前者は神聖な人格でありかつ所有者であること（「神でありそして主人である人」［deus et dominus］）、後者は中央集権的官僚制であった。エジプトの国家は、これらの特色（traits）を共有しており、同じ特色はヘレニズム期にも存在し、3世紀の危機の後に、ローマ帝国も前記の特色を共有して表れたのである。以上のストーリーを、（西欧世界に非西欧的起源のパタン

---

43) *Id.*, 531-533.

第2部　比較法の方法　　*211*

をもたらした）地中海文明のアジア・アフリカ沿岸に浸透していた、政治的多文化主義（political multiculturalism）を通してローマ帝国を見ることによって、これから示すつもりである。モナテリはこのように抱負を述べる。さらにまた、伝統的な進化の観点からすれば、ローマにおいては未発達であった国家の理論が誕生したことも、大きな達成であるという[44]。

（4）まず、ヘレニズム期の統治の共通の特色は、それ以前のエジプト、アジアに見られた国王崇拝、および君主と強固に結び付いた官吏の集団としての、中央裁判所組織であった。国王崇拝は、ファラオおよびペルシア皇帝の称号を帯び、エジプトの中心的な神であるアモン（Ammon）の子である、と主張したアレクサンダー自身が借用したもので、類似の制度は古代ギリシアには存在しなかった。マケドニア王朝は、土着の・本来の（native）ファラオ王朝の承継者であるとされ、古来の慣習を借用して、王冠・笏などを権力のシンボルとしたのである。

　プトレマイオス朝の君主についての以上の着想に従い、統治者たる人間を公式に崇拝するシステムが確立し、その肖像が貨幣の装飾となるなどの慣行が成立した。これは世襲の君主であり、承継の順位は、私有財産の相続に類した制度でコントロールされた。以上の全ての特色が、後にローマ人によって借用された。紀元前30年のアレクサンドリア征服により、プトレマイオス王朝は崩壊し、アウグストゥスが先の君主の継承者として国土を引き継ぎ、同様の名誉が与えられた。3世紀の危機の後は、ディオクレティアヌス帝が、「神でありそして主である人」（Dominus and deus）という観念を復活させたが、この観念はエジプトでは新奇なものではなく、エジプト国王には常にその権能が帰属していた。国王の神性（divinity）という観念は、ローマが東方の理念、特にエジプトの諸王朝や中東に保存されていた政治理念と、密接に接触していた時代に発達したもので、帝国のキリスト教化後に普及した。

　エジプトの統治原理・統治形態（君主制）は、マケドニアの元来の伝統とは

44）*Id.*, 533-535.

212

まさに正反対であったことを、強調しておく必要がある。マケドニアでは、伝統的に軍団（military assembly）が人々の主権の代表（representative of the people's sovereignty）として行動し、承継に関する事項の決定に関与したが、指揮官を選出する軍団が世襲的君主制に取って代わった、という点でマケドニアとローマの制度は酷似している。しかしながら、この最初の形態を自由人の集団として、東方君主によるスラヴ的制度よりも賞賛するのは、「インド・ヨーロッパ的」バイアスである。国家の経済理論（an economic theory of the State）からすれば、エジプトの形態は、ローマおよびマケドニアよりも効率的で、それを採用した東ローマ帝国において1000年以上にわたり存続したことから、その効率性が証明される[45]。

（5）次に第2の主要論点として、官僚制の発展を検討する。古代エジプトは、官僚組織による社会統治を中核とする「供給者」国家（Provider state）で、エジプトの獲得物資（膨大な富、王宮、寺院、征服地）は、全て資源管理の特別なスキルのおかげであった。官僚制は、効率性とルールの公的執行能力（the capacity of public enforcement of rules）を意味する。古代エジプトの官僚制は、権力ある聖職者たちに限定されており、社会の統治を俗人法律家に委ねたローマと比較されるが、エジプト官僚制のカーストでは、統治の任務に携わるいわゆる「聖職者・司祭」（priests）は俗人であって、1年の一部を「寺院」（祈祷の場所というよりも公共の建造物を意味する）での奉仕に費やし、残りは通常の世俗的職業に従事していた。

　ここでの聖職者は、倫理的役割は果たさず、ファラオの最も重要な職務すなわち創造・生産（creation）の聖なる秩序の維持（ma'atと呼ばれる）を補佐するのが、彼らの仕事の中心で、（内面的純潔ではない）儀式的な潔癖さが要求されるテクニカルな役割であった。この聖職者たちがエジプトで形成した行政機構は、実用的目的から、ヘレニズム期およびローマの支配の期間を通じて殆ど変化せず、3世紀の「危機」の際に、ローマ帝国再興のためにこれらのモデ

---

45) *Id.*, 535-537.

ルの遺産を利用せざるを得なかったのである。

(6) モナテリは、以上の分析から、後期ローマ帝国が、従来のローマの組織を廃止して、エジプトおよび近東に保存されていた模範に大きく依存して構築されたことがわかるとし、この動向はローマの紛争解決手続を検討すればいっそう明らかになる、と指摘して論述を進める[46]。

D. (1) 根本的問題として、果たしてローマ法は実在したのだろうか。ルールや原則によって付与された権原（entitlements）を執行・実現できないようなシステムを法システムとはいえないが、果たしてローマ法の裁判機構は人々に裁判・正義を保障する（get justice）ように設計されていのだろうか。モナテリは、標準的なローマ法学者によるローマの法律訴訟に関する説明と、専門的事項に関するバイアスを彼らと共有していない著名な歴史家による異なった説明とを対比して、この根本問題を処理しようとする。ローマ法学者のバイアスは、ここでもまたイデオロギー的手法で説明でき、いったんイデオロギー性が暴露された以上は、それに代わる見解が採用されるべきである。

(2) まずローマ法学者（ロビンソン）による説明である。B.C.200年頃まで、訴えを提起しようとする原告は口頭の申立て（oral request）によって被告を召喚しなければならず、被告を説得ないし強制して出頭させるのは原告の義務であった。両当事者は、審理の第一段階を開始するためには法務官の面前にともに出頭しなければならない。原告が自己の請求を1組の言葉により適切な形式で述べ、係争問題が設定された後に（争点決定）、法務官は事件が送付される審判人（judex）を任命する。審判人は事実を調査し、判決を下すが、原告勝訴の場合は常に一定額の金銭の支払いを命ずる。判決の執行は政務官（magistrate）の認可（authorization）を必要とし、原告によって実現されなければならない。

---

46) *Id.*, 537-538.

同じストーリーを歴史家は次のように説明する。例えば祖父の小農園を財産として保有していたところ、富裕な隣人がこの財産を手に入れようとして、自己の奴隷とともに農園に侵入し、その奴隷がこちらの奴隷を農園から追い出し、打擲して死亡させたとする。ローマ法によればこの隣人は不法行為を行ったので、裁判所に不服を申し立て、被告を法廷に出頭させるのは、こちらの義務となる。原告は不法行為を行った奴隷を見つけ出し、期日に出廷させなければならず、それに失敗すれば審理は開始されない。いずれかの裕福なパトリキ（Patrician）にパトロンとなってもらい、彼の奴隷を利用して隣人を捕獲した場合に限り、審理が開始されるのである。政務官（magistrate）は審判人としての私人に事件の解決を委ねる。そこで審判人が原告の財産の回復を命ずる判決を下したとする。当時のローマ法では、裁判所は原状回復（restitution）を命ずることはできず、損害賠償の支払いを命じうるにとどまる。原告は物理的に（あるいはパトロンによって）被告の財産を差し押さえて（seize）競売に付し、農園の価値を超える部分は隣人に返還する。

(3) モナテリは、このように入り組んだ厄介な裁判・正義を誰が望むか、これは有力な閥族のボスのために設計された裁判制度である、これは法的執行のメカニズムである法システムとは呼べない、法の執行・実現は実際には当事者の社会的力関係のみに依存している、と批判する。また、契約の分野と同様に、ローマ法は実務的な手続分野でも合理的とはほど遠く、魔術性・外来性に満ちていたにもかかわらず、現代的理念のルーツとしてローマ法を記述し、それ以外の古代法を周辺化・排除するという策略から、現代の裁判制度の先駆のように賞賛したのである。

この裁判制度はB.C.150年頃からB.C.2世紀末まで支配的であった「方式書訴訟」（Formulary system）へと進化したが、これは原告にとっていっそう不利な制度であった。原告は、法務官に救済を求めるために、訴状＝方式書のドラフトで請求を枠づけられ（frame his claim in a draft writ）、被告を出廷させることは依然として原告の義務であり、法廷では被告が方式書を承認するかあるいはその修正（modification）を求め、両当事者が、訴状が請求の基礎になることに同意して初めて、法務官は審判人を指名し、審理を開始する権限を与え

る命令を発する。勝訴判決は原則として金銭の支払いを命ずるもので、強制執行は依然として勝訴当事者が実現しなければならなかった。手続を運用するために原告は有力なパトロンに従来以上に依存せざるを得なかった。

（4）3世紀の危機（Great Crisis）の後に、ようやく国家が積極的に介入する新たな裁判制度（cognitioと呼ばれる審理手続）へと劇的な変貌を遂げ、ローマ法は当事者の社会的・政治的力関係から独立し、実効性を獲得した。この手続は、法務官や私的な審判人ではなく手続全般を主催する帝国のオフィシャルが運営した。原告は裁判所に書面で訴状を提出し（written pleading）、裁判所が召喚状（summons）を送達した。通常裁判所が組織され、当事者の求める証人が裁判所によって呼び出され、裁判官が質問した（interrogated）。強制執行も国家が助力し、判決も金銭判決に限られなかった。新システムは全く異なる理念によるものと考えられるが、このcognitioは通常は属領（provinces）で行使された裁判権であり、ヘレニズムの実務（Hellenistic practice）の影響が考えられる、というのが今日の確立した見解である（ロビンソンの指摘）。さらに、ローマ市民法（jus civile）と「外国法」との区別も、212年のコンスタンティヌスの勅令により失われた。すなわち、ローマ法がその本来的性格を喪失して、帝国後期のオリエンタルな特色を強めたことで、西欧の法的イデオロギーにより適合するようになったのである。しかるに、伝統的なローマ法学者は、ローマ的なるものの至高性のバイアスから、実効性のある新システムは元来の手続の歪曲（distortion）であると述べているが（ジョロヴィッツ/ニコラス）、われわれはこのバイアスを捨て、地中海域東部をより重視すべきである。ローマ法は、実際には実効性を欠いた法システムであり、本来のローマ法が属領の実務によって「歪められて」初めて、権利の法的実現という思想が誕生したのである[47]。

E．（1）「新興法律家の理論」と題する章で、モナテリは、他のエキゾティッ

---

47) *Id.*, 538-542.

ク な古代法とは異なるローマ法（および西欧法）の顕著な特色とされる、法学の発展および俗人の（世俗的）プロフェッション（lay profession）の発達について検討する。世俗的法律家の独立の階層が、社会統治と法発展の中心装置として存在したという意味である。この点で西欧法は、独立のプロフェッショナル（エリート）によるローマ的達成を明らかに受け継いでいるといえ、このローマ法曹の理論は借用（borrowings）の重要性を否定する役割を果たし、いわゆるローマの至高性を擁護するためには不可欠である。たとえ借用があったとしても、借用された制度は法曹によって真に法的な制度へと転換され（洗練された理論を生み出したのは法律家のみである）、借用の重要性は相対的に低くなるからである。

伝統的な説明によれば、キケロのような雄弁家が法廷で代理を務めるのとは異なり、法律家は法的事項について助言を与える専門家で、学識ある法律家として法学文献を書き残し（ローマ法文化の特色）、この文献が後期ローマ帝国の諸法典（the Late Empire Law Codes）となり、最終的にはユスティニアヌス法典（554年発効）（とりわけディゲスタ）に結実した（ユスティニアヌス法典は、学生のための入門的テキストブックである「提要」、権威的法学文献を編纂した「ディゲスタ［学説彙纂］」、帝国立法の集成である「法典」、ユスティニアヌス自身の制定法を統合した「新勅法」の4部から構成される）。ディゲスタは12世紀以降ヨーロッパの諸大学の基本的テキストブック（西欧法文化の共通の基盤）となった。数世代にわたる法律家がローマの文献に基づく教育を受け、ローマの法律家が用いた枠組みとカテゴリーが、ヨーロッパ大陸の近代的諸法典の形式と内容を構成したのであるから、これらの学問的文献の重要性は極めて大きい。

(2) しかしながら、モナテリは、ローマの偉大さの大半は法学にあるとしつつ、古代ローマにおいて法律家が出現したのは、ローマの法的手続の本質的な欠陥によるものであること、ローマの外部の独自の法学文献の影響をもはや無視できないこと、ローマの法発展の主要な業績は、帝国法の脱ローマ化というコンテクストのもとで、非ローマ的法律家によって達成されたことを示そうとする（法におけるローマと西欧の独創性・至高性、という先入観への挑戦）。

モナテリは、まず法律家の社会的出自（social origin）に言及し、法律家が中流階級に属さないことが、近代社会と異なるローマ社会の顕著な特色であるとする。すなわち、いずれも上流階級のローマ貴族の出身で、B.C.3世紀半ば以降の共和期（Republican period）の法律家は、殆ど全員が裕福で権力のある元老院のメンバーであった。ローマの法律家が上流階級に限られたのは、①正規の裁判所と専門職裁判官を欠いていた、②後期古典期までローマには法律学校（ロー・スクール）が存在しなかった、という2つの制度的欠陥による。すなわち、ローマのシステムは極めて原始的で欠陥が多く、ローマの訴訟は二段階に分断され、第一段階の背後には政務官（magistrate）がおり、真のトライアルである第二段階は非専門職的な裁定人（arbiter）に委ねられたので（政務官も専門家ではない政治家であった）、学識ある法律家が、当事者だけではなく素人である裁判官にも助言する必要があった。裁判所システムが確立していなかったため、訴訟手続に関与する者全てに、非公式の専門家（hidden informal profession of experts）として助言する法律家が登場したのである。

また、ローマ法のメカニズムでは、召喚と執行が公権力によって行われなかったから、被告を出廷させるには、原告は社会的有力者のクライアントにならざるを得ず、法的手続の背後に存在するこうしたパトロネージ（Patronage）——パトロンがクライアントの社会的活動を保護する社会システムで、地中海域に普及していた社会構造のモデル——がローマ法の特徴であった。このシステムには裁判を実施するための成文法は不要で、パトロンたちは、彼らを代表して正義を分配する仲介者（裁定人）のシステムを採用した。ローマ優位のバイアスがあまりに強いので、パトロネージ・システム自体がローマの発明であるかのように主張されることがあるが（ロナルド・サイムの『ローマ革命』［1939年］）、権利の法的執行が保証されていなかったため、パトロネージに依存していたローマのシステムがそのまま存続していたにすぎない。モナテリによれば、ローマ法史を説明するのにパトロネージ・モデルを用いるなら、上流階級のメンバーは彼らが法であり、召喚と執行を保障でき、ルールを私的に執行する有力な氏族（clan）のボスとして法を宣告するので（living oracles of the law）、訴訟に個人的関心を有していたということなのである。

(3) 以上の観点から、何が法学文献であったのかも解明できる。すなわち、法律家は非常に尊敬されたローマの家系の出身であったため、古典期の終わりまで法学には「遊蕩的でない（dissipated）」特別な雰囲気があり、共和期の法学（republican jurisprudence）は貴族的文献であるといわれ、政治を運用する者がコントロールしていたがゆえに、それは国家的な学問（a national science）で、非ローマ人が入り込む余地はなかった。法律家は、聖法（the sacral law）の発展を担う聖職者団体から発生し、当初は神祇官（pontiffs）であったが、3世紀には法の世俗化が進み、聖法から私法が区別され、ムーキウス氏族（the gens Mucia）が事実上プロフェッションを独占した。

　神祇官による私法の独占が廃止され、純然たる世俗の法学となったのは、ヘレニズム期に専門化が進んだためであるとされる。ローマ法学がギリシアの影響を全面的に免れた時代は存在せず、共和制の最後の2世紀は、ヘレニズムの多文化的傾向が浸透していた。ローマの法学文献は、東方との接触により誕生し、ヘレニズムの学問の枠内でヘレニズム型の専門科学へと発展したのであって、ローマが単独で「法学」を発展させたのではない、とモナテリは指摘する。それ以外の古代地中海では、立法は存在したが（エジプト法学、セム法学といった）法学は存在しなかった（法学の才能と熟練はインド・ヨーロッパ系に限られていた）、と伝統的に説かれてきたが、学問的作品としての「近東諸法典（the Near Eastern Law Codes）」に関する新理論（レイモンド・ウェストブルックら）が登場したことにより、伝統的見解の再検討が必要となった。

　この理論によれば、「近東諸法典」は単なる立法の断片ではなく、裁判官が参照するための学問的文献、ロー・ライブラリーを意図したものであった。例えばメソポタミア法典のようなそれらの古代法典は、学問的伝統の一部とみなすことができ、前記の新理論によれば、古代イスラエル法は、楔形文字の文書と学問が普及した古代の近東地域をカヴァーする・より広範な法伝統の一部であって、その影響は境界を越えて、実務上の法形式のみならず法制度および法を取り巻く知的活動の類似性をもたらした。近時のウェストブルックの研究によれば、楔形文字の7つの法典（B.C.1750年頃のハムラビ法典、アッシリア法、ヒッタイト法、新バビロニア法など）と、出エジプト記の聖約（the covenant code）および申命記の法集成（legal corpus）とは、法に関する学問的著作の

始まり（in origin）であるとされる。これらはシュメール人が発明し、バビロ
ニア経由で近東全域に広がった（楔形文字で記された）メソポタミアの学問に
由来する。

(4) エジプトやアナトリアのような遠隔のローカルな写字生（写本筆記者）に
言語と楔形文字の筆記を教育するために、写字生学校（the scribal schools）が
設立されたことも重要である。それは法の研究教育も行った、古代近東におけ
る真の意味での大学ということができる。

　ウェストブルックによれば、そこでの教育方法は、判決（ボーダーライン・
ケースが好まれた）から出発し、事実と判断を仮説（hypothesis）に作り直し、
細部の条件を変更して争点を再検討し、議論の中で事実にさらに変更を加える
というもので、いわゆる現代のソクラテス・メソッドに驚くほど類似している
（ローマのパトロネージの社会システムにおける、氏族のビッグ・ボス、法の
私的執行者であるローマ貴族による法の記述との異質性［the exotic］と対比
されたい）。さらに、ローマ法学の偉大さを強調するあまり、ローマには法律
学校（ロー・スクール）や写字生学校が帝国後期まで存在しなかったことが隠
蔽されている。古代法典を構成する基本的素材は、学校で検討された問題に由
来するもので、学問的伝統を通じてシステム間で伝えられた規準（a canon）
となった。古代法典は、司法官を訓練するために用いられる学校教材であった。
　以上の理論を支持するならば、法の分野における文化的活動はローマ人の発
明ではなく、他の地中海域に比べ、ローマにおいて法の教育は外来的・異質的
（exotic）であったことがわかる[48]。

F．(1) 続いて「脱ローマ化と編纂」の問題が検討される。モナテリは、ロー
マにおいて法学研究が開始されるよりも遥か前に、非ローマ的・非ギリシア的
な地中海域の学問的な法学研究が存在し、それらの研究は写字生学校において
正規に組織化されていたとする。これに対し、ローマ法は全く独創的ではなく、

---

48) *Id.*, 542-549.

その法律学の伝統は後の西欧法伝統とは全く異質のスキームに基づいており、西欧法族のルーツとはいえない。ローマの法律学は、確立した組織によらずに、法的手続の大きな欠陥に対処するために発生し、貴族に委ねられたが、こうしたローマ的背景は古典期を通じて次第に変化していった。すなわち元首制の初期には法律家はローマ人の家系から生じていたが、系図は長く続かず、例えば古典期末のガイウスは東方の属領の出身であるし、ローマ法学史において最も高名なパピニアヌスはシリア人であるとされている。228年まで皇帝の主任法律顧問を務めたウルピアヌスは古代フェニキアの港市テュロス（Tyre）の生まれで、ディゲスタの主任編纂者であった専制君主制（ドミナートゥス制）期（the Dominate）のトリボニアヌスはパフィリア（Paphilia）の出身である。

ヴェスパシアヌス帝の時代から、従来の独立した貴族的法律家が変化して、新しいタイプの法律家が出現し、政府と密接に結び付いて給与を受けるオフィシャル（salaried officials）となった（その多くはローマ人ではなく、従来は「官僚的法律家の出現」と評されていた）。専制君主制期になると、法律家（advocates）は一定の専門家集団に帰属し、4世紀までには、ロー・スクールで教育を受けた真の法律家（real lawyers）となり、非ローマ人が立ち入る余地のなかった法律学の状況が劇的に変化した。

(2) モナテリは、3世紀の危機（the Great Crisis）の初めに、舞台背景は非ローマ化し、遥かに多文化的な社会における脱ローマ化（de-Romanization）のプロジェクトに非ローマ人たちが取り組んだのである、と主張する。212年のアントニヌス勅令によって、実際上は帝国内の全自由民にローマ市民権が拡大され、それ以後は誰もがローマ法を用いなければならなくなり、ローマ法学にも大きな影響が及んだ。それまで都市（city）がローマ世界の基本的単位であり、ローマ法は革新を嫌い、都市を規律する古代の制度をモデルとしていたため、元首制時代の行政と政治制度が維持されていたが、3世紀の危機によってこの基本単位が崩壊し、ローマ市民の法であったローマ法は初めて帝国の法となった。

これは一見ローマのパタンが全土に拡大したようであるが、ローマ法学者の説明によると、ローマ法に服する人の数が激増し、3世紀に危機が生じたこと

で、「単純化（simplification）」と安定性（certainty）が広く求められるようになり、そのために3世紀には「初歩的な」法書が刊行され、裁判所の作業マニュアルとして取り入れられたとされる。新たなコスモポリタン社会にローマ特有の制度がこのように適応したこと（adaptation）を「単純化」と称し、このプロセスをローマ法の「卑俗化（vulgarization）」と呼ぶのは、ローマ法学者特有のバイアスのかかった記述である。モナテリによれば、このプロセスは、ローマがその至高の地位を失った多文化的社会における、法のグローバル化を意味する「脱ローマ化」と表現する方が適切である。

（3）この時代に偉大な法律家が登場したのは、帝国のコスモポリタン的性格が承認され、魔術と形式的厳格さを伴う時代遅れのローマの理論と制度を、新たな背景（コスモポリタン的多文化社会）に適応させる「大きなスタイル（Grand Style）」の作業が必要となったからである。西欧法は、ローマ人が発展させた都市単位・人種単位の古い特異な法の再生から生まれたのではなく、法律学の古いパタンを廃して新たな道を開いた、ローマ人・非ローマ人双方がグローバリゼーションと多文化主義の中で行った多大な努力から生まれたのである。仮に「卑俗化」の理論を採用するならば、本来のローマ法が他の法との接触で変化したとする点では正しくても、「汚染」と貧困化というニュアンスを押し付けるので、この達成の意義は理解できなくなる。

　モナテリによれば、帝国の脱ローマ化というコンテクストにおいてのみ、この達成は理解でき、その場合に、傑出した法律家がアフリカ人やシリア人であったことの意義は小さくなく、この決定的な時期におけるヨーロッパ、アフリカ、中東の発展の特色を示すものである。

（4）ルールの公権力による執行と正規の裁判所が確立し、法律家はより正式なプロフェッションとなって行政機構に吸収・統合され、正規の法律学校が設立される。コンスタンティヌス帝の統治下では、伝統的意味での法律家（jurists）はもはや存在せず、帝国の公務の法律顧問（助言者）、法律学校の法学教授、裁判所における弁護士（advocates）と裁判官のみが存在した。閥族的・ポスト閥族的な司法組織が廃止され、現代的意味でのシステムに発展したのである。

モナテリは、法の脱ローマ化という多文化的コンテクストのもとで、有機的発展としてではなく、3世紀の危機（the Great Crisis）による過去からの分断の過程で、後期帝国は元来のローマ・モデルから大きく離反したとする。このプロセスは、後世のヨーロッパ文化に伝えられたローマ法の編纂（the redaction）のプロセスと一体となっている。すなわち、ヨーロッパにおいて、ローマ法は大量のテクストの形で継受され、そこから後世の法律家がヨーロッパ法伝統を形成したが、この帝政期の諸法典の編纂作業（西欧法文化へのローマ法の遺産［legacy］）は3世紀の危機の後になされ、（純然たるローマ人スタッフによってではなく）法務官僚（bureaucratic jurists）によるグローバリゼーション下での努力によるもので（グレゴリウス、ヘルモゲニアーヌス、テオドシウスの勅法彙纂［Codex］）、とりわけユスティニアヌス法典は、中世西欧の主要法源、12世紀に台頭した大学におけるアカデミックな法学文献・標準的テクストとなった。

（5）モナテリは、この編纂作業を正当に理解しなければならないとし、法典は（現代のCD-ROMのような）文化移転の全く新しい形態・フォーマットで（したがって、後世への文化移転という一般的問題の一部である）、法典がどのような新しいフォーマットを提供したか、脱ローマ化の時代にこうした編纂プロセスが進んだことが、歴史意識にとってどういう意味を持つかをさらに説明しておく必要があると述べる。

まず、従来の法テクストはパピルスの巻物に著され、かさばるうえに湿気に極めて弱く、スペインやシリアでは滅失しエジプトでのみ残存したが、写本（Codex）の発明により巻物に代わって書物が登場し、4世紀には、収集された文書を遥かに大量かつ安全に移転することが可能となり、グローバリゼーションの新たな背景のもとで「法典」（法の集成）の編纂がなされた。この作業は膨大な取捨選択を伴い、古きものをリステートする意識的な努力、権威の正当化であった。「引用法」で知られるテオドシウス法典（「勅法彙纂」426年）は、どの学説が権威として引用可能かを定め、ユスティニアヌスの時代まで実務上のルールを確定した。

ユスティニアヌスの法典編纂は、それ以前の全ての法と法学文献に取って代

わることを意図しており、いわゆるローマの遺産の「勅法（Constitution）」と
しての性質を共有するが、過去の著作をリライトするプロジェクトは、誰が発
言する権威を有するかを決定する現実の課題であり、東ローマ帝国にとって決
定的に重要であった。「ローマの」法的世界の遺産は、「東方」精神の遺産（a
legacy of 'Eastern'Mind）であった。後にヨーロッパの法学校で最も重用され
たのは、非ローマ人であるトリボニアヌスが、非ローマ人皇帝ユスティニアヌ
スの命を受け、完全に東方的背景のもとで編纂した、ディゲスタ（学説彙纂）
から生じた集成である。この書物における「われわれの伝統」は、もはや元来
のローマ的伝統とは異なっている。

　モナテリは、数世紀にわたりローマ法の遺産とされてきたものは、3世紀の
危機後の脱ローマ化を背景に、非ローマ人法律家が主導した編纂作業から生ま
れたのであり、このプロセスを否定するのは、われわれの歴史意識を偽造する
イデオロギー的説明にほかならない、と論じている[49]。

3. 結論──「西欧マインド（the Western Mind）の終焉」──

　モナテリは、この論文では、法における歴史（law-in-history）という観点か
ら、ローマ法はもはや古代世界における至上の地位を主張できないことを明ら
かにした、と結論づけている。以下、モナテリの説くところをさらに紹介する。
ローマ法は他の法と同様に魔術的で異質（exotic）なものにすぎず、その裁判
機構には欠陥があり、ローマ法学の発展とプロフェッションは独自であるとは
いえない。ローマ法が現代的基準へと向けて発展したのは、3世紀の危機の後
であって、エジプト法とセム法が当時におけるローマの選択肢よりも優れてい
たがゆえに、おそらくそこから多くの借用がなされた。

　法の分野におけるローマの至高性という神話は、今日の基準とは適合しない
19世紀の歴史主義のバイアスによって捏造されたのである。この種の歴史主義
は、西欧が非西欧文明に負うているものを否定し、それをローマ的要素の「卑

---

49) *Id.*, 549-554.

俗化」「汚染」「歪曲」などと卑しめるのであって、反駁すべきである。この神話・伝統的枠組みは、確固たる学問的基盤を欠く反動的文化政策の所産で、非インド・ヨーロッパ地域からの輸入、アフリカ・セム的な貢献を排除しようとする。

　こうした伝統的構図を否定すれば、西欧法伝統それ自体の歴史意識に重大な効果を及ぼし、西欧法伝統を一文化の独自の発展（単一の継続的伝統）というよりも多文化的な取り組み（enterprise）としてとらえるようになる。伝統的構図に基づく支配のプロジェクトも廃棄されなければならない。伝統が求められるのは沈滞の兆し（the symptom of a malaise）であり、意識的なプロジェクトの代用品として用いられ、「他の」人種や文化による「汚染（contaminations）」を否定する。「『われら』と『彼ら』の間の区別を揺るがせ、取り消して、われわれは過去の新たな輪郭を描かなければならない。ラディカリズムはわれわれを新たな要請へと導くのであって、われわれに今必要なのは新たな意識なのである」[50]。

4．要約

　最後にモナテリ論文を要約する。具体例を検討した部分は割愛する。

①西欧法伝統の起源はローマ法であるとする通説的理解（「ローマ法の至高性」「独創性・根源主義」）は、西欧の国際的な文化的支配（ガヴァナンス）というプロジェクトの表れである。
②現代比較法学および旧来のローマ法学は、①のバイアスと結び付き、西欧法伝統のルーツを辿ってローマ法を賛美し、系図的方法によりローマ法学を支柱とする統一的な西欧法族を構想し、西欧法の独自性を主張した。
③19世紀のドイツにおいて、全国家的なドイツ法を「科学的に」創造するために、サヴィニーは完全で自律的なシステムとしてローマ法を研究し、単なる

50）*Id.*, 554-555.

実定法を超えた独自の精神史を含むと位置づけた。

④サヴィニーの後進たちは、言語学に倣って西欧文明の始原的なアーリア的背景を構築する戦略（排除の論理）を法の比較研究と結び付けた。ローマ法の独自の観念と比較思想が結合して、「アーリア・モデル」（ローマ法の進化における連続的アプローチ）が誕生した。

⑤19世紀後半のフランスにおいて、ローマ法がプリミティヴであった時期に、高水準の法文化を有していた中東とエジプトから法理論を借用したとする「アフリカ・セム・モデル」（ローマ法の進化における不連続的アプローチ）が、エジプト学者によって提唱された。この仮説に対して、独仏のローマ法学者はローマ法の独創性・再生能力を主張し対抗したが、ローマ法がアフリカ・地中海諸法によって改良されたことは否定できず、この仮説は次第に支持を集めつつある。

⑥④の連続的アプローチは単なる願望に基づく。法移植に関するワトソン理論を前提とすれば、ローマ法は外国から借用した特色の単なる束、より広い範囲の地中海法の反復にすぎず、現代法のルーツがローマ法にあるとするのは明らかな誤りである。

⑦比較法学は伝統的なローマ偏重の法史学と併せて、西欧と異なる法文化をエキゾティックなものとして外来化し、法分野におけるグローバルな文化的支配のプロジェクトとなる。古代地中海諸法との比較によってローマ法の原始性を明らかにし、現代の西欧精神といかに異質であるかを示すことで、ローマ法に関する現代の「イデオロギー的」説明を批判すべきである。

⑧ローマ法の優位は20世紀の初めには既に時代遅れであったドイツ的パラダイムの遺産であって、ローマ法研究の復活・再生はイデオロギー的理由からのみ説明可能で、ガヴァナンス・プロジェクトのための誤った認識である。

⑨後期ローマ帝国はエジプトおよび近東のモデルに大きく依存して構築された。例えば、3世紀の危機の後に構築された、国家が積極的に介入する新たな裁判制度（cognitio）は、ヘレニズムの実務の影響を受けている。

⑩ローマにおいて法律家が出現したのは、ローマの法的手続の欠陥によるものであったが、法学はヘレニズム期に専門化が進み、東方との接触によりヘレニズム型の専門科学となった。「近東諸法典」の影響は境界を越えて近東全

域に及び、ローマにおける法学研究よりも遥かに先んじて、地中海域の法学研究が写字生学校で正規に組織化されていた。

⑪3世紀の危機の後、多文化的な社会における脱ローマ化・法のグローバル化・元来のローマ・モデルからの離反が進み（アントニヌス勅令によって、ローマ法もローマ市民の法から帝国の法へと変化した）、非ローマ人法律家が主導した諸法典（文化移転の全く新しい形態）の編纂作業が行われた。このプロセスを否定するのは、歴史意識を偽造するイデオロギー的説明である。

⑫ローマ法の至高性という19世紀の歴史主義により捏造された伝統的構図を否定すれば、西欧法伝統を多文化的な取り組み（アフリカ・セム的な非西欧文明からの貢献）、多様な文化多元主義的社会として理解するようになり、新たな歴史意識が生まれ、スタンダードな物語のグローバルな書き換えが可能となる。

　ローマ法研究が比較法に及ぼす有害な影響に論及し、比較公法の重視や裁判実務における有用性への配慮を指摘する見解が他に存在しないわけではないが（例えば、マーキジニス『法廷および教室における比較法』［2003年］）、モナテリの本論文の功績は、ハンガリーの著名な法史学者ガボール・ハムザの『比較法と古代』から大きな影響を受けつつ、ローマ法を古代地中海世界の法の1つとして位置づけ、比較法の方法（特に古代法相互の継受）を駆使して、ドイツ歴史法学が捏造した「ローマ法の独創性・始原性」の脱神話化を図り（アーリア・モデルとアフリカ・セム・モデルの対比）、その背後にある現代比較法学における西欧法伝統のガヴァナンス・プロジェクトを暴き出したところにあろう[51]。以上の歴史認識を前提に、モナテリがいかなる比較法方法論を展開しているかを次に検討したい。

---

51) Markesinis, *Comparative Law in the Courtroom and Classroom* (2003). G. Hamza, *Comparative Law and Antiquity* (1991).

Ⅲ. 「黒いガイウス」の挑戦（その1）
──比較法方法論への貢献──

(1) モナテリは、編著『比較法の方法』（2012年）の序文において、「比較法は
その古い地平線を超えて上昇しつつある。新たな存在は、覆い隠されていた文
化的秘密の大半を明るみのもとに出し、過去の影を追放しているところである」
と述べ、同書の本文の冒頭に置いた論稿「比較法における方法──知的概観」
では、「グローバル・ガヴァナンスの手段としての比較法」および「法的起源
（legal origins）と法移植」と題する中核的部分で、前掲「黒いガイウス」の成
果を活用している。この「グローバル・ガヴァナンスの手段としての比較法」
の節は、「文化と差異」「比較主義・比較思想（comparativism）の誕生」「西
『ヨーロッパ』意識」の3項に分かたれる[52]。

(2) まずモナテリは、比較法学者として辿った自身の知的な道のルーツを遡り、
最初に出会った「フォルマント・アプローチ（the formant approach）」に言及
して、彼の比較法研究に刺激を与えた支配的パラダイムの探究を開始する。比
較法に対する動態的アプローチである法的フォルマントの理論は、社会的活動
として法をとらえており、法の「フォルマント」とは、法の創造活動に制度的
に関与し、法に「形態を与える（giving form）」集団・人々のタイプ（a type
of personnel）・共同体をいう。西欧法伝統には、法実務家・法政策立案者
（legal policymaker）・法学者の確立した3類型のリーガル・プロフェッション

---

52) Pier Giuseppe Monateri, Introduction, in: Piere Giuseppe Monateri (ed.), *Methods of
Comparative Law* (Edward Elgar, 2012) 1. Monateri, Methods in Comparative Law: an
intellectual overview, *Id.*, 7.

が存在し、全て法を形成する場合の、相互に作用し競争し合うフォルマントである。「フォルマント・アプローチ」は、これらの専門家が生み出す（相互に連結された）多様なテクスト、ドキュメントに対処するために、テクストの創造に用いられた素材の覆いをとり、分離し、説明する「フォーム・クリティシズム（form criticism）」の方法を用いる。このアプローチによれば、スタンダードな法実証主義の理解とは異なり、法は規範的統一体ではなく、有能な法律家が調整する多様なモデルと衝突するテクストから構成され、この多様な源泉・法源に由来するドキュメントの意味を説明する判決もまた、関連するが自立したテクストである。「法的テクスト（法文）の意味」とは、法律家によって確定される、先行テクストとそれ以外のドキュメント（plea、学術論文、判決など）とのつながり（the link）にすぎない。法は、専門家が個人的ないし制度的戦略に従って利用する、一連の相互に連結したドキュメントとして再構成され、競合する源泉・法源（competing sources）と専門的エリートの戦場であると考えられる。フォルマント・アプローチは、伝統的見解の戦略的性格に新たな光を当て、対立するナラティヴ（物語）から生み出される構成物（the constructive product arising from conflicting narratives）として、法伝統をより深く理解することを要求したのである[53]。

（3）モナテリは、以上の一般的前提からその特殊な応用に移り、「グローバル・ガヴァナンスの手段としての比較法」を論じる。

（ⅰ）まず「文化と差異（difference）」についての従来の学問的議論の修正を図る。モナテリによれば、前記の「フォルマント」の方法が意味する脱構築思想（deconstructivism）によって、2つの法文化間の「相違点（差異）」と「類似点」という観念のヴェールが剥がされ、それらは、法的エリートと彼らの推論的実務における「様式」（their styles in discursive practice）とにより形成されることが明らかになった。モナテリは、空間とナラティヴとの微妙な関係を

---

53) *Id.*, 7-8.

法的ディスコースへと翻訳し、グローバリゼーションのコンテクストのもとで、文化的支配（ガヴァナンス）の新たなプロジェクトを支持するために、比較法がどのように利用できるのかを示そうとする。

モナテリは、法とグローバル・ガヴァナンスとの相互関係についての考察を、比較法の正確な理解から始める。彼は比較法学を、法的世界の内部で、ある文化を自己定義する（self-definition）問題を処理する場合に、「分野」と「受容者・聴衆」とを媒介する（mediate between a 'field' and an 'audience'）有力なツールであると考える。「境界が確定されて初めて、『輸入/輸出』について語ることができ、包摂と排除（inclusion and exclusion）の原則を論じた後に、類似点と相違点について語ることができるのは明らかである。文化と差異は比較法の関心の中心であったし、伝統的アプローチの第1歩は、現在を説明し正当化するのに適した系図・樹形図を主張し、共通のルーツまで遡るという知的行為によって、法的世界を法族に分割するというものであった。とりわけ樹形図は、われわれが何者であると考えているか、あるいは何者でありたいと考えているかを確定するのに役立つつつ、『われわれ』と『彼ら』を特定しアイデンティティを構築するための本質的メカニズムとなる。ルーツを遡ることは、現在の文化研究において、とりわけ諸文化を『他者（others）』として示す場合に、中心的な『再現（representation）』作業である。文化を地図化する（mapping cultures）これらの努力において、法システムは、その基本単位ないし基本構造を明らかにする理論に従って、かつ多様な要素に配分される重要性に応じて再併合され、あるいは区別される。要するに、アイデンティティの特定は地図を作成するために前提とされた枠組みに大きく依存する」。

比較法の第2の主たる関心は、多様なシステムと法族を横断する法的モデルの移植と借用であった。モナテリは旧社会主義諸国に「西欧」法モデルを輸出する意識的プロジェクトを想起すればよいとし、そこには（とりわけ会社法における）制度設計およびモデル法の起草の努力がうかがわれるが、法類型の輸出を通じたガヴァナンス（支配）のプロジェクトが、法的「アイデンティティ」および法移植について共通の了解を欠いたままに実行されているのは、驚くべきことであると指摘する。

モナテリは以上の観点から、「アイデンティティの特定」と「輸入/輸出」と

は、ガヴァナンスという志向を持つ非中立的・意図的プロジェクトであり、「比較法」の性質と目的についてこうした戦略的分析を採用するなら、比較法は歴史的に見て、多様な受容者・聴衆（audiences）の期待にかなうようにするための明らかな試みであったと評価できると説く。比較法は全くトランスナショナルではなく、法的エリートの「内的」要請（the 'inner' needs）に応じて、多様な法伝統の枠内で発展してきたのである。

　第1の立場が、イギリスに顕著であった「孤立（insulation）」という好ましからぬプロジェクトで、コモン・ローとシヴィル・ロー（ヨーロッパ大陸法）という区別が、法分野での国家的アイデンティティを創造・擁護するために利用された。社会主義諸国の法律家も、同様の「孤立」のプロジェクトを用いた。さらに、レイモン・サレイユに代表されるフランスの学者が採用した、ドイツからアイディアを借用しつつも「外国（aliens）」として区別する（ドイツ人は異質な哲学的国民で、法律家の中では孤立したタイプであると位置づける）という戦略もある。

　これらと対極にある戦略が統一プロジェクトである。今日では、比較法は「共通の核心」を探究し、多様なヨーロッパの諸伝統間の差異を否定して、横断的な輸出入を通じた実用的な新たなアイデンティティ（共通のヨーロッパ的アイデンティティ）を特定するのに用いられる（新たな法の創造）。「アイデンティティの特定」と「輸出/輸入」という比較法の2つの部門が、一括して比較主義（comparativism）として利用可能になる。このプロセスでは、ポスト社会主義諸国を西欧システムの主要な輸出先として維持するために、「西欧法」と「非西欧法」の間に、（アフリカ法とアジア法をエキゾティック化［the exoticization］する形で）境界がより明確に引かれるようになる。非西欧的「外国」システム（the 'foreign' non-Western systems）は、「民主主義」「法の支配」「自由市場」といった価値に刺激された伝統的な進化論的パラダイムに従って、開発のために必要な西欧モデルを継受する。「比較の観点から極めて興味深いのは、この『部門輸入（import department）』の多大な努力が、過去の欧米のシステムにおいて頻繁に教授されていた区分を、激しく動揺させていることである。フランス・モデルとドイツ・モデルの差異は完全に忘れ去られ、コモン・ローとシヴィル・ローの間の明確な区分も緩和され、共通の経済的・政治

的構造が強調され、西欧の法的世界の多様な制度的背景において、共通の構造を機能させている法的テクニカリティは無視されるのである」。

　最後にモナテリは、比較法の「意図的（purposive）」・非中立的性格を主張し、法システム・法族の世界地図を描くプロジェクトも、同様にアイデンティティを確定し（それは法移植を定義するのに不可欠である）、「他者」に対処するための努力である、と改めて指摘する[54]。

（ⅱ）次いでモナテリは、「比較主義・比較思想（Comparativism）の誕生」と題して、歴史的に比較法が、国家的アイデンティティを確定する（より良く構成・主張する）ためにいかに利用されてきたか（法の分野における歴史意識の歴史［a history of historical consciousness］）、を論ずる。すなわち、「歴史は厳密な科学ないし純粋な芸術のいずれかであるという歴史の地位に対して、深刻な疑問を投げかける歴史的思考の文化的機能（the cultural function of historical thinking）」を探求する。「法的進化」という同様の理念にも、それ自身の歴史があり、伝統的文献でさえ、その戦略的性格を時として明らかに認めている。

　モナテリによれば、実在の有限な人間が、現実のニーズと戦略に従って理念（ideas）を集めるのであって、西欧の法における自意識の基礎にある諸理念のパッケージを見るには、19世紀初頭のドイツで突然出現した法的歴史主義（legal historicism）を評価して、それがローマ法の独特の孤立した観念に基づき、比較主義（comparativism）と一体となって、西欧法伝統の「アーリア・モデル」を生み出したことを理解する必要がある。モナテリは、「黒いガイウス」での分析と同様に、法的歴史主義を説いた最も影響力の大きなドイツの法学者としてサヴィニーを挙げ、ヨーロッパ（特にドイツ全土の）共通法としてローマ法を機能させるというサヴィニーの思想を強調し、膨大なローマ法のテクストが、新たな法を「科学的に」再構成するための基盤・素材となったとする。ローマ法は実定法を超えた固有の精神史を意味するもので、科学的原理に

54）*Id.*, 8-10.

232

従って近代法へと発展する、完全で自律的なシステム（a complete and autonomous system）として研究された。このアプローチは、新たなドイツ法の基礎としてのローマ法の独創性（uniqueness）という「イデオロギー」を生み、それ以外の法の重要性を全面的に否定することとなった。モナテリは、こうした独創性のイデオロギーが、比較法学においても従来主張されてきたことを重視する。すなわち、比較主義（comparativism）は、最初は国家中心的な法の把握（a national view of the law）を回避するためではなく、それを生み出し、支持するために利用された、と論ずるのである。サヴィニーの継承者たち（フォイエルバッハ、ガンス、ウンガーら）は、比較研究は言語学と同様に法学にとっても重要であるとしたが、そこでの比較主義は、西欧文明の原初的で共通のアーリア的背景を再構築するという比較言語学の戦略（比較に対するアーリア的アプローチ）と結び付いており、（ローマ法以外の法システムを重視しない）排除の論理と一体化していた。「アーリア理論は、他の非アーリア諸法と比べたローマ法の至高性と独創性を理解する鍵となった」。モナテリによれば、「ローマは神話の投影である。ローマと結び付いた歴史意識と系図は、過小評価できない歴史的局面を有しており、戦いを挑むに値する。……比較主義の誕生の基礎にあるプロジェクトは、政治的性格を有する。それはトランスナショナルなゴールを目指すものではなく、反対に、孤立と自己限定（self-definition）のプランを主張するものであった」[55]。

（ⅲ）モナテリは、法的比較主義（legal comparativism）のイデオロギー的側面に対する歴史的考察をさらに進める。われわれが追跡した19世紀ドイツ文化と同様のメカニズムによって、今日でも依然として西欧の法意識が（少なくともヨーロッパ的背景のもとでは）横行している有様を解明し、西欧法伝統全体に対する異議申し立てを行うのである。西欧法伝統を非西欧文明・非西欧思想と対立させるのは、系図・樹形図を通じて法分野における西欧法の至高性を正当化する戦略である。近代法の「西欧起源（Western root）」は問題なのであ

---

55) *Id.*, 10-15.

る。

　西欧文明の系図・樹形図の根が、多様な土壌に根ざしていることが明らかに
なれば、それを多元的で、多様で、他民族的で、多文化的な社会であるとする
考えが正当化されよう。非ヨーロッパ人を「西欧」伝統から排除する戦略は、
法史の構図を捏造し、それが常識となったが、この現状は根拠を欠き、前景と
背景を入れ替えようという（脱正当化の）批判（de-legitimating critique）が存
在する。ここでの政策的動機は、法の分野における西欧の文化的支配を、多文
化的見地（a multicultural view）から問い直そうとするものである。その結果、
スタンダードな物語のグローバルな書き換えが現実となる。

　モナテリがここで示したいのは、西欧のリーガル・マインドは人間精神の独
創的所産としての非凡な特色を有する、という思想が今日でも依然として強く、
この評判は実践的意味を伴う支配のプロジェクト（governance projects）と結
び付いている、ということである。すなわち、19世紀以降西欧人が自らを誇り
とする歴史意識は、西欧文明が他の文化・文明との関係をとらえる場合のイデ
オロギー的立場を、理論的に基礎づけるにすぎない。特に法の分野においては、
歴史意識とは、現代産業化社会の優秀性を回顧的に実体化しようとする
（retroactively substantiated）西欧特有の偏見である、とみなすことができる。

　この偏向的アプローチと結合して、西欧の法システムは、共通の価値、法技
術に対する類似したアプローチ、共通の構造のネットを有する限りで、共通の
伝統ないし家族の一部とされる。こうして現代比較法学とローマ法の旧来の研
究は、そのルーツを辿る点で収束する（converge in the tracing of its roots）。
進行中の不断のプロセスの最終的成果として、西欧法の「独創性」を極めてポ
ジティブに評価する理論は、ローマ法の再生版（a renewed version）を新たな
ヨーロッパ法を構築するための共通基盤として用いる、というプロジェクトと
絡み合っているのである。こうしたプロジェクトは、ヨーロッパをアメリカの
グローバルな代替物（a global alternative）として拡大するという、極めて実
践的な意味を持つ。この理論は比較法の特異な利用と結び付いた「ガヴァナン
ス・プロジェクト」を支持するもので、極めて批判的な姿勢で臨むことが望ま
しい。「当該プロジェクトにおいては、比較法は、われらと彼ら、中心と周辺、
西と東の間の、相互の差異についての礼法を洗練する（elaborating etiquettes）

234

という典型的機能を果たす」。古典的なコモン・ローとシヴィル・ローの区分は「現代的な」システムに収束するものとして低く評価され、ローマの支柱で固定された・より統一的な西欧法族として描き出される。法システムの「地図」を描き、ヨーロッパ法と西欧法の共通の核心を構築するという進行中のプロジェクトは、現実的に理解されるべきで、学問的な比較法を利用した偏向的・非中立的な政治的ガヴァナンス・プロジェクトなのである[56]。

（4）モナテリは、「法的起源（legal origins）および法移植」を理論化するために、冒頭で導入した法的フォルマントの方法を用いる。法を相互に関連した命題の一貫したシステムではなく、1つの法伝統の独自の背景の中で競合し合う、複数のフォルマント（formants）のモデルとして把握するのである。

　以上のパースペクティヴからすれば、コモン・ローとシヴィル・ローの相違も再評価が可能で、前者は裁判所の卓越した役割を、後者は立法の重要性を特色とすることになる。シヴィル・ローでは、法典の解釈において裁判所の官僚機構が中心となるフランスと、立法を形成し、裁判例への道を開くのに法学者が中心的役割を果たすドイツとは明確に区別される。コモン・ローにおいても、法学教育のタイプと方法論の点で、イギリスとアメリカをはっきり区別することが可能である（アメリカでは、独自の制度である全国的規模の［national］ロー・スクールの影響が大きい）。歴史意識の再評価という点でも、フォルマントのアプローチは重要である。「黒いガイウス」の論文で示したように、ローマ法は正規の裁判所を伴わずに、私的仲裁人（private arbitrators）が運用する法として進化し、後期に至ってようやく帝国立法と皇帝の公僕が構成する帝国裁判所を基盤とするようになったが、西ローマ帝国の崩壊により、ローカルな裁判所の共通のシステムがそれに代わった。「12世紀に新生の大学において、ユスティニアヌス法典を中心に法学教育が再編されたものの、国王裁判所を中心に排他的なエリートのプロフェッションが既に自力で組織化されていたイングランドでは、こうした改革に対する激しい抵抗があり、再生ローマ法の継受

---

56) *Id.*, 16-18.

は阻止された。数世紀にわたり、イギリス法は大学ではなく法曹学院（Inns of Court）でその基礎が形成されたものと考えられたのに対し、大陸法には学問モデルと文化革命とが大幅に浸透していった。確かに、合理主義（rationalism）が支配的なパラダイムになり、大陸法文化に受容され（received）、19世紀の法典化への道を開いたが、新奇なものはイングランドでは受け付けなかった。同様に、フランス革命は法務官僚の階層を導入し、若干の諸国では、これは立法・裁判所・学問に損害を与えて、法的プロセスにおける圧倒的なファクターとなった」。

　モナテリによれば、以上のスケッチからわかるように、フォルマントの理論は、競合する法源と専門的エリートの戦場と考えられる、法の様々な局面に対応するために設計された。法的起源の問題を法的遺産の相互作用と結び付けて考え、さらに前節までで展開した考察から出発すれば、少なくとも西欧法族においては、法とは通常は移植によって発展・進化したもので、この「論理」は正当化を求める・競合するエリートが指導してきたのである、と主張できる。ルールに理由を与えるとともに、法律家のために正当化を行う（providing a legitimation）という二重の性質を認識すれば、法律家の意見（opinions）の選択とディスコースが正当化戦略によって決まることがわかるであろう（その逆も同様で、「意見」を与えることで法律家は自らを正当化する）。法的プロセスにおいて競合する全ての法律家に共通の「基本的戦略」とは、従前にカヴァーされていなかったケースを処理する解決を発見し、ギャップを埋め（欠缺補充）、ハード・ケースを処理するルールを作成すること（すなわち、covering cases）である。内部の法源や先例がカヴァーしていなければ、「外部に」先例・典拠を発見し、そこから解決を借用するのが基本戦略である。モナテリはこのモデルを、戦略的な拡散的アプローチ（a strategic decentralized approach to diffusionism）と呼ぶ。全ては借用する側の戦略次第であるから、移植の最上の戦略は、借用する側のエリートに、提供されたモデルが彼らの期待と合致すると信じ込ませる「イデオロギーとプロパガンダ」（権威あるモデルとして提示すること）である。借用する側（継受国）のエリートは、「効率性（efficiency）」をマジック・キーワードとして用いることがある。要するに、「ケースをカヴァーすること（covering cases）」と「権威のプロパガンダ

236

（prestigious propaganda）」とがモナテリが提示するモデルの基本戦略である。モナテリは、比較法の任務は、諸々の法文化において競合するグループ内での、「不断の推論による闘争（ceaseless discursive warfare）」を洞察することである、とする。比較法の任務は、多様なシステムにおける専門的エリートによる支配（governance）を正当化する意識で諸制度がいかに「包み込まれて」いるか（packaged）を把握することである。法律家の活動は、制度が作動し続けるための意味（meaning）を創出するイデオロギー的活動であるが、比較主義・比較法学者は、こうしたイデオロギー的メカニズムから逸れて、（アメリカの比較法学者ミッチェル・ラッセル［Mitchel Lasser］が言うように）非公式なもの（the unofficial）を明るみに出し、意味創出のプロセスを社会的・政策的実体（social and political realities）として暴き出し、解釈実務に皮肉を浴びせる（casting irony）べきであり、そうすることによって裁判批判の有力なツールとなりうるのである[57]。

(5) 最後にモナテリは、競合する法的フォルマントの理論は、法の解釈・法的ヘルメノイティクス（legal hermeneutics）の領域でも意義を有するとする。先例（precedent）、制定法などは、多様な制度上の拘束のもとに置かれ、多様な誘因的構造（incentive structures）を有する、競合する「エリートたち（elitarian）」のグループによって付与された意味を持つにすぎない。したがってフォルマントの理論は、作用するルール、法システムの実務、象徴的舞台背景（the symbolic set）、ルールを記述・正当化・合理化するために法律家が用いる議論（ディスコース）、を区別する。

　モナテリは、具体例として医療過誤の米仏比較を試み、フランスでは医療過誤は契約違反であるとされ、フランスの契約責任は厳格であるから、被害者は医師の過失を主張する必要はないのに対し、アメリカでは不法行為であり、不法行為上の医療過誤は過失に基づくとされている、と分析する。すなわち米仏のシステムは対極にあるが、フランスの法律家は、契約上の債務を手段債務

---

57)　*Id.*, 19-22.

（obligations de moyen）と結果債務（obligations de resultat）とに区別し、前者の場合には専門技能（skill）を用いるにあたり最善を尽くす義務を負うにすぎないので、契約不履行の被害者が医師の過失を主張しなければならないとする。フランス判例は、ルーティン・ケースにおいて医師は結果債務を負い、被害者は過失を主張するを要しないが、非ルーティン・ケースにおいては手段債務を負い、医師は彼の専門的技能を用いることを約しているにすぎないので、契約違反を立証するためには被害者が医師の過失を主張しなければならない、としている。アメリカ判例は、過失主義に立ちつつ、ルーティン・ケースならば過失推定則（res ipsa loquitur）を適用でき、被害者の損害が医師の過失を推定するが、非ルーティン・ケースではこの原則は適用されず、被害者が医師に特定の義務違反があることを立証しなければならないとする。

　以上の例でモナテリは、ルールと実務は「ルーティン・ケースならば無過失、非ルーティン・ケースならば有過失」とする点で米仏とも同一であるが、象徴的舞台背景とルールの陳述に用いられるディスコースとは両国で全く異なるという。すなわち、フランスでは「契約・厳格責任・多様な種類の債務・非ルーティン・ケースにおける過失の必要性」、アメリカでは「不法行為・過失（ネグリジェンス）の基準・過失推定則・ルーティン・ケースにおける過失の不要性」、であると分析する。そして、比較法学者によって明らかにされているように、実務上・実際上の類似性が、正当化（justifications）とカテゴリーとによって隠されていることが極めて多く、こうした技術的要素に溺れずに、法においては実務とディスコースはそれぞれ独立した生命（independent lives）を有するとするのが、フォルマントの理論の帰結である。

　フォルマントの理論は、法が実用的レヴェル（working level）に達するには、1つの伝統の固有の法的ディスコースを超えた法の脱構築（deconstruction）が常に必要であるとする。この脱構築は、比較のためのみならず法の有意義な経済分析のためにも必要であり、「贅沢でも、哲学的乱入でもない」。フォルマントの理論は法的ディスコースのグローバルな内在的批判（a global internal critique）で、反形式主義的評価を伴い、法的ヘルメノイティックの分野では意味の形而上学（the metaphysics of meaning）を嫌う。われわれは、極めて類似した現代社会において、異なったディスコースのもとに類似の実務が行わ

れているのを発見しても（実務とディスコースの独立。モナテリは、所有権の移転と契約の成立を例に挙げる）、（類似性には）共通の経済的理由があるのだろうなどと想像するにすぎない。フォルマントの理論は、このような場合には、「ルール」はリーガル・プロフェッションにとってのみ重要で、社会的には重要ではない（ルールを持つこと自体は社会にとって重要だが、どのルールを採用するかは重要ではない）、と示唆するのである。こうした例は私法理論の「古典的な」トピックに多く見られ、フォルマントのアプローチは、批判的評価を積み重ねる一方で、法における社会的に重要なものとそうでないものとを区別し、多くの法的ルールの純粋に技術的・非政治的（a-political）・専門的な進化を認めるのである。

　フォルマントのアプローチは、法の複数の「出現（appearances）」を認め、国家を、競合する法源の中の常に不安定な折衷物・妥協（compromise）であるかのようにとらえるので、法理学上の1類型である「実証主義」と衝突する。フォルマントのアプローチは、アメリカの（リーガル・）リアリズムのラディカルな形態に類似しているが、①法を理解する重要なツールとして比較を利用する、②社会的コミュニケーションおよび社会的安定（social stability）のために、実務と同様にナラティヴとディスコース（narratives and discourses）が重要であって、裁判官は1つのファクターにすぎないとする、という2点で大きく異なる。

　モナテリは以上の理由から、法的ディスコースの戦略、ルールを宣言・説明するためのレトリック装置を提唱してきたとする。彼は旧作の『提喩法（La Sineddoche)』（1984年）において、法とその解釈とを分かつshadow lineに光を当て、運用されているルールを特定するために用いられる言語的定式の中で繰り返し表れる、提喩法・代喩（the synecdoche）を解明し、宣言されたルールと運用されているルール（the rule declared and the operational rule）との衝突を指摘した。この見解は、「法（Law)」とは、創意ある法律家のエリート共同体（言語と表現形式との熟練した選択者）によって解釈された、「競合するモデルと抵触するテクスト（competing models and conflicting texts)」の産物にすぎない、と理解するので、「法」の形而上的統一性をラディカルに否定する。またこの見解は、法と認識諸科学（cognitive sciences）との内部関係を検

討する（知覚［perception］・現実・思考の関係はレトリカルなもので、論理は二次的レヴェルである）。フォルマントの理論は、様々な適用が可能であるから、比較法は、「法」の形態（figurality of Law）を描き規範的世界を再現する理論を構築するために用いうる、最善の知的装置である[58]。

(6) 以上の法的フォルマント論は、ローマ法を起源とする連続主義の仮説からは出発せず、西欧法の多文化的起源（地中海世界の古代法の相互継受）・不連続主義を前提とし、法を法源と法律家の競合する場として把握する。ローマ法の本源主義を西欧の文化的ガヴァナンスのもくろみであるとし、法の担い手の役割を重視して、伝統的比較法学の法的ルール・法システム中心の実証主義とは一線を画する。この論稿においてフォルマント論を詳細に分析したためか、次に紹介する方法論の単著では明示的な解説がなされていない。モナテリの比較法方法論を理解するためには、両者を併せ読む必要があろう。

58）*Id.*, 22-24.

Ⅳ. 「黒いガイウス」の挑戦（その2）——モナテリの『比較法の諸方法への序論』——

　本章では、比較法の方法に関するモナテリのまとまった著作である、『比較法の諸方法への序論（Advanced Introduction）』（2021年）を取り上げる。同書の推薦文において、比較法学者ジェフリー・サミュエルは、次のように高く評価している。「モナテリは、ヨーロッパの最も学識ある法律家の1人であり、古典語および現代語、法理論および比較法に、あらゆる局面で通じている。彼はまた独創的な思想家で、そのため本書は、入門書を遥かに超えたものとなっている。本書は、現在のあらゆる議論に明快かつ批判的に論及しているのみならず、若干の重要なアイディアを提供している。例えば著者は、読者が西欧伝統におけるローマ法の本質と役割を再考するように誘い、方法論で多用される曖昧でしばしばバイアスのかかった質的用語（qualitative terms）よりも、数量的方法（quantitative methods）の方が存続可能な（viable）選択肢であろう、と示唆している」。この『序論』は序文に続き、比較法の独立科学性・機能的方法、法族論、法史学との関係を論じた各章で比較法の伝統的方法の整理と批判を試み、後半の2つの章（法理論および法改革との関係）において、新たな方法論を開拓するための準備作業を展開する。第Ⅱ部で紹介した「黒いガイウス」の成果が、モナテリの比較法方法論において（特にその「比較法と法史学」の章で）どのように活かされているかに着目しつつ、前掲『序論』の内容を検討してみたい。

1. 本書の「序文」から

　モナテリは、簡潔な『比較法の諸方法への序論』（2021年）の執筆動機とし

て、比較法学が、複数の異なった・抵触するプロジェクト（several different and conflicting projects）を特色とする学問分野であることを挙げている。

　すなわち、比較法は多様な（multifarious）学問であって、2つの主要な論点をめぐり、様々なアプローチを生み出している。第1が法文化の異同の問題で、系図（family tree）の比喩を用いて、法的起源（legal origins）により説明するのが、通常である。第2の論点が将来の法改革であり、統一性と効率性を目指す法の移植と借用を通じて実現される。法移植は、伝統に根ざした樹木というよりも、文化横断的な波（waves crossing cultures）として表現される傾向がある。

　いずれの場合も、比較法の任務は、世界の法システムの分類とその相互作用の分析とにあるが、方法は様々である。波と樹木の比喩は互いに矛盾するように思われ、法移植の発生は、伝統の堅固さと法の内的一貫性とを大きく揺るがすことから（外国の波が浸透すると、法伝統はより偶発的な汚染物に見え、法文化はより混合的・雑種的なものに見え、法域は論理的で一貫した建造物というよりも、分散した特徴の不安定な束に見えるようになる）、この対照的な比喩は、比較法学の特徴である多義性（ambiguity）をはっきり示している。こうした多義性が内在するからこそ、同じテーマ（法族をどのように特定するか、法移植は可能か、なぜ法移植が生ずるか、法文化をどう表現するか、法的プロセスにおける法文化の役割は何かなど）が、比較法学においては絶えず繰り返される。

　モナテリは、比較法は、ある法システムと他の法システムとの差異を確定するという問題に取り組む試みである。類似性と相違は、純粋な・裸の事実（pure facts, bare facts）ではなく、どの変数（variables）を重視するか（法的アイデンティティの主張にあたり、どの特徴を選ぶか）を決める枠組み（framework）に依存するから、法システムを区別するための「理論」が必要になると論ずる。今日では、法改革のプロジェクトが、グローバルな規模で進められているにもかかわらず、法的アイデンティティについての普遍的に承認された理論、法伝統の素材である法規範が果たす役割の明確な理解が、欠けている。モナテリによれば、「法文化間のアイデンティティ、類似性、相違を確立するプロセスは、政策的で、非中立的で、意図的な（purposive）支配のプロジェクトであるこ

とが多い。いわゆるアイデンティティは、しばしばアイデンティティの『主張』であり、どの差異を最も重視するかは、法文化を外部の影響から隔離するとともに、他の法文化をエキゾティックなものにする（exoticizing）ための戦略として、差異を顕在化したいという願望により、動機づけられていることが多い」。

　比較法は、多様なアイデンティティから解放された・真にトランスナショナルな学問として自己を観念しているが、こうした理解については、批判的再評価が必要である。比較法の歴史を検討すれば、完全にトランスナショナルであったことはなく、むしろ国家的伝統の中に埋没し、特定の文化の枠組みと制約の中で発展し、比較法が避けるべきステレオタイプを強化していたことが、明らかになる。何が法文化を構成し、それをどう記述するかということの難しい性格（puzzling nature）は、影響と移植の理解を困難にする。法文化が堅固なものであれば、移植はほとんど生じないであろうし、法と社会の関係が緊密であれば、法移植は実質的に不可能となろうが、法の歴史からは膨大な移植の例が明らかとなるので、法と社会との複雑な関係を、比較のパースペクティヴから探究するための「理論」が必要となる。

　モナテリは、比較法の方法と目的について長々と議論されているにもかかわらず、共鳴できる理論は依然として欠けていると述べる。理論の前提（a premise of a theory）として、多様な法域の法的プロセスにおいて、法創造的エリート（law-making elites）が担う多様な役割を研究する比較法の能力が必要である。このエリートたちは、法理論や法的ルールの変容のプロセスをリードするが、同時に彼らは正統化（legitimation）を必要とする。おそらく法の自律性の理論（theories of law's autonomy）が果たす主要な機能の1つが、純然たる政治的領域を超えた正統性を法律家に提供することであり、所与の伝統のスタイルないし様式（the style or mood of a given tradition）は、特定のエリートの優位を反映する。伝統を形成するエリートたち、すなわち指導的グループないし制度の卓越した技術と方法により、各法システムが、多様なやり方で効果的に形成されるのであるから、法的プロセスの中で活動する人々の多様なタイプと、彼らが各法モデルの顕著な特徴をどのように具現化しているかを、「理論」は分析しなければならない。

これらのプロフェッショナル間の相互作用は、様々な種類のテクストを生み出す。このテクストは、法の作用を理解する場合の基本的特徴となる。いわゆる法的テクストの意味とは、実際にはプロフェッショナルが理論を生み出すことで確立される、テクスト相互間の結合（link）にある。法とは、理論に包み込まれ、戦略を追求するにあたりプロフェッショナルが承認されたスタイルに従って使用する・一揃いの結び付けられたドキュメント（a set of connected documents）として評価できる。これらのテクストの中には、ある伝統の教義（tenets）を構成する中核的価値と、原理を表す特別の地位とを獲得して、「聖典」（canonical）となるものもある。このような観点からすれば、伝統は1つのディスコース（discourse）なのであって、法伝統という観念そのものを探求する必要がある。以上のアプローチは、①法的プロセスはディスコースの競争する場として理解できる、②法の進化の責任はそのディスコースに参加する担い手（actors）にある、という2点を意味する。純然たる法規範と裁判の間には深淵があり、規範に意味を与える責任を負うのは、法的エリートである。

本書の真髄は、多様な関心・利害を有する担い手たち（actors）が、法域の独自のコンテクストの中で競い合うディスコース（rival discourses）を演じる舞台として法伝統をとらえることにより、比較法への多様なアプローチを分析するところにある。こうした批判は、理解のためのみではなく、法改革に役立つプロジェクトを推進する、法の有意義な社会的・経済的分析を行うためにも必要である。本書は、法文化の中での法創造的エリートによる絶え間ない推論的な闘争（discursive warfare）を洞察する、という比較法の任務を概観する。以上が、モナテリによる本書の序文の内容である[59]。

ところで、本書の「序文」では、フォルマント論に相当する「法の担い手」論を説きつつもその名称を明言せず、索引に「フォルマント」の語はなく、参考文献でもサッコのフォルマント論を挙げていない。2012年に発表した本稿第III部の方法論では正面からフォルマント論を支持しているが、本書を刊行した2021年には既に周知の見解であると判断したのか、それとも旧稿で十分に検討

---

59) Pier Giuseppe Monateri, *Advanced Introduction to Comparative Legal Methods* (2021), vii-xii.

したから省略したのか、いずれにせよ、すでに指摘した通り2012年論文と併せ読む必要があろう。

本書は既述のように第1章「学問としての比較法」、第2章「比較法と法的地理学」、第3章「比較法と法史学」、第4章「比較法と法理論（legal theory）」、第5章「比較法と法改革」から構成される。以下、順次紹介してゆく。

2. 学問（自律的学問分野）としての比較法

この節は①比較法学の誕生、②機能の分析、③諸構造（structures）の発見、④比喩と方法、⑤比較法の様々な利用、⑥比較法のプロジェクトをどうするか、⑦比較法かグローバルな法学か？に分かれる。

(1)「学問（比較法学）の歴史は、解きほぐせないほどに学問の過去、記憶、知的伝統と結び付いている」、とするパトリック・グレンの『世界の諸法伝統』のフレーズを引いたうえで、モナテリは、現代的な学問分野としての比較法の発生は、19世紀半ばまで遡ることができると説く。1869年には、パリに「比較立法協会」（Société de legislation comparée）が創設され、同年にオックスフォード大学に「歴史法学および比較法学」の新講座が設けられて、ヘンリー・メーンが担当者に就任したことを指摘する。

前者の比較立法協会は、フランスにおけるリベラリズムの発展を促し、外国法システムの研究によって立法の改良を図る、というプロジェクトを共有していたPaul JozonとAlexandre Ribotの2人の実務法曹が、コレージュ・ド・フランスの「比較立法の歴史および哲学」講座（1830年に設置された）担当者であった（1830年の7月革命にも深くかかわっていた）、Eugène Lerminierの普遍主義的比較法観（ドイツ理想主義・フランス合理主義・イギリスのリベラリズムを総合発展させる、という政治的プロジェクトを追求し、人民主権の原理・比較法の政治的使命を説く）を、制度的に改良・強化して創設したものである。これに対して、オックスフォードのメーンの野望は、歴史および比較のパースペクティヴから法の進化を科学的・精神的に（intellectual）理解するというもので、ギールケおよびヴィノグラードフの業績と関連しており、彼らの目的は、

（フォークロア、法人類学、慣習を極めて重視し）法的進化の自発的プロセス
を解明することであった。こうして学問分野としての比較法は、ヨーロッパで
2つのかなり異なった潮流（リベラリズムの普遍的形式としての、社会工学の
利用［the use of social engineering as a universal form of liberalism］を目指す
流れと、法的進化の精神的・知的再構成を目指す流れ）として確立し、最初の
オフィシャルな比較法国際会議である1900年パリ会議において、両者が合流し
た（アメリカについては、1895年から1910年までハーヴァード・ロー・スクー
ルのディーンを務めたジェイムズ・バー・エイムズが、1907年に比較法事務局
のAnnual Bulletinを創刊し、比較法学の発展に貢献したことなどが、指摘され
ている）。この会議は、多様な方法論的動向が初めて明確になった、比較法の
歴史における最も有名な創始の時期（the most celebrated founding moment）
として承認されている。すなわち、ランベールに代表される社会科学・比較制
度史・法的知識を統合する特殊な方法論と、サレイユが支持する様々な法シス
テムの法的調和を目的とする方法論である。パリ会議は、フランスの「比較立
法協会」の方策（「多くの立法が存在するが、法は1つである」［Lex multiplex,
Jus unum］）を採用し、国家法を超えた法の深い統一体（a deeper unity）が、
世界の諸法域をハーモナイズする統一法を漸次的に採用してゆくことを正当化
する、としたのである。

　以上の野心的な試みが、20世紀を通じてどのように発展進化し、今日でも支
配的な比較法特有のスタイル（style）と方法論がどのようにして誕生したのか
を、次節で検討する[60]。

(2)　モナテリは、エルンスト・ラーベルの『抵触法──比較研究』（Ernst
Rabel, The Conflict of Laws: A Comparative Study）によって、比較法の科学的
地位に向けた、さらなる重要な歩みが始まるとする。機能主義の父と目される
ラーベルによれば、科学としての比較法研究は、各法システムの法的経験の精
確な評価を必要とし、法的問題が法実務家によって現実にどのように解決され

---

60)　*Id.*, 1-3.

ているかに注目し、法域内でルールないし理論が果たしている問題解決機能を理解しなければならない。この方法によると、非常に距離のある（very distant）複数の法システムを機能的に研究し、類似した問題に各法システムが与える多様な解決を評価することが可能となる。機能主義は、比較法において最も普及している方法論の1つで、1940年代に社会学および人類学の分野で発展し、すぐに法律学においても重要となった。ルールの機能のみを考察することで、異なった明らかに相入れない制度の比較を可能としたので、機能的アプローチは大きな成功を収めたが、どの法システムが同じ機能を最も巧みに利用しているかを比較することにもなった。

　機能主義は、比較法学者のあらゆる課題（agenda）を解明できる独占的でヘゲモニックなアプローチとされてきたが、法制度の研究に適用された、かなり素朴な還元主義・過度の単純化（reductionism）の一形態である、との厳しい批判が加えられ、さらに近時では哲学的・認識論的観点から、その限界と理論的脆弱さが指摘されている。すなわち、主な批判は次の①②の2点である。①機能主義は多面的であって概念上の統一性を欠き、「機能」という用語は多数の目的・パースペクティヴ・知的手段（intellectual tools）を示すもので、機能主義者は、「事実性」（factuality）、ルールの「実際的」結果を強調するものの、統一的な方法論にまとめ上げることは困難である（なお、機能的方法は、理論的省察ではなく事実を基礎とするが、ここでの「事実」は、純粋に法的に評価され、法の枠内においてのみ理解される）。②比較機能主義者による法の科学の発達は、法を社会から明確に切り離すという犠牲に基づいており、法と社会は直接の交流がないので、歴史的・政治的・社会的説明は低く評価される。

　法制度の機能の研究は、異なるシステム間の比較を可能とする論理的な「共通分母」、すなわち「比較の第3項」（tertium comparationis）を構成する。もし機能が等価であれば（2つの法現象が、それぞれのコンテクストにおいて類似の機能を営んでいれば）、法比較を実効的に行うことができるが、制度の「機能」の再構成（reconstruction）は、論者自身の観点に大きく依存する（「全ての機能は、観察可能な対象ではなく、社会的対象に投影された理論である」）。「機能」の利用はラディカルな相違を曖昧にするし、（今日とは異なる機能を社会的行為や法が果たしていた場合には）他者や歴史に対する偏見を生む。機能

主義的アプローチは、法システム間の類似性を奨励する反面、相違を低く評価するため、ツヴァイゲルト/ケッツはいわゆる類似性の推定（praesumptio similitudinis）を説いたのである。そこでの機能主義は、法には共通のパタンが発見できる、あるいは多くの文化上のバリアがあるにもかかわらず、多様性を解読することで、理解の一般的なスキーム・共通の法的枠組みに到達できる、という楽観的な信仰に基づく一種の普遍主義を目指している、とモナテリは指摘する。

　このツヴァイゲルトらの見解は、文化間の差異・相違を重視する研究者たちの激しい抵抗を招き、例えばピエール・ルグランは、ツヴァイゲルトらの方法論上のプロジェクトに抵抗して、多様性の推定（praesumptio dissimilitudinis）を主張する。すなわち、普遍主義は観察者の素朴・単純さに基づく西欧の神話にすぎない、社会は衝突と闘争によって構成され、それが文化の形を最終的に形成するのであって、法制度はこの闘争の産物であるからとりわけ多様で、さらに言語・哲学・宗教のような要素が、共同体の精神を形成し独自のものにするので、容易に比較はできない、と言う。機能主義においても、こうした問題が全く意識されていなかったわけではなく、法族間での一定限度の「比較可能性」が要求されていた。ツヴァイゲルト/ケッツは、比較不能なもの同士で有意義な比較はできず、法においては同じ機能を果たすもののみが比較できるとする。しかしながら、これでは、2つのラディカルに異なる法伝統同士を対比する（bringing together）可能性そのものが疑わしく、西欧法伝統に属し、歴史・伝統・イデオロギーに一定限度の共通性がある伝統のみが有効に比較できることになり、機能主義の理論的な野望は甚だしく萎んでしまう。機能主義は、あらゆる種類の法制度に妥当するのではなく、契約法や不法行為法には極めて有益だが、宗教的慣習・歴史的伝統・族長の態度などが法システムの区別に大きな役割を果たす家族法や、基本権・社会的要請・経済的パースペクティヴの間の微妙なバランスから政策考慮が必要となる公法においては、機能的方法の利用に対する抵抗が大きい。またツヴァイゲルト/ケッツの機能的方法は、循環的・トートロジー的であるとも批判されている。

　「今日では機能主義は、規準としてのプレスティージ（the prestige of canon）と法学の時代遅れの研究手段との間を動揺している。機能主義は、依然として

248

法学者に多くをもたらすかもしれないが、多様な法システムの比較に用いる場合には、弱点がありうることを認める必要がある」。このようにモナテリは結論づけている[61]。

(3) モナテリは、「諸構造の発見」と題して以下のように説いている。比較法の方法は、機能主義が主に作用する（個別のルールに密着した）ミクロの比較と、構造主義的方法（structuralist method）が支配する（法システム全体を対比する）マクロの比較とに区別できる。人文社会科学においては、構造主義的方法は社会的プラクティスに潜む隠れた構造（hidden structures）に注目し、それを明らかにする解読のキー（the reading key）として定義できる。構造主義的方法は、法的経験を分類・区別して法家族ないし複数の法系とするために活用されたが、法族とは自然に存在しているものではなく、解釈者の選択から生まれたものである。次章では、構造（特に隠れた構造）の識別・特定は、観察者の理論と法伝統についての彼らの解釈とに依存している（構造主義は客観主義のヴェールに隠れた高度に主体的なものである）ことを明らかにする。

　構造的アプローチは、法システムを決定する要素（伝統の構造的要素）は時を超えて存続する固定したものであることを前提とするが、いわゆる法伝統は進化し、同じ要素であっても法制度の性質が変化して予期できない意味を帯びることがある。構造は常に流動的で、その特定のためには解釈を必要とする。構造主義的アプローチの基礎にあるのは、法システムの構成要素は、独立に分析されるのではなく、相互の関係において観察・評価されなければならない、法は法的枠組みを表現する個別の要素の単なる集合体ではなく、全ての要素が有機的に結合して生まれたものである、という思想である。

　20世紀後半の哲学的解釈学への転換（the philosophical hermeneutic turn）は、社会科学にも深刻な変化を及ぼし、構造主義的方法への安易な確信を暴いて、科学理論の構築にあたり用いられた概念的スキームの多様性（the multiplicity of conceptual schemes）を明るみに出した。だからといって、比較

---

61) *Id.*, 3-7.

法における構造主義的アプローチの重要な功績が消え去るわけではない。「反対に、グローバリゼーションが法のカテゴリーと概念に残した深刻な変化に照らして、構造と法族を構築することがどの程度まで可能かを確認する必要がある。比較法学者は、機能主義的・構造主義的方法、および、比較法学の方法論的多元主義（a methodological pluralism）におけるプラクティスとアプローチの多様な外形・輪郭（configuration）を、じっくりと再考しなければならない。それらの方法・アプローチの構造と関係を分析するのが、比較法理論において効果的な改革を達成するための重要な第一歩となる」[62]。

(4) モナテリは、次節を「比喩と方法」と題して、こう論ずる。ジェームズ・ゴードレーは機能主義的方法の諸前提を批判的に分析している。まず第1が概念と機能との関係についてである。機能ないし目的を有するルールは、概念によって組み立てられている。機能主義の前提は、ルールの目的によって概念自体が決定されないのならば、概念とはルールの理解を妨げる理論的抽象である、ということである。ゴードレーによれば、両極端の誤解が生まれ、一方では、目的を考慮せずに概念によってルールを理解し（19世紀の概念主義者）、他方では、ルールを組み立てている概念を目的と関係づけずに、目的によってルールを理解した。20世紀の初めに、若干の法律家が反対の極論へと振れ、ルールを目的に応じて組み立てている概念を定義する代わりに、彼らはルールの適用が不満足と思われる場合には常に利用できる切り札（trump card）として、目的（特定のルールが奉仕する目的ではなくて、全体としての法秩序［the legal order as a whole］の目的）に訴えた。

　ゴードレーが強調する法における機能的方法の第2の難点は、機能ないし方法によって何を意味しているか、である。生物学や機械工学（エンジニアリング）では、機能とは器官が果たす目的ないし機構の一部である。しかしながら、法のルールの機能ないし目的は器官や機構の一部とは異なる（法的ルールは、自身の目的を［動植物とは異なり］全く意識していないとは限らない人々、あ

---

62) *Id.*, 8-10.

250

るいは［エンジニアとは異なり］完全には意識しているとはいえない人々が採択・維持することがありうる）。それゆえ、生物学や機械工学は、それらが法史学において常に比喩として用いられるとしても、法的活動を記述するには不完全なモデルである。

比較法の機能主義は、法システムが全て同一の問題に直面し、異なる制度が同じ問題に取り組んでいると考える場合にのみ、それらの異なる制度の機能を比較できる。ゴードレーの結論は、「異なる法システムが現実に同一の問題に直面している場合に、機能主義的方法は法において作用する（works in law）」というものであるが、異なる法システムが常にそうである（直面している）と推定する必要はない。

方法の観点から、セバスティアン・マッケヴォイ（Sebastien McEvoy）は、比較法の（a）記述的カテゴリー、および（b）目的的カテゴリーの区別を提案している。ここで記述的比較とは、例えばイギリス法とフランス法、現行法と過去の法、法と言語学、法と経済学等々のように、単に何かを「一緒にする」「関係させる」ことを意味するにすぎず、目的的カテゴリーとは、学者が因果的関連を探求し、解決やそれに至る方法を評価したり批判したりできるようにするために、類似と相違を説明する。比較は、思索的研究においては類似と相違を説明するし、応用的研究においては、それらの批判的評価や、例えば法のハーモナイゼーションないし統一のための改革の提案を行う。こうしたカテゴリー化は、比較法において研究（research）を位置づける座標を提供する。比較法が明らかにする差異・多様性は、説明のための理論を必要とする一方で、熟考の対象となるとともに、批判的評価の対象ともなる。マッケヴォイにとって、学問の手続ないし方法は、その実質的結果を決定するので、鍵となるのは方法の問題、ないし多様な目的のための比較法の「様々な利用」に関する問題である[63]。

(5) そこで次に考察されるのは「比較法の様々な使用」である。モナテリは、

---

63) *Id.*, 10-12.

Mads AndenasとDuncan Fairgrieveが展開した、国際裁判所と国家の最高裁判所における比較法を利用する場合のタイポロジー（類型論）を取り上げる。裁判所が伝統的な裁判権の境界を横断して、相互に対話（dialogues）を交わす度合いが、次第に増しつつある。現在のトランスナショナルなシナリオでは、ますます複雑化する法源を重視し、バランスをとる（weight and balance）余地は裁判所に委ねられている。法源は依然として、一元的な（単一の）・国家を基礎とする認可・承認のルール（rule of recognition）に支えられるであろう。しかし、裁判所が、伝統的には閉ざされている国家システムの外部から法源を承認することを通じて、法システムを開放するという重要な結果がもたらされる。こうして、先のタイポロジーでは、比較法は以下の場合に利用可能であるとされる。①ルールないし結果を支持するため。②国家法が損なわれている場合に、比較法において規範的モデルを創造するため。③法的ルールの効果について、事実上の仮定を再評価する（review factual assumptions）ため。④特定のルールの普遍的適用可能性の仮定を再評価するため。⑤国内法における権威を覆すため。⑥国内法の諸原則を発展させるため。⑦ヨーロッパ法および国際法の適用問題を解決するため。

　比較法の利用が便宜主義的であると批判され、裁判所が比較法を利用することに一般的に反対する見解もあれば、比較法の利用方法を発展させることに好意的な見解もある。AndenasとFairgrieveの指摘によれば、比較法が、拘束力はないが最も説得力のある根拠ないし議論を提供できる場合に、比較法に自らの好む結論を支持してもらおうと思わない裁判所ないし裁判官は、彼らが提供する理由づけにおいて、しばしば比較法の議論を無視する。Basil Markesinisが大いに強調したように、裁判所における比較法の利用はもっと一貫していなければならない。

　比較法はもはや非実践的な学問分野ではないが、この新たな自覚は、学問的分野にとって若干の負担（pressure）となる。比較法学が拡大した結果として、それが学問分野として有していた共通語（common language）、1世代前に持っていた学問の一体性（coherence）が完全に失われた。現段階では、広範な諸見解が存在し、相互に根本的に対立していることもあり、建設的な比較法の議論（discourse）は、少なくとも共通語というコアを再発見する必要がある。

信頼できる方法を備えていなければ、いかなる学問も知的な尊敬（respectability）を求めることはできない。方法について最も緩やかな表現を用いて、比較法を「認識方法（cognitive method）」と考えるアプローチもあれば、方法と科学性（scientificity）とのより特殊な結び付きを援用する論者もいる。方法を強調する比較法学者でも、単一の方法が優先すべきかどうかについて、見解が分かれる。全ての比較法の方法上の基本原則とされるのは、ある比較法学者たちにとっては、機能性（functionality）である。パトリック・グレンのような、その他の有力な比較法学者たちは、特定の方法を推奨することは拒み、「排他的方法は存在せず、多様な方法の長所や欠陥についてあれこれ言うべきではない」（グレン）と述べている。さらにピエル・ルグランのような別の論者は、「伝統的に方法としての比較法という用語で言い表されてきた議論は、知的学問（intellectual discipline）としての比較法に、否定的でおそらくは馬鹿々々しいと感じさせる（negative and potentially stultifying）影響を及ぼす」と述べている。

　それでも、比較法を方法としてとらえることに疑問を呈する声は、依然として周辺的なものにとどまり、比較法学者の圧倒的多数は、方法の重要性を強調し続けている。Simone Glanertは、方法は依然としてあまり理論化されておらず、鍵となる問題点は十分に言及されないままであるという。Glanertによれば、方法は客観的ではなく、いかなる方法も時間と空間に位置する特定の個人が生み出すものであり、「誰かの」方法なのである。さらに、方法は思索的なもの（speculative）で、学問的作業は特定の観察者により生み出されるので（これが「再現」すなわち新たな出現である）、必然的にそれは単なる記述以上のものである。方法は、比較法学者が無視できない認識論上の重要な限界（important epistemological limits）に服する。Glanertは、比較法の分野において有力な方法のイデオロギーに挑戦しようとする。Glanertが探求するポスト方法論的形態（post-methodical configuration）とは、比較法学者が、所与の方法論的アジェンダを繰り返し実践する代わりに、彼ら自身が戦略的決断の責任を負うように働きかける空間（an agential space）を再要求する、というものである。

　ジェフリー・サミュエル（Geoffrey Samuel）によれば、これらの比較法学

者の主張から、認識論上の根本問題がいくつか存在することがわかる。自然科学においては、論争は通常は経験的・客観的事実との対応を参照することで解決される。社会科学においては、そのような因果関係の分析（causal analysis）は、遥かに複雑で議論の余地があり、多様な枠組み（different schemes of intelligibility）を通じて、現象を理解しようと努めることができるにすぎない。しかしながら、多様な枠組みは多様な知識をもたらす可能性がある。法のような学問において、「固有の真理（inherent truth）」は実際に存在するのか、それとも、提案されたモデルや理論の一貫性およびその理論に関する共同体のコンセンサスを通じて、その「真理の価値（truth value）」を把握するモデルと理論が存在するにすぎないのか。サミュエルが強調するのは、比較法におけるこの種の議論で「真理」に訴えるのは、ミスリーディングであるということである。比較法学者は、対比と対抗（contrast and opposition）という技法によってのみ知的構造の意味を理解できる。観察された法システムの特質（properties）は、その対象それ自体に帰属する内在的特質ではなく、観察者によって知的に構成された、理念化された諸関係（idealized relations）なのである。

それゆえ、比較法における方法論議は、単に法に関する議論にすぎないのではなく、おそらく、比較法学者の役割に関するより重要な議論なのである[64]。

(6) そこで、「比較法のプロジェクトをいかに実行するか」が次の課題である。ギュンター・フランケンベルク（Gunter Frankenberg）の批判によれば、比較法は、その中立性を表明するような文化的バイアスのかかった、客観性への信仰から解放されるべきである。古典的比較法の科学主義に対し、フランケンベルクは、パースペクティヴの問題が比較法学の議論における中心的かつ決定的要素であることを認める「批判的アプローチ」を提案する。機能に基づいて制度の相同性を肯定する（homologizing）代わりに、彼は外国の法システム・法文化・法制度をそれ自体の価値によって（in their own right）承認する戦略、すなわち、距離を置いて異別化する（distancing and differencing）という一対

64）*Id.*, 12-15.

の作業を中心に置く戦略を提示した。このアプローチは比較法学者に、彼らの世界観を中心とせず（decenter）、意識的に比較の空間における主体性・主観性（subjectivity）およびコンテクストを確立し、観察者のパースペクティヴを考慮するように要求したのである。フランケンベルクによれば、比較法の使命と方法は、法律業界の目下の圧倒的な必要性からも、規範・判決・ルール・原則が「機能的に適合すること（functional fit）」に対する崇拝からも、これまで以上に遠い距離を保つべきである。比較法学者は、法的多様性を煮沸・殺菌消毒するのではなく、その中身を取り出し、詳しく説明し、解釈すべきである。

　比較法学者が彼らの世界観を中心に置くべきでないという要請は、比較法を「破壊的学問」（subversive discipline）であるとするワット（Horatia Muir Watt）も強調している。自由民主主義における市民社会の前政治的体制（pre-political constitution）を提示できると信じられている、（財産、プライヴァシー、契約のような）いわゆる自然的法概念（natural legal concepts）は、実際は文化に依存した構成物である。同じことが、法典・判例法・帰納法（induction）のような、リーガル・リーズニングを構築する方法そのものにもあてはまる。ワットの認識論上の疑問は、より政策的（political）な批判へと道を開いた。すなわち、これらの構成物（constructs）は、実際は様々なイデオロギー的目的と結び付いており、それらのいわゆる自然的特質は、法の古典ローマ起源の「純粋性（purity）」、法典の無欠缺性（immutability）、コモン・ローの進化主義（evolutionism）のような神話に支えられている、という批判である。「破壊的比較」は、西欧の法伝統から派生し、潜在的ユス・コムーネという形でのローマ法の共有された遺産からしばしば生ずるものとされる、法的カテゴリーの先祖伝来の共通の核心（common core）に対抗するために設計された。そのようなコンテクストでは、そして、法的変革の歴史からは相互の借用・相互の刺激・法制度の植民地的輸出という興味深いパタンが顕著であるものの、共有された法的遺産を証明する法的ルールや実践的解決は、（貧血症的といわないならば）本質的に技術的な法律観（an essentially technical view of the law）を一般に前提としており、そうした法律観においては、法の政治的（政策的）局面は軽んじられ、認識論的および文化的相違は無視される傾向にあった。近時は、「批判的比較法」「破壊的比較法」に続く第3の挑戦が、グローバル・ガヴァナ

ンス（global governance）の分野において出現している。比較から「トランス
ローカル・ナレッジ」の形態（a form of "translocal knowledge"）が生まれる、
という議論が再び要求される。

　ヤーッコ・フサは、古典的機能主義のパラドックスを告発・弾劾する一方で、
以上の新たなアプローチないし非主流的アプローチは、方法論的な意味で明確
なアプローチ（研究をどう進めるかについての体系的なやり方）を何ら提示し
ていない（主流派［orthodoxy］に代わる選択肢を提供したのではなくて、そ
れに対する批判を積み重ねたにすぎない）、と論じている。非主流的比較法は、
旧来の主流の機能主義が持つ簡明さに匹敵する新たな方法を提供することはで
きないように思われる。体系的で秩序正しい研究方法に代わり、批判的、代替
的、ポストモダン、文化的、脱構築主義的、あるいは非主流的比較法/比較法
学と、どのように呼ぼうとも、新たなアプローチと志向（orientations）は、
あまりに数が多すぎて、その内容を一般化して述べるのが困難である。フサは、
比較法学はたかだか「多様性の解釈学（hermeneutic of diversity）」にすぎない
とするルグランの理論を標的とする。ルグランによれば、比較は、統一ではな
く多様化する効果（multiplying effect）を有すべきで、「差異の探究（investigation
of difference）を第1かつ基本としなければならない」。フサからすれば、ルグ
ランの思想は実際のリサーチ・プラクティスに何も提供しない。大雑把な方法
論上のルールを提供する代わりに、ルグランは、ルール志向的アプローチでは
確実に接近できない文化と深層構造（deep structures）に集中する道を選んだ。
フサは、平均的比較法学者の助けとなる研究の技法（craft）を提供しようとし、
方法論の柔軟な理解を提案する。フサの結論は、エシン・エリュジュ（Esin
Örücü）とあまり異ならない。比較法/比較法学の真の伝統（true tradition）は
1つしかないわけではなく、多数存在する。これらの複数の伝統は、部分的な
いし全面的に相容れないかもしれないが、依然として法の比較研究のための正
統的なスタンダード（legitimate standard）と考えられている。実践において
は、多様な専門的スキルを備え、複数の方法と方法論を利用する、研究グルー
プによる法の比較研究へと向かうことが提案されている。この立場は、多元主
義（pluralism）と、ポストモダンでも主流派でもない中間的位置とに与するも
ので、賢明で穏健ではあるが、比較方法論のこのような柔軟な理解は、方法の

精確な指示（precise indication）を殆ど何も与えないであろう。チームワークの薦めは、解決しようとしている認識論上の問題点（epistemological issues）を避けることになる。

　比較法の認識論上の諸問題は、比較法研究における2つの持続的な態度（persisting attitudes）を区別してきたファン・ヘッケ（Van Hoecke）による分析の中心となった。殆どの比較法研究は、驚くほど無邪気な認識上のオプティミズムを示しており、あたかも、法システムの比較が、特殊な認識論上の問題を含まないかのように、あるいは比較研究が、法理論家に任せて差し支えない、より理論的な問題からは切り離して実行できるかのように、比較を行っている。他方で、強力な認識論上のペシミズムから、法システムの調和はもちろん、比較可能性も全く否定する見解がある。ファン・ヘッケは、この潮流は双方ともにバイアスのかかった現実認識（a biased view of reality）であると考え（認識論上のペシミズムは、理解についての完全主義者的見解である。無邪気な認識論上のオプティミズムは、比較法は何の方法もなくても十分うまくやってゆける、すなわち単純に観察するだけで自動的に相違点と共通点を「見て取る」ことができる、と考える）、「機能的方法」ないし方法論的懐疑主義を超えて、比較研究の方法論を解明しようとする。出発点となるのは、比較法学者は固定した方法論的地図（road map）ではなく、「道具箱（tool box)」を必要とし、ルール志向ないしケース志向の比較法の外部にある、大半が気づかれていない公表済みの研究（largely unnoticed published research）が、比較法研究に役立つ多様なアプローチを提供する、という着想である。ヘッケによれば、それらは補完的で、相互排他的ではないため、多様な方法を結び付けることができる。かくして、比較法学者の道具箱には、以下のような方法論的契機（opportunities）が含まれる。

・現実の社会問題と、多様な法域で類似したあるいは異なる結果とともにそれを解決する方法とに着目する、機能的方法（例えば、純然たる経済的損失［pure economic losses］の補償があるか）。
・共通の部分と差異とを探知する方法で、多様な法システムの法的概念とルール（例えば、所有権）を分析する、分析的方法。

第2部　　比較法の方法　　*257*

・法の枠組みないし分析的アプローチで再構築された諸要素の枠組みに焦点を
　合わせる、構造的方法。
・法システム間の相違点と共通点を理解し、それらがどの程度まで、深く根ざ
　した伝統に属しているかを決定するために、殆ど常に必要な歴史的方法。
・法の現在の社会的コンテクスト——必要な場合には、文化的、経済的、心理
　学的、宗教的などのコンテクストを含む——に着目する、コンテクストにお
　ける法（law-in-context）の方法。

　ヘッケの提案は、多様な方法とアプローチとを結合して、よく整理された道
具箱に収め、各方法の果たす機能を明確に指摘している点で、比較法における
何らかの研究プログラムの構築にあたり従うべき道として、かなり魅力的かつ
明らかに有益である。それでも、彼の洗練された有益な提案は、ここでもまた
認識論的問題を解決するのではなく、それを避けている。全ての方法はそれ自
体固有の難問を抱えているから、1つの方法にもう1つ別の方法を加えるのは、
問題を解決するのではなく、実は問題を増加させるのである。例えば、機能主
義の批判者は、構造分析が追加されることが保証されても、それで満たされは
しない。この場合、多元主義（pluralism）を持ち出すのは、主流から離れると
いうよりも、それを再強化することである。さらに、次章で探求されるように、
類似点と相違点とを分類し説明するために、多様な原則を混ぜ合わせること
（mixing-up）は、エスマンから、ダヴィッド、ツヴァイゲルト/ケッツに至る
比較法における永続的特徴（enduring characteristic）であった。これらの古典
的な著者たちは、彼らの理論と分類とを製造するために、常に多様な分析的・
機能的・歴史的・政治的ファクターを参照してきた。極めて有益で長所に富む
が、ファン・ヘッケの提案は比較法に対する古典的見解を再生したもの
（renewal）である[65]。

(7)　第1章の最後は、「比較法かそれともグローバル法学（global legal studies）

---

65)　*Id.*, 15-20.

か？」と題されている。モナテリは、ガヴァナンスと改革のプロジェクトとして今日も通用し、法学者の想像力を依然として支配している世界の法的地理学（a legal geography）を、これらの古典的見解がどのように創造したのかを明らかにするために（unpack）、これらの見解を再評価することが必要であるとする。比較法は歴史的に、法的アイデンティティを特定・構成・形成するために用いられてきた。しかしながら、グローバリゼーションあるいはワールドワイドな金融改革と、潜在的でグローバルな力（power）としての中国の出現によって、複雑で多様化され、時には断片化した規制の風景（a regulatory landscape）が生じ、比較法の伝来的方法論を変えつつある。とりわけ、グローバル・ファイナンスにおける3つの主要な2項対立（core dichotomies）、すなわち、プライヴェートとパブリック、グローバルとローカル、西と東が、問題とされてきた。法的関係のグローバル化における主要なテーマは、ヨーロッパ連合、世界貿易機構、世界銀行のような超国家的な源泉を含む、規範性の新たな源泉（new sources of normativity）が登場したことである。さらに、中国は国際金融市場における・規範性の新たな非西欧的源泉（a new non-western source of normativity）の役割を果たしている。

　ケリー・チェン（Kelly Chen）は、超国家的でグローバルでトランスナショナルな規範設定者（norm-setters）と、多元的な規制秩序とから構成される法的風景（legal landscape）とにおいて、どのように比較をなすべきかと問題提起をしている。主流の比較法は国民国家の実定法、特に私法における実定法を中心としてきたが、グローバリゼーションと、私法と公法との複雑な相互作用とによって形成された金融法は、特有の比較の技術とスキルを必要とするため、21世紀の比較法の方法論議にとって、金融法は中心的ケースとなりうる。チェンは、比較研究の多様性は柔軟な方法論的アプローチを必要とするが、方法論の若干のコアは必要であろう、と正しく論じている。グローバリゼーションは比較法に3つの主要な課題を課した。すなわち、私法と公法の境界線が次第に曖昧になってきたこと、新たなグローバルな規制手続の出現、ヨーロッパ中心主義からの移行、である。新しい方法には、法システムの収束と分岐のみではなく、国家法ないし法族のスタンダードな枠組みの外側で、新たなグローバルな規範性の源泉（new global sources of normativity）によって形成された（非

伝統的な法創造プロセスから生まれた）法的風景を比較することが、求められる。

　こうした挑戦は、比較法に対し自己批判的アプローチを要求する。比較法学者は、文化の異なる規制システム（regulatory systems）や、伝統的諸法文化を超える新たな規制システムを比較する場合に、東西を問わず存在する、基礎にあるバイアスを意識すべきである。チェンがグローバルな金融システムによって述べているように、比較研究のみが、多様な金融規制の枠組み相互間になぜ類似点と相違点が存在するのかについて、深い分析を提供できる。

　次章は、世界の法伝統の分類の背後にある、意図的で非中立的なプロジェクトを暴き出すために、法族が構築された方法を批判的に復習する。法的世界の地図は、世界の法秩序の再現前（representation）およびグローバルな水準でのガヴァナンスのプロジェクト（projects of governance）のための、本質的な要素である[66]。

3. 比較法と法的地理学（legal geography）

（1）この章は、①法の地図、②伝統と独創性（originality）、③言語・宗教・空間、④世界のシステムのパノラマ、⑤歴史・イデオロギー・様式（styles）、⑥価値と半球（hemispheres）、⑦効率性の地理学？、の全7節からなる。

　比較法理論は世界を比較的少数の法的・政治的組織に分けるのに役立つ（世界秩序の形成）、というのが伝統的比較法教育の前提であった。理論上問題とされたのは、「分類（grouping）」の背後にある特殊な論理、すなわち、異なる起源を有する異なる法族の形で、地球のグローバルな実体（reality）を表すために採用された諸原則である。記述（a narrative）を通してノモスの地理学（a geography of the nomos）を実現しよう、というこの試みは、世界の空間的構図を生み出す場合の比較法の強烈な力を示す。各法族は、グループの原型・起源（origin）であるとともに法族全体の代表として機能するシステムを有する

66）*Id.*, 20-21.

260

（例えば、コモン・ロー族におけるイギリス法、ヨーロッパ大陸法族の先祖としてのローマ法、近代法典を有するヨーロッパ大陸法域の鋳型としてのフランス法）。

　この分類方法に対する批判として、イギリスがコモン・ロー族の代表的モデルであるとすれば、比較法学者は例えばオーストラリア法をイギリス法の輪郭の内部で（within the contours）描写し、その（オーストラリア法の）特殊性をモデルの変種（variance）とするとともに、オーストラリア法の知識のギャップをイギリス法の知識で埋めようとする、と指摘された。代表の持つイメージが、代表されるもののイメージに取って代わる傾向があり、原型モデルが派生したシステムよりも上位を占めるというヒエラルヒーを生み、二重のヒエラルヒーを生み出す結果となる。一方が、「巨大法族」（ヨーロッパ大陸法、コモン・ロー、イスラーム法）とその他の諸システムとの間の世界的ヒエラルヒー、もう1つが各巨大法族内部のヒエラルヒー（各巨大法族を代表するシステムが、その内部のそれ以外のシステムの上位に立つこと）である。「これらの分類は、代表（representation）という言葉に根ざしている（are rooted）。あらゆる法システムは機能的に一種の人間として表現され（represented）、これらの人々が集まって家族となり、各家族にはそれ自身の代表者（spokesman）がいる。こうして、法の不可視的で非生命的世界は、『リヴァイアサンたち』すなわち法的・政治的組織体の集団（legal-political bodies）の劇場として、生命を獲得し、その人工的かつ幾分恐ろしい性格は、家族に再統合されたイメージによって和らげられる。世界におけるこれらの組織体の空間的混乱（the spatial dislocation）が存在するため、法システムを分類しその地図を作成するという科学的・認識論的問題は、グローバルな空間性（global spatiality）、そのガヴァナンス、代表性を可視化すること（its visual representability）、という政治的・政策的問題となる。方法の観点からすれば、比較法は、異別の・時には整合的でない諸原則に基づく表現（ないし代表）の諸形態（forms of representation）を歴史的に生み出してきた、ということを指摘しておく必要がある」（モナテリ）[67]。

---

67) *Id.*, 22-23.

(2) エスマン（Esmein）の学説を中心に、「伝統と独創性（本源性）」が続いて検討される。20世紀の初めにエスマンは、世界の法をローマ、ゲルマン、アングロ・サクソン、スラヴ、イスラームのグループに分割する最初の理論を提唱し、分類のための原則として、独創性・本源性（originality）の原則を採用し、各グループをその独創的な法観念（conception of the law）によって区別した。ローマ、ゲルマン、イスラーム、アングロ・サクソン、スラヴ的法観念は、世界の多様な法システムの地図を作成する際に考慮すべき、法の多様な発現（occurrences）を代表する理想型（ideal types）とみなされた。

　エスマンの観念（conception）全体が、暗黙の裡にではあるが（implicit）ロマン主義美学に由来している。ロマン主義では、独創性・本源性とは、天才の刻印を伴った芸術作品の特徴なのである。エスマンにとって、法に関するローマ人の天才はアングロ・サクソン人とは異なったもので、否定することはできない。独創性・本源性の主張は、一連のフォークロア研究と近代言語の根源的なインド・ゲルマン的ルーツの研究に始まり、ロマン主義に典型的なものである。

　しかし、このような理解によれば、法文化相互の相違は、多様な法様式（legal styles）の非凡さ（singularity）を比較法学者が知覚する能力により把握される。そのような探求方法を採用するなら、現代の法システムは、主に彼らの美学（aesthetics）を通して特色づけられた、多様な正義の観念の「活人画（tableaux vivants）」（科学的方法を超えた類推と印象）となってしまい、批判を免かれない。

　ただ、現代の科学的基準に即したものではないが、エスマンの分類は強い魅力を備えている。彼の分類は、その美学的イデオロギーを超えて、20世紀の初めから政治的に組織されていたグローバルな空間の深い構造をとらえている。エスマンの理論は、世界空間の状況を、ヨーロッパの国家間の法と政治（interstate law and politics）によって形成されたものとして描き、5大法族に分かたれた世界の空間は、ヨーロッパの覇権国家（powers）の5つの主要なグループに細分された。すなわち、ローマ的法典を備えたフランス帝国と文化的に支配されたラテン姉妹国家（イタリアとスペイン）、それ自身の法典を持つドイツおよびオーストリア帝国、ロシア（スラヴ）帝国、英帝国、オスマン（イスラーム）帝国である。「政治的観点からすれば、エスマンのロマン主義的見解

は、政治的および文化的影響の範囲内で地政学的に細分化された（geopolitical subdivision）ヨーロッパ列強の協調、国際法の発展を特色づけるヨーロッパ列強間の国際的協議の実践、商事および金融の多くの分野において法統一を実現するための努力、を反映している。これらの考察から示されるのは、比較法において、一方にはナラティヴ（narrative）が存在し、他方では地政学的用語上の意味（meaning）が存在するということである。エスマンの記述の骨子・要点（gist）は、独創性（本源性）と法様式の美学（an aesthetic of legal style）であるが、その意味するのは、帝国間での権力関係および影響の範囲における権力関係のポートレートである」。

　エスマンの時代を通じて、フランスとドイツの間にヨーロッパ大陸における支配権を求めて激しい対立が存在したが、エスマンの分類は、ヨーロッパ大陸法伝統がロマンとゲルマンという2つの異なったグループに流れ出したことを伝える。「前者は、1804年の法のロマン的法典化（Romantic Codification）があり、ローマ時代に始まる長い進化の最終段階がナポレオン法典であるために、特にフランスによって代表される。したがって、フランスはローマの真の継承者としての特別の役割を有する。ローマの鋳型（templates）に基づき法典化を行ったドイツは、1900年にようやく法典化を実現したために、ローマの子孫としての地位をエスマンによって剥奪され、純粋にゲルマン的と性質決定される、かなり異なる伝統の代表となる。このためエスマンは、フランスに（同じ血統［lineage］を有すると誇ることができない）ドイツよりも若干高い地位を与えることが可能となった。フランスのためにのみローマ的遺産を主張しようとするエスマンの努力は、ドイツ民法典の構造を作った者（framers）は殆ど全てがローマ法の教授であったから、非常に特殊な考えなのである。フランスやドイツのシステムと同様に、ローマ的カテゴリーを基礎とし、ドイツよりも殆ど1世紀先んじていたオーストリアの法典が全く考慮されていないことも興味深い」。

　ドイツは、フランスがよく代表しているローマ的伝統から遠ざかったものとして異種扱いされ（exoticized）、オーストリアはドイツ・グループの内部で小さな役割を果たしているにすぎない。これはフランスのパースペクティヴが反映した、当時の大陸列強のランキングである。エスマンによるロシアの取り扱

いも、類似のパタンに従う。明らかに西欧モデルに刺激され、同じローマ的観念（概念）を使用して表現された近代法を有するロシアは、さらに別のグループすなわちスラヴ法のグループを代表する国家として、異種扱いされていた（exoticized）。エスマンは、スラヴ法は、異なる特徴の法的装置（a different genius for legal arrangements）および異なる正義の観念を有すると考えていた。

　方法の観点からすれば、ある法システムを異なるグループに位置づけるために重要な特徴がどのように選ばれたのか、比較研究において何がマーカー（目印）となるかは、分類のために重要なポイントである。エスマンの場合には、グループの目印（marker）は、その「独創性（本源性）」であって、そのために彼の理論全体がかなり主観的で、ほぼ確実に美学的なもの（aesthetic）となっている。独創性（本源性）のマーカーは、実際には解釈に依存しているがゆえに、客観性のテストを通過することは殆どできない。もしこれらの諸伝統の特色を異なるやり方で解釈すれば、ロシア、ドイツ、フランス法は同一のローマ的伝統（Romantic tradition）の3つの変種（variants）にすぎないことが肯定できる。変数（variants）の軽重を変えることによってグルーピングも変化する。

　エスマンの分類から得られる方法上のポイントは、観察者の視点に大きく依存せず観察者自身のランクづけへの関心にも依存してもいない分類を、どうすれば構築できるかを考えることである。したがって、「エスマンの分類に示唆されている、もう1つの重要な方法上の問題とは、観察者の無意識のイデオロギー（the unconscious ideology）である。エスマンは彼の時代の国際関係の背景（setting）を決して意識的に描こうとしたわけではないが、独創性・本源性に基づく彼の方法の結果としてその背景を再現している。エスマンは、当時の国際的な代表者たち（活動主体）（agents）の不確定（偶発的）な力関係を、法的進化の科学理論（scientific theory of legal evolution）とされていた持続的な枠組み（an enduring frame）の中に結晶化した。彼は世界の状態を、スラヴ、ドイツ、フランス、イギリス、イスラームの異なった正義の観念に基づく必然的なものとして正当化した。さらに、エスマンの分類では、アフリカないし極東の場所が存在しない。イスラーム法は、オスマン帝国の持続的重要性ゆえに考慮されている。しかし、例えば中国の法観念は、その明白な独創性・本源性

264

にもかかわらず、当時の国際的な列強ではなかったために、全く正当には考慮されていない。日本はようやく列強の数に入りかけていたために、何の役割も果たしていない。ヨーロッパ人はヨーロッパ諸国を国際法の主たる担い手（actors）と見ていたために、エスマンが独創性・本源性という理由によらずに、世界をそのように描いた点でエスマンの理論は正しかったのである。比較法においては、（古い国際法の特徴である）利害関係のある領域（spheres of interest）——主要な列強が、小規模な権力（minor powers）を保護する役割を想定する大きな空間——という典型的な仕組み（devices）が、若干の国家を、関連する法域のより大きなグループの『代表（representative）』と想定する仕組みとなる。エスマンへの批判は、比較法それ自体の、より深いイデオロギー的批判にわれわれを導く。これは彼の科学理論（scientific doctrines）のテクストに埋め込まれた——代表（representation）におけるバイアスのみならず、文化的支配のプロジェクトを育てる——暗黙のイデオロギーへの批判である。法の分野における支配の主張は、ハード・パワーの物質的世界のみならず、ナラティヴを準備する能力（capacity to mount a narrative）に代表されるソフト・パワーにも及んだ。若干の法システムは『精神史』における独創的・本源的段階を代表していることに由来する文化的正統性（a cultural legitimacy）を帯びるであろう。比較法理論には、正統性に向けた努力と法の分野におけるソフト・パワーの行使とが、暗黙の裡に示されているであろう」[68]。

(3) 地政学的重要性と比較方法との関連は、レヴィ・ウルマン（Lévy-Ullman）の提案にも見られ、大陸法グループ、英語圏諸国のグループ、イスラーム法域に分けられている。最初のグループは、大陸という空間的特色により明確に特定され、ヨーロッパ諸法は、地理的理由から関連したものととらえられている。伝統や祖先は、地理的要素ほど決定的ファクターではない。スラヴ、ゲルマン、フレンチ・ローマンというグループは、「海の法」という表現に対して、「陸の法（law of the earth）」という表現で、1つのグループに統合されている（支配

---

68) *Id.*, 23-28.

の大きな空間の、2つの対立形態）。イギリス帝国がユーロ・アジア大陸全体に発展していた当時の、海のコントロールによって効果的に結び付けられた支配であり、深い政治的意味を有しうる対立であった。

ただし、レヴィ・ウルマンは、彼の前提に最後までは従わず、各グループにつき3つの異なった基準に基づく分類を考案し、一方では「大陸」、他方では「言語」や「宗教」といった異種の（disparate）カテゴリーを用いながら、ヨーロッパ・ブロック、イギリス圏（Anglo-sphere）、イスラーム圏（space）を素描している。ここでもまた、理論構造は根拠を欠くが、その内容は意外にも有意義なところがある。「『宗教』を用いると、ヨーロッパの地理学的パースペクティヴからイスラーム空間を扱うことの難しさが明らかになる。世界空間の概念は、文化的戦略観（cultural strategic vision）に応じて大きく異なりうる。例えば、地球を諸大陸、とりわけユーラシアを多様な大陸に分割することは、ヨーロッパ人の空間的想像力を表している。例えば、ジブラルタル海峡、ダルダネス海峡、カスピ山脈（the Caspian Mountains）のように。イスラームの観点からすれば、これは分割点ではなく、むしろいくつかの橋（bridges）、各エリアを単一の空間に結合するポイントなのである。この観点からすれば、アフリカ、アジア、ヨーロッパの区分は重要ではなく、いずれも世界の割れ目を示すヨーロッパ人の分割地点（breaking points）で、それぞれが統一的な単位を表す。シナイ山（Sinai）とエジプトをつなぐ狭い土地は、ヨーロッパ人から見れば、大陸間の分水嶺（watershed）であるが、見方を変えればそうではなくて交流の道（way of communication）なのである。コンスタンティノープルは、割れ目というより通過地点を表す。イスラーム空間は独自の特性、それ自身の統合と分離の論理を有し、ヨーロッパの空間構造とは異なる政治的意味を持つ。そのような空間を、独自の自立したもの（autonomous and independent）として特定したレヴィ・ウルマンの手法は、かなり啓発的であったが、この空間を特定するために『言語』や『大陸』といったカテゴリーを用いることができず、『宗教』に言及することを決断し、適正な比較考察を曖昧にするステレオタイプの登場を招いた」。

ここでは、宗教以外の方法で法制度をうまく説明できるのに、宗教が理解の鍵とされてしまう。例えば、一夫多妻はイスラーム前から存在し、高利の禁止

はローマ時代に始まり、「イスラーム・ヴェール」は、イスラーム前に地中海沿岸に広まっており、政治神学は主にビザンティン起源であるにもかかわらず、宗教を分類の基準・強力なファクターとして用いると、これらの対応・並行する制度（parallels）の存在が曖昧となり、近代世俗世界としての西欧というステレオタイプを再生産するにすぎない結果となる（オリエンタリストのエキゾティック化戦略）。

　偏見が頂点に達したのが、人種概念による分類を行ったザウザー・ハル（Sauser-Hall）の見解で（そのモデルは初期の比較言語学である）、比較法が協調と開放ではなく差別と覇権（differentiation and hegemony）のプロジェクトにも与することが明らかになった。彼の人種概念は、「地理学、言語、文化的類縁性（affinity）」で特定され、「文化的類縁性」は全面的に観察者の主観的判断によるので、政治的・方法的なバイアスを免れない。この議論は、多様性（diversity）をどのように位置づけるか、という比較法学の重要問題を提出した。2つのシステムの文化が異なるから、その両者は異なるといってみても、殆ど無意味である。文化とは科学以前の概念であって、差異を生み出す未知のブラック・ボックスの代用品としてよく使用される。

　以上のヨーロッパの法システムの分類理論が示すのは、①比較理論は、空間・言語・宗教といった指標の混合（mixture）でなければ、独創性（本源性）ないし類縁性といったかなり曖昧な概念に基づいている、②「比較法理論は緩やかな構造を持つが、世界のイデオロギー的構成体（constructs）としての意味、多様な正義概念の中にあって至高の地位を求める闘争としての意味を、依然として持ち続け、それゆえこれらの理論は、文化という名で非科学的な状態にとどまる神秘的な場所に集まりがちで、本質的に論者の観点に基づくバイアスがかかる傾向がある」、③法伝統の有意義な分類を達成しようとするヨーロッパの初期の努力には、方法において甚だしい矛盾が見られた、という3点である[69]。

69）*Id.*, 28-31.

(4)「世界のシステムのパノラマ」と題された次節ではアメリカに目を転じ、ジョン・ヘンリ・ウィグモア（John Henry Wigmore）を中心に、やや異なる形で展開された方法論をモナテリは検討する。

　1928年にウィグモアは、それまでのヨーロッパの比較法学者以上に、美的性格を意識的に肯定する「絵画的（pictorial）」方法に基づく法伝統の分類を試みた（ウィグモアの『世界の法システムのパノラマ』には、正義と法の担い手、エジプト・中国・ギリシア・ユダヤの法観念を象徴的に表現している25枚の絵が含まれている）。彼は文化的コンテクストに応じて、原始法、古代法、ユーロ・アメリカ法、宗教システム、アフロ・アジア・システムの5つの法文化を提唱した。ヨーロッパに共通であったフランス、ゲルマン、スラヴの区別ではなく、アメリカを表舞台に立たせるために、ユーロ・アメリカ法の区分を採用し、さらに過去と現在の間には、ローマ法を現代法から遠く隔て、「古代法」（古代エジプト・古代ギリシア法）のグループに帰属させる深い歴史的分裂が存在する、と主張した（ヨーロッパでは、常にローマ法が近代法のモデルとされていた）。ウィグモアの分類に見られるバイアスは、原初法は全て類似していて比較可能であるとし、宗教法は全て単一の大家族に位置づけられるとし、明確な関連性を欠く「アフロ・アジア」を単一のシステムとした点にある。ウィグモアの分類は、法および法的進化への貢献能力の点で、アメリカをヨーロッパと同等の地位に置こうとする最初の試みである。とりわけ「原住民（primitives）」は、ウィグモアにとって、（独立の研究分野としての）「インディアン」「ネイティヴ・アメリカン」の権利との関連で、特殊アメリカ的な意味を有していた。

　こうした視点の移行は、ローマ法の観念に重要な破壊的効果を及ぼした。ヨーロッパの分類では、現代法システム誕生の基礎として「ローマの神話（myth）」に言及する必要があったが（エスマンは、ローマ法は世界の主な生ける法の1つで、フランスはローマの伝統の継続として意義があるとした）、ウィグモアは、ローマ法は過去に属する「古代法」で、歴史はもはや正当化根拠にはならず、確実な法改革につながるのは「ユーロ・アメリカ」の法観念、「西洋的価値（Western values）」というポリシーであるとした。

　1934年には、アルゼンチンのエンリケ・マルチネス・パス（Enrique

268

Martinez Paz）が、法の「現代デモクラシー的（modern-democratic）」概念、すなわち政治的要素による法システムの分類を提案した。パスは、法システムが古来の慣習（ancient customs）または「現代民主主義的」要素によって、どの程度影響を受けているかを、比較法学者は考慮しなければならないと主張した。彼の分類は常軌を逸しており、未開法（イギリスなど。裁判上の先例に拘束されたままであるため）、未開ロマン（ドイツ・フランスなど）、未開ロマン・カノン（スペイン、イタリアなど）、ロマン・カノン・民主主義（ラテン・アメリカ、スイス、ロシア）に区分され、ここでは伝統的バイアスが逆転して、ラテン・アメリカが進歩的民主主義の祖型（prototypes）となる。このアプローチは、比較法がどこまで正統化の国家戦略（national strategies of legitimation）となりうるかを示し、法システムの比較の地図が価値促進機能（the function of promoting values）をも果たしうることを明らかにする、魅惑的な実例であり、世界銀行や国際通貨基金がスポンサーとなった現代の法改革プロジェクトの先駆と見ることができる[70]。

（5）「歴史、イデオロギー、様式（styles）」の節で、モナテリは第二次大戦後の法族論を扱う。第二次大戦後は、国際秩序に関するかつてのヨーロッパ的観念は消滅しつつあったが、アルマンジョン/ノルド/ヴォルフは、比較の分野における法の自律性（law's autonomy）を擁護し、法システムの本質的特色（intrinsic characteristics）に基づく分類を提唱した。その前提は、伝播論者の理論（diffusionist theories）に従った——影響の共通の中心から生じた差異と類似性に注目する——系図（genealogies）の探究と結び付いていた。この伝播理論は、人類学において有力となって、多様な文化における類似したプラクティスは、独自の発見や発展によるのではなく（人類史においては独創的・本源的モデルは殆ど存在しない）、伝播の結果生じた多様な模造品であると主張した。法の進化も同様で、その研究は「重要な」少数の・伝播の純粋な中心（フランス、ドイツ、北欧、イギリス、ロシア、イスラーム、インド）に限定

70）*Id.*, 31-33.

できると説かれ、再びヨーロッパ中心の区分へと後戻りした。すでに消滅しかかっていた古臭い概念を再生させようとしたアルマンジョンらの旧弊な分類は、3巻に及ぶ彼らの精緻な学識によってもカヴァーできなかった。

　ルネ・ダヴィッドは、彼の『比較民法概論』から『現代法の主要体系』に至るプロセスで、比較法の精緻化に貢献した。ダヴィッドの『比較民法概論』の中心的要素はイデオロギーであり、イデオロギーを明示的に考慮したことによって、伝統的な構造的ないし系図的結合の研究から、法と政策（law and politics）のアプローチへと比較法学を大きく前進させたのである。ダヴィッドの言うイデオロギーとは、政策考慮の基礎となる諸理念の複合体（a complex of ideas or ideals）で、それゆえ法システムは、法的ルールと法原則に「凍結された」政策概念を埋め込んでいるものとして分析できる。このような理解からダヴィッドは、フランス・グループと英米グループとからなる「西欧法（Western Law）」をくくり出し、法の西欧的イデオロギーと対照的な、西欧的価値と異なる理念の複合体として、社会主義法・イスラーム法・ヒンドゥー法・中国法を分類した。この西欧法の新たな概念は、明らかに地政学的帰結を伴う「西欧の大西洋的二面性（an Atlantic duality of the West）」を表しており、ドイツやスウェーデンを軽視して、フランスをアメリカと同一レヴェルに置くものである（ウィグモアが説いていたように、アングロ・サクソンという古いラベルは、アングロ・アメリカ・グループへと改められている）。ダヴィッドは、法システムに対するこのイデオロギー（世界観）的アプローチを、『世界の主要法体系』においてさらに洗練し、法技術と法概念の類似性を探求する伝統的アプローチと結び付け、ローマ・ゲルマン法、コモン・ロー、社会主義法の僅か3つの主要法システムの分類を生み出した。その他の法システムは、「法と正義のその他の観念」という広いカテゴリーに分類される。ただしダヴィッドは、「西欧法」の名称を後に破棄し、法技術と法観念に基づく、伝統的なローマ・ゲルマン・グループとコモン・ロー・グループの分類に改める（ドイツの再活性化と、西欧の統一性の消失）。「政治的」要素を新たに導入したことにより、社会主義法がこれらのシステムと対置される。系図的観点からすれば、社会主義諸国はローマ法の装置（apparatus）を継承するが、法の形態は全く異なる政治的志向を帯びている。

270

　比較法における分類学・法族論と当時の地政学的背景との並行関係を探ってみると、ダヴィッドの分類にも、冷戦を背景とするフランス第五共和制のイデオロギーを認めることができる。アメリカとソヴィエト連邦という2つの超覇権国家（super-powers）があり、ヨーロッパ諸国のリーダーとしてのフランスという第3の支柱が存在し、フランスの諸法典を模倣したアジア、アフリカ、ラテン・アメリカ諸国が支流（ramifications）として位置づけられる、というイデオロギーである。中国伝統・日本伝統は広大な「海外領域」に含まれ、そのエキゾティックな過去に重点が置かれる。ダヴィッドの地図化戦略（mapping strategy）は、歴史・法的分析・政策考慮（policy considerations）を結合して、同時代の世界秩序のエッセンスをとらえた1つの構図にまとめることに成功したため、広い支持を得た。

　モナテリは、これまで挙げた法族論を再考すると、「ゲルマン的（Germanic）」要素の不安定さ——法族とされたり、大法族のサブ・グループとされたり、ローマ法と対抗したり結び付けられたりする——という問題点が明確に浮かび上がってくるという（モナテリは、この不安定さはゲルマニストとロマニストの理論的対立にも表れているとし、両者を「民族精神」の観点から統合したサヴィニーの功績に言及する）。比較分析におけるゲルマン的要素のこうした不安定さは、ドイツの政治的権力の移行を反映している。すなわち、1870年前は、ドイツは多数の主権国家に分裂し、政治的統一体ではなかったが、1870年から1914年までは、ドイツ帝国は世界的覇権国家へと成長し、第一次大戦の敗北の後、第二次大戦では全世界の脅威となった。2度目の敗戦を経て、ヨーロッパ連合における強権国家として再生した。1960年代末からドイツの学者たちが、ドイツ法のヨーロッパにおける新たな重要性について再考し、ダヴィッドの分類と彼がドイツ法の地位を暗黙の裡に低下させたことを批判するようになったのは、偶然ではない。

　ツヴァイゲルト/ケッツが提唱した新たな分類は、特にダヴィッドに向けられた反応であると解することができる。この両著者の体系書（1969年・1971年刊）は、依然としてフランスを最も重要な歴史的子孫とする「ロマニスト・システム」（ロマン法圏）と、オーストリア・スイス・ドイツの諸法典に結実した「ゲルマン・システム」（ドイツ法圏）とを、単一の法族とはせずに同一レ

ヴェルに位置するものとして、再び明確に区別する。また両システムは、英米法システム、北欧システム、消滅しつつある社会主義諸国とも同順位・同一レヴェルにあり、イスラーム法、ヒンドゥー法、「極東法圏」が最後に叙述されている。ツヴァイゲルト/ケッツは、法システムの様式（the styles）に基づく分類方法を採用し、法伝統の様式は、歴史・思考の態様（modes of thought）・特徴的な制度・法源・イデオロギーの組み合わせによって再構築されるとした。この成果を実現するために用いた方法とは、法システムの歴史的起源と進化、法を表現する卓越した特徴的方法、固有の特色のある若干の法制度、法源とその解釈、その他のイデオロギー的要因を研究することである。この見解によれば、ドイツとフランスの法様式が異なるのは明白で、ローマ＝ゲルマン法族は必然的に2つのモデルに分かれることになる。様式の意義を理解するための具体例として、彼らは物品の「引渡（delivery）」と、契約および不法行為責任の競合（joint liability）とに関する独仏法の相違（フランスでは、引渡は売買契約の単なる履行行為にすぎないし［ドイツでは、占有を移転させる・売買契約とは独立の物権契約］、フランスのリーガル・マインドでは、1つの法律関係は1つのルールで規律されるので、契約の不履行は不法行為とはならない［ドイツでは、構成要件事実に該当する限り、契約不履行も不法行為となる］）を挙げている。この2例は、様式・論理・ルールの複雑な相互関係を示しており、ここでは「思考方法（way of thinking）」がかなり重要であると思われる。

　ツヴァイゲルト/ケッツは、ダヴィッドのイデオロギー的アプローチに、比較分析の重要な要素として「様式」を追加した。独仏法とコモン・ローを結び付け、単一の西欧法族を構築しようとするダヴィッドのプロジェクトは、正義の世界的な基本観念（the world's basic conceptions of justice）の広大な地図を描く目的で一般原則を強調するもので、各法システムを作動させているテクニカリティ（technicalities）を究明しようとするツヴァイゲルト/ケッツのプロジェクトとはかなり異なる。両者の目的の相違に応じて、方法も異なるのである。「ここでもまた、多様なプロジェクトに応え、多様性のマーカーとしてどの変数を選び、重視するかという点での、比較法の多義性（ambiguity）が明らかである。さらにツヴァイゲルト/ケッツは、フランスの文化的支配に対し、ヨーロッパ的な力関係と関連させて、ドイツの再度の解放の合図を送りつつ、

法のドイツ・モデルを擁護した。彼らは、システムごとに甚だしく異なる・内部に隠れた『法の論理』（the inner and hidden "logic of the law"）に注目するという方法で、そのように擁護したのである」[71]。

(6) モナテリは、続いて「価値と両半球（hemispheres）」という一見奇妙な項目を設け、「多様な方法にもかかわらず、世界空間に意味を付与する、法システムの比較法による区分（classifications）は、地政学的な配列（geopolitical arrangements）とそれと結び付いたイデオロギーを基礎とする傾向がある。結局、理論は現実の意味の再現（meaningful representation）なのである。主要な問題は、方法の選択と、その科学的正統化と、理論の結果との間のギャップである。方法の選択によって結果が導き出されるのではなく、結果が方法の選択に先行している場合が多いように思われるからである」、と述べる。

　この具体例としてモナテリは、アメリカの法学界、特にルドルフ・B・シュレジンジャーの『比較法』を挙げ、そこでは単一の「西洋法伝統（Western legal tradition）」（英独仏法は、この1つの偉大な法伝統のローカルな変種［variants］にすぎない）の理念が高く評価された、とする。すなわち、この見解によれば、アメリカは3つの主流（ケースへの断片的・実践的アプローチ、フランス的啓蒙の普遍的・民主主義的価値、ドイツ思想に由来する法の支配という体系的観念）の合流点と考えられるから、アメリカこそ西洋法史の頂点なのである。モナテリによると、「共通の価値と野望（ambitions）を基礎とする西洋法伝統という見解は、正義の協調的観念（a cooperative conception of justice）および法的プロセスと合体し、この壮大なプロジェクトは、世界を『われわれ』と『彼ら』に分割し、『西洋』を政治的に自己規定する（political self-definition）という2つの重要な問題を生じさせた」。

　「西洋」とは地理学上の用語で、客観的な境界は存在しないから、その空間としての定義は政治的なものである。おそらくこの用語を最初に用いたのはギリシアのトゥキディディスであり、「西洋」をギリシアと同一視し、「東洋」を

---

71) *Id.*, 34-40.

ペルシアが代表するとした。「西洋」は、政治的生活（political life）、すなわち政治がオープンに議論・批判される公共の制度を有していることを特色とする（例えば、ギリシア都市国家における民会、劇場、民主的に選出された裁判所）。「東洋」は、1人の独裁者が支配する帝国で、政治は内輪で行われ、裁判は恣意的である。この東西についての超歴史的理論（a trans-historical theory）は、西洋は自由の地（the land of freedom）であり、東洋は帝国であるとする強固な政治的教義に基づいており、その前提で、ヨーロッパ史における東西を分かつ境界線は移動した（例えば、第一次大戦中は、英仏はドイツに対し「西欧デモクラシー」と位置づけられ、第二次大戦後は、ドイツはソヴィエト・ロシアと東洋に対する砦となった）。

　アメリカにおいては、東西についての様々な区分が、アメリカを「西半球」と定義する際に格別の役割を果たしてきた。「トマス・ジェファソンとジェームズ・モンローは、トゥキディディスの理論を反映して、西洋を自由（権利）の地と想定し、ヨーロッパは東半球の一部で、君主制（帝国）の地であると考えた。ヨーロッパがデモクラシーへと発展し、ソヴィエト・ロシアの社会主義法システムが登場してからは、アメリカによる世界秩序の評価では、ヨーロッパは東半球における北大西洋の一種の砦（stronghold）となり、自由と法の支配の西洋法伝統に完全に包含されたのである」[72]。

(7) 本書第2章の「比較法と法的地理学」は、「効率性（efficiency）の地理学か？」という表題で締めくくられている。これまで分析してきた法族論で繰り返されたテーマとしてはコモン・ローと大陸法の二分法があるが、現在では、効率志向のグローバル・ガヴァナンス（an efficiency-oriented global governance）のために国際組織が創造・運用する、より混合的で不確定な（hybrid and indefinite）法の新たな層（layer）が出現しつつある、とモナテリは分析する。この層は、伝統的な正義の形態と抵触するワールドワイドな法的枠組みを創出するので、法族間の区別をぼやけさせる傾向がある。比較法学の主流は、法システムは収

---

72) *Id.*, 40-41.

束に向かいつつあり、統一法が増加すれば法族間の差異は減少してゆくと説いたが、グローバル法が出現するためには、政治秩序と法秩序に関する衝突する立場のどれが生き残るかが、現実の問題である。

国際金融公社の民間セクター開発部門（the Private Sector Development of the International Financial Corporation）の報告書は、大陸法システムはコモン・ロー起源のシステムに比べ「本質的に」非効率的である、とする理論を展開した。この立論の基礎にある経済理論は、法の役割をかなり低く見積もり、法改革は時間を要するとして、直接投資による発展を進める方が効率的であるとした古典派経済学・古典派モデルからの、離反である。（また従来は、法改革とその結果との間に時間が経過するので、一定の経済変化［economic variables］と特定の法的ルールとの間のつながりが完全に確定できず、法的改革の設計は不確定で結果が予見できない、とも指摘された）。「法と金融（law and finance）」のアプローチは、法の形態（法制度改革）は経済開発の要であるとし、その国の法的枠組みと制度が開発に適さなければ、直接投資は無益であると断じた。あるシステムが他のシステムよりも効率的である限り、前者から後者への法移植は、開発を促進する規制環境（regulatory environment）を改善するので、推奨されるべきなのである。方法論の観点からすれば、このアプローチの強い魅力は、数学的な遡及を通じて（through mathematical regression）、法制度と経験的に観察可能な変化（variables）との間の緊密な関係を、機能的な手段で確定できるところにある。この関係は、美学的ないしイデオロギー的前提に依存せず、解釈の余地を入れないので、法システムの機能に関する知識を改善し、因果的相互関係（the causal interactions）を数学的遡及により解明して、国家横断的な法的分析を行う能力を向上させる。以上のアプローチでは、多様な法システム・文化を計測可能なマーカーにより画一的に比較し、その「順位」を確定することが可能となる。

「法と金融」のアプローチは、最初から専ら効率性、ビジネス志向的な法システムを創出する方向にグローバルな法的進化を導くことを目的としており、そうした明確な目標から法システムの順位が決定される。比較法の観点からすれば、そのアプローチは、①行政的解決よりも契約的解決による財産権の保護を好み、かつ投資家を保護する法システムが、ビジネスと生産活動を促進する

法システムである、②過去数世紀にわたりヨーロッパに出現した法伝統は、「投資保護・契約法の実効性・経済発展」に関する国家間の差異を説明するのに役立つ、という2つの前提に立っている。すなわち、経済成果に影響するのは、政治的メカニズム（私有財産と国家による介入との間の衝突を法システムがどう解決するか、を政治システムが決定する）と適応メカニズム（法システムにおける法形式主義の度合いが甚だしくなりすぎると、ビジネスを効率的に行う可能性が失われてしまう）であり、法システム間の競争において、グローバルな投資家に最善の保護を提供する法システムが勝利を収め、コモン・ロー・システムよりも大陸法システムの方が、こうした能力は劣っている、と推定される。能力不足は、大陸法史に根ざした本質的・内在的なものである（差異は「法的起源（legal origins）」による）。

　ベック/レヴィーン（Beck/Levine）の論稿は、イギリス法システムは契約の自由と財産権を国家の干渉から保護する市場志向の内容であり、裁判所よりも国家が優位に立つのを妨げるのに対し、大陸では、裁判所は国家の官吏であるがゆえに国家政策の道具となりがちで、遥かに国家優先のバイアスがかかっているなどとして、支配的法源と司法機構の差異を理由に、大陸法に比べコモン・ローは効率性への進化を辿っている、と説く。「法源の静態化（statification）と裁判所の官僚化が、市場の効率性の見地からするコモン・ローの本質的・内在的優位と、それがグローバリゼーションの時代に極めて魅力的である理由を説明している」。

　世界銀行の報告書に対するフランスのアンリ・カピタン協会からの応答は、①歴史的観点からして、特に財産の保護と契約自由というコモン・ローと同一の価値に基づいてフランスの法理論が形成された19世紀には、市場関係（market relations）がフランスの裁判官によって強力に保護されていたことを否定するのは困難である、②法典の制定による法源の静態化については、フランス破棄院が常に革新的かつ適応的な役割を果たしていたので、法システムの大幅な硬直化（rigidity）には至らず、先例拘束性の原理による緩慢な判例法の発展よりも、かえって法を適合させるのには適切な手段であった、③フランスの裁判官を公僕と考えたとしても、憲法規範によるその統一性と独立性の強力な保護は損なわれない（法創造のメカニズムは制定法に尽きるものではな

い）、④ヨーロッパ大陸法と英米の法システムとの相違は、その本質的構造によるものではなく、グローバルな投資家の主張とは異なる社会モデルおよび社会的正義に委ねられているからである、という反論であった。

　モナテリによると、効率性という共通の目標を目指す「法と金融」アプローチは、政策の道具としてではなく、理解の方法として用いられる場合に、多くの行き過ぎた効果をもたらした。まず、人類の歴史は多様な法観念と正義の観念を発展させる歴史であったから、「法と金融」アプローチは法的・政治的多様性と衝突し、多様な社会モデルを選択する政治的要素を全く過小評価した。歴史的アプローチは、多様性は誤りであるとする社会工学（social engineering）の反歴史的態度に欠けている、政治的多様性の理解を可能にするのである。法的起源を強調しても、差異があることの優れた歴史的説明にはならず、この理論の弱点は、政策から歴史へ、経験的観察から「本質的な」優秀性（これは歴史的にではなく、分析によってのみ立証可能である）へ移行するところで生ずる。「法と金融」アプローチの強力なイデオロギー性は、特に方法論の立場から批判することが可能となる。先に掲げたベック/レヴィーンの論稿の観点を逆転させ、コモン・ローは本質的に階級偏向的な（inherently class-biased）システムで（裁判官は、権限ある同朋により構成された階級である）、企業の価値が優先し、強力な契約者と大企業家が体制的に好まれる社会モデルに裁判官が貢献したから、裁判官たちのルールがいっそう市場志向的になった、ということも容易なのである。「法と金融」の方法は、政治的観点を抜きにした歴史的説明の道具であって、市場に賛成するポリシー改革（pro-market policy reforms）の基礎、ラディカルな批判のプロジェクトのどちらにでも利用できる[73]。

4. 比較法と法史学

（1）　本書第3章の「比較法と法史学」は、①文化の問題、②ルーツとヴィジョ

---

73) *Id.*, 42-47.

ン、③法歴史主義（legal historicism）、④起源の神話（the myth of origins）、
⑤多文化モデル、⑥ローマの規準（the Roman canon）、⑦比較の政策？（a
politics of comparison?）の7節から構成される。まずモナテリは①において次
のように述べる。

　法族論で検討したように、文化概念は人文学（humanistic studies）で繰り
返し表れるテーマであるが、比較法における「文化主義者（culturalists）」と
「機能主義者（functionalists）」の現時点での論争からすれば、このコンテクス
トで文化を使用することについての、簡潔な方法論的考察が必要である。文化
とは、思考態度（mindset）ないし一般的・永続的態度を示す用語で、容易に
特定できず、ステレオタイプを再生産しがちな、多様な特色の複合体を要約す
る場合に用いられる「迷宮のような」表現で、有効な認識モデルとしては脆弱
にすぎる（ジェフリー・サミュエルの指摘）。文化とは歴史的発展の結果であ
るから、相違点と類似点の説明を「文化」によって行おうとする方法には、生
きた歴史（history in action）が必要であって、文化それ自体にはもはや科学
的・方法論的価値はない。

　西洋法文化の社会理論を精緻化したローレンス・フリードマン（Lawrence
Friedman）は、「反射的価値（mirror value）」を強調し、法は自律的な存在で
はなく、それが機能している歴史的・政治的・社会的コンテクストの（外部的）
影響を内部にとどめている、と説いた。とりわけ、ピエル・ルグラン（Pierre
Legrand）は歴史と文化の役割を強調し、法文化は克服しがたい認識論上の溝
によって隔てられているから、法移植は不可能であると論じ、比較法の分野で
の文化研究を擁護したが、これは方法論的手段としての文化の濫用につながる
おそれがある。「ルグランは、法から文化を排除しようとする教義学的試み
（dogmatic attempt）はミスリーディングであるとしたが、文化という用語を詳
しく分析しない場合であれば、大半の比較法学者はこの見解に同意するであろ
う。ルグランによれば、文化を基礎としない比較は、普遍的主張を行う指導
者・教師のナラティヴ（物語）（a master narrative to make universal claims）
を生み出し、機能主義的方法は、法システム間の還元できない多様性の中心
（pivotal element of irreducible diversity）をなす・文化という要素を避けるの
で、理解の妨げとなる。その結果、法システムの機能のみを研究・比較すれば

278

するほど、その比較の信用性は失われるから、全てのシステムに通用する一般原則を定式化する、という機能主義者の野望は不可能な課題に終わる」。

　提示された定義の多様性、および概念としての曖昧さ・無内容さゆえに、ますます多くの問題を生み出す一方であるのが、文化という用語である。パトリック・グレンは、文化という概念を捨てて、「より正確な」伝統という概念を提唱する。ここでも法史学と比較法の相互援助が必要となり、世界秩序に関する現在のわれわれの見方を構築するために、この両者をどのように利用するか、が問題となる。比較法の方法論は、世界観を暗黙の裡に伝える（implicit worldview）ことができ、比較される伝統の選択、共通点ないし相違点のいずれを強調するか、道具ないしナラティヴ（物語）（as instrumentality or as narrative）のいずれとして法を観念するかは全て、「地球の中心ないし周辺のいずれであるか」を隠れた前提（hidden assumption）としている。すなわち、「近代法創造の物語（narrative）」と見ることが可能な比較法理論は、「諸法文化の異別化・エキゾティック化（exoticization）」に積極的に貢献し、「われわれと彼ら」・世界の中心・中心と周辺の関係の恣意的な把握のための道具となったのである。主流による比較と法史学の方法論的利用は、西洋法伝統の「物語」を創造するのに一役買った。したがって、法史学者と比較法学者が、どのような方法で西洋の法文化的ディスコース（the legal cultural discourse of the West）を捏造してきたか、に対する立ち入った再検討が必要である[74]。

(2) 続いて「ルーツとヴィジョン」が論じられる。歴史における法（law-in-history）というヴィジョンは、古典法学（classic legal scholarship）にとって極めて重要であるから、批判的考察が必要となる。西洋の諸法システムは、特定の価値・法技術への類似したアプローチ・法構造を共有する限りで、共通の伝統・家族の一員として表現され、西洋法伝統のルーツを捏造するのに、比較法と法史学がこのように組み合わされてきた。ルーツは、明らかに「ローマ法とその偉大さ」の理想化されたヴァージョン（an idealized version）の中に見

---

74) *Id.*, 48-50.

出され、比較法理論の諸前提は、それから、ドイツ法史におけるローマ法崇拝とローマの特殊性（specificity）のコンテクストの中に再配置され、19世紀の大民法典と結び付いた。ローマ法の全体的な偉大さが強調されたため、ローマ法は、単なる実定法を超えた固有の精神史を備えたものとして登場し、新たなドイツ法を構築する基盤、すなわち完璧で自律的なシステムとして研究され、科学的な原則に従って、近代法のシステムへと発展した。ここには、今日においても再び主張されている、古きものの再生（renewal）という理論や、ガヴァナンスのプロジェクトが作用しているのを見て取ることができる。以上のアプローチは、その他の法の重要性をほぼ全面的に排除する、ローマの非凡さ（uniqueness）というイデオロギーを生み出した。

　この理論は、古典的な「コモン・ローと大陸法」という区分の価値を低下させ、「現代的な」諸システムの収束、ローマを支柱とする統一的な西洋法族に有利に働く。ローマのルーツがナラティヴ（物語）を開始する動因（motifs）となり、中世の諸事件と近代国家の抬頭が移行的動因となり、現在の西欧システムの達成が終了的動因となる、というストーリーに歴史的要素が編成されるのである。こうした文化的研究と歴史的方法との複雑な結合を認めるならば、今度は、この物語・ナラティヴが、いかにして正統的世界観（an orthodox worldview）として包装されてきたのか（packaged）、を検討することが重要である。例えば、イタリアのローマ法学者アルド・スキアボーネ（Aldo Schiavone）は、人類共同体の秩序が初めて厳格な専門化（strict specialization）に服したのはローマにおいてであり、そのことによって裁判の独立と法の中立性が西洋法文明の礎石（cornerstone）であるとする議論が生まれ、西欧の理念そのものが、ギリシアの政治的パラダイムとローマの法的パラダイムを統合し、ローマの「法（IUS）」のパラダイムが、その後の西欧の発展における「法の形態（form of law）」の基礎となったのである、と述べる。傑出した比較法学者も法史学者も異口同音に、ローマ法が西欧法学の基礎であり、人間精神の最も素晴らしい創造物の1つであるとし、最も初期のローマの法律家の作品でさえ、ローマのみならず（コモン・ローを含めた）ヨーロッパ法学の基礎・全ての近代法の指針（guide）となり、アメリカのリーガル・マインドの発展においてさえ中核的役割（pivotal role）を果たした、と指摘する。法観念に限ら

280

ず、ローマ人の見解に基づく、普遍的に通用する「政治的理性」へと向かう傾向があるともいわれ、歴史的起源の理論から確固たる至高性（sounded superiority）の理論への移行が顕著である。

　これらは、系図（genealogies）を用いて法分野における権力を正統化し、文化的アイデンティティと至高性を構築しようとする戦略である。「したがって、法の支配のような近代的理念のルーツを、初期ローマ法に求めるのは問題である。西欧文明の樹形図が多様な地域の土壌に根ざしていることが示されれば、その文明は多元的で多様で他民族的で多文化的な社会である、というヴィジョンが正統化されるであろう。本節では、初期ローマの裁判機構の甚だしい非効率性にかんがみれば、ローマ人による独自の貢献が、学者により誇張されすぎてきたということを主張する。この種の物語の主な教義（tenets）を要約すれば、①ローマ法は古代世界において最も発展し洗練された法システムである、②ローマ法はその初期の段階から自己を再生し続ける逞しい能力を有し、今日でも現実のガヴァナンスの基盤として貢献することができる、③ローマ法は、法的業務（legal affaires）および法学に関する固有の独創的・民族的な『才能（genius）』の源泉であった、となる。以上の物語は、ローマ法研究の再生・ドイツ文化における法比較主義（legal comparativism）の誕生と結び付けられたので、この理念がいかにして登場し、明示的な理論に集成され、いかにして異議申し立てがなされ、専門的法学者がどのように応答したか、これらの理念は今日でも流行しているのか、を論ずるのが最初の課題である」[75]。

(3)　まず「法的歴史主義（legal historicism）」である。理念がひとりでに融合することはなく、現実のニーズと策略を備えた人間が理念を集合させる。西洋的法観念の基礎をなす諸理念のパッケージを探し求めるならば、19世紀初頭のドイツにおける法的歴史主義の突然の出現と真剣に取り組む必要がある。この法的歴史主義は、ローマ法の孤立し隔離された観念に基づいており、その観念が比較主義（comparativism）と混ざり合い、特に比較言語学理論（ローマ法

---

75) *Id.*, 51-54.

の初期段階よりも遡る、インド・ヨーロッパ時代に、強固な文化横断的紐帯が存在する）の強い影響のもとに、西洋法伝統のモデルを生み出した。法的歴史主義は、19世紀ドイツの最も影響力のあった学者カール・フリードリッヒ・フォン・サヴィニーが、法の合理的ディスコースの基礎である自然法の普遍的理論に代わるものとして、採用した方法である。サヴィニーは、法はローカルな伝統と文化に深く根ざしている、法は人々の風習（manners）と道徳、あるいは慣習と歴史と不可分な、深い信念の表明である、法と国民の本質との間には有機的なつながりがある、と主張した。サヴィニー（とその継承者たち）にとって、ローマ法（への崇拝）は、ドイツ法史の中に具現化された・理性法にかわる非凡なもの（alternative）で、ヨーロッパおよび特にドイツのための一般法（general law）の機能を果たすものであった。サヴィニーの戦略は、国家的単一ドイツ法（a national German law）の構築に着手することであり、そのプロセスは1900年にドイツ全土の共通私法を法典化することで終了した。膨大なローマ法のテクストが、新たな法を「科学的に」構築するための素材（building blocks）をサヴィニーに提供した。ローマ法の全面的重要性を強調したために、彼にとってローマ法（の観念）は実定法以上の存在となり、科学的原則に従って近代法のシステムへと発展させることが可能な、完全で自律的なシステムとなった。方法論的に重要なのは、孤立・隔離（insulation）のプロジェクトを実現するために、どのようにして比較主義（comparativism）が歴史と結び付くことができたのか、である[76]。

(4) モナテリは、「起源の神話（the myth of origins）」と題してこの課題を追求する。普遍法史（Universalrechtsgeschichte）の精神に基づく著作をあらわしたのは、エドゥアルド・ガンス（Eduard Gans）で、インド・中国・ヘブライ・イスラーム・スカンジナヴィア・アイスランド・スコットランド・ポルトガル・アッチカ（Attic）・ローマ法などを調査したが、その大著『世界史的発展における相続法』（1935年）の序論は、方法論において驚くべき矛盾

---

76) *Id.*, 54-55.

（incoherence）を示している。ガンスは、いかなる法でも、他の法システムに比べて格段の重要性が認められるのではないとしつつ、普遍史においてローマが果たした顕著な役割からして、ローマ法が特別に重要であるとする（普遍史の逆行）。どのようにすれば、この排除の論理が比較主義と統合できるのか。

　サヴィニーの後継者の多くは、言語学と同様に法学においても比較研究が重要であるとするが、これは、ヨーロッパ文明の原初的な共通の背景を再構築する戦略と結び付いた比較主義であった。人種と結合した比較法学のイデオロギー的基礎は、制度と文化（例えば初期ローマの制度と、インド・ヨーロッパ的背景）を密接に結び付けるロマン主義理論にまで遡る。比較に対するこのインド・ヨーロッパ的アプローチは、比較言語学の知見に多くを負う。

　モナテリによれば、インド・ヨーロッパ・モデルが、古代ゲルマン法研究に次第に影響を及ぼしつつあった19世紀ドイツにおいて、文化の問題とハイ・レヴェルの法学研究とのつながりが重視されたことを、強調する必要がある（例えば、様々なインド・ヨーロッパ法が類似しているのは、類縁関係を共有する人々の密接な紐帯によるとする、全く経験的証拠を欠いたロスバッハ［Rossbach］のヨーロッパ婚姻法研究）。「19世紀末に生み出されたこれらの研究は全て、インド・ヨーロッパ的民族共同体を強調して、『原初法（Urrecht; Original Law)』を再構成しようという様々な努力の結果であった。これらの努力においては、比較言語学の方法が採用されたが、ローマのカテゴリーに基づいて原初法のパタンを再構成した。ローマ法は、原初法が進化の目標とした『鋳型（Template)』だったのである」。イェーリングのような傑出した学者でさえ、インド・ヨーロッパ比較史に関する著作でこの傾向に従い、法一般をローマ法と同視して、インド・ヨーロッパ的ルーツを遡った。民族学的用語に基づく比較法の分野においてさえ、イェーリングにとってローマ法は決定的な重要性を有していたため、彼の場合にも、インド・ヨーロッパ理論は、ローマ法の至高性と独自性を理解する鍵となった（イェーリング『インド・ヨーロッパ民族前史』1894年）。

　インド・ヨーロッパ理論は20世紀にも生き残り、1930年代の政治的偏向期に頂点に達した。ローマ法の完璧さは当然で、ゲルマン法はローマ法の特質を含むとされ、両者の相違は狭まり、ローマ法の新たな反個人主義的モデルが、ナ

チスの運動の政治的情熱を支持するために構築された。ゲルマンとエジプトのような、民族的に無関係な人々の法を比較するのは不可能であるとされた。19世紀ドイツでは、歴史の作品は、「歴史のフィールド」と読者・聴衆との媒体の役割を果たし、「人々は共通のインド・ヨーロッパ的ルーツで結ばれ、ローマ法は、インド・ヨーロッパ文化の完璧な作品で、完璧な西洋法文化としての近代ドイツ・システムの基礎である」というモデルが、その媒体であった。ローマは神話の投影であって、それと関連した歴史意識と系図は、過小評価できない政治的局面を伴っていた。「アーリア理論」と結び付いたドイツの教授たちとは対照的に、ユダヤ系の学者たちは、初期ローマにおけるセム的要素の存在を主張した。インド・ヨーロッパ的枠組みは大いに成功したが、その対抗理論と、方法論の競争において、その対抗理論がどのように敗北を喫したかも考慮されなければならない[77]。

(5) モナテリは、「多文化モデル（the multicultural model）」として、ローマ法の東方的・アフリカ的起源を指摘する対抗モデルの出現を分析する。標準的なロマニスト理論（西洋法はローマ起源であるとするインド・ヨーロッパ理論）が現在も広く普及し、常識と化しているのに対して、こちらの対抗理論すなわち「アフリカ・セム・モデル（African-Semitic Model）」は、ローマ法が極めて原始的であった時代に、ハイ・レヴェルな法文化を有していた中東およびエジプトから、進んだ法理論を借用した（初期のローマ法理論は、古代中東およびアフリカの法的特色の束・アマルガムである）と、19世紀後半のフランスの多数の法学者が主張し、インド・ヨーロッパ・モデルとローマ法の「独創性（uniqueness）」に対して強い異議申し立てを行ったもので、こちらは批判にさらされ続けた。この論争に参加するよりも、西洋法伝統の創成期に存在していた対抗理論を明らかにして、代替的モデルの「再発見」を行うのが、ここでの目的である。

　前記の2つの理論は、内的な進化論的パラダイムと伝播的アプローチ

77）*Id.*, 55-57.

（diffusionist approach）（後者は法制史を移植と借用の歴史と解する）との衝突で、ローマ法の起源に関する異なるイデオロギーを持ち、それぞれローマ法の進化に関する連続モデルと非連続モデルに基づく。アフリカ・地中海理論を発展させたフランスの学者でオリエンタリストであるRevilloutとLapogueの作品を検討すれば、2つのモデルの強烈な対立が明らかになる。定評のあるエジプト学者Revilloutは、ローマ法のエジプト起源論を発展させるためにエジプト法学という新興の学問分野に貢献し、ローマ商法・債務法が実際はバビロニア法に由来し、公法と政治理論の枠組みはギリシアからの継受で、人の法（the law of persons）と一般法学はエジプト起源である、とローマ法へのアフリカ・地中海からの移植を指摘した。彼は同時代の法史学のグローバルな批判を行ったのである。彼が、有機的な内的発展のモデルに対し伝播的アプローチを採用し、当時の通説であった進化論的アプローチに対する代替案、新しいパラダイムを提示したことをまず承認すべきである。彼の作品に対しいかなるリアクションがなされたのかを、理解するのも重要である。ハムザ（Hamza）の指摘によれば、Revilloutは孤立していたのではなく、卓越したフランスのオリエンタリストであったLapougeも、Revilloutとは独立に、類似したアプローチを追求した。Lapougeは、①ローマの「外国人法務官（Praetor）」が、東洋法システムのかなりの部分をローマ法に移植した（ローマ共和制に関する指摘）、②偉大な古典期の法律家（特にパピニアヌスとウルピアヌス）は全てローマ出身ではなかったので、偉大な古典期法律家の時代に、さらに大きな移植が行われたと論じたが、彼の議論は、全体的に法律家の著作は、属領の実務をローマのカテゴリーに組み込むことで、ローマ法をローマ市の法から帝国を横断する「グローバルな」法に転換した、というものであった。

　伝統的ローマ法学者からの反撃をリードしたのは19世紀末のフランスのジルソンとドイツのミッタイス、ゴルトシュミットであり、彼らの反論は、ローマの「本源主義（originalism）」と「再生能力」を賞賛し、ローマ法は外国から借用したパタンを、ローマ人の法的天才とローマ法の高次の能力によって、洗練された法概念へと作り替えたとする。外国の貢献は生の法的素材に限られるとして、その貢献を無視ないし最小化するのである。ジルソンは、法務官（Praetor）が行使した国際的管轄権に基づく実務を通じて、ローマ法に借用が

なされたことは否定できなかったが、外国からの特色の「有機的同化（organic assimilation）」という比喩を用いて、外国との接触によってローマ法は歪むことなく再生したのである（renewed itself）と説き、ローマ法の純粋さと独創性に対して借用が及ぼしたであろう影響を、最小限に食い止めた。アフリカ・地中海的法世界からの借用が、アウトサイダーではなく指導的専門家によって、当然のこととして認められたものの、ジルソンの見解による限りでは、ローマ法がアフリカ・地中海法に基づいて「改良された（improved）」と認めることはできず、美学的枠組みで比喩を用いたレトリカルな方法で、接触によるローマ法の「汚染（contamination）」の可能性が解決された（ローマ人の天才とローマ法の再生能力によって、外国・他文化との接触は有機的同化に終わった）。ここで、ローマ法の神話の主な特色である再生・同化能力と、独自で卓越した法システムを維持する能力が登場する。

　ドイツ側でも、ミッタイスとゴルトシュミットが、アジア・アフリカからの影響を「殺菌消毒」するために、異なる戦略に基づいてではあるが、文化的防御を行った。ミッタイスは、ローマ帝国法への東方モデルの影響を否定はしなかったが、後期古典ローマ法の発展に対するギリシアの影響を決定的に重視した。すなわち、後期古典期（3世紀以降）には、古代ローマを統治するための「神聖帝国（Sacred Empire）」の形態は、既に西アジアとエジプトに存在し、アレクサンダーがエジプトと中東を征服して、その後継者たちがこの形態を採用したのである。ミッタイスは、この形態が後期ローマ帝国で最終的に採用されたのは、ギリシア的・ヘレニズム的理念がローマ法に及ぼした影響による、と述べる。すなわち、アジア・アフリカ・モデルをまずギリシア人が採用し、インド・ヨーロッパ族内部で数世紀後にローマ人がギリシアから借用・移植したとして、ギリシア文化のフィルターを通すのが、ミッタイスの策略であった。

　今日では、多くのエジプト古代法文書の直接的評価に基づく資料批判によって、Revilloutのアプローチの正しさが認められつつあるが（Cruz-Uribeの見解）、ローマ法学者からは支持されておらず（ハムザは例外）、ローマ法学界外部の独立した古代法学者による支持が必要である[78]。

---

78) *Id.*, 58-63.

(6) ローマ法の独自性と優秀性を主張するローマ法学者たちの抗議は、古代ローマの法的手続が効率的で、少なくとも実効性を有していれば正当であるから、ローマの法的手続が果たしてどのように作用していたのか、が問題となる。モナテリは、アメリカの法学教育・リベラルな法的分析において1つの規準（a canon）として確立されているリーガル・プロセス・アプローチの方法に依拠しつつ、法システムが付与している権限や、それを構成するルールを強制的に実現できないようなシステムは、実効性のある（effective）法システムではないと評価し、本来のローマの裁判機構がどうであったかを検証する。古典的なヨーロッパの法学者は、ドグマティックな分析を比較研究・法史学と結び付けて、西洋法伝統の規準的中心（canonical center）としてのローマ法評価を捏造したが、リーガル・プロセスについてのアメリカの規準的アプローチによって評価すると、どういう結果となるのか。

　モナテリは、ローマ法学者（ロビンソンら）および著名な歴史家によるローマのリーガル・プロセスの解説を対比し、ローマの裁判制度は有力な閥族のボスのために設計されたもので、特定の方式が確実に遵守されるように法務官が介入することも殆どなく、法的執行のメカニズムを備えておらず（法の執行は、実際には当事者の社会的力量次第である）、法システムなどと呼べる内容ではなかった（スキアボーネが理想化した［ローマ］法とは正反対で、復讐の1方法であった）、と暴露する。ローマ法の場合には、アジア・アフリカの慣習とは異なり、その外来性や魔術性（exoticism and magic）は強調されなかったが、これはローマ法を近代的理念の淵源であるとし、その他の古代法をマージナル化あるいは真剣な考察から排除するための戦略であった。ローマ法は現代的意味で合理的どころではなく、実務上の手続においても魔術性と外来性に満ちていたのであり、ローマ法を近代司法の独創的な先駆者であると讃えるのはまことに奇妙である、とモナテリは疑念を示す。

　3世紀の危機（軍人皇帝の時代）の後に、ようやくローマ法は実効的となり、その本来の性格を失って後期帝国の「オリエンタルな」特色を帯び、初めて法の「西洋的」イデオロギーに適合するようになった。伝統的ローマ法学者は、純粋にローマ的なものに対する至高性のバイアスがあるため、新しい実効性のあるシステムは、元来のローマ的なプロセスが「歪曲された（distorted）」も

第2部 比較法の方法 *287*

のであると述べている。モナテリは、「これほど明らかな偏向はない」と非難
している[79]。

（7）最後にモナテリは、「比較のポリティクス？」として、「西洋法伝統という
歴史意識」の歴史の再構築を終えたので、いわゆる西洋法伝統は初期ローマに
起源がある、という理論の背景にある教義（tenets）を論ずる準備が整ったと
する。法学の規準とともに世界の法システムの規準を構築する方法がここでの
問題であって、法概念について訓練を受けた法学者による法史学のみが有意義
であるとする規準に従えば、比較法史（comparative legal history）は、ローマ
法の優秀性すなわち西洋法伝統の優秀性を証明している。しかし、別の規準す
なわちアメリカのリーガル・プロセスのアプローチに従えば、ローマ法は欠陥
が多く、ローマの鋳型（templates）ではなく外国（アジア、アフリカ）から
の借用のおかげで、近代法は進歩を遂げたことになる。ローマ法はアジア・ア
フリカからの借用によって進歩した、という理論に対するローマ法学者の反応
は、比喩を用いる傾向がある美学的議論で、論者自身の方法論的基準と一致し
ない。法制史の専門家は、外国からの借用をローマ法の「永続的再生（ever-
renewing）」という枠内にとどめ、ローマ法の伝統の持続性と偉大さを示そう
とした（スキアボーネ、ジョンストン、ツィンマーマンらの理論）。多様な要
素や理論を単一の統一的伝統にまとめ上げる枠組みを設定するのは、戦略
（strategies）に基づく意図的活動であるから、法伝統の存在も戦略の結果で
あって、古いといわれる伝統の多くは、実はごく近時の戦略に基づいて発明さ
れたものである。こうした歴史的理解の枠組みを採用すれば、伝統と連続とし
ての歴史というモデルと、それに代わる正反対の「不連続的」アプローチとを
評価できる。後者のアプローチは、散布・普及のパタンと結び付き、進化モデ
ルに対立するもので、ローマ法の初期のルーツに関して極めて重要となりうる。
モナテリの分析をやや詳しく辿ってみよう。
　「以上の観点からすれば、出来事・事件（events）は、実在の人間がナラティ

79）*Id.*, 63-66.

ヴ（物語）という接着剤を用いて、組み立ての戦略に従って理論に発展させる
が、全ての理論は人工的な構成物（construction）で、これは排除を伴う。実
際、歴史は記述の形式であって、出来事・事件の中心的特徴として不連続性を
扱う。理解はどの枠組みを採用するかに依存し、事件・出来事の分類は理論に
依存し、どの理論を採用するかは戦略に依存することを想起すれば、なぜ代替
的な不連続モデルではなく連続モデルが選ばれたのか、疑問を感ずるであろう。
ローマの元来の（original）法制度を――他の文明からの借用であるというこ
とに反対して――賞賛するのは、法の分野における近代西洋社会の『文化的』
優秀性を、回顧的に支持する（sustaining retroactively）という、より大がか
りなプロジェクトのためである。この議論は、法史学のみならず、比較法に
とっても重要である。歴史における散布（dissemination）と非連続は、法的特
徴の伝播（diffusion）・分散（dispersion）を伴う。もしローマ法に対し連続性
アプローチを取れば、外国から借用した全ての新たな断片や、過去との全ての
明かな断絶は、それどころか、古きものの再生、あるいは、借用した要素を純
粋なローマ的成功へと転換した独創的な評価となる。こうすることによっての
み、ローマ法の初期段階は、否定しがたい断絶にもかかわらず、現代にとって
重要となる」。「不連続性は、現代ヨーロッパ法と古代ローマ法とのつながり
（link）に関して、特に重要である。既に見たように、この直系性を再度肯定
することが、ツィンマーマンの核心的なポイントであった。しかし、極めて正
当なことに、ピーター・スタインのような卓越したローマ法学者によって、不
連続性のパタンが明らかにされ、ツィンマーマンのようにローマ法を強調する
のは、現代大陸法のルーツの正しい理解を妨げる、とされた」。

「人文学の採用する理解の枠組みをわれわれも共有するならば、ローマ法の
独創性と連続性の理論がどのようなニーズを満たすのか、を探す必要がある。
ローマ法が外国から借用した特徴の束であるとするなら、それは広範な地中海
法の反復にすぎず、現代法学における特別の地位を失うことになる。ローマ法
が古代から現在まで継続する伝統でないとするなら、現代法のルーツがそこに
あるとするのは明かな誤りである。極めて多くの断絶が、ローマの時代から現
代までの歴史において生じている。これらの断絶は、細部では変化しつつも本
質において不変な、進化しつつある伝統が根底にあるという『形而上的な』理

念によってのみ、和らげることができる。ここでも再び、ローマ法は法学における特別の地位を失う。連続モデルを主張する特別の理由は、それが専門家としてのローマ法学者の生き残りにつながるところにある。彼らは、そのモデルを維持する既得権を有しており、代替的理論やモデルを判定する場合に、そのことを考慮に入れなければならない。この専門家集団の固有の利益は、法の一般的な構図（picture）に影響を及ぼしてきた。現代西洋法のルーツがローマの独創性にあるならば、西洋法史を、ローマ時代から中世を通じて、優秀な現代法として現に卓越しているローマ法にまで、進化する統一体（a unit）と解することができる。この観点からすれば、比較法は、伝統的なローマを基礎とする法史学とともに、法の分野におけるグローバルな文化的ガヴァナンス（global cultural governance）のプロジェクトとなる。このプロジェクトの主な戦略は、西洋とは異なる法文化（バビロニア、エジプト、シリア法など）のエキゾティック化（exoticization）である」。

「他方で、不連続モデルは、ローマ法は多様な源泉から、何世紀にもわたり多様な動機を有する人々が、新たな目的で過去の記録を抜粋し、継ぎはぎし、書き直し、拡充して伝えたという理論を表す。こうして生み出された作品は、「元来の」源泉からではなく、多様な制度的・文化的背景から進化した、一貫した統一的伝統（a coherent and unified tradition）なのである。この観点からすれば、時代を通じたローマ法の「再生（renewal）」は、ローマ法それ自体の固有の能力を示すものではなく、むしろ後世の（特に大陸法伝統における）法律家の、新たなルールと解決を採用し、それに古いローマのテクストの権威を付与する固有の能力を示すのである。『ローマに帰れ』とは、ローマの法制度の質の反映ではなく、ヨーロッパを支配した正統性を示す戦略（the strategy of legitimization）なのである」。

「われわれがここで示唆したアプローチの移行は、西洋法のイデオロギーにとって様々な効果をもたらす。第1に、西洋法は、他の法に劣らずエキゾティックな継ぎはぎ（patchwork）である。第2に、西洋法は、ローマ法のみではなく、他の古代法からも由来する。これは西洋の制度とその起源について、よりグローバル化された観点を示唆するものである。それどころか、このことは、「西洋法」はわれわれが信じ込まされていたほど「西洋」ではないことを暗示して

290

いる。ローマ自体が神話の投影であった。ローマと結び付いた歴史意識と系図
（genealogies）は、過小評価できない政策的局面（political dimension）を有し
ている」[80]。

5. 比較法と法理論（legal theory）

（1）本書第4章「比較法と法理論」は、法理論一般に関する記述が大半を占め
る。まず、ダンカン・ケネディ（Duncan Kennedy）の高名な論稿「法と法思
想の3つのグローバリゼーション：1850–2000年」（2006年）に倣って、「法理論
の3つの形態（modes）」と題して、「全世界レヴェルで連続して有力となった、
法の多様なモデルを比較してみると、法的ディスコースを支配した法思想は3
つの形態に分類できる」とする。近代の法典化に始まり、特定の法的分析の方
法が、その基礎にある法のポリティクスおよび社会との関係とともに「グロー
バル化した」3つの時代に分かつことができるとケネディは指摘するのである。

　すなわち、①古典的法思想（Classical Legal Thought）の時代と一致する第1
期（概ね1850年–1914年）、②社会志向的法思想が台頭し有力となった第2期
（1900年–1968年）、③普遍的法思想の時代の第3期（1945年以降。特に1968年以
降）である。①のヨーロッパ諸法典の拡散（diffusion）、②の英米の学問的な
法的オーソドクシー（academic legal orthodoxy）の確立、③の世界のそれ以
外の諸地域における法改革が、法・その目的・法制度にアプローチする特定の
方法のグローバリゼーション化である。グローバリゼーションと強く結び付い
た最後の第3の波（③）は、現在実験中で、人権と法の支配の観念とともに、
民主主義制度の輸出とマーケットの役割が、そこでの法的ディスコースを明ら
かに支配している。人権・民主主義・法の支配・マーケットは、世界的規模で
自発的に発展し、積極的に推進されなければならない普遍的パラダイムである、
と考えられている[81]。

80）*Id.*, 66-70.

81）*Id.*, 71-72.

（2）古典的法思想モデル（1850年-1914年）においては、法とは、私的ないし公的なアクター（担い手）の、思い通りに決定できる自律的（自治的）範囲を定めるシステム（a system of spheres of autonomy）である、と考えられた。法の本質は、財産権として配分された資源をどう利用するか（alternative uses of resources）、に関する個人の決定を調整するプロセスである。財産権は主体の意思自治の領域に属し、他の主体の干渉から保護される。政府や官庁も、財産および契約に関する同じ一般原則に従うものとされた。

1804年フランス民法典が、社会のこうした法政策的配備（legal-political arrangement of society）をほぼ完璧に再現し、その普及・拡散（diffusion）は、古典的法思想の普及・拡散の最も重要な一例であると位置づけられた。「この法思想が成功を収めたのは、科学としての法という理念と結び付いたからである。法が科学であるなら、社会的活動主体（social agents）の自治の範囲は、法律構成（legal reasoning）によって確定でき、法概念が科学的概念であるなら、社会秩序は合理的に正当化できる。古典的法思想のドイツ版において、この両者（社会の本質的にリベラルな政策秩序と、科学としての法という理念）の結び付きは顕著となり、法的プロセスにおける法学者の役割が外国よりも強調され、彼らはドイツ法とドイツの法様式（legal style）の進化につき指導的役割を果たした」。

多様なヴァージョンが見られるものの、社会の本質的力学（mechanics）が個人の自治とそれらの間の調整（coordination）に基づくならば、法的プロセスおよび法学においては、私法が優越的地位を占めることになる。したがって、古典的法思想は、諸国の一般的法観念の基本として、私法の科学化・学問化（scientification）を主張した。比較法の見地からすれば、法システムの類似性と差異を理解するには、基本的に私法を分析する必要があることになる。スペイン、イタリア、ルーマニア、アルゼンチン、ブラジルなど多くの国でフランス・モデルとドイツ・モデルが共存しているのは、これらのモデルが、古典的法思想の同一の基本観念の変形で、法は科学であるという思想と結び付いているからである。比較法の観点からすれば、フランスやドイツの多様な類型の移植・借用は、古典的法思想（同一の基本的教義［tenets］）のグローバル化という、より大きな現象の1エピソードとしてとらえることができる。法の科学

的精密化という思想は、クリストファー・ラングデルの記述に見られるように、アメリカにおいても普及した。

　こうした法観念は、科学の中立性という本質的魅力と併せて、法律家が作業をするためのパラダイムとして広く行き渡り、法の発展においては、裁判官よりも学者が主要な担い手（the principal actor）である（裁判官は、学者が精密化した理論を個別の事件に適用する）、という見解が有力となった。古典的法思想の2つの主要な教義（tenets）とは、①法とは、自然人か法人か、私人か公的機関かを問わず、個別の主体の自律的・自治的領域を調整するシステムである、②この自律的・自治的領域の本質と、その調整のための方法は、法律構成（legal reasoning）によって確定される、という内容である。比較法および一般理論の観点からすれば、グローバル化したのはルールの特定の集合体ではなく、思考様式（a mode of thought）であるという点が重要である。この思考様式は、法律家の自己意識・職業意識を形成した。この意識の中心にあったのは、強固な内的一貫性・完結性を持つシステムとしての法という観念で、高度に精密化されたルールは、形式化される傾向が強く、また財産と契約を保護するためにも、この法観念は厳格で形式主義的な法解釈（legal interpretive formalism）に大いに貢献するものであった。

　古典的法思想の基本的前提は、法の意思理論（the will theory）——自己の意思で自由に行動する法的人格（legal persons）の権利を政府は保護すべきである、という観念からの合理的派生物（rational derivations）の集合が法であると説く——に要約できる。法の目的は、人が自己の意思を実現するのを——他の人にも同様の行為を許容する必要がある、という制約のもとで——助けるところにあるから、意思理論と連携する法的分析の方法は、演繹と厳格な解釈によらなければならない。ルールは自由に対して干渉するが、演繹は法的推論（legal reasoning）を検証可能（verifiable）にし、その干渉が恣意的なものではないことを確証する。しかし、この恣意性に対する闘いは、純粋に形式的推論（formal reasoning）を愛好するからではなく、法の確固たる政策が個人の自由に基づく社会秩序の維持である限り、本質において政策的なものであるということを表す。個人の財産権（private property）と契約自由の原則に基づく私法のルールが、形式的取り扱いに馴染む限りで、私法に大きな役割が与えら

れるのである。自由への恣意的な干渉は許されず、それが制定法の厳格な解釈と原則からの論理的演繹に基づく場合にのみ、このような干渉は認められる。

こうした法思想の様式（mode）の・第1のグローバリゼーションについて、比較法は何がいえるか、とモナテリは問う。ダンカン・ケネディが言うように、形式と実体（form and substance）を区別できるとするならば、大半の比較分析は、実体よりも形式に注目してきた。フランス民法典とドイツ・モデルの拡散（diffusion）は、私法と形式的構成（formal reasoning）を、それ以外の法的分析の形態（mode）よりも重んずる、古典的法思想のグローバリゼーションを表す。いずれのモデルも、意思理論およびそれと結び付いた法形式主義（legal formalism）に基づく、一元的法観念の変形（variances of an almost unitary conception of the law）である。同様に、いわゆる英米思想とローマ的観念の収束・収斂（convergence）というラベルは、多様な法的起源の諸伝統における・古典的法思想の優位を表すには弱く、実際には（ローマ的ないし非ローマ的起源の）多様な法形式が同一の法的＝政策的ディスコース（the same legal-political discourse）を伝達しているのである。財産権（property）という政策的実体・内容（political substance）が、Eigentumなどのロマニスト言語やlaw of propertyという英語を通じて伝えられるのであり、私人の合意による経済的交換の政策的構成として意思理論が普及している限りで、contract、Vertrag、contratについても同様のことがいえる。

モナテリは、重要なのは機能や構造ではなく、政策的な意味論（political semantics）で、契約という特定の概念の政策的内容・実体が、英・独・仏の法的ディスコースにおいてどのように再現されるのか（carried on）である、という。古典的法思想を、様々な法的ディスコースにおける活用を超えてこのように分析すれば、それが多様な法的言語を通じてどのようにグローバル化されているかを理解することができる。比較法的分析の主流は、モデルの起源（英・独・仏・ローマ法など）のみに焦点を絞る傾向があり、ヨーロッパ法典や普遍法（the common law）を超えて、法制度の特定の政策的観念、多様な法的スタイルで表現できる世界の法的・政策的装置（legal-political arrangement）がグローバル化されたことを、理解しなかった。これらのモデルが対外的に影響を及ぼし成功した理由は、フランス立法やドイツ法学のプレスティージより

294

も、むしろ政策的実体・内容にある、とモナテリは言う[82]。

(3) 1900年から1968年の間に、独・仏・英米を中心に、古典モデルに対する強力なリアクションが生じ、そこには「家族から諸国民に至るあらゆるレヴェルで、ますます増加してゆく相互依存（interdependence）に倣って、社会生活の進化発展を促進すべき意図的活動・規制的メカニズムとして、法を考え直す」（ダンカン・ケネディ）という特色が認められた。古典的法思想は、法を、大量の個人の判断を調整するためのインパーソナルで形式的なメカニズムととらえたので、そこでの法とは、実際上無内容なものであったが、今度は社会志向的な新たな流れの中で、法は社会を政策志向的に編成するための道具として再評価された。批判は古典的法律家たち・古典的法思想が法的方法論として演繹法（deduction）を濫用していることに始まり、古典的法思想は演繹的・個人主義的にすぎ、法の個人主義的理解に代わる「社会的なるもの（the Social）」が提起する新たな課題に応えようとしない、という（サレイユ、ランベールらの）政策的批判へと進んだ。

　モナテリはここでは、世界中の学者の間で複雑な学問的議論を引き起こした有名な方法論上の問題、すなわち演繹法の濫用に焦点を絞るとする。モナテリは、「濫用」とはバイアスのかかった言葉で、古典的法律家（classical lawyers）に向けられた演繹的、形式主義的、抽象的という非難は、全て新たな法の具体的・経験的・リアリスト的観念から発せられたものであったと指摘する。この新たなレトリックは、社会における現実の根本的変化に由来し、都市化・産業化・金融市場の危機などにより、古い自由主義秩序が震動して、旧来の自由な社会構造が内部闘争によりふるいにかけられた結果なのである。国際関係のレヴェルでも、第一次大戦により主権と戦争の観念が大きく変化し、世界の自由秩序の前提であった市場経済と主権国家という世界秩序が永続的な危機へと突入した。こうした混乱は、法学研究においては方法論と、法の一般理論の基礎である私法の優位にも及び（例えば、労働法が要の位置を占めるようになり、

---

82) *Id.*, 72-76.

契約法原則の抽象的理解よりも、金融市場の規制が重視される）、特に法律家の自己意識に変化を及ぼし（積極的な社会志向の、社会改革を推進するプレイヤーとなる）、テクストに限定されない「生ける法（living law）」の理解のための、新たな反形式主義的な法的分析の方法（anti-formalist method of legal analysis）が不可欠となった。比較方法として機能主義が唱えられた古い自由主義の時代の終焉を告げるこれらの変化とともに、比較法の方法論においてもレトリカルな表現が目立つ新たな重要なキーワードが誕生した（「生気のないテクスト」から「生ける法」へ、「固い」形式主義から「柔らかな」反形式主義へ、法の自律性から「法と社会」へ、など）。モナテリによれば、方法とは学者や裁判官がなすべきことのナラティヴな記述（narrative description）の一形態であり、レトリカルな表現の様式を備え、（法律家は形式と先例を尊重する大家か、それとも新たな制度設計をし、規範の社会的機能を発展させ、社会的正義のために戦う若きプロフェッショナルか、といった）自己表現の構図（a picture for self-representation）を与える。以上の新たな態度と方法は現代福祉国家の偉大な産物で、個人の権利の単なる保護から社会的権利の実現へと法的ディスコースの重点が移動したのである。こうした「社会的なるもの」の波がもたらした効果は、主に①法の司法化と②法秩序の憲法化（the judicialization of the law and the constitutionalizing of the legal order）の2点である。

　まず第1の「法の司法化」について、大恐慌時代のアメリカン・リーガル・リアリズム運動に始まり、コモン・ローと大陸法の双方における裁判官の役割に関する理論が大きく変化し、第2のグローバリゼーションの新たなヒーロー像は大学教授から次第に（ソーシャル・エンジニア、革新のための手段、旧制度に新たな意味を付与する積極的解釈者としての）裁判官へと移っていった、とモナテリは論ずる。先例理論（theory of precedent）の意味も変化し、コモン・ローの既存の原理の裁判官による発見という理解を捨てて、裁判官法（judge-made law）を明示的に容認するようになった。このような裁判所の役割の再定義（redefinition）は、アメリカの法文化のみならず、独仏に代表されるヨーロッパ大陸法システムにも広がってゆき、裁判官法は「生ける法（living law）」であるとされ、殆ど全ての大陸法域で裁判官の役割の重要性が増していった。こうした法の司法化への動向は、不適切にも比較法の用語を用いて、

コモン・ロー・モデルのロマン法域（Romanist jurisdiction）への普及・拡散（diffusion）であると解されてきたが、単なる法移植および法的相互影響といった現象ではなく、社会の基本的方向性（the basic orientation of society）の変化ととらえるべきである。社会国家の拡大による制定法の重要性の増加は、コモン・ローがロマニスト的パタンに向けて収束してゆく知らせであると解され、法システムの収束理論は比較法学者の間では殆ど共通のものとなっていたが、「社会的なるもの」の抬頭という意味で、この理論は国家横断的な政策（a cross-country political change）の変化として再解釈されるのが適切である。古典的法思想が、（コモン・ロー諸国における制定法の役割の増大、および大陸法諸国における裁判所の役割の増加の背後にある）社会志向的法思想へと変化し、多様な法システムが揃って、法とその目的の一般的評価に関する新モデルに向けて進化したのである。この共同進化（co-evolution）の結果として、社会志向的法思想の2つの（コモン・ローおよび大陸法の）ヴァージョンが生まれた。

　第2に、社会志向的法思想の拡散・普及によって促進されたのが、法の「憲法化」である。憲法は社会生活のあらゆる局面を包含し、あらゆる法部門に妥当する価値と原則を表現する空隙・欠缺なきドキュメントと解され、古典モデルから大きく離反するようになった。古典的法思想においては、憲法は国家とその機関の法的組織という意味での「国家の法（the law of the state）」と解され、相互の権限の領域（reciprocal spheres of competence）を確定するものであった。憲法が定める表現の自由などの一般原則は、私人の自由をごまかそうとする国家の介入を阻止するものと解され、その適用は稀であった。しかるに、憲法とは、公私を問わずあらゆる社会関係に一般的に妥当する、法的に実現可能な社会の理念的プロジェクト（a legally enforceable ideal project）である、ととらえる新たな動きがスタートする。憲法は民法典のように無欠缺であって（in the sense of being gapless）、家族・財産・労働・契約・会社などに関する殆どあらゆるケースに備えていると考えられるようになり、憲法の一般規定が社会志向的目標と強い相関関係にある意味を付与されたのである（例えば、財産の利用は社会的目的にかかわり、所有者個人の利益のみならず社会福祉と公益を促進するものでなければならない）。財産権の意思理論は、公益に従った私権の社会的機能の理論に道を譲った。法の憲法化が私法の形成に多大な影響

を及ぼした。こうした変化は主に方法と理論の問題である（概念と形式主義から、機能的分析と反形式主義への移行）と理解されてきたが、私法の役割と私法制度の現実の政策的変化を表すものでもあり、とりわけ私法は法理論・古典モデルにおける礎石（cornerstone）としての地位を失ったのである[83]。

(4) モナテリは「新たなパラダイム」と題して、次のように論ずる。ダンカン・ケネディによれば、1960年代末頃に社会志向的法思想は、規制と行政活動の重要性がますます増加したために、殆ど確立した制圧的な現状として過度に制度化され、福祉国家と市民の生活・自由に対するその介入的性質とに向けられたリバタリアン的批判は陳腐なものとなった。さらに裁判所の積極的役割が理論化されることで、純粋な法的分析であったものが直接的な政策的分析の対象となり、隠されていた法の政策があからさまに問題とされ、裁判官の政策的役割が強調されて裁判所から正統性が剥奪された（裁判官は選挙で選ばれたオフィシャルではなく、直接民主主義的正統性を欠く）。正統性の欠落に対する批判はより一般的に官僚制と政府機関に対しても向けられ、社会国家と結び付いた多くの制度の権威主義的性格が非難された（「社会的なるもの」の信用失墜）。右寄りの自由市場理論家は「法と経済学」の名称のもとで、古典的法思想の意思理論を改良する手段と方法に磨きをかけ、法の経済分析は結局は、古典理論に適合した自由選択、資格（entitlements）、契約を基礎とする私法モデルを復活させた。私法の機能は最も効率的とみられる社会の私的秩序を確保することであり、法の一般理論は再び形式主義的で制限的な司法による解釈、とりわけ憲法の原意主義的解釈（originalist interpretation）へと向かった。

「社会的なるもの」に対するアメリカにおけるこの新たな批判は、1970年代と1980年代にヨーロッパへと浸透し、法的分析の方法と目的を再考する新たな波を拡散させた。比較法学者（マッテイ）は、海外でアメリカの方法論議が成功した理由としてアメリカ法文化のプレスティージを挙げたが、モナテリによれば、これは単なる方法論の問題にとどまらず、（フェミニスト研究、ジェン

83）*Id.*, 77-82.

ダー研究、ポスト・コロニアル研究、「法と経済学」と同様に）法的ディスコースのための新たなパラダイムの出現を示す、アカデミア内での激しい政策上の衝突（a strong clash of politics within the academia）の表れであり、その動向が福祉国家の時代とは異なる方向を目指す学問的ディスコースの形成に積極的役割を果たしたのである（こちらがヨーロッパへの拡散が成功した真の理由である）。モナテリは、近時様々な法文化において支配的パラダイムとなった、法思想の2つのグローバル化されたモデル（globalized models of legal thought）として、①新自由主義（ネオリベラリズム）の市場優先的（pro-market）パラダイム（自由市場モデル）と、②人権についてのディスコース（the discourse on human rights）を挙げ、いずれも法的方法と法の主要目的については異なる立場をとるとし、双方ともに比較法が従うべき方法を提供していると説く。ダンカン・ケネディによれば、現代の理念・理想（the contemporary ideal）とは、古典的法思想や「社会的なるもの」の意味ではなく、「差異（difference）」を適切に承認し管理するという意味での多元主義的な法的レジーム（a legal regime that is pluralist）である。グローバルな法的ディスコースの新たなモデルを評価するに際して、比較法実務を悩ませている現代の変化を理解するには、この点が重要である。法族という枠組みは多様性の中の秩序を探求するが、この枠組みは、世界を正義と法の目的について多様な理解を持つ法族に分類し、特徴づける政策的多様性（the political diversity）を容認している。全世界を法の支配と人権という西欧的ヴィジョンで拘束するならば（あるいは、同一の制度を備えた巨大なグローバル・マーケットで統合する場合も同様である）、こうした法的・政策的多様性を同質化する必要があることは明らかである。したがって、「グローバルな」法思想の新モデルは、多様な法観念の中心的特色である多様な正統性の理念（the different ideals of legitimacy）と衝突し、鋭い対立と強烈な抵抗を生じさせる。「以上の立場からすれば、比較法の方法からグローバルな法的思考の方法へと通じる難しい道（a delicate passage）にわれわれが直面しているという兆候はない。比較法は、多様な法システムのハーモナイゼーションを目指すことも多いが、差異を認めて研究することで成長し、現存する法的経験の間の相違（divergencies）を理解し明確化するためにその方法を採用してきた。法の分野におけるより新しいグローバルな思想は、特定の

種類の法的ディスコースが支配する同質的な世界秩序（a homogeneous world order）を設計するように運命づけられているように思われる」。

　モナテリはまず現代の人権論は、古典的法思想における私的権利、社会志向的法思想における社会的権利が果たしたのと同様なヘゲモニックな役割を求めているが、正統性の普遍的パラダイムを提供するという意味での同質化（homologation）を基礎に据えようとするため、この議論は法秩序が多様であることの正統性をいっそう問題視する、と指摘する。比較法はこうした変化の流れを法システムの収束理論に取り入れてきたが、これでは問題となっている政策的争点、すなわちグローバル化する法的ディスコースの中心にある「曖昧さ（ambiguity）」が、合流とハーモニーという平和的・協調的レトリックによって覆い隠され、ぼやけてしまうと説くのである。ここにいう「曖昧さ」とは、a. 主権を肯定して政治的実体を区分すると同時に、自由・価値・人権に基づく世界の実体的正統性というパラダイムを発展させていること、b. 人権のような制度的・政策的ディスコースは、20世紀後半（「権利の時代」）に普遍的な政策的イデオロギー、立憲主義の中心的イデオロギーとなり、主権性と古典的国際法の内部・外部の区別とを解体するが、そのヘゲモニックな性格からそれ以外の貴重な解放的戦略（emancipatory strategies）を排除し、過度に抽象的な理念を発展させて政策的多様性（political diversity）を減少させることである。モナテリは、デモクラシー・自由市場・法の支配・人権の輸出を基礎とする思考様式のポリティクス（the politics of a mode of thought）は、対外関係の理想主義者的モデル（the idealist model of foreign relations）――全ての国家は類似したリベラルなデモクラシーで、国際関係は当然に平和であり、制度が共通であるからコミュニケーションも容易で、民主主義制度は戦争ではなく平和を選択するインセンティヴとなる――に従っていて、法システムの収束に関する比較法理論も同様のアプローチによるが、この比較法理論は、古典的アプローチの方法からグローバルな世界秩序のルールを設計する新たなアプローチへと移行するのに必要な政策的意識（the political consciousness）を欠いている、と評価する[84]。

84）*Id.*, 82-87.

（5）最後の「理性の濫用か？」という節で、モナテリは、政治的・方法論的理念（ideals）の対極には、比較法方法論に強い影響を与える、グローバルな法思想の様式としての新自由主義的パラダイム（neoliberal paradigms）の強力な発展が認められると述べる。モナテリによれば、法の経済分析という方法は、明かに社会国家（the social state）に対する政策的攻撃であり、法的ディスコースおよび法の一般理論の再評価の試みである。経済分析は明確な目的を持ち（purposive）、政策志向的であるが、古典的法思想の場合よりも法的ディスコースをフォーマライズし、この新しいフォーマリズムは、法学研究を効率的で市場優先型の解決（pro-market solutions）を目指すように方向転換させる。古典的モデルの批判者たちは、不公平で厳格な法理論の持つ曖昧さと偏頗的結果（preferential outcomes）を示し、法的ディスコースをより確固たる基盤の上に固定しようと試み、この支柱を提供しようとした法と経済学の努力から新自由主義（ネオリベラリズム）の新たな潮流が生まれた。

　新自由主義のパラダイムは、合理的決定理論に基づく経済秩序を純粋に提案するものではなく、除外と排除を通じた空間の支配という地政学的局面（geopolitical aspects）を持ち、グローバルな時代において、伝統的な領土的境界と自己規定する政治的実体（self-defined political entities）とに挑戦する法の新たな経験である。このパラダイムは、脱政治化された世界における市場の自発的な進化を信ずる経済的自由主義の古典的モデルとは大きく異なって、近時のグローバリゼーション、特にヨーロッパ法の発展のもとで優勢となり、自由市場制度を促進し法改革のための国家立法（制定法）の積極的活用を主張する。新自由主義のパラダイムは、望ましい社会的目的を達成するためには立法を利用するのが有益である、という思想を「社会的なるもの（the Social）」から借用し、ただそこでの目的を社会的権利の促進からビジネス・サイクルの効率化へと切り替えたということができる。

　新自由主義のガヴァナンス・プロジェクトが提案する改革と法移植を分析するに先立ち、これらのモデルが法理論に及ぼした変化をまず理解する必要があるとモナテリは言う。古典的自由モデル・古典的リベラリズムは、法の自律性（autonomy）を擁護し、議会による政治的介入の手段である立法の範囲を制限し、断片的な法の進化に積極的価値を認める。古典的リベラリズムからすれば、

ヨーロッパ諸法典は政策的立法ではなく数世紀にわたる非国家的主導の法的進化を表し、それを一貫したルールと原則の集合体に論理的に編成したものなのである（裁判官が運用する古典的なコモン・ローのルールも、同様に複雑で自発的な法の進化の結果であるとされる）。ハイエク（Hayek）によれば、社会秩序全体を管理するのに必要な全ての情報をコントロールできる知性（ハイエクの言う「合理的構成主義［a rational constructivism］」）の持ち主の集団は存在しないから、合理的プランに基づいて法を設計・支配しようとする試みは「理性の濫用」なのであり、失敗に終わる。しかしながら法と社会に対する現在の新自由主義のアプローチはこれと殆ど正反対であり、古典主義的な非介入主義的政策から離れて、立法と比較法の積極的役割を通じた、法改革の分野における「合理的構成主義」を提唱する。この大きな理論的変化は次章で検討する[85]。

6. 比較法と法改革（legal reforms）

（1）モナテリは「最善のものの探究」と題して、次のように述べる。アラン・ワトソンは、比較法学において「法移植」を初めてテーマとして位置づけ、法の歴史の本質的特色は他の法文化からの借用であり、この借用・法移植は明確な改革プロジェクト（例えば、移行中のシステムへの法モデルの輸出）を実現するために行われることが多いと論じたが（1993年のワトソンの『法移植論』）、より間接的で複雑な影響から拡散・普及（dissemination）が生ずることもある（例えば、ヨーロッパ諸法典の模倣や、本書の前章で見た古典的法思想の拡散）。

　法移植のプロジェクトを設計する法律家は、法文化の重要性を希釈化し、コストとベネフィットに応じてルールは自由に移転できるとする前進的な立場（ミヘールズ［Michaels］）か、法文化の背景の複雑さから、外国の影響ないしハーモナイゼーションに対する法文化の抵抗とを過大に評価する立場（ピエル・ルグラン）のいずれかを共有している。また、効率性の探究を歴史的説明

85）*Id.*, 87-90.

302

と結び付け、法システムの成果をその起源（origins）と関連づける立場も考えられる（ラ・ポルタ［La Porta］他。法伝統の文化的背景の分析が、将来の改革の合理的設計と並行して行われる）。法の改革と比較法に関する現在の議論をまとめ、比較法の様々な立場を支配する2つのモデルをその初期のルーツから辿り直し、法伝統の本質と、法制度の積極的発展を促進する最善のモデルの探究を目指すプロジェクトを明らかにする必要がある。モナテリは、ハンガリーの法史学者ガボール・ハムザ（Gábor Hamza）が正しく指摘しているように（『比較法と古代』1991年）、方法論のルーツを辿り、比較法の現在の理解の背景となっている古代ギリシアの著作家たち、特にプラトンとアリストテレスが果たした役割を再考すべきであるという。

　プラトンは、ローマ法学に強い影響を及ぼしたその著作『法律（ノモイ）』でアテナイの法をクレタ、スパルタ、エジプト、カルタゴ、ペルシアと比較し、著作『国家』においては、当時の多様な政治体制の比較による再構成に基づき、完全な政体（constitution）の理論を展開する。プラトンの分析（社会改革の理論および社会統制のテクノロジー）によれば、政治制度は完全な原型から次第に堕落してゆく傾向があるため、理想的政体は変化を阻止して、元来の性質に近い社会秩序を維持すべきである（法の最善のモデルは過去にあり、最善の法改革は復古である）。モナテリによればプラトンは、彼の政体の漸次的堕落（gradual corruption of regimes）の理論を確認し（法システムの内的進化の・比較による査定）デカダンスを阻止する救済方法を示すために、比較法を利用している。プラトンの理論は、比較法を根拠として、変化に反対する法改革を提案する歴史主義（historicism）の一形態である。ローマ法学者がローマ法史を評価する場合にも、こうした解釈枠組みを採用し、ローマ法はその原初の純粋性から後期ローマ帝国の卑俗法へと堕落していったとされた。とりわけ法分野においては、ルネッサンスそれ自体が、クジャス（Cujas）（1522年−1590年）のようなフランスのユマニストの著作を通じて、暗黒時代ないし「中世」と呼ばれた数世紀の間に生じたデカダンスに対抗し、ローマの起源（Roman Origins）に帰ろうという訴えであった。

　しかしながら、長期にわたり広いインパクトを及ぼすプラトン的歴史主義は、起源（origins）と未来に向かう両義的傾向（ambiguous inclination）があり、

社会科学の主目的は歴史的予言であるとするアプローチをとる。社会の未来を予言するために社会の進化法則を明らかにするのが、社会科学の使命であるとされる（ポパーは『歴史主義の貧困』の中で、この立場をcentral historicist doctrineと言う）。その場合、例えば古典的法思想から社会志向的への移行のような、進化プロセスの予言された結果が良いか悪いかを決定するには、評価（evaluation）が必要となる。しかしプラトンの『法律』におけるように比較方法を用いた結果、社会的デカダンスが不可避であるとされたら、政策的テクノロジーを導入しても、不可避であるものを阻止ないし操作することはできない。完全さは起源にあると信じるならば、われわれはそれに固執する（忠実である）であろうが、ヨーロッパの歴史主義は、こうした起源の思想は進化の未来を映し出すために利用できると主張してきた。過去の偉大さと、進歩という明らかな運命との双方に対する信仰が両立することを示すのが、比較歴史主義（comparative historicism）という言葉である。歴史的進化および歴史的知識の形態が多様である理由は、現代の社会制度に与えられた価値によって説明される。カール・マンハイムの見解によれば、歴史的「進歩」の問題は、多様なイデオロギーによって様々なやり方で解釈される（マンハイム『イデオロギーとユートピア』）。こうした観点からすれば、歴史主義という方法は何ら政策的実体（political essence）を持たない。この方法は起源に焦点を合わせ、改革のために伝統を重視しているが、歴史的プロセスを進歩ないしデカダンスと見る姿勢とは直結しない（ラディカルな保守主義者は「起源」を完全であるとし、進歩主義者は社会構造を改善する場合に未来を想像する傾向があるが、例えば、未来は勇者のためにあるから未来のために生きる、と宣言する右翼の改革論者も存在するかもしれない）。過去の神格化は未来のイデオロギーと両立・同居可能なのである。

　この方法の本質は起源と進化を強調するところにあるものの、全く異なる正反対のアプローチも可能である。将来の設計にあたり過去を無視する（現時点から将来の目標にどのように進むかが重要である）という極論も考えられるけれども、現実的なのは、法改革のために比較を利用するという代替的思想すなわちアリストテレス的な合理的構成主義のモデル（the Aristotelian model of rational constructivism）であろう、とモナテリは言う。アリストテレスは、『ア

テナイ人の国制（the Constitution）』において比較法に対する別種の経験的アプローチを進め、アテネの法と政治制度の特色を他のギリシア都市国家と比較した。このアプローチでは、普遍的と考えられる人間理性を適用して最善の法を設計し、その際に比較法の経験的探究によって法の最善のモデルを発見し移植する。完璧な都市国家は、徳に基づく完璧な形而上的道徳的秩序（神聖な道徳的コスモス）を反映していなければならず、徳によって理性的に生み出された社会的調和はありうべき最善の法的・政治的レジームである。歴史主義のプラトン的モデルが起源と進化による社会との適合性・調和を重視するとすれば、合理主義的なアリストテレス的モデル（合理主義的・経験的アプローチ）は社会的優越性が正当であるとし、起源と現在の歴史的状況にかかわらず、周囲を見渡して最善の国制（constitution）を選抜できるとする。理性的で最善のモデルは1つしか存在せず、歴史的状況は（法伝統の本質ではなく）そのモデルの採用を決する際に考慮される付随事項にすぎない。この方法は現代の社会工学と政策的テクノロジーの基礎であり、そこでは現在の社会的実体は社会的実験の出発点となるにすぎず、歴史は比較と同様に観察可能な実例を提供するという点で、純然たる経験的重要性を有するにすぎない。

　以上の分析に基づき、モナテリは比較法に関する2つの主要な社会工学モデルとして、プラトン的歴史主義とアリストテレス的構成主義とを取り上げ、検討する。前者は法を歴史的進化ととらえ、法制度の起源からの内部的進化にあたり政策的テクノロジーを利用する。後者は比較法に対するより合理的・経験的・硬性的アプローチで、最善のモデル（この「最善」とは、形而上的・道徳的意味を持つ）の選定に用いられる。2つのモデルは、ローカリズムないしグローバリズムに関して、かなり異なった結果をもたらす。まず歴史主義は、歴史的進化の一般法則を発見し、様々な国家が類似した制度を採用するという目的に貢献できるとともに、法システムの本質的・政策的多様性をも説明する（エスマン、レヴィ・ウルマン、ルネ・ダヴィッド、ツヴァイゲルト/ケッツの立場）。単一の西洋法伝統を構想する見解も歴史主義の類似のヴァージョンである。歴史主義のイデオロギー的性格（歴史的想像力により過去を再構成し、われわれのプロジェクトに利用する）に応じて、その方法は変幻自在で、自国中心主義にも普遍主義にも、保守主義にも進歩的にもなりうる。これに対して

合理的構成主義はより決然としており、歴史は実験の連続で実体（essence）を持たないとし、政策的多様性と相容れない傾向がある。魔術からの解放（マックス・ヴェーバー）により善と道徳が形而上的一貫性を失い、何が最善であるかは形而上的・道徳的意味であるという信仰（アリストテレス的伝統）が取り払われれば、経済的に最善なモデルを探求するという方法へと容易に進化しうる（アリストテレスは、経済とは家政とポリスの双方にかかわり、より良き生活のために物資を利用することであるとしていたが、アリストテレス理論の純粋に経済的な部分のみが残る）。「比較法と経済学」および「法と金融」の2つの方法において、起源の思想と合理的構成主義が、予想外の新たな形でどのように結び付くかを続いて検討する[86]。

(2) 比較法と経済学は、多様な法伝統の類似と相違を経済学の用語で説明する。合理的決定理論を法分野に適用する場合には、いったいなぜ相違が存在するのか、すなわち空間的時間的に人間理性が常に同一で、法的ルールと制度がいかなる法域でも共通の社会的問題を対象とするならば、なぜ多くの異なる解決が存在するのかが、まず問題となる。その理由は「実験」として説明できる。すなわち多様な法域は多様な解決を社会的「実験」として行い、法システム間の自然な競争により、一定の社会問題に対する最善の解決が自然な結果として表れるのである。法システムの変化の殆どは他の法システムからの法移植が原因となるが（アラン・ワトソンの指摘）、これは実験よりも借用の方が安上がりだからである。国内での独自の実験が、結局借用と同じ結論に達することができ、かつ簡単に結果を借用できる場合には、わざわざ国内での実験を選ぶ理由はない。

　もう1つの重要な問題は、継受国はどのルールを借用するかをどのように決定するのかである。1つの解答として相手国の「プレスティージ」（母法国の法システムが継受国よりも高度に発展し、継受国を悩ます社会問題を既に経験して、それに適した法的解決策を発達させていること）を挙げうるが、法移植の

---

86) *Id.*, 91-97.

理論の基礎とするには曖昧な概念で、借用の結果を予見するのが困難である。比較法の経済理論は、法システムを超えるとなぜ法的ルール・法制度に異同が生ずるのかを説明しようとする。モナテリは、トマス・ウーレン（Thomas Ulen）の論稿「統合のコスト（The Cost of Integration）」（1996年）に依拠して、次のように分析する。ウーレンは、消費者などの選好（choices）を説明するミクロ経済理論を世界の法システムに等しく適用し、一般的仮説として、国民経済の実際の形態が多様であるのは、消費者の嗜好（taste）と資源の資質・分与（resource endowments）が原因であり、同様の理由から法システムも多様になると論ずる（同じ状況でも、経済的ファクターが異なれば、法システムごとに法的ルールのコスト・ベネフィットの計算が異なり、法文化間で法的ルールの相違が生ずる）。経済理論を比較法と法移植の問題に適用するという以上の方法によると、何が正しくて満足・認容できるかに関する嗜好が多様であるために、公正さと認容度（fairness and acceptability）の問題が生ずる。効率性の点では2つの法システムに同一の法的ルールが適切であるとされても、双方の法システムの正義の観念が異なれば別の法的ルールが選ばれる可能性がある。現在では比較法への経済分析の適用を扱う文献が多数発表されているが、①「プレスティージ」の仮説に比べ、経済理論は計測できるファクターに着目しているため、体系的な証拠に基づく予言が可能である、②経済理論は法的変化のリソースとして輸入と国内での改革とを区別せず、いずれを選ぶかは同一のコスト・ベネフィット、公正、認容度のファクターによって判断する、という点が重要である。

　合理的決定理論・嗜好・資源の分与（endowments）に基づく方法を採用すれば、なぜ多様な法的風景（legal landscapes）が存在するかを説明できるし、そうした嗜好の要求を満たしうる法的ルールを設計する限りで、この方法は法移植と改革のためのテクノロジーを提供する。「比較法と経済学」のアプローチも、最善のものを求める分析と改革の枠組みを考案するアリストテレス的パタンに従っていて、法改革により満たされる「嗜好」として文化および正義を考慮する場を提供するが、この方法が現実に機能するには、法システム・法的ルールの定式化・法規範の解釈がどれだけのコストを要するかなどの経験的・数量的研究（empirical quantitative studies）が必要である。（ケーン／クライ

ツァー、アイゼンバーグらの）「経験法学研究（Empirical Legal Studies）」の成果が大いに期待される。しかしながら比較法の経済分析では、もう1つ別の代替的パラダイムすなわち「法と金融」（law and finance）（経済的・経験的に観察可能な変数［variables］から出発し、数学的な遡及［mathematical regression］によって、どの法制度が変数を決定するかを個別的に特定する方法）の手法も有力となっているため、それを次に取り上げる[87]。

（3）この「法と金融」として知られる思潮（movement）を代表するラ・ポルタ（La Porta）らの論者は、論稿「法的起源の経済的効果（The Economic Consequences of Legal Origins）」（2008年）において、その方法を展開している。彼らの議論の前提は、外部投資家の法的保護は、会社のインサイダーによるそうした投資家からの徴収（expropriation）を制限し経済的発展を促進する、というところにある。彼らは94か国につき、外部株主と外部の先順位債権者（outside senior creditors）双方の保護を図る各国の法的ルールは、計測可能でコード化でき、外部投資家の利益保護に極めて厚い国が見られることを明らかにした。投資家を保護する法的ルールが、法伝統の多様な起源（different origins）に応じてシステマティックに変化することを経験的に示した点は、比較法学にとって極めて重要なターニング・ポイントとなるとモナテリは評価する。すなわち、①グローバルなレヴェルのルールを設計ないしコード化して、各国のシステムに取り入れることができるという着想、②法族論（法的起源）の重要性、③法制度のパフォーマンスを順位づける経済的に観察可能な変数を利用する可能性である。とりわけ③の着想は、類似と差異（そしてそれらの調和）に関する伝統的な比較法論（および伝統的な法の経済分析）を回避・克服する大きな一歩である。さらに「法と金融」論は、国家の法的環境が投資に適していなければ直接投資は成長に役立たないとする点で、理論経済学の古典モデル（直接投資こそが成長の中核的ファクターで、法は遅鈍で間接的ファクターにすぎない、とする）とは大きく異なる。

---

87) *Id.*, 98-102.

「法と金融」論は古典的な右寄りの自由主義、彼らによる自由市場の擁護、自生的秩序としての古典的私法モデルから出発し、立法による政策的介入に抵抗したが、市場に親和的な法的背景（a market-friendly landscape）を発展させるために、次第に立法の積極的役割を評価するようになった。その強力なテーゼは、イギリス法を起源とするコモン・ロー諸国の法は、ローマ法起源の大陸法諸国の法よりも外部投資家を保護している、というものである。この理論は、大陸法はコモン・ローよりも政府の支配と規制が厳しいと論じ、比較法に強い政策的意味を与え、法システムの収束を困難にする。彼らの著述に見られるコモン・ローの概観は、比較法の観点からかなり重要で、①大陸法に比べて司法手続の形式性が緩やかであり、司法の独立が徹底し、そのために②契約の履行が円滑で財産権の保障が厚いと指摘されているが、法創造プロセスにおけるこれらのファクターの意味（①と②の双方をどのように結び付けるのか）を論者はどう理解しているのか。論者は彼らが収集したエヴィデンスが正しいとすれば途方もない挑戦になると認めているが、法的起源の意味は何か、それがなぜこのように広い影響を与えるのか、多くのエリアでのコモン・ローの優越した機能は、高い訴訟費用や周知の裁判上の恣意性（judicial arbitrariness）とどう調和するのか。論者は法的起源の観念を広く解釈し、「経済生活の社会的コントロールの様式（style）」であるとする。法的起源とは系図ではなく構造の記述で、様式が現在ローマ的ないしイギリス的であればその法システムはロマン起源ないしイギリス起源となる。この理論は法族の本質についてダマシュカ（Damaska）（大陸法は「政策実現的」、コモン・ローは「紛争解決的」であるとする）とピストール（Pistor）を参照しているが、重要かつ革命的な提言の十分な根拠にはなりえない。様式とは極めて曖昧な輪郭の用語で、「文化」「イデオロギー」のようなとらえがたい概念（slippery concepts）と殆ど同様であり、何がコモン・ロー・システムを構成するのかという基本的問題は未解決のままである。経験的観察がなくとも、私的市場を支持するシステムの方がより良い成果をもたらすという結論は、市場の効率という観点から明らかで、先の定義を前提とする限り、論者の主張は自明の理（truism）である。

　「法と金融」論に対する以上の批判は、それが比較法の分野に重要な革新をもたらしたことを全面的に否定するものではない。法システムのパフォーマン

スに関する「法と金融」論者の立場が一般的に誤解されていることに対して、彼ら自身が注意を促し続けていたことは立派である。彼らの方法論は熱狂的な反応をもたらしたが、この法的起源理論はコモン・ローの優秀性を指摘するのではなく、秩序の混乱が甚だしい場合は大陸法と規制的解決の方が優れていることを、論者は認めている。さらに、比較法研究への数量的アプローチを賞賛したことも、彼らの重要でより長続きする貢献である。比較法学者は「文化」「天才」「独創性」といった漠然とした主観的な観念を愛用してきたが、比較研究のより確固たる基盤を構築する努力が必要であり、将来は比較法の分野で数量的方法が大幅に利用されるようになると考えても、行き過ぎではあるまい。「数量的方法の利用は、ビジネス親和的な法システムを発展させるというような特定の政策的目的からは解放されるべきであって、むしろわれわれの現実の解釈を正すために数量的方法が用いられるべきなのである」[88]。

(4)「比較法は、グローバルな問題点を規律する必要から、方法とパースペクティヴの双方で次第に革命を経験しつつある」。法システム間の類似と差異に対する古典的な質的分析は、新たな形態の計量分析と交替する運命にあり、法制度およびその社会への影響の計測可能性（measurability）に関する近時の議論は、重要性を次第に増している。法システムのパフォーマンスをどうすれば実際に計測できるか、法的起源は実際に重要か、司法機構を数量的手段で評価可能か、が中心的問題である。数量的方法は必ずしも市場の効率とは結び付かず、例えば比較文学の分野でも批判の有力な道具となると指摘されている。数量分析をグローバル・ガヴァナンスの担い手（agents）に委ね、ビジネス親和的な規範のみを創造するならば、現代における経済のグローバル化を批判する者は深刻な方法論的過ちを犯すであろう。数量的方法は、文化・様式・姿勢（attitude）・起源といった、曖昧でバイアスのかかった単なる質的記述のための用語に代わる、より洗練され発達したオルタナティヴなのである。数量史（quantitative history）、批判地理学（critical geography）、複雑性理論（complexity

---

88) *Id.*, 102-109.

310

theories）といった3つの生成中のアプローチから、法史を理解し改革プロジェクトを推進する、比較法実務のための強力な方法論的道具を得ることができる。法多元主義および法的多様性に対する現在のアプローチを改良するためにも、数量的方法は不可欠である。比較法は目的志向的・意図的なプロセスで、学としての比較法の目標は、特定の法システムの性質の主観的解釈に基づく・法伝統の質的記述（qualitative descriptions）から、法的ディスコースおよび法とその進化の一般理論の枠組みを再構築（reframe）できる分析への移行を促進することであろう。「われわれは、現実に対する誤った意識（a false consciousness of reality）から解放されるように世界の法秩序の解釈を修正しなければならない。本書で示したように、比較法の多様な方法によって、法および世界の法システムのパノラマの様々なイデオロギー的再構成がなされた。これらのイデオロギー的再現（representation）に抵抗できる分析が必要である。数量的方法は、現実の適正なヘルメノイティック（proper hermeneutic of the real）というコンテクストで、再創造されなければならない。このようにして、数量的方法は未来の比較法を育むことができるのである」[89]。

7. 本書における「比較法の方法」

　最後に本書においてモナテリが提案している比較法の方法を簡潔に整理しておこう。

①法文化間のアイデンティティを確立するプロセスは、政治的・非中立的・意図的な支配のプロジェクトであることが多く、規範に意味を与えるのは法的エリートであり、法文化の中での法創造エリート、ディスコースの担い手の闘争を把握するのが、比較法の任務である。
②機能主義は比較法において最も普及している方法論であるが、統一的方法論にまとめ上げるのは難しく、制度の「機能」の再構成は論者自身の観点に大

---

89) *Id.*, 109-111.

きく依存する。比較法方法論は比較法学者の役割論であり、批判的比較法、破壊的比較法、グローバル・ガヴァナンス分野の比較法において、比較法学者は彼らの世界観を中心に置くべきでないと批判が加えられている。多様な方法を用いたグループ研究（チームワーク）の勧め、固定した方法論的地図ではなく多様なアプローチの「道具箱」の活用などが提案されているが、方法を追加するのみでは、比較法学者の認識論上の根本問題は解決されず、比較法学の主流・古典的見解を再生・再強化するにすぎない。グローバリゼーションの進行により、超国家的でグローバルでトランスナショナルな規範性の源泉、あるいは規範性の新たな非西欧的源泉が生じ、比較法の伝統的方法論を変化させつつある。比較法学者は、バイアスを意識した自己批判的アプローチを要求される。

③法族論は、記述を通じてノモスの地理学を実現する試みで、各法族はグループの起源・代表として機能し、法システムの分類と地図の作成という科学的・認識論的問題は、グローバルな空間性、そのガヴァナンス、代表性を可視化するという政策的問題となる。独創性・本源性に基づく分類に見られる観察者の無意識のイデオロギー、地政学的重要性と比較方法との関連性、協調と開放ではなく差別と覇権のプロジェクトにも比較法が与すること、が指摘される。ヨーロッパの法族論は、空間・言語・宗教といった指標の混合、類縁性・独創性（本源性）といったかなり曖昧な概念に基づき、世界のイデオロギー的構成体としての意味を持っていたため、論者のバイアスがかなりかかっていた。第二次大戦後の法族論では、ルネ・ダヴィッドが法族論におけるイデオロギー的要素を考慮し、「西欧法」の観念を提唱することで、フランスをアメリカと同列に置こうとした。フランス第五共和制のイデオロギーの反映である。このダヴィッドの地図化戦略は広い支持を得た。ツヴァイゲルト/ケッツは、イデオロギー的要素に「様式」を比較分析の重要な要素として追加し、ロマン法圏とドイツ法圏を区別した。効率志向のグローバル・ガヴァナンスのために国際組織が創造・運用する混合的で不確定な法の新たな層が生じつつあり、法族間の区別をぼやけさせ、政治的要素を過小評価させる傾向がある（「法と金融」のアプローチ）。

④法システムの相違点と類似点を歴史的発展の結果である「文化」によって説

明し、あるいは文化に代わって「伝統」という概念を採用したりする場合は、比較法と法史学の相互援助が必要になる。比較法と法史学は、西洋法伝統（西洋の法文化的ディスコース）形成のナラティヴ（物語）を捏造し、ドイツ法史における（ヨーロッパ法学の基礎・近代法の指針としての）ローマ法崇拝・ローマ法の独創性というイデオロギーを生み出し、系図を用いて、歴史的起源から「文化的アイデンティティと至高性の理論」へと移行した。比較言語学理論のインド・ヨーロッパ・モデルの強い影響のもとに、文化とハイ・レヴェルの法学研究のつながりが重視され、このローマ法の独自の観念（孤立・隔離のプロジェクト）が19世紀ドイツにおける歴史主義・（ヨーロッパ文明の原初的な背景を再構築する戦略である）比較主義と結び付いて、西洋法伝統のモデル（アーリア・モデル）が形成された。これに対し、ローマ法の東方的・アフリカ的起源を説く多文化モデル（アフリカ・セム・モデル）が19世紀後半にフランスの法学者により提唱され、伝統的ローマ法学者は、ローマの「本源主義」・ローマ法の「再生能力」・ギリシアの影響を根拠に反論したが、今日ではエジプト古代法文書の資料批判により、多文化モデルの正しさが認められつつある。ローマの裁判制度は、有力な閥族のために設計され、法務官の介入も殆どなく、執行のメカニズムも備わっておらず、実効性のある法システムではなかった。ローマ法は「3世紀の危機」の後にオリエンタルな特色を帯びてようやく実効的となったが、伝統的ローマ法学者は「至高性のバイアス」があるために、これを「歪曲された」としかとらえようとしない。ローマ法の独創性と連続性が主張されるのは、専門家としてのローマ法学者が生き残るためであり、伝統的なローマを基礎とする法史学とともに、比較法は「法の分野におけるグローバルな文化的ガヴァナンスのプロジェクト」（西洋とは異なる法文化のエキゾティック化戦略）となる。ローマと結び付いた歴史意識と系図は、過小評価できない政策的局面を有している。しかしながら西洋法は他の法に劣らずエキゾティックなパッチワークで、ローマ法以外の古代法にも由来しているのであり、西洋の制度と起源についてよりグローバル化された観点が必要となる。

⑤法・法思想・法的分析の方法のグローバリゼーションは、第1期「古典的法思想のグローバル化の時代」、第2期「社会志向的法思想のグローバル化の時

代」、第3期「普遍的法思想のグローバル化の時代」に三分できる。比較法の観点から重要であるのは、グローバル化したのがルールの特定の集合体ではなく思考様式であるという点で、この思考様式は法律家の自己意識・職業意識を形成した。第2期においては、家族レヴェル・国民レヴェルでの相互依存の高まりに応じて、社会を政策志向的に編成するための道具として法が評価され、古い自由主義秩序・世界秩序が崩壊し、現代的福祉国家のもとで、「生ける法」を理解するための反形式主義的な法的分析の方法が提唱され、社会的権利の実現が重視された。比較法の方法として機能主義が唱えられた古い自由主義の時代は終わり、比較法の方法論においても、「生ける法」「柔らかな反形式主義」「法と社会」などが新たなキーワードとなった。社会志向的法思想の拡散・普及によって、法の「司法化」「憲法化」が生じた。1960年代末頃から社会国家と結び付いた制度の権威主義的性格が批判され、自由市場理論家による法の経済分析が古典理論に適合した私法モデルを復活させた（グローバリゼーションの第3期）。法思想の支配的パラダイムとなったグローバル化されたモデルとは、ネオリベラリズム（新自由主義）の市場優先型（自由市場）モデルと、人権についてのディスコースの2つで、いずれも多元主義的な法的レジームにおいて比較法が従うべき方法を提供するが、現代人権論は正統性の普遍的パラダイムを提供し同質化を目指すため、法秩序が多様であることの正統性を問題視する。法システムの収束を目的とする比較法理論も、以上の人権論と同じく対外関係の理想主義者的モデルに従うが、グローバルな世界秩序の新たなルールの設計に必要な政策的意識（政策的多様性への配慮）を欠いている。比較法方法論に強い影響を与える、グローバルな法思想の様式としての新自由主義的パラダイムの強力な発展が認められ、法の経済分析は古典的法思想よりも、法的ディスコースをフォーマライズして確固たる基盤の上に据え、効率的で市場優先の解決を法学研究の目標とする。新自由主義のパラダイムは、ヨーロッパ法の発展のもとで有力となり、望ましい社会的目的（ビジネスサイクルの効率化）達成のために国家立法を積極的に活用することを主張する。古典的な非介入主義的政策から離れて、立法と比較法の積極的活用を通じた、法改革の分野における「合理的構成主義」を提唱するのである。

⑥比較法を用いた法の改革モデルのルーツを辿ると、プラトン的歴史主義とアリストテレス的合理的構成主義とを挙げることができる。合理的構成主義は普遍的な人間理性を適用し、比較法の経験的研究を用いて、起源と現在の歴史的状況にかかわらず最善の法を発見し移植する立場である。魔術からの解放により善と道徳の形而上的一貫性が失われると、経済的に最善なモデルを探求する方向へと向かう。「比較法と経済学」の方法は、多様な法伝統における多くの異なる解決の存在を、「実験」による最善の解決の探究として説明する。比較法の経済理論は、法的ルール・法制度間の異同の存在を、利用者の嗜好と資源の資質・分与の違いによるものと分析する。また効率性の点では差異がなくても、双方の法システムの正義の観念が異なれば別個の法的ルールが選ばれることもある（公正さと認容度の問題）。経済理論は計測できるファクターに着目するので、体系的な証拠に基づく予言が可能であるが、どれだけのコストを要するかについての経験的・計量的研究が必要である。比較法の経済分析のもう1つのパラダイムとして「法と金融」の方法（ラ・ポルタらの法的起源説）も有力である。この理論が、投資家を保護する法的ルールが法伝統の多様な起源に応じてシステマティックに変化すること（イギリス法を起源とするコモン・ロー諸国の法は、ローマ法起源の大陸諸国の法よりも外部投資家を保護している）を示したことは、比較法学の極めて重要なターニング・ポイントとなり、比較法に強い政策的意味を与え、法システムの収束を困難にしたのである（ただしこの研究は、コモン・ローの優秀性を指摘する目的でなされたのではない）。法制度のパフォーマンスを順位づける経済的に観察可能な変数を利用し、比較法研究に数量的方法を導入したことは「法と金融」論の大きな貢献である。数量的方法は、将来は比較法の分野で、バイアスのかかった質的記述の代わりに広く利用されるであろう（数量史などの生成中のアプローチからも、強力な方法論的道具を得ることができる）。法多元主義に対する現在のアプローチを改良するためにも、数量的方法は不可欠である。比較法の多様な方法による世界の法システムのパノラマのイデオロギー的再構成に抵抗し、現実の適正な解釈を可能とするために、数量的方法が再創造されなければならない。

Ⅴ．結語

　本稿で取り上げたモナテリの見解の独創性は、イタリア比較法学において支配的な法的フォルマントの理論を法史学上の知見（および法移植論）と結び付けたところにあろう。法的フォルマントの理論は、法的エリートないしリーガル・プロフェッションが法を作動させるための意味を創出するイデオロギー的活動・戦略として法を理解し、比較法学者の任務は非公式の意味創出のプロセスを暴き出すことであると説くが、西欧の比較法学および法史学（ローマ法学）がローマ法の至高性を「捏造」し、自らの文化的ガヴァナンスを確立しようとしたプロジェクトを批判するモナテリの「戦略」には、エリートのイデオロギー操作を重視する点で、極めて親和的な着想なのである。この理論によれば、西欧法伝統は多様なフォルマントが競合する場としてとらえられ、稚拙であったローマ法へのアジア・アフリカ法の移植が、「汚染」ではない「西欧法伝統の多文化的起源」として積極的に評価され（アフリカ・セム・モデル）、「物語のグローバルな観点からの書き換え」が可能となる。法的フォルマント論に対しては、「サッコの主張は、本質的に比較法に輸入されたリーガル・リアリズムの一形態であるから、アメリカにおいては完全にあてはまるし、21世紀のヨーロッパにおいても厳格なルール実証主義はもはや支配的ではないから、ヨーロッパの法律家の大半にとってもサッコの主張は真である」（マティアス・ライマン）とする見解が見られる一方で、サッコの学説に論及したうえで、伝統的比較法は確かにかなり実証主義的ではあるが、法的ルールの複雑さを十分に検討するように要求しているので、伝統的方法に対する批判が全てフェアなわけではないとする穏健な論評（マティアス・ジームス）も加えられている。さらにライマンは、「1960年代および1970年代にサッコを取り巻いていたイタ

リアの法律家の大多数にとっては、サッコの主張は真ではなかったし、現代で
も法を依然としてルールの内的に一貫した体系ととらえる法システムの法律家
にとっては、やはり真ではない」としており、法的フォルマント論がどこまで
広く支持されるか、世界の比較法学の共有財産となりうるかどうかは予見しが
たい[90]。

　法的フォルマント理論からすれば、西欧法の文化的ガヴァナンスを維持する
ために、ローマ法の「再生能力」のような神秘的表現を用いるのではなく、古
代地中海諸法の非ローマ人法律家による移植、19世紀ドイツ歴史法学派による
統一民法典作成のためのローマ法を素材とした体系化といった人為的努力を明
らかにすべきである。そこでモナテリは法史学的知見を活用して、ローマ法
学・比較法学における支配のプロジェクトを暴露したのであるが、それでは西
欧法伝統の多文化的起源をグローバルな観点から再把握したうえで、どのよう
な比較方法を採用すべきか。本稿Ⅲ部で紹介したモナテリの論稿では、法的
フォルマントの方法論が――法移植論、法史学とともに――一貫して用いられ
ているが、Ⅳ部で検討した『比較法の諸方法への序論』はフォルマント論を明
示せず、比較法学者は自らの世界観を中心に置くべきでないとする「破壊的比
較法」、「批判的比較法」、「グローバル・ガヴァナンスとしての比較法」、チー
ムワークの活用、比較法の「道具箱」といった方法が次々と言及されるが、方
法を追加して多元主義を提案しても、比較法の認識論上の諸問題は解決されな
い、と論じている。さらにモナテリは、ダンカン・ケネディの「法と法思想の
3つのグローバリゼーション」理論を比較法学およびフォルマント理論と結び
付け、グローバルな法思想の様式としての新自由主義の強力な発展（法改革の
ための立法の積極的活用）がうかがわれるとし、経済的に最適なモデルを探求
する「合理的構成主義」のもとでの「比較法と経済学」および「法と金融」の
アプローチに着目する。比較法の多様な方法による法および世界の法システム
のパノラマのイデオロギー的再構成に対抗するために、数量的方法が大幅に活

90）Reimann, *International Encyclopedia of Comparative Law*, volume II, chapter 4, Comparative
　　Law: An Overview of the Discipline (2020) 191-192. Siems, *Comparative Law* (3rd ed., 2022)
　　41-42.

用されるべきである、とモナテリは指摘している。要するにモナテリは伝統的な法的フォルマント論とともに、数量的・経験科学的比較法に大きな期待を寄せているということであろう（ジームスの『比較法』第3版は、数量的比較法とともに、経験的比較法［empirical comparative law］の章を新たに設けており、斬新な試みとして注目される[91]）。

91）Siems, *id.*, 206-286.

第3部　比較法史の実践

――歴史叙述としての民事訴訟――

学問は歴史に極まり候事に候

——徂徠先生答問書

　そもそも役に立つとはどういうことでしょうか。それは「実用主義的」な意味での直接的な有用性の問題ではない、とブロックは言います。歴史研究は時計を作ったり家具を組み立てたりするような仕事ではないからです。そこでブロックは、より広い意味で、人間の生き方と歴史はどのような関係を持ちうるかを考えていきます。まず第一に、一般の人びとが歴史に引きつけられるのは、学問的な知識欲以前に、そこに物語の面白さ、独特の美的な愉楽を見出すからで、この否定しがたい魅力を大切にしなければならない。「われわれの学問からこうした詩的な部分を取り去らないように注意しよう」とブロックは強調します。このような感性の重視は、実証主義の歴史学が、学問としての科学性を確立するために可能な限り排除しようとしてきたものであるだけに、注目しておくべきでしょう。その上でブロックは、こうした感性に訴える歴史叙述の機能は、知的関心を充足させることと矛盾するものではなく、またその知的関心も単に知識を獲得するというよりは、諸現象の間に説明的な関係を見出す「理解可能性」intelligibilitéの追究なのだという重要な指摘をしています。このような歴史の捉え方は、既に三つの主著を検討する中で具体的に見てきたところで、ブロックにとって歴史叙述とは、「特異なものを知る喜び」を読者に与えるだけではなく、多様な現象のあいだに相互関連を読み取り、そこに一つの理解可能な社会的図柄を描出する試みなのでした。まことにスリリングな精神の営みということになります。

——二宮宏之『マルク・ブロックを読む』（2005年）

Ⅰ. 序言

　かねてから私は比較民事訴訟法研究に取り組んできたが、既述の比較法の
「思想と方法」を活用し、この第3部では、比較法と法史学の学際的協働の試み
を推し進めたい。まずは「ヨーロッパ民事訴訟法史」を対象として、法伝統相
互の影響関係の「理解可能性」を描き出そうとした代表的な業績を取り上げる
こととする。グレンの『普遍法論』で指摘された普遍法とローカルな法との相
互の交流関係、フォルマント論で重視される各法伝統の形成と交流の担い手、
ハーモナイゼーションによるコスモポリタン法形成のプロセスが、不十分なが
ら再論されることになろう。ただ、ここで検討するのは東欧も含めた「ヨー
ロッパ」であり、グローバルな法多元主義の観点から比較訴訟法の対象を拡大
することは、将来の課題としたい。

　「民事訴訟法の歴史は受難・苦難の歴史である。古典的方式書手続や初期ロー
マ＝カノン訴訟のような比較的なじみのある時期はほんのわずかしか存在しな
い。少なくともドイツの領域においては、領邦国家から後期絶対主義までの数
世紀も、暗黒時代に属する。ようやく自然法の全盛期の末になって、ライヒお
よび諸領邦における普通訴訟がわれわれに見せる姿を、自然法が解明してくれ
るのである」[1]。

　名著『自然法と民事訴訟』（1976年）において、クヌート・ヴォルフガング・
ネルはこのように民事訴訟法史の困難さを指摘する。単独の著者による全ヨー

---

1)　K.W. Nörr, *Naturrecht und Zivilprozess* (1976)S.1.　同書につき、上田徹一郎＝田中実＝石
　　田英博「文献紹介　クヌート・W・ネール 自然法と民事訴訟──19世紀初頭に至るまで
　　の自然法時代のドイツ民事訴訟法史研究──」『法と政治』38巻2号177頁（1987年）。

ロッパ的規模での民事訴訟法の通史としては、今日でも、『比較法国際エンサイクロペディア』の1巻として1973年に発表されたヴァン・カネヘムの『ヨーロッパ民事訴訟の歴史』がスタンダードな労作として挙げられるにとどまる[2]。本書では、ヨーロッパ民事訴訟法史研究の出発点として、まずカネヘムの同書『ヨーロッパ民事訴訟の歴史』を紹介したい（なお、カネヘムは1927年7月生まれであり、同書は1971年1月に完成しているから、著者43歳の時の作品である）。わが国におけるヨーロッパ民事訴訟法史研究も、貴重な基礎資料というべきエンゲルマン（小野木常＝中野貞一郎編訳『民事訴訟法概史』（2007年）、塙浩『フランス民事訴訟法史』（正・続2巻、1992・1999年）、鈴木正裕『近代民事訴訟法史・ドイツ』（2011年）、さらには精緻を極めた傑作である水野浩二「西洋中世における訴権の訴訟上の意義」（2005年）などにより格段の進歩を遂げたが、ヨーロッパ全域にわたる比較民事訴訟法の通史には十分に恵まれているとはいえない。林屋礼二の画期的な大作『西欧における民事裁判の発達と展開——西欧大陸民事訴訟法史概観』（2021年）はイングランドを含まず、叙述の対象は古代ゲルマン・ギリシア・ローマ法、ランゴバルド・フランク法・カノン法、近代以降の独・仏・墺各国法である[3]。本書では、カネヘムの著作とともに、同じく法史学者であるヴァン・レーのヨーロッパ民事訴訟法現代史、クヌート・ネル『ヨーロッパ大陸民事訴訟法概史』（2015年）——これはイギリスを対象としていない——も検討したい。

　カネヘムの労作は、「ヨーロッパ」民事訴訟法史というテーマ設定のためか、西ローマ帝国滅亡後の5世紀から筆を進めている。しかしながら、シュテルナーの「ヨーロッパ民事訴訟法」に関する多くの論稿は、ローマ民事訴訟法から出発しており、そちらの構成の方が、ローマ＝カノン訴訟の理解には本来は有益であろう[4]。

---

2)　van Rhee, Civil Procedure : An Academic Subject?, 3.1. 本論文はwww.personeel.unimaas.nl/remco.vanrhee からダウンロードしたものを用いた。

3) アルトゥール・エンゲルマン（小野木常＝中野貞一郎編訳）『民事訴訟法概史』（信山社、2007年）、塙浩『フランス民事訴訟法史（正・続)』（信山社、1992年・1999年）、鈴木正裕『近代民事訴訟法史・ドイツ』（信山社、2011年）、同『近代民事訴訟法史・オーストリア』（信山社、2016年）、林屋礼二『西欧における民事裁判の発達と展開』（有斐閣、2021年）、水野浩二「西洋中世における訴権の訴訟法上の意義──『訴権を軸とする文献』についての一考察──（1）-（5・完)」『法協』122巻5・8・10・11・12号（2005年)、同「西洋中世における法的関係の認識と訴権──学識的封建法を手がかりに──（1）-（3・完)」『北大法学論集』58巻6号・59巻3号・4号（2008年)、同「中世学識法訴訟における職権と当事者（1）（2・完)」『北大法学論集』60巻5号・6号（2010年)。林屋・前掲書は「民事訴訟の歴史を回顧することによって、民事訴訟の理論を組み立てるに当たっての適切な視座を得ることができ、その点から、民事訴訟の今日のあり方および将来への設計の指針を得ることができるが、そうした現在および将来に対する民事訴訟法理論の構築に当たっては、各国の民事訴訟についての比較法的考察を試みることが必要である」と述べる（375頁)。

4) 貝瀬幸雄『普遍比較法学の復権』（信山社、2008年）1頁以下に所収の「ヨーロッパ民事訴訟法序説」を参照されたい。また、エンゲルマン・前注（3）もローマ民事訴訟法を詳論したうえで（103-260頁)、ローマ＝カノン訴訟を扱う（280-343頁)。

Ⅱ. ヴァン・カネヘムの『ヨーロッパ民事訴訟の歴史』

（1）ヴァン・カネヘムはベルギー・ヘント大学教授であり、ここで紹介する『ヨーロッパ民事訴訟の歴史』以前にも、『ノルマン・コンクェストからグランヴィルにいたるまでのイングランドにおける国王の令状』（1959年）、『フランドルの上訴に対するパリ最高法院の判決と裁判官』第1巻（1966年）──第2巻は1977年に刊行された──といった大作を既に発表している。本章は、カネヘムの『ヨーロッパ民事訴訟の歴史』の（比較法制史的知見に乏しい）非専門家による読書ノートの域を出ないことを、予めお断りしておく。

　カネヘムの『ヨーロッパ民事訴訟の歴史』は、①一般的序論、②中世第1期の原初的訴訟（5–11世紀）、③中世第2期の発達した訴訟（developed procedure）、④「アンシャン・レジーム」の学識訴訟（16–18世紀）、⑤近代的諸法典の時代（18–20世紀）の全5部に分かれ、「この歴史的序論の目的は、西ヨーロッパにおけるローマ支配の終焉から、19世紀および20世紀における大法典化と改革諸立法（Reform Acts）に至るまでの、民事訴訟の発展の大綱を──社会主義国を含めて──述べることである」とする[5]。

　同書の構成を詳しく見ておこう。目次の形で示せば次の通りである。

（1）一般的序論
（2）第1期中世の原初的訴訟（5–11世紀）
（3）第2期中世の発達した訴訟手続（12–15世紀）

---

5) van Caenegem, History of European Civil Procedure, *International Encyclopedia of Comparative Law*, vol. XVI, chap. 2 (1973) 3.

（ⅰ）序論

（ⅱ）訴訟手続の一般的説明（（ア）近代化の動因、（イ）共通のヨーロッパ的特色、（ウ）保守的要素、（エ）ヨーロッパの多様化）

（ⅲ）ローマ＝カノン訴訟の発達（（ア）ユスティニアヌス法典、（イ）裁判手続論と集成、（ウ）ローマ＝カノン訴訟の主な特色、（エ）通常訴訟における証拠、（オ）略式手続、（カ）侵奪の抗弁と侵奪の訴え、（キ）形式時期の短さ）

（ⅳ）イングランドのコモン・ロー訴訟手続の発達（（ア）一般的説明、（イ）中央裁判所の発生、（ウ）令状制度の発生、（エ）令状制度のその後の発展、（オ）陪審によるトライアル、（カ）訴訟手続とプリーディング、（キ）コモン・ロー裁判所とローマ法）

（ⅴ）ヨーロッパ諸国におけるローマ＝カノン訴訟の継受（（ア）一般的説明、（イ）フランス、（ウ）イタリア、（エ）スペイン、（オ）ポルトガル、（カ）ドイツ、（キ）イングランド、（ク）低地諸国、（ケ）スウェーデン——北欧、（コ）ハンガリー、（サ）ボヘミア、（シ）ポーランド、（ス）スコットランド、（セ）スイス）

(4)「アンシャン・レジーム」の学識訴訟（16–18世紀）

（ⅰ）序論

（ⅱ）訴訟手続の概説

（ⅲ）ドイツ（（ア）序論、（イ）帝室裁判所と制定法、（ウ）ザクセン法、（エ）18世紀における状況）

（ⅳ）フランス（（ア）序論、（イ）1667年民事王令）

（ⅴ）スペインおよびアメリカ大陸

（ⅵ）ポルトガルおよびブラジル

（ⅶ）低地諸国および南アフリカ

（ⅷ）イタリア

（ⅸ）イングランドとその海外領土（（ア）序論、（イ）コモン・ロー裁判所の訴訟手続、（ウ）大法官裁判所の訴訟手続、（エ）訴訟に関する文献、（オ）海外のイングランド法）

（ⅹ）スコットランド

（xi）スウェーデン

（xii）ビザンティウムと東欧（(ア) 序論、(イ) ビザンティウム、(ウ) ブルガリア・セルビア・ルーマニア、(エ) ロシア）

（5）近代法典の時代（18-20世紀）

（ⅰ）一般的説明

（ⅱ）フランス

（ⅲ）ドイツ

（ⅳ）イタリア

（ⅴ）スイス

（ⅵ）オーストリア皇帝の国土

（ⅶ）ロシア

（ⅷ）ギリシア・ブルガリア・セルビア・ルーマニア

（ⅸ）スカンジナヴィア

（ⅹ）スコットランド

（ⅺ）スペイン・ポルトガルとそのアメリカ領

（ⅻ）イングランド

（ⅻ）イングランドと大陸

（ⅹⅳ）最高法院法に至る諸法律

（ⅹⅴ）アメリカ合衆国

（ⅹⅵ）結論

　以下では、カネヘムの叙述の順序に従い、『ヨーロッパ民事訴訟の歴史』の内容を辿ることにする。ヴァン・カネヘムは、前掲（1）の「一般的序論」の冒頭で、「地理的限界」として次のように述べる。

　「ヨーロッパ諸国民の歴史的共同体は、何世紀にもわたって、ローマ、ゲルマン、および若干のスラヴ民族から構成されており、その諸民族は、ラテン・キリスト教界（Latin Christendom）として、他の2つの古代からの偉大な遺産であるビザンツおよびアラブ世界とは別個の文明を形成した。その西洋共同体内部で、2つの大共同体が別個のルールと手続を伴って発生した。それらは、ローマ＝カノン訴訟とイングランドのコモン・ローの訴訟形式（forms of process）であって、両者は今日のヨーロッパの状況を依然として支配している。西洋中世に進化した法は、近代においてその発生エリアから流出した。ヨーロッパの亡命者は、北米および南米に本国の実体法と手続法を持ち込み、ローマ法とコモン・ロー諸国間のヨーロッパ的区分をそこでも維持し、ヨーロッパにおける発展と密に歩調を合わせていった。数世紀にわたってギリシア正教会の一員であり、『第二のローマ』の崩壊後においても多くのビザンツ的伝統を保存していたロシアですら、近代においては、西洋の強い影響下に置かれた。ここに含まれる地理的エリアは極めて広く、かつわれわれのスペースには限りがあるので、主要なヨーロッパの発展のみを対象としなければならない」[6]。

　叙述の外延を画する以上の説明に続き、カネヘムは、前掲（1）の「一般的序論」において、（ⅰ）ヨーロッパ民事訴訟法史を含むヨーロッパ法発展の大綱、（ⅱ）訴訟形式の歴史と密接に結び付いた司法組織の歴史を簡潔に概観した後に、（ⅲ）「ヨーロッパ民事訴訟法史——理解可能な（intelligible）研究分野」という1節を設ける。

（ⅰ）すなわち、カネヘムは、ヨーロッパ法史全般を、（ア）第1期中世（5-11世紀）、（イ）第2期中世（12-15世紀）、（ウ）アンシャン・レジームから近代大法典の時代（16世紀以降）に区分する。

（ア）の時期は西ローマ帝国の崩壊とそれに続く蛮族化（barbarisation）の後の混乱した後ろ向きの段階である。ローマの帝国支配と普遍的な法は、部族の諸王国と部族法に交替した。カロリング朝の、法的に統一された多民族的新ローマ帝国を建設しようとする試みは失敗し、主にゲルマン起源の膨大な地方慣習法へと逆戻りした[7]。この部分は、訴訟法史として見ればカネヘムの著書の第2部に相当する。

（イ）の時期には、「現状に対する抵抗が見られ、よりソフィスティケートされた社会が建設され、法分野における大きな変化が生じた。西洋文明に共通の・法的進化に向けたこの大きな努力は、様々な時期に様々なレヴェルで現れる」[8]。

---

6) *Id.*, 3.

7) *Ibid.*

まずヨーロッパ的レヴェルでは、ローマ法大全（Corpus Iuris Civilis）に基づく学識的体系が、諸大学において発展し（ローマ法のルネッサンス）、カノン法と密接に結び付いて、絶大なプレスティージを有するユス・コムーネとして、ヨーロッパの全ての法学部で教授された。ラテン・キリスト教界の全ての教会裁判所で適用されて、（また全てのヨーロッパの外交官が使用して）国際的に機能したのである。ヨーロッパ全域の地方慣習にも影響を与えた。国家的レヴェルでは、諸国王が、制定法とともに国王裁判所（royal courts）を設けることによって、裁判（justice）を改善し、法発展を刺激する方策を講じた。イングランドのように、このプロセスが早くから進行したところでは、新しい国家法は本質的に自国の産物で、封建的なゲルマンの観念に基づいていた。プロセスが遅れて始まったところでは、諸国王は法学部と教会裁判所にインスピレーションを求め、中世ローマ法と教会法を導入する傾向にあった。地方的レヴェルでは、小規模な君公たちや自由都市が、法を改善する方向へ歩み出し、卑俗法の基礎として慣習ローマ法が存続していた地中海沿岸では、新しい法が迅速に採用され、北方や中東欧では若干の都市法が大きなプレスティージを得た[9]。以上の時期は、訴訟法史として見れば、カネヘムの本書第3部（12–15世紀）に相当する。

（ウ）の時代（アンシャン・レジームの16世紀から、近代法典に至る時代）には、ヨーロッパ的傾向およびローカルな傾向に対して、ナショナルな傾向が勝利を収め、優れた国家制度と法典が舞台を支配する。中世学識法は1500年頃にドイツ・ライヒの普通法として導入されていたが、その学問的レヴェルは低下してゆき、教会裁判所の管轄権も縮小された。19世紀には殆どの諸国は法典を有していたが、①法的思考に対するローマ法の継続的影響、および②大量のローマ法を取り入れたフランスの大法典が多くの法典のモデルとなったことから、法典化の結果生じた法的ナショナリズムは緩和され、19世紀のヨーロッパは、ヨーロッパ大陸法族とイングランド法族により支配されるに至った（カネヘムの本書第4部以下に対応）。

---

8)　*Ibid.*

9)　*Id.*, 3-4.

330

　カネヘムによれば、「民事訴訟の歴史は、全体として一般的な法発展に極めて密着しつつ進んでいる。しかしながら、手続法は実体法の単なる反射ないし副産物と考えるべきではない。すなわち、手続ルールと訴訟方式（forms of action）は、実体法の形成に重要な役割を果たすことが多かった。ヨーロッパにおいては、イングランドのコモン・ローにとりわけこのことがあてはまり、様々な令状（writs）とそれに対応する訴訟の堅い茎の周りに生長してきたのである」[10]。

（ⅱ）引き続きカネヘムは、「一般的序論」として、「民事訴訟と司法組織」について論ずる。カネヘムによれば、「12世紀以来学識法曹が発展させてきたローマ＝カノン訴訟の成功を保障したものは、その内在的な質のみではなく、ローマ＝カノン訴訟のルールと概念とを導入し、日常生活に適用した教会裁判所の巨大なネットワークでもあった。上訴権のような近代訴訟手続の特色の多くは、中央集権化された共同体においてのみ考えられる裁判所の組織化・階層化された内部でしか意味を持たない。歴史の示すところでは、特定の訴訟形式を普及させたのは、裁判所の一定のネットワークであることが極めて多い」[11]。

　第1期中世（5世紀から11世紀）には、明確な階層や相互調整を伴わない極めて緩やかに結ばれたローカルな裁判所が支配的であり、そこでの法発見は両当事者の専門的でない同輩の職務であった。続く第2期中世（12世紀から中世の終わりである15世紀まで）には、強力な中央裁判所が出現し（例えば教皇裁判所、イングランドの国王裁判所、パリのパルルマン（最高法院）、ドイツの帝室裁判所）、旧来の民族の寄り合い（folkmoots）や封建裁判所の管轄権は縮小した。その一方で都市の統治者（administrators）が保有する強力な都市裁判所が新たに現れ、「この時期は驚くべき司法上の多元主義の時代であって、裁判所の様々なシステムが人気と最高位を求めて互いに競い合っていた」と評されている[12]。この第2期には、中央裁判所に学識ある専門職裁判官が登場し、

---

10) ここまでは、*Id.*, 4.

11) *Ibid.* カネヘムは、①イングランドのコモン・ロー訴訟手続と国王裁判所（巡回もなされた）、②パリの最高法院とその「スタイル」、③ドイツ帝室裁判所（Reichskammergericht）とローマ＝カノン訴訟方式、を例として挙げている。

裁判官が大学卒業者ではないローカルな裁判所では、専門的な法的助言者の役割が重要となった。

「近代ヨーロッパ法の発達により、中央裁判所と学識裁判官とが勝利を収めた。ローカルな裁判所の管轄権はドラスティックに切り捨てられ、中央裁判所の監督に対して誇り高く抵抗していた多くの都市も、今やその監督を受け入れざるを得なかった。宗教裁判官が担当していた種類の事件を世俗裁判所が引き受けたので、教会裁判所は自らの管轄権を縮小した。伝統的な司法多元主義はこのように縮減した形で存続した。フランスにおいては、パルルマン、国王のバイイとセネシャル（royal bariffs and seneschals）、都市裁判所・封建裁判所・教会裁判所が、実体法・手続法の差異をとどめたまま全て共存しているのを目の当たりにする。フランス革命に至って初めて、この拡散状態はドラスティックに切除され、世俗裁判所の単一の効率的なネットワークに代わるのである。イングランドにおいては、教会裁判所の管轄権は16世紀とそれに続く数世紀の間に侵害され、1857年の制定法によって大幅に削減された。コモン・ロー裁判所とエクイティ裁判所は1875年の最高法院法（Judicature Acts）まで統合されなかった。近代の司法の光景は、学識裁判官と、複雑なテクニカリティに満ちているために通常人にはますますアクセスしがたい手続とによって支配された。それこそが諸法典と改革諸立法が抵抗した状況であった」[13]。

（ⅲ）カネヘムは「一般的序論」の締めくくりとして「ヨーロッパ民事訴訟法史——理解可能な研究分野——」という項目を設け、独立の研究テーマないし自律的学問分野としての「ヨーロッパ民事訴訟法史」の重要性を、次のように強調する。これまでの叙述と併せ、比較法制史の大家ならではのグランド・デザイン、マクロの比較法史と評することができよう。

「ヨーロッパ大陸とイングランドにおける発展の相違、さらにヨーロッパ大

12）*Id.*, 5.

13）*Ibid.* カネヘムは学識法曹の浸透の様子を具体例を挙げて説明し、司法の中央集権化のために1495年に設立された・重要な上訴管轄権を有するドイツ帝室裁判所は、「半数が騎士、半数が学識ある法律家であったが、既に16世紀半ばまでには、学識ある裁判官のみによって構成されるようになった」などと指摘する。

332

陸への学識訴訟手続の普及の時系列的な相違を考えれば、果たしてヨーロッパ民事訴訟法史は可能であるのかという疑問が生ずるであろう。それにもかかわらず全てのヨーロッパの裁判所が辿った主要な段階が基本的に驚くほど類似しているために、ヨーロッパ的枠組みの中でこの主題を扱うことが正当であると考えられなければならない。第1期中世における裁判所と実務の基本的類似性は十分に明らかである。しかしながらイングランドとヨーロッパ大陸の裁判所とが、12世紀により進んだシステムを目指して異なった道を選んだ後でさえ、証明の合理化、司法権の集中、学識ある専門職裁判官の登場といった基本的特徴は全ヨーロッパに共通である。われわれはしばしば主要な発展の基本的類似性と（多様なエリアと国々でのその発展の出現形態と時期の）途方に暮れるような多様性とに直面するのである。忘れてならないのは、コモン・ローが独自の道を歩んだイングランドにおいてさえ、ローマ法に基づくヨーロッパ大陸の学問の影響が欠如しているというにはほど遠かった、ということである。ローマ法はイングランドにおいて12世紀半ば以降のヴァカリウス（Vacarius）の時代から教授されており、英国人はヨーロッパの共通の法的文法を学習するために、ヨーロッパの諸大学でローマ法を学んでいたのみならず、コモン・ロー裁判所はイングランドにおける唯一の裁判所ではなかった。宗教改革後でさえ教会裁判所はラテン教会（Latin Church）のローマ＝カノン訴訟手続に従い、例えば大法官裁判所や海事裁判所のような若干のイングランド自生の裁判所（some native English courts）も、同様にローマ＝カノン・ルールを適用していた。コモン・ロー法律家自身も、ヨーロッパ法律学のインパクトを感じるか、少なくとも大陸の発展をフォローしていた。コモン・ローについてのまさに最初の著者であるグランヴィルと、とりわけブラクトンはローマ法の知識を示している」[4]。

　なおカネヘムは同所の文献案内のセクションで、「現在のところ、ヨーロッパにおける民事訴訟の全体的歴史あるいはその事項を含む全ヨーロッパ法史を論じた単一の作品は存在しない。ただ若干の各国（別）訴訟法史あるいは訴訟法も対象とする各国史は存在する。偉大な法学者の作品からの抜粋の翻訳からなるR.W.ミラーの編集による大陸法史叢書（Continental Legal History Series）第7巻は読者に有益であろうが、これらの抜粋は調和のとれた論述で

はないし、その表題が示すように英米を対象としておらず、スペイン法も扱っていない」と説く。ヨーロッパ民事訴訟法の歴史に関する限り、カネヘムの著作を除けば今日でも大きな変化はない、といってよいであろう。

(2) カネヘムの同書の第2部「第1期中世の原初的訴訟（5世紀から11世紀）」は、次のように論じている。

①ゲルマン民族による征服後の旧ローマ帝国のラテン的西部は、祖先の慣習を維持する部族・部族王国により構成されるに至ったが（地中海地方では、ローマ法は「卑俗」慣習法［vulgar customary law］の形態で存続した。西ローマ帝国崩壊後の6世紀にユスティニアヌス法典が公表されたが、実際上殆ど知られていなかった）、最も成功した国家建設者であった大陸のフランク族と、ブリテンのアングロ・サクソン族とが携えてきた訴訟手続は、地中海文明の影響を僅かしか受けない原初的・ゲルマン的なものであった（カネヘムは、法民族学者や比較法学者に倣ってここでは「原初的」［primitive］という表現を用いるが、非難する意図ではないと述べる）[15]。

②この原初的訴訟手続は口頭で行われる。すなわち、「両当事者は自らの請求と答弁（defences）を口頭で方式に従って述べ（formulate）、証人と宣誓補助者は自らの陳述内容を声に出して宣言する。特に教会と修道院によって証書（charters）が利用され、判決書も作成されるが、訴訟手続は書面によって記録・保管されることはない。裁判所の記録は、その実務がメロヴィンガ朝に消

---

14) *Id.*, 6. しかしながらカネヘムは、後の「イングランドにおけるコモン・ロー訴訟の発展」という節の末尾では、「ローマ法を殆ど見出せないグランヴィルにおいては、自生の（native）システムがしっかりと確立されていると見ることができる。コモン・ローを実体的な（ローマ的ですらある）用語で述べようとする、ブラクトンの『望みのないヒロイックな努力』は、事態を変えなかった。中央裁判所、その実務、その構成員は、大陸の例によって大きく脅かされるには、あまりに自国の生活にしっかりと根づいていた。しばらくは少なくともコモン・ロー訴訟手続で十分であった」と指摘している（*Id.*, 31)。

15) *Id.*, 8.

滅して以来、存在しないのであった」[16]。

③この訴訟手続は非体系的で学識を欠いていた。初期中世のゲルマン慣習法の記録と属州のローマ法の抄録の後は、法発展について書かれた著作は存在せず、観察と記憶が訴訟法を伝達するための源泉であった。ただし教会は公会議決議（conciliar canons）や教皇の勅令集の収集を続けていた[17]。

④この訴訟手続は大衆的・通俗的（popular）で非専門的であった。裁判所の評議は公開で行われ、全ての自由人が出席し、そこで当該事件の法を発見し判決を下すのは、臨時の（専門職ではない）裁判官であった。この法発見者のことを"rachinburgii"、後には"sabini"といった[18]。手続はインフォーマルである反面、儀式的でもあり、例えば当事者が証拠提出の際に正確に遵守すべき方式に反することは致命的であった[19]。

⑤手続ルールは変化する慣習として発達し、学問や立法の影響を殆ど受けなかった。詳細な手続ルールの多くは、自力救済の要件、原告が被告の出頭を強制できる適法な手段（distress, replevin）、不出頭のための適法な免責事由（essoins）に関するものであった。裁判所は非常に弱体であったため、両当事者が了承した場合に限って判決を執行できた[20]。

⑥証明方法はかなり非合理的なものであって、手続全体の宗教的雰囲気の中に浸っており、当事者および証人の宣誓の他に、証拠判決により課される多様な神判（ordeals）が重要な役割を果たした。証拠判決とは、証明手段と誰がそれを管理するのかを指示する中間判決ないし終局判決である。9世紀には合理的要素が若干増加し、カロリング朝のもとで例外的ながら事実調査制度（inquisitio）が導入され、証人の利用も改善されたけれども、両当事者の証人間で矛盾が生じたときは、証拠の批判的評価・吟味によるのではなく、裁判上の決闘で解決するという不合理な方法が聖ルイ王の布告（816年および818年–

---

16) *Ibid.*

17) *Ibid.*

18) *Ibid.*

19) *Id.*, 9.

20) *Ibid.*

第3部　比較法史の実践　*335*

819年布告）に規定されている[21]。

⑦通常裁判所では地中海域においてさえローマ法の諸原則は脆弱ないし不在で、圧倒的にゲルマン的な内容のフランク族の司法制度がイタリアとスペインの一部に直接的影響を与え、イングランドを含むヨーロッパ全土に間接的影響を及ぼしていた。民事訴訟と刑事訴訟の基本的な区別や、原告に立証が課せられるという原則（actori incumbit probatio）は次の時代に再発見された[22]。

(3)『ヨーロッパ民事訴訟法の歴史』の第3部「第2期中世（the Second Middle Age）の発達した訴訟手続（developed procedure）（12世紀から15世紀)」では、カネヘムはA.序論、B.訴訟手続の一般的説明、C.ローマ＝カノン訴訟の発達、D.イングランドのコモン・ロー訴訟の発達、E.ヨーロッパ諸国におけるローマ＝カノン訴訟の継受、の各項目を検討している。

（ⅰ）12世紀への変わり目に、「主にビザンティンとアラブ世界を犠牲とする海外への軍事的・経済的拡大」と、「経済的・制度的・知的分野における内的発展」とが足並みを揃えて進み、「新興の拡大する都市、国際取引と産業、金融の拡大と人口統計学上の増加が、停滞した後進的農業経済にとって代わった」（西洋文明の進歩と拡大の時代）。カネヘムは次のように言う。

「近代の半官僚的な国民国家および都市国家は、古い貴族階級とその封建組織の役割を二次的なものに格下げした。中央集権化・官僚組織・合理化が、教会・王国・公国（principalities）を変容させた。先行する数世紀のゲルマン的および封建的伝承は、迅速に除去さるべき・進歩への障害物のように思われる一方で、ローマの制度は新たな魅力を獲得した。ローマ法は理性、組織、中央のコントロール下にある運用上の効率を意味した。ローマ法大全（Corpus Juris Civilis）の壮麗な書巻に具現されているものとしてローマ法は再発見され、

---

21)　*Ibid.* カロリング朝におけるinquisitio 制度については、エンゲルマン・前注（3）89頁にコメントがある。

22)　*Ibid.* これ以前の古代ゲルマン・ギリシア・ローマの民事訴訟については、林屋・前注（2）1-94頁に詳しい。

336

啓示されたもの、法律家の最後の手段（ultima ratio）として研究された。大学が誕生し、それとともに理論への新たな情熱が生じた学問のあらゆる分野で、偉大な権威あるテキスト、宗教・法・哲学・医学の聖典が詳細かつ体系的な研究に委ねられ、1つの広汎な国際的努力によって、それらの聖典に基づく中世の膨大な学識が樹立されたのである」。

　合理的思考と読み書き能力は次第にヨーロッパ全土の一般人に普及し、このような進歩を拡大した。ヨーロッパの民事訴訟も以上の根本的変化の深い影響を受けた[23]。

（ⅱ）以上の「序論」に続く「訴訟手続の一般的説明」では、カネヘムは（ア）近代化の動因、（イ）共通のヨーロッパ的特色、（ウ）保守的（保存された）要素、（エ）ヨーロッパの多様化（分岐）の4項目に分け、特に（イ）を中心に解説する。

　まずカネヘムは、現代ヨーロッパの民事訴訟手続の多くの部分は12・13世紀の根本的革新・近代化にまで遡るとしたうえで[24]、次の重要な背景を指摘する[25]。すなわち、①訴訟手続のルールが学者や裁判官の体系的研究対象となり、書物や論文において記述・分析されるようになった、②専門職法律家の体系的訓練が、大学の法学部ないしイングランドの法曹学院（Inns of Court）で本格的に開始された（ただし17世紀まで大学ではローマ法とカノン法のみを教授していた）、③ローマ法が精力的で広い影響を及ぼした[26]。とりわけ③については、「ロマニズムの復興が法および裁判所の広汎な変化の主たる動因である、と考えるのは過度の単純化である。早くから発達した若干の国は、自国の裁判所と訴訟手続をローマ法の近代化を待たずに近代化し、自生の要素（native elements）でこれを実現した。しかし教会と多くの諸国は、アルカイックな段階から社会が脱出するのに必要な十分な訴訟形態（forms of procedure）を求

23）以上の叙述は、*Id.*, 11.

24）カネヘムは、例えば「1860年（フランス）民事訴訟法典は1667年の『ルイ法典』（Code Louis）の改訂版にすぎず、『ルイ法典』は数世紀にわたる学問・立法・裁判実務を採り入れたものである」という（*Ibid.*）。

めて、ユスティニアヌス法典と学説彙纂（Code and Digest）へと向かった。
ローマ帝国を政治的実体として復活させようとする中世の試みは失敗したが、
別の意味でのローマ帝国の再生（Renovatio Imperii Romani）が生じたのである。シュタウフェン朝の諸皇帝が神聖ローマ帝国のために闘争して失敗した数
世紀の間でさえ、その法と制度と『ローマ法の精神』はヨーロッパを征服して
いた」、とカネヘムは分析する[27]。

　第2に、この時代のヨーロッパ民事訴訟に共通の近代的特色として、カネヘムは訴訟手続の専門化・書面化[28]、②証拠・証明の合理化[29]、③司法事項に関する立法の重要性の増加[30]を挙げたうえで、ヨーロッパの政治的・構造的区分の結果として、訴訟の近代化が3つの異なるレヴェルで同時に発生するという複雑な事態を招いた、と述べる。

　すなわち、「現実には教会、国王と君公、都市の役人・下級判事（magistrates）

25）カネヘムによれば「訴訟のルールは、もはや放っておいてもよい無意識の発展に委ねられるのではなく、学者および裁判官からの体系的考慮および研究の対象となった。慣習は理性法（reasoned law）となった。手続は書物や論文の中で記述・分析され、考察の対象となった。もちろんこれは、ローマ法とカノン法がそうなのであって、そこでは12世紀の粗末な訴訟要覧（ordines judiciarii）が発達して、Roffredus Beneventanus（1243年直後に没）、ドゥランティウス（Durantius、1296年没）の立派な権威ある著作となった。それは世俗裁判所（lay courts）でも同様であって、その手続は多少なりとも洗練されて記述され、ローマ法に依存していた。グランヴィル（1187年・1189年執筆）およびブラクトン（1268年没）は、訴訟方式（forms of action）に極めて集中していたので、彼らの著作は実体法と同程度に手続法にも関係していた。訴答方式集（Brevia Placitata）、Casus Placitorum,、新訴答集（Novae Narrationes）は手続法に関連しており、エドワード1世の治世の初めからヘンリー8世の治世の初めまでに、どのように事件が処理されたかを生き生きと直接に報告している。年書（Year Books）も同様である」（*Ibid.*）。ヨーロッパ大陸では、多くの裁判官や書記官が国家裁判所ないし地方裁判所での訴答のルールを書きとどめ（例えば、パリの最高法院のGuillaume de Breuil［1344年没］）、中世後期には、より広い公衆のために、ローマ＝カノン訴訟についての著作の簡略版（ローマ＝カノン訴訟の大衆的文献）が執筆されるようになった（*Id.*, 12）。

26）*Ibid.*

27）*Ibid.*

338

によって、何の調整もなく各々独自の方法と領域で彼ら自身の観点から、訴訟手続の近代化が生じた。ヨーロッパ的レヴェルでは、ローマ＝カノン訴訟は当時のコスモポリタン的諸大学で発達し、教会裁判所の国際的ネットワークに導入された。国家的レヴェルでは、諸国王は新しい中央集権化された司法制度を創設し、彼ら自身の領域で新しい訴訟形態（forms of process）を導入し、時には大学の営為を無視し、時には大学から多くを借用した。地方的レヴェルでは、ローマ法から借用しつつ、都市階級の要請に訴訟手続を適合させるために極めて多様な実験が行われた」[31]。

---

28) カネヘムの叙述をやや詳しく紹介しておこう。「あらゆる場所の裁判所は、より専門化し、書面手続に向けて発達した。このことは証拠収集、訴答、判決の発見が非公開で（in camera）行われ、公衆から離れてなされるようになることを意味する。その結果として生ずる人々との接触の喪失と、訴訟手続の近づきがたいテクニカリティとは、次の時代にピークに達するが、その基礎は既に存在していたのである。この動きは、単独の専門職裁判官が証拠を収集し、事件を審理し、当事者を審尋し、判決を下す教会裁判所において極めて深く迅速に進行した。ここでは手続は専ら書面化され、訴状と書面による主張、質問書（interrogatories）に対する書面による回答、証人の証言録取（depositions）を伴うのである。これは、裁判記録の慎重な保管、および、契約や遺言書の真正なテクストを作成する非訟裁判権の行使（exercise of a voluntary jurisdiction）と、並んで進行した。……ヨーロッパ大陸の世俗裁判所では、この傾向は中世が終焉に近づくにつれて強まり、パリの最高法院で最もよく観察できた混合種の訴訟手続（mixed sort of procedure）を生み出した。すなわち、当事者またはその弁護士の出頭と口頭での訴答を伴う部分は保存されたが、受命裁判官（commissioners）による重要な証人尋問（enquetes）は非公開で行われ、全ての訴訟記録（dossier）は非公開であって裁判官が研究した。イングランドのコモン・ロー裁判所では、書面の利用は重要な進歩をもたらした。訴えは令状（writ）で始まり、証拠文書（charter evidence）が重要であり、裁判所記録の保管は高度に発達した。それでも訴答は口頭にとどまっていて、（民事事件においても）陪審の利用が極めて重視されていたために、事件の完全な専門的処理を非公開で行うことは不可能であった。コモン・ロー裁判所において書面手続が新しいドラマティックな進歩をもたらしたのは、ようやくまさに中世が終わろうとする頃であった」（*Ibid.*）。

29) *Id.*, 13. 後注（46）に相当する本文を参照されたい。

第3部　比較法史の実践　*339*

　第3にカネヘムはこのような広汎な変化にもかかわらず、過去との絶対的な
訣別がなされたわけではなく、若干の基本的特色は保存されたとする。すなわ
ち、「ヨーロッパの民事訴訟は、裁判上の紛争の範囲と内容は当事者によって
特定され、あるいは逆に裁判所は当事者が提出したものに限って考慮する、と
いう原則に忠実なままにとどまった。このVerhandlungsmaxime（弁論主義）
は、主張と立証に対する当事者支配と呼ぶのが、最も適切である」。「同じく不
変であったのが、関連する原則、すなわち当事者は自らの実体上・手続上の権
利につき完全な支配を及ぼし、これらの権利行使につき自由な選択権を有する
という原則である（『対象事項に対する当事者支配』、Dispositionsmaxime［処
分権主義］）」と述べる[32]。

　第4に発達した先進的な（advanced）訴訟手続の発生はヨーロッパ的現象で
あったが、ヨーロッパ全土で統一的な訴訟手続が確立されるには至らなかった。
このような差異が生じたのは、ローマ＝カノン訴訟により影響を受けた程度が
各国ごとに異なっていたからである。「何がローマの影響の程度を決定したの
か。『卑俗』ローマ法が存続し、ローマの記憶が大きな魅力を有していたイタ
リア、スペイン、南フランスでは、古いロンバルド族や西ゴート族の慣習によ
る抵抗を過小評価はできないものの、ローマ＝カノン訴訟は12・13世紀に迅速

30）カネヘムは言う。「司法事項に関する立法は、先行する時代には稀であったし、カロリ
　　ング朝の勅令（capitularies）以後、ヨーロッパ大陸では、実際上は国王の立法は存在し
　　なかった。国王は良き古き法の維持者にして保証人であって、改革者ではないと考えら
　　れたのである。しかし事態は変わった。ローマ＝カノン訴訟の精緻化にあたり、学者も
　　極めて重要な役割を果たしたが、教皇の勅令集（papal decretals）は無視できない。コ
　　モン・ロー訴訟の主たる動因は裁判官であったけれども、ヘンリー2世のアサイズ
　　（assizes）およびそれ以後の法律（statutes）も同様に重要である。フランスにおいては、
　　司法組織と訴訟手続に関する、ルイ9世の時代からルイ14世および15世の時代までの、
　　極めて印象的な一連の王令（royal ordnances）があったし、その他至るところで領邦君
　　主や都市の役人（magistrates）が、この主題について遙かに望ましい近代化を実現する
　　ためにしばしば立法を行った」（*Id.*, 12-13）。

31）*Id.*, 13.

32）*Id.*, 14.

340

かつ円滑に採用されたのである。ここで主な役割を果たしたのは都市の進歩的な役人・下級判事（magistrates）と開明的君主であった。その他の場所では、新しい訴訟手続におけるローマの影響の程度と、自生的要素の強さとは、近代化が早い段階で生じたかどうか（早熟性）に依存していたように思われる。司法改革が早ければ早いほどローマの影響は小さく、近代化がゆっくりであるほどローマ法の採用はそれがたまたま発生したときには大規模であった」[33]。

（ⅲ）次にカネヘムが試みるのは、ヨーロッパ民事訴訟の近代化・多様化をもたらしたローマ＝カノン訴訟の発展過程の分析である。この部分は（ア）ユスティニアヌス法典、（イ）裁判手続論（Ordines Judiciarii）と集成（Summae）、（ウ）ローマ＝カノン訴訟の主な特色、（エ）通常訴訟における証拠、（オ）略式手続、（カ）侵奪の抗弁（exceptio spolii）と侵奪の訴え（actio spolii）、（キ）形成時期の短さ、の7項目から構成されている。

（ア）「ローマ＝カノン訴訟は、その出発点が、教皇とその他の聖職者たちが若干の新しい要素を追加した・ユスティニアヌスのローマ法大全であったため、そのように名付けられた。ローマ＝カノン訴訟は、12世紀におけるローマ法の復興と、ローマ法に従って生活していた教会がその裁判所と訴訟手続を迅速化する必要があったことと関連して、出現した」。ユスティニアヌスの時代には、訴訟手続は特別の体系的著作の対象ではなく、ローマ訴訟手続の構成要素はローマ法全体に散在していたため、12世紀の法律家はまずこれを収集し、独立の著作にまとめ上げた[34]。「グラーティアーヌスが道を示したカノン法学者たち（Canonists）は教会法訴訟手続の要素を収集し、それとともにローマ法学者たち（Romanists）の業績を幅広く利用した。その時代の法律家教皇（lawyer-popes）はしばしばローマ法から示唆を得て指示を出し、そうしてローマ＝カノン訴訟手続が発生した。ローマ＝カノン訴訟は教会裁判所に導入され、遅かれ早かれ多くの諸国の世俗裁判所がこれに従うようになった」[35]。

33）*Id.*, 15. 英独仏についての具体的説明は、*Id.*, 16.　ローマ＝カノン法の継受につき、林屋・前注（2）177頁以下。

34）*Id.*, 16.

第3部　比較法史の実践　*341*

（イ）このような民事訴訟手続の独立の著作は、「短く簡潔でしばしば無名氏による『裁判手続論・訴訟要覧』（ordines judiciarii）に始まり、著名な権威が執筆して民事訴訟の全体ないし一部を論じた真の『集成』（summae）となった」。他の分野でも「聖典」に適用されたスコラ主義の方法に従って、「関連するパッセージを集め、注釈を通じて文言を説明し、対応する箇所を比較し、区別（distinctions）によって明らかな矛盾を説明し、定義を用い、権威的典籍から演繹される一般原則を定式化し、『集成』の形で高度に抽象的な性質の包括的・体系的な著作を編集する」ものであった（カネヘムは「グイレルムス・ドゥランティス［Guillelmus Durantis］の円熟した百科全書的な『裁判鑑』［Speculum Judiciale］」——初版は1260年–1267年、2版は1287年頃——にしばしば言及する。ドゥランティスは、ボローニャで学び、カノン法教師・裁判官・世襲領主管者・司教などの資格で実務的活動を行った)[36]。「ローマ＝カノン訴訟はローマ訴訟の歴史的再構成ではなく、古いテキストの中に発見できたものに重要な追加を施した生ける（living）オリジナルな制度であった」。カネヘムは、管轄権・証明方法・判決の無効・上訴・（とりわけ）訴点決定手続（positional procedure）などにおいて、オリジナルな創造の程度は相当のものであると指摘する[37]。

35）*Ibid.*

36）*Id.*, 11, 22. ドゥランティスについては、エンゲルマン・前注（3）292–293頁。

37）*Id.*, 16–17. カネヘムによれば、「学識法の文献は、ローマ法的（civilian）、カノン法的、手続法的の3つのグループに分かれる。最後のものがわれわれの直接の関心の対象だが、他のグループの文献も、ローマ法大全およびカノン法大全中の訴訟法的文言を論じている場合には、訴訟手続を付随的に研究していたのである。訴訟法的著作のグループには、ローマ法学者によるもの、カノン法学者によるもの、そして双方の学識法において博士であった著者たちによる多くの著作があった。サルヴィオーリ（Salviori）が言うように、『このようにイタリアにおいてはローマ法学的の傾向とカノン法学的傾向とが合流し、ローマのordo に基づいて訴訟手続を完成し論理的なものにするように、ともに貢献した。教皇と博士の2つの創造的な力が競合して、新しいオリジナルな訴訟手続を生み出した。イタリアおよびその世俗裁判所・教会裁判所からヨーロッパ全土に広がっていったローマ＝カノン訴訟は、このようにして誕生したのである』」。

342

（ウ）カネヘムはローマ＝カノン訴訟の主な特色を次のように要約する。

「アカデミックな訓練を受けた専門職の単独裁判官が訴状を受理し、当事者と証人を尋問し、文書を閲読し、事実問題と法律問題を判断し、裁判官自らの確信に従って――もっと後の段階になって、これは法定証拠理論によって変更された――判決を下す。この判決はヒエラルヒーの階梯に従って上訴に服しうる。訴訟手続は書面による」[38]。ローマ＝カノン訴訟のモデルとなったローマ法大全は、帝国後期の特別訴訟手続（procedure extra ordinem）を主に反映していたが、カネヘムによれば、通常訴訟をプラエトルの前でのin iure段階と非専門的裁判人による判決のためのapud judicem段階とに分ける古典的区分は、そこでは既に単独の役人裁判官（judge-functionary）による審問と判決に道を譲っていた[39]。

カネヘムによりつつこれを敷衍すると、第1に、訴訟手続は書面としての訴状（written libel）で開始される（若干の動揺の後、13世紀以降に一般的実務として定着した）。被告は書面による申立てでなければ答弁する義務はないとされ、訴状の正しい準備および争点についての表現（phrasing of the position）を助言する文献が重要となった。訴状には両当事者および裁判官の氏名、原告の請求の内容、原告の訴えの性質（nature of his action）、原告の請求の原因（grounds of his claim）が記載されていなければならない。訴状は原告が裁判所に提出し、その写しが呼出状（summons）とともに被告に送達された[40]。

第2に、被告が出頭すると、裁判官は原告に自らの請求を口頭で陳述するように求め、仮に被告が請求を争う意思を表明したときは、争点決定（litis-contestation）が完了する。その後、被告の申立てに応じて不濫訴宣誓（calumny oath）が続く可能性がある[41]。

第3に、この段階で被告から抗弁が出されうる。抗弁の極めて多数のカテゴリーは、ローマ＝カノン訴訟の著作の中でかなり大きなスペースを占める。例

---

38) *Id.*, 17.

39) *Id.*, 16.

40) *Id.*, 17-18.

41) *Id.*, 18. 不濫訴宣誓については、エンゲルマン・前注（3）312頁。

えば、争点決定をなす義務から解放する延期的抗弁（dilatory exceptions）、悪意・強迫・弁済などの滅却的抗弁（peremptory exceptions）などがある[42]。

第4に、カネヘムによれば、「事件の本案についての争いは、訴点手続の典型的形式をとる。すなわち、原告は『訴点』（positions）ないし『項目』（articles）と呼ばれる主張の一覧表（a written list of allegations）において、彼の訴えを構成する事実を厳格に陳述し、被告はその各事実を認めるかあるいは争うかのいずれかでなければならない。被告の答弁の事実についても同様に手続が進行した。裁判官による両当事者の取調べ・質問（Interrogation）が行われ、若干の論点については自白がなされ、それ以外の論点については証拠が提出されなければならない。中世の発明である訴点手続は、争点となっている真の問題の位置を正確に示す効用があり、そうすれば裁判官はその問題の調査に集中できる。ある訴点については中間判決に至ることもある」[43]。

第5に、このように訴点は書面に記載され、書面による主張のみが判決の基礎となるとされたため、旧来の口頭弁論の直接性は失われ、遅延を生ぜしめた。第4回ラテラノ公会議（1215年）の決議文第38条は、裁判官の面前での全ての手続は書面による記録または調書の対象とすべきであると命じ、書面によるべき全ての法的行為（iudicii acta）を列挙している（「記録にないものは世界にない」［quod non est in actis, non est in mundo］の原則）。その反面、書面手続の導入は確実性・正確さ・規律をもたらし、当事者のイニシアティヴに大幅に委ね、裁判官の裁量（指揮権）を制限し、最終的には法定証拠理論に至ることになる[44]。

第6に、カノン法の主たる特色は上訴制度にある。ゲルマン法では上訴は知られていなかったが、教皇による中央集権化の結果として構築された教会裁判所のヒエラルヒーと、ローマ法の復興によって照明を浴びた上訴制度とが、12世紀に容易に調和したのである。カネヘムによれば、「極めて詳細な規律が、上訴の方式と上訴期間、終局判決に対する上訴と中間判決に対する上訴の区別、

42）*Ibid.* 各種の抗弁につき、エンゲルマン・前注（3）309–310頁。

43）訴点手続につき、エンゲルマン・前注（3）314頁以下。

44）*Ibid.*

上訴裁判所に記録（the acts）を送付する下級裁判所の義務、上訴拒絶事由などの各論点について次第になされていった。上訴の頻繁さとその異常な持続期間とは、アンシャン・レジーム期の訴訟手続に対する大きな不満の1つで、その起源がカノン法にあることは明かであった。上訴は非常に容易で頻繁に行われた。当事者はいつでも、終局判決に限らず中間判決に対しても上訴できたので、1つの訴訟手続の途中で複数の上訴がなされる可能性があった。さらに上訴審においても争点決定（litiscontestation）があり、終局判決に対する上訴の場合には当事者は新たな事実を主張できた。上訴は単なる地方裁判所から司教裁判所（bishop's officiality）までヒエラルヒーの階梯を昇ることができ、この2つで認容されなければさらに大司教（archbishop）の裁判所からローマに至るまで昇ることができた。……ローマ＝カノン上訴手続は、学識訴訟が勝利を収めたところであればヨーロッパ中どこにでも導入された」[45]。

（エ）カネヘムは以上の「ローマ＝カノン訴訟の主要な特色」の項目とは独立に、「通常訴訟における証拠」の項を置く。証拠・証明の合理化と、「学識訴訟の最も顕著な特色の1つ」である法定証拠理論がそこでは検討されている。

　まず第1に、証拠・証明の合理化はこの時代の全ヨーロッパに共通の大きな変化であった。「超自然的なものに訴える魔術的世界観の産物である儀式的な証明方法」が除去され、「合理的調査と利用可能な証拠を批判的に選別することによって、事件の実体の発見に至るテクニック」に代わった。さらに「一定の人物の公正さについてのグローバルな評価から、特定の請求の当否を導くことができる一定の諸事実の真の推移を確定することへの移行」が生じ、もう1つ別の重要な移行として、「旧来の証拠方法は対立当事者を破ることを目的としていたが（文字通り裁判上の決闘で破るのである）、近代の証拠方法では、裁判官または陪審に確信を抱かせることが目的となった」[46]。

　第2に、ローマ＝カノン訴訟の証拠方法として、自白（アックルシウス［1263年没］の時代から、これも証明［probatio］と呼ばれた）、証人、証書（instrumenta）、推定、教会の典型的な公知の事実、宣誓（カノン訴訟は、あ

45）*Id.*, 19.
46）*Id.*, 13.

らゆる段階で宣誓を過大に利用しすぎて、最も神聖かつ最終的な証拠方法であったはずの宣誓の質が低下した）に、カネヘムは言及している。証人による証言は一段と優れた証拠方法であり、証人尋問は以下のように行われた。「当事者は自己の側の証人の名を明らかにし、異議は裁判官が判断した。証人は呼び出され、両当事者立会いのもとで約束宣誓（promissory oath）を要求された。証人が尋問さるべき事項は特定され、一方当事者が書面に記載し、相手方に送付した。相手方からの異議および交互尋問（cross-interrogatories）についてさらに議論した後、裁判官が証人を尋問する。これは発言の自由を確保するために両当事者不在の状態で行われるが、宣誓証言（depositions）は調書に記載され、その調書が当事者に読み聞かされる。証拠の効果について論ずるのみならず、異議と反証も可能である。それから裁判官は、公表された宣誓証言が両当事者に交付されてどちらの項目（articles）が立証されたのかを、評価する」[47]。

　第3に、原則として証明責任は原告にあるが（「原告が立証しなければ被告は免責される」[actori incumbit probatio, actore non probante reus absolvitor]）、各当事者は自己の正当な権利の代わりに個々の訴点（positions）を証明しなければならない。これは原初的訴訟における——証明の方法と、誰が証拠を管理するかを指定する——証拠判決が消滅したことを意味し、大きな変化であった[48]。

---

47) *Id.*, 19. そこで挙げられている各種の宣誓については、エンゲルマン・前注（3）326頁以下。「教会裁判所の代訴人（advocates）は、特定の要素の一致ないし不一致、あるいはその強弱に注意を喚起することにより、彼らの各依頼人がどの論点を立証し、相手方当事者がどの論点の立証に失敗したかを確定しようとして、宣誓証言を詳細に調べることが通常であった。これは『赤欄』の作成（drafting the rubricae）——『赤欄』については、エンゲルマン・前注（3）375、391頁（貝瀬）——として知られ、それを検討する裁判官に交付されるか、またはある『思慮のある人物』に調査のために与えられた。代訴人はあまりに不公平であると判明したので、多くの裁判所は特別の審査人（examinatores）にこれらの赤欄を作成する職務を課したのである（われわれはパリ最高法院の報告担当裁判官（rapporteurs）の『抜粋』および審査人のrubricarum の中で、再びこれらの『赤欄』に出会う）」（*Ibid.*）。

48) *Ibid.*

第4に、法定証拠理論についてカネヘムは以下のように解説する。

「手続の全体は先の数世紀よりも遥かに複雑であった。すなわち一方当事者が正しく他方が誤っていることをいささか衝撃的なやり方で示す1つの証拠方法に代わって、全てが多少なりとも関連のある一連の事実と証拠があり、その各々が軽重を評価されて慎重に吟味されるのであって、これは人間の知性に重い負担を課し、訓練された精神を必要とするテクニックであった。著作は細かな多数の証明方法（modes of proof）およびその評価で満ちていて、その無限の多様性に対し一般原則を定立しようと試みている。確かに学識訴訟の最も顕著な特色の1つは証拠に関するもので、法定証拠理論（preuves légalesといい、その表現は16世紀に生まれた）として知られている。法定証拠理論は13・14世紀に基礎づけられ、アンシャン・レジームの終わりまで支配的であった。若干の後期ローマ的要素がその基礎を準備したが、法定証拠理論は中世に典型的なもので、典型的にスコラ的であって、証拠（probationes）を定義し（それが類［genus］を構成する）、多数の種（species）に分割し（例えばドゥランティス［1296年没］は12に分割し、時にはさらに細分する）、裁判官を拘束するヒエラルヒー的秩序（gradus probationis）に分類した。完全な証明と完全に準ずる証明（probationes plenae and semi-plenae）とが存在した。すなわち2人の証人は完全な証明となるが、1人の証人は完全に準ずる証明にすぎず、風評、内部文書（scriptura domestica）なども同様であった。半証明（half proof）は補充的宣誓で完全なものにすることができ、あるいは半証明は被告にカノン法上の雪冤（purgatio canonica）を負担させることができた。階梯の頂点は顕著な事実（notorium）であった。社会的地位、性別、宗教、経済的状況に応じて、証人の信用度に関する法的分類がなされていた。同様に、立証事項における要件の相違に応じて訴訟も分類されていた。刑事事件は最も完全な証明を必要とし、略式民事事件では完全に準ずる証明で充分であった。同順位の証拠間で矛盾した場合のルールが定められた。バルドゥス（1400年没）とともに古典理論は完成し、その最も権威ある解説はドゥランティスによってなされた。……その理論が、考えうる全ての証拠方法を定義・分類し、裁判所の自由な判断に代えて、法規により指示された強制的確信（compulsory conviction）を用いようと馬鹿げた努力を重ねるようになると、法定証拠の体系は収拾がつかなくなっ

第3部　比較法史の実践　*347*

た」[49]。

　第5に、以上の証明に当事者の代訴人（advocates）が口頭で行う「討論と陳述」（disputationes et allegationes）——証明と事件に適用された法についての議論——が続くことがある。その要旨が調書に記載され、最終的に当事者が弁論を「終結する」と宣言すると、裁判官は審問を終結し判決を準備する[50]。

　以上の通常訴訟よりも緊急を要し、かつ複雑でない事件を処理するための迅速な訴訟形態が必要となり、教皇クレメント5世のサエペ（Saepe）教令（decretal）（1312年ないし1314年）によって、迅速な略式手続が正式に導入され（既に13世紀には実務上の改革が進行していた）、教会裁判所・世俗裁判所のいずれにおいても非常にポピュラーとなった。その手続は①原告に事件を口頭で陳述する機会を与え、②訴状と争点決定（litiscontestation）を省略し、③裁判官に遷延的異議（dilatory exceptions）を排除する権限、大幅な活動の自由、当事者に質問する（interrogate）権限を与え、④当事者の操作・策略の余地を制限して、証拠提出のための短いタイム・リミットを設定し、⑤中間的裁判に対する上訴を排除する、という内容であった[51]。

　カネヘムによれば、ローマ＝カノン訴訟における侵奪の抗弁（exceptio spolii）と侵奪の訴え・占有侵害の訴え（actio spolii）は（とりわけ後者は）、多くの国の法に影響を与えた制度で極めて重要であるから、独立のセクションが必要である。この制度はローマ法のアクチオやその後の段階のローマ的占有訴権（Roman possessory interdicts）に由来するのではなく、初期中世の「占有」保護への関心と教会法（司教保護のための9世紀のpseudo-decretalsに始まるカノン法上の回復の訴え［action ex canone redintegranda］）に基づいている。12世紀にローマ法を基礎として法の体系化を試みた法律家にとって、中世のこのような発達は不可解であったため、中世後期のカノン法とローマ法（の占有的救済）の枠組みに適合するように再構成され、ローマ＝カノン訴訟に導入されたのである。ローマ法の占有訴権、すなわち「強迫のためになされたこ

49）*Id.*, 20.

50）*Ibid.*「討論と陳述」につき、エンゲルマン・前注（3）318頁。

51）*Id.*, 20-21. サエペ教令については、林屋・前注（3）172-173頁。

とについての訴権」(actio quod metus causa) および「詐欺 (悪意) の訴権」
(actio dolti) が、有益な典拠と概念枠組みを提供し、後に占有侵奪の訴えとし
て知られるに至った。ローマ法の注釈学派 (civilian glossators) に殆ど無視さ
れた占有侵奪の訴えは、中世ローマ法の注解学派・後期注釈学派 (school of
commentators) によって一般的に受容され、イタリアの世俗裁判所に絶大な
影響を与えた。フランスでは、既に中世から教会実務を通じてカノン法上の占
有回復の訴え (action ex canone Redintegranda) が浸透しており、不動産占有
侵奪の被害者救済に対し、裁判実務が早くから自生的に (native) 発展させて
きた、古典的な占有妨害排除訴権 (complainte en cas de saisine et de nouvelleté)
と融合した。フランスの多くの著者はこの2つの訴権 (complainte とréintégrande)
を混同しており、ナポレオン民法典は占有回復訴権のみを規定している (2060
条)。イタリア法のreintegranda (占有回復訴権) の原型は9世紀のフランスに
求めることができ、イタリアの法律家と教皇によって12・13世紀にローマ=カ
ノン訴訟制度に導入され、さらにフランスに継受されて、19世紀に再びイタリ
アに影響を及ぼした。カネヘムは国際交流の顕著な一例であると指摘してい
る[52]。

　ローマ=カノン訴訟概説の末尾 (「形成期の短さ」) で、カネヘムは「ローマ
=カノン訴訟は法史の驚異の1つである。それは仰天するほどの短期間で完成
に至った。『訴訟要覧』(ordines judiciarii)、ブルガルス (Bulgarus) の小著で
あるSumma de judiciis (1123年-1141年) と、ドゥランティスの円熟した百科
全書的な『裁判鑑』(Speculum Judiciale) (初版1260年-1276年。2版はおよそ
1287年頃) との間に、4ないし5世代が過ぎ去っている。その時代に今日に至る
までいくつかの大陸の多くの裁判所にとって基本的な体系が考えられ、造形さ
れ、法学の新分野が創造されたのである。そのラテン語は、全ての国家が貢献
でき、そこから利益を確実に受けられるようにした」と述べる。しかしながら、
この「システムは、それ自体の完璧さの犠牲になったということができる。そ
のレヴェルは通常の訴答者の手の届く範囲を超えており、ドゥランティスが

---

52) *Id.*, 21-22.

第3部　比較法史の実践　*349*

1296年に没したときまでにその創造力を使い果たしていた」[53]。

（ⅳ）イングランド法の特異性を強調するカネヘムの叙述は、彼の『ヨーロッパ民事訴訟の歴史』においても一貫している。その第3部「第2期中世の発達した訴訟手続」は、ローマ＝カノン訴訟の発達と並んで、「イングランドのコモン・ロー訴訟の発達」を分析し、（ア）一般的説明、（イ）中央裁判所の発生、（ウ）令状制度の発生、（エ）令状制度のその後の発展、（オ）陪審によるトライアル、（カ）訴訟手続とプリーディング、（キ）コモン・ロー裁判所とローマ法、の7項目に分けて論じているが、それは次の文章で始まる。

（ア）「シヴィル・ロー法律家とカノン法学者が彼らの訴訟手続を創造しているのと同時に、非常に異なった人々の集団が、イングランド王国に普遍的重要性を持った役割を果たす新しいコモン・ローと新しいコモン・ロー訴訟手続を提供しようと、活躍していた。（既にエドワード1世の時代に「コモン・ロー」というフレーズは通用しており、それはカノン法学者から拝借したものであった）。この2つのグループは、非常に重要な要素——合理的探求、信頼できる訴訟形式（forms of action）、中央からの刺激とコントロール、専門職裁判官——を共有していた。それらは基本的により良い司法（better justice）という同じ要請を満たし、アルカイックな訴訟方式に反抗した。それでも、同じ中世の枠内で発達したこれら2つのシステムは、共通の目的を実現するためとは考えられないほどに異なるものであった」[54]。

　カネヘムの叙述は、ヨーロッパ大陸とイングランドの民事訴訟手続の並行的発展を指摘するが、双方の交流ないし継受について述べるところは極めて少なく、「ヨーロッパ」民事訴訟法史というよりも、比較民事訴訟法史の「前提」として意義あるものといえよう。すなわち本章の叙述は冒頭の一般的説明を除けば、イングランド民事訴訟法史に終始することになる。まず「一般的説明」の項でのカネヘムの簡潔な比較を見てみよう。

　イングランドの冒険は、自生の要素（native elements）の調整・再形成によ

53）*Id.*, 22.

54）*Id.*, 23.

350

る司法改革すなわち国王裁判所（royal courts）の発達に始まって、次第に第一審としての国王裁判所が伝統的な地方裁判所（local courts）と交替していった。これに対しヨーロッパ大陸では偉大なローマ法大全の発見により刺激を受け、新しいローマ＝カノン訴訟手続が地方の教会裁判所（local Church courts）で適用された[55]。

　イングランドでは、コモン・ロー裁判所のメンバーは法学部卒業生が採用されたわけではなく、王立施設（後には法曹学院）での実務経験を通じて訓練された。「イングランドの訴訟手続は学問から生じたものではなく、全体として法学部を無視したが、主に裁判官と訴答者（pleader）が発達させたものであるため、裁判実務が浸透していて、先例（precedent）と結び付いており、法原理を守る一方で実践的要請を満たすためのフィクションをもおそれなかった。教会裁判所は、学者が作成した極めて論理的な訴訟手続を継受した」[56]。

　イングランドにおける実体法と手続法との関係は、訴訟形式（forms of process）が法を支配し、当事者の権利は令状とプリーディングの形式で表現され、実体法は訴訟手続を通じて論じられた。ヨーロッパ大陸の法学部では事態は全く異なり、独立の訴訟法学が発達したのは法学部の活動の驚くべき成果の1つである[57]。

　イングランドの裁判所では、近隣から選ばれた通常人（ordinary people）の陪審が、事実問題についてコモン・ロー裁判所で決定的役割を果たすという点で重要であった。陪審は、増大しつつあるテクニカリティ、難解なロー・フレンチ（Law French）で記載されたプリーディングへの対抗策となったが、ローマ＝カノン訴訟ではこれに類した通常人の司法参加制度は存在しなかった[58]。

　カネヘムは、イングランドの訴訟手続とローマ＝カノン訴訟は、いずれも重要な1世紀の間に確立したと指摘する。すなわちイングランドにおいては、クラレンドン制定法（Constitutions of Clarendon）（1164年）および新侵奪不動

---

55) *Ibid.*

56) *Ibid.*

57) *Id.*, 24.

58) *Ibid.*

産回復訴訟（Assize of novel disseisin）（1166年）に始まり、ブラクトンの著書（1256年）およびオックスフォード条約（Provisions of Oxford）における新しい当然令状（writs de cursu; writs of course）の制限（1258年）に至る1世紀である。ヨーロッパ大陸では、ブルガルス（Bulgarus）の著作（Summa de judiciis）（1123年-1141年）からドゥランティスの『裁判鑑』（1260年-1276年）に至る1世紀である[59]。

（イ）イングランドにおいては、数世紀にわたって唯一の中央国王裁判所（a central royal court）が存在した。まずノルマン時代には王会（curia regis）も司法的役割を果たしたが、裁判業務の主要な部分は地方的裁判所（local courts）、共同体のカウンティおよびハンドレッド裁判所（communal county and hundred courts）、封建・荘園裁判所（feudal and manorial courts）が担当していた。12世紀に地方的裁判所は重要性を失い、イングランド全土の自由人からの訴えを審理する国王の裁判官が、中央裁判所（capitalis curia）を構成するようになった。

「国王はおよそ1100年頃からjustices in eyre と呼ばれた巡回裁判官をカウンティに派遣することを始め、人々は彼らのところに訴えを提起した。巡察（巡回裁判。eyres）はヘンリー2世治下に極めて頻繁になされた。人々はまた地方的裁判所に訴えを提起する代わりに、国王または国王の裁判官に訴えを提起する特権のために金銭を支払った。多くの者は、裁判所のいくつかのネットワークの混乱、地方の有力者の過度の影響、法の一般的危機を警戒し、司法外のルートで……回復・賠償・保全の先制的行政命令を通じて、国王から彼らの不平の補償を得た。これが再び中央の裁判官の権限を拡大し、命令の名宛人による異議事件において、彼らのもとへの訴えを発生させる結果となりえた。精力的なヘンリー2世は、その治世の初期に、現実に大発生した土地の不法な占有侵奪ないし強奪を全国的規模で抑制すると決定した。ヘンリー2世はこれを伝統的な地方の組織に委ねず、彼自身の官吏を送り出して、不法な占有侵奪につき有罪である全ての者を訴追させた（おそらく1166年）。数年後に実験は繰り

---

59) *Ibid.*

返され、1176年に近時のあるいは新たな不法な占有侵奪に関する新しい『アサイズ』（assize）すなわち王令が発せられた。……個人のみならず出廷している陪審によっても提起できる近時の不法な占有侵奪の訴追（prosecutions for recent unlawful disseisin）は、直ちに中央裁判所の確立した特色となった。かくして再び中央の裁判官は国家全体に迅速な司法（prompt justice）をもたらした」[60]。

　中央裁判所の職務が拡張しすぎたため、王会内部での専門化が不可避となり、13世紀には①租税事件に特化した財務府裁判所（Court of Exchequer）、②王座部（King's Bench）、③巡察裁判官すなわち国王の裁判を地方に提供する巡回中央裁判官、④人民間訴訟裁判所（Court of Common PleasないしCommon Bench）といったコモン・ロー裁判所が、全て単一体の国王裁判所を形成した。④が最も重要であって、ウェストミンスターに本拠を有し通常訴訟を担当した。ここでコモン・ローが創造された[61]。

（ウ）イングランド中世法の最も重要な特色である訴訟方式（forms of action）ないし令状制度がコモン・ローを支配するに至った理由は、その発生源にある（訴訟方式は1875年に完全に廃止された）。「中央裁判所は例外的なものだったので、通常の訴訟当事者からの中央裁判所へのアクセスが認められたのは、国王の特別の関心を引く・限られた数の十分に定義された特定の権利侵害・不法行為（wrongs）にすぎず、しかもこれらの事件を審理するようにとの、国王からの特別の付託（commission）に基づく場合であった。これらの国王の付

60）*Ibid.*

61）*Id.*, 24-25.「これらの組織の裁判官（officials）は、大規模な封建的直接受封者（feudal barons）出身の極めて多様な階層の者たちであった。彼らはイングランドにおける最も有能で経験豊富な者たちに属していた。彼らの多くは高度の教育を受けた聖職者であって、国王の事業における型通りの仕事を通じて高位に上った。12世紀および13世紀前半における裁判官は国王のclerksであったが、13世紀後半および14世紀前半には、法廷でキャリアを積んだ者がこれに代わった。ストーントンのハーヴェイ（Harvey of Staunton）を除き、1316年以後は聖職者裁判官は選任されなかった。そのときまでにサージャントの組合（order of serjeant at law）——サージャントとは指導的実業家で、組合のメンバーとなるよう国王から促された——は創設されていた」（*Id.*, 25）。

託とは、令状（writs）と呼ばれたステレオタイプ化された文書であった。それは国王裁判所におけるプリーディングを開始するがゆえに、訴訟開始令状（original writs）と呼ばれた」[62]。誤った訴訟方式によって訴えた当事者は、残念ながら誤った請求となり、別の令状を獲得しなければならない。もし原告が複数の代替可能な訴訟方式を有しているならば、原告はそれらを適正な順序で取り上げなければならず、訴訟においてとられるべき様々な措置についても同様とされた。原告の請求の原因および趣旨の陳述（すなわち訴訟原因項目［count］、原告第一訴答［narration］）がほんの僅かでも彼の令状から逸れると、原告は直ちに敗訴する」。国王の令状は大法官府で作成されたので、大法官府は令状制度の発達に重要な役割を果たすことになった[63]。

「訴訟開始令状の数は制限されていて、それらのリストが回覧され、既存の令状のいずれにも入らないが保護に値すると感じられる新しい不服申立てをカヴァーするために、新しい令状を考案・発明することも可能であった」。「令状は様々な時点の多様な状況下での様々な権利侵害（wrongs）のために考案されたので、それが導入した手続は当然に多様で、合理化・効率化されていなかった。令状の名称は訴えの名称であり、各々の訴えが、召喚ないし出廷保証手続（attachment）、欠席、審理不出頭申立て、証明責任、証拠（大アサイズ［grand assize］、小アサイズ［petty assize］、雪冤宣誓、証人）、執行手続において異なっていた」。様々なタイプの事件をカヴァーする令状は、実体法のカテゴリーや何らかの法的見取り図（legal plan）に基づくものではなく、中央裁判所が第一審の例外的裁判所から通常裁判所へと徐々に断片的に発達したために、このような手続の多様化が生じたのである[64]。

国王による令状の歴史は、アングロ・サクソン時代にまで遡ることができる。当時は国王の令状は、令状を得た原告に速やかに裁判を行うよう地方的裁判所の裁判官（lord）に命ずるもので、権利を実行するようにというこの命令を権利令状（writ of right）といった。土地を不法に侵奪されたと主張する原告に土地を回復するための国王の行政命令に始まり、濫用の危険を避けるために司

---

62) *Id.*, 26.

63) *Id.*, 25.

法化されるに至ったのが下知令状（writ praecipe）で、グランヴィルにより訴訟開始令状（original writ）と位置づけられるに至った。その他の令状は、ヘンリー2世時代の4つの小アサイズを根拠とする例外的なものであった（不動産占有侵奪令状［writ of novel disseisin］、相続不動産占有回復令状［writs of mort d'ancestor］など）[65]。訴訟開始令状は、相当な手数料（reasonable fee）の支払いがあれば当然に通常の自由人に付与されるようになった（当然令状［writs de cursu; writs of course]）[66]。

（エ）「グランヴィル」と通称されている「イングランドの法および慣習に関する論考」（Tractatus de Legibus et Consuetudinibus Angliae）（1187年 –1189年）は、先行する2世代の間における国王裁判所の急激な拡大を記述した最初の注目すべき試みであった。グランヴィル後にも既存の令状の在庫を補充する多数の新しい令状が開発された。「その由来からして、これらの令状はその正確な表現に含まれる事件に限定された。もしそれ以外の類似の事件が裁判所の範囲内で繰り返し提起されると、その都度新しい令状が考案されなければならなかった。令状はその周りに境界線を描き、訴えは狭い範囲に限定され、どれほど類似していても他の訴えに拡張できなかった。誰も国王の令状およびその事件の権利令状がなければ、国王のコモン・ロー裁判所に訴えを提起できないというのが変わらぬ原則であった」。

　カネヘムは新しい令状の例を挙げ、次のように説いている。①新侵奪不動産

---

64) *Id.*, 26. 令状の「背後に何らかの見取り図があるとしたら、社会を覆すような多数の共通悪であって、現行裁判所が極めて緩慢・厄介でコストのかかる方法でしか処理していないものに対し、国王の十分な救済を提供するということのみであった」。このような多様な事件としてカネヘムは、①近時の土地の占有侵奪（disseisin）［暴力的手段で土地に侵入する、他人の土地を耕して収穫する、他人の土地に家畜を放って牧草を食べさせる］、②最終の聖職選挙（darrein presentment）、③相続不動産占有回復訴訟（mort d'ancestor）、④土地保有態様が自由寄進保有（frankalmoign）か世俗的封土権（lay fee）であるのか、という紛争、⑤債務者が返済を拒んだこと、⑥農奴が荘園から逃亡したこと（naifty）などを挙げる（*Ibid.*）。

65) *Id.*, 26-27.

66) *Id.*, 27.

占有回復訴訟（assize of novel disseisin）は、不動産占有侵奪者と被侵奪者との間でのみ利用でき、各々の法定相続人との間ではアサイズ（訴訟）が利用できなかったため、侵奪者の法定相続人に対しては不動産占有回復訴訟令状（writ of entry sur disseisin）が、被侵奪者の法定相続人に対しては"de quibus"と呼ばれる不動産占有回復訴訟令状が、それぞれそのギャップを埋めた。②元来は期間不動産権（term of years）で土地を保有していた者が、期間経過後に返還しない場合は、権原消滅後の土地保有であるから新侵奪不動産占有回復訴訟は提起できず、「賃貸地立ち入りに加えての占有侵奪回復令状」（writ of entry ad terminum qui praeterii）が考案された。土地保有者の権原からの個々の流出物（particular flaws in a tenant's title）に対応するために、このように多くの不動産占有回復令状（writ of entry）が考え出されたのである。③13世紀半ばに国王裁判所に出現した侵害訴訟（Trespass）は、主に巡回陪審裁判制度（nisi prius system）によって14世紀半ばまでには一般的な訴訟となり、（理由開示令状［writ of ostensurus quare］から生まれた）侵害訴訟令状（writ of trespass）により、新しい訴訟が多発するようになった。④この権利侵害令状（trespass）がさらに発展したものが特殊主張令状（writs upon the case）および引受訴訟令状（assumpsit）であった。

　これらの令状は、全て書式集ないし登録簿（register）に収録され、最初の公認の登録簿は1227年まで遡り、膨大な注釈が付された令状登録簿は、コモン・ローの中核的文書となった。ヘンリー2世の裁判所で令状手続がひとたび開始されると、新たな令状が、大法官と裁判官によって案出された。令状は大法官が創出したので、新たな令状を与えるには大法官の協力が必要だったのである。誤った令状は常に裁判官が破棄できたから、大法官は裁判官の同意なく新しい令状を導入することはできなかった。「12世紀後半および13世紀前半は、集中的な発展の時期であり、極めて多くの新しい令状が定式化されたので、ブラクトンは躊躇せずに、訴訟原因と同じほど多くの方式があると言っている。……この若々しい情熱は抑制され、ブラクトン以後は明らかに『令状登録簿』の硬直化、そのシステムの硬化が生じた」。新しい当然令状を制限した1258年オックスフォード条例（Provisions of Oxford）には既に言及したが、さらにウェストミンスター第2法律（Statute of Westminster II）は、僅かな修正を含

む場合には大法官府が新たな令状を考案することを認め、それ以外のときは、その事項を議会に提出するものとした。従って新しい立法により追加・変更される場合を除き、実際上は訴訟手続開始令状登録簿（Register of Original Writs）は閉鎖されることとなった。初期の立法例としては、不動産占有回復訴訟令状（writs of entry sur disseisin）の形成に対する制約を廃止したマールボロ（Marlborough）法（1267年）、あるいはエドワード1世のもとで、多数の新しい訴権を制定法（例えば1285年の条件付贈与法［Statute de donis］）で付与した重要な立法活動が挙げられる[67]。

（オ）陪審によるトライアルについて、カネヘムは次のように分析する。「イングランドにおける陪審の起源は、これまで大いに論じられてきた。ノルマン・コンクェストの直後からイングランドで見出される、国王のオフィシャルが用いた宣誓に基づく行政上の審問（administrative, sworn inquest）は、ノルマン人によるフランク族のinquisitoの輸入であると認めて差し支えないかもしれない。ここにヘンリー2世の時代のrecognitions（陪審制）の1つの淵源がある。他方で、宣誓に基づく近隣者の陪審員団は、通常訴訟においても時折用いられ、1066年前においてさえその痕跡がある。他の諸国とりわけスウェーデンでは、早い段階からこれに相当する制度を知っていた。ヘンリー2世は、危険な神判（ordeals）に代えて、陪審を彼の司法改革の中心に据えたのである」。「ヘンリー2世と彼の助言者が、合理的（理性的）で信用できる証明（および犯罪訴追）方法を求めて周囲を見回したところ、陪審は彼らが発見できた最上の方法であった。宣誓に基づいて質問に答えるために官吏が召喚したか、または当事者が合意した隣人の集団として、陪審は既に馴染みのある制度であって、行政的審判や土地に関する訴訟で時折利用されていた」[68]。

　陪審制は、コモン・ロー訴訟の特徴を保持するのに大いに役立ち（ちなみに陪審制は12世紀には前記のように"recognitions"と呼ばれ、"jurata"はより後代の表現である）、コモン・ローが早くから迅速に発達するのを可能にした。「後には陪審はローマ法の波を何度も打ち砕き、効果のないものにした。訴答（プ

67）*Id.*, 27-28.

リーディング）および手続の多くのルールは、陪審によるトライアルを背景としてのみ理解できる」[69]。「陪審制は、コモン・ロー訴訟手続が2つの異なる要素、すなわち法的訴答（legal pleading）と陪審の評決とから構成されることを意味し（これは古代ローマのin jureとapud judicemの段階にかなり類似している）、このことは、巡回裁判制度のおかげで、ウェストミンスターの裁判官から遠く離れた国内のどこか別のところで陪審が評決をする場合に、とりわけ顕著であった。巡回裁判制度のおかげで、ウェストミンスターの人民間訴訟裁判所（Court of Common Pleas）で開始された訴訟は、いったん争点について訴答がなされれば、陪審員をウェストミンスターまで強制的に旅行させる代わりに、巡回裁判中の国王裁判所においてその地方で陪審の評決を行うことによって続行できるようになった。

このシステムは、むろん事実認定をその余の法的手続と分離することと関連し、エドワード1世時代の1285年のウェストミンスター第2法律に始まる立法によって確立されたのである」（法律問題は裁判官・弁護士のためのテクニカルな事項であるのに対し、事実問題は依然として生活環境を最もよく知っている陪審による評決が可能である、という根拠に基づく）。

「同時に、陪審はファースト・ハンドの知識を有する直接の近隣出身の人々からなる集団としての本来の性格を次第に失ってゆき、当事者が彼らの前に提出した（捺印証書や証人のような）証拠に基づく評決をなすために、偏見のな

68）*Id.*, 29. 陪審の起源に関するカネヘムの見解（二重起源説）につき、R.C. ヴァン・カネヘム（小山貞夫訳）『裁判官・立法者・大学教授』（1990年）の「訳者あとがき」205–206頁を参照されたい。「陪審は重要な変化を経験した。陪審は関連する事実を知っていると考えられ、その事実を目撃したかもしれない近隣の人々からなる団体（panel）から出発した。後には、予備知識を持たないとともに、自らの前に提出された証拠に基づいて事実を確定しなければならない・事実についての宣誓をした判定者（judges of facts）の団体となった。最初は、『AとBではどちらが、そのような土地保有において・より大きい権利を有するか』という問題に答えなければならない場合のように、陪審員は事実と同程度に法についても関係があった。ここでは陪審員は依然として、（陪審制が取って代わりつつあった）原初的な神託に近いものであった」（*Id.*, 28）。

69）*Ibid.*

358

い心で裁判所に出頭する中立的で遠い集団へと発展していった。陪審と（捺印証書についての）証人が一緒に席に着くように召喚された移行期もあったが、陪審と通常の証人との違いが増加していったため、16世紀の途中でこの実務は廃止された。1361年に捺印証書（deeds）、不動産譲渡捺印証書（charters）、手数料（fines）は公開の法廷に提出されなければならず、陪審に私的に交付してはならないとされ、証人の宣誓証言に依拠する実務が一般化したのは16世紀のことであった。それは遅い変化であった。1705年になって、陪審は当該事実が存在するハンドレッドから来た者でなければならないという要件が、民事事件では廃止された」[70]。

（カ）続いてカネヘムは訴答と上訴をこう解説する。「訴訟手続と訴答（procedure and pleading）は次第に、アルカイックな"thwertutnay"すなわち原告の主張に応じて被告が完全に否認することから離脱していった。伝統的な否認の後に『抗弁』（exceptions）を利用することが可能となり、この抗弁に対して原告が応答した。ブラクトンの時代はこれについて明確なルールがなかったが、エドワード1世の時代（1239年–1307年）に、訴答の法すなわち原告が審理さるべき主張を行うための方法と要件の起源がある。全ての訴答の目的は訴答者の活動を通じて判決の主題を確定すること、すなわち争点に到達することである。両当事者は、ある問題（ないし争点）を自らの主張によって訴答または展開し、何が決定的事実（decisive fact）かについて一致しなければならない。訴答の主要な段階は以下の通りであった。原告が自らの主張を述べる（stated his case）訴訟原因項目（count）——すなわち原告第一訴答（narratio）——が最初の訴答（plea）であった。それに続くのが訴答不十分の抗弁（demurrer）で、（被告は）その抗弁によって、事実は認めるが法律上の争点（issue of law）を提示するか、あるいは答弁（plea）を提出した——答弁には大幅な選択の余地があり、被告は何らかの手続上の違背を主張するか、全面否認（a traverse ; a denial）または抗弁事実を提出する『承認および異議』（confession and avoidance）の形式で本案につき答弁する（answer on the

---

70) *Id.*, 28-29.

merits）かもしれない。本案についての答弁に対しては、原告第二訴答（replication）が行われ、それに被告第二訴答（rejoinder）が続くかもしれない。抗弁については、ブラクトンの時代には若干のローマのルールを採用した。訴答のルールを陪審制度の要請に適合させる必要があったため、そのことが明らかに強い影響を訴答のルールに及ぼした。14世紀および15世紀には訴答のルールはその本質的特色を帯びるようになった。その1つが、自らが知っている事実を証言するために呼び出される独立の証人（independent witness）をコモン・ローが承認しなかったことである（これは捺印証書証人［deed witness］ないし不動産譲渡捺印証書証人［charter witness］には該当しない）。中世の終わりまで口頭の訴答は維持され、書面による訴答が導入された後でさえ、主張（allegations）の古い様式から離れることはなかった」[71]。

　またイングランドにおいて中央裁判所は、全ての自由人がアクセスできる第一審の国家裁判所であると同時に、王国の最上級裁判所でもあったため、コモン・ローは裁判所のヒエラルヒーを前提とする上訴制度を知らなかった（陪審の存在も上訴手続を困難にした）。「かくして最初のうちは、当事者が利用できる不服申立手段は、故意に誤った判決・評決に対するアルカイックな告発（royal plea）のみであった。後者は陪審員に対する陪審査問（attaint）であった。手続は新しい24名の陪審に委ねられ、当初の問題が再び託され、その手続は重罰に至る可能性があった。故意に誤った判決に対する告発は、コモン・ローの『誤審修正令状』（writ of false judgment）によって、通常の封建裁判所および共同体裁判所（communal courts）に対し行うことができたが、国王裁判所に対して提起することは殆どできなかった。しかしながら、国王裁判官ですら誤判しうることは認められていて、それゆえ事件の正式裁判記録（official records of the case）に関する誤りを理由に、王座部が国王裁判所判決の破棄を認める『誤審令状』（writ of error）が発明された。古くからある裁判官への攻撃が手続上の過誤に対する不服申立てへと変わるのは、ゆっくりとしたプロセスであった。14世紀に誤審令状がコモン・ロー上の上訴的救済（appellate

---

71）*Id.*, 30.

360

remedy）として確立したものの、極めて不十分で、1875年に最高法院法で廃止されるまでそのままの状態にあった。誤審令状は移送令状（writs of certiorari）の1つで、司法審査というよりも行政上の監督手段であり、誤審令状を付与するかどうかは1705年まで国王の裁量であった。誤審審査手続は真の上訴ではなかった。新たなトライアルも新たな陪審も新たな証拠収集も存在しなかった。それはむしろ事件の正式裁判記録の審査であった。……正式裁判記録は陪審を評決に導いた証拠や裁判官の指示について説明するものではないから、それらを問題とすることはできず、紛争は主に手続問題に関するものであった」。「中世後期にコモン・ローの欠陥を是正するために大法官裁判所が出現したが、それは決してコモン・ロー上の判決を破棄する上訴裁判所ではなかった。大法官は、もし望むならコモン・ロー上の判決の効果を停止（stay）する上訴以外の手段を有していた」[72]。

（キ）「イングランドのコモン・ロー訴訟の発達」を論じた以上の節の末尾に、カネヘムは「コモン・ロー裁判所とローマ法」の項を設ける。カネヘムは「イングランドの訴訟方式を学ぶ学生は、それがローマ古典期の方式書の体系（formulary system）に類似していることに、当然ながら驚く」と述べている。そこでカネヘムは、「イングランドのコモン・ローと古典期ローマ法との明らかな類似性に注意を促しただけではなく、いずれのシステムも、後期ローマ法ないしビザンツ・ローマ法、およびヨーロッパ大陸中世ローマ法と顕著なコントラストをなすこと」を指摘したプリングスハイム（Pringsheim）の業績を詳しく紹介している。それにもかかわらずコモン・ローの発達は純粋にイングランド的なものであり、「もしもイングランドの支配者たちが、極めて早い時期に新しくてより優れた裁判制度を創造しなかったら、ローマ＝カノン訴訟が彼らのノルマンおよびイングランドの国土に直ちに導入されて、イングランドはローマ法を無視して自らのコースを辿りはしなかったであろう。中世ローマ法それ自体がまだ揺籃期にあり、イングランドとノルマンディーの国王および裁判官は、彼らが自由に利用できる手段と材料とで独自の道を進まなければなら

---

72) *Ibid.*

なかったのである」[73]。

（v）（ア）以上のローマ＝カノン訴訟の構造分析とコモン・ロー訴訟の概説を踏まえて、第2期中世におけるヨーロッパ諸国のローマ＝カノン訴訟の「様々な程度の継受」を、カネヘムは詳論する。検討の対象となる諸国は、フランス、イタリア、スペイン、ポルトガル、ドイツ、イングランド、低地諸国（Low Countries）、スウェーデン、ハンガリー、ボヘミア、ポーランド、スコットランド、スイスと多岐にわたる。

　カネヘムは、「学識訴訟手続の断片的継受あるいは包括的継受の現実の動因は、政治的権威者（political authorities）であった。すなわちフランス・カスティリヤ・レオン（León）・ポルトガルにおける君主、低地諸国における都市と領邦君主、ドイツにおける都市および帝国の身分制会議（Estates）、北イタリアの都市、南イタリアの君主、であった」と指摘する。こうした継受によって、「いかなる影響が及んだかは明らかである。大学は学識ある法律家を生み、彼らは国王の顧問官（royal councillors）、国王裁判所の裁判官となり、自分自身は都市の裁判官でなくとも、都市の司法官（magistrates）の法的助言者となった。ローマ法の影響を顕著に発展させるためには、大学を創立すれば十分であった。例えば低地諸国では、1425年のルーヴァン大学の創立後を見ればこのことは明らかである。主教裁判所（bishops' officialities）では、公衆は教会裁判所の生きた訴訟手続を見て、そのターミノロジーを学ぶことができた」[74]。

　カネヘムが最も詳しく紹介するのはフランスの状況であり、フランス司法制度の近代化、13・14世紀における最高法院の典型的訴訟手続（とりわけ、その中心となる証人尋問［enquête］）、ローマ＝カノン訴訟の導入、上訴制度などの論点を解説している。

　12世紀イングランドにおける発展と比べると、フランス司法制度の近代化は遅れたが、ルイ14世の治世（1226年-1270年）でのパリ最高法院の発展と、1254年および1258年の王令が特に重要である。訴訟手続の近代化が遅れたこと

---

73) *Id.*, 31.

74) *Id.*, 32.

がその長所となった。すなわち、「フランス国王が訴訟手続を近代化する方向に向かったときには、ローマ＝カノン訴訟制度が殆ど成熟しており、普遍的な注目を集めていた。12世紀以降なされていた自発的な合理化の試み以上に、ローマ＝カノン訴訟制度の実務と教育がフランス国王を当然にインスパイアしたのである。……国王はローマ法訴訟の完全な継受を強制はしなかったが、自国なりに変形したもの（national variants）を作り上げた。13世紀半ば以降のフランスの発展は明瞭で、パリ最高法院とその手続方例集（styles）、王令とローマ＝カノン的影響が、顕著な独創性を備えた自国の訴訟手続を形成した。またフランスは古く影響力のある法学部を有し、南の成文法地域（pays de droit écrit）は伝統的なローマ法地帯であったから、フランスの法発展は諸大学の理論・最高法院の実務・国王の立法の結果であった」[75]。

　封建的な王会（curia regis）にはフィリップ2世（1180年–1223年在位）のもとでローマ法法律家（legists）が出現し、強力な中央裁判所へと変化して、ルイ9世のもとで1250年頃にパリの最高法院（主に王国全土の全階級のための上訴裁判所）となった[76]。パリ最高法院は国王のバイイとセネシャルの全国的規模の裁判所システムをコントロールし、中世フランス訴訟法の最も権威的な文献であるギヨーム・デュ・ブルーユ（Guillaume de Breuil）の『最高法院訴訟手続方例集』を生み出し、その「方例」は国王の立法にも影響を及ぼした。弁護士たちは国王裁判所で「帝国の法」（ローマ法）（Imperial Law）を公然と引用しない程度には政治的であったが、彼らの注釈および最高法院手続規則の研究からは、彼らが「帝国の法」を知悉していたことは明らかであるとして、カネヘムは弁護士たちが13世紀および14世紀に展開したパリ最高法院の手続ルールの古典的表現を次のように要約する。

　「民事訴訟において原告は常に国王に申立書を提出しなければならず、その申立書は審理部（Chambre des Requêtes）が審査した。それが適式であれば、訴訟手続を進める許可が王印のある国王の公正状（lettres de justice）によって与えられた。それから、訴訟手続が大審部（Grand' Chambre）における口

---

75) *Id.*, 33.

76) *Ibid.*

頭弁論（oral debate）で開始され、両当事者は事実を提出し、法的議論を行う。適法に呼び出された被告が出頭しないときは、原告は被告に対する欠席判決を求め、証拠を提出し、それに基づく欠席者敗訴判決が下される。しかしながら審理不出頭申立て（essoins）も多く、訴訟を引き延ばすことができた。原告が出頭しなかった場合には、被告は……相手方に対し訴訟終結の欠席判決（congé）を求めた。すなわち、争点決定（litiscontestation）の後に原告が1回でも欠席すれば致命的だったのである。両当事者が出席した場合には、原告は自らの請求を方式に従って述べる（formulated his demand）。本権訴訟（petitorium）においては、これは書面で行わなければならなかった。被告は決まった順序で延期的抗弁（dilatory exceptions）を提出できた。その後両当事者は『要点判決を受け』（appointed）、必要であれば弁論を書面で提出するように求められる。この『要点判決』（appointment）は、当事者に証拠を提出し、その主張を書面化するよう求める命令でもあった（それは民事訴訟法典にいう書面による事前手続［instruction par écrit］である）。もし、相手方が否認する事実につき人証を訴答者が提出するならば、裁判所は証人尋問（enquête）を必要とするので、当事者に争われている事実を書面化するように命ずるであろう。これは『抵触する事実の要点』（appointment en faits contraires）であって、請求と申立て（intendit）および項目（articles. 証人ないし証拠によって立証する旨の申出を伴う事実のこと）がそれに含まれていた。この『要点』の作成は代訟人（advocates）の仕事の重要な部分で、彼らの役割は終始相当なものであった。当事者は項目ごとに10名まで証人を提出でき、彼らの記録を先の請求と申立て（intendit）および項目と合体することができた」[77]。要するに、エンゲルマンの指摘によれば「要点判決」とは、事案がまだ十分には解明されたとは考えられない場合に訴訟を書面手続に変換する決定で、元来は各個の要点を釈明させて、口頭によらない確実な裁判の基礎を提供させる効用があった[78]。

　訴訟手続は大審部での口頭の訴答・弁論（pleading）に始まるが、通常はそこから予審部（Chambre des Enquêtes）に移され、全訴訟手続の要の段階で

77）*Id.*, 33-34.

ある証人尋問（enquêtes）が受命裁判官（commissioners）によって行われ、その結果が予審部に提出されて、弁論なしで審査された[79]。カネヘムはこの証人尋問にかなりのスペースを割いている。証人尋問は通常は2名の受託裁判官に委託され、この者たちが調査のためにその地域に出張した。これは地方の裁判官でも、最高法院の構成員と地方の司法官（magistrate）との混合受命裁判官でも可能であった。イングランドの巡回陪審裁判所に相当する、地方の証人のための措置である。その全ての運用は受命裁判官が同伴した書記官（南部であれば地方の公証人）によって調書に記録された。カノン法の影響を受けて略式に行われるものもあった。この地方での証人尋問においては、相手方の自白を獲得したり、提出される証拠の量を減らすために、項目（articles）が新たに争点決定（litiscontestation）の対象となったが、このテクニックはカノン法上の訴点（positions）と相手方によるその認否の制度を模倣したものである。それから争いのある「項目」について審理するために、両当事者が証人を提出した（相手方立会いのもとに証人が宣誓した）。「ルイ9世は教会裁判所に倣っ

---

78) エンゲルマン・前注（3）419-420頁。カネヘムによれば、「通常、大審部（Grand' Chambre）は、証人尋問が必要であるということを意味する・抵触する事実に関する決定（order en faits contraires）を下した。……かくして大審部は、自白を得ることによって証人尋問を回避することを期待して、宣誓や項目（articles）の認否はまとめて一度になされるべきである、と命ずる場合もあった。こうして、14世紀以降、事実の答弁（résponses de vérité）が独立の調査方法として用いられ、ヴィレ・コトレ（Villers-Cotterets）の王令（1539年）は、それを証人尋問の中に抑制して（suppressed in the enquetes）公式にその役割を与えた。それ以来事実項目に関する当事者尋問（interrogatoires sur faits et articles）──これは相手方が本人で出頭することを強制し、自白を得る目的で当事者尋問に服させる手続形態をいう──の名のもとに、その役割を果たした。証人に対する異議は、書面で提出されるか、あるいは少なくとも証人尋問の最初から、そのようにする権利が留保されていなければならなかった。ひとたび証人尋問が公表されてしまうと、その証人について新たに尋問を行うことはできなかった」（Id., 34）。なお引用文中の「事実項目に関する当事者尋問」という訳語については、エンゲルマン・前注（3）420頁。

79) Ibid.

第3部　比較法史の実践　*365*

て、証人の秘密尋問およびそれに続く証言録取書（depositions）の公表の制度
を導入した。しかしながら証人に最大限の自由を保障するために、この公表は
早くも1276年にパリ最高法院では廃止された。最高法院の外では実務は様々で
あった。すなわち南部およびパリ裁判所（Paris Châtelet）では証言録取書の
公表が原則であったが、北部またはトゥールーズの最高法院ではそうではな
かった。事態は1539年および1579年の王令によって解決され、前者はパリ最高
法院を例外としてあらゆる場所における公表を定め、後者はそのような例外す
ら禁圧した」。証人尋問の技術はカノン法上のもので、証言は書面化され、証
人には異議を唱えることができた[80]。

　以上の証人尋問の結果は（受命裁判官が「袋」［sack］に納めて封印のうえ、
パリに持ち帰るか、最高法院に送付するのだが）、自動的に最高法院の予審部
に行くのではない。大審部が対審的な弁論を手配し、証人尋問の結果は「閲覧
し判断するために受理さるべきである」と結論を出して初めて、予審部が受理
することになり、その時点で当事者の役割は終了する。予審部の長は、その部
の報告官（rapporteurs）に証言録取書の「抜粋」（extracts）の作成を委託し
（これはカノン法上の「赤欄」［rubricae］の模倣である）、報告官は「抜粋」
に所見を付け加える。予審部の裁判官たちは、主張事実を項目ごとに報告官と
読み合わせた後に、多数決によって判決を下し、大審部での言渡しのために報
告官が起草する[81]。

　ローマ＝カノン訴訟のフランスにおける継受をカネヘムはこう概観する。「国
王はパリの最高法院を創設したのみならず、訴訟手続についても立法を行った。
……訴訟手続に関する長く印象的な一連の王令は、1667年の司法改革のための
民事王令（ルイ14世）に集約されるが、それはまず1254年および1258年の2つ
の大王令から目覚ましく開始された。……フランスの世俗裁判所および王会
（curia regis）は、これらの王令を待たずに、ローマ＝カノン訴訟の様々な要
素を受け継ぎ、古い訴訟形態を排して体系的・一般的な形で、新しいローマ＝
カノン訴訟手続を取り入れた」[82]。「たまたま国王がフランス全土で主要な役割

---

80) *Id.*, 34-35.

81) *Id.*, 35.

を果たすようになったが、訴訟手続の近代化は、ローマ的基礎を伴った南フランスでは早い段階で、司教代行裁判官（officialities）の影響のもとに既に始まっていた。……それゆえ書面による訴訟手続が、南部成文法地域よりも北部慣習法地域において、よりゆっくりと採用されたのは驚くにあたらず、両地域でのタイム・ラグは約1世紀で、南部では13世紀、北部では14世紀初頭である」[83]。

「ルイ9世は（1254年・1258年の王令で）裁判上の決闘を廃し、ローマ＝カノン法上の証人尋問および書証の証拠調べに基づく審問手続（inquest procedure）を強制した。その他にも請求と申立て（intendit）および項目の書面化、不濫訴宣誓、相手方の項目についての口頭での認否による答弁、公開の（とりわけ相手方立会いでの）証人宣誓、証人の忌避、証人の審問に関する様々なテクニカリティ、証言録取書の公表、のような多くの訴訟法上の論点が定められた。ルイ9世の革新は不意のものではなく、国家は既にその準備を整えていた。特に封建的な地域では、証人尋問（enquête）に対して若干の抵抗があったものの、ルイ9世の革新は数世紀にわたりフランス訴訟法の礎石となった。これまでは封建法のゲルマン的訴訟手続が原則で、ローマ＝カノン訴訟手続は例外であったが、状況は決定的に逆転した。ルイ9世の王令には多くの他の王令が続いた」[84]。

「それらの王令の多くは、証人尋問手続が長くて扱いにくかったために、1539年のヴィレ・コトレの王令のように訴訟手続を短縮しようとした。証人尋問は長時間を要するが、極めて重要なものであった。100リーヴルを超える全ての契約には公正証書が必要で、証人は排除されるとした1566年のムーラン（Moulins）の王令までは、書証は口頭の証言に最終的に優越することはなかった。そこでは宣誓の提供・評判・推定のような、その他の（証人尋問以外の）ローマ＝カノン起源で、より扱いやすい証明手段も適用された」[85]。

第一審の国家裁判所という形で司法の中央集権化を図ったイングランドに比

---

82) *Ibid.*

83) *Id.*, 36-37.

84) *Id.*, 35-36.

べ、遙かに国土が広いフランスは、フランスの慣行に適応したローマ＝カノン上訴制度を取り入れ、極めて広い上訴管轄権を有するパリ最高法院を創設することで、司法の中央集権化を進めた。判決に対する不服申立ては、元来は判決発見者に対する告訴（faussement de jugement）というプリミティヴな方法がとられていたが、これは1300年頃に消滅した。いくつかの王令は上訴について規律しており、例えば1330年の王令は上訴の提起から3か月以内に上訴呼出状を送達することを命じ、それに反すると上訴は「放棄された」と宣告され、原判決が確定するものとしている。イングランドにおいて、王座部から人民間訴訟裁判所に対し誤審令状（writ of err）が発せられたように、フランスでも最高法院から評議会における国王（King in his Council）に上訴することが可能であった。国王は正義の究極的源泉だからである。この不服申立てに対する規律は1302年のフィリップ4世の王令に始まり、国王の恩赦状（letters of grace）に基づき事実上の過誤を理由とする場合にのみ認められたが、1344年の王令は過誤を理由とする最高法院の判決の執行停止を禁じ、1453年のモンティル・レ・トゥールの王令もこの不服申立ての利用を制限しようとした[86]。

（イ）ローマ＝ゲルマン法族中のラテン法圏を念頭に置いたのか、カネヘムはフランスに続きイタリアとスペインを検討する。まずイタリアである。

「ここで論じている時代にローマ＝カノン訴訟はイタリアの世俗裁判所（lay courts）に導入された」。当時のイタリアは「北部では、ドイツの君主権力が、遠く隔たった形式的な専制君主支配へと後退し、政治的権威は都市国家の手に委ねられた。南部では、12世紀のノルマン王国はヨーロッパでも最もよく組織されたものの1つであり、その君主的伝統は、フリードリヒ2世とその後のプランタジネット朝（アンジュー家）およびアラゴン王朝のもとでも、存続していた。従って、訴訟手続の改革は南部では君主から、北部では都市当局（urban authorities）から生じた」[87]。

すなわちイタリア北部の諸都市においては、主として（新しい学問に通じた

85）*Id.*, 36. 主要な王令は*Ibid.*に列挙されている（例えば、裁判実務のあらゆる主要な論点をカヴァーする1454年のモンティル・レ・トゥールの王令）。

86）*Ibid.*

裁判所のメンバーによる）裁判実務の漸次的発展を通じ、また時おりは都市立法によって（しばしばロンバルドの伝統によるローカルな修正を伴い）ローマ＝カノン訴訟が導入された。12世紀には司法ビジネスの専門化が始まり、学識者というよりも武人であった都市のポデスタ（Podestà）はこれを裁判官に委ねるようになった。裁判所が法学博士に「知者の助言」（consilium sapientis）を求めることが重要となった[88]。

イタリア南部では、ロジェール2世のアリアーノ法（Assizes of Ariano）（1140年）からフリードリヒ2世の皇帝法書（Liber Constitutionumまた はLiber Augustalis）（1231年）に至る国王立法が、18世紀に至るまでの南の王国の法の基礎となった。「アリアーノ法には若干のボローニャの影響が既にうかがわれるけれども、フリードリヒ2世の大立法においては（ボローニャの）インパクトは巨大であった。彼の法書は、ボローニャの訴訟要覧（ordines judiciarii）に直接由来する訴訟手続を含み、決闘裁判のような古いロンバルドおよびフランスの訴訟形態を、全く例外的な僅かの場合以外は排除した。……フリードリヒ2世の法書は、南部のイタリアの後期注釈学派（commentators）にとって権威的テキストであった」[89]。

「かくして学識訴訟の基本的要素すなわち単独裁判官、書面手続、訴点決定（the positions）、公正証書（notarial documents）の重視、私的文書よりも認証された公的証書（public and authentic charters）が優位に立つこと（ローマ法法律家［legists］のオリジナルな理論である）、法定証拠理論、仲裁および上訴の組織といったものが、イタリアの裁判所に受け継がれた。都市立法（urban statutes）および都市間の条約は、この遅く・扱いにくく・大衆的でない学識訴訟をしばしば簡素化した。実際、短縮された訴訟手続への都市の要請は、教会裁判所における略式手続の出現に影響を与えた」[90]。これらの都市立法は、①訴状において訴権にテクニカルな名称をつける――訴権内容の提示（editio

---

87) *Id.*, 37.

88) *Id.*, 38.

89) *Id.*, 37.

90) *Id.*, 38.

actionis）——必要はないとし（例えば1296年のピストイアの立法）、②「13世紀の終わりまでには、多くの都市立法が、争点決定を洗練することは法学博士たちに任せて、全く争点決定なしで済ますか、または争点決定はカットすべき儀式の1つで略式に処理できると決定した（例えばピサ。1275年・1286年）」、③不濫訴宣誓（calumny oath）は代理宣誓が可能で、両当事者が合意すれば省略できたので、現実には重要性を失って偽誓（perjury）の源となっていたことから、廃止するか（13・14世紀のピエモンテ、ロンバルドなどの諸都市）、そもそも導入しないなどの簡略化を図った[91]。

　「中世が終焉に向かうとともに、世界に通常訴訟手続（ordo solemnis）と略式手続を提供するというイタリアの偉大な努力は燃え尽き、このようにして生まれたシステムは完成していて、新たな創造的発展はできなかった。後の世代はその細部を解明し、その成果は質よりも量において驚異的であった。1680年のウベルティの『召喚論』のように、召喚についてフォリオ版800頁も費やすことにどんな意味があったのか。北イタリアではコミューンの創造的推進力は尽き、南イタリアでは君主制それ自体実体を失っていた。ローマ＝カノン訴訟発祥の地であるイタリア自身が、そこから十分に利益を得られなかったのは皮肉である。フランス、スペイン、そして分裂していたドイツでさえ、ローマ＝カノン訴訟を国家の訴訟制度として用いた。しかしながら、イタリアはこの発展をさらに進めるための中央の最高裁判所と立法者を欠いていた。訴訟手続は、互いに矛盾対立している・啓発されていないローカルな著作者たちに委ねられていた。各裁判所は自身のスタイル（style）と実務のマニュアルを有し、訴訟の国家的なシステムは出現しなかった。かくしてイタリアは、自らが刺激した発展から完全な利益を得ることはなく、19世紀には、イタリアを師とした者たちからの影響を受けざるを得なかった」[92]。

（ウ）「スペインにおいては、裁判所の学識ある全スタッフおよび国王の立法からの継続的圧力により、ローマ＝カノン訴訟手続が最終的に勝利を収めた。……ローマ法の共通の継受と、強力にローマ化されたカスティリヤ法が卓越し

91）*Ibid.*

92）*Id.*, 39.

370

ていたことによって、スペインの法的統一がもたらされ、それに続いて1500年頃に政治的統一がなされた。こうして16世紀および17世紀におけるスペイン法の黄金時代の基礎が築かれた」[93]。カネヘムはこのように第2期中世におけるスペイン民事訴訟法の状況を要約する。以下カネヘムの説くところを整理してみよう。

(a) 第1に、西ゴート族のスペイン（西ゴート王国）はネイティヴのためのローマ法と征服者（西ゴート族）のためのゲルマン法の双方を有していたが、654年に国王レスケウィント（Receswinth）が制定した単一の共通法（Liber Judiciorum. 西ゴート法典、裁判の書）は、本質的にローマ的であった（ユスティニアヌス法典に倣った編別、非公開主義、宣誓補助者の不使用、神判に殆ど言及しないことなど）。これは後にフエロ・フスゴ（Fuero Juzgo. 裁判法）として知られ、数世紀にわたって影響を及ぼすことになる[94]。

(b) 第2に、アラブによる支配の数世紀およびレコンキスタ（Reconquista）の時代に非常に異なった慣習が開花し、アルカイックな訴訟形式が出現して、多数の地域法（fueros）を支配した。レコンキスタとは、711年にイスラーム教徒により占領されたイベリア半島をキリスト教徒の手に奪還する戦いで、1492年に完了した[95]。

(c) 第3に、12世紀・13世紀におけるローカルなレヴェルでの自生的・慣習的要素の発達、13世紀のローマ＝カノン訴訟の継受によって、構図に変化が生じた。前者の自生的発展の1つがpesquisa（調査・取調べ）である。これは「民事または刑事事件において王会が利用する調査ないし審問（inquisito, inquest）であり、調査の合理的方法であって、国王の使者が地方の住民のグループに質問を行うもの」である。王権および教会に関する土地と境界の民事紛争で主に利用され、国王は訴訟が起きた地方での調査を手掌するために調査官（perquisidores）を任命した。このpesquisaはフランクのinquisitioやイングランドのrecognitions（陪審）の一変種（ヴァリアント）であろうとカネヘムは指摘する。国王の調

93）*Id.*, 39,41.

94）*Id.*, 39.

95）*Ibid.*

査官などによって選任された陪審員（地方の住民のグループ）は、自らの知識または伝聞に基づき事実問題について回答した。「どれほど注目すべきものであったとしても、pesquisaは、国王裁判所および地方の地域法（fueros）におけるその他の自生的発展と同様に、結局は法学部および教会裁判所の結合したローマ＝カノン的影響の前に屈しなければならなかった。13世紀末までには財産権上の訴訟ではpesquisaによる証明は死滅し始め、それに代わって証人が提示した証拠と証書（charters）の方が遙かに多く利用された」[96]。

(d) 第4に、ローマ法の継受の状況を見ると、カタロニアはスペインの他の地域よりも1世紀先んじてボローニャ発のローマ法の深い影響を受け、多くの都市がこれを実務に採用した。ただし急激なローマ化は抵抗を招き、アラゴン王（12世紀前半にアラゴンとカタロニアが合併してアラゴン王国となった）ハイメ1世は1243年・1251年に通常裁判所でのローマ法・カノン法の引用を禁じた。カタロニアの慣習はあまり書面化（記録）されていなかったことから、1409年には普通法（ユス・コムーネ）がカタロニアの副次的法（subsidiary law）であると宣言され、ローマ法が最終的に勝利を収めた。

ヴァレンシアにおいては、レコンキスタのときに地域的伝統が存在しなかったため、新しいローマ法が容易に勝利を収め、後に王国全土で公布されたハイメ1世の1240年法典の主なインスピレーションの源はローマ法であった[97]。

しかしながらこれら以外のところでは、聖職者の影響に対する警戒から、あるいは地方の特権の一部である慣習法への愛着から、新しいローマ法は保守的な反抗に出会った。「アラゴンでは様々な法の伝統的要素が12世紀末以降書面化され、1247年にハイメ1世はそれらに基づいた法典を公表した。これらのアラゴン地域法（Fueros de Aragón）は、スペイン北東部のエブロ川北部の伝統的法を再現したものであるが、ローマ法の影響は既に明瞭であった。12世紀半ばから13世紀半ばにかけての間に、古い法の真の繁栄があったが、それは王令のために1247年以降から進行したローマ法の継受が始まった時期と一致していた。しばらくの間は、ローマ法は少数の進歩的学者の法的理想にすぎなかった

---

96) *Id.*, 39-40.

97) *Id.*, 40.

372

が、彼らは影響力のある地位を占めており、その考えは注目されていた」[98]。

「王国の極めて多様な諸制度に統一性と安定性をもたらすために、1265年にカスティリヤとレオン（León）で決定的な前進があった。フランスのルイ9世とほぼ同時期に、アルフォンソ10世賢王（1252年-1284年在位）は王国裁判所におけるローマ＝カノン訴訟の包括的継受を命じたのである。彼の立法措置は貴族と諸都市の大きな抵抗に遭ったため、アルフォンソ10世は自分の諸法典の施行を延期し、古い法を承認した。しかしながらアルフォンソの法書（これは7部に分かれているため、7部法典［Siete Partidas］という名称で知られている）は王国の最高裁判所の指針であり、法律界の共有思想となった。主に訴訟手続を扱う同法典第3部は本質的にローマ＝ゲルマン的であった。1348年のアルカラ・デ・エナレスで制定された『法令集』（Ordenamiento of Alcalá）は、7部法典は中央および地方の立法に対し補充的であると宣言したが、実務ではアルフォンソの法書の原理とルールは殆どの問題について権威的であった。普通法（ユス・コムーネ）の継受は、バルトルスおよびアンドレーエ（Johannes Andreae）に至るまでの古の博士たちの意見を許容した1427年のファン（John）2世の勅令により、さらに推し進められた」[99]。

13世紀のローマ＝カノン訴訟継受のための土壌は、スペインの大学によって整えられた（例えばサラマンカ大学は1215年に創立されていた）。スペインの学者たちはボローニャにおいて目立っており、スペイン語で執筆することで新しい訴訟法文献の発展に貢献した。例えばアルフォンソ10世のもとで裁判官を務めたハコボ・デ・ラス・レイエス（Jacob de las Leyes）は新学識訴訟手続に関する著作『法の花』（Flores de Derecho）などを執筆し、Fernando Martínez de Zamoraはよりカノン法的特色を有するSumma Aurea de Ordine Judiciarioなどを著した。この両者はアルフォンソ10世の法典の訴訟手続の部分を起草したと考えられている。「ルイ9世の短い王令と際だった対照をなして、自国語で書

98）*Ibid.*「伝統的法が法典化されたアラゴンにおいてさえ、法の解釈と発展をコントロールした学識法曹の活動を通じて継受がなされたので、ローマ＝カノン訴訟手続は（スペイン全土の）至るところで勝利を収めた」（*Id.*, 41）。

99）*Ibid.*

かれた7部法典は法書というよりも学術的エンサイクロペディアとなっていた。それはユスティニアヌス、グラーティアーヌス（Gratian）、グレゴリウス9世の教令集（Decretals）、アーゾ、アックルシウス……からの様々な抜粋を含み、ロマニスティックな制定法の中世における最も偉大なモニュメントであると考えられる。国王アルフォンソ10世は帝国の野望からか、あるいは国家に統一的かつ安全な法体系を与えるためか、この7部法典を公布したが、伝統的な法は無慈悲なまでに注釈学派（glossators）およびカノン法学者の法体系の犠牲となっていたので、実際上の困難は大きく、反抗も理解できるものであったが、結局は7部法典は法となり、19世紀までスペイン訴訟手続の根本規範となった。その後の改革は主に簡略化であった」[100]。

（エ）ポルトガルでは、「ローマ＝カノン訴訟の影響は迅速かつ強烈であった。外国でのローマ法研究の通常のルートの他に、影響力のある教会裁判所および学識あるローマ法法律家（learned legists）、スペインの7部法典の役割、ならびに7部法典と関連する前掲ハコボ・デ・ラス・レイエスの著作である『法の花』の役割が特に言及に値する。……7部法典の影響は、最も初期の国家的法典である1446年アフォンソ法典（Ordenaçoes Afonsinas）になおもうかがわれ、その法典は学識法曹、（ローマ）帝国法、聖なるカノン法準則と常に関連する。法典第3編はローマ＝カノン的意味での民事訴訟を扱う」。この法典は「国家法の欠陥はローマ法とカノン法を適用することで救済され、内容が分かれる場合は結果が罪深いものでない限りローマ法が適用される」と規定し（最終的にはアックルシウスとバルトルスに依拠する）、実際は国家の法的ルールを損なってでも学識的普通法（ユス・コムーネ）が適用されることが多かった[101]。

（オ）13世紀から15世紀半ばまでのドイツ民事訴訟法は、古い形式主義が緩和され、書面がより活用されるようになり、証拠の体系が合理化されるという漸進的な近代化のプロセスを辿った。全体の状況は保守的で、発展は遅れていた。外国の要素を採用することによってではなく、裁判所の活動による断片的な形で第1期中世のゲルマン的訴訟（Germanic process）が形成され、訴訟形態の

---

100) *Id.*, 40-41.

101) *Id.*, 41.

374

近代化が達成されたのである[102]。

　すなわち「ザクセン、シュヴァーベン、フランクなどの広いゾーン、多数の領邦と都市に分かたれ、中央の最高裁判所や中央の立法もなく、長きにわたって大学すら存在しないまま（1348年のプラハ大学、1363年のヴィーン大学、1386年のハイデルベルク大学が最も古いものである）、ドイツは伝統的な法書と保守的かつ非アカデミックな法発見者たちが構成する法廷によって支配されていた。ザクセン普通訴訟手続（the common Saxon process）のみが、重要な法書と参審裁判所（courts of Schöffen）に基づきザクセン、チューリンガ、アンハルトで発展していたので、本当に広く受容された。もちろんドイツはローマ＝カノン法学を知らないわけではなかった。ドイツの学者はローマ＝カノン法学において一定の役割を果たし、多くのドイツ人は法学部に行って世俗裁判所における管理者または助言者として貢献したが、自ら判決を下すことはなかった」[103]。

　しかしながら15世紀半ばに至るまで重大な変化を予告する現象はなく、ザクセンシュピーゲルやシュヴァーベンシュピーゲル、さらにはライプツィヒ参審裁判所（Schöppenstuhl）のような重要な裁判所の訴訟手続は極めて伝統的な内容であった。「判決は専門職としての学識ある裁判官ではなく判決発見人によってなされた。訴訟手続はたとえ裁判記録の保管が相当な進歩を遂げていたとしても、口頭によるものであった。法廷における形式主義的手続は、重要な事実を確定しようという裁判官の努力というよりも、依然として何らかの証拠の審理における当事者間の抗争であった」。「中心的要素は証拠判決（Beweisurteil）であって、それゆえ訴答の大部分は最善の地位を獲得するための策略であった。全ての歴史家の一致するところによれば、この問題につき裁判所を指導してい

---

102)　*Id.*, 42. カネヘムによれば、「ドイツの国王たちの権力が強大であったときは、法改正はいまだ急を要しておらず、彼らの注意はローマおよび北イタリアでの帝国の問題に大幅に向けられていた。後になって、ルイ9世と（スペインの）アルフォンソ10世が法の改革に多忙であった間は、ドイツの王権は力を使い果たしていた。イタリアを都市社会へと向かわせた経済復興は、ドイツではより遅れて展開した」（*Ibid.*）。

103)　*Ibid.*

た原則を発見するのは極めて困難である。証拠判決の本質的任務は、もし証明された場合に、あらゆる反対主張の価値を低下させ、事件を決定する主張を特定すること（ascertain an allegation）であった。証拠判決がいったんなされると、主張は変更ないし追加ができなくなるので、同一の証拠原因には（in one and the same cause）僅か1つの証拠判決しか存在しない。自己の主張を立証することが（証拠判決によって）認められることは、とりわけ多くの場合に単純な否認宣誓（oath of denial）が完全証明として受け入れられていたので、負担というよりも利点であった」[104]。なお「証拠判決」についてはカネヘムは既に簡潔に言及しているが（前出334頁）、エンゲルマンによれば「とりわけ証拠判決に包含されるものは、証明さるべき当事者の主張、同時に挙証しなければならない当事者の表示、証明の手段となるべき証拠方法の指示」である[105]。

「変化が現実に始まったのは、国王の帝室裁判所（Kammergericht）が古い（帝国）宮廷裁判所（Reichshofgericht. 1456年廃止）に代わって登場し、1471年の王令により法的に承認されたときからであった。多くの場合に帝室裁判所はローマ＝カノン訴訟手続に従った。若干の領邦君主（ハイデルベルクの宮廷裁判所（Hofsgericht）には1472年に法学部の教授たちが参加した）と、いくつかの都市（ライプツィヒでは1483年から大学教授が新しい上級宮廷裁判所［Oberhofgericht］の裁判官席に座った）がこの例に従った。1450年にはバヴァリアの宮廷裁判所には4名の学識法曹がおり、1476年にはランズフートの宮廷裁判所の9名の構成員のうち、5名が学識法曹であった。これらの変化は例を見ないほど徹底的かつ急激に生じた。ドイツ人は彼らの旧式の中世的訴訟を斥け、ローマ＝カノン訴訟をまとめて（en bloc）輸入した。ローマ法は帝国的であって、中世の神聖ローマ帝国がローマ法を適用したのであり、そうすることによって法的統一とアップ・トゥ・デートな制度とを獲得するのが適切であると思われたのである」[106]。

（カ）（a）既述の「イングランドのコモン・ロー訴訟の発達」（本書349頁以下）に続き、カネヘムはここ（第2期中世におけるローマ＝カノン訴訟の継受）の

104）　*Id.*, 42-43.

105）　エンゲルマン・前注（3）94頁。

376

イングランドの項では、大法官裁判所（エクイティの発達）を論じている。「コモン・ロー裁判所もコモン・ロー訴訟手続もイングランドで独占（的地位）を享受することはなかった。もちろんキリスト教世界のイングランド以外のあらゆる場所と同様に、ここにもローマ＝カノン訴訟形式に従った教会裁判所が存在した。しかしながら特別の管轄権とカノン法に由来する訴訟手続とを有する国家の世俗裁判所も存在し、その最も重要なものが大法官裁判所（Court of Chancery）であった。……エクイティが始めに最も深い痕跡を残したのはまさに訴訟手続であった。大法官の介入の特殊な性質と、大法官は聖職者であって聖職者のスタッフに囲まれていたことから、コモン・ローの訴訟手続とは非常に異なるとともに、（14世紀初期に発令されたサエペ教令［decretal Saepe］における）略式のローマ＝カノン訴訟手続に極めて類似した手続が採用されることとなった」[107]。ヴァン・レーも、大法官裁判所の訴訟手続はある程度まで、上質のヨーロッパ大陸裁判所、イングランドの教会裁判所、海事裁判所のような通常裁判所（civilian courts）で採用されたローマ＝カノン・モデルに類似している、と指摘する[108]。

(b) カネヘムは大法官裁判所とエクイティの発展過程を次のように素描する。「殆どの法体系は厳格な法と衡平との区別を承認している。中世のイングラン

---

106)　van Caenegem, *supra* note 5, 42. カネヘムは証拠法の分野における変遷として、以下の点に論及する。①文書による証明と証人の利用は、南部から北部へとゆっくりと進行してゆき、オフィシャルな証人・捺印証書に関する証人から、通常の付随的証人（accidental witnesses）——しばしば少なくとも3名が必要とされた——の利用が認められるに至った。②こうした漸次的な変化の典型例として、伝統的な通常の方式の訴え、すなわち「単純な訴え」（simple complaint）と並んで、強化された方式の訴え、すなわち「『証人』を伴う訴え」（complaint with witness）が導入された。「強化された方式の訴え」については、エンゲルマン・前注（4）48頁。以上は、*Id.*, 43.「『証人』を伴う訴え、すなわち証拠を提出する旨の申立てを伴う訴えは、被告の単なる宣誓で答えることはできないが、原告が自分の側の者として指名した宣誓補助者ないし証人と同じだけ多くの者が支持する宣誓によってのみ、答えることができる」（*Ibid.*）。この他、林屋・前注（2）152頁以下が詳しい。

107)　*Id.*, 43-44, 45.

ども例外ではなく、コモン・ローの初期の歴史は、裁判所の衡平と良心への関心を明らかにしている。その歴史において独特であるとともに、例えば法務官（プラエトル）の衡平な役割と大きく異なるのは、中世後期以降からコモン・ローとエクイティの運用が、2つの全く分かれたコモン・ロー裁判所とエクイティ裁判所（いずれも王会から派生した国王の裁判所）とにそれぞれ帰属していたということである。14世紀には人民間訴訟裁判所（Court of Common Pleas）と王座部は、厳格な法的考慮以外のものに従ったり古来の慣習を変更したりすることにあまり積極的ではなく、ますます厳格に法律を解釈し既存の救済に固執する傾向にあった。時おり衡平上の救済を与えてきた大巡察（General Eyre）はほぼ同時期に消滅した。ホウルズワース（Holdsworth）によれば、大法官府の訴訟手続と訴答の制度はコモン・ローが弱かったまさにその点において強力であった」[109]。「言い換えれば、厳格な法と確立した機構とが正義＝裁判（ジャスティス）を保障できなかったり、あまりに遅い・費用がかかる・危険であるという場合には、国王が最後のよりどころであって、コモン・ローが何もできない訴答者は国王とその評議会に向かったのである。彼らの多数の申立ては大法官に対して行われた。大法官は国王の公印＝国璽の保管者（keeper of the king's seal）であり、聖職者のスタッフを備えたウェストミンスターのデパートメント（大法官府）の長であって、通常は彼自身も道徳と良心の守護者であった。さらに大法官府はコモン・ローの令状を発していたために、エクイティの申立てが正当かどうかを判断するだけの、豊富な法的経験と十分な土

---

108) van Rhee, English Civil Procedure until the Civil Procedure Rules（1998）, in: van Rhee（ed.）, *European Traditions in Civil Procedure*（2005）129, 140.

109) van Caenegem, *supra* note 5, 44. カネヘムは、ホウルズワースが引く例として、①コモン・ロー訴訟における雪冤宣誓を回避できる、②権利能力なき団体（unincorporated body）は大法官府で訴えることができた、③自発的証人（volunteer witnesses）はコモン・ローでは反対されたので、証人となろうとする者が大法官に申し立て、大法官が尋問した、④コモン・ローは契約違反による損害賠償を知るにとどまったが、エクイティは契約の特定履行を当事者に強制できた、⑤エクイティは一定の不法行為を終結させるインジャンクションを知っていたが、コモン・ローは不法行為がなされた後での損害賠償のみを定めていた、などを挙げる。

地法の知識を有していた。もし申立てが正当であれば、大法官は道徳と良心を考慮してエクイティ上の根拠に基づいて救済を与えることができた。このようにしてエクイティ上の大法官の管轄権は、説明可能ではあるが依然として詳細と年代順とが不明瞭な状況から生じたのであった。2世紀前のコモン・ロー裁判所の起源との類似性は注目に値する。すなわちいずれも現行裁判所の欠陥を補うために、絶対的正義のための国王の責任を根拠にして、運用上のテクニックによって例外的司法管轄権（exceptional judicature）が断片的に発達したものであった。最初に裁判官と救済があり、法の実体は後に出来上がった。誰も、新しい法典を取り入れ、そのための新しい裁判所を創設しようとは決めなかった。エクイティは国王によるインフォーマルな司法裁量権の行使として始まり、大法官が自らの権限で命令を発した15世紀に相当入り込むまで、大法官の活動は独立の裁判所には発展しなかった。ポスト中世の時代（post-medieval times）に、大法官裁判所はエクイティとして知られる確立したルールと訴訟形式とからなる大法官裁判所自身の法の集合体を生み出した」[110]。

(c) 大法官裁判所の訴訟手続の特色をカネヘムはこう要約する。「コモン・ローの伝統をものともせず、大法官裁判所の訴訟手続は、イングランド法の2つの支柱である訴訟開始令状（original writs）と陪審審理とを欠くことによって、飛躍したのである。固定した方式（formulas）を伴う訴訟開始令状および令状手続に続く硬直化した陪審制の代わりに、大法官裁判所の原告は、救済または被告の召喚状（summons）を求めるインフォーマルな訴状（bill）または申立書（petition）を提出した。事実と法の分離および陪審の評決の代わりに、事件の本案を探求しそれに基づいて判決をする単独の裁判官がいた。事実を選別する裁判官の方法は、宣誓に基づく証言および被告に対する質問・取調べ（interrogation）であった。この2つのテクニックは陪審による審理の精神とは相容れないが、教会裁判所の手続に通じている者には馴染み深いものであった。陪審による評決はあまりに神託に類似していて、衡平な救済のためのテクニックとしては厳格にすぎた。衡平な救済においては、両当事者および証人の忍耐

110）　*Ibid.*

強い尋問と、その他のあらゆる関連性を有する事情のみが、大法官が良心にお
いて行動するのに必要な内的確信を与えることができ、両当事者の良心にプ
レッシャーを課すことができたのである。……大法官は、両当事者が一定の行
為を行い（「特定履行」）、あるいは一定の行為を控えることを当事者に伝える
命令（decree）を発した。これらは全て当事者間の正義を実現するためであ
る」。「大切なのは実際上の結果であって、そのために大法官は良心に訴えた。
裁判所の命令に対する反抗は、侮辱を理由とする投獄によって罰せられた」。
「大法官は当事者が提供する証拠に対するコモン・ローの嫌悪を共有しなかっ
た。エクイティの行政的起源（executive origin）は、罰則付召喚令状（writs
of subpoena）、すなわち違反したら一定の罰に処するとして出頭を求める命令
によって、被告および証人を召喚する典型的方法に現れている。……典型的テ
クニックは文書のディスカヴァリー、すなわち当事者が所持する文書の強制的
調査であった」[111]。

（キ）現在のベネルクス3国に相当する「低地諸国」（Low Countries）の状況に
ついて、ベルギーの法制史家であるカネヘムは、「ローマ法に鼓舞された改革
は14世紀に始まり、15世紀に勢いがつき、16世紀に支配的となった。近代化の
第一段階が既にこの改革よりも先行しており、それはローカルな裁判所に発し
ていて、既存の要素と自前の発明（native invention）を活用していた。フラン
スの実務のローマ＝カノン的システムは、低地諸国の古い自生の法（native
law）の遺産と混ざり合って、アンシャン・レジームの終わりまで低地諸国を
支配した形式主義的なシステムを生み出した」と評価する[112]。

（a）まず第1に、低地諸国は合理的証明方法を迅速に取り入れたが（神判の廃
止。地方裁判所により確証された真正な文書や、有資格証人による証言などの、
雪冤宣誓以外の証明方法の活用）、判決発見人が、ローマ法を知らない・実務
的能力ある者たちであった都市裁判所・封建裁判所においては、その他の点で
は長らくゲルマン起源の伝統的な口頭かつ公開の訴訟手続が維持されていた。
例えばフランドル南部の重要な都市リール（Lille）では、民事訴訟は14世紀半

111）　*Id.*, 45.

112）　*Id.*, 46-47.

380

ばまで口頭であった[113]。

（b）第2に、中央裁判所では事情が異なり、次第に学識法曹出身の裁判官が増加して、14世紀以降は「普通成文法」（common written laws）の学識訴訟手続が、フランドル、ブラバン、（16世紀半ば以降の）ホラントを征服していった。この新しい訴訟手続は、学識法曹の共通の知識であるローマ＝カノン訴訟手続と、フランスの最高法院の実務の影響を受けている[114]。フランドルはフランス領であったから、1521年までパリへの上訴が可能であったし、低地諸国を支配したブルゴーニュ家はフランス系である。近代訴訟手続を普及させた（いずれも自国語で書かれた）ブティリエ（Boutillier）およびヴィーラント（Wielant）の著作にも、フランスの影響は極めて強烈である[115]。「制定法の役割は非常に減少し、訴訟事項統一のための手段となったのは偉大な司法裁判所の活動であった。シャルル豪胆王（1467年-1477年）はローマ法の包括的導入を好んだようであった。彼は征服したリエージュ市の慣習法を廃止してローマ法を強制し、ホラント州裁判所のための1462年の命令（Instruction）の中でローマ法に言及している」。ヴィーラントの著作の題名は、『オランダにおける（とりわけマリーヌの大評議会、フランドル評議会、およびその他の裁判所における）共

113）　*Id.*, 45.「口頭手続への執着は、フィリップ善良王（Philip the Good）が1451年に司法事項につきブラバン公国（Duchy of Brabant）に付与した特権にも、同様に示されている。そこでは、公国の中央裁判所であるブラバン評議会（Councll）は、古来の慣習を尊重すること、および『できる限り』書面によらずに口頭手続を（とりわけコスト回避のために）適用することが、明記されていた」（*Id.*, 45-46）。

114）　フランスの実務の影響として、カネヘムは「口頭の申立てによる開始、対立事実における要点判決（appointment en faits contraires）、証人尋問（enquête）を争点につき実施し、質問の一覧表につき証人を審尋するための2名の調査委員（commissioners）の指名、判を押した一件書類を裁判官会議（councillors）にわたすこと、裁判官会議による一件書類の研究、時折の（通常ではないが）報告裁判官（rapporteur）の選任、『抜粋』の作成」を挙げる（*Id.*, 46）。

115）　「中央裁判所の影響は次第に証拠の学識的体系を導入するに至った。われわれはWielantの著作に法定証拠理論を見出すが、それは穏健に表現されており、裁判所の実務を適切に考慮したものであった」（*Ibid.*）。

通の訴訟スタイル（Ghemeynen Styl）』を著者が心に描いていたことを示す[116]。

(c) 第3に、北端のフリースランド（Frisia）では、結果は似ているものの、異なった進化のプロセスを辿った。すなわち中央の権威が殆ど存在しなかったフリースランドでは聖職者の影響が非常に大きく、一般大衆は教会の訴訟手続に非常に慣れ親しんでおり、15世紀のフリースランド法学はローマ法の強い影響を受けていた。フリースランドがザクセン公（Saxon Dukes）に帰属した際に、学識法曹であるザクセンの大法官のもとで1499年にフリースランド中央裁判所が設立され、ザクセンの上級宮廷裁判所のローマ＝カノン訴訟手続に相当する手続を運用した[117]。

(ク) 中世のスウェーデンでは、13世紀以降に国王の裁判権が徐々にハンドレッド（hundreds）および都市の裁判所へと発展した。そこでの司法制度および訴訟手続はアルカイックなゲルマン的痕跡（公開・口頭・直接という伝統的特徴）をとどめ、教会裁判所外ではローマ＝カノン訴訟的形式からは自由であった。訴訟への大衆参加という要請は強力で、13世紀初頭に非合理的証明方法が危機に瀕したときに、参審員団（nämnd）が近代化された証拠法の中核となった。「参審員団は近隣の宣誓した人々の集団で、事実問題について評決（intyg）を下した。その評決は両当事者の立証を考慮し、証人の数に関するルールに拘束されずに証人を審尋して、直接の知識と調査に基づいて下されるもので、裁判所を拘束する。参審員団の構成員は、裁判官から質問を受ける当事者の証人ではなく、一方当事者のために確約的宣誓（assertory oath）を行う宣誓補助者でもなかった。彼らはイングランドの陪審に極めて類似していた」。「各当事者は参審員団の半数をそれぞれ選任した。その義務は評決を下すことであった。参審員団は通常は12名で構成され、通常は多数決原則が遵守され、7名の構成員の一致した宣言は完全証明に匹敵するものとみなされた」。「クリストファ・ア・バイエルンの一般地方法（Landslag）（1442年）からグスタヴ・ヴァーサ国王の即位（1523年）までの、スウェーデン法の批判的時代にもかかわらず、中世スウェーデン訴訟手続は17世紀まで根本的な変革を経験しなかった。ただ

---

116) *Ibid.*

117) *Id.*, 47.

382

し1540年に設立された統治委員会（Regementsråd）の司法部（judicial sessions）において、ドイツ帝室裁判所の影響を受けて書面主義が強化されていった」[118]。

（ケ）中世を通じてハンガリーの世俗裁判所は、殆どローマ＝カノン訴訟の影響を受けなかった。もちろん教会裁判所ではローマ＝カノン制度は知られていた。「ハンガリー法は顕著な国家的・継続的発展を示した。ハンガリー法はまた、11世紀の聖イシュトヴァーン王、聖ラースロー王、カールマーン王の命令に始まっており、極めてよく文書化されている。ハンガリーは保守的な貴族階級によって支配され、その者たちが訴訟手続を近代化しようとする国王の試みを何度か挫折させた。それは貴族階級の関与する事件における書面手続の廃止を含む1222年金印勅書（Golden Bull）を確認した、ベーラ4世国王の1267年の命令に典型的に現れている」。「伝統的な訴訟手続は公開かつ口頭であり、当事者の支配に委ねられた。中世を通じて非合理的な証明方法が支配的であった。盟神探湯（ordeals of water and fire）は13世紀末に消滅したが、裁判上の決闘は1486年まで完全に有効なまま存続したのである。通常は宣誓補助者により支持される当事者宣誓も基本的制度として残り、17世紀末まで使用されていた」。公証業務の発達に伴って13世紀以降証書の重要性が認められても、当事者宣誓は依然として決定的役割を果たし、証人、証書、審問（inquisitio）のいずれも、「いずれの当事者に（通常は宣誓による）彼自身の正当な権利の正式な証明を許すべきかを、裁判官が決定するための情報を与えるのに役立つにすぎなかった」。「審問」とは、国王の調査委員が近隣の者たちを宣誓させたうえで質問を行う制度であるが、ハンガリーでは陪審には発展しなかった。当事者は反対証人を提出できたが、事実を引き出すための質問・尋問（interrogation）は認められなかった[119]。

ハンガリー法の法典化を託された国王主任書記官ヴェルベーツィ・イシュトヴァーン（Stephen Werböczi）が1514年に提出した『貴族制ハンガリー国家慣

---

118) *Id.*, 47-48. なお、Regementsrådにつき、Kohler, *Die Entwicklung des schwedischen Zivilprozessrechts*(2002)73, 77 N. 318.

119) *Id.*, 48.

習法の3部書』（Tripartium Opus Juris Consuetudinarii Inclyti Regni Hungariae）
は、人・物・訴権を扱っており、国王に認可されて数世紀にわたって基本的な
ハンガリーの法書としての地位を保ち、裁判所もこれを適用した。同書は「1517
年にヴィーンで印刷され、ローマ法が中欧において強力であった時期に、伝統
的ハンガリー法の保存に貢献した。1526年にハンガリーおよびボヘミアの国王
となったハプスブルグ家のもとで、『3部書』はハンガリー法の基本的法源で
あった」[120]。

（コ）ボヘミア王国（チェコ西部）では14世紀以降ローマ＝カノン訴訟（学識
訴訟）がゆっくりと浸透してゆき、ハプスブルグ家の絶対主義のもとで、法定
証拠のシステムを伴う書面主義的手続とボヘミアおよびモラヴィアにおける上
訴制度とを確立した、1627年・1628年の「改訂領邦条例」（Verneuerte
Landesordnungen）によって、この影響はクライマックスに達した[121]。

（a）まず第1に、カネヘムは「ボヘミア王国では教会裁判所、大学、学識法曹
の日常的な影響が早くから感じられ、訴訟手続を近代化する努力は国王を中心
に進められた」と指摘する。カネヘムによれば、ヴァーツラフ2世（1278年-
1305年）のローマ法の影響を受けた法典化のプランと、プラハ大学の創立者カ
レル1世（カール4世）の本質的には非ローマ的であった「マイェスタス・カロ
リーナ」（Majestas Carolina）として知られる法典化計画とが、いずれも保守
的な貴族階級の抵抗によって失敗した（ヴァーツラフ2世の委託を受けたイタ
リア人法律家オルヴィエートのゴゾー［Gozzius of Orvieto］は、中欧に初め
てローマ＝カノン訴訟を体系的表現で導入したJus Regale Montanorum を国王
に提出し、これがドイツ語とチェコ語に翻訳されて、ボヘミアにおけるローマ
法継受のルーツとなった）[122]。

（b）第2に、「15世紀は王権が全体として弱体で、立法が殆どない時代であった。
ボヘミアでは、他の多くの事項と同様に法的事項においても、国民的・伝統的

---

120) *Id.*, 48-49.

121) *Id.*, 49. なお、Kadlecová, Verneuerte Landesordnungen in Böhmen und Mähren
(1627/1628): das prozessuale Verfahren, in: *Z. der Savigny -Stiftung für Rechtsgeschichte*
120, Ger. Abt. (2003) 150-179.

な感覚の強い時代であった。しばしば教会裁判所とカノン法の消滅に至る危機があった。社会における伝統的・保守的要素の優位は、国王政府が好んだローマ法の継受にとっては不毛の土壌であった。チェコ語が裁判所および法律書で支配的となったが、他方でドイツ語が諸都市において重要な地位を維持していた」。「ヴラディスラフ2世（1471年–1516年）にちなんでヴラディスラフの命令（1500年）と呼ばれているものは、ボヘミアの最初の包括的な制定法のモニュメントであった。それは王令ではなく、身分制議会（Estates）の産物であり、非体系的でローマ法の影響を受けてはいないが、民事・刑事法のみならず訴訟法をも扱っていた」[123]。

(c) 第3に、本項の冒頭に記したように、14世紀以来の学識法（とりわけ、カノン法上の質問［interrogations］と訴点決定［positions］を伴う書面手続）の継受は、「改訂領邦条例」（1627年・1628年）で頂点に達した。ドイツ法に従って生活していたボヘミアの諸都市では、プラハのローマ化された法に従った改正が既に16世紀になされ、1548年に上訴裁判所がプラハに設立されて、都市から国王への上訴制度が確立した。1620年の白山の戦いで国王が貴族階級を打破し、長らく抵抗してきた貴族階級の裁判所でも学識訴訟が容認された[124]。

(d) 第4に、「証明方法は13世紀以降ゆっくりと近代化してゆき、非合理的・形式主義的性格を失っていった」。「12世紀から14世紀まで、当事者宣誓、宣誓補助者、証人は最も流行した証明方法であったが、確約的宣誓（assertory oath）のもとでの証人の単なる陳述に対抗するものとしての証人尋問は、極めてゆっくりと発達していった。14世紀以降は『危険な』形式主義的宣誓は崩壊していった」。「旧制度のもとでは、いずれの当事者が自らの主張を立証することが許されるかが、最も重要であった。13世紀後半にはオタカル2世の改革と関連して、おそらくカノン法の影響のもとに、両当事者が自らの証拠を提出することが許されるべきである、とするのが通説であった。いずれにせよ、古い枠組みの中でのこの革新は全く不満足なものであり、外国の要素を断片的に輸

---

122) *Ibid.*

123) *Ibid.*

124) *Id.*, 49-50.

入した結果がどれほど奇妙なものとなるかを示している。実体的真実を発見するための質問および交互尋問は依然として問題外であったから、両当事者の証人が完全な宣誓を行ったときは、……双方的水神判（bilateral water ordeal）を用いる。もし両当事者が水神判に成功したら裁判所は完全に絶望的な立場となり、……14世紀前半から広まっていった事実問題についての証人尋問のみがこのディレンマを解決できた。既に14世紀後半には、中央の国王裁判所は書面による証言（written testimony）を私人によるものですら受け入れていた。審問（inquisitio）あるいは調査（scrutinium）の手続は知られていなかったわけではないが、重要なものとはならず、16世紀の初めには秘密尋問（secret interrogations）に遭遇する（後には公開されるに至った）。一般的にいえば、証人尋問は1500年から1516年の間にローマ＝カノン的意味での規律を受け、完全な証明（plena probatio）と完全に準ずる証明（semi-plena probatio）という周知の区分は、チェコ法においては15世紀から17世紀の間に発生した」[125]。

(e)　最後に、「ローマ＝カノン訴訟手続が統一的役割を果たしたことを指摘するのが興味深いであろう。それは『改訂領邦条例』を支配し、都市法もまた強力にローマ化された（1579年に印刷されたプラハの法は、1610年までにボヘミアの全都市に採用された）。学識的ユス・コムーネは国家法のあらゆる欠落部分の補充法源であった。完全な規模の統一は、マリア・テレージアとヨーゼフ2世の、オーストリア君主の領土のための一般的法典化の枠組みの中で実現された。……法学文献もまた強力にローマ化された」[126] と、カネヘムは締めくくる。

(サ)「ポーランドにおいては、都市と農村（rural masses）は、ゲルマン民族の一派チュートン族のテウトニー法（jus teutonicum）、すなわち主にザクセン的性格を有するとともにローマ法の補充的役割を承認するものに従って生活していた。自生のポーランド法は、貴族階級として知られる非常に大きな社会階級に適用されていた。ポーランドの訴訟手続はこの時期から18世紀まで著しく中世的性格を有していて、ルネッサンスにもローマ法にも殆ど影響されなかっ

---

125)　*Id.*, 50.

126)　*Ibid.*

た」[127]。君公の権力に対する恐怖から、支配者の権力を強調するようなローマ法に対し、貴族階級は異議を唱えた。「しかしながらローマ法は法学（legal learning）に影響を与え、法律家によって、国内の制定法の研究のためおよび国家の法典の枠組みのためのガイドとして受容された。ローマ＝カノン訴訟の中世イタリアのマニュアルが、ポーランドに流布し、書面の召喚状（written summons）のような多くの特別の点で、そしてまた特に理論およびターミノロジーにおいて、訴訟手続に影響を与えた。17世紀になって初めて、学識ある著者たちが訴訟の全分野について記述しようとした」[128]。18世紀には「ロシア領ポーランド人は、ナポレオンのワルシャワ大公国に導入されたナポレオン法典の修正版に従って生活し、プロシア領ポーランド人は、プロシア法（その結果としてドイツの法典）に従って生活し、オーストリア領ポーランド人は、オーストリアの制定法に服した。かくしてボヘミアおよびポーランドのいずれにおいても、古いスラヴ的かつ自生的伝統は多数の西洋的、ローマ・ゲルマン的ヴァリアンツと交替した。ハンガリーにおいては、既に見たように自生的伝統はより長く生き残った」[129]。

（シ）イングランドのコモン・ロー体系とローマ＝カノン訴訟の双方を取り入れたスコットランド法史のこの段階を、カネヘムは①12・13世紀のスコット＝ノルマン段階（Scoto-Norman phase）、②13世紀後半から16世紀に及ぶ混乱と移行の時代（period of confusion and transition）に大別している。

　すなわち①の段階では、スコットランド王国はアルカイックな慣習を伴う多

127）　*Ibid.*「1523年のformula processus は、証拠法の厳格な形式主義を緩和し、若干のローマ的要素を導入したが、訴訟手続の中世的要素を維持した。……証人と書証は進歩したが、雪冤宣誓（oath with compurgators）はアンシャン・レジーム末期まで重要な権利として残った。証人尋問タイプ（enquete-type）の手続すなわちscrutiniumは、非常に遅れて16世紀末に出現し、現実には決して重要なものにはならなかった。貴族階級に支配されたポーランド国家の、まさに終焉になって初めて、書面手続が口頭手続に代わって、しかも限られた数の裁判所においてのみ登場した」。神判は、裁判上の決闘は別として、14世紀初頭に消滅した（*Id.*, 51）。

128）　*Ibid.*

129）　*Ibid.*

第3部　比較法史の実践　*387*

民族国家として出発したために、強力な隣国イングランドの中央裁判所制度を導入し、若干のタイム・ラグとともに、神判が廃止された1230年までには令状制度（国王の令状はbrieveと呼ばれた）・審問（inquest）・民事陪審によるアングロ＝ノルマン的訴訟手続が、非合理的な証明方法に代わって定着した。ただしイングランドより行政権の遙かに弱いスコットランドが全てのテクニカリティを継受できたわけではない。例えば不動産占有回復令状（writs of entry）の初期のグループは全く継受されなかった。この時代の最も権威ある法律書はRegiam Majestatemと呼ばれ、ローマ＝カノン的素材とともにグランヴィル（Glanvill）の全部分を取り込んでいた[130]。

　13世紀後期および14世紀初めのイングランド・スコットランド間の紛争によって、②の「混乱と移行の時代」が始まる。イングランドのインスピレーションを受けた実務を排除して、新秩序を確立してゆく時代である。1318年には、ロバート・ブルース国王（1306年–1329年在位）が訴訟手続を改革し、令状手続は簡略化・柔軟化されて、若干の新しい訴訟方式（new forms of action）も生まれた。しかしながら、「15世紀には令状制度は非常に僅かなケースを除いて廃止され、特定の訴訟方式ではなくて、通常の書面による呼出しである召喚状（brieves of summons）がこれに代わった。16世紀においては、スコットランド語の押印召喚状（signeted summons）が、全体としてラテン語であった訴答可能令状（pleadable brieve）に代わって用いられた」[131]。

　このような変化は、「常設的な中央裁判所の不在と、組織化に失敗した王会の弱体」とから、ローマ＝カノン訴訟に通じたスコットランドの教会裁判所と聖職者たちが大きな影響を与えたためであった。中央裁判所の発達は1425年に始まり、1532年に専門職裁判官を伴った最高裁判所であるCollege of Justiceに結実した。その長とメンバーの半数は聖職者であった。慣習法の近代化も推進された。中央裁判所の訴訟手続は圧倒的に口頭によるものであったけれども、召喚状（citations）、（延期的・遷延的・訴え棄却的）抗弁（exceptions）、書面化されて裁判所に報告される証拠といったローマ＝カノン型の馴染み深い要素

130）　*Id.*, 52.

131）　*Ibid.*

を含んでいた。16世紀初めには民事陪審は消滅した[132]。「近代スコットランド
の訴訟手続は、国境を越えて侵入した令状登記簿（Register of Writs）の精神
と方法よりも、遙かにカノン法学者の精神と方法を反映しなければならなかっ
た。16世紀のスコットランドの法曹は、彼らの多くが大陸の諸大学、フランス
および低地諸国で学んだローマ法へと組織的にかつ規律正しく転換した。かく
して、スコットランドにおいてローマ法それ自体は法的権威を有しなかったが、
16世紀のスコットランドでは一定の形式のローマ法の継受が存在した。ローマ
法は、イングランドの訴訟手続を斥けたものの十分な自生的制度を生み出さな
かった国に明快な解決を提供した」[133]。

（ス）スイスのカントンは保守的な法的態度・地域的伝統・非アカデミックな
大衆司法の強固な伝統を維持していたが、2008年12月19日連邦法によりスイス
民事訴訟法の統一が実現することになる（2011年1月1日発効）[134]。中世におい
てスイス人は、自国の素材と早くから馴染んできたローマ＝カノン的要素とを
適応させてスイスの訴訟形態を発展させ、ドイツのラントにおけるようなロー
マ法の継受や、スイスにおいてドイツ帝室裁判所の権威を確立することに対し
ては抵抗した。中世のスイスにおいては、ドイツ普通訴訟法それ自体は採用さ
れず、その若干のルールと概念は伝統的な国内の自生の実務に組み込まれ、そ
の結果としてかなり最近まで若干のアルカイックな痕跡が残っていた。ベルン
ではユス・コムーネの影響で18世紀に書面手続が口頭手続に代わり、バーゼル
では1719年に、1601年ヴュルテンベルク・ラント法に大幅に依拠した新訴訟法
が採用された。ドイツ普通訴訟法がスイスに相当程度導入されたのは、1798年
にヘルヴェチア共和国が成立して、アンシャン・レジームの司法組織が廃止さ
れた後であり、ようやく19世紀になってからのことであった[135]。

（4）カネヘム『ヨーロッパ民事訴訟の歴史』の第4部「『アンシャン・レジーム』

132）　*Id.*, 52-53.

133）　*Id.*, 53.

134）　例えば、Payan, *L'unification de la procédure civile suisse*, 2011 R.I.D.C.865-930.

135）　以上の解説は、van Caenegem, *supra* note 5, 53.

第3部　比較法史の実践　*389*

の学識訴訟（16-18世紀）」は、A. 序論、B. 訴訟手続の概説、C. ドイツ、D. フランス、E. スペインおよびアメリカ大陸、F. ポルトガルおよびブラジル、G. 低地諸国および南アフリカ、H. イタリア、I. イングランドとその海外領土、J. スコットランド、K. スウェーデン、L. ビザンティウムと東欧、の順で叙述が進められる。

（ⅰ）カネヘムは、この時代（16–18世紀）のヨーロッパの全景は、主権的国民国家（sovereign national state）と権力の絶対主義的概念（absolutist conception of power）とにより支配されていると指摘する。学識訴訟は、この時代の権威主義的・官僚主義的スタイルと適合していたとするのである（大量の文書、証人の秘密尋問、裁判官の役割の強化、裁判所と人々との間の距離の拡大、裁判官室で［in camera］形成される判決、といった点で）[136]。トルコの脅威が回避されてから、「西洋の利益と理念による世界規模での征服」を阻止するものはなくなったため、ヨーロッパの制度はアメリカ大陸に輸出され、東欧諸国の（とりわけ、これまでビザンティン世界のグレコ・ローマン法［Greco-Roman Law］の枠内で生活してきたロシアの）法発展にも影響を及ぼすようになった。ところが、「この時代の終わりに向かうにつれ、既存の制度は理性と自然法の名のもとに厳しい批判にさらされるようになった。近代化と革新の広汎な動きの準備が整い、多くの古いがゆえに神聖視されたルールと制度は、啓蒙専制君主、革命軍、議会での法改正により一掃された。われわれ自身の時代の法的枠組みが創造されたのは、大法典と諸立法の時代であった」[137]。

（ⅱ）この時代には「ローマ＝カノン・モデルの最大の勝利」が達成され、「単一の国際的同朋集団を形成した学識ある著者たちによって、精密で非公開の書面手続がヨーロッパ全土で発展させられた」[138]。カネヘムは、こうした発展と

---

136)　*Id.*, 54.「前の時代に国家の君主と競い合っていた諸権力——教皇、帝国、独立都市といったもの——は、最終的には国王と領邦君主に屈したのである。宗教改革とカトリックの君公たち（princes）の主張が、教皇と教会裁判所の地位を甚だしく低下させた」（*Ibid.*）。

137)　*Ibid.*

390

平行して見られたもう1つの重要な発展として、この時代における「国家の法体系の完全な成熟」を挙げ、次のように描き出す（国際主義とナショナリズムとの相克）。「われわれは既に、フランス国王が、訴訟手続に関する王令と国王の最高法院を通じて、統一的要素をどのように導入したのかを見てきた。これは1667年の訴訟手続に関する王令に結晶した。スペインにおいても、17世紀に国王の保護のもとで法と訴訟手続は殆ど完成した。ドイツでは『普通訴訟手続』の学者および裁判官による『継受』と精密化によって、政治的分割のために極めて困難となっていた法的統一体を創造する努力がなされていた。（とりわけザクセン地方の）地域的抵抗と、帝室裁判所の管轄権を縮減する多数の特権のために、その成功は部分的なものにすぎなかった。結局、単一の学識訴訟手続の代わりに、若干の大きな君主国とその大法典がドイツの舞台を支配した。ベルギーとオランダでは、若干の権威的著者と最高裁判所が、Jus Belgium（ネーデルランド南部の「ベルギー」法）とローマ法系オランダ法の出現を促した。後者にはローマ＝カノン訴訟手続が極めて大きな影響を与えた。スコットランドでは、最終的にローマ法に基づく国家体制が出現し、スウェーデンにおいても、偉大な国王たちの支援のもとに同様のことが起こった。イタリアはその国内の分裂と、法律学校とそれを生んだ都市文明の崩壊によって、ひどく損害を蒙っていた。当時の著者たちはエピゴーネンであったし、指導的な中央裁判所もなかった。ヨーロッパ文明が地中海から大西洋沿岸に移っていったように、法思想の中心は、その源泉が古来の地中海からアルプス北部の地帯に移っていった。最も調和のとれた発展を遂げたのはフランスであった。フランスの訴訟手続は、政府のイニシアティヴ、裁判実務、学問的分析の驚くべき綜合の結果であった。少数のより上級の裁判所への能力の集中、および、秩序立った法的発展にフランスの議会と王権が与えた中央政府からの刺激は、ドイツにおい

138） *Ibid.*「司法の中央集権化が上訴を増加させ、ますます多くの訴訟が、上訴裁判所に送られるために書面化されなければならなかった」（*Id.*, 54 N. 99）。イングランドもこの一般的傾向を免れることはできず、陪審の厳しい制限を受けつつも、コモン・ロー裁判所の手続はより学識化・書面化し、中世の教会裁判所の訴訟手続に多くを負う大法官府裁判所は最も偉大な段階に入った（*Id.*, 54）。

ては地域的感情と領邦君主の嫉妬心、イタリアにおいては地方的裁判所の群生によって妨げられたのである」[139]。

　16世紀から18世紀に至るこの時代は、先行する時代の継続であるとともに、その完成としての外観を有していて、偉大な中央裁判所と国王の活動、大学、ローマ＝カノン学識訴訟、イングランドのコモン・ロー訴訟、法学の言語とスタイル（中世の著作の権威）といったものは、全て中世に起源がある。18世紀および19世紀の大法典と改革諸立法が、これらをより近代的な訴訟形態に変化させたのであり、「法の進化に影響を与えた3つのグループ（裁判官、学者、立法者）のうちで、結局勝利を収めたのは立法者である。裁判官法（judge made law）の古典的な国であるイングランドにおいてさえ、根本的変化をもたらしたのは最高法院法であった」[140]。

（ⅲ）ドイツの部分をカネヘムは（ア）序論、（イ）帝室裁判所と制定法、（ウ）ザクセン法、（エ）18世紀における状況、の順で描いている。
（ア）①後期中世の学識法・成文法とローマ＝ゲルマン訴訟が、1500年頃から国家的レヴェルで包括的・全体的継受の対象となった。②「この重要かつ突然の変化は、人文主義の成功・学問の進歩・帝国法としてのローマ法のプレスティージ・統一ドイツと制度の近代化に対するそのジェネレーションの強烈な願望と関連して理解されるべき」[141]であって、それには多様な慣習を伴う分裂国家の法と訴訟手続を統一し、より優秀な書面システムを導入する、という二重の長所があった[142]。③この「継受」はローマ＝カノン訴訟があまりに技巧的であったために完全には成功せず、政治的抵抗と地域的慣習への固執から、法的統一も実現されなかった[143]。④1495年に設置された帝室裁判所（Reichskammergericht）の活動は、民事訴訟の共通（普通）ドイツ理論の「ローマ＝カノン的基礎」

---

139)　*Id.*, 54-55.

140)　*Id.*, 55.

141)　*Ibid.*「第一歩は地方で自らの法を『改革』することを決定した特定の都市において記され、それから常設的な帝室裁判所という制度で国家がイニシアティヴをとった」（*Ibid.*）。

142)　*Id.*, 55-56.

（ROMANO-CANONICAL basis of a common GERMAN theory of civil procedure）すなわち「普通ドイツ民事訴訟」（gemeiner deutscher Zivilprozess）の精密化を大いに促した。地方立法が別異のルールを定めていなければ、普通ドイツ民事訴訟が妥当することとなり、近代ドイツ訴訟手続の最も顕著な特色である極端な「文書化の原則」（principles of documentation）をもたらした。訴訟のあらゆる段階は書面化されなければならず、書面に現れていない主張や証拠に基づく判決は無効であるとする原則である。これに対しフランスは学識訴訟の深い影響を受けたが、伝統的・ゲルマン的な口頭主義を完全には放棄しなかった[144]。
⑤「この帝室裁判所が上訴裁判所として活動した結果、下級裁判所が同様の学識的な体系を採用し、かつ多くの慣習的なルールと訴訟形態を廃止した」。「近代的上訴手続は中世ドイツにおいてゆっくりと発展した。……世俗裁判所への学識訴訟の浸透が遅れたため、裁判官を弾劾するアルカイックな手続すなわち判決非難（Urteilschelte）は長らく重要なものとして残った。学識的普通訴訟と

---

143) *Id.*, 56. 政治的障害として、「帝室裁判所は統一への一時的な情熱の所産であり、後年には公国と都市とが帝室裁判所の権限を免れるにつれて、その上訴管轄権は大幅に縮小された。帝室裁判所はドイツ全土の上級裁判所となるのは失敗し、それが意図した統一的役割を果たすことができなかった。結局オーストリア、プロイセン、ザクセン、バヴァリア、ヴュルテンベルクのような重要な地域は全て帝室裁判所の管轄外で、多くのより小規模な領邦も、同様に不上訴特権を確保した」（*Ibid.*）。地域的慣習については、「一定の地域的慣習への固執も、とりわけザクセンシュピーゲルとそれ以後の発展が強固な伝統となっているザクセン地方に、存在した。独創的ではあるが扱いにくい学識訴訟はあまりに非効率的であり、若干の州はそれ自身の訴訟法令を採用し、あるいは、若干の点について修正された『普通訴訟』を採用した」（*Ibid.*）。

144) *Ibid.* 「この時代において、16および17世紀は最もローマ的であったが、それに対して18世紀には、学識訴訟を『国家化する』（nationalize）、すなわちより普遍的にではなくよりドイツ化する意識的な努力が見られた。殆どのヨーロッパ諸国が決然としてナショナルな法体制への道を採用したまさにそのとき、ドイツが『普遍的な』ローマ法を取り入れようとしたのは、皮肉なことである」（*Ibid.*）。なおカネヘムは、「ローマ＝カノン訴訟手続の導入は、地方的慣習に根づいていた伝統的な判決発見人（judgment-finders）の終焉を意味し、判決発見人が形式的に維持されていたとしても、判決は専門職裁判官の手に委ねられたのである」とするヴィーアッカーの指摘を紹介している（*Id.*, 57）。

ともにローマ＝カノン的上訴が導入されて状況は変化し、相当な研究の対象となった。……普通訴訟は、古典的な上訴の他に、再考案の申立て（revision）、判決無効の申立て（Nullitätsquerel）および原状回復の申立て（restitution）を知っており、全て後期中世の学問と実務に基づいていた。……上訴は時間と費用がかかり、多数であった。当事者は1つの上訴に制限されず、審級と同じ数だけ上訴ができ、終局判決のみならず中間的裁判に対しても上訴できた。1495年裁判所法は既に中間判決に対する上訴を制限しようとしていた」[145]。

（イ）引き続きカネヘムは帝室裁判所の普通訴訟手続を概観する。①1495年にマクシミリアン1世によって、「皇帝および帝国の帝室裁判所」が全領邦裁判所のための民事上訴最高裁判所として創設された。1495年8月7日帝室裁判所令は、裁判は「帝国の普通法」すなわちローマ法とカノン法に従ってなされるものとしている[146]。②「現実の訴訟法典は公布されなかったが、1555年帝室裁判所令（同種のものの中では最大）はこの法典を実現しようとするユニークな試みであり、1654年の帝国最終決定（Jungster Reichsabschied）による改革までは、こうした帝国の制定法（legislation）が訴訟法発展の有力な動因であった。初期の法令は基本的な命題（maximus）であったため、当然ながら「イタリア」訴訟手続を丸ごと適用する（the application of the entire body of ITALIAN procedure）結果となった」[147]。③カネヘムは「ローマ＝カノン訴訟に通じている全ての者にとって、ドイツ『普通訴訟』は殆ど驚くに値しなかった」、「全体的な印象は非常に金のかかる・精密な・過度に洗練された手続というもので

---

145) *Id.*, 57.「判決非難」についてはエンゲルマン・前注（3）77-78頁、「再考案の申立て」については同・394-395頁。

146) *Id.*, 57. カネヘムは帝国の立法令として、1495年帝室裁判所令の他に、①明示的にローマ＝カノン的原則を導入した1500年および1507年帝室裁判所令、②「全ての領邦裁判所で書面手続を行い、口頭で提示されたものは少なくとも記録するように命じた」1521年帝室裁判所令（エンゲルマン・前注（3）361頁）、③最も注目に値する1555年アウグスブルク帝室裁判所令——これは全ての帝室裁判所裁判官は法学識者であることを要求する——で終結した訴訟改革、④ザクセン法の略式手続を採用することで手続の短縮と簡略化を実施し、項目別手続（modus articulandi）を排除した1654年の帝国最終決定（エンゲルマン・前注（3）369頁）、に言及する（*Ibid.*）。

あった」と評する。④すなわちドイツ普通訴訟の特質として、まず第1に、「厳格な書面手続で、両当事者の主張は裁判所書記官により記録され、あるいは文書で裁判所に交付された。判決は文書を媒体として裁判官が得た知識に基づいて下された。公開性の消滅と相俟って口頭弁論（oral pleading）も終末を迎えた。記録は審査され、裁判官室で判決に到達した。当事者を代理する管理人（procurators）と、法律相談に乗り訴答文書その他の書類を作成する代訟人（advocates）との役割が不可欠であったが、18世紀には双方の職務の区別はできなくなっていた」[148]。⑤第2の特質として、「訴訟の開始は当事者に委ねられているが、裁判所の受動性は中世の訴訟ほど完全ではなかった。裁判官は……単なるアンパイアではなく、ドイツの訴訟手続においては、当事者の申立てを自発的に（motu proprio）審査し、ある程度まで職権により訴訟を適法な結論に導くことが裁判官の義務であった。このような裁判官の地位の変化の原因は、裁判官がある程度まで手続を主導することを認めたサエペ教令（decretal Saepe）に見出すことができる」[149]。⑥第3に、フランスの訴訟手続と異なるドイツ普通訴訟特有の発展として「順序主義」（Ordnungsprinzip）を挙げることができる。すなわち「訴訟は明確な段階に分割され、その各段階はいったん終結すると次の段階の手続のための改変不可能な基盤となり、争いがあるかまたは疑問とされている各問題は、切り離された判決により判断される。訴訟手続における厳格な順序という理念は、もちろん新しいものではなく、多くの中世のテキストは例えば訴訟の十段階のスキームについて解説している。1654年の帝国最終決定によってそのスキームは極端な方向に推し進められ、当事者はその段階に適合したあらゆる攻撃防御方法を各段階で提出するように求められた」[150]。⑦第4に、「非常に時間のかかる・精密な・過度に洗練された手続」という特色は、証拠法に現れている。すなわち「立証主題・証明責任・証明期間を決定する独立の証拠中間判決（Beweisinterlokut）が存在した。中世の証拠判決（Beweisurteil）

---

147) *Id.*, 58. エンゲルマン・前注（3）358-359頁。

148) *Ibid.* エンゲルマン・前注（3）373-374頁。

149) *Ibid.*

150) *Ibid.* 順序主義・法定序列主義につき、エンゲルマン・前注（3）374頁。

を想起させるもので、1654年にザクセンの法曹の伝統主義的影響のもとでドイツ「普通訴訟」に導入されたが、これは両当事者による証拠の提出と裁判所に提出された多様な要素の裁判所による評価とを認めているので、ローマ法の影響を受けて性質が変わった証拠判決なのである。ここにいう証明期間とは当事者が証拠を提出するための期間ではなく、証拠の特定すなわち当事者が選択した証拠方法を挙示するための期間であった。現実に証明手続を開始できる場合には、証拠の特定（申請）、証拠の提出（証拠調べ）、証明の完了（終結手続）に分かれ、それ以前であれば提出できない要素（相手方当事者の反撃書面と立証する当事者の防御書面）を提出できるようになる」[151]。「主な証拠方法は①証人（相手方当事者は立会わず、準備裁判官［commissioners］が証人を審尋し、その証言録取書［protocol of their deposition］が後に開示される）、②書証、③宣誓（極めて頻繁に利用された。とりわけ転嫁宣誓［juramentum delatum］、補助宣誓、雪冤宣誓）、④鑑定人、⑤検証であった。いったん提出された証拠方法は、両当事者に利用可能となった。……立証する側の当事者が半数の証拠あるいは弱い証拠を提出したかどうかに応じて（ここに証拠の要素に対する中世的評価を認めることができよう）、裁判上の宣誓は補助宣誓ないし雪冤宣誓の形をとった。不濫訴宣誓は次第に消滅しつつあった」[152]。⑧第5に、「後期中世訴訟手続と比べると変化は衝撃的である。すなわち両当事者に対する裁判所の権限、両当事者が提出した事実への法の適用、支配的であった証拠法理で特定された実体的真実に基づく判決、請求者の証明責任、『項目』ないし『訴点』を伴う手続（Artikelprozess, Positionalverfahren. すなわち訴えのあらゆる要素が切り離して別々に特定され［specified separately］、被告はその各要素に対して応答しなければならず［答弁（positionis）］、そこから立証事項［Probatorialartikel］が形作られた）」[153]。⑨第6に、「1654年の帝国最終決定は統一的なドイツ訴訟手続を実現しようとする最後の試みであった。われわれはこのことが地域的独立によって阻まれたことを見てきた。多くの州が独自の道を行き、帝国最終決定

---

151)　*Ibid.*

152)　*Id.*, 58-59. エンゲルマン・前注（3）383頁以下。

153)　*Id.*, 59.

のほんの数週間前にヴュルテンベルクのエーベルハルト公が新しい宮廷裁判所令（Hofgerichtsordnung）を公布し、宣誓した当事者に発問する（interrogate）裁判官の権限が同令によって導入された」[154]。

（ウ）「帝室裁判所による改革に対する抵抗の中心としてのザクセンの重要性」をカネヘムは次のように解説している。帝国による訴訟手続の改革とほぼ並行して、ザクセンの選帝侯とその顧問官によるザクセンの法改革が推進された。「しかしローマ＝カノン訴訟の包括的継受はなく、アイケ・フォン・レプガウ（Eike von Repgow）のザクセンシュピーゲルと、その示唆を受けた文献とが提供する基盤は、あまりに有力であった。それはまた、より分裂していたドイツ西部・南部には欠けていた法的統一の要素をザクセンに提供した。1559年に皇帝はザクセンの不上訴特権を公式に確認した。大公の立法によるザクセンの近代化はイタリアの学問の影響を受けたものの、こうしてザクセン法が基本的要素として残った。出発点は1488年から1550年の間の6つの一連の宮廷裁判所令であった。すなわち弁護士の参加は強制的ではなく、手続は口頭により、ラテン語のテクニカル・タームは禁止された。等族会議（Estates）は統一を求め、1572年には項目（articles）を伴う訴状を明示的に禁止できる……とする布告を獲得した。……1622年のザクセン民事訴訟法は最初の訴訟法典の試みであった。ザクセンにおいてさえ、どれほどローマの影響が深かったかは、準備裁判官による証人尋問が、当事者の提示した項目と質問に基づき、当事者の立会いのないままに実施されたという事実からうかがわれる」[155]。

（エ）最後にカネヘムは18世紀の状況は複雑であったとして、次のように締めくくる。①帝室裁判所が発展させたドイツ普通訴訟（gemeiner Prozess）は、「ドイツ全土の単一訴訟手続となることには失敗したが、地方立法を欠く場合に補充的基準と考えられ、ドイツ訴訟法学とあらゆる場所の裁判実務に影響を及ぼした」。自生の伝統も国ごとに様々ではあるが重要な役割を果たした。②啓蒙主義の影響から、諸国王と君公は法を合理化・統一化・法典化するようになった（ヨーゼフ2世、プロイセンのフリードリヒ大王）。③「ドイツがローマ

154） *Ibid.*

155） *Ibid.*

第3部　比較法史の実践　*397*

＝ゲルマン訴訟を採用した結果、一時的ではあるがドイツの国境を越えて広い効果を及ぼした。オーストリアのハプスブルク家の地位は、ハンガリー、ポーランド、北イタリア、ベルギーといった多様な諸国がドイツ学識訴訟の影響を受けることを意味した。ドイツの文化的影響から、ドイツ普通訴訟は近代スウェーデンやスイスで重要な役割を果たした」[156]。

（ⅳ）この時期に、国王の立法（制定法）・学識ある著者の作品・最高法院およびパリ裁判所（Chatelet）の活動によって、普通（共通）フランス民事訴訟法が形成され、フランス民事訴訟法の古典的形態が整った。それは先行する時期と極めて一貫した性質を示しており、また1806年のナポレオン民事訴訟法典によっても実質的に変更されなかった[157]。フランス民事訴訟法は「漸進的な近代化および数世紀の経験の成果であり、後期中世イタリア訴訟（ローマ＝カノン訴訟）を基盤とするが、学識訴訟に全面的に極端な形では従わなかった」（ドイツほど支配的ではなかった）[158]。「フランス民事訴訟はローマ的素材とゲルマン的素材の混合で、ドイツ『普通訴訟』が廃止した若干のより古いゲルマン的痕跡をとどめている。すなわち、このように書面性が進んだにもかかわらず（1556年のムーランの王令！）、フランス民事訴訟は常に口頭弁論（プリーディング）を維持した。1539年の（ヴィレ・コトレの）王令における職権主義（officium judicis）への動きにもかかわらず、それは訴訟を当事者による裁判官の面前での決闘であるとする古い訴訟観を好み、裁判官が訴訟において真に積極的な役割を果たすことを否定した。さらにまたフランス民事訴訟は、集中性と証拠中間判決（Beweisinterlokut）を伴うより学識的なドイツ民事訴訟ほどシステマティックではない。フランス訴訟は証拠中間判決を知らず、訴訟過程全般にわたって弁論と証拠の提出が拡散することを許容していたのである。

156）　*Id.*, 60.

157）　*Ibid.*

158）　*Id.*, 61.「普通フランス民事訴訟は、啓蒙と革命の時代の批判に対抗したのみならず、1806年民事訴訟法典の形で、フランス国外とりわけ学識訴訟がより完全な勝利を収めた諸国において、重要な役割を果たした」（*Ibid.*）。

398

かくして『ローマ = ゲルマン法族』の2つの最も重要なメンバーであるフラン
ス訴訟とドイツ普通訴訟では、驚くべきことに前者の方がよりゲルマン的で
あった」[159]。

　国王の立法については、「13世紀から訴訟手続の発展に協力・参加した王権
が、そのようなコントロールを継続し、教会裁判所（officialities）を含むフラ
ンス全土に有効な最初のフランス民事訴訟法典を確立したのは、1667年のルイ
14世の司法改革のための民事王令であった（ルイ法典としても知られる）」と
指摘する。「その時代に国王のプラクティスを存続させた」それ以前の2つの大
王令として、①1539年のヴィレ・コトレ（Villers-Cotterêts）王令と、②1556年
のムーラン（Moulins）王令をカネヘムは挙げている[160]。学問的業績について
は、「フランスの学者も訴訟事項に伝統的な関心を持ち続けており、アンベー
ル（Imbert）の『司法提要』（Institutionis Forenses）（パリ、1535年）のよう
な有名な著作が翻訳され、1548年に『民事および刑事裁判の実務』（Pratique

159）　*Id.*, 60.「カノン訴訟では、両当事者に情報を伝達する書面が、裁判官への情報伝達お
　　　よび裁判官による判決の形成にも用いられた。フランス民事訴訟法ではそれとは反対に、
　　　準備書面は両当事者の指示（instruction）のみに用いられ、裁判所の意見——もし口頭
　　　の申立てのみに基づいてでは裁判所が結論に到達できない場合には、裁判所は書面によ
　　　る審査を命ずることになる——は、依然として口頭弁論によって決定された」と、カネ
　　　ヘムは注記する（*Id.*, 60, N.116）。近代フランスの民事訴訟につき、林屋・前注（2）221
　　　頁以下。

160）　*Id.*, 61. カネヘムは、ヴィレ・コトレの王令は「ラテン語に代えてフランス語の使用を
　　　強制し、裁判官の地位を強化し（かつては、立証事項の整理［formulation］は当事者の
　　　役割であったが、同王令は根拠薄弱な立証要素を裁判官が排除できるものとし、この改
　　　革は1667年王令に継承された）、様々な遅延を抑制しながら手続を短縮しようとした。
　　　原告が訴状（書面）で正確な対象・主要弁論・証拠方法を特定するように強制し、裁判
　　　実務は被告に対しても初期の段階で答弁書を提出するよう強制するようになった」とす
　　　る（*Ibid.*）。またムーランの王令は、「証拠手続において画期的で、同54条は、100リー
　　　ヴルを越える全ての取引は文書によって立証されなければならないとして、そのような
　　　ケースでの証人の利用を禁止した」（徳田和幸『フランス民事訴訟法の基礎理論』［1994
　　　年］131頁以下）。「一定の最低額を越える取引につき書面を強制する原則は、イタリア
　　　の中世後期の都市法において、散発的ではあるが知られていた」（*Ibid.* & N.118）。

Judiciaire Tant Civile que Criminelle）として再刊された。……この著作は1667年王令に影響を与え、王令は若干の点を除いて同書の概念と配列に従っており、立法と学問の実り多い相互作用の興味深い一例である」、「民事訴訟の大著は、アンシャン・レジーム末期にピゴー（Pigeau）によって2巻の権威的著作『パリ裁判所および王国の全裁判権の民事訴訟』（パリ、1787年）（Procédure Civile du Châtelet de Paris et Toutes les Jurisdictions du Royaume）が著された。著者のピゴーは1806年民事訴訟法典の起草者であった」と述べる[161]。

以上の『序論』に続きカネヘムは、1667年民事王令に独立の項をあてて詳論する。「立法（制定法）の傑作である1667年王令は、民事訴訟の諸原則については何の革新も意味していなかった。しかし王国全土にわたる民事訴訟のルールを、明確かつ簡潔な用語と統一的かつ体系的な表現で、国王の立法という権威をもって記述する、という大きなメリットがあった。それは革新というよりも、長く続いた発展の秩序正しい完成であり、フランス訴訟法に永続的なフォームを与えたのである」とカネヘムは評価している[162]。ここで主に解説されるのは、①口頭主義と書面主義、②手続構造、③裁判官と当事者の地位、④証人尋問（enquête）、⑤欠席、⑥上訴、の各論点である。

まず第1に、この王令を準備した国務顧問官（Councillors of State）、とりわけコルベールのおじであったピュソー（Pussort）は口頭主義に好意的で、書面の利用は行き過ぎであると考えた[163]。フランス民事訴訟手続は①書面段階（両当事者ないしその代訟人［procurators］が、主たる争点とその議論につき書面でプレゼンテーションを行う）、②口頭段階（通常は代訴士［advocates］が行う、裁判所の説得を目的とする弁論）、③「第3の段階においては、裁判所の判断に応じて、公開期日に直ちに言渡される判決か、書面による手続を進めるように当事者に指示する裁判所の要点判決（appointement en droit または

161）　*Ibid.*

162）　*Ibid.*

163）　*Id.*, 61-62. 例えば立法担当者は、当事者の代訟人（procurators）が準備手続裁判官（councillor）の面前で手続を進めるinstruction a la barreという実務に対して、敵対的であった（*Id.*, 62）。

400

appointement）のいずれかがありえた」といった三段階で構成された。1667年
王令は③の段階を短縮して、効率化するための様々な手段を導入したが、実際
には要点判決手続は頻繁に利用され、訴訟遅延を招いた[164]。

第2に、「1667年王令は裁判官と当事者の地位について若干のポスト中世的発
展を確認した。この点は王令第10編の『事実項目に関する当事者尋問』
（interrogatories sur faits et articles）にうかがわれる。古い実務では当事者自
身が項目を準備しなければならなかったが、今やこれは裁判所を通じて行われ
ることになった。これは明らかに民事事件における職責（officium judicis）を
強調する近代的傾向の一面である」[165]。

第3に、大幅に制限されてではあるが中世の証人尋問制度（enquête）は利用
され続けた。「審問（inquest）は適切な申立てに基づき裁判所によって命ぜら
れ、証人を聴取するために受命裁判官（enquêteur）が選任され、相手方当事
者が宣誓にあたり出席する。証人たちは隔離して非公開で聴取された。証言記
録は写しによって対立当事者に交付された。最後にその書類は裁判所にわたり、
弁論（pleas）が開始された。証言による証明の重要性が減じたことから、法
定証拠の役割は減少した」[166]。

第4に、「1667年王令は欠席（default）に関するフランスの理論に古典的表現
を与えた。裁判所命令への不服従が存在する場合はいつでも……対立当事者は
適切な申立てを行うように求められ、それに基づき裁判所は判決をなしうる。
すなわち相手方は『欠席の利益』を得ることができた。原告の『申立て』
（conclusions）は『それが公正であると判明し、かつ適正に立証されるならば』
認容されるが、その場合には証拠の提出が求められることがあろう。実際のと
ころ、伝統的な実務は、出席した当事者の欠席者に対する申立てを、事件の本

164）　*Id.*, 62. 3種類の防禦方法、すなわち①法廷回避の抗弁（exceptions declinatoires. いっ
　　　たん訴訟応諾［contestation en cause］の段階に達してしまうと、この抗弁は利用できな
　　　い［エンゲルマン・前注（3）119頁］）、②延期的抗弁（exceptions dilatoires）、③滅却
　　　的抗弁（exceptions péremtoires）に、ここで言及している。

165）　*Ibid.*

166）　*Id.*, 62-63.

案について完全な司法上の調査をせずに認容したが、しかしまた自動的に欠席者に対し判決を下すということもなく、裁判所は完全な書面による『証拠調べ』（instruction）を命ずることができたのである」[167]。

　第5に、この時期にはカノン法起源の上訴手続がフランス全土に普及した。最高法院の「手続方例集」（Styles）にもこの手続を見出すことができる（制定法は殆ど存在しなかった）。しかしながら、上訴手続は、司法および当事者の利益よりも代訴士・代訴人の利益に適うように長期化・複雑化していった。通常上訴の他にいわゆる非常上訴すなわち「再審請求」（proposition d'erreur）・（執行に対する）「異議」（opposition）・「再審申請」（civil request）があった。1667年王令は上訴期間を短縮するのみならず、古い再審請求と異議を廃止し、再審申請の範囲を厳格に制限するという重要な改正を行った。1667年王令はフランス訴訟手続に典型的な破毀手続の直接の出発点でもあり、王令・勅令（edicts）・宣言（declaration）に反する最高法院の判決は無効であると定めた。無効を宣言する権限を有する裁判官は、国王顧問会議（King's Council）のメンバーであった。国王顧問会議自らが判決を下すのではなく、法律上の過誤を理由とする破毀の場合に、法律審における判決理由の差戻しを行った[168]。

　最後に、カネヘムは「ナポレオン民事訴訟法典を通じて、フランスの実務と理論は──1667年王令およびそれに続くいずれの王令も、4世紀にわたって満足のゆくバランスのとれたシステムに成長してきたフランス民事訴訟の性質を変化させなかった──とりわけ低地諸国・ドイツ・イタリア・ロシア・スイスにおいて（そしてより小規模ではあるがスペインにおいて）ヨーロッパ的意義を獲得した」と締めくくる[169]。

---

167)　*Id.*, 63.

168)　*Ibid.*「これは近代的破毀の始まりであった。次のステップは、ダゲッソー（d'Aguesseau）の作品である1738年の基本的な規則（Réglement）であった。旧来の過誤を理由とする不服申立てとの決定的な違いは、事実の過誤は排除されていて、破毀が可能であるのは法（慣習または王令）の違反、管轄権の不存在、裁判所による権限濫用、本質的方式違背を理由とする場合であったという点である」（*Ibid.*）。なお1667年ルイ王令につき、林屋・前注（2）232頁以下。

402

（ⅴ）カネヘムは続いて「スペインおよびアメリカ大陸」について検討する。「レコンキスタが完了した1492年から、スペイン独立戦争が勃発した1808年に至る3世紀の間に、スペインは中央集権的君主国家となり、世界的覇権を獲得した。絶対君主制と中央集権化が勝利を収め、法発展を決定した。中世の分裂状態は政治的統一に対応した法的画一性へと変化した。カスティリヤ法と、7部法典・1348年のアルカラ法令集（Ordenamiento）・カスティリヤの法学書に見出されるカスティリヤ訴訟手続とが、支配的となった。王国全土のための普通法と普通訴訟手続が確立され、この時期は『国家法に満ちた時代』と呼ばれた。アルカラ法令集はカスティリヤ国王の領土全体に法的統一をもたらした。すなわち新旧カスティリヤ、レオン、アストゥリア、ガリシア、エストレマドゥーラ、アンダルシア、ムルシアである」。スペインのこの法システムは、「体系的な大編纂物とその改訂版」にまとめられ、1484年の「カスティリヤ勅令集」（Ordenanzas Reales de Castilla）、多くの補遺と改訂を伴う1567年「新法律要覧」（Nueva Recopilación）（その第4部が民事訴訟を扱い、7部法典への言及が多く見られ、極めてローマ的性格の強いものであった）、むしろ理論的考慮に基づく1805年「最新法律要覧」（Novísima Recopilación）が公表された。カスティリヤ法はヴァレンシア（1707年）、アラゴン（1711年）、カタロニア（1716年）に拡張され、国王によるスペインの普通法と考えられるようになった[170]。

スペイン訴訟法学は、ローマ法およびカノン法（とりわけ7部法典とハコボ・

---

169)　*Ibid.*

170)　*Id.*, 63-64. カネヘムによれば、「国王の制定法は、フランスに比べ重要ではなかった。シャルル5世とフェリペ2世の訴訟手続の簡易化および司法組織に関する貴重な王令があったものの、制定法は、例えば1667年フランス法典（ルイ法典）の意味での新法典というよりも、むしろ現存のテクストの権威的・体系的な編纂物から構成されていた。それでも国王は法発展に対して最終的発言権を有していた。カトリックの国王たちは、アンドレーエ、バルトルス、バルドゥス、パノルミタヌス（Abbas Panormitanus）に補充的効力を与えた1499年王令の発布後に、態度を逆転させて1505年に法律家の意見の権威を全面的に否定した、ということが重要で、国王の権威は最終的法源なのであった。カスティリヤ顧問会議（Consejo de Castilla）は、その司法部門において、法の統一に重要な役割を果たした」（*Id.*, 64）。

デ・ラス・レイエスらによるそのテキスト）に基づいて形成された。大学は自国の制度（native institutions）を無視していたため、実務法曹は1505年のトロ法（Leyes de Toro）が必要不可欠と宣言した地域法（フェロ法）の知識を大学で修得できず、16・17世紀の優れた法律家はローマ法に基づき実務を行った。18世紀には「非スペイン法および教会法」と対立する「法の国家的性格」（national character of the law）への関心が深まった。この変化は大学にも及び、ローマ法の大学教授がそれに対応する自国の法制についても講義を行うように求められ（1741年、1752年）、スペイン法がカリキュラムに加えられて（1770年）、「ローマ法＝スペイン法制」（Roma-Spanish Institutions）についての著作が出現した[171]。

　スペインの訴訟手続は極めて保守的かつローマ＝カノン的で、この時期まで「注目すべき純粋さで後期中世的性格を維持していた」。1885年訴訟法（Ley de Enjuiciamiento）以前の訴訟手続は7部法典と殆ど異ならず、1806年フランス民事訴訟法典の影響も乏しかった。1855年法および1881年民事訴訟法（Ley de Enjuiciamento Civil）ともに、フランス法を導入することにはやはり慎重であった。その結果、スペイン民事訴訟法は「全てのヨーロッパ民事訴訟法の中で、12世紀から14世紀の法律家がローマ法および（主にゲルマン的な）裁判実務に基づいて発展させてきた『普通訴訟』の伝統を、最も忠実に保存してきたもの」となった[172]。

　スペイン法は国際的な重要性をポルトガルおよびアメリカ大陸で獲得した。「アメリカ大陸のスペイン植民地における最初の法発展は無秩序なものであったが、既に1552年・1560年に新スペイン（メキシコ）総督に植民地法を編纂するという職務が与えられ、1680年の「インディアス法要覧」（Recopilación de las Leyes de Indias）に結実した。これはアメリカにおけるスペイン帝国終焉までの法の基本的コレクションで、1841年に新版が出された。カスティリヤ法は補充的権威を有し、インディアスの王の顧問会議（Consejo Real de las Indias）が最高裁判所であった」[173]。

171）　*Ibid.*

172）　*Ibid.*

404

（ⅵ）15世紀以降のポルトガルでは、それ以前からのローマ＝カノン訴訟の迅速な継受とスペイン法の影響に加え、国王の制定法が重要な地位を占める。すなわち1446年のアルフォンソ法典、1541年のヌマエル（王）法典（Ordenações Manuelinas）、1603年のフェリペ法典（Ordenações Filipinas）はいずれもローマ＝カノン訴訟に従っており、18世紀までローマ＝カノン的伝統と制定法によるその適応とが続いた。「それから、ローマ法および教会裁判所の権威に反抗し理性を支持するリアクションが生じた。1769年の良き理性の法（Lei da Boa Razão）は、理性と衡平は法の根本理念であって、ローマ法は祖国の法（leis patrias）にとって有害なものとして対応し、従うべきは祖国の法と裁判所の『方例』（styles）である、それらを欠くときは、『良き理性』と矛盾せず成文法に反しない限りで、古い慣習が優先すべきである、と宣言した。カノン法は教会裁判所に厳格に限定され、裁判所においてアックルシウスおよびバルトルスを引用することは明示的に禁止された。プロイセンの法典とナポレオン法典の影響がポルトガルでは感じられ、例えばPrimeiras Linhas sobre o Processo Civilを著わしたホセ・ペレイラ・デ・スーザ（José Pereira e Sousa）に影響を与えている。1845年における自由主義の勝利は法改革と法典化への関心を高めた。既に1841年に最新司法改革法（Novissima Reforma Judiciária）が公表され、その一部は裁判所組織・訴訟手続にとって長らく重要であった。……1876年に導入された民事訴訟法典（Côdigo de Processo Civil）は1841年改革法に多くを負っている」[174]。

（ⅶ）カネヘムは低地諸国について一般化するのは難しいとしつつも、「この時期に、少なくともより重要な世俗裁判所においては、ローマ＝カノン訴訟が支配的となったということができる。そしてまた慣習法とローマ法とを綜合する

173）　*Id.*, 65.「多数の新しい法と、続く数世紀の王令は、1680年法律要覧（Recopilación）の基本線を変更しなかった。法テクストの優先順位は以下の通りであった。第1に1680年より後に発令された法と王令、第2に1680年法律要覧、第3に一般的な補充的システムとして1506年のトロ法（Leys de Toro）が付与した順序でのカスティリヤ法」（*Ibid.*）。

174）　*Id.*, 65-66.

ことによって、北部および南部ネーデルランドをそれぞれある程度法的に統一する方向へと進んだ。法的地域主義（legal provincialism）はしばしばローマ法を通じて克服された。ローマ法系オランダ法（Roman-Dutch Law）が北部における指導的体系となり、南部においては『ベルギー』（"Belgian"）法が出現し始めた。中世後期に自生の（native）裁判実務が相当な近代化を実現していたにもかかわらず、コスモポリタン的な学識訴訟が導入されたのは、いくつかの力が作用したからであった。様々な地域（provinces）の中央裁判所およびネーデルランド全域に及ぶ（分裂後は南ネーデルランドのみの）マリーヌ大評議会（最高法院）（Great Council of Malines）は、次第に学識法曹によって構成されていった。イタリアの著者たちの影響を受けた国内の著者たちによる訴訟手続に関する文献も相当現れた」[175]と整理する。

　カネヘムは裁判所の「方例」（styles）の形式でまたは政府の王令として、訴訟手続に関する制定法も存在したと指摘する。例えばフランドル最高法院・ホラント等族議会（Estates of Holland）・ブラーバンド最高法院のための諸王令、さらに最も有名で最後の重要な王令である1611年の（スペイン領オランダを統治していた）アルベルト大公およびイザベラの永続令（Perpetual Edict）である。アルベルト大公は、スペインにおける新法律要覧（Nueva Recopilación）に倣って、低地諸国の諸法の大編纂と裁判所の「方例」の統一に着手した。前記1611年の永続令は、フランスの王令の影響を明らかに受け、費用、（かつては非公開であった）証人尋問（enquête）の公開、証拠方法などについて規定する[176]。なお、地方慣習法も訴訟手続を取り扱っており、南部では慣習法の

---

175)　*Id.*, 66.「ブルゴーニュ家のもとでの確実な統一段階の後、16世紀後期には北部は独立の統一的諸地域に、南部はスペイン領（後にはオーストリア領ネーデルラント）に低地諸国が分割されていただけではなく、これらの各半分の内部においてさえ、地域的多様性は相当のものであった」。南部では、Wielant著『民事実務』（Practijke Civile）のラテン語版（Praxis Rerum Civilium）（1567年刊）が、北ネーデルラントおよびヨーロッパで大成功を収め、北部の統一地域では、王令と独仏伊蘭の文献に基づくMerula著*Manier van Procederen in Civiele Zaken*（ライデン、1592年）が、アンシャン・レジームの終わりまでホラント州における基本的著作であった（*Id.*, 66-67）。

406

「同質化」（coutumes homologuées）が1531年以降フランスに倣って進められた（シャルル5世に始まる）。ただし北部においては、政治的状況および慣習法のオフィシャルなテクストの欠如から、ローマ法の影響が極めて強かった[177]。

「17世紀以降、統治者または等族議会（the Estates）によって発せられる王令の量は、北部のみならず南部においても最小限となった。その結果、低地諸国においては、（手続の）非公開、書面の大量使用、厄介なテクニカリティ、その時代の典型的な学識的用語（learned terms）が見られるが、裁判所実務はドイツ式よりもフランス式に近く、それゆえ口頭の段階が実際上は依然として重要であった。この新しい訴訟手続はブルゴーニュ家に続いて低地諸国を征服した。フランスの実務、王令、方例（styles）、学説が明らかに支配的であった。上級裁判所のターミノロジーはフランスの影響を示している。16世紀半ばまでには、ブルゴーニュ的フランス実務、最終的にはローマ＝カノン的学識に基づいた訴訟手続が低地諸国で十分に確立されて、学識ある著者たちに絶えず依拠することが必要となった。……18世紀には訴訟手続の研究は殆ど進歩せず、昔の著作を利用し続けた。18世紀後半には現行の裁判所、その実務、とりわけローマ法に対する反動があり、法の簡素化・統一・法典化を望む者もいた」[178]。「裁判官は革新を好まなかったので、ベルギーでは1786年に『啓蒙専制君主』ヨーゼフ2世の司法改革に抵抗した。それらの司法改革は公共生活の近代化というヨーゼフ2世の政策の一部であり、伝統的な特権および慣習を守るための反乱（1789年）を招いた。その数年後にはフランスの（ないしフランスに刺激された）諸法典はベルギーとホラント州（Holland）に根本的変化をもたらし、4世紀前と同様にフランスの刺激のもとに新たな出発が始まった。法と訴訟手続の近代ヨーロッパ的理念は、低地諸国にフランス的外観をもたらした」[179]。

（viii）中世においてイタリアの法律家は創造的・指導的役割を果たしたが、こ

---

176)　*Id.*, 67.

177)　*Id.*, 67-68.

178)　*Id.*, 68.

179)　*Id.*, 68-69. 南アフリカにおけるローマ法系オランダ法については、*Id.*, 69.

第3部　比較法史の実践　*407*

の時代のイタリア法の状況は手ひどい「アンチクライマックス」であった、と
カネヘムは評している。アルプス以北の国家的君主制・自然法思想・法典化が
イタリアをこのような状況にしたのである。「イタリアの民事訴訟は後期中世
のままであった。イタリアは学識ある著者たちを生み出し続けたが、彼らは革
新者というよりも編纂者であって、極めて多くの権威的著者と先例を引用しつ
つ、マイナーな論点について大部の著作を著わした。……学問的文献の間の対
立を解決するのに十分な制定法はなかった。極端な政治的分裂のために、制定
法は部分的・非体系的で、国家的レヴェルではなかった」。「法典化の必要性が
感じられ、1738年には、トレント宮廷顧問会議のメンバーであるバルバコー
ヴィが新民事訴訟法典草案（Progetto di un nuovo codice giudiziario nelle cause
civili）を公表した。この他にもピエモントのファーブロ、ナポリのチリーロに
よる各プロジェクトがあったが、政府の無関心や無能のために挫折し、『法の
栄光ある不安定』が続いた。統一的な影響を及ぼすとともに弁護士・裁判官を
指示する中央上級裁判所も存在せず、各裁判所は自身の『方例』（style）と固
有の実務マニュアルを有していた」。「18世紀には法典化により法を明確にする
散発的な努力がなされた。すなわちピエモント（1723年、1729年、1770年）、
モデナ（1771年）で民事訴訟は法典化されたが、根本的変化が生ずるにはヨー
ゼフ2世のイニシアティヴ、フランスによる占領、フランス民事訴訟法典の導
入を待たなければならなかった」。この時期のイタリアの訴訟手続は複雑かつ
厳格で、形式主義・完全な書面主義に支配され、証人は非公開で尋問され、法
定証拠のペダンティックな取り扱いは極限に達し、判決理由は付されず、「そ
の学識的で曖昧な理論は公衆には接近できないものであった。「ただしヴェニ
スは注目すべき例外で、混合的システムが支配的であり、主張・立証が書面で
なされる一方、弁論は公開の法廷で行われた。この混合的システムは、後にフ
ランス民事訴訟法典を経由してイタリアの制定法に取り込まれた」[180]。

---

180)　*Id.*, 69-70. 中世後期の略式手続を拡張しようとする試みと、略式審理（summaria
　　cognition）を一般原則として導入したルッカ（1539年）、ジェノア（1597年）、ピエモン
　　ト（1582年）の立法につき、*Id.*, 70.

408

（ix）カネヘムは「イングランドとその海外領土」の項を①序論、②コモン・ロー裁判所の訴訟手続、③大法官府裁判所の訴訟手続、④訴訟に関する文献、⑤海外のイングランド法の順で、特に詳しく叙述している。

　まず第1の「序論」においては、近代的裁判所の発展、訴訟手続の発展、上訴制度の不備を取り上げる。「この時期には王権と密接に結び付いて、コモン・ローおよびコモン・ロー裁判所と競い合う多数の近代的裁判所の発展を目の当たりにする。これらの近代的裁判権、すなわちエクイティ裁判所（最初は大法官府裁判所）、請願裁判所（Court of Requests）、星室（Star Chamber）、海事裁判所（Court of Admiralty）は、異なる訴訟手続に従い、ローマ法法律家およびカノン法法律家の法に類似した異別の実体法を適用した。たとえこれらの裁判所がコモン・ローの欠陥を是正することを意図していたにすぎなかったとしても、実際には様々なルールの組み合わせを発展させた。学識法およびローマ＝カノン訴訟へのヨーロッパの一般的嗜好（taste）がコモン・ローにとって現実的な脅威であったかどうかは、極めて疑問である」。このような新旧両裁判所間の衝突は17世紀に最高潮に達したが、それはイングランド憲政史の一部であるから、ここでは扱わないとカネヘムは言う。「われわれが本章でやや詳しく扱う大法官府裁判所は、ジェームズ1世（1603年-1625年）により、コモン・ロー裁判所に対する優越的地位を与えられ、1640年ないし1660年頃の危険な時期（2度の内乱、クロムウェルの統治を経て、1660年に王政復古）を通過した後も、生き残ってその重要性を保った。それは不可欠の制度に発展し、大法官府裁判所が適用するエクイティのルールはイングランド法の不可欠の一部となった。その訴訟手続はカノン法に多くを負っていたが、実体的ルールはローマ法やカノン法よりも、コモン・ローのルールに適用された正義の一般原則（general principles of justice）に基づいていた」[181]。

　イングランドの訴訟手続は多くの点で、ヨーロッパに共通のパタンに従って発展し、より学識的になって、訴訟手続に関する多くの著作が書かれ、秘儀的なまでに複雑となった[182]。「コモン・ロー裁判所においては、学識的な書面の

181）　*Id.*, 70.

第3部　比較法史の実践　*409*

プリーディングによって事実の争点が提示され、その後に陪審が公開のトライアルを行うが、裁判所の専門的でよそよそしい空気は極めて衝撃的であった。陪審の面前に出頭した証人の公開・口頭のトライアルは、近代ヨーロッパでは明らかにアルカイックで例外的であり、イングランドにおいてさえ一般的ではなかった。もし近代の動向がコモン・ローにさえ影響を与えたとすれば、この時代の典型的な新しい裁判所ではその影響はとりわけ強かったのである。それでも、新しい裁判所にローマ法の影響が及び、ローマ法法律家（civilians）の団体であるドクタズ・コモンズ（Doctors' Commons）（1511年–1857年）が発達したにもかかわらず、依然としてヨーロッパ大陸との重要な相違が認められた。これはコモン・ロー裁判所には十分自然なことであったが、星室（Star Chamber）および大法官府裁判所ですら、訴訟形態はコモン・ローとローマ＝カノン法の混合であった」[183]。

　上訴制度は欠陥に満ちており、誤審令状（error）は不十分な救済でしかなかった。17世紀半ばからは陪審査問令状（attaint）は実際上殆ど用いられなくなり、新たなトライアルを許可することが通常となった。カノン法の強い影響を受けた元来のエクイティ手続は、大法官による再度のヒアリング、さらに貴族院へと到達する上訴に馴染み深いものであった。中世においては国会（Parliament）が王座部の誤審令状を審理でき（hear error）、15世紀以降は大法官府のコモン・ロー・サイド（the COMMON LAW side of Chancery）の誤審令状も同様に審理できたが、17世紀以降は（コモン・ロー裁判所である）国会が大法官府のエクイティ・サイド（the Chancery's Equity side）からの上訴も審理するように求められた。国会の会期が不定期であったため、1585年には制定法により財務府会議室裁判所（Court of Exchequer Chamber）が設置され

---

182)　*Id.*, 71.「書面は多大な進歩を遂げ、書証が脚光を浴び、コモン・ロー裁判所では口頭から書面のプリーディングへと移行し、受命裁判官（commissioners）による証人への質問（interrogatories）の結果は、書面で大法官府裁判所に提出された。これらの全てのペーパーワークのもとで、非公開主義は進歩を遂げ、例えば質問は非公開であるが証言録取書（depositions）は後に公開された」（*Ibid.*）。

183)　*Ibid.*

て、特定の訴訟について王座部の誤審令状を訂正する権限を与えられた。「当事者は国会と新裁判所のいずれに令状を提出するかを選択できたが、新裁判所への不服申立ては、さらに国会に上訴することを妨げなかった。あまりに多くの救済（そのいくつかは非常にアルカイックなものであった）が並列的に存在し、適切な上訴裁判所は1つもなかった。大法官府においては、マイナーな論点についても求めることができる再審理と上訴のシステムは非常に厄介（cumbersome）であった。さらにまた、貴族院における少数の学識法曹としての大法官の影響を考えれば、大法官府から貴族院に対する上訴は、実際にはしばしば大法官から大法官に対する上訴であった。19世紀までこうした状況は大きく変わらなかった」[184]。

　第2に、16世紀から18世紀に至るコモン・ロー裁判所の訴訟手続の基本的要素は変化せず、欠席や手続的なミスに対する処理など多くの点で旧式・苛酷・形式主義的であった。すなわち①依然として令状手続に支配され、限られた訴権のうちの1つを選択すると全訴訟手続が決定した、②事実問題は陪審に委ねられ、ナイサイ・プライアス（nisi prius）制度のために、陪審が地方で集合することが多かった、③法定でのプリーディングの結果、特定の決定的な「争点」（issue）が特定されるが、これは裁判所が判断する法的論点とも陪審が判断する事実上の論点ともなりえた。訴訟手続の枠内で見られた若干の「進化」として、「多くの古い訴権（actions）はひっそりと忘れ去られ、より近代的な訴訟形式（forms of process）を命ずる新しい令状が支配的となり」[185]、「法廷にお

184）Id., 72.「国会での司法ビジネスを通常担当していた貴族たちも、貴族院の司法ビジネスが法律家に委ねられた19世紀までは、法律問題についてあまり権威を有していなかった」（Ibid.）。

185）Ibid.「例えば、中世の舞台に遅れて登場してきた侵害訴権（action of trespass）が極めて重要となり、17世紀末までには、王国における訴訟の大部分が侵害訴訟（trespass）から発展した訴訟方式（forms of action）によって行われるようになった。侵害訴訟とそれから生じたもの、すなわち不動産回復訴訟（ejectment）、引受訴訟（assumpsit）、動産侵害訴訟（trover）、特殊主張訴訟（case）のみが、当時実質的によく利用された訴権（actions）であった」（Ibid.）。

ける旧式な口頭のプリーディングは、15世紀に始まった実務である書面による
プリーディングの交換（the exchange of written pleadings）へと移行し」[186]、証
拠の許容性（証拠能力）・排除法則といった証拠法の発展が見られた[187]、とカ
ネヘムは指摘している。

　特に証拠法の発展について補充しておこう。16世紀および17世紀に陪審の性
格が変化し、個人的知識を述べる代わりに、面前に提出された証拠に基づき事
実を判断する者（judge of the facts）となったことから、陪審に対して証言さ
せるために証人を呼び出す実務が16世紀に始まった。「通常の臨時の陪審員団
が、前もって書面化された証言を用いて学識法曹のように手続を進めるのは不
可能であり、全ては公開の法廷で審問されなければならなかった。当然にここ
には法定証拠の学識理論が入る余地はなく、ただし若干の個別の制定法（statutes）
がこの点を明示的に規定している場合は別であった。口頭の証言と（それと抵
触しうる）書証の双方が陪審の前に頻繁に提出されるようになると、プライオ
リティのルールが生ずる。17世紀には、文書の内容は口頭の証言によっては変
更されない、とするルールが確立された。それはとりわけ文書の解釈を自らの
支配下に置きたいというコモン・ロー裁判所の願望から生じたものであった」[188]。
ヨーロッパ大陸では法定証拠理論（preuves légales）が生まれ、イングランド
では17世紀に証拠の許容性・証拠能力（proof-admissibility）に関する精密な証
拠排除法則（最も著名なものは17世紀に確立された伝聞証拠の禁止である）の

186）「全くプロフェッショナルの手中にあった書面によるプリーディングが、洗練された
　　閉鎖的な技巧へと発展していったことは、この時代の最も驚くべき展開の1つであった。
　　既に見たように、制定法が介入することは非常に稀だったので、多くの変革はルールを
　　直接に変更するような外観を示さずに、ルールを修正する（modify）ことを目的として、
　　フィクションと様々な屈折した工夫によって実現された。その結果、裁判所が現実に運
　　用しているルールは主に慣習によって構成された。明らかにこれらの書面によるプリー
　　ディングを支配するルールは、極めて精密・技巧的・微妙なものであったため、イング
　　ランド法のあらゆる分野の中でも最も専門的で秘儀的なもの、すなわち真の『オカルト
　　科学』を形成し、司法運営の障害となった。これらは19世紀に一掃された」（*Id.*, 73）。

187） *Ibid.*

188） *Ibid.*

アウトラインが成立した。「それは陪審制の直接の産物で、陪審が誤った方向に誘導されることを防ぎ、プリーディングによって特定された争点から彼らが逸れないようにするために、裁判官によって発展させられたルールであった」[189]。「伝聞証拠とは裁判所に招来されていない者の発言で、宣誓のもとで語られておらず、交互尋問ができない発言に関する証拠である。公開のトライアルでの証人の交互尋問の非常な重要性は、コモン・ロー訴訟手続の最も注目すべき特色の1つである。当事者の供述に対する極めて懐疑的な態度は、コモン・ロー訴訟手続のもう1つの特色である。……当事者宣誓（party oath）は大陸ではよく知られていたが、コモン・ロー裁判所が当事者の供述を認めなかったイングランドでは受容されなかった」[190]。

　第3に、同時代の大法官府裁判所の訴訟手続は、それが「コモン・ローの厳格な限界の外側で発展した」こと、および大法官府裁判所の「聖職者的起源」から、コモン・ロー裁判所の手続とは本質的に異なっていた。①エクイティ上の訴状（bill of complaint）によって、あらゆる事件について統一的な手続が開始されたこと、②陪審制の不存在、③プリーディングの目的などが相違点である。16世紀における世俗化（laicization）の後、そしてまた当時のインフォーマリティが固定化した手続ルールに移行した後でさえ、大法官府裁判所の訴訟形態の方がより近代的で、ヨーロッパ共通型の学識訴訟により類似していた[191]。

　「両者の手続の本質的相違は出発当初は正当であった。……簡素で迅速な司法という最初の段階が終わると、大法官府裁判所は学識的・書面的な処理方法を発展させたため、非常に厄介で長たらしく複雑な訴訟手続に転じた。プリーディングは書面により、証人への質問も同じく書面に記録された。書面による証言録取書（written depositions）は15世紀半ばに初めて出現した。大法官府

---

189)　*Ibid.*

190)　しかしながら大法官府では、被告は宣誓のうえで質問され、その回答は被告自身に対しても証拠能力を有した（admissible）のであり、1851年証拠法（Evidence Act）は当事者証言（party testimony）が証拠能力を有するものとした（*Id.*, 74）。

191)　*Ibid.*

裁判所の主事（masters）の多くはローマ法の教育を受けた者（civilians）であったので、これらの技術は大法官府裁判所にとってそれだけ容易であった」[192]。「われわれはコモン・ローが当事者の供述にいかに不信を抱いていたかを既に見ておいたが、エクイティは逆であった。すなわちエクイティでは、訴状（bill）は救済とともに開示（すなわち訴状で述べられた事項に対し宣誓のうえで答弁すること）を、被告に対する一連の質問書の形式で求めた。これは明らかにローマ＝ゲルマン法上の訴点決定手続（positional procedure）に由来し、訴訟を真の争点に絞り込むために相手方当事者に自白させる、という同一の目的を有している。被告が宣誓のうえでこの答弁をした後に、原告および被告側代理人が、宣誓に基づく証人尋問のために質問書を準備した。両当事者には彼らのために隔離尋問（separate examinations）が実施された。ここでもまた、関係者がロンドンやその近郊に住んでいない場合は特別受命裁判官（special commissioners）が尋問を行い、そこに住んでいる場合は尋問官（examiners）が実施した。これらは全て非公開で（in camera）行われたので、反対尋問はなされなかった。当事者が手数料を支払って、公表された証拠のコピーを入手してから、事件は審問に熟する（ripe for hearing）。一般的にいえば、大法官府裁判所におけるプリーディングはコモン・ローよりも司法官（officers）の遙かに密なコントロールに服した」[193]。カネヘムはこう総括する。「コモン・ローとエクイティはいずれも現行法の欠陥に対する救済として出発し、国王の直接の介入によって例外的かつ迅速な解決を与えたが、大法官府は遅れて登場したため、ヘンリー2世の改革が行われたときにはまだ利用できなかったローマ＝カノン訴訟から借用した。18世紀末までには、コモン・ロー訴訟と大法官府訴訟はいずれも多くの点でアルカイックで迷宮のように複雑にな

---

192)　*Ibid.*「書証、捺印文書（document under seal）または裁判所記録は、中世以来重要であったが、証人の口頭での証言はあまり多用されず、証人に出頭を強制する方法はなく、自発的証人は全く利用されなかった。……16世紀にコモン・ローの分野で口頭での証人が次第に頻用されるようになったことは、確かに大法官府から何らかの影響を受けていた。すなわち証人の出頭強制のための手続を定めた1563年制定法（statute）は、大法官府裁判所の罰則付召喚令状（subpoena）手続を借りたものである」（*Id.*, 73）。

414

り、ルールは法典化されておらず、一部は裁判所の少数の命令に基づいていたが、主に伝統的な実務と慣行の静かな発展に依存していた。大法官府の訴訟手続は明らかにコモン・ローよりも近代的であったが、当初のインフォーマルな性格から離れてしまい、車輪が一周してもとに戻ったときに、19世紀の大改革の過程で古いコモン・ロー訴訟とともにまとめて取り除けられた」[194]。

　第4に、16世紀から18世紀に至る「訴訟に関する文献」につきカネヘムは、「イングランドは訴訟手続に関する相当数の文献を生んだが、グランヴィル以来実体法と手続法との関連が極めて密接であったため、訴訟手続に特化した文献は遅い段階で出現した」と述べ、17世紀後半以降の著作を列挙する[195]。

　第5に、カネヘムは「海外のイングランド法」を展望する。「この時代にはイングランド法は大洋を越えて外国の海辺に達し、アングロ＝サクソン法体系の世界的拡大の基礎を築いた」、「北米のイングランド植民地においては独立後も、若いリパブリックの強い反英感情にもかかわらず、イングランドの法体系がほぼ完全に受容され、州の大多数においても同様であった。大法官府の裁判権は、植民地時代には、政府および参議会（council）、または下院（assembly）ないし若干の特別裁判所によって、不規則かつ断続的に行使されたが、それが司法の正規の部門となり、コモン・ロー裁判権を有していたのと同じ裁判所が通常に行使するようになった」[196]。

193）　なお、「大法官府裁判所は、インジャンクションと判決（decree）とによって、対物的にではなく対人的に作用する。すなわち人に対する強制によってのみ、財産上の権利に対して作用することができる。被告は罰則付召喚令状によって、答弁するように召喚され、罰金の警告のもとに、ディスカヴァリーのメカニズムに従って宣誓のうえでの開示（disclosure）を強制される。差止命令令状（writ of injunction）は、被告を直接的かつ個人的制約下に置いて、裁判所侮辱の手続によって服従を強制しうるのである。コモン・ローは財産、土地に対して直接に作用した。コモン・ローの訴訟手続は、その起源が土地法であったということと結び付いており、大法官も財産に対して働きかけることができるようになったのはもっと後の段階であった、ということを忘れるべきではない」（*Id.*, 75）。

194）　*Ibid.*

195）　*Id.*, 75-76.

196）　*Id.*, 76.

（ｘ）中世スコットランドにおける（令状［brieves］および陪審を伴う）イングランド法の影響が衰えた後、「中央裁判所および中央の制定法を欠いていたために、国家的な法体系と訴訟手続の出現が妨げられた。現在の民事上級裁判所（Court of Session）の起源である常設的なCollege of Justice、すなわち専門職裁判官を伴う真の最高裁判所は、1532年に創設された。その初代長官と裁判所構成員の半数は聖職者であったが、その数は後に減少し、1668年以降は世俗裁判官のみによって構成されるようになった。スコットランドもまた、ローマ＝カノン訴訟という共通かつ近代的訴訟形態を獲得した」[197]。スコットランドの法と慣習についての記録が乏しかったので、スコットランドの法律家は、国家的・近代的法制度を確立するために、残存する法としては最も参考になるコスモポリタン的な学識的ユス・コムーネすなわちローマ法に16世紀に方向転換したのである。「今やスコットランドは、ローマ法そのものは明示的な権威を有しないものの、ローマ法を『継受した』諸国の列に正式に加わった」。民事訴訟における陪審は、16世紀後半には完全に忘れ去られた[198]。

　民事上級裁判所は下位の裁判所（教会裁判所および封建裁判所）をコントロールし、手続規則（Acts of Sederunt）を通じて広汎な立法的権限を行使した。「中央の諸裁判所が統合されると、召喚状（summons）が主要な最初の令状（initial writ）として現れ、下級の裁判官に職務を指示するためではなく、民事上級裁判所を構成する上位裁判所（supreme court）に直接召喚することが、その最も顕著な特色となった」。この召喚状はシンプルで、開始令状としてラテン語のpleadable brieveからスコットランド語の玉璽召喚状（signeted summons）へと移行した。「訴権の法的名称や、求められている救済の特定は不要であった。ローマ＝カノン訴訟のお馴染みの抗弁は、防御する者が利用できた（却下、延期的抗弁、減却的抗弁）」。「証人は宣誓のうえで審問を受け、

---

197)　*Id.*, 76-77.

198)　*Id.*, 77.「スコットランドにとって、学識訴訟は全く新しい存在ではなかった。スコットランドの法学徒は、長きにわたって若干のヨーロッパ大陸の大学で目立つ存在であり、16世紀・17世紀においてそのような存在であり続け、教会裁判所は中世スコットランドのかなりの量の裁判業務を処理していた」（*Ibid.*）。

416

通常は2名ないし3名の民事上級裁判所裁判官（Lords Ordinary）が証人尋問を実施する。当初は、弁護士が証人に対し尋問してほしいと思う論点について陳述し、時には質問書（interrogators）を提出し、裁判所および書記官が非公開で（privately）収集した。1686年法により、証拠を指定して両当事者ないしその弁護士立ち会いのうえで、審理を行うようになった。証人は伝聞を排除するために自らの知識の根拠を述べなければならない。証人は彼を申請した当事者によりまず尋問され、それから反対尋問、そして再尋問等々と続き、必要であれば裁判官ないし受命裁判官が最後の尋問を行う」[199]。新しい訴訟手続に関する最初の著作は17世紀初期に刊行されたが、それは「1532年（のCollege of Justiceの創設）以来、どれほど迅速にローマ＝カノン訴訟のルールが、スコットランドの世俗裁判所の当時の実務と融合して、単一の国家的制度となったかを示している」。「ローマ化の波は例えばステア子爵ジェームズ著『スッコトランド法提要』（1681年）に顕著であるが、18世紀にはより国家的な光景を前に退いていった。1750年以降、スコットランド法の試験が法曹の全ての新規加入者に対して必須となったことが重要である。あらゆるところで国家的法典が優勢となり、最終的権威（ultima ratio）としてローマ法は自然法に道を譲っていった」[200]。

（xi）スウェーデンにおいても、「中世の裁判所と訴訟手続は近代的制度に道を譲った。上級裁判所が、学識裁判官とローマ＝カノン訴訟・ドイツ『普通法訴訟』を基礎とする訴訟手続とともに、導入された」。「1538年にグスタフ・ヴァーサ国王は、ドイツを範として各地域内での最高の司法権と行政権が委ねられた統治委員会（Regementsråd）の設立に着手した。その手続は1507年ド

---

199) *Ibid.*「その手続の間に様々な論点ないし事件全体までも、一方当事者が他方の宣誓に委ねた。これはフランス法から借用した真実性の宣誓（決訟的宣誓［serment decisoire]）、……不濫訴宣誓（oath of calumny）、訴訟に対する宣誓（oath in litem）、補充的宣誓のいずれかであろう。当時のヨーロッパ大陸訴訟法を知っている者には、これらは非常に馴染み深いものである」（*Ibid.*）。

200) *Ibid.*

イツ帝室裁判所法（Reichskammergerichtsordnung）から示唆を受けたもので
あった。しかしながら、他の実験的制度である1561年の国王参審団（Royal or
Supreme Nämnd）と同様に、僅か数年しか続かなかった」。17世紀にはス
ウェーデンの一般的発展、王権の発達、ドイツとの交流の緊密化によってロー
マ法の影響が真の継受に達したが、「決定的な一歩」はグスタフ・アドルフの
時代の1614年訴訟王令（Rättegångsordinantie）による、法的訓練を受けた裁
判官を含む中央裁判所であるスヴェア高等裁判所（Svea Hovrätt）の設立であっ
た（在ストックホルム）。その他に、Abo（1623年）、Dorpat（1630年）などに
も高等裁判所（High Courts）が置かれた。ライデンに学びウプサラで教育に
携わったLocceniusの著作Synopsis Jurisは学識的普通法に基づき、裁判実務上
重視された。自国法（native law）もローマ法も大学で教授された[201]。17世紀
の間に裁判実務により次第に無視されていった後期中世法に取って代わったの
が、近代的国家法典である1734年スウェーデン王国法典（Sveriges Rikes Lag）
で、訴訟手続法（rättegångsbalk）と強制執行法（utsökningsbalk）の2つの手
続法セクションが含まれていた。「1734年法典を準備した委員会のメンバーの
多くはスヴェア高等裁判所裁判官であって、そこでの実務が法典に影響を与え
た」。「地方の裁判所では口頭かつ公開の手続が占め続けた。当事者と証人は、
当事者からの申出または職権に基づき尋問することができた。裁判所は、主張
および証言の書面による記録を保管し、口頭での弁論は書面の陳述（written

201）　*Id.*, 78. 引用文中の「統治委員会」（Regementsråd）について、Kohler, supra note 118,
73は、sog. Regimentsratとドイツ語に直訳し、*id.*, 77 N. 318は、diesem höchsten
Provinzgerichtすなわち「地区（地域）最高裁判所」と言い換えている。「1734年スウェー
デン王国法典は、民会から専門職裁判官および参審員（nämndemän）により構成され
る裁判所への（遙か以前に実現されていた）権限の委譲、および明瞭な裁判所のヒエラ
ルヒーを承認した。地区裁判所（häradsrätt）は農業地域（田園地帯）のための第一審
裁判所であり、地域のラーグマン裁判所（lagmansrätt）に対して控訴でき、それから高
等裁判所（hovrätt）に上告できる。都市においては高等裁判所に直接上訴できる2つの
審級が存在した（都市下級裁判所［kämnärsrätt］および都市裁判所［rådhusrätt］）。最
高裁判権は通常は国王を代理して国王の評議会の1セクション（justitierrevision）が行使
した」（*Ibid.*）。

418

statements）により補充できた。……18世紀初期からは、国家の上訴裁判所
（the national appellate tribunals）の手続は、非公開のセッションに主に書面で
実施された。上級裁判所は一般にその審査対象を、下級裁判所が作成した記録
と当事者が提出した書面による説明とに限定し、口頭の証言ないし弁論は殆ど
認められなかった。1614年王令は、高等裁判所（High Court）について、上訴
もその他の民事訴訟も口頭と書面の併用によって進められることを許容したが、
1695年訴訟法（Rättegångsförordning）は、上訴における書面のフォーマルな
交換を強制した。それは近代の高等裁判所（Hovrätt）の殆ど全面的に書面に
よる訴訟手続の基礎となった」[202]。参審団（nämnd）は、証明参審（proof-jury）
としての古い地位を脱して、判決中の投票権（発言権）を有する・裁判所の構
成組織へと発展し、1614年王令によって、そのような性質のものとして制定法
上認知された[203]。ドイツ「普通訴訟」の形でのローマの影響は、スウェーデン
民事訴訟制度のあらゆるターニング・ポイントで表れていたが、18世紀から弱
くなり始めた[204]。

（ⅻ）カネヘムの本書第4部「『アンシャン・レジーム』の学識訴訟（16-18世
紀）」の末尾に置かれた「ビザンティウム（ビザンティン帝国）と東欧」は、
①序論、②ビザンティウム、③ブルガリア・セルビア・ルーマニア、④ロシア
の各項目から構成されている。
　まず第1に、「序論」においてカネヘムは次のように述べる。「帝国の東部で

202）　カネヘムは、①法定証拠理論のように、外国法は証拠法の分野に大きな影響を与えた、
　　②被告不出頭の場合、被告の懈怠（の有無）にかかわらず、原告が提出した証拠に基づ
　　いて判決がなされた、③原告が半証明（half-proof）以上に進めない場合は、裁判所は原
　　告に当該財産の暫定的占有（provisional possession）を認める旨の判断をすることがで
　　きた、④お馴染みの延期的・滅却的抗弁、争点決定（litiscontestation）、不濫訴宣誓は欠
　　けていたようであるが、旧式の雪冤宣誓（purgatory oath）は17世紀まで存続した、と
　　指摘している（Id., 78-79）。

203）　Id., 78.

204）　Id., 79. 例えば、Nehrmanの著書『自国の法律学におけるローマ法の過剰・濫用』
　　（Lund, 1730）などがこの新しい傾向を示している、とカネヘムは言う（Ibid.）。

はローマ帝国の支配がさらに1000年続いた。ビザンティン帝国はスラヴ起源の新しいヨーロッパ諸国に対し政治的・文化的・社会的影響力を拡大した。東部においては出発点からしてユスティニアヌス法典が基礎であって、西部においては12世紀まで同法は受容されなかったが、東西のいずれにおいても結局は様々な量の慣習法と混合したローマ法大全（Corpus Juris Civilis）が法の基礎であった。慣習法はゲルマンないしスラヴの古代まで遡るか、中世特有の状況で生まれたものであった。いずれの場合もローマ法と法学の保存と普及に教会が重要な役割を果たし、帝国法の研究と教会のカノン法準則（canons）の研究とは密接に関連していた。すなわち西においてはローマ＝カノン訴訟と両法（utrumque ius）研究の伝統があり、ビザンティウムとスラヴ諸国では、canonesは教会の布告（decree）であるから、教会関係法令集（nomocanonical tradition）が同じく重要であった」[205]。

しかしながら、東西の大きな相違として、「東ではユスティニアヌスが彼の編集物を刊行したときに華々しいスタートを切ったが、その高い水準を維持できなかった。法学と帝国の立法は衰え、地方慣習が自己主張をし、バシリカ法典の絶大な努力の後に、要約、抜粋のコレクション、非独創的なダイジェストがビザンティウムにおける主要な内容となった。それらは、自分自身の有力な法伝統を有していた正教的なスラヴ民族およびルーマニア民族に東ローマ法を広める重要な仲介となった。このビザンティウム＝スラヴ路線の発展は、それがフランス・ドイツ・オーストリアの西洋の大法典化を前に後退してゆく18世紀・19世紀まで続いた。……西の諸大学での比類のない体系的研究と、西側諸国の政治的・技術的・経済的卓越性から、ついにはビザンティン文化圏にとどまらず、ギリシア、さらには（自らの継続的・自立的政治生活を発展させてきた唯一のスラヴ国家である）ロシアにおいてすら、西洋法の継受が生じた」[206]。

第2に、ビザンティン帝国の法は基本的には6世紀の勅法集成（Codex）、学説彙纂（Digesta）、法学提要（Institutiones）などのユスティニアヌス法であったが、若干の慣習的・ギリシア的・スラヴ的・東方的要素も流入した。726年

---

205) *Ibid.*

206) *Ibid.*

420

に皇帝レオ3世と後継者コンスタンティノス5世が連名で公布したエクロガ法典
（Ecloga）は、ローマ法大全の小型の体系的ダイジェストであるとともに、ユ
スティニアヌス法と抵触しない場合に東方で生き残っていた大量の卑俗法を含
んでいた。エクロガ法典は、ビザンティンとその属州、およびその継承国家で
あるブルガリア、セルビア、ルーマニア、ロシアにおいて基本的・継続的重要
性を有した。エクロガ法典とほぼ同時期の7ないし8世紀頃に、ノモス・ゲオル
ギコスすなわち農夫の法（Nomos Georgikos）などの重要な法書が生まれた。
これは農村共同体の法を扱い、ユスティニアヌス法典と、属州における原初
的・民衆的な慣習とを内容とするものであった[207]。カネヘムは、「続く数世紀
には古のローマの秩序を回復しようとする試みを目撃することになる」として、
「870年 か ら879年 の 間 に バ シ リ ウ ス（Basil）1世 が プ ロ ケ イ ロ ン 法 典
（Prochiron）を刊行したが、これは40編の体系的ハンドブックで、依然として
利用されていたローマ法大全の諸要素を保存し、エクロガ法典を含み、それに
様々な追加や修正を施した内容であり、訴訟手続とりわけ証人について定めて
いた。賢王レオ6世（886年-912年）はローマ法大全の全体を1つの一貫した作
品に完全に改作し、体系的順序に60部に分かったバシリカ法典（Basilica）を
刊行した。それは大全（Corpus）の残存するギリシア版を利用し、勅法集成
（Codex）のプランに従ったもので、訴訟手続が相当な部分を占めていた。こ
の重要な作品の後、帝国の立法は急激に衰え、もはや帝国法の書物は出版され
ず、改正立法集（novellae）も稀であった」と概観する[208]。しかし民間の著者
による古い書物の新版、ダイジェスト、抜粋のコレクションが刊行され、「そ
れ ら は 最 終 的 に テ ッ サ ロ ニ カ の 裁 判 官 ハ ル メ ノ プ ー ロ ス（Constantine
Harmenopolos）による極めて重要な6巻書（ヘクサビブロス。Hexabiblos）に
結実した（1345年）。ギリシアでは6巻書（ヘクサビブロス）はトルコによる支
配後も存続し、1946年民法典まで権威的著作として残り、先に掲げた若干の著
作と同様に、他の正教諸国においても大きな役割を果たした」[209]。国家法と教

207）　*Ibid.*

208）　*Id.*, 80.

209）　*Ibid.*

会法を1冊に収めた教会関係法令集（nomocanons）は、いくつかの版と注釈書が流通したが、「それらはビザンティウムおよび正教スラヴ諸国において大きな役割を果たし、1335年に教会関係法令集・プロケイロン法典・バシリカ法典からの資料をアルファベット順に収集した、アトス山出身の僧マシュー・ブラスタレス（Matthew Blastares）の分類配列集（Syntagma）に、百科全書的頂点がうかがわれる。……これらの著作は全て規範的な（normative）ものである。裁判実務については、法的決定（判例）集録（ペイラ、Peira）、すなわち1050年の直前に裁判官ユースタティオス（Eustathius）の調書からの抜粋を集めたもの以外には、われわれには殆ど残されていない。ビザンティンの訴訟手続は後期ローマ帝国の特別訴訟手続（extra ordinem）に基づいており、……書面の役割は重要であった。訴訟は口頭であったが、全ては詳細な調書（protocols）に記録され、当事者に利用可能であった。裁判官は強力な訴訟指揮権を有していた。被告は防御の全ての要素を一度に提出すべきであるとは考えられていなかったが、訴訟の過程でそうすることは可能であり、中間判決が下される可能性があった。原告は書面の訴状（libellos）で訴訟を開始し、相手方が欠席した場合でも証拠を提出しなければならない。争点決定（litis contestatio）は重要な要素であった。証人の審問（the inquest and the interrogation）は裁判官に委ねられ、裁判官は証人を拒絶し、当事者に宣誓を猶予し、実体的真実の解明に必要なあらゆることを命ずることができた。裁判所は通常は単独裁判官により構成された。多くのテキストが証人の役割・質・人数、宣誓、書証について、書証の優越を認めつつ論じている。原則として1名の証人による証言は不十分であると見なされていた。推定は重要な役割を果たし、詳細に規律された。……時が経つにつれて教会裁判所が優勢となり、ギリシア＝ビザンティン法（Greece Byzantine Law）は、トルコによる支配の時代を通じて、主に教会のおかげで自らを優れた状態に維持できたのである」[210]。

　第3に、バルカン諸国を構成するブルガリア、セルビア、ルーマニアについては、「ビザンティン文化・宗教圏に属するこれら3国の法は、学識的東ローマ

210）　*Ibid.*

422

的要素と慣習的自生的要素（learned East-Roman and customary native elements）
とから構成された。ユスティニアヌス法の・より短い様々なヴァージョンや、
若干の教会関係法の著作（nomocanonical works）が、早くからギリシア語か
ら翻訳され、ビザンティンの形式でローマ法を広めた。同時により原初的な自
生法が実務で用いられ、部分的には記録されていたが、時の経過につれて学識
法に道を譲ってゆき、そのプロセスは1453年のコンスタンティノープル陥落ま
で、決して衰えたり中断されたりすることはなかった」と展望する[211]。

　まずブルガリアについてカネヘムは次のように解説する。①最古のスラヴ法
典の大半はエクロガ法典から採用されており、同法典は10世紀においてブルガ
リアで権威を有していた。エクロガ法典は、ローマ法大全よりもスラヴの文明
状況に近かったために成功を収めた。②教会関係法令集（nomocanons）の最
古のヴァージョンが、882年より後にスラヴ語に翻訳され、ブルガリアで絶大
な権威を有した。③「一般的にいえば、古ブルガリア法のテクストはビザン
ティン法源に基づいていた。エクロガ法典と教会関係法の翻訳がしばしば一緒
に流通した」。「最古のスラヴ国家であるブルガリアが1396年に崩壊し、コンス
タンティノープルが1453年に陥落した後は、教会はかなり広汎な独立の民事裁
判権を行使した。教会裁判所は、教会関係法令集、ブラスタレスの分類配列集
（Syntagma）、14世紀半ばまでにそのブルガリア版が出現した6巻書（ヘクサビ
ブロス）を使用し、19世紀までビザンティン観念の普及に貢献した。とりわけ
ブラスタレスの分類配列集は、ギリシア＝スラヴ諸国の聖職者、世俗裁判官、
君公にとって、司法事項のガイドとして役立ち、17世紀にロシア語に翻訳され
た。ロシア、セルビア、ブルガリアの教会では今でも教会関係法令集を使用し
ている[212]。

　セルビアでは最も完全な教会関係法令集である『フォティウス（Photius）
の教会関係法令集』を1219年に聖サワ（Sava）が翻訳し、ブルガリア教会に
よって継受され、14世紀にはドゥシャン（Duchan）による有名なセルビア語
とギリシア語の3部法典が公表された。同法典は①ブラスタレスの分類配列集

211）　*Id.*, 81.

212）　*Ibid.*

の縮約、②「ユスティニアヌスの法」と呼ばれたノモス・ゲオルギコス（「農夫の法」）のセルビア語での要約、③原初的なセルビア慣習法（神判など）および大量の訴訟手続を含むドゥシャン法典（Zakonik）、から構成されていた。「この3部法典はトルコの支配下でも効力を保ったが（改正はなされた）、ビザンツ的要素はトルコ法およびセルビア慣習法に道を譲り、最終的には19世紀に西洋モデルに服した」[213]。

　ルーマニアについてはカネヘムは次のように解説している。①ルーマニアの正教公国（orthodox Rumanian principalities）であるモルダヴィアとワラキアは、長きにわたってスラヴとりわけブルガリアの影響下にあり、17世紀半ばまでは、ビザンティン法がギリシア語からスラヴ語に翻訳されて、教会法令集の形でこれらの公国に到来した。②ビザンティンの伝統は、ブルガリアの土着の慣習と対抗しなければならなかったが、訴訟手続は全体として慣習法よりも成文法に接近する傾向があった。③17世紀にはルーマニア語の印刷が可能となり、ビザンティン法の継受が次第に増加していった。④「18世紀と19世紀初頭には、ギリシアの影響はピークに達した。主な典拠となったのは西洋版のバシリカ法典と6巻書（ヘクサビブロス）で、その他に伝統的なブラスタレスおよびマラクソス（Malaxos）の『分類配列集』であった。1765年のワラキア法典は、依然としてその内容を『全ての帝国法および教会法』から採用していた」。⑤「1821年革命の後、ルーマニアは、自国法を近代化するために西欧に目を向けたが、1812年にロシアが獲得したベッサラビア（Bessarabia）では、6巻書（ヘクサビブロス）とバシリカ法典が1918年まで法の効力を有した。ベッサラビアは、20世紀においても純然たるビザンティン法のもとで生活している唯一の国であった」[214]。

　第4に、「ロシアの法発展の一般的なパタンは明快であった。すなわち①原初的な自生の慣習と教会経由のビザンティンの影響の時代、②それに続く、ビザンティンの帝国理念にインスパイアされた、コンスタンティノープルの継承者たるモスクワ大公国を基礎とする近代的中央集権君主制の時代、③より発展し

---

213)　*Ibid.*

214)　*Id.*, 81-82.

たヨーロッパ諸国から影響を受けた時代、の順である」。カネヘムによれば、「ロシア的伝統の法源は西ヨーロッパに類似していて、地方慣習、教会法および（東）ローマ法、法学、国家の制定法であったが、それぞれの重要性は異なっていた。国家の中央組織による制定法はより大きな役割を果たしたけれども、裁判実務の役割は比較的小さかった。ビザンティンの帝国法および教会法の継受は、旧式な法書の翻訳によって断片的な形で生じたのであり、中世ローマ法の一貫した包括的な体系を形成した、西欧諸国の大学における体系的・科学的なローマ法研究とは非常に異なるものであった。ロシアの大学におけるローマ法研究は、1755年のモスクワ大学の創立をもって始まり、19世紀の初めに他の諸大学がこれに続いた」[215]。

　カネヘムによれば、まず①アルカイックな慣習法すなわちルースカヤ・プラウダ（Russkaya Pravda）の時代（11世紀から15世紀の中世ロシアの農業社会。プスコフ［Pskov］およびノヴゴロド法の時代）の訴訟手続は、「口頭かつ公開であり、糾問主義的態度の痕跡は殆ど残っておらず、裁判官は当事者間の抗争を監督する（supervise）ことに甘んじていた。証拠の分野では神判と、当事者・宣誓補助者・証人による形式主義的宣誓とが見られる。初期にはエクロガ法典およびプロケイロン法典などの翻訳の形で、ビザンティンの法思想が現存していた」[216]。「このビザンティンの影響は、たとえ俗人裁判所がルースカヤ・プラウダに忠実なままであったとしても、とりわけ訴訟手続の分野で根本的な重要性を有していた。ビザンティンの伝統である証人に関するルールは、偉大な革新として、教会関係法令集のビザンティン世界に属するロシア教会によって、ロシア法に取り入れられた。さらに、ハンザ都市との交易によって、若干のドイツの影響がロシアの北西エリアに及んだ」[217]。

---

215)　*Id.*, 83, 86.

216)　*Ibid.*「翻訳された教会関係法令集（Nomocanon）はKormchaja Knigaと呼ばれ、多くのヴァージョンで流布したが、最初はJohannes Scholasticusの教会関係法令集の形で、ロシア教会の指導書となり、それからPhotiusの教会関係法令集の形でセルビアで翻訳され、13世紀にブルガリア経由でロシアに受容された」（*Ibid.*）。

217)　*Ibid.*

第3部　比較法史の実践　*425*

　次に、②のモスクワ大公国を基礎とする中央集権化された君主制の時代には、
「司法の中央集権化と帝国立法が法的変革の主たる動因であった。訴訟手続は
ますます洗練・書面化・学識化され、秘密・非公開主義と糾問的姿勢へと向か
う傾向が見られた。非合理的証明は廃止された。当初は若干の西洋とビザン
ティンの影響が続いていたものの、これは外国からのインパクトを殆ど受けず
に行われた」[218]。カネヘムは、イヴァン3世の1497年法典（スジェーブニク）、
イヴァン4世（雷帝）の1550年第2法典、アレクシス・ミハイロヴィッチ帝の
1649年法典（ウロジェーニエ、Soborne Ulozhnie）について簡潔なコメントを
加えている。

　すなわち1597年法典制定までには、ロシアの大部分はモスクワ大公によりコ
ントロールされており、新法典は大公の全ての領土に効力が及んだ（モスクワ
国家［Moscovy］の時代の始まり）。この訴訟法典は多くの伝統的素材を含む
穏健な内容であったが、書面の利用の増加（呼出状、出頭期日の指定、書記官
が保管する全開廷期日の記録、判決などの局面）、糾問主義的方法の導入、証
拠の合理化（目撃証人のみが認められ、性格に関する証人は排除された。裁判
上の決闘および決訟的宣誓［decisory oath］の2次的ルールへの地位の低下）
などの革新を含んでいた。ただし同法典は不完全にしか遵守されなかった[219]。

　1550年法典は非常に広範囲にわたり、新しい要請に対応するもので、主に訴
訟手続を規律していた。例えば呼出状の手続や証人による証言を詳細に規定し、
皇帝（Tsar）に対する上訴権を承認した。1556年には証拠立法が裁判上の決闘
の廃止へと一歩を進め、「obyskという新しい証明方法、すなわち裁判官（オ
フィシャル）による多数の地域住民への質問を導入することで、宣誓の重要性
を減少させた。これは西欧のinquisitioを想起させる手続である。obyskは例外
的調査方法であり、他のあらゆる証拠方法でも不十分で、かつ当事者の申立て
に基づく場合に、裁判上の決闘ないし雪冤宣誓に代えて用いられた。obyskに
おいては、『最善の』地域住民である旨の宣誓付供述に記録のうえ署名され、
多数決制であった。……当事者はobyskに立会わなかった」[220]。

---

218)　*Id.*, 82-83.
219)　*Id.*, 83-84.

全967条からなる重要な1649年法典は、10章ないし15章で司法組織と訴訟手続を規定し（10章は法典全体の3分の1を占めていた）、1588年リトアニア法の影響が顕著である。1649年法典は教会関係法令集・エクロガ法典・プロケイロン法典などから借用したビザンティンのテクストを含むが、その素材の多くは実際には先行する法典（スジェーブニク）と慣習法に由来している。「自生のロシアの伝統があまりに強力だったので、西欧におけるローマ法の場合とは異なり、ビザンティンの伝統は決して法全体の基盤とはならなかった」。1649年法典は、口頭主義と弁論主義（party presentation）を維持する一方で、裁判手続における地方人民の代表者制度（representatives of the local population）の廃止、証拠法の改正（証人に関する新たな規律の創設、obyskの利用を一般化して極めて重要な制度としたこと）、裁判上の決闘の廃止といった特色を有する[221]。

　最後に、「18世紀にはビザンティンの影響が減少し、ピョートル大帝（1672年-1721年）を皮切りに、ロシア皇帝は法的インスピレーションを求めて西欧（主にドイツとスウェーデン）に目を向けた。その結果、秘密・非公開主義（secrecy）、書面主義、糺問主義的方法、すなわち近代ヨーロッパ諸国の学識訴訟を強く志向することになった。1697年の布告（ukaz）は強力な糾問主義的要素を導入した。すなわち証拠の提出を当事者に委ねる代わりに、当事者・証人に対する裁判官の質問を通じて絶対的真実が発見されなければならない」（前掲③の時代）。「新しい制度に内在する秘密性と官僚制は、多くの濫用、時間と費用を要する訴訟、さらには買収をも生むに至った」。「ピョートル大帝の法は、初めて実体法と手続法を明確に区別し（ただし民事訴訟と刑事訴訟の区別は体系的にはなされていなかった）、プロシア経由で多くのフランスの用語が入ってきたために、外国・西洋のターミノロジーを豊富に用いた点でも興味深い。……ロシアはイギリス法のように訴訟方式（forms of action）の枠組みの中で発展するということはなかった。この点でロシア法はそれ以外のヨーロッパ大陸法により類似していた。ピョートル大帝時代の傾向はエカテリーナ2世（1762

220）　*Id.*, 84.

221）　*Id.*, 84-85.

年-1796年）のもとで頂点に達し、その1765年王令は、刑事訴訟のみならず民事訴訟についても、完全な書面主義・秘密主義的（非公開）手続を導入した。……これ以後、訴訟手続は当事者不在のまま文書に基づいて進められた。この法はヨーロッパの支配的傾向の極端な表現で、1864年の大改革まで効力を保った」[222]。

(5) カネヘム『ヨーロッパ民事訴訟の歴史』の第5部「近代法典の時代（18-20世紀）」は、A. 一般的説明、B. フランス、C. ドイツ、D. イタリア、E. スイス、F. オーストリア君主の領土、G. ロシア、H. ギリシア・ブルガリア・セルビア・ルーマニア、I. スカンジナヴィア、J. スコットランド、K. スペイン・ポルトガル・両国のアメリカ大陸の領土、L. イングランド、M. イングランドとヨーロッパ大陸、N. 最高法院法に至る諸法律、O. アメリカ合衆国、P. 結論、の各項目で構成される（なお、カネヘムの本書において、スコットランドとスカンジナヴィアがなぜこのような位置で論じられているのか、判然としない。スコットランドにおけるイングランド法の影響、スカンジナヴィアにおけるオーストリア法の影響を強調する本書の叙述からすれば、別の配置の方がより説得力が増すのではなかろうか）。

(i) カネヘムは、18世紀後半から、「ナショナリズム、民主化への願望、啓蒙思想が法史の進路を変えつつあった」、「先行する数世紀の国際主義から離れ、国家的な立法と国家的な法学へと向かうようになった。ヨーロッパの大君主国が自国の法典・法律・（訴訟理論は衰えていたが）法学を生み出し、旧来のローマ＝カノン的制度それ自体は拘束力を失った」と指摘する[223]。すなわち「啓蒙は合理的で効率的で適切な法を要求した。啓蒙は、たとえローマ法のような神

---

222) *Id.*, 85-86.
223) *Id.*, 87.「イングランドは、12世紀以降独自の発展を遂げてきたが、ここにおいてさえ、1731年の英語の導入と、コモン・ロー裁判所がライヴァルに対し（あるいはコモン・ロー法律家がローマ法学者に対して）勝利を収めたことによって、裁判所のナショナルなイングランド的性格が強まった」（*Ibid.*）。

聖な権威であっても、権威それ自体に対する盲目的な尊敬を斥け、例えば精妙な法定証拠のような過度のスコラ的思考を拒絶したのである。理性の要求とより良き社会組織への要求が、何よりもまず優先した。その時代の民主主義的で自由な気風（temper）が、訴訟のルール・裁判所の活動および判決・難解なターミノロジーに伴う曖昧さとアクセスの難しさに抵抗し、それゆえに法典化が求められたのである。そうした気風は、公開の証言と公開の討論を全面的に排除している現行の訴訟形態の過度の秘密性に抵抗した。極端な書面手続、それによる長々しい遅延、その膨大なコスト、全て非公開で検討される膨大な書面化された陳述と文書を通じて真の正義に到達しようとする試みは、排除された。書面手続がピークに達した17世紀は、ヨーロッパ法史を通じておそらくは最も学識的な（learned）時代であった。これらの極端な制度は、その種子はローマ＝カノン訴訟の構造そのものの中にあったが、イングランドの裁判所においても目立っており（とりわけ大法官府裁判所が最悪であった）、フランスの革命立法、（それほどラディカルではないが）1806年フランス民事訴訟法典、ヨーロッパ大陸のその他の多くの法典によって除去されたのである」[224]。中世の実務に固執していたスペイン以外の諸国の民事訴訟制度は、19世紀にラディカルな変化を遂げた。「最も重要な例は、イングランドにおける旧弊な令状制度と訴訟方式（forms of action）の廃止、民事陪審の衰退、中央裁判所の改革である。新法典が各々1781年と1806年に公布されたオーストリアとフランスは、ここでもまたイングランドとは状況が異なり、それらの法典は、時代の外観に合わせつつも、先行する数世紀の安定した基礎を踏まえた内容であった。これらの2つの法典はヨーロッパにおいて絶大な反響を呼んだ」[225]。しかしながら近代法典の外観に惑わされてはならず、ローマ法・教会法のルールと用語はこれらの大法体系に深く刻印されていて、「明らかにこれらの『国家的』法典は、基本的には限られた数の共通のヨーロッパ的テーマ・ヨーロッパ的構造に合わせ構築されたローマ的・カノン的・ゲルマン的諸伝統に基づくヴァリエーションなのである」[226]。「ヨーロッパにおける法的ナショナリズムの勝利は絶対的な

---

224) *Ibid.*

225) *Id.*, 88.

第3部　　比較法史の実践　　*429*

ものではなかった。若干の法典は国境を越えて遙か彼方まで影響を及ぼし、よりヨーロッパ志向的な過去の経験と学問が決して忘れ去られたわけではなかった。今日では法律家が懸命に、多様なヨーロッパ諸国の訴訟法の比較、さらにはその統一にさえ取り組んでいるので、新たな振り子の揺れを目の当たりにしている」[227]。以上の一般的外観に続く各論では、影響の大きな民事訴訟法典を有するフランス、ドイツ、オーストリアが中核となり、東欧とギリシアを挟む形で、フランス民事訴訟法典の影響が最も少なかったスペインを最後に、ヨーロッパ大陸法概説を締めくくる。これと対置してイングランドにおける法発展が詳しく解説される。

（ⅱ）フランスの項では、カネヘムは①1667年ルイ王令と1806年民事訴訟法典の連続性、②法典の起草作業・特色・改正の試み、③上訴手続、④法典の国際的影響、を検討している。

　まず第1に、フランスにおいては他のヨーロッパ諸国とは異なり、弁論の公開性・口頭性と当事者の役割（弁論主義・処分権主義）とが見失われず、ナポレオン時代の1806年民事訴訟法典も「大量の新しい革命立法を組み込んだが、より大きな程度において、先行する数世紀の経験に立ち返った」保守的な内容で、「1667年王令の改良版」であったが、殆ど王令を訂正する必要はなかった。「訴訟手続の根幹は弁論の公開、すなわち所属裁判官全員による法廷（全員法廷）における審問であって、しばしば書面の準備的交換の後に、証拠を提出し依頼人のために弁論を行った。文書以外の証拠（non-documentary evidence）を提出するには特別の裁判所の命令が必要で、通常は受命裁判官の面前で収集され、当該裁判官が全員法廷に報告書を提出した。期日における新たな弁論（new argument in an audience）の後に、事件について本案判決がなされた。例えば、「証人は1人にては証拠能力なし」（testis unus testis nullus）のルールのような厳格な法定証拠理論は部分的には廃止されたが、刑事事件とは異なり裁判所の自由心証（free judicial appreciation）は完全には復活しなかった。若

---

226)　*Ibid.*

227)　*Id.*, 87.

430

干の場合とりわけ証人の証言録取書の評価については、自由心証主義が認容された。証拠判決も独立の証拠手続もなかった。弁論主義および弁護士強制主義と同様に、ローマ＝カノン法上の訴点決定に由来する『事実項目に関する当事者尋問』（interrogatoire sur faits et articles）は保存された」[228]。

　第2に、1667年王令も、他の「封建的」立法と同様に批判され、共和2年霧月（ブリュメール）3日法は訴訟形態の一掃を試みたが、統領府のもとで共和8年風月（ヴァントーズ）27日法が司法制度の再編と1667年王令の効力の復活を実現し、共和10年に訴訟法典の起草委員会が創設された。「委員会は、1667年王令の固有の品質からして、そしてまた先の数年の暴力的改革から離れ、より伝統的な価値と実務に戻るという一般的反応からして、その王令の一般的体系を維持したのである。1806年民事訴訟法典は、革命立法から、治安裁判所（justice of the peace）、調停前置主義（préliminaire de conciliation）、判決への強制的理由付記、上訴審の数の減少、上訴手続の長さの短縮、といった改革を保存した。共和3年実月（フリュクティドール）7日における秘密審問（secret inquest）の廃止は維持されたが、証人は、公開法廷ではなく当事者立会いのもとで、当該事件担当の裁判官ではなく受命裁判官（juge-commissaire）によって尋問されるものとした」。19世紀には5回にわたって主要な改正が立法によって行われ、実務上は口頭弁論（oral pleading）の利用が次第に増加し、書面による準備手続（instruction par écrit）が徐々に減少してゆく（1935年には正式に廃止された）といった改革が行われた。裁判官の役割は「民事訴訟は糺

---

228)　*Id.*, 89. 「過去との継続性はピゴー（Pigeau）（1818年没）の役割によってよく説明できる。彼はアンシャン・レジームの民事訴訟の大家、共和10年芽月（ジェルミナール）3月の民事訴訟法典起草委員会のメンバー、1806年法典の権威あるコンメンタールの執筆者であった。古いターミノロジーが廃されているところでも、旧来の実務はしばしば存続してた。こうして、要点判決（appointment）という古い用語は、書面による事前手続（instruction par ecrit）という表現に変わった。ピゴーの1779年の書物における要点判決の章と、彼の『フランス裁判所の民事訴訟』（全2巻、1807年-1808年）の書面による事前手続の章とを比較するだけで、両者の違いはマイナーな簡略化にすぎないということに気づく」（*Id.*, 90）。

問的性格（caractére inquisitoire）を帯びた」と評されるまでになり、当事者本人の出頭が重要となって、法定証拠の古い観念や書証の優越は後退した[229]。

　第3に、革命期とそれ以後で上訴および破毀（appeal and cassation）の性質に大きな変化はなかったものの、裁判所制度の大規模な合理化・能率化によって上訴制度も合理化された（上訴の短縮、二段階上訴の確立、上訴の移審効・確定遮断効、極めて少額の上訴手数料）。判決における「法令違背」を理由とする破毀は、権力分立理念の影響を受け、国王の評議会から破毀裁判所（Tribunal of Cassation）の管轄とされ（1790年法）、その審理部（bureau of requests）には国王のコミセエル（royal commissioner）が帰属していた。手続は対審構造をとるが、一般的に確定遮断効・移審効を有しなかった。「誤った判決に対する旧弊な弾劾という遺物は、裁判官相手取り訴訟（prise à partie）に見出すことができ、これは裁判拒絶（denial of justice）を理由に裁判官に対し損害賠償を請求する民事訴訟であって、上訴裁判所もしくは破毀院に提起できる」[230]。

　第4に、1806年民事訴訟法典の国際的影響は、濃淡の差はあれ相当なものであった。「その法典は実質的にも形式的にも、19世紀の要請および気風に適合していたうえ、多くの共通のヨーロッパ的遺産を具現化していた。法典はフランス軍の後を追って多くの国家に導入され、ナポレオン時代の終わりには多くの地域で反感の対象となったが、民法典と同様に様々な程度で存続した」。保守的なスペインにおいては影響は最小限であったが、ベルギーおよびホラントでは法典は完全に採用され、フランスのその他の隣国であるドイツ・イタリア・スイスは両者の中間的位置を占めていた。ベルギーは既にフランスの一部となっていたため（ホラントは1810年にフランス領となった）、1806年法典が自動的に導入され、1967年のベルギー裁判法典の公布まで存続したのである。ドイツ・イタリア・スイスの諸国は、ナポレオン時代にフランス諸法典の影響を受けつつも、1815年以降は独自の道を歩んだ。近代化に向かうロシアにも深い影響を与え、アメリカ合衆国では訴訟法の法典化を促した[231]。

---

229)　以上は*Id.*, 89-90.

230)　*Id.*, 90-91.

432

（ⅲ）カネヘムは「ドイツにおいては、訴訟法改革は18世紀の啓蒙専制君主制、フランスによる占領、19世紀のリベラリズムの結果であった」[232]として、ドイツの項では①18世紀におけるドイツ普通訴訟法への批判、②フリードリヒ大王の訴訟法改革と1793年フリードリヒ法大全（とその挫折）、フリードリヒ・ヴィルヘルム2世の1793年プロイセン一般裁判所法、③19世紀ドイツの法的多様性とフランス民事訴訟法典の影響、④1877年統一民事訴訟法典、といったテーマを以下のように解説している（②と④が中心である）。

　第1に、「支配的であった普通訴訟（gemeiner Prozess）は18世紀に様々な理由で批判された。書面への過度の依存は、当事者と裁判所との直接的接触（directness）を不可能とし、訴訟は厄介で冗長なものとなった。同様な結果をもたらしたのが、訴訟の様々な段階での中間判決（およびそれに伴う頻繁な上訴）の可能性と、支配的であった同時提出主義（Eventualmaxime）であった。同時提出主義は、紛争と関連する全ての事実を、たとえそれが重要でないと思われるときでも、一定の段階で当事者が裁判所の面前に提出することを強要した。例えば、全ての延期的・滅却的抗弁が一度に提出されなければならなかったのである」。「同時提出主義は後期中世の書面手続にルーツがある。ドイツにおいては、それは16世紀と17世紀に全面的に発達した。元来は訴訟手続をより厳格に整序し、引き延ばし遅延工作を阻止することが目的であったが、訴訟を迅速化するためのその他の多くの試みと同様に、実際は失敗に終わった」。「訴訟手続の秘密性は、裁判官および実務家の活動を、公衆による審査と批判から遮断した。裁判官の受動的態度は、良い弁護士を雇う余裕のない非熟練者には

231）　*Id.*, 91.「ホラントは1830年にベルギーから切り離された後に、新しい国家法典とりわけ1838年民事訴訟法典（Wetboek van burgerlijke regtsvordering）を磨き上げたが、実は民法典がより大きな影響を受けていたのと同様に、この民事訴訟法典もナポレオンの例に大きく依存していた。かくしてホラントは、最終的にオランダ法源の古い流れ——それは、逆説的ながら、とりわけ南アフリカのような海外の領土で支配し続けた——から切り離された」（*Ibid.*）。なお、1806年フランス民事訴訟法典につき、さらに林屋・前注（2）244頁以下。

232）　*Id.*, 92.

危険に満ちていた。裁判所のターミノロジーは外国起源で、通常の市民にはアクセスできなかった。これらの多くはヨーロッパに共通の不満であった。ドイツにおいては地域法が多数存在するという問題がさらに加わった。手続法がようやく統一されたのは1877年で、政治的統一の数年後であった」[233]。

　第2に、カネヘムはプロイセンの状況に焦点を合わせ、典型的啓蒙専制君主であるフリードリヒ2世（大王）（在位1740年-1786年）のもとで迅速に司法改革が進行し、まず大法官コークツェーイ（Samuel von Cocceji）の補佐を受けてドイツ普通訴訟法の枠内で若干の改革が実施され（簡略な訴訟における口頭主義の導入）、大法官カルマー（von Carmer）の改革への情熱が、全く新しい訴訟制度である1781年4月26日フリードリヒ法大全（Corpus Juris Friedricianum）第1部訴訟法に結実した、と指摘する。「この非常に注目に値する制度は、裁判官の職務（officium judicis）を訴訟の中心的要素とした。すなわち裁判官は両当事者を保護し、たとえ両当事者が消極的であるかまたは誤っている場合でも、独自に職権で事件の本案を調査しなければならない。これは裁判官を単なるアンパイアの地位にとどめておく古い弁論主義の原則（principle of party presentation）からの訣別であった。それはあたかも、刑事裁判所の職権主義的手続（ex officio procedure）が民事手続に適用されたかのようであった。その結果、弁護士の職務は変化した。彼らは裁判所の公的補助者（Assistenzräte）でなければならず、私的サーヴィスのために雇われた訴訟代理人であってはならなかった。事実の積極的調査（訴訟の事実審理［Instruction of the process］）は、その目的のために可能なあらゆる手段を用いることができ、また用いるべき裁判官の職務でなければならない。それゆえこの手続のために審問主義（Instruktionmaxime）という用語が用いられ、裁判所が任命した審査官（Instruent）は、その事件が裁判所の面前に現れる前に事実争点書（status causae et controversiae）を決定し、証拠を収集しなければならなかった。これはフランス刑事訴訟におけるjuge d'instructionを想起させる役割である。裁判官は手続を迅速化するあらゆる手段を職権によって（ex officio）講ずる義務

---

233)　*Ibid.*（N. 190）.

があった。例えば、両当事者を呼び出して、当事者が裁判官の前に提出した事実や弁論にいかなる点でも制約されずに、本人に質問することができ、それゆえ職権主義（Offizialmaxime）と呼ばれた。……この技術的に注目すべきユニークな実験は、フリードリヒ・ヴィルヘルム2世の1793年プロイセン一般裁判所法（Allgemeine Gerichtsordnung für die Preussischen Staaten）により改訂されつつも短命に終わった。その実験は半世紀ほど持ちこたえたが、1833年6月1日ならびに1846年7月21日の法令は、とりわけ弁護士強制主義の再導入によって伝統的態度に復帰した」[234]。この実験が失敗した理由として、①司法上の糾問主義（principle of judicial inquisition）が、伝統的な弁論主義を犠牲にして過度に強調され、裁判官の中立的立場が破壊された、②19世紀の自由な気風（temper）が、国家の任命した裁判官による権威主義的訴訟指揮のパターナリズムを排斥した、という2点をカネヘムは挙げている[235]。

　第3に、19世紀初頭のドイツは、ナポレオン時代にフランス民事訴訟法典が導入された結果として、甚だしい多様性を示すに至っていた。①古い普通訴訟（gemeiner Prozess）が妥当する地域（ドイツ南部、ザクセン、シュレスヴィッヒ、ホルシュタイン、ハノーヴァーなど）、②プロイセンの立法が支配する地域、③1806年フランス民事訴訟法典が効力を有する地域（ラインプロイセン、ラインヘッセン、ラインバイエルン、ヴェストファリア王国、ベルク大公国）に分かれていたが、さらに19世紀半ば（特に1848年ヨーロッパ革命後）にはハノーヴァーなどに新訴訟法が公布・施行され、多様性はピークに達した。統一的ドイツ民事訴訟法典の必要性は明らかであったものの、「多くの人々によって唯一の解決策であるとして支持されていたフランス訴訟手続の全面的採用は、ドイツ的伝統の強さと、1806年フランス民事訴訟法典への批判（弁護士の役割が非常に重視されていることなど）が原因で、結局は実現しなかった。その19世紀を通じてのドイツにおける影響は、最後の3分の1の期間は減少しつつあったが、特にドイツ帝国民事訴訟法典には相当に残っていた」。1806年フランス

234）　*Ibid.* フリードリヒ法大全およびプロイセン一般裁判所法については、鈴木・前注（3）
　　　（2011年）294頁以下所収の「プロイセン一般裁判所法」を参照されたい。

235）　*Id.*, 92-93.

民事訴訟法典はフランスによる支配の後もラインラントで現実に適用され、また、その公開性・口頭性はドイツの公衆にとって強烈な魅力を持っていたのである[236]。

　第4に、「民法の統一（1896年ドイツ民法典は1900年に発効した）のずっと前に、ドイツに共通の統一的民事訴訟法典をもたらした1877年1月30日のCivilprozess-Ordnungは、様々な願望の実現であり、相異なる伝統が結実したものであった」。「1877年民事訴訟法典は1896年民法典とは対照的に、学者の作品というよりも裁判官の作品であり、理論よりも実務から多くの示唆を受けていたから、学問的な民法典よりもドイツ社会により容易かつ完全に受容された。1877年の訴訟手続は、……フランス的要素（伝統）と、司法大臣レオンハルトの作品である、影響力ある1850年ハノーヴァー王国民事訴訟法典（1864年にはバーデンが、1865年にはヴュルテンベルクが同法典に従った）におけるドイツ『普通法』的要素とが結合して、準備されたのである」。1877年民事訴訟法典の「訴訟手続は口頭主義的であり、公開の口頭弁論（public hearing）は必要的で、その進行は両当事者によって決定され、同時提出主義（Eventualmaxime）は廃止されて、新しい事実・文書・弁論は訴訟の進行につれて（一定の期間内に）提出できることとなった。判決は裁判官の自由心証と確信に基づき、強制的な証拠法則は例外的であった。証明手続は、古い普通訴訟とは異なって、特別の証拠判決により開始される訴訟の独立の部分ではなかった。地方裁判所と上級裁判所では弁護士による援助は強制的であった」。もちろん1877年法典は上訴を取り扱い、控訴・上告・抗告の不服申立方法を承認した。控訴には移審効があり（devoltive）、新たな審理と判決に至り、新たな主張・立証の提出権が承認された。上告は法令の正しさに関するもので、事件全体の新たな審理と再考には至らなかった。それは上級地方裁判所とライヒ最高裁判所の中間に位置し、フランスの破毀院に影響されたものであった。抗告は原則として裁判所の中間的決定に対してのみ用意された。1877年法典はさらに3つの不服申立て、すなわち①再審手続、②原状復帰（Wiedereinsetzung in den vorigen Stand）、③欠

---

236)　*Id.*, 93. ハノーヴァーの1850年民事訴訟法につき、鈴木・前注（3）66頁以下。

席判決に対し同一裁判所に行う異議（Einspruch）の可能性を認めていた。①は古くからの無効の申立てないしrestitutionの訴えに、②はドイツ普通法上のrestitutio in integrumに基づく」[237]。

（iv）中世末期以降のイタリアにおける不満足な状況に対し、18世紀に改革の必要が唱えられ始め（近代化への努力は、1738年バルコーヴィ草案などの域を出なかった）、「オーストリアの啓蒙主義と、より重要なフランス軍・フランス諸法典とが現行秩序を転覆したときに事態は変化し始めた」。ロンバルディアとヴェニスでは、オーストリアの王令（1781年ジョゼフィーヌ王令、1796年西ガリチア王令）が発効し、1806年以降は、ナポレオンの占領が進むにつれてフランス民事訴訟法典がイタリアの諸都市で公布されたが、政治的理由から（ナポレオンの退位とルイ18世の復位）1815年以降は古い諸法（old laws）が復活した[238]。ピエモンテにおける議会政治の導入に伴い、1849年から1854年の間に多くの改正草案が作成され、1860年にピエモンテとサルディニアで民事訴訟法典が発効した。1861年にはピエモンテの支援のもとにイタリア王国が樹立され、1865年6月25日に近代的・統一的・国家的民事訴訟法典が成立し、若干の変更を加えつつ1940年民事訴訟法典の発効まで存続した。

　「1865年民事訴訟法典は、とりわけ証拠の分野でフランス・モデルに多くを負うが、その依存度はイタリア民法典ほどではなかった。それは先行する時代の地域的イタリア立法（regional Italian legislation）からも非常に多くのものを取り入れている。例えばフランス民事訴訟法典に倣いつつも、殆ど全面改正

237）　*Id.*, 93-94.　近代ドイツの民事訴訟につき、林屋・前注（2）268頁以下も参照されたい。

238）　*Id.*, 94. カネヘムは、1822年のピエモンテ勅令（Edict）、1854年および1859年のサルディニア法典、教皇領のための1834年グレゴリウス16世民事事件裁判規則を例示し、「ロンバルディアとヴェニスでは、オーストリア政府が1815年に古いオーストリアの制定法とその秘密かつ書面の訴訟手続を再び導入した。1850年に様々な訴訟事件のために略式手続が導入され、1871年までこの状況が続いた。多くの新しい法令が公布され、一部はフランス法を、また一部は地方のイタリア的伝統を取り入れたもので、公開および口頭という馴染みのある理念を目指していた」とする（*Ibid.*）。

といってよい変更を加えた1820年パルマ法典（Parmesan Code）を取り入れたのである。それは妥協以上のものであって、レオンハルト1人の作品に比べて同質性が低いのであった。この法典は証拠の自由評価に固執したが、多くの例外もあって、書証を極めて重視し、通常（書面）手続と略式（口頭）手続とを維持した。それは決訟宣誓（decisory oath）、自白の拘束力、証人の資格喪失および証拠排除に関する多くのルールを残存させた。このようにして、ヨーロッパにローマ＝カノン訴訟形式を与えたイタリアは、7世紀前にイタリアの学問を継受した最初の国であるフランスから、統一的・近代的訴訟法典を継受したのである」[239]。

（ⅴ）ドイツ・イタリアとは異なり、スイスは共通民事訴訟法典の創造に失敗し、カントンごとに多様な訴訟法典が存在していた。「19世紀のスイスでは、ドイツの『普通訴訟』的源流（origin）と1806年フランス民事訴訟法典の影響との間で競争が見られた。スイスは実体ローマ法の「継受」を知らなかったにもかかわらず、ドイツ普通訴訟の影響は北部・東部・中央スイスにおいて最も強力であった。ただし、この訴訟の現実のインパクトは、スイス裁判所の非アカデミックな裁判官たちが相当な役割を果たしたことで減少した。この学識訴訟の『継受』の偉大な時代は、革命期にアルカイックな司法組織が破壊された後の19世紀のことであった」。学識訴訟は各カントンでの法典化（例えばベルンでは1847年）に際してのみならず、連邦裁判所の訴訟手続を規律する1850年11月22日連邦法にも継受された。1947年連邦民事訴訟法はドイツおよびオーストリアの法典から多くの示唆を受けた[240]。

　1806年フランス民事訴訟法典は各カントンの法典化を促したが、その実質的内容は継受されず、1819年ジュネーヴ民事訴訟法典がスイス全体に非常に大きな影響を及ぼし、そのベロ（Bellot）による理由書はフランス民事訴訟法典を批判していた。訴訟に対する典型的な当事者支配はどのカントンでも採用されず、裁判所の訴訟指揮権が明文化された。「それでも若干の細部において、

---

239) *Id.*, 94-95.

240) 以上は、*id.*, 95.

1806年フランス民事訴訟法典と西部スイスの制定法との間には、驚くべき並行性が存在する」[241]。

「スイス法は近代トルコ法の基礎となった。スイス民法典が1926年にトルコに導入されたように、主に1925年のヌーシャテル民事訴訟法典に基づく、若干のドイツ的・フランス的要素を備えた近代的システムを1927年トルコ民事訴訟法典は採用した。この措置がとられる以前の19世紀には奇妙な暫定的状況が生じていた。そこでは伝統的なイスラーム法と、1870年から1876年にかけて訴訟手続が法典化されたイスラーム法裁判所が、西ヨーロッパ（主にフランス）法と共存し、1860年には別々の裁判所が設立されていた」[242]。

（ⅵ）「オーストリア君主（Crown）の領土」と題する項では、カネヘムはオーストリアとともに主にハンガリー、ポーランドの発展を記述し、ロシア法に連続させてゆく。

マリア・テレージア（1740年–1780年在位）およびヨーゼフ2世（1765年–1790年在位）は、啓蒙専制君主として、自然の衡平（natural equity）と理性の要請の観点から法を法典化して改良することに熱心であるとともに、多民族国家の統治者として、自らの所領における法の統一にも関心を寄せ、その結果として法の法典化・近代化・統一化は民事訴訟にも及んだ。マリア・テレージアは1753年に統一民法典・統一民事訴訟法典の準備委員会を選任し、1776年には訴訟法草案が認可された。1781年5月1日にヨーゼフ2世によって、訴訟法の歴史におけるモニュメントである一般裁判所法（Allgemeine Gerichtsordnung）が認可・公布された。この法典はドイツ語・ラテン語・イタリア語で公刊された。その内容は基本的には既にオーストリアとボヘミアで強力な地位を獲得していた学識ローマ＝カノン訴訟であったが、当時の哲学的理念（モンテスキューの思想）の影響も受け、啓蒙専制君主諸国の立法を比較して、極めて慎

241）　*Ibid.*「19世紀にスイスでは、イングランドのモデルに倣って、民事訴訟に陪審制を導入しようという議論がなされた。ただ、チューリヒにおいてのみ1874年に少額事件に限って民事陪審が導入され、1911年に再び廃止された」（*Ibid.*）。

242）　*Ibid.*

重に起草された。1796年には1781年法を改正した西ガリチア法令（WEST GALICIAN Ordinance）が公布された。1781年一般裁判所法は弁護士強制主義・書面主義・弁論主義・同時提出主義を採用しており、普通訴訟と同様に訴答の終結後に証拠中間判決が続き、証人は立証項目（proof-articles）に即して尋問され、当事者は証言録取書（depositions）の写しを求めることができた。例外的に両当事者の合意によって少額事件の場合に口頭で手続を進めうるとされ（この口頭手続では、裁判官は、法的助言者［legal assistance］なく出頭した当事者を援助するために一定の措置を講じなければならない）、「事実上『口頭手続』は紛争の膨大さゆえに利用されるようになった」ため、この制度は「実務上非常に重要な口頭主義および職権主義（Offizialmaxime）への動き」を表すものとなった。「口頭主義および公開主義へのこの明白な進歩は、19世紀後半には1848年革命に続いて加速した。公開かつ口頭の訴訟手続は1849年3月4日憲法で明示的に約束されていた。近代的原理に基づいた訴訟手続は、1873年に『少額事件のために』導入され（少額訴訟手続［Bagatellverfahren]）、50フローリーンまでは強制的、500フローリーンまでは選択的であった。それは両当事者が共同で反対の申立てをしない限り、口頭かつ公開の手続を導入するもので、証人尋問には当事者が出席し、裁判官は証拠評価のための古い形式的なルールから自由であった。こうして非公開の古い学識訴訟は次第に制限された。1874年民事訴訟改正法（Novelle）はこの方向へのさらなる一歩であったが、1781年法の支配が終わったのは、司法大臣クライン教授の作品である1895年民事訴訟法典のときであった」[243]。ラディカルな改革を行ったこの1895年民事訴訟法典は、フランスよりもドイツの例に倣っており、20世紀に多くの諸国に相当な影響を与えた。「訴訟手続は口頭主義で、……最大の革新は伝統的な当事者支配に対する制限であった。訴訟手続は大幅に裁判官の指揮運営に委ねられた。裁判官は、弁護士によって補助された訴訟当事者との直接の口頭の接触を通じ、事件の本案の完全な分析に基づく決定によって、かつまた手続上の過誤に対し当事者に警告することで、積極的に訴訟手続を迅速化し両当事者の実質

---

243) *Id.*, 95-96.

440

的公平を促すように期待されたのである。裁判官は職権で文書の提出や証人の
出頭を命ずることができた。控訴においては、新たな要素（elements）の主張
は制限された。クラインの卓越した進歩的な作品のおかげで、訴訟手続はより
簡易迅速になり、いっそう広い階級の訴訟当事者にアクセス可能となったこと
は疑いない。それは民事訴訟を公共の福祉制度（Wohlfahrtseinrichtung）とし
て、かつまた国家の積極的援助を伴う社会司法（soziale Rechtspflege）として
とらえるクラインの民事訴訟法観と全面的に符合していたのである」[244]。

　ハンガリーでは、1848年革命での抑圧後は、1852年からオーストリア法（な
かんずく1781年一般裁判所法を改訂したもの）が強制された。1861年に政治的
圧力のためにハンガリー本土は自国法に復帰し、1781年オーストリア一般裁判
所法に基づく1868年民事訴訟法典（1867年にはオーストリア＝ハンガリー二重
帝国が成立し、実体法は依然としてヴェルベーツィの「三部書」が効力を有し
ていた）、1895年オーストリア民事訴訟法に基づく1911年民事訴訟法典（これ
は本質的にはSándor Plószの作品である）、1952年新民事訴訟法典、と変遷し
た。「ここにわれわれは検察官の重要な役割、裁判所が職権で活動してでも客
観的真実に到達したいという願望、証明問題における裁判官の積極的役割、司
法組織の主導権（right of initiative）のような、社会主義法のお馴染みの要素

---

244)　*Id.*, 96-97.「訴訟手続は口頭主義であったが、弁護士代理が要求されている訴訟事件で
　　は、準備的な書面によるプリーディングが存在した。証人としての（必要ならば宣誓し
　　たうえでの）当事者の尋問は、（少額事件手続を導入した）1873年法から借用し、改良
　　のうえで一般に適用された。当事者宣誓に代わり、この当事者尋問が登場したのである」。
　　判決に対する不服申立ては、ヨーゼフ2世によって合理的に規律され、1781年一般裁判
　　所法は控訴（Appellation）・上告（Revision）・（破毀に類した）判決無効の申立てを認め、
　　控訴の合理化および短縮のために新証拠の提出を禁じていた。1895年のオーストリア民
　　事訴訟法典は控訴（Berufung）・上告（Revision）・抗告（Rekurs）の不服申立てを許容
　　している。「控訴期間は短く、当事者は新たな主張立証を行うことはできず、控訴審に
　　おける裁判官の活動の自由は相当なもので、自判ないし差戻しを行うことができた。上
　　告は破毀に相当するもので、4つの特別な上告理由があり、最も重要であるのは法律上
　　の過誤（error of law）であった。上告はヒアリングを伴わない非公開の部における手続
　　であった。抗告は中間的決定に対してなされた」（*Id.*, 97）。

を発見する」[245]。

　プロシア・オーストリア・フランスにおける法典化が成功したため、チェコ、マジャール、ポーランドも自国の伝統を最終的に排除し、ローマ＝カノン訴訟および近代的・コスモポリタン的法典を導入した。ポーランド分割（1772年・1793年・1795年）は法的多様性をもたらしたが[246]、第一次大戦後はポーランドの法的統一が推進され、1930年・1932年にはドイツおよびオーストリアの糺問主義的影響を受けたポーランド民事訴訟法典が成立した。「第二次大戦後の最初の重要な変革は、1950年7月20日裁判所構成法で生じた。司法組織とともに民事訴訟も社会主義的に再形成された。国家の役割は拡大され、裁判官は『訴訟の進行を補助する』アンパイア以上のものとなった。経済的により弱い当事者は援助されねばならず、検察官の役割は拡大され、当事者が提出した立証資料の範囲を超えて、知識を欠いた当事者のために、かつ客観的真実を発見すべく、イニシアティヴをとる裁判官の役割も強化された。上訴においては、破毀と上訴の中間的存在である新たな『再考案の申立て』（revision）が導入され、第一審判決の適法性・適式性のコントロールに役立ったが、これは新たに判決を行うこともでき、そのための新証拠の提出を許容するものであった。1964年新民事訴訟法典は新民法典とともに1965年1月1日に発効した。それは1950年法と同様に民事訴訟における検察官の積極的参加、民事裁判官の主導権（right of initiative）、再考案申立手続（revision）、客観的真実確定のための職権調査の広汎な利用、形式主義の緩和といった周知の要素を含んでいる」[247]。

（vii）　ロシア法史における西ヨーロッパの影響は、ピョートル1世（大帝）（1682

---

245)　ハンガリー法の近況は、Kengyel/Harsagi, *Civil Justice in Hungary*（慈学社、2010年）。

246)　「ロシアの影響のもとにヴィーン会議で生み出されたポーランド王国においては、1808年にワルシャワ公国に導入されたフランス民事訴訟法典が、1864年ロシア民事訴訟法が若干の修正を加えて1876年に取り入れられるまで効力を有していた。ポーランドのオーストリア部分には、オーストリアの訴訟手続（特に1895年法）が、ドイツ部分にはプロシア法とそれ以後のドイツ法（特に1877年法典）が導入された」（*Id.,*97-98）。

247)　*Id.,* 98.

442

年-1721年）の治世に急激に拡大し、ピョートル大帝およびエカテリーナ2世の
もとでの18世紀の諸改革から生まれた膨大な量の法を法典化するとともに、旧
式な1649年の法令集（Ulozhenie）と近代的法理念とのギャップを埋める作業
が進められた。アレクサンドル1世（1801年-1825年）のもとでの法典化の試み
（これは政治的事情から公布に至らなかった）、保守的なニコライ1世（1825年-
1855年）のもとでの「法令全集」（Polnoe Sobranie Zakonov. 1830年、全45巻）・
「法律大全」（Svod Zakonov. 1832年、全15巻）の刊行を経て、1864年のアレク
サンドル2世（1855年-1881年）による司法および訴訟法の、「ナポレオン的フ
ランスの西欧モデル」に全面的に従った大改革が実現された。この改革はロシ
ア的・ビザンティン的伝統、当時のロシアの非公開の糺問的司法制度から訣別
した。ロシアの法発展は立法中心に上から指導されたのである[248]。なお前出の
「法令全集」は1649年以降の法と王令を時系列的順序で並べたもので、「法律大
全」はビザンティン的要素のみならず西洋的・パンデクテン的要素を含み、そ
れを体系的に編集している。

　「1864年訴訟法は、公開・口頭で、弁論主義（principle of party presentation）
および裁判官・当事者・証人の直接の接触（direct contact）の原則に基づいて
いた。書証、証人、鑑定人の意見、自白、宣誓（両当事者の同意を伴うときに
限る）、地域での審問・検証（inquests on the spot）が証拠方法であった。法
定証拠理論は（若干の特定のケースにおける書証の必要、法律上の推定といっ
た）若干の留保付きではあるが、裁判官の自由心証のために廃止された。欠席
はフランス民事訴訟法典と同様に処理された。フランスと同様に、文書と陳述
書面との交換からなる準備段階は、公開かつ口頭のトライアルに至る。当事者
は通常の上訴と破毀を求める申立てを利用でき、後者は上院（the Senate）の
『民事破毀部』（grazhdanskii kassatsionnyi department）に申し立てる（これは
フランスのテクニカル・タームの採用例の1つである）。司法制度全体は能率化
され、それによって既存の混乱は終結し、弁護士は組織化され団体として公認
された」[249]。

---

248)　*Id.*, 99.

1917年のロシア2月革命後の1918年3月7日の布告（decret）は、1864年法の規定が新政府によって廃止されず、労働者階級の法観念に反しない限りで、同法を暫定的に維持した。ロシア以外のソヴィエト連邦の各共和国のモデルとなった1923年7月7日のロシア共和国民事訴訟法典、1964年ロシア社会主義連邦共和国新民事訴訟法典（Grazhdanskii Processual'nyi Kodeks）といった「革命立法は、弁論主義の自由主義的概念を排除し、真実および正義の発見のための強力で積極的な役割を裁判官に与えた。それは口頭・公開の訴訟手続を定め、証明事項における形式主義を斥けた。個別の訴訟は、私的利害の争いであるのみならず社会的コンテクストの中に置かれた。民事訴訟の公的および教育的重要性が強調され、国家組織である検察官（prokuratura）は相当な介入・指導の義務を課され、非専門職的市民も同様に責務を課された」[250]。

(viii) ギリシア・ブルガリア・セルビア・ルーマニアといったトルコを除くバルカン諸国では、19世紀の「広汎な政治的大変動」によって古いビザンティン＝スラヴ的伝統は廃され、近代的な西洋の諸法典が採用された。

まずギリシアでは、フランスおよびドイツの影響を受けたフォン・マウラー（von Maurer）の作品である1834年民事訴訟法典が、その外国的性格にもかかわらず裁判所に受容され、1968年民事訴訟法典に至るまで効力を有した。1878年に独立を達成したブルガリアは、ロシア経由で次第にフランスを中心とする西洋モデルの影響を受けるようになる。1892年ブルガリア民事訴訟法典は、「1864年ロシア訴訟法（司法に関する布告）を源とする1878年の暫定的なVremenni sudebni pravilaの民事部分の改訂拡大版」であったが、フランス、ドイツ、イタリア、ジュネーヴの各西洋民事訴訟法典も採用された。1952年には新民事訴訟法典が公布され、1960年に重要な改正があった。

ルーマニアは1821年の革命の後、「バシリカ（Basilica）は世界のあらゆる法

---

249) *Id.*, 99-100.

250) *Id.*, 100. 2002年ロシア民事訴訟法典については、Maleshin, Russian Civil Procedure: An Exceptional Mix, in: J.Walker/O.G.Chase (eds.), *Common Law, Civil Law and The Future of Categories*（2010）341ff.

444

の基礎であるが、バシリカに欠陥があることが明らかになった場合には、最も開明的な諸国の法に従う」という典型的な移行期の見解を1832年ないし1833年に表明した。最終的にはルーマニアは、フランス法（およびローマ法）を中心とする西ローマ的継受へと完全に転換し、1865年のルーマニア民事訴訟法典は、フランス民事訴訟法典と1819年ジュネーヴ民事訴訟法典を基礎としたが、1900年訴訟法典はフランス法およびドイツ法に基づき大幅に改正された。

　セルビアと、後にユーゴスラヴィアを構成するそれ以外の地域の状況は、混乱していた。西ローマ法的伝統と東ローマ法的伝統に属するスラヴ民族がともに生活しているユーゴスラヴィアは、1895年オーストリア民事訴訟法典に大幅に従った1929年7月13日民事訴訟法典により訴訟手続を統一し、1957年には新民事訴訟法典が公布された。クロアチアとスラヴォニアは、従前からハプスブルク家とオーストリア法の支配下にあり、独立したセルビアは西洋モデルに転じて、1811年オーストリア法典の翻訳である1844年セルビア民法典、1851年プロシア法典に基づく1860年刑法典、フランスの影響が顕著な1869年民事訴訟法典を制定した[251]。

（ix）スカンジナヴィアの項では、カネヘムはスウェーデンについて次のように指摘する。「1789年に評議会（council; justitierevisionen）は廃止され（前注201末尾参照──貝瀬）、最高裁判所（Högsta domstolen）が設立されて、1809年には常設組織となった。19世紀初めに訴訟法改正の提案に基づく準備作業が開始されたが、改革は召喚状・欠席・証明などの断片的な改正にとどまり、全面改正のプランが立法上容認されたのは、ようやく20世紀になってからであった。1942年訴訟法典（Rättegångsbalk）（1948年発効）は、政府が『訴訟法改正委員会』を任命した1911年から始まった研究の成果であった。当時の訴訟手続に対する主な不満は、その遅延と、関連する証拠を提出することに対する訴訟上のバリアであったため、『口頭主義・集中主義・直接主義』は、真実を引き出すための補助となりうるあらゆる資料を受け入れる裁判所の自由とともに、

---

251)　*Id.*, 100-101.

新法の主要な目標であった。形式的な証明のルールは廃止され、立証資料（proof material）の自由評価が絶対的に容認され（ただし純粋に主観的な裁判官の内的確信ではない）、当事者宣誓は全面的に廃止された。一般的にいえば、オーストリア民事訴訟法典はこの改革のための重要なインスピレーションの源であり、とりわけ、手続の形態を決定するにあたり裁判所の職権による介入を認める点でそうであった。訴訟法の国家的法典を有したヨーロッパ最初の国家であるスウェーデンでは、それを近代的でラディカルに異なった法典と取り替えるのが遅くなった」[252]。18世紀および19世紀において、「デンマークとノルウェーの訴訟手続は完全な書面主義であったのに対し、スウェーデンとフィンランドでは、地方ないし小規模都市の裁判所は、特に裁判所における素人的要素（lay element）のために口頭の手続を残していた。フィンランドは徹底した訴訟改革に着手せず、多くは1734年スウェーデン王国法典によって依然として規律されている」。デンマークでは一般に1895年オーストリア民事訴訟法典に基づく1916年訴訟法典（Retsplejelov）が、ノルウェーではドイツおよびオーストリア民事訴訟法典に基づく1915年法典（Tvistemaalslov）が成立した[253]。

（ｘ）16世紀にローマ法とその訴訟手続を国家制度として「継受」したスコットランドでは、18世紀にローマ法への依存度が弱まり、「スコットランド法は大陸法からさらに遠く離れ、特に貴族院の活動と、イングランドの法律家が起草してスコットランドで採用された制定法を通じて、イングランド法の影響が増大した」。「19世紀は王立委員会（Royal Commissions）が活躍し、その報告書は国会制定法（Acts of Parliament）および手続規則（Acts of Sederunt）に結実して、部分的にはイングランドの影響も受け、発展した社会の要請に応じた訴訟手続を確立した。重要な改革の1つは民事陪審の導入であった。1815年および1819年のスコットランド陪審審理法（Jury Trials［Scotland］Act）に

---

252)　*Id.*, 101.

253)　*Ibid.* フィンランド法の近況につき、L. Ervo, *Civil Justice in Finland*（慈学社、2009）。2005年ノルウェー新民事訴訟法につき、V. Lipp/H.H.Fredriksen (eds.), *Reforms of Civil Procedure in Germany and Norway* (2011).

446

よって、特定の民事事件における陪審による審理は、民事上級裁判所（Court of Session）の改革運動の一環として確立した。……1532年のCollege of Justiceの創設以来の有効な全ての手続規則を、1つの民事訴訟法典の形式に組み込む手続規則法典化法（Codifying Act of Sederunt）が通過した。1933年スコットランド司法運営法（Administration of Justice（Scotland）Act）は、若干の新しい訴訟規則を定め、イングランドの裁判所規則（Rules of Court）に相当する規則の制定権を民事上級裁判所に付与した。19世紀には古いスコットランドの令状制度（brieves system）が、消滅はしないまでもいっそう減少した。……強いイングランドの影響にもかかわらず、スコットランドの裁判所は、コモン・ローとエクイティの区別が存在せず、救済手段が権利に従属するというような、多くの顕著な特色を損なわれずに維持した」[254]。

（xi）「スペイン、ポルトガル、両国のアメリカ大陸の領土」と題する項目で、カネヘムは次のように解説している。まずスペインは、最初の訴訟法典である1855年民事訴訟法を完全に改訂した1881年2月3日訴訟法典（Ley de Enjuiciamiento）においてさえ、ローマ＝ゲルマン的伝統に忠実なままであった。しかしながら「スペインの伝統主義は、必ずしも全ての外国からの影響や近代化を排除はしなかった。若干のフランスの影響が注目すべきで、書面手続の枠組みの中で証拠が提出され、公開かつ口頭で証拠について討論される自由心証主義（証拠の自由評価）が、部分的に導入された」。1942年・1944年改正草案は、学者により「馬鹿馬鹿しく無秩序なもの」として批判された[255]。

　ポルトガルについては、「最終的に1876年11月3日の民事訴訟法典が、1841年の最新司法改革法から多くの素材を借用しつつ、ポルトガルに包括的・体系的な法をもたらした。準備手続（Instruction）は書面により、それから口頭の討論に至った。弁護士は口頭または書面のいずれで訴答を行うことも可能であっ

---

254)　*Id.*, 101-102.

255)　*Id.*, 102. 1881年スペイン訴訟法は、大幅に修正のうえで1885年にキューバとプエルトリコに拡張され、キューバとほぼ同一内容の訴訟法が1888年にフィリピンで採用された（N. 209）。

第3部 比較法史の実践 **447**

た。実務上陪審は何の役割も果たしていなかったが、陪審は両当事者が申請した場合にのみ認められた。請求と答弁は書面で明瞭に表現されなければならず、全ての文書は最初に提出された。当事者は、項目形式で記載した事実について、取調べ（interrogation）をいつでも求めることができた。この法典は1869年民法典と同様に19世紀思想の様々な要請を取り入れることで、古い国家的伝統を適応させたものであるといえよう。司法組織はフランスをモデルにした」とカネヘムは述べている[256]。

　アメリカ大陸におけるスペイン・ポルトガルの旧領土は、19世紀には一般的にそれぞれのスペイン的・ルスティアン的（Lustian）伝統、アンシャン・レジームの訴訟形式を保存し、フランスの影響を免れた。書面の秘密手続、段階ごとの厳格な区分、訴点決定手続（positional procedure）、法定証拠を伴うスペインの保守的な訴訟手続を範としたのである。ただし1822年に独立したブラジルは、1876年ポルトガル民事訴訟法典と様々なイタリアの草案に多くを負った1939年ブラジル民事訴訟法典が、口頭主義と集中主義を伴うより近代的な訴訟手続を導入した[257]。

（xii）カネヘムは、（ア）イングランド、（イ）イングランドとヨーロッパ大陸、（ウ）最高法院法に至る諸法律、の3項目を検討している。最も詳細な（ア）の項目は、①序論、②最高法院法による裁判所組織の再編、③コモン・ローとエクイティの融合、④新しい訴訟形式に対する大法官府の実務の影響、⑤上訴制度の改革といった論点から構成されている。

---

256)　*Ibid.*

257)　*Id.*, 102-103.「アルゼンチン、（1939年までの）ブラジル、メキシコには自国の訴訟法典がなく、プロヴィンスごとに極めて多様であったが、連邦裁判所（Federal Courts）の訴訟手続が統一的影響を及ぼすようになった。1863年アルゼンチン訴訟法……の訴訟手続は、ある程度まで1885年スペイン民事訴訟法（そして、かなりの程度まで1830年スペイン民事訴訟法）に基づくが、さらに驚くべきことに、1819年ジュネーヴ民事訴訟法典およびその翻訳であるスペイン王顧問会議規則（Reglamento del Consejo Real España）に基づいてもいるのである」（*Id.*, 102）。

448

（ア）①「ヨーロッパ大陸の大法典は訴訟手続を近代化したが、その構造を変えることはなく、新時代の要請に適応させた。イングランドとアメリカ合衆国で19世紀に起きたことは、それよりも遙かに進んでいた。すなわち古代のコモン・ロー訴訟手続はその本質が変更され、コモン・ローを育んだ揺り籠（cradle）でイングランド中世法の最も重要な特色である訴訟方式（forms of action）が廃止され、……統一的・簡易・能率的で、一般的なルールと概念によって規律された訴訟手続と交替したのである。12世紀において最初に近代化されたイングランドの訴訟手続は、自らを適応させ過去から訣別する点では、最も遅いものの1つであった。18世紀の大陸での偉大な革新に続くものをイングランドに見出すことはできず、……イングランド法は偶然かつ実験的に成長し、計画と制定法は付随的であった」[258]。

　さて、カネヘムの叙述の順序とは異なるが、ここで前掲（ウ）「最高法院法に至る諸法律（Acts）の部分を要約しておこう。その方が時系列に沿った明快な叙述になるからである。1873年および1875年の包括的な最高法院法以前に、1828年の庶民院（ハウス・オブ・コモンズ）におけるBrougham卿のスピーチを契機として、各種の調査委員会が報告書を提出し、訴訟手続の直接性・公開性・効率性を目的とする諸法律が制定され、最高法院法への道を準備していた。カネヘムは（a）コモン・ロー訴訟手続の簡易化・一般化に着手した1832年訴訟統一法（Uniformity of Process Act）、（b）1833年民事訴訟法（Civil Procedure Act）、（c）1833年不動産制限法（Real Property Limitation Act）にまず論及する。（a）は人的訴訟は統一召喚令状で開始されるとしたが、令状で訴権の名称を特定することを要求した。（b）は裁判官にコモン・ロー・プリーディングの規則の作成および遅延・形式主義・コストの解消を要求した。（c）は不動産回復訴訟（ejectment）などの4つの例外を除き、物的訴訟および混合訴訟を全て廃止した[259]。次いでカネヘムは、「エクイティにおける近代的訴訟手続を開始した」1852年大法官府改正法（Chancery Amendment Act）を採り上げ、こう指摘する。「同法は無用で費用のかかる方式を除去し、プリーディングのルー

258）　*Id.*, 83.

ルを変更した。例えば、被告は証人が口頭で公開の法廷において尋問されるよう要求できた。裁判所に付与された新たな一連の権限は、裁判所が手続を簡略化することを可能にし、これにすぐ続いて行われたコモン・ロー訴訟手続の改革の結果、2種の裁判所間に類似性が生まれ、両者の融合政策が推進された」[260]。最後に、カネヘムは重要な1852年・1854年・1860年のコモン・ロー手続法（Common Law Procedure Act）を詳しく解説する。これらのコモン・ロー手続法は「実質的正義を確保するために、裁判所に大幅な裁量権を与え、旧来の厳格な弁論主義に対して職権調査の理念を明確に強化した」ものである。最初の1852年法は、「いかなる召喚令状においても方式ないし訴訟原因に言及する必要はないとし（訴訟方式廃止への第一歩）、出頭を確保するための様々なアルカイックな手続を廃止して、合理的な手続に改めた」。第2の1854年コモン・ロー手続法は、「コモン・ロー裁判所において、裁判所が当事者間の正義を達成すると考える場合には、エクイティ上の抗弁を提出する権利を両当事者に与えた。同様にコモン・ロー裁判所は文書の提出を強制し（ディスカヴァリー）、質問書（interrogatories）を運用し、エクイティ上の偉大な救済であるインジャンクションを付与することができた。他方で大法官府裁判所は、かつてのようにコモン・ロー裁判所の援助を得なくても、コモン・ローのあらゆる問題を自力で判断しなければならないとされ、さらにまた公開の裁判所で口頭の証言を得たり、一定の事件においてコモン・ローと同様の損害賠償を命じたり、陪審による審理を許可する権限すら付与された」[261]。

259）　*Id.*, 106-107. 1832年訴訟統一法において、令状で特定される必要のある訴権（actions）とは、金銭債務訴訟（debt）、動産返還請求訴訟（detinue）、捺印契約訴訟（covenant）、計算訴訟（account）、侵害訴訟（trespass）、特殊主張訴訟（case）、動産侵害訴訟（trover）、引受訴訟（assumpsit）、動産占有回復訴訟（replevin）であった。「1832年および1833年の諸法では、令状の形式は一般化したが、訴訟方式は全く一般化せず、令状において訴訟方式が特定された」（*Id.*, 106）。

260）　*Id.*, 107.「裁判所はプリーディングを修正する権限を付与され（例えば、原告の当事者不併合［non-joinder］ないし不当併合［misjoinder］は、トライアル前ないしトライアルにおいて修正できた）、プリーディングの簡易なフォームが利用できた」（*Ibid.*）。

450

②カネヘムによれば、「1873年および1875年最高法院法に先行する諸法は、コモン・ローの法域の全分野を通じての訴訟手続の統一を実現した。それらの諸法は、訴訟手続および訴答の一般的ルール、ならびに、令状および訴状の新しい方式を作成する絶大な権限を裁判官に与え、弁論主義の原則は維持しながらも、実質的正義のために介入する広汎な可能性を裁判所に与え、事件の実体的本案・本質よりもテクニカリティに集中することなく、訴訟手続をより簡易・迅速・低コストにしたのである」[262]。

　時代の要請に適合した裁判所制度と訴訟手続をイングランドに提供したのは、調査委員会（commissions of inquiry）に指導された国会で、1873年・1875年の最高法院法（Judicature Acts）により古い中央裁判所の構造そのもの、すなわち人民間裁判所（the Bench）、大法官府裁判所、海事裁判所、教会裁判所の競い合う多元的状態を捨て去り、単一の最高法院（Supreme Court of Judicature）の一貫した計画的なネットワークを創設した。最高法院は単一の第一審裁判所である高等法院（High Court of Justice）と、単一の控訴裁判所である控訴院（Court of Appeal）によって構成された。高等法院は、旧来の全てのコモン・ロー裁判所、エクイティ裁判所、離婚・検認・破産・海事裁判所の管轄権が移転したものである。後者の控訴院は、旧来の大法官府控訴裁判所（Court of Appeal in Chancery）および財務府会議室裁判所（Court of Exchequer Chamber）の管轄権が移転したものである。最高裁判所としての貴族院（House of Lords）はここにいう「最高法院」には含まれない。1881年には高等法院内の全てのコモン・ロー部門が単一の王座部に統合され、王座部、大法官部、検認・離婚・海事部、その他に民事関係アサイズ裁判官（the Assizes, Civil Side）が高等法院に残った。第一審の中央裁判所を全てロンドンに置くという、このような並外れた司法の集中化は、1846年に「小規模な民事紛争のための第一審裁判所の全国レヴェルのネットワーク」を創設した県裁判所法（County Courts Act）で

---

261)　*Ibid.*「1854年最高法院法は、両当事者が事実問題は裁判所によって審理されるべきであると同意しているような民事事件においては、コモン・ロー裁判所は陪審による審理を省略するものとした」（*Ibid.*）。

262)　*Ibid.*

緩和された（これは中世のCounty Courtすなわち州裁判所とは異なる制度である）。また地方で審理する大規模な民事事件のために、最高法院法は、派遣高等法院裁判官（travelling High Court Judges）を有する民事関係アサイズ裁判所（the Assizes, Civil Side）を定めていた[263]。

③「コモン・ローとエクイティのそれぞれのルール、法理、救済方法は廃されなかったが、裁判所が双方のルールを適用するようになり、原告は最初にいずれの法で訴答すべきかを判断する必要がなくなった、という意味で両者が融合したのである。最高法院法は、コモン・ローとエクイティが抵触した場合にはエクイティが優先するとしている。厳格な形式主義よりも事件の本質・本案の方が重要である」。「訴訟のアルカイックな形式と、それに伴う難解な法的技巧の多くが廃止された。もはや、およそ72種の型にはまった訴訟方式（forms of action）の中から1つを選択する必要もなくなった。各訴訟方式は、独自の令状と、訴訟手続・プリーディング（訴答）・証明・欠席・強制執行に関する厳格な形式的手続規則を伴っていたのである。それゆえ訴訟は、原告の主張（case）を、国王に委ねられた方式ではなく原告自身の言葉で述べる簡略な統一的召喚令状（writ of summons）で始まる。訴訟開始令状（original writ）とは異なり、訴訟手続の進行が最初から決まっていることは、もはやなくなったのである。訴訟の一般的ルールは近代民事訴訟法典特有の体系的スタイルで公布されたが、細則はイングランド本来の伝統に従って裁判所のイニシアティヴに委ねられた。1875年最高法院法は、コモン・ローおよびエクイティの双方の訴訟に等しく通用する訴答制度（system of pleading）を定めた裁判所規則付則（schedule）を付加した」[264]。

④「一般的にいえば、新しい訴訟方式は旧来のコモン・ロー訴訟よりも大法官府訴訟に近く、それゆえ高等法院法は民事訴訟における大法官府の理念の勝利である、といわれてきた」。すなわち高等法院法のもとでは、（ⅰ）訴訟方式が存在しない（これは大法官府訴訟の特色でもあった）、（ⅱ）大法官府訴訟では存在しない民事陪審の役割が低下した、（ⅲ）裁判官の訴訟指揮権が弁論主義

263）　*Id.*, 103-104.

264）　*Id.*, 104.

の原則を破壊することなく強化された、（iv）質問書（interrogatories with written testimony）および宣誓供述書（affidavits）は共通の実務となった、（v）エクイティ裁判所の実務の影響から、19世紀には当事者本人の証人不適格性は消滅した。しかしながら、コモン・ロー訴訟のトライアルは「公開性および口頭性の最後の避難所（the last refuge）」であると評され、交互尋問と証人への口頭の質問（oral interrogation of witnesses）は（エクイティのケースにも導入され、かつての大法官府裁判所の膨大なペーパーワークと秘密性は回避された）[265]。

⑤判決に対する不服申立制度については、陪審査問（attaint）の廃止（1825年）・王座部の誤審管轄権（jurisdiction in error）の廃止（1830年）といったマイナーな変更を経て、19世紀後半にラディカルな変革が生じ、1873年最高法院法が県裁判所および高等法院民事関係からの上訴を審理する最高法院（Supreme Court of Judicature. 高等法院および控訴審）を創設して、単一の裁判所内での現実の上訴手続が利用できるようになった。しかしながら1875年に改正法が控訴院の裁判権の上に国会の上訴裁判権を復活させ、翌年の上訴管轄権法（Appellate Jurisdiction Act）は、貴族院に必要な学識法曹を導入した。1876年の同法は1代貴族である常任上訴貴族（Lords of Appeal in ordinary）の任命を認め、貴族院が司法業務を担当するにはその者の出廷が必要であるとした」[266]。

（イ）ここでカネヘムは、これまでのイングランド法の発展をヨーロッパ大陸法と巨視的に比較する「イングランドと大陸」という中間考察を試みる。

「イングランドの訴訟手続はヨーロッパ大陸に大きく接近した。7世紀にわたる分離された異なる発展の後に、イングランドと大陸は極めて類似した（comparable）民事訴訟法典に到達した。ローマ法が大陸に果たした役割をイングランドでは訴訟方式が果たしたのである。……どちらのコースの方がより良いものであるのか、外国モデルの継受か、それとも自生的（native）要素で構築するのか、という疑問が生ずるであろう。……訴訟手続に関する限り、どちらの道も同じ結果に至るであろうというのが、解答であるように思われる。

265）　*Id.*, 105.

266）　*Ibid.*

第3部　比較法史の実践　*453*

他方で実体法上の差異は遙かに大きい。旧来の訴訟方式が消滅した後で、それが造形したイングランド実体法は活発に生き続けた」[267]。「単なる類似性のみならず、ローマ＝カノン法制度の直接の影響もある。われわれは大法官府裁判所が教会訴訟手続に負っているところを既に見たが、ローマ法・大陸法学者（the civilians）が発展させた訴訟手続とプリーディングの制度もまた、海事裁判所を通じて1873年・1875年の最高法院法に影響を与えた。というのも、最高法院のプリーディングがモデルとしたのは海事裁判所の方式であり、教会裁判所の方式に由来していたからである」[268]。

（xiii）カネヘムは、「イングランドの訴訟原理は遠方まで世界を広く旅した」として、アメリカ合衆国における発展を簡潔に描く。まず植民地時代においては、「訓練を積んだ法律家も、母法国の法の複雑なテクニカリティを適用しようという傾向も、存在しなかった。裁判官の裁量、バイブル、マサチューセッツ（1634年）やペンシルヴァニア（1682年）のプリミティヴな若干の法典に多くが委ねられた」とする。「極めて実践的にいえば、アメリカ司法史は独立革命後に始まる」というロスコー・パウンドの評価をカネヘムは引用する。「独立（独立宣言は1776年）に続き、反英・フランス贔屓の感情と、ベンサムおよびイングランドからの移住者たちの影響から、イングランドのコモン・ロー以外の法体系への関心とフランス・モデルに従った法典化への関心とが生じた。結局のところ、法典礼賛は勝利を収めず、とりわけケントおよびストーリの業績のおかげで（ルイジアナを例外として）アメリカはコモン・ロー族の中にとどまった。そうしている間に、共通のイングランドの遺産はイングランドにおい

267）　*Id.*, 105-106.「数世紀後にイングランドが後期ローマ時代に相当する地点に達したとき、その訴訟手続はよりいっそう、後期ローマ・モデルおよびそれに基づくヨーロッパ大陸の理論のように見えた。これはイングランド中世法律学の核心であったもの、すなわち様々な諸方式（forms of action）の手続が、結局助法（adjective law）の役割へと後退し、実体法はこれらの古い束縛から自由になったことを意味する。令状はいかなる特定の救済にも名称を付す必要はない、と規定されたときに、救済（remedies）の支配は法的に終わりを告げた」（*Id.*, 106）。

268）　*Ibid.*

454

てもアメリカにおいても大きな変化を遂げた。手続の顕著な簡易化、旧弊な訴訟方式の廃止、多くのアルカイックな形式主義の除去、同一裁判所へのコモン・ローとエクイティの融合、一般的な訴訟原則の法典化といった全てが英米両国においてこの同じ世紀に発生した。これらの革新を取り入れることとなった法的動因はもちろん異なるが、両国ともに互いの偉業は知っており、相互の影響は明白に認められる。19世紀前半のヨーロッパ大陸法への深い関心は、アメリカの発展に刻印を残したが、民事訴訟の分野において最も顕著であった。ニュー・ヨークにおいて活動した法典化の偉大なチャンピオンは、デイヴィッド・ダドリー・フィールドであった。世紀の中葉には大衆の関心が衰えかけていたので、フィールドは自身の法典化のプランを全て実現したわけではないが、ニュー・ヨーク州民事訴訟法典（1848年）を作り上げた。この法典はアメリカ、イングランド、インドに大きな影響を及ぼした」[269]。フィールド法典は19世紀中葉に他州でも次々と採用され、「20世紀において1912年連邦エクイティ規則（Federal Equity Rules）の基本原則を提供したし、州裁判所に相当な影響を及ぼす1937年連邦民事訴訟規則（1938年発効）にもその役割は感じ取れる。この両規則は最高裁判所に規則制定権を与えた1934年法（enactment）に基づく。フィールド法典は、コモン・ローのイシュー・プリーディング（issue pleading）に代えてファクト・プリーディング（fact pleading）を取り入れ、既存の訴訟方式を廃止した。フィールド法典は、コモン・ローあるいはエクイティのいずれの管轄権に属するものであっても、あらゆる訴訟（原因）（cause）に統一的な手続進行を規定し、イングランドの過去に由来するコモン・ローとエクイティを融合させることに伴う両裁判所の併合について規定したのである」[270]。

(xiv) カネヘム『ヨーロッパ民事訴訟の歴史』の第5部「近代法典の時代（18-20世紀）」の末尾は、「結論」と題され、第5部のみならず全体の結論となっている。その内容は①ヨーロッパ民事訴訟手続発展の一定の傾向ないし規則性の指摘、②発展の歴史的要因の分析、③現代的課題との関連に大別できよう。歴

---

269) *Id.*, 107-108.

270) *Id.*, 108.

第3部　比較法史の実践　　*455*

史的パノラマの後に置かれた一般的考察である。

　まず第1の発展傾向（前記①）をカネヘムは次のように整理する。「一般的にいえば、ヨーロッパの訴訟手続は公開主義から秘密主義（secrecy）へ、口頭主義から書面主義へ、直接かつ簡易なものから長期化・複雑化へ、しかしまた形式的儀式から形式に対する実体の優位へと、それゆえに形式的厳格さからエクイティ（衡平）の支配および事件の実体的当否に関する裁判官の確信へと発展してきた。また訴訟手続は、原初的な役割から純粋な助法（adjective law）の役割へと発展していった。証拠・証明は合理化され、民事訴訟と刑事訴訟の統一（それとも混同？）は別個独立の訴訟形態へと移行し、断片的・経験的アプローチは訴訟手続の科学的・体系的研究と一般原則・概念の精密化とが後に続いた。社会的プレスティージで選ばれた法発見人（law-finder）の原初的裁判所は、テクニカルな資格により国家から任命された専門職裁判官で構成された裁判所に変わった。陪審の衰退も同様の観点から、すなわち司法事項における『民の声』（vox populi）の必要性が減少したことからとらえるべきである。最後に、どれだけコストを費やしても正義を実現したい、という当局の願望が、弾劾的訴訟形態から糾問的訴訟形態への移行、当事者支配から裁判官ないしオフィシャルズの職権的介入への移行をもたらした」。この傾向はアンシャン・レジームの末期に「修正を必要とする極端な状態」に至ったので、続く19世紀・20世紀の大半は、流れを逆転させて口頭主義と公開主義への（部分的）回帰を引き起こした[271]。

　ヨーロッパ民事訴訟法史のもう1つの規則性・発展傾向として、カネヘムは「現行の形骸化した司法に対する不満が新たな裁判外の救済を要求し、今度はその救済が制度化し、より良い司法を求める、終わることなき追求における車輪の次の1回転を準備する」と指摘する。例えば古いアングロ・サクソンおよびノルマンの裁判形式はコモン・ロー裁判所の革新へと道を譲り、今度はその欠陥がエクイティ裁判所の発展をもたらした[272]。ヨーロッパの訴訟手続は、数世紀にわたってゆっくりと同じペースで発展したとは限らなかった。「一定の

---

271)　*Id.*, 109.

短く決定的な時期が数世紀に及ぶ事態の進行を決めてしまった例」として、ローマ＝カノン訴訟、イングランドの古典的コモン・ロー、ドイツにおける学識訴訟（の導入）を挙げることができる[273]。

　第2に、ヨーロッパ民事訴訟法の発展傾向の背後にある歴史的要因（前記②）として、カネヘムは「政治的要因すなわち政府のイニシアティヴが決定的であった」と論ずる。「ローマ＝カノン訴訟の勝利は、究極的には新しい裁判所を創造し、そこの学識法律家を任命し、新しい学問に沿った訴訟手続を立法化するという政治的決断のおかげであった。同様にコモン・ロー訴訟方式の廃止は英国国会によって19世紀になされた政治的決断の結果であった。中世後期における訴訟手続の近代化は、統治者（rulers）が（貴族階級および旧封建的秩序に対抗して）大学の発生した諸都市の知識人および財力と協力した結果であった。そして20世紀には、大規模な政治的・社会的転換の結果として、社会主義法と社会主義的訴訟手続の発展を理解することができる」[274]。

　第3に、ヨーロッパにおける法統一運動、および発展途上国におけるヨーロッパ法の役割といった現代的課題と、ヨーロッパ訴訟法史との関連（前記③）についてカネヘムは簡潔に言及する。すなわち第1点は、「われわれは、しばしば想像されているような・途方に暮れるほどの多様性は存在しない、ということを示した。大陸では偉大な指導的存在は僅かであり（基本的にはフランス法典、オーストリア＝ドイツ法典）、しかもそれらは実際には近代化されたローマ＝カノン原型が変形したもの（variants of the modernized Romano-canonical prototype）である。同様に東ヨーロッパとの相違は、様々な西洋の法典と同じく、東ヨーロッパにもローマ法が非常に深い痕跡を残しているので、それ程際立ったものではない。さらに19世紀の近代化は、イングランドの訴訟手続を、過去の何世紀かよりも遙かにヨーロッパ大陸の訴訟手続に接近させた」。第2点についてカネヘムは「それらの発展途上国は自生の慣習（native customs）を排除して、西洋法学の進んだ成果を受容すべきであるのか。ヨーロッパ自身が

272）　*Ibid.*

273）　*Ibid.*

274）　*Id.*, 110.

数世紀前にこの問題に直面したので、ヨーロッパの経験が何を教えてくれるのか、とわれわれは自問する。その答えは、より優れた法制度を採用することは結局は利益となるが、あまりに変化が早すぎると危険が生じるので、そのことを法律家は明確に認識し、当局は慎重に観察すべきである。司法組織とその訴訟手続に関しては、国家のタイムリーで責任ある行動が最も重要である。ヨーロッパは、既に消滅した法制度を基礎とすることをためらわず、その訴訟手続は、国家の立法・裁判所の経験・理論的分析の驚くべき結合によって、力強さとワールドワイドな意義とを有するに至ったのである」[275]。

(6) 以上をもって、ヴァン・カネヘムの野心的な『ヨーロッパ民事訴訟法の歴史』は完結する。これまでの歴史叙述を要約し、カネヘムのヨーロッパ民事訴訟法史の構想をクリア・カットな形で提示しておこう。

①ヨーロッパ民事訴訟法史は理解可能な（intelligible）研究分野として成立する。ヨーロッパ大陸とイングランドの裁判所が異なった発展を遂げた12世紀以降も、司法権の集中・学識ある専門職裁判官の登場・証明の合理化といった根本的特徴は全ヨーロッパに共通しているからである。

②ヨーロッパ法史一般に対応して、ヨーロッパ民事訴訟法史は、ア. 中世第1期の原初的訴訟（5-11世紀）、イ. 中世第2期の発達した訴訟（12-15世紀）、ウ.「アンシャン・レジーム」の学識訴訟（16-18世紀）、エ. 近代的諸法典の時代（18-20世紀）に、発展段階を分かつことができる。

③12世紀以降、ヨーロッパ的・国家的・地方的レヴェルで訴訟の近代化（訴訟手続の専門化・書面化、証拠・証明の合理化）が進行したが、ローマ＝カノン訴訟の影響を受けた程度に応じて各国の訴訟制度に差異が生じた。訴訟の近代化・司法改革が早い段階で生じた地域では、ローマ法の影響は小さかった。ローマ法大全と12世紀のローマ法の復興を出発点とするローマ＝カノン訴訟は、訴点決定手続・法定証拠理論・上訴などの点でオリジナルな、専門

---

275)　*Id.*, 110-111.

職の単独裁判官による書面手続であり、教会裁判所の国際的ネットワークを通じて普及し、世俗裁判所に導入された。書面手続の導入は旧来の口頭訴訟手続の直接性を失わせ遅延を生ぜしめたが、反面で手続の正確さは高まり、裁判官の裁量（指揮権）を制限した。13世紀の実務上の改革を踏まえ、14世紀前半のサエペ教令によって迅速な略式手続が普及した。

イングランドにおいては、自生の要素の調整による司法改革と中央の国王裁判所の発達により、12世紀には地方的裁判所は重要性を失っていった。13世紀には国王裁判所内部の専門化が進むとともに、最も重要な人民間裁判所でコモン・ローが創造された。特定の訴訟方式につき国王の訴訟開始令状が大法官府により付与された場合に、国王裁判所へのアクセスが認められたが、令状に応じて手続は多様であった。ヘンリー2世は、神判に代わる合理的な証明方法としての陪審を司法改革の中心に据え、コモン・ロー訴訟の迅速な発達を促した。地方で巡回裁判中の国王裁判所では、生活環境を最もよく知る近隣出身の陪審が、事実問題について評決を行うことが可能であったが、陪審はこうした本来の性格（ファースト・ハンドの知識を有する近隣出身者）を次第に失っていった。争点の確定を目的とする訴答のルールは、陪審制の要請に適うように形成され、中世の終わりまで口頭の訴答は維持された。コモン・ローは裁判所のヒエラルヒーを前提とする上訴制度を知らなかったが、14世紀に誤審令状がコモン・ロートの上訴的救済として確立した（ただし極めて不十分であった）。

第2期中世（12ないし15世紀）におけるローマ＝カノン訴訟の継受の現実的動因となったのは、君主などの政治的権威者であった。ヨーロッパ諸国における継受の諸相は次の通りである。

（ア）フランスでは訴訟手続の近代化は遅れたが、ローマ＝カノン訴訟の完全な継受は強制されず、パリ最高法院の発展（ローマ＝カノン上訴制度を取り入れ、司法の中央集権化を進めた）、ルイ9世時代の1254年・1258年に代表される各王令（ローマ＝カノン訴訟の証人尋問制度を導入した）、諸大学の理論が近代化を進めた。

（イ）イタリアにおいては、北部では諸都市の裁判実務や都市立法を通じて、南部では国王立法を通じて、ローマ＝カノン訴訟（学識訴訟）の基本的要素

（単独裁判官、書面手続、訴点決定、法定証拠理論、上訴制度など）が受け継がれた。学識訴訟は都市立法によって簡素化された。

（ウ）スペインにおいては、12世紀から13世紀の間にローカルな自生的・慣習的要素の発達があり、13世紀には裁判所および国王の立法によってローマ＝カノン訴訟の継受が推進された。その土壌を整えたのはスペインの大学であった。本質的にローマ＝ゲルマン的なアルフォンソ10世の7部法典（Siete Partidas）は19世紀までスペイン訴訟手続の根本規範となった。

（エ）ドイツにおいては、1471年の王令によって国王の帝室裁判所が承認されてから、ローマ＝カノン訴訟の包括的継受が学識法曹によって進められた（それまでは証拠判決を中心とする伝統的訴訟手続によって規律されていた）。

（オ）イングランドにおいては、固定した方式を伴う訴訟開始令状と硬直化した陪審制とを中核とするコモン・ロー裁判所の訴訟手続に加え、略式のローマ＝カノン訴訟に類似した大法官府裁判所（エクイティ裁判所）の訴訟手続が、15世紀に発達した。大法官は聖職者で教会裁判所の訴訟手続に通じていた。この訴訟手続の特色は、訴訟開始令状・陪審制を欠いていること、インフォーマルな訴状、宣誓証言および裁判官による質問（interrogation）、文書のディスカヴァリーであった。

（カ）低地諸国では、中央裁判所において学識法曹出身の裁判官が増加し、14世紀以降はローマ＝カノン訴訟とフランス最高法院の実務の影響を受けた学識訴訟手続が普及した。フリースランドでは聖職者の影響が大きかった。

（キ）スウェーデンの13世紀以降の訴訟手続は、公開・口頭・直接というゲルマン的痕跡をとどめ、教会裁判所外ではローマ＝カノン訴訟から自由であり、参審員団が証拠法の中核であった。17世紀までは根本的変革はなかった。

（ク）ハンガリーの世俗裁判所は、中世を通じて殆どローマ＝カノン訴訟の影響を受けず、公開・口頭で非合理的証明方法が支配的であった伝統的訴訟手続が用いられていた。

（ケ）ボヘミア王国においては、14世紀以降ローマ＝カノン訴訟（法定証拠のシステムを伴う書面主義手続）がゆっくりと浸透してゆき（証人尋問制度も発達した）、15世紀は王権が弱体でローマ法の継受にとって不毛の時代であったが、保守的な貴族階級の抵抗が排除された後の「改訂領邦条例」

（1627/1628年）で、その影響は頂点に達した。

（コ）ポーランドの訴訟手続は、18世紀まで著しく中世的性格を有していたが（貴族階級の抵抗が強く、そこでは自生のポーランド法が適用された）、ロシア・プロシア・オーストリアによるポーランド分割の結果、18世紀にこのスラヴ的・自生的伝統はローマ＝ゲルマン法的ヴァリアンツと交替した。

（サ）スコットランドでは、12世紀から13世紀にかけて民事陪審によるアングロ＝ノルマン的訴訟手続が定着したが、イングランド・スコットランド間の紛争を経て、16世紀には最高裁判所が設立され、そのメンバーである聖職者によってローマ＝カノン訴訟の継受が進められた。イングランドの訴訟手続を斥けたものの、十分な自生的制度が育たなかったためである。民事陪審は16世紀後半に消滅した。

（シ）スイス（のカントン）では、その保守的・地域的伝統から、自生の素材とローマ＝カノン的要素を融合させ、ローマ法の包括的継受には抵抗し、スイスの訴訟形式を発展させた。19世紀になってドイツ普通訴訟法が相当程度導入された。

④「アンシャン・レジーム」の学識訴訟の時代（16世紀ないし18世紀）は、ローマ＝カノン訴訟（学識訴訟）が最大の勝利を遂げ、国家の法体系の完全な成熟が見られた主権的国民国家・権力の絶対主義の時代である。

（ア）ドイツにおいては、1495年に民事上訴最高裁判所として設立された帝室裁判所が、ローマ＝カノン訴訟の国家的レヴェルでの包括的継受、学識的普通訴訟の精密化をもたらした。ただし地域的独立性が強かったため、ドイツ全土の上訴裁判所となることには失敗し、政治的統一は阻まれた。このドイツ普通訴訟は厳格な書面手続であり、そこでの裁判官は単なる受動的なアンパイアにとどまらず、順序主義を特色とし、「非常に時間のかかる・精密な・過度に洗練された手続」であった（例えば独立の証拠中間判決、「項目」ないし「訴点」を伴う手続）。

（イ）フランスでは、この時期にルイ14世の1667年民事王令に代表される国王の立法、学識ある著者の作品、最高法院の活動によって、後期中世イタリア訴訟（ローマ＝カノン訴訟）を基盤としつつも、ゲルマン的痕跡をとどめる普通フランス民事訴訟法が形成された。1667年王令は「革新というよりも、

長く続いた発展の秩序正しい完成」であって、書面段階・口頭段階・判決言渡しまたは要点判決（書面による手続の続行）と進む手続の効率化、裁判所の職責の強化、中世以来の証人尋問制度の利用、欠席理論の整備、長期化・複雑化していたカノン法起源の上訴制度の改正、などを内容とする。

（ウ）スペインは、15世紀末から19世紀初頭の間に絶対君主制・中央集権化（法的統一）・世界的覇権の獲得を実現し、カスティリヤの訴訟手続がスペインの普通訴訟法としての地位を占め、カスティリヤ法の大編纂物が刊行された。この訴訟手続は極めて保守的・ローマ＝カノン的で、1855年訴訟法・1881年民事訴訟法ともにフランス法（ナポレオン法典）を導入することには慎重であったため、中世「普通訴訟」の伝統を忠実に保存する内容となった。スペイン法の影響はアメリカ大陸のスペイン植民地およびポルトガルに及んだが、15世紀以降のポルトガルでは、ローマ＝カノン訴訟に従ったアフォンソ法典などの国王立法に続き、1769年の「良き理性の法」が、従うべき祖国の法を欠くときは良き理性に反しない限り古い慣習が優先すべきである、と宣言した。

（エ）低地諸国では、中世後期に自生の裁判実務が相当な近代化を実現していたが、16世紀半ばまでにはブルゴーニュ的フランス実務とローマ＝カノン訴訟（学識訴訟）が支配的となった。マリーヌ大評議会では学識法律家が増加していった。フランスの王令の影響を受けた1611年の永続令以降は、訴訟手続に関する王令の量は最小限にとどまり、学識的用語を用いつつ、口頭段階を重視するフランス式の実務が定着した。18世紀後半の現行実務とローマ法に対する反動、ヨーゼフ2世の司法改革に対する抵抗を経て、フランスの諸法典の刺激のもとで根本的変化を遂げた。

（オ）イタリアにおいては、極端な政治的分裂のために、制定法は部分的・非体系的で、国家レヴェルではなく、民事訴訟は中世のままで曖昧かつ学識的であって（完全な書面主義、非公開の証人尋問、ペダンティックな法定証拠、判決理由の欠如）、各裁判所が固有のマニュアルを有していた（ヴェニスは例外）。

（カ）イングランドにおいては、コモン・ロー裁判所と、王権と密接に結び付いた多数の近代的裁判権とが競い合い、その中で、ジェームズ1世によっ

て優越的地位を与えられた大法官府裁判所の訴訟手続は、カノン法に多くを負っていた。上訴制度は欠陥に満ちていた。コモン・ロー裁判所の訴訟手続は依然として旧式であったが、陪審制の直接の影響から証拠排除法則（とりわけ伝聞証拠の禁止）が発達した。大法官府裁判所の訴訟手続は大法官が聖職者であったことから学識訴訟に類似しており、エクイティ上の訴状で統一的な訴訟手続が開始され、陪審制が存在しないなどの点でコモン・ローの訴訟手続とは本質的に異なっていたものの、学識的かつ書面的な処理が発達し、18世紀末までにはいずれもアルカイックで複雑な訴訟手続となっていった。

（キ）スコットランドにおいては、1532年に民事上級裁判所の起源である常設的な最高裁判所が創設され、16世紀からローマ法、ローマ＝カノン訴訟の継受へと方向転換した。召喚状による民事上級裁判所（上位裁判所）への直接召喚を特色とし、訴権の法的名称の特定は不要で、宣誓のうえでの証人尋問が実施された。1750年以降は法曹にはスコットランド法の試験が必須とされた。

（ク）スウェーデンにおいては、1614年訴訟王令によってスヴェア高等裁判所が設立されたことで、ローマ法、ドイツ「普通訴訟」の形でのローマ＝カノン訴訟の継受が決定的となった。17世紀に裁判実務では無視されていた後期中世法に取って代わった1734年スウェーデン王国法典にも、スヴェア高等裁判所の実務が影響を与えた。1695年訴訟法は上訴における書面の交換を強制し、近代の高等裁判所の書面主義の基礎となった。参審団は証明参審から裁判所の構成組織に発展した。

（ケ）ビザンティン帝国および東欧スラヴ諸国においては、ユスティニアヌス法典が出発点となったが、それに地方慣習が混合し、レオ6世のバシリカ法典の後は法学と帝国の立法は衰退し、非独創的なダイジェスト、国家法と教会法を1冊に収めた教会関係法令集が正教諸国に東ローマ法を広める仲介となった。ビザンティン帝国の訴訟手続は後期ローマ帝国の特別訴訟手続に基づいており、調書が活用され、裁判官は強力な訴訟指揮権を有し、実体的真実の解明のために証人の審問などの広汎な権限を有していた。

（コ）ロシアにおいては、a. 11世紀ないし15世紀のアルカイックな慣習法（ルースカヤ・プラウダ）の時代には、口頭かつ公開の訴訟手続が、受動的

裁判官の監督のもとで非合理的証明方法を用いて実施されていた。b. モスクワ大公国を基礎とする中央集権的君主制の時代には、1497年法典・1550年法典・1649年法典といった一連の帝国立法を通じて、訴訟手続の学識化・書面化、秘密主義、糺問主義、証拠の合理化が進んだ。とりわけ裁判上の決闘を廃して、地域住民への裁判官による質問すなわちobyskという新しい証明方法が一般化した。c. 18世紀には近代ヨーロッパ諸国の学識訴訟を強く志向し、民事訴訟についても（当事者不在のまま進められる）完全な書面主義・秘密主義の手続を1756年のエカテリーナ2世の王令が導入した。

⑤カネヘムの著書の第5部「近代法典の時代（18–20世紀）」では、18世紀後半から、ナショナリズム、民主化への願望、啓蒙思想を背景に、国家的な立法（法典）・法学が発達し、過度の秘密性・極端な書面主義・遅延とコストを伴う17世紀の学識訴訟（イングランドの大法官府裁判所も同様であった）を排除したが、国家的な近代法典も「ヨーロッパ的構造に合わせて構築されたローマ的・カノン的・ゲルマン的諸伝統に基づくヴァリエーション」であるし、若干の法典は国境を越えてヨーロッパに絶大な影響を及ぼした、とまず指摘されている。

（ア）フランスでは、他のヨーロッパ諸国とは異なり、弁論の公開・口頭性と処分権主義・弁論主義は一貫していたため、1806年民事訴訟法典は、革命立法を取り入れた1667年ルイ王令を改良した内容であった。訴訟手続の根幹は弁論の公開にあり、書面の準備的交換の後の弁論、受命裁判官の面前での証人尋問とその報告書作成、法定証拠理論の部分的廃止（自由心証は完全には採用されなかった）、治安裁判所、調停前置主義、上訴制度の合理化などの特色がある。1806年法典は、濃淡の差はあれ広汎な国際的影響を及ぼした。

（イ）ドイツにおいては、支配的であった普通訴訟に対し、過度の書面主義・多数の中間判決・同時提出主義による訴訟の遅延、手続の秘密主義、裁判官の受動的態度、手続法の不統一を理由とする批判が18世紀に加えられた。啓蒙専制君主フリードリヒ2世の司法改革（弁論主義から訣別し、審問主義・職権主義を特色とする1781年フリードリヒ法大全）、19世紀初頭のナポレオン民事訴訟法典の地域的導入を経て、フランス的伝統と1850年ハノーヴァー王国民事訴訟法典のドイツ普通法的要素とが結合した1877年ドイツ統一民事

訴訟法典が成立した。公開の必要的口頭弁論、同時提出主義・証拠判決制度の廃止、裁判官の自由心証と確信に基づく判決、フランスの破毀に影響された上告制度、弁護士強制主義がこの法典の特色であった。

(ウ) イタリアにおいては、18世紀にオーストリアの王令が、次いでナポレオンの占領に伴いフランス民事訴訟法典が諸都市で発効し、1861年にイタリア王国が成立、1856年にはフランス民事訴訟法典を継受のうえ、地域的イタリア立法から非常に多くの要素を取り入れた統一民事訴訟法典が成立した。同法典は証拠の自由評価、書証の重視、通常手続と略式手続の区別を特色としたが、決訟宣誓などの古いルールも残存していた。

(エ) スイスにおいては、19世紀にドイツ普通訴訟・学識訴訟が各カントンでの法典化に際して継受され、1819年のジュネーヴ民事訴訟法典はスイス全土に大きな影響を及ぼした。ペロによるその理由書はフランス民事訴訟法典に対し批判的で、訴訟に対する典型的な当事者支配は採用されなかった。1947年連邦民事訴訟法はドイツ・オーストリア民事訴訟法典の影響を受けた。

(オ) オーストリアにおいては、啓蒙専制君主マリア・テレージア、ヨーゼフ2世のもとで法の統一・法典化・近代化が進められ、1781年に学識的ローマ=カノン訴訟を基本とし、啓蒙専制君主制諸国の立法を比較した成果を取り入れた一般裁判所法が公布された。同法は弁護士強制主義・書面主義・弁論主義・同時提出主義を採用し、普通訴訟と同様な証拠中間判決を残していた。一般裁判所法が例外的に認める、両当事者の合意に基づく口頭の少額事件手続が利用されるようになった（口頭主義および公開主義への明白な進歩）。1873年には、一定額以下の請求につき強制的な口頭かつ公開の少額事件手続が導入され、非公開の古い学識訴訟は制限されていった。民事訴訟を公共の福祉のための制度・社会司法ととらえるフランツ・クラインにより、ドイツに倣って作成されたラディカルな1895年民事訴訟法典は、口頭主義、伝統的な当事者支配に対する制限、裁判官の訴訟指揮権の強化、両当事者の実質的公平の実現、職権による証拠収集などの特色があり、20世紀に国際的影響を与えるに至った。オーストリア＝ハンガリー二重帝国成立の翌年である1868年には、オーストリア一般裁判所法に基づくハンガリー民事訴訟法典、1952年には社会主義法の要素を備えたハンガリー新民事訴訟法典が成立した。

（カ）ポーランドは、オーストリア、プロシア、フランス間でのポーランド分割と第一次大戦の後に法的統一が進められ、ドイツ・オーストリアの糾問主義的影響を受けた民事訴訟法典（1930年・1932年）を経て、社会主義的に再形成された1950年裁判所構成法、1964年新民事訴訟法典が成立した。

（キ）ロシアにおいては、18世紀のピョートル大帝およびエカテリーナ2世のもとでの膨大な量の法を法典化する作業が進められ（ニコライ1世の法令全集・法律大全）、フランスの西欧モデルに従ったアレクサンドル2世の「司法に関する布告」（1864年）により、司法制度の大改革・能率化が実現された。書面の交換からなる準備段階と口頭・公開のトライアル、弁論主義、法定証拠理論の廃止（自由心証）、破毀を求める申立ての創設などの特色がある。弁護士団体も公認された。1917年ロシア2月革命を経て（1918年布告は1864年法を基本的に維持）、1923年ロシア共和国民事訴訟法典・1964年ロシア社会主義連邦共和国新民事訴訟法典の革命立法は、民事訴訟の公的・教育的役割を強調し、真実発見のための積極的役割を裁判官に与え（弁論主義の排除）、検察官に介入・主導の義務を課した。

（ク）ギリシアを初めとするバルカン諸国では、19世紀にビザンティン＝スラヴ的伝統は廃され、近代的な西洋の諸法典が採用された。ギリシアの1834年民事訴訟法典は仏独の、ブルガリアの1892年法典はロシア・独仏伊・ジュネーヴの、ルーマニアの1865年法典はフランス・ジュネーヴの、ユーゴスラヴィアの1929年法典はオーストリアの各民事訴訟法典を取り入れた。

（ケ）スウェーデンにおいては、1789年に最高裁判所が設立されたが、ヨーロッパ最初の国家的訴訟法典の近代化が遅れ、オーストリア民事訴訟法典から示唆を得た口頭主義・集中主義・直接主義を目標とする1942年訴訟法典を待たなければならなかった。形式的な証明のルール、当事者宣誓は廃止され、証拠資料の自由評価が確立した。

（コ）スコットランドにおいては、18世紀にローマ法への依存度が弱まり、イングランド法の影響が増大した。ただしコモン・ローとエクイティの区別は存在しなかった。1815年・1819年の陪審審理法によって、民事上級裁判所に民事陪審が導入され、1913年の手続規則法典化法が16世紀以来の全ての手続規則を単一の法典に組み込み、1933年司法運営法が裁判所規則制定権を民

事上級裁判所に付与した。

（サ）スペインの1881年訴訟法典はローマ＝ゲルマン的伝統に忠実であったけれども、フランスの影響を受け、部分的に自由心証主義が導入された。ラテン・アメリカの旧スペイン領はスペインの保守的な訴訟手続を範とし、ブラジルでは1876年ポルトガル民事訴訟法典と各種のイタリア草案を基礎とする（口頭主義・集中主義の、より近代的な）1939年民事訴訟法が成立した。

（シ）イングランドにおいては、コモン・ロー訴訟手続の簡易化に着手した1832年法に始まり、1852年・1854年・1860年のコモン・ロー手続法に至る一連の立法は、訴訟手続の統一、プリーディングのルールや令状・訴状の新しい方式、弁論主義を前提とする裁判所の広汎な介入権を定めて、訴訟手続の簡易迅速化・低コスト化を進め、1873年・1875年の最高法院法（Judicature Acts）は単一の最高法院のネットワークを創設し、第一審の中央裁判所を全てロンドンに置く司法の集中化を実現した。最高法院法は「民事訴訟における大法官の理念の勝利」と評され（コモン・ローとエクイティの融合）、訴訟方式の廃止、民事陪審の役割の低下（大法官府裁判所では存在しない）、訴訟指揮権の強化といった特色の他に、公開・口頭の交互尋問制度がエクイティにも導入された。1873年法により単一裁判所内での上訴が利用可能となり、1875年には国会の上訴裁判権（貴族院）が復活した。こうしてイングランドの訴訟手続はヨーロッパ大陸に遙かに接近した。すなわち外国モデルの継受も自生的要素による構築も、同じ結果に至ったのである。大法官府裁判所・海事裁判所を通じたローマ＝カノン訴訟の直接の影響もあった。

（ス）最後にカネヘムは全体の結論において、19世紀・20世紀は口頭主義・公開主義への回帰が生じたことなど、ヨーロッパ民事訴訟手続の発展に見られる一定の傾向ないし規則性を論じ、発展の背後にある決定的な歴史的要因は「政府のイニシアティヴ」（政治的決断）であった、この発展の結果としてヨーロッパ諸国の訴訟法が接近しつつあると指摘する。ヨーロッパの経験からして、発展途上国がより優れた法（ヨーロッパ法）を採用するのは利益をもたらすが、早急すぎる変革は危険で、国家のタイムリーで責任ある決断が重要である。

第3部　比較法史の実践　　*467*

（7）　ヴァン・カネヘムの本書の最大の特色は、単独の著者（比較法制史家）によるイングランドも含むヨーロッパ全域に及ぶ通史であるという点に求めることができよう。

　すなわちまず第1に、単独の著者の作品であるがゆえに、その冒頭でヨーロッパ民事訴訟法史が「理解可能な」（intelligible）研究分野として成立することを明言し（冒頭に引用した二宮宏之『マルク・ブロックを読む』の論述を参照されたい）、四段階の通時的スキームの進行に応じてローマ＝カノン訴訟の変容を描き、比較の手法で横切りに（共時的に）影響関係を分析してゆくことが可能となったのである。ヨーロッパ諸国の民事訴訟法の通史を国別に並列的かつ詳細に記述した業績としては、ヘルムート・コーイングの編集にかかる『ヨーロッパ近代法史資料・文献ハンドブック』第3巻『19世紀』（1982年）の第2分冊「一般私法および手続法の立法」第3部「手続法」（以下、『コーイング・ハンドブック』と表記する）に収められた諸論稿と、ヴァン・レーの編集による『民事訴訟におけるヨーロッパ的諸伝統』（2005年）の第1部「総論」とを代表的な労作として挙げることができよう[276]。ただしいずれも複数の著者による分担執筆であることから、ヴァン・カネヘムの作品のような統一性・透徹さは望むべくもない。『コーイング・ハンドブック』の第3部「手続法」は、イタリア（ラニエリ担当）、スペイン・ポルトガル（ショルツ担当）、フランス・ベルギー・オランダ・ドイツ・オーストリア・スイス（ダールマンス担当）、ポーランド（パウリ担当）、ハンガリー（ジンスキー担当）からなるが、独立の詳細なイングランド訴訟法史を欠いている。これらの論稿、とりわけ比較的詳細でダールマンスがまとめて執筆しているフランス・ドイツ・オーストリア訴訟法史は、「ヴァン・カネヘムに続くもの」として、カネヘムの大局的な叙述を制度史に重点を置きつつ補ってくれるであろう[277]。なお、ここに掲げた労

---

276)　Helmut Coing (hrsg.), *Handbuch der Quellen und Literatur der neueren europäischen Privatrechtsgeschichte*, Teilband III/2 (1982). C.H.van Rhee (ed.), *European Traditions in Civil Procedure* (2005).

277)　ダールマンス（Gerhard Dahlmanns）の経歴については、鈴木・前注（3）3-4頁。1982年当時の肩書きは「マールブルク市市会議員、マールブルク大学委嘱講師」である。

作は通史とはいっても20世紀民事訴訟法史への論及が十分ではない。マースト
リヒト大学でヨーロッパ法史・比較民事訴訟法を担当するヴァン・レーの代表
的な論稿を検討することで、この不備を補いたい。

　第2に、カネヘムの本書はほぼヨーロッパ全域に対象が及んでおり、その包
括性の点で卓越している。ただし北欧についてはスウェーデンを詳しく検討す
るにとどまっている。スペイン、低地諸国、東欧（ハンガリー、ポーランド、
ロシアなど）の民事訴訟法史についてはわが国での研究は不十分であり、それ
だけにこのエリアの影響関係を比較によって分析する本書の歴史叙述は極めて
有益である。また本書が詳しく論じているスコットランドなどの混合法システ
ム（mixed legal systems）についても、そもそも比較法学一般における混合法
システムの研究がパーマーの編著『世界の混合法域——第3の法族』（2001年）
以降著しく発達したものである以上、本書の叙述は今後の混合法システムの民
事訴訟法研究の先駆としての意義を有するであろう。ヨーロッパ全域に及ぶ本
書の叙述を可能ならしめたのは、18世紀までの発展をヨーロッパ全域へのロー
マ＝カノン訴訟の継受と変容としてとらえ、19世紀民事訴訟法史を起点にフラ
ンス民事訴訟法典を置き、それ以降をフランス・ドイツ・オーストリアの各民
事訴訟法典がヨーロッパ各国の自生的要素と拮抗しつつ受容されていく比較法
的な影響関係のプロセスとして把握したことによるであろう。カネヘムはイン
グランドについては、ローマ＝カノン訴訟の発達と対比する形で自生のコモ
ン・ロー訴訟の発達を叙述し、15世紀以降に形成されたローマ＝カノン訴訟・
学識訴訟に類似した大法官府裁判所の訴訟手続とそれが最高法院法により融合
することで、19世紀に他のヨーロッパ諸国に接近した、と位置づけている。コ
モン・ローの特異性を強調するカネヘムからすれば、イングランド訴訟法史の
独自性を説くことになろうが、それでは「ヨーロッパ」という枠組みで訴訟制
度の相互貸借関係を論ずる意義が減じるのではなかろうか。後述するヴァン・レー
の業績は両訴訟法族の類似性により積極的に照明をあてようとするものである[278]。

　英仏民事訴訟法の比較研究で多くの労作を残したジョン・アーサー・ジョロ

---

278)　カネヘムの立論につき、カネヘム・前注（68）2頁以下。ヨーロッパ大陸との交流に
　　注目したイングランド民事訴訟法史が構想されてもよいのではないか。

ヴィッツ（1926年–2012年）は、論文「訴訟の比較について」（2002年）におい
て、「民事訴訟の比較研究を行う者は、少なくとも3つの異なった理由のうちの
1つ以上の理由から、これを行うのであろう。彼らは自国のシステム改善のた
めに役立つ借用物（borrowings）を求めて比較を行うであろう。彼らは多くの
異なったシステム間のハーモナイゼーションないし近接化を実現するための作
業の一部として、あるいは複数の法域で採用されうるモデル法典（国際的なも
のを含む）を創造するために、比較を行うであろう。彼らは根本原則（underlying
principle）を探求する目的で、すなわちいまだ明確に表現されていない諸前提
（inarticulate premises）ないし『思考態度（考え方）』（mindset）を理解し説
明するために比較を行うであろう」と論じている。最後の「思考態度（考え
方）」は変化するもので、近時は民事訴訟制度間に実質的な収束が見られる（事
件管理［case management］がその重要な例である）[279]。さらにジョロヴィッ
ツは主に英仏民事訴訟法の概括的比較を試みた論稿「コモン・ローとシヴィ
ル・ローにおける民事訴訟」（2004年）の結論で次のように指摘する。すなわ
ちこの両法族はいずれも広い意味で類似した西欧文明の産物であるから、両者
の相違を強調しすぎるのは誤りである。イングランドの法システムにおいても、
民事訴訟の根本的役割（primary role）はもはや紛争の解決ではなく、「民事訴
訟の実効性あるシステムが機能することにより、社会に利益（benefits）を提
供すること」（したがって、アドヴァーサリ・システムが要求する手続的正義
以上の内容――例えば、判決による法の発展、正しい判決の要請――がそこには
含まれる）にある。根本原則のレヴェルでは両システムは収束する（convergence）
であろう。ただし訴訟上の技法（procedural techniques）まで等しく収束して
きているわけではなく、コモン・ローの場合には陪審制の遺産が依然として強
力であるが、両システムが訴訟手続の不可欠の構成要素として積極的事件管理

---

279) Jolowicz, On the Comparison of Procedure, in: *Law and Justice in a Multistate World
Essays in Honor of Arthur T. von Mehren* (2002) 721, 721-722, 736-737. ネクロロジーとして、
例えば Xavier Blanc-Jouvan, 2012 R.I.D.C. 330. また University of Cambridge のSquire Law
Libraryのホームページには、Eminent Scholars Archiveの項があり、J.A. Jolowicz教授へ
のインタヴュー（2019年1月・2月・4月の3回にわたる長大なもの）が掲載されている。

280) Jolowicz, Civil Procedure in the Common and Civil Law, in: Doeker-Mach/Ziegert (eds.),
Law and Legal Culture in Comparative Perspective (2004) 26, 46-49.

（ケース・マネージメント）を採用した以上は、技法のレヴェルでの収束も問題外ではない。このようにジョロヴィッツは論じている[280]。ジョロヴィッツの研究に見られるように、シヴィル・ローとコモン・ローという図式は、訴訟法族論において（あるいは比較の枠組みとして）意義を大幅に減じつつあるのではないかと思われる。このテーマを考察する際の格好の素材として、2009年6月にトロントで開催された訴訟法国際学会に提出されたペーパーの集成であるJ. ウォーカー/O. G. チェイス共編『コモン・ロー、シヴィル・ロー、そして諸カテゴリーの招来』（2010年）を挙げることができよう。民事訴訟制度のハーモナイゼーションについては、ヴァン・レー他編『グローバル化する世界における民事訴訟』（2010年）などに改めて論及したい[281]。

　第3に、カネヘムの本書はグランド・デザインの提示を目的としており、個々の制度史について触れるところは必ずしも多くない。本書の歴史叙述を各論レヴェルで豊かにしてゆくためには、別稿「ヨーロッパ民事訴訟法序説」で一部を紹介したロルフ・シュテュルナーの一連のヨーロッパ民事訴訟法研究が有益である。シュテュルナーは「ヨーロッパ訴訟手続の基本構造は、『ローマ的、イタリア＝カノン的、統一普通法的訴訟手続』という共通の源泉にまで遡ることができ、ナショナルな独自性に比較的乏しい」とする訴訟文化の普遍性に対する認識から出発する。英米法圏については、「英米の民事訴訟はロマン法圏・ゲルマン法圏と共通するところのない独自のものであるといわれるが、エクイティを確立した大法官府裁判所の訴訟手続はローマ＝カノン訴訟の大陸法的特色を備えている。また各種の証拠法則は、学識訴訟の法定証拠規則がその目的と機能を変容させつつ陪審手続の中で再生したものであることが、近年の研究で解明された。イギリス訴訟手続の独自性とはコモン・ロー裁判所の陪審手続とエクイティ裁判所のローマ＝カノン的訴訟手続が数世紀にわたって共存し、19世紀に双方が結合したところにある」とシュテュルナーは指摘している[282]。各論的研究の代表作の1つである「ヨーロッパ証拠法の歴史的アウトライン」

281）　J.Walker/O.G. Chase (eds.), *supra* note 250.

282）　貝瀬幸雄「ヨーロッパ民事訴訟法序説——ロルフ・シュテュルナーの『ヨーロッパ民事訴訟法』研究を中心に——」貝瀬幸雄『普遍比較法学の復権』（2008年）35頁、49-50頁。

（2000年）は、①ローマ法の法律訴訟・方式書訴訟手続・古典期のKognition・厳格な方式の（後期古典期）ユスティニアヌス訴訟、②ゲルマン訴訟、③イタリア＝カノン訴訟（「項目」手続、法定証拠理論、人証と書証、自白）をまず概観し、「ローマ＝カノン証拠法はヨーロッパの訴訟にとって決定的である。それはヨーロッパ大陸と並んで、イングランドにおいて大法官裁判所の手続に相当な影響を及ぼした。ローマ＝カノン証拠法の証拠評価規則のみがあまり生き残らず、証拠の自由評価はそのような規則をますます時代遅れなものとした」と評する[283]。現代ヨーロッパ証拠法の基礎としてのフランス法の発展（ローマ＝カノン訴訟の基本的刻印とその緩和）、その他の大陸証拠法（イタリア、スペイン、ドイツ、オーストリア）を叙述した後に、シュテュルナーは「イギリス証拠法——自律的な発展かそれとも大陸のヨーロッパ＝カノン的影響か？——」という章において、イギリス証拠法の複線的性格（コモン・ロー証拠法と、ローマ＝カノン訴訟に由来する大法官府裁判所の証拠法の併存）を分析する。「19世紀の間に、プリトライアルが今日の形態に発達し始め、エクイティ裁判所の証拠手続としっかりと結び付いた。すなわち訴点決定および項目手続の子孫としての、当事者によるプリーディング、プリーディングを補充する『質問書』（interrogatories）および"notice to admit"、宣誓による真実保証としての宣誓供述書（affidavit）、文書の交換（discovery of documents）である。続いてトライアルでは、残っている『争点』について最終的に『裁判官』または『陪審』の前で弁論がなされる。プリトライアルを準備的解明手続として、トライアルを『主要な争点』の解明のための最終手段として用いたのである。こういったやり方で、ローマ＝カノン的証拠収集の長所とコモン・ローのトライアルの長所を結合しようとした」。シュテュルナーは以上のように論じて、「全体としてヨーロッパ証拠法の強固な共通のアウトラインを認めることができる。その際にできる限り全ての判断材料を利用すること、証拠評価規則からの離反、準備的証拠収集の重点化、といった基本的傾向を見出すことができる」

283）　Stürner, Geschichtliche Grundlinien des europäischen Beweisrechts, in: *Festschrift für Alfred Sollner* (2000) 1179.

284）　*Id.*, 1189-1190.

472

と締めくくる[284]。訴訟法学者による緻密な個別研究を組み込むことによって、カネヘムの通史はいっそう輝きを放つであろう。

最後に、比較法学一般に対する本書の貢献は、比較法と法史学（法制史）との結合の見事な具体例を示したところにあろう。ゴードリーは、「特定の時代と場所の法、特定の国民の法が独立の研究対象になると考えた」ことが「法史学と比較法の実り多い協力に対する障害」であるとし、「各国法は過去に直面した諸問題に対する解決のアマルガム」であって、一貫した「法システム」を構成しているのではなく、それゆえ機能的比較法と馴染みやすいと論じている[285]。カネヘムの本書は、閉ざされたシステムとして各国法を比較するのではなく、オープンなシステムとしてその影響関係に注目するという比較法制史家らしい手法を採用して、両分野を結び付けるのに成功している。ただ本書の執筆当時はイングランド法に対するローマ＝カノン訴訟の影響が必ずしも十分に解明されていなかったこと、比較（訴訟）法学一般（法族論）においても、コモン・ロー対シヴィル・ローという図式に対する批判が活発に展開されていなかったことからすれば、カネヘムの本書がイングランドの民事訴訟の特異性を強調しすぎているように思われるのも、研究史に伴う限界といえようか。

なお著者が法制史家であり、本書が『比較法国際エンサイクロペディア』の1冊として刊行されていることから、歴史一般・政治史・文化史に関する叙述が限られているのは、やむを得ない制約であろう。総論部分で、ヨーロッパ民事訴訟法を発展させた決定的要因として「政治的決断」を挙げているけれども、教会裁判所のネットワークや大法官府裁判所を通じて、ローマ＝カノン訴訟・学識訴訟の緻密な体系が普及していたという文化的要因も軽視されるべきではあるまい。

カネヘムの『ヨーロッパ民事訴訟の歴史』は、発表後ほぼ半世紀を経た古典であるため、いくつかの限界は指摘できるものの、個人によるヨーロッパ全域の民事訴訟法の通史としては殆ど唯一の労作で、比較民事訴訟法史研究の出発点となるモニュメンタルな作品である。

285）　貝瀬「比較法学者たちの饗宴（2）」『立教法務研究』5号（2012年）75–78頁。

Ⅲ. 歴史小品──ヴァン・カネヘム『ヨーロッパ民事訴訟の歴史』の基礎にあるもの──

　前章で紹介したカネヘムの労作は、いかなる歴史観・歴史学方法論に基づくのであろうか。カネヘムの論集『法、歴史、低地諸国、ヨーロッパ』（1994年）に収められた若干の論稿などから、比較史家カネヘムの基礎理論を明らかにしてゆきたい。

(1)（ⅰ) 1969年に発表した論稿「現代ヒストリオグラフィー──実験なき科学」において、ヴァン・カネヘムは、歴史研究は科学一般が備えている以下の特色を有することから、真の科学的性格を与えられている（「科学としての現代歴史学」）と説く。すなわち①対象となる人類の過去の正確な観察と記述、②批判的方法（資料価値の吟味、テクストの批判）、③公平なアプローチ・客観性（ポレミカルな議論、先入観、イデオロギー理論を排除するか、あるいは仮説的な出発点として容認するにとどめ、それらが事実と矛盾するときはいつでも断念する用意ができていること）、④コントロール可能性（歴史家は、その主張を他者が吟味できるように根拠を示さなければならない）、⑤コミュニケーション可能性（歴史研究の成果は、全ての教養ある読者にアクセスできる言語で表現されなければならない）、⑥特殊な方法と技術（歴史研究のためには特殊な方法とテクニカル・タームを備えた補助化学［貨幣学、古書体学など］を必要とする）、⑦一定の抽象化と一般化（抽象化と一般化により、歴史家は膨大な事実を大規模で一貫した運動、包括的な社会現象、根元的なプロセスとして理解・記述・要約しようとする）、⑧広く通用するスキーム化（社会構造の諸類型、マックス・ヴェーバーの理念型を用いて、類型の細部を分析し、類型間の移行を記述し、クロノロジーをより正確に特定し、因果関係を判定する

474

[クロノロジー的類型学])、⑨数量化、⑩因果関係（casual nexus）と偶然の一致の区別、⑪歴史法則（歴史家は、明らかなパタンを発見したときは、歴史法則が機能していることをためらわずに指摘する）、以上が科学としての現代歴史学の特色である[286]。

　ただしカネヘムは現代の歴史学とは、数学や物理学と文学との中間地帯に位置する独自の地位と方法を有する科学（第3グループの科学。C. P. スノーが提唱した「第3の文化」）であり、実験を欠いた科学であるとする。すなわち歴史学の対象（過去）の性質そのものから、定義上実験という技術は利用できないのである[287]。したがって歴史学が科学であろうとすれば、観察に固執せざるを得ないが、過去の事実の正確な記述の蓄積にとどまらず、因果関係と全体的関連（causal relations and comprehensive connections）の追求もその目標となる。実験に代わる重要な技法として、比較方法がある[288]。カネヘムは「歴史は『応用科学』か？」と題する結論部分で、「歴史の教訓を学ぶことによって社会は変革できるとする考えは有力である。政治家や社会的予言者はしばしば歴史を知的な道具として用いてきた。ここで重要な役割を果たすのは、歴史の反復的性格に対する信念と、より良い社会を生み出すために除去すべき有害な要素を歴史の研究によって探知できるとする理解である。歴史の研究と過誤についての歴史上の印象的なカタログの研究とが、人間の啓発に貢献し、以前よりも良質な情報といっそう明敏な洞察とに基づく決断を助けるのは明らかである」と指摘するのである[289]。

（ⅱ）『ヨーロッパ民事訴訟の歴史』とほぼ同時期に発表された論文「歴史と実

286）　van Caenegem, Modern Historiography: A Science without Experiment, in: R.C. van Caenegem, *Law, History, the Low Countries and Europe* (1994) 15, 15-18. 初出は *Studia Pilosophia Gandensia* 7 (1969) 91-103で、1964年3月16日になされた講演に修正を加えたものである。

287）　*Id.*, 19-20.

288）　*Id.*, 20-21.

289）　*Id.*, 25.

験」（1973年）を次に取り上げる。その冒頭でカネヘムは「人文学（the humanities）においては、今やあらゆる学問分野は歴史的である。考古学者と歴史家によって発掘された膨大な量の事実資料を利用しながら、現在ではあらゆる学生は各々の分野を歴史的パースペクティヴからとらえるのである。神学、哲学、法学、文献学のような偉大な古典的学問は、進化と進歩の19世紀の理念の影響下で歴史的広がりを獲得したということが一般的に認められている。より若い社会科学も歴史的アプローチに敬意を表している」と言う[290]。「この傾向が続けば社会生活の全ての相が、社会学者、経済学者、心理学者、法学者によって歴史的次元（dimension）において研究されるときがすぐに来るかもしれない。……彼らはそれぞれの学問分野の学問的技術および専門用語を身につけているが、個々の歴史家はそれを修得どころか理解すらできず、そのため彼らの業績の技術的なクオリティに匹敵するどころかそれを吸収し理解すらできないであろう。われわれ『通常の』歴史家のなすべきことは何が残っているのか？」[291]。カネヘムはこのように問いかけたうえで、自律的な歴史学（autonomous historical discipline）が果たすべき重要な2つの課題を提示する。

「まず第1に、過去の出来事を、それが生じた方向に向かって、すなわち過去から現在に至る手続を記述することが、歴史に残された仕事であろう。歴史は後ろ向きには動かなかった。……現代を出発点として、過去における発展の一本線を追うこと（follow in the past one line of development）は、実は非歴史的なのである。それは、過去が現在に向けて方向づけられているかのような錯覚を生じさせるからである。それは、歴史が取り得たであろう無数のそれ以外の道に対して目を閉ざし、現在の結果は決して最終的な達成ではなく、しばしばわれわれの祖先が意図も追求もしていなかったことが多いという事実に対しても、目を閉ざすのである」[292]。

「第2に、より専門化した研究が過去の諸相について歴史家以外の人々によっ

---

290) van Caenegem, History and Experiment, in: Caenegem, *supra* note 286, 1. ブリュッセルにおけるコロキウムで1971年11月になされた報告であり、1973年に刊行された。

291) *Id.*, 3.

292) *Id.*, 4.

476

て発表されるにつれて、歴史家の役割はいっそう重要になるであろう。これら
の専門化とその結果を綜合し（produce a synthesis）、社会の1つの一般的な構
図（general picture）に形成し解釈することが歴史家の仕事であろう。無数の
資料、心理学的・宗教的要素の役割を評価し、それらを総合的・包括的探求へ
と方向づけることも歴史家の仕事であろう。……過去は、一定の時代の非常に
多様な現象をパノラマ的に概観する（すなわち通時的にのみではなく共時的に
も思考する）訓練を受けた歴史家によって研究されなければならない。またこ
れらの現象の間の因果関係（causal relations）を辿ることも必要である」。「歴
史家の野望は、通常はわれわれの社会の複雑な成長を説明する原因を発見する
ことなのである」[293]。

　カネヘムは以上の課題を果たすための歴史学の方法を検討する。「客観性、
正確さ、コントロール可能性、コミュニケーション可能性の他に、科学的方法
の特徴として（反復可能な）実験の使用がある。体系的な実験は中世後期に
ゆっくりと発達し、近代に一般的に受け入れられるようになった。それは研究
者が自然が偶然に何を生んだかを観察することに自ら限定せず、意識的に介入
することによって、問題となるあるファクターがいかなる役割を果たすか（あ
るいは果たさないか）を発見ないし証明するために、その特定の要素を追加し
たり除去したりする状況を（研究者が）創造する科学的技術のことである」。
「自然科学に極めて基本的なこの実験的方法は、歴史家にはその対象の性質（す
なわち過去）ゆえに閉ざされている。過去は過去であり、実験という方法で選
ばれたファクターを追加ないし除去して過去を蘇らせることはできない」。「し
かしながら実験は非常に魅力的であるため、歴史家は実験の代替物（Ersatz）
を発見しようとする。歴史家は擬似実験的（quasi-experimental）と称すべき
方法を用いるが、それは実際には比較に基づいている。歴史家は、若干の要素
を追加ないし除去することで1つの状況を創造することはできないが、過去ま
たは現在において、特定の要素が発生ないし消滅した場合と比較しうる状況
（comparable situations）を探求する。一定の進化（evolution）の原因を検証し

293）　*Id.*, 4-5.

ようとする歴史家は、1つのファクターを除けば本質的な構成要素が類似している・同じような進化（analogous one）を、（他国ないし他の時代に）探し求める。類似の状況で当該ファクターが欠けていれば、それは進化の原因たるファクターではないことになる。逆に異なる各状況下において同一のファクターが存在するならば、それは決定的役割を果たしえないものであることが判明する」[294]。「比較可能な状況（comparable situations）を追跡するのは忍耐を要する。真の実験家が自分で必要な状況を創造する代わりに、歴史家は、過去や現在の人類の経験の膨大で雑色の宝箱、偉大な文化、そしてどこかそれ以外のところからアナロジーを探し出さなければならない。歴史家は彼の適切な主題をより良く理解し解釈するために、彼の学問の厳格な制約をここでは取り払うのである。歴史家は民族学者と社会学者に対し、彼らが歴史家から借用してきた全てのものの見返りとして、貢献を求める。幸いなことに過去は広大かつ徹底的に研究されているため、比較可能な構造を発見するチャンスは大きい。例えば、これまで発見され互いに比較されてきた多数の封建制を見よ。いつか歴史学・民族学・社会学が1つの包括的な学際的人類学（one comprehensive transdisciplinary anthropology）にまとめ上げられ、そこでは過去と現在において人間が研究され、経済対歴史というような若干のアンチテーゼはより高次のジンテーゼへと調和させられるかもしれない」[295]。カネヘムは擬似実験的方法を実践する好機であるとし、「擬似実験的方法は観察と比較、そして比較からなされる演繹に基づくのであって、実は新しいものではない。現実の実験におけるように、1つの特定のファクターを切り離す（isolating）方法として、研究者の洞察力を研ぎ澄まし、調査の領域をより明瞭に識別させる。……純然たる思索的な方法で、あるファクターがもし欠けていたら何が起きるかを考える代わりに、現実に存在した比較可能な状況を探索する方が、より実り多いことになる。その方が研究のより確固たる基盤となるのである。原因となる特定のファクター（specific causal factors）を受容ないし除去する比較アプローチ、すなわち歴史家の擬似実験的方法は、興味深い成果をもたらす可能性がある。

---

294) *Id.*, 5-6.

295) *Id.*, 12-13.

478

歴史家はそれをもっと頻繁に適用すべきである」と提案する。カネヘムは比較
史的方法（comparative historical method）はまだ幼年期にあると注記してい
るが[296]、スコチポル/ソマーズが指摘するようにマクロ社会研究における比較
史の効用は極めて高く[297]、社会科学の分野での比較史的分析の充実ぶりは目覚
ましい[298]。カネヘムの比較史的アプローチの先駆性は高く評価されるべきであ
る。

　カネヘムは、既に検討した『ヨーロッパ民事訴訟の歴史』、および同年に刊
行された代表作の1つ『イングランドにおけるコモン・ローの誕生』（1973年）
でも、同様の比較史の手法を用いている（同書は、詳しい「第2版への序」を
付して、1988年に再度刊行されている）。同書は、「征服王からグランヴィルま
でのイングランド裁判所」「国王の令状と令状手続」「国王の裁判所における陪
審」「イングランド法とヨーロッパ大陸」の4章から構成されている。最初の3
章は、イングランド司法制度史・訴訟法史として読むことができ、『ヨーロッ
パ民事訴訟の歴史』を補う内容となっている。その最終章では、12・13世紀に
進行したヨーロッパ社会全般の（特に法の）モダニゼーションが、イングラン
ドにおいては例外的に早くかつ体系的に発生した、というクロノロジーが、イ
ングランド法と大陸法の相違をもたらした重要なファクターであるとする（コ
モン・ローの誕生における偶然的要素）[299]。

　カネヘムは、アルカイックな「第一次封建時代」（first feudal age）には、不
文で極めてゲルマン的な慣習法が、ローカルな裁判所で原始的・非合理的に運
用されており、イングランド法と大陸法には本質的差異はなかったとする。し

---

296)　*Id.,* 13.

297)　T. Skocpol/M. Somers, The Use of Comparative History in Macrosocietal Inquiry,in：
　　Comparative Studies in Society and History 22 (1980) 174. スコチポルの比較歴史社会学に
　　ついては、スコチポル『歴史社会学の構想と戦略』（1995年）、同『現代社会革命論：比
　　較歴史社会学の理論と方法』（2001年）を参照されたい。

298)　J. Mahoney/D. Rueschemeyer (eds.), *Comparative Historical Analysis in the Social
　　Sciences* (2003).同書の末尾にはスコチポルの論稿が集録されている。

299)　van Caenegem, *The Birth of the English Common Law*（2ed.,1988）89-90, 105.

かし、「ウェストミンスターの裁判官および巡察裁判官の活動と、彼らが処理した訴訟は、首尾一貫した統一体を形成した。この新しい法と司法組織は、全国家的で国王によるもの（national and royal）であった」、「12世紀の変わり目に、ローマ＝カノン的学問がヨーロッパの教会裁判所の実務を征服し、13世紀にかけて世俗裁判所と慣習法の著述家たちに影響を与えるようになったときは、コモン・ローが何らかの実質的影響を受けるのには、遅すぎたのである」[300]。このように、特にイングランドにおいて早い段階で発展が見られた原因として、カネヘムは、10世紀および11世紀に統合されていた古典イングランド国家ないし王権（the old-English kingship）が、後の世代がコモン・ローを構築する政治的基盤を提供し、その上にノルマン王朝が自分たちの封建制を持ち込んだことを挙げている。さらにカネヘムによれば、コモン・ローの機構を確立したヘンリー2世は、カノン法学者のアングロ・ノルマン学派（Anglo-Norman school of canonists）などの人材・資源を自由に活用できたことも、忘れるべきではない。例えば、イタリアのヴァカリウス（Vacarius）は、スティーヴンの時代にイングランドを訪れ、12世紀後半にはオックスフォードでその学派が栄えた[301]。すなわち、カネヘムは各国におけるモダニゼーションの発生（時点）というファクターに注目して、コモン・ローとヨーロッパ大陸法を比較し、12世紀以降の両者の分岐の原因を説明しようとするのである。

（ⅲ）既に指摘したように、以上の比較史のアプローチは、『ヨーロッパ民事訴訟の歴史』において縦横に活用され、低地諸国・北欧・バルカン諸国・ロシアを含む広大なエリアについて、モダニゼーションの進展とローマ＝カノン訴訟の継受の程度を比較することにより、ヨーロッパ民事訴訟法史を包括的・総合的に叙述することが可能となった（諸現象の間に説明可能な関係を見出す「理解可能性」の追求）。確かに比較法は、類似点のみならず差異の探求をも含むが、イングランド民事訴訟法に対するローマ＝カノン訴訟の影響、1873年・1875年最高法院法による訴訟手続の統一、ウルフ改革以後のイングランドと大

300）　*Id.*, 90-92.
301）　*Id.*, 93, 100-101.

480

陸民事訴訟法の近接化・収束をどう評価するのかによって、異なる全体像を描き出す余地もあろう（次章で検討するヴァン・レーの業績を参照されたい）。いずれにせよ、ここまで比較の視野を広くとった・個人の筆になるヨーロッパ民事訴訟法史は前例がなく、同じくベルギー出身の歴史家でヨーロッパ史の名著を著わしたアンリ・ピレンヌの学風を、訴訟法史の分野で実現したといえようか。カネヘムは、「アンリ・ピレンヌ　中世史学者としてのベルギー史家」という小伝を執筆している[302]。

(2)　『ヨーロッパ民事訴訟の歴史』の末尾で、カネヘムはヨーロッパ民事訴訟法の統一について簡潔に言及しているが、ヨーロッパ法の統一一般を彼はどのように評価していたのか。彼が2006年に「ヨーロピアン・リヴュー」に発表した論説「ヨーロッパ法の統一　（阿片吸引から生ずるような）空想的な考え」を検討してみよう[303]。

　カネヘムは、共通ヨーロッパ私法典作成に必要な準備作業を、構成国とヨーロッパの各組織に要請した1989年5月26日の歴史的決議は、法学にヘラクレス的難業を課したものであると言う。しかしながら、ヨーロッパ大陸諸国のシヴィル・ローの統一は、それらがローマ学識法とゲルマン慣習法とで構成され、ローマ法に基づく共通法たるユス・コムーネから生まれた同一の用語を用いるローマ＝ゲルマン法族に属することから、統一の克服しがたい障害はなく、今日の法律家の夢である21世紀ローマ＝ヨーロッパ法の創造・再生は、説得力ある提案であるとする。しかるに、法典化されていない裁判官法であるイングランド法は、アプローチやリーズニングが根本的に異なり、共通の基盤を発見するのが困難であるため、大陸法との統一の可否が活発に論じられる。楽観的な統一論者の代表がラインハルト・ツィンマーマンで、彼はイングランドの学識

---

302)　van Caenegem, Henri Pirenne, Medievalist and Historian of Belgium, *supra* note 286, 161. 初出は1987年である。

303)　van Caenegem, The unification of European law：a pipedream?, *European Review* 14 (2006) 33-48. なお、van Caenegem, *European Law in the Past and Future* (2002) 134ff. も21世紀におけるヨーロッパ法の形成を扱う。

第3部　比較法史の実践　*481*

法曹が、13世紀のブラクトン以降数世紀にわたって、ヨーロッパ大陸の学問（ユス・コムーネ）に精通してきたとする。しかしながら、これは一方通行にとどまり、しかもイングランドの学識法曹による・本質的に学問的関心に基づくアプローチであった、ということに注意する必要がある。統一に悲観的な論者の代表は、カナダ出身のピエル・ルグランである。ルグランは、コモン・ローとシヴィル・ローの両法システムの差異は架橋不可能なほど根本的であって、そのメンタリティ（mentalities）は、調整不能なほど異なっていると説いた[304]。

　カネヘムは、従来の議論をこのように回顧した後、過去半世紀にわたってベネルクス諸国の民事法を統一する計画が進められているが実現していないなどの理由から、かつては個人的には統一に悲観的であったけれども、法律家および歴史家として、統一に楽観的となる確固たる理由を、現在ではいくつか指摘できると論ずる。まず法律家としてカネヘムは、1960年代以降、保守的裁判官が愛好してきた古典的コモン・ローが大幅な現代化を遂げ、「排斥のルール」（rule of exclusion）の実質的廃止[305]・先例拘束性（stare decisis）ルールの緩和などによって、大陸法モデルに接近したことを挙げる。イングランド法の学問化（Verwissenschaftlichung）により、イングランド法と大陸法の近接化（rapprochement）が促進され、双方のプロフェッションの見地も接近してゆくであろう、とカネヘムは述べる。また、いわゆる「法典化されていないイングランド法」においても、法典化が長足の進歩を遂げ、私法の重要な分野が、包括的な国会制定法（Acts of Parliament）の形式で部分的法典化の対象とされてきたことも、忘れてはならない。シヴィル・ローとコモン・ローの綜合である将来のヨーロッパ法は、「混合法システム」（mixed legal system）であると考えられる。スコットランド法や南アフリカ法のような、既存の混合法システムの経験が、そこでは有益である[306]。法律家として私法の統一にカネヘムが楽

---

304)　*Id.*, 34-35.

305)　排斥のルールについては、ヴァン・カネヘム、前注（68）19頁以下に解説がある。すなわち「制定法の解釈は、制定法のまさに文言そのものの文理解釈という古来の裁判技術に従い行われ、しかもそこでとどまるべきである」とするルールである。

観的となるもう1つの理由は、法律家が既に将来のヨーロッパ共通法（コモン・ロー）の基礎となる大量の準備作業を進めていることである。1982年から1990年に至るランドー委員会の成果である「ヨーロッパ契約法原則」、1990年に開始したヨーロッパ私法共通法典のための「トレント・プロジェクト」、1998年に設立されたヨーロッパ民法典のための「フォン・バール委員会」、ユニドロワ・プロジェクトなどを、カネヘムは挙げている[307]。

　次いでカネヘムは、歴史家として私法の統一に楽観的な理由として、望みがないと考えられていたはずのプランや夢を人間が実現してきた例を、歴史家として知っているからである、と説く。そのドラマティックな一例が、19世紀におけるドイツおよびその民事法の統一（プロシア国王を皇帝とする1871年ドイツ帝国と、1900年ドイツ民法典の成立）である。この統一がラディカルなものではなく、既存の制度や感情を破壊するものでもなかったのが、成功の重要なファクターである、とカネヘムは指摘する。「法的統一はどのようにして実現されたのか。政治的意図と経済的必要とが主要なファクターではあったが、技術的障害はどのように克服されたのか。もちろん、大陸の歴史に属するゲルマン慣習法とローマ学識法の共通の基盤が存在した。しかし最も重要であるのは、16世紀以来一貫してドイツ全体でローマ法に基づく学識中世法（それは1495年にドイツ普通法として採用され［継受］、統一的役割を果たした）が、最初はパンデクテンの現代的慣用（usus modernus pandectarum）として、それから19世紀には専門的なパンデクテン法（Pandektenrecht）として、卓越した役割を果たしたことである。これは、ちょうど新たなユス・コムーネが将来のヨーロッパ法典の主要な構成要素となるように、ドイツ民法典の基礎となった」[308]。

　カネヘムは言う。「この将来の（ヨーロッパ）法典は、どのような外観を有するのだろうか。おそらくは、2000年以上にわたってヨーロッパ法学の母体（alma mater）であったローマ法の基盤が存在するであろう。その法典は、（民法典1382条のように）細部にわたる規定よりも原則（principles）を好み、コ

---

306)　*Id.*, 36-38.

307)　*Id.*, 38.

308)　*Id.*, 38-39.

モン・ローとシヴィル・ローの差異が非常に甚だしい場合には、（最近のヨーロッパ民事訴訟法典プロジェクトのように）国ごとの代案（national variants）の余地を残すであろう。12世紀に古い令状手続がイングランドのコモン・ローの母体であったように、共通民事訴訟（法）が共通民事法の先鋒となれば面白いであろう。ヨーロッパ人は、リステートメント（Restatement of the Law）として知られる20世紀の大事業からも、若干のインスピレーションを得るかもしれない」[309]。

　カネヘムは、イングランドとヨーロッパ大陸はヨーロッパ史の基礎を全て共有しているのに（キリスト教、ギリシア＝ローマ古代、カトリックとプロテスタンティズム、建築、美術、近代科学、啓蒙運動、立憲主義、議会主義）、法制度のみが対極にあるのはなぜかを問い、イングランドのコモン・ローの誕生した環境に注目する。「クロノロジーが非常に重要となる。すなわち、ローマ法に刺激された近代化は、13世紀に至るまでヨーロッパ大陸裁判所に到達せず、そのときまでにヘンリー2世の国王裁判所とイングランドのコモン・ローは既に確立していて、古い地方慣習に背を向けていた。したがって、イングランドのコモン・ローの誕生は、クロノロジーの偶然の結果であったという結論でなければならない。それどころか、ヘンリー2世の近代化が2、3世代遅れていたら、13世紀にフランスで起きたようにローマ法モデルに倣っていたことであろう」。確かに、コモン・ローは数世紀にわたって封建土地法（feudal land law）であり、封建制はウィリアム征服王とその従者によりヨーロッパ大陸から輸入されたものであるが、コモン・ローの深い淵源（remote origins）に関するこのような考察は、コモン・ローのイギリス的性格を決して損なうものではない。時の経過とともに、コモン・ローはイギリス国民の誇りとなったが、そのことは、コモン・ローの放棄がイングランドのアイデンティティの本質的部分を失うことを意味するのか。法と国民性（国民のアイデンティティ）との関係について歴史が教えるところによれば、法移植は国民が成功した過程の価値を貶めるのではなく、外国の法システムは、その固有のクオリティゆえに、国民生活

309）　*Id.*, 39.

を害することなく吸収できるのである[310]。「法移植は、何ら成功の障害とはならず、新しいヨーロッパ法が当然に、新たに統合されたヨーロッパの法となりうるであろう。これら全てを、グローバリズムとナショナリズムについて進行中の議論の観点からとらえるのが、賢明であろう。国際主義（internationalism）は、われわれの共通のヒューマニティと、われわれが日々ともにするグローバルなテクノロジーや経済とに立脚した、積極的・肯定的な態度である。しかし普遍的同朋関係（universal brotherhood）は、ローカリズムとナショナリズムを排除するものではない。われわれは人類の一部であるとともに、歴史的・文化的ルーツを共有する同朋の、より直接的な環境の中で日々の生活を送っているのである。……古い区分を乗り越える政治的・法的建造物の妨げにならない限りにおいて、国民意識とプライドは自然で積極的・肯定的な価値を有するのである」[311]。カネヘムは以上のようにヨーロッパ私法の統合を擁護するのである。

---

310) *Id.*, 40-41.

311) *Id.*, 41.

Ⅳ. ヴァン・レーの比較民事訴訟法史 ——ヴァン・カネヘムに 続くもの——

（1）（ⅰ）ヴァン・カネヘムの『ヨーロッパ民事訴訟の歴史』は、20世紀の叙述がやや手薄である感は否めない[312]。本章でその業績を紹介するヴァン・レー（マーストリヒト大学ヨーロッパ法史教授）は、『法史学雑誌』（Tijdschrift voor Rechtsgeschiedenis）のヴァン・カネヘム80歳献呈号に、「20世紀ヨーロッパにおける民事訴訟」と題する論稿を寄せ、カネヘムが長きにわたって関心を示したテーマを、比較の視座から補完・再検討している。ヴァン・レーは、「事件管理（case management）の視座から、20世紀ヨーロッパ民事訴訟法の歴史記述（historiography）のための始点と終点を選択する」ことを提案する。

　ヨーロッパ内外において範例（example）を設定する任務を、1806年フランス民事訴訟法典から継承し、積極的裁判官を伴う・影響力のある（1895年8月1日）オーストリア民事訴訟法が発効した1898年を、20世紀民事訴訟法の出発点（同時に19世紀民事訴訟法の終点）であると位置づける。さらに、裁判官に広汎な事件管理権限（case management power）を付与した、イギリス民事訴訟規則（Civil Procedure Rules）が発効した1999年をもって、20世紀民事訴訟法史の終点としたい、とヴァン・レーは言う。この規則が、イギリス民事訴訟法を大陸法に接近させるとともに、ヨーロッパの他の諸国にも影響を与える可能性が大きいからである[313]。

　このヴァン・レーの論稿は、①出発点としてのオーストリア民事訴訟法（準

312）　なお林屋・前注（3）325頁以下にも20世紀大陸民事訴訟法史の概観がある。

313）　C.H. van Rhee, Civil Litigation in Twentieth Century Europe, *Tijdschrift voor Rechtsgeschiedenis* 307 (2007) 307-308.

486

備的抗弁［preliminary defences］、事件管理と実体的真実の探求、書面による
準備段階と口頭の主要段階）、②オーストリアの範例的地位、③（オランダの）
Gratama草案、④20世紀の発展の最終段階としての1999年イギリス民事訴訟規
則、といった各章から構成されている。同論文は、後に「当事者自治から裁判
所による事件管理と効率へ」との副題を付して、ヴァン・レーの編著『民事訴
訟における裁判所の事件管理と効率』（2008年）の冒頭に、彼の「序論」とと
もに再録された[314]。ここではヴァン・カネヘムの学問的姿勢を継承するヴァ
ン・レーの比較訴訟法史に関する論稿の中から、通史的性格の強いものを採り
上げ、カネヘムに続く比較民事訴訟法史の高峰を紹介してみたい[315]。

（ⅱ）筆者は、旧稿「比較民事訴訟法学のプロムナード」（2009年）において、
ヴァン・レーのマーストリヒト大学教授就任講演に基づく「民事訴訟──ヨー
ロッパのユス・コムーネか」（2000年）、およびその続編たる「手続的ユス・コ
ムーネを目指すのか」（2003年）を中心に紹介し、次のように要約・評価した[316]。
　「ヴァン・レーは、ヨーロッパ近代民事訴訟法の『母』であるローマ＝カノ
ン訴訟手続を、ローマ法（ローマ法大全）とカノン法という2種類の学識法に
よって構成されるユス・コムーネと呼び、教会裁判所におけるこのユス・コ
ムーネが大陸の世俗裁判所に継受された結果、①書面中心主義手続の発生、②
訴訟法上の専門用語・概念（citatio, exception, litis contestationなど）の標準化、
③証拠法則などの共通の手続原則の形成、といった類似性をもたらしたとする。
また、ローマ＝カノン訴訟が大陸で盛んに継受されていた12世紀に、イングラ
ンドでは、1066年以前から存在していた制度が急速に発展して、独自のコモ
ン・ローの体系を形成していった。①中世コモン・ローにも、双方審尋主義

---

314)　C.H. van Rhee (ed.), *Judicial Case Management and Efficiency in Civil Litigation* (2008)1, 11.

315)　ヴァン・レーの所説については、貝瀬「比較民事訴訟法学のプロムナード──『チチェ
　　　ローネ』以後」『青山善充先生古希祝賀　民事手続法学の新たな地平』（2009年）1013-
　　　1020頁でも論及した。

316)　貝瀬・前注（315）1016-1017頁。

（audite et alteram partem）などの共通のルールが既に存在していたこと、②
ローマ法・カノン法に通じた大法官により、ローマ＝カノン訴訟手続（ユス・
コムーネ）がエクイティに影響を与えたことが、そこでは論及されている。19
世紀ヨーロッパ大陸における法典化も、ローマ＝カノン訴訟手続モデルを基礎
に行われ、さらに1806年フランス民事訴訟法典が、オランダ・ベルギー・ド
イツ・イタリア・スペイン・スイスに影響を与えたため、法典化にもかかわらず、
訴訟法の領域ではヨーロッパ大陸の伝統・類似性が破壊されることはなかった。
イングランドでは、1873年・1875年最高法院法（Judicature Acts）によって、
コモン・ロー裁判所とエクイティ裁判所が統合され、訴訟方式（forms of
action）が廃止された結果、ヨーロッパ大陸の訴訟モデルにより接近するに至っ
た」。

　「手続的ユス・コムーネであったローマ＝カノン訴訟手続が、ヨーロッパ大
陸訴訟法族およびコモン・ロー訴訟法族双方に影響を与え、この訴訟モデルが
19世紀の法典化の基礎となったため、法典化も民事訴訟法の伝統を損なわな
かったと分析したうえで、さらにこの歴史的一貫性を前提に……ヨーロッパ比
較民事訴訟法思想史を構想し、効率的民事訴訟制度の造形および訴訟法のハー
モナイゼーションのためには、本格的な訴訟法史研究が不可欠である、とヴァ
ン・レーは壮大な理論を展開する。現代ヨーロッパ民事訴訟法における『共通
の核心』が『事件管理と協働』である[317]、とするヴァン・レーの指摘は、さら
なる検証を必要とするであろう」。

　以上の分析と重複するところもあるが、ヨーロッパ民事訴訟法史の構想に不
可欠なヴァン・レーの代表的論稿を順次検討する。

（2）（ⅰ）ヴァン・レー編『民事訴訟におけるヨーロッパ的伝統』（2005年）の
編者序論（以下、「2005年論文」という）によれば、「18世紀後半に始まり、ド
イツについては遅くとも1900年のドイツ民法典の施行で終了したいわゆる『法
典化の時代』以降、純粋にナショナルな状況で仕事をすることに馴れていた法

317）　van Rhee, Introduction, in: van Rhee (ed.), *supra* note 276, 3-5.

学者たちに、ヨーロッパの協働（co-operation）は、多くの新しいチャレンジングな機会を提供する結果となった」（民事訴訟法学者についても同様である）。そこで最も重要であるのは、ヨーロッパ人権条約6条とヨーロッパ人権裁判所の判例で、その判例は、民事訴訟におけるヨーロッパ的伝統を発見するとともに、国家の立法と裁判所によるその解釈に影響を与え、新たな伝統を創造する。ヨーロッパ連合（EU）の影響が増すことで、民事訴訟も多くのヨーロッパ規則、指令（directives）、グリーン・ペーパーなどによってヨーロッパ的外観（outlook）を呈するに至っている。これらの発展を踏まえ、ヨーロッパにおける民事訴訟法のハーモナイゼーションをさらに深めるために、いわゆるシュトルメ（Storme）・グループの取り組みを典型とするヨーロッパ的なパースペクティヴからの研究が進められた。EU構成国の多様な民事訴訟制度の本質と基本原則（underlying principles）の学問的研究が重要であることが明らかとなったが、歴史的パースペクティヴからヨーロッパ民事訴訟法を理解しようとする研究は稀であって、ヴァン・レー編の前掲書は、その歴史的パースペクティヴを「導きの星」（guiding star）とするのである[318]。

　ヴァン・レーは、ヨーロッパ民事訴訟法の決定的モメントとして、①1806年フランス民事訴訟法典の施行（1807年）、②1895年オーストリア民事訴訟法典の施行（1898年）、③1998年イギリス民事訴訟規則の施行（1999年）を挙げ、この3つのモメントを中心に分析を進める[319]。まず、ヨーロッパにおける近代民事訴訟法の歴史は、1806年フランス民事訴訟法典に始まるといっても過言ではない。ナポレオン法典の中でも最も革新性に乏しかったこの法典が、1667年のルイ14世の民事訴訟に関する王令を大幅に取り込んだ、あまり近代的なもの

318）　*Id.*, 21.

319）　*Id.*, 6. ただしヴァン・レーによれば、フランツ・クラインは1890年代に、フランスの裁判官は法典上の法的根拠を欠くにもかかわらず、実務においては広汎な事件管理権限（far-reaching case management power）を行使している、と指摘している（*Id.*, 7）。このクラインの論稿（Klein, Pro Futuro, Betrachtungen über Probleme der Civilprocessreform in Österreich［1891］）については、松村和徳による翻訳がある（『山形大学法政論叢』創刊号117頁、同第2号153頁［1994年］）。

ではなかったことからすれば、民法典と同様にヨーロッパにおける法典化のモデルとなったのは、驚くべきことである。ヴァン・レーは、フランス民事訴訟法典が広く普及した理由を2つ指摘している。すなわち、①18世紀末から19世紀初頭にかけての、フランス帝国およびその影響の及ぶ領域の拡大に伴い、同法典がこれらの領土に導入された、②同法典は保守的なところも多かったが、訴訟手続の一般類型（general pattern）を創造しようとし、ユス・コムーネ時代の書面主義的な秘密手続に慣れていた法律家に対して、口頭主義・公開主義を強調し、平等な立場で訴訟を追行する合理的な個人の責任を強調する、19世紀ヨーロッパのリベラルな態度を反映していたという点で、やはり近代的な法典であった[320]。

　1806年フランス民事訴訟法典が、民事訴訟法の改正ないし法典化の基礎となったヨーロッパ諸国や地域は、ナポレオン帝国ないしそれ以前のフランスに帰属・服従していた場合が多いけれども、1813年のフランス敗北後に旧来の訴訟実務に復帰したところはなかった。自前の法典（a product of native soil）が成立するまで（例えばベルギーは1967年裁判法典［Code Judiciaire］、オランダは1838年民事訴訟法典発効まで）、フランス法典が効力を維持し続けたのである。1798年にフランス共和国に統合され、1813年に独立したジュネーヴでは、フランス民事訴訟法典の改良版（improved version）であるいわゆるベロ法典（Code Bellot）が1819年に施行され、1838年オランダ民事訴訟法典やドイツ諸領邦での法典化の試みに影響を及ぼした[321]。ライン左岸の旧フランス領地域は、フランス敗北後のヴィーン会議でプロシア、バヴァリアなどに併合されたが、1877年ドイツ帝国民事訴訟法の施行まで、フランス民事訴訟法典が規律した。ドイツにおけるフランス民事訴訟法典の影響を受けた法典化プロジェクトとして、1850年ハノーヴァー王国民事訴訟法典、1861年・1864年のバヴァリアとプロシアの草案がある。ハノーヴァー王国民事訴訟法典は、口頭主義と当事者自治を強調する点でドイツ・ジュネーヴ的外観を有しており、その立法資料はジュネーヴ州民事訴訟法典の卓越性を指摘するが、証拠中間判決（Beweisinterlokut）

---

320)　*Id.*, 7-10.

321)　*Id.*, 10-11.

などのドイツ的伝統も残している。1877年ドイツ帝国民事訴訟法典は、ドイツ的特色である第三者の訴訟参加制度は残っているが、証拠中間判決を欠き、ハノーヴァー法典よりもフランス的外観を有し、「民事訴訟に関するフランス的理念とドイツ諸邦の普通法伝統との結合」と位置づけるのが最も妥当であろう、とヴァン・レーは述べる。なお、1919年にアルザス＝ロレーヌ地方がフランスに再統合されたことにより、1877年ドイツ帝国民事訴訟法は、フランスにも影響を及ぼした[322]。

ヴァン・レーは、前掲2005年論文第2章「新しい訴訟モデル――1895年オーストリア民事訴訟法典――」において、福祉国家概念が未発達であった19世紀には、フランスの非介入的でリベラルな民事訴訟モデルがヨーロッパ全域を支配したが、20世紀に他の諸国のモデルとなったのは、フランツ・クラインが起草した1895年オーストリア民事訴訟法（1898年施行）であったと述べ、1890年から翌年にかけて彼が発表した重要な論稿の内容を要約する。

すなわち、①起草者たるクラインの目的は、民事訴訟の社会的機能の実現にあり、その趣旨は、民事訴訟は単に私人たる訴訟当事者間の個別的紛争を解決する手段にとどまらず、社会全体に関わる現象で、公益にも奉仕すべきである（福祉的機能）というところにあった。②クラインによれば、こうした民事訴訟の社会的機能を実現する新しいモデルを創造するには、裁判官と当事者の権限のバランスを見直して、裁判を促進するために両者は協働（co-operate）すべきである。ネガティヴな社会現象である法的紛争を対象とする民事訴訟を、迅速・効率的・廉価なものとするには、「実体的」真実に基づく必要があるから、両当事者は真実義務（Wahrheitspflicht）――真の事実を裁判所に提出する義務――を負う。このようにクラインは説いたのである[323]。

この主張が認められ、クラインは1891年2月にオーストリア司法省参事官に就任し、1781年一般裁判所法に代わる新民事訴訟法の起草に着手する。クラインの民事訴訟法は、訴訟の期間（duration）を裁判官の責任であるとするとともに、裁判官に強力な事実収集権限・職権による証拠収集を認め、訴訟を書面

---

322) *Id.*, 11-13. クラインのこの論文につき、前注（319）参照。

323) *Id.*, 13-14.

による準備段階と（できれば1回の）口頭弁論（oral hearing）とに区分している点で、革新的であった。1895年新オーストリア民事訴訟法は、ドイツ語圏に絶大な影響を及ぼし、オランダ、クラインの法典の公布時にオーストリア＝ハンガリー帝国に属していた東欧諸国、スカンジナヴィア、ギリシア、（1919年にアルザス＝ロレーヌを併合した）フランスにも影響は及んだ。1920年に公表されたオランダのGratama委員会の民事訴訟法草案は、訴訟を同じく二段階に分け、裁判官の事件管理権限を拡大した（ただし、施行には至らなかった）。フランスの準備手続整理係裁判官（juge de la mise en etat）は、オーストリアのvorbereitende Richterをモデルにしたものであるといわれる[324]。

　ヴァン・レーの2005年論文第3章「20世紀後半の法典化――ベルギーの裁判法典とフランスの新民事訴訟法典――」は、1806年フランス民事訴訟法典は19世紀の終了により国際的な訴訟法論の中心からは外れたが、その後もフランス・ベルギーで長く効力を有し、ベルギーでは1967年裁判法典が、フランスでは1976年新法典がこれに代わったと述べ、各新法典の特色を指摘している。まずベルギー裁判法典における重要な改革は、後にフランス新民事訴訟法典の一部となる「訴訟の指導原理」（principes directeurs du procès）をめぐる議論の影響を受けて一般的手続原則を宣言し、各審級に共通して適用される訴訟モデルを定め、旧法典に比べて手続上の無効（procedural nullities）に関する規律を緩和し、控訴の拡張を認めるリベラルな態度を採用した、というところである。ただし、新法典の立法者が一連の根本的な決断を回避し、ベルギーの訴訟文化に変化がなく、新法典の提供する装置が実務上必ずしも利用されなかったことから、1999年の高等司法評議会（High Council of Justice）の設置に始まる改革が必要となった。

　フランスにおいては、1958年9月28日のドゴール憲法以降、議会から政府に大幅に権限が移転された結果として、民事訴訟の主たる法源は行政府のデクレとなり、訴訟法改革には便利となった。フランスにおける訴訟法改正の目的は訴訟文化の変革にあった。1976年新民事訴訟法典は、当事者対抗主義手続と糾

---

324)　*Id.*, 14-16.

492

問主義手続の中道を行き、当事者の利益のために、裁判官と弁護士の真の協働を目指し、事件管理の職責を果たすために新しいタイプの準備手続整理係裁判官（juge de la mise en etat）を創設した。新法典のもう1つの特色は、その第1部で、解釈の枠組みとなる「訴訟の指導原理」（principes directeurs du procès）を宣言している点である。スイスのカントンの民事訴訟法典でも同種のものが多い。こうした原則を、単なるアカデミックな考察にすぎないとする他のヨーロッパ諸国（特にドイツ）とは、フランスの実務はかなり異なっている、とヴァン・レーは指摘する[325]。

　ヴァン・レーの2005年論文第4章「20世紀の終結──1998年イギリス民事訴訟規則──」は、イングランドの民事訴訟制度は、コモン・ローとエクイティの二重構造という点でヨーロッパ大陸と非常に異なっていたが、1873年・1875年の最高法院法が最初の変化の兆しであった、と説く。同法の準備にあたった最高法院委員会（Judicature Commission）の第1報告書は、1848年ニュー・ヨーク州民事訴訟法典（フィールド法典）を参照し（フィールド法典は、フランスおよびスペイン法を基礎とするルイジアナ州民事訴訟法典の着想を取り入れている）、最高法院法は、その影響を受けて統一的な召喚令状（writ of commons）と事実プリーディング（fact-pleading）の制度を導入した。また最高法院委員会は、この他に1859年英領インド民事訴訟法典、ローマ＝カノン理念の影響を強く受けたスコットランドの裁判実務を参照している。最高法院法は、次の4点において、イングランドとヨーロッパ大陸の民事訴訟法の大きな差異を取り除いたのである。すなわち第1に、最高法院法に付された「別表（Schedule）」に、民事訴訟「法典」と称すべき内容が取り込まれた、第2に、民事訴訟の分野でコモン・ローとエクイティの区別が廃止され、訴訟方式（forms of action）から統一的な召喚令状（writ of summons）に移行した、第3に、プリーディングの技巧性が減じて、ローマ＝カノン訴訟手続に類した海事

---

325)　*Id.*, 16-18. なお①クラインが前注（319）の論文中で、イギリス民事訴訟における裁判所侮辱、質問書（interrogatories）によるディスカヴァリー、プリトライアル手続に言及していたこと、および②オランダ民事訴訟法典を起草中のGratama委員会がイギリス民事訴訟に関心を抱いていたことにつき、*Id.*, 18-19.

裁判所のプリーディング制度に接近した（いわゆるfact-pleading）、第4に、新しい訴訟手続は単一の高等法院（High Court）で運用された（ただし控訴は控訴院が管轄する）。なお、第1の「別表」を改正するのは、議会ではなく裁判官を主たる構成員とする規則制定委員会（Rule Committee）である点で、ヨーロッパ大陸の法典とは異なる[326]。

　20世紀末から今世紀初頭にかけ、ウルフ卿が推進したイングランドの民事司法制度改革と、その成果たる1998年民事訴訟規則によって、イングランドの民事訴訟が大陸モデルに遙かに接近し、大陸モデルのインスピレーションの源泉として、興味深い内容となった。民事訴訟の甚だしい遅延と高いコストを解決するために行われた従来の改革、例えば「正式事実審理準備指図のための召喚（状）」制度（summons for directions）は、当事者対抗主義を墨守する消極的裁判官の運用によって、失敗に終わった。この制度に基づいて固定されたタイム・リミットに当事者が従わなかった場合に、実効的な制裁を欠いていたうえ、タイム・リミットについても、裁判官が寛容な態度を示したのである。ウルフ卿は、この状況をドラスティックに改革すべく、「事件管理」（case-management）をイングランド民事訴訟のキーワードとし、この目標を達成するための斬新な方法として、事件の複雑さに応じて配当する3つの異なった手続的トラック（procedural tracks）と、控訴院への控訴にも許可を要するとする許可控訴の制度を設けた。単一共同専門家（single-joint expert）も、当事者対抗主義を緩和する制度である。また訴え提起前のプロトコル（pre-action protocols）は、早い段階での和解を実現し、十分な情報を得たうえでの訴え提起を保障し、当事者の手続的姿勢（procedural attitude）に影響を与える制度で、両当事者間および裁判所・当事者間の協働（co-operation）をキーワードとする、多くのヨーロッパ諸国での訴訟改革と軌を一にする[327]。

　最後にヴァン・レーは、2005年論文の結論として、ヨーロッパ民事訴訟法史において1806年フランス民事訴訟法典（1807年施行）、1895年オーストリア民事訴訟法典（1898年施行）、1998年イギリス民事訴訟規則（1999年施行）は、

326）　*Id.*, 19-21.

327）　*Id.*, 21-23.

既に指摘したように、訴訟法のパースペクティヴを決定的に変えたという意味で決定的契機（crucial moment）である、とする。「私見では、イギリス民事訴訟規則は、オーストリア法典に始まる発展の頂点と見ることができる。現在では、イギリスの民事訴訟ですら、その長き当事者対抗主義的伝統とともに、当事者間の協働と裁判官による事件管理（ケース・マネージメント）とをある程度強調する民事訴訟類型に、道を譲りつつある。事件管理と協働とは、現在ではヨーロッパにおける民事訴訟法の『共通の核心』（common core）と呼んでよく、おそらくはリベラルな民事訴訟観と社会的な民事訴訟観とを調和させようとする試みであると把握できよう。イギリス民事訴訟における変革は、イギリスのシステムに多くのヨーロッパ大陸諸国の注目を集めたのである」。もちろん、事件管理と協働の意義は全ヨーロッパで同一ではなく、例えば積極的裁判官の実際上の意義は一様ではない。「イギリス裁判官の権限は主に手続的なものであるが、フランス裁判官の権限は事件の手続と実体の双方に及ぶ（事実と法）」。「それにもかかわらず、これらの発展の結果として、まだ相違が存続してはいるが、私見によれば、ヨーロッパにおける訴訟法族間の古いギャップ、とりわけコモン・ロー諸国とシヴィル・ロー諸国のギャップは減少してきたのである」。ただし現在の近接化（approximation）が、同じペースで進むという保障はない。20世紀の諸改革は、ヨーロッパにおける「モデルの交流」（circulation of models）よりも、内国での経験と議論によるとの指摘もある。スイス連邦民事訴訟法典の起草者は、同法典が外国モデルに影響されない「純スイス的伝統」の帰結であることを強調するが、これはグローバル化した世界に生きる現代ヨーロッパ人のみならず、19世紀の法改革者たちから見ても異常であろう。なお、「比較法学者は、民事訴訟における事件管理と協働は、旧社会主義諸国の裁判類型とは関係ないということを示す責務を負うであろう」。旧社会主義ブロックにおける積極的裁判官は、政治的理由による国家の裁判運営への介入の帰結なのである[328]。

---

328)　例えば、貝瀬幸雄『普遍比較法学の復権』（2008年）38頁以下。

（ⅱ）以上のヴァン・レーの論稿の最大の功績は、1998年イギリス民事訴訟規則を、20世紀ヨーロッパ民事訴訟法史の終点として位置づけ、ヨーロッパ民事訴訟法の「共通の核心」である当事者間の協働と裁判官の事件管理が、同規則の基本理念となっていると指摘し、その結果としてヨーロッパの訴訟法族間のギャップが減少した、と高い評価を加えたところにあろう。ドイツの傑出した比較民事訴訟法学者ロルフ・シュテュルナーも、ヨーロッパ民事訴訟法に関する一連の論稿の中で、イギリス1998年規則を極めて重視している[329]。イギリスの代表的民事訴訟法学者ニール・アンドリュース（Neil Andrews）は、国際的な学問的議論は、民事司法の根本原則を発展させる原動力（life-blood）となるとし、アメリカ法律協会（ABA）およびユニドロワによる共同プロジェクトと、1998年イギリス民事訴訟規則のもとでの実務とから受けた刺激を取り入れて、次のように論じている。すなわち民事司法の基本原則・指導原理は、①裁判所へのアクセスおよび正義（裁判）へのアクセスのコントロール、②手続の公正さ（フェアネス）の確保、③迅速で実効性のある手続の維持、④正当（just）かつ実効性のある結果の実現、といった4つの基本理念（four corner-stones of civil justice）のもとに整理できる。ここに分類された諸原則は、増殖する訴訟規則に対処するための道案内（ないし解毒剤）となり、「最良の実務」を示すことによって法体系相互の接近を促す、という効用を有する。アンドリュースは著書『イギリス民事訴訟法』（2003年）において24の主要原則を提示し、先の4つの基本理念に従って次のように分類している。

①「裁判所へのアクセスおよび正義（裁判）へのアクセスのコントロール」は、正義（裁判）へのアクセス、弁護士を選任する権利、法的相談の秘密保持、根拠のない請求や抗弁に対する保護、和解の促進および代替的紛争解決方式（とりわけ調停や仲裁）の利用の促進、に分類される。

②「手続の公正さの確保」は、司法の独立、司法の公平性（Impartiality）、公開主義ないし開かれた裁判、手続的平等（両当事者の平等な尊重）、当事者間

329）　以上は、Andrews, Fundamental Principles of Civil Procedure: Order Out of Chaos, in: Kramer/van Rhee (eds.), *Civil Litigation in a Globalising World* (2012) 20, 33-34, 35. また、アンドリュース（溜箭将之・山崎昇訳）『イギリス民事手続法制』（2012年）55–56頁。

のフェア・プレイ、不意打ちを防止する裁判所の義務すなわち適切な告知（due notice）の原則、情報への平等なアクセス（当事者間の情報の開示を含む）、に分類される。

③「迅速で実効性のある手続の維持」は、焦点（フォーカス）および均衡を維持するための・民事訴訟に対する裁判所のコントロール（適切な場合には、手続的衡平［procedural equity］により緩和される。すなわち抑圧的な手続管理はなされない）、不当な遅延の防止、に分類される。

④「正当かつ実効性のある結果の実現」は、裁判所が理由を付す義務、判断（decision-making）の正確さ、実効性（保全的救済と判決の執行）、終局性（finality）、に分類される[330]。

　以上は、イングランドの研究者によりなされた、手続法のハーモナイゼーションのための充実した提言として、極めて注目に値するであろう。ヴァン・レーの言う当事者間の協働および裁判官の事件管理は、それぞれアンドリュースの掲げる②③に相当する。

(3)（ i ）ヴァン・レーは、論集『公的裁判と私的裁判——現代社会における紛争解決』（2007年）に収められた論稿「公的裁判——若干の歴史的所見」において、ヨーロッパの民事訴訟制度の差異が次第に明白ではなくなってきている、という共通の動向を示そうとする[331]。

　まず、法文化の差異ゆえにヨーロッパの法システムの収束（convergence）は生じないとするルグランの見解と、国家法システムの近接化やヨーロッパのユス・コムーネの実現を肯定する見解（グレン、マーキジニス、ワトソンや、ハートカンプ編『ヨーロッパ民法典を目指して』［1994年］）とを紹介し、後者の収束肯定論に賛同する。すなわちルグランは、共通ルールは統一的解釈・適用を保証するものではないと説くが、類似したルールを導入すれば、それだけ法システム相互が接近することは否定できない。また、他の法域でのそのルールの解釈・適用に関する情報が容易に利用できる状況においては、類似したルールが存在することは、統一的解釈の「引き金＝誘因」（trigger）となる。ヴァン・レーはこう指摘したうえで、「訴訟手続は司法組織・国家的伝統と密接に結び付いており、内国立法の排他的領域である」とする見解は浸食されつ

つあるとし（ヨーロッパ共同体設立条約65条、シュトルメ・グループおよびALI/UNIDROITによる手続法のハーモナイゼーションに言及する）、ヨーロッパ大陸民事訴訟のイングランドへの影響に焦点を合わせて、収束に反対する議論を法史学のパースペクティヴから批判的に検証しようとする[332]。

　歴史的用語としてのユス・コムーネとは、ローマ法とカノン法を基礎とする普遍法学（common legal science）であるが、訴訟法の分野では、近代ヨー

---

330)　van Rhee, Public Justice: Some Historical Remarks, in: A. Uzelac/C.H. van Rhee（eds.）, *Public and Private Justice Dispute Resolution in Modern Societies* (2007) 33.

　なおヴァン・レーは、その「序論」でヨーロッパにおける公的裁判（国家裁判所による裁判）と私的裁判（代替的紛争解決）との緊張関係に言及し、次のように分析する。

①古典期ローマ法のもとではこの緊張関係はあまり明白ではなく、方式書訴訟は、まず国家の官吏であるプラエトルがアクチオを付与するかどうか判断し、次いで両当事者が選定した私人である審判人（iudex privatus）が訴訟を裁決した。

②後期古典期（post-classical period）には、国家が任命した裁判官が訴訟全体をコントロールする訴訟形態であるextra-ordinaria cognitio（ヨーロッパ大陸の訴訟モデルの元祖）が、ユスティニアヌス帝の時代に原則化し、状況に変化が生じた。

③中世初期（500年頃から）には、組織化された国家を欠いていたので、紛争の裁決は地域の有力者に委ねられ、「私的」裁判が著しく台頭した。たとえローカルな裁判所が利用できたとしても、訴訟手続では超自然的・非合理的証明方法が重視され、封建制ゆえにローカルな裁判所の運営は地方のlordの特典・特権とみなされ、相当な収入源となった。

④12世紀頃から、商取引とマニュファクチュアの発達により、ヨーロッパ史は新たな段階に入り、ローカルな「私的」裁判制度は超地域的レヴェルで組織された司法制度と対立するに至る。当初は、司教代行裁判所［officialities］として知られた教会裁判所に限定されていたが、後には国王・君公が裁判所を組織し、その領土内で裁判運営を高度に中央集権化するようになったのである。

⑤中央レヴェル（後には国家レヴェル）での公的裁判システムの編成は、フランス革命とそれに続く封建遺制の廃止によって大いに成功し、ローカルな支配者の私財としてのローカルな裁判運営という意味での私的裁判と公的裁判との競争は終了した（van Rhee, *Id.*, 31-33）。

331)　*Id.*, 34.

332)　*Id.*, 34-35.

ロッパ大陸民事訴訟法の「母」は、両法のブレンドから12世紀に生じた単一の訴訟法システム「ローマ＝カノン訴訟」であり、ヴァン・レーはこれもユス・コムーネと呼ぶ。この新しい訴訟手続は直ちに独立の研究分野となり、ヨーロッパ全土に広がる新しいタイプの教会裁判所・司教代理裁判所（officialities）で適用されたけれども、その内容には地域差があった。したがってローマ＝カノン訴訟を、共通ヨーロッパ訴訟法という意味でのユス・コムーネと呼ぶかどうかは個人の好みの問題であるが、これらの地域差を伴った訴訟制度はローマ＝カノン訴訟の変異（variants）といって差し支えない、とヴァン・レーは評価する[333]。

　ヴァン・レーによれば、学識ローマ＝カノン訴訟がヨーロッパ大陸の世俗裁判所に導入されたのは、①上級世俗裁判所（superior lay courts）において、通常は聖職者が裁判官として執務しており、ローマ＝カノン訴訟に通じていた彼らが、世俗裁判所の手続ルールを補充集成する際にユス・コムーネに依存することが多く、②ヨーロッパの支配者たちが、その領域での司法運営の近代化と中央集権化を図ろうとする場合に、土着の法に比べて卓越していた合理的なローマ＝カノン規則を導入したためである。ヴァン・レーは、ローマ＝カノン訴訟のヨーロッパ大陸への継受は、統一的訴訟手続をもたらしたのではなく、ユス・コムーネと呼ぶのは不当なほど地域的に多様な内容であったとしつつも、その顕著な類似性を指摘する。すなわち、①書面中心の手続であり、訴訟の全ての段階は記録されなければならず、口頭的要素が卓越していた自生の法実務と鋭い対照をなしていた、②ローマ＝カノン訴訟は標準化された手続的ターミノロジーと観念をヨーロッパの法律家に提供し（例えば、citatio、exceptio、litis contestatioなど）、国際的な法的議論を促進した、③特定の手続ルール（例えば、単一の証人は完全証明とならない、反訴は許容されるなど）は、若干ないし全てのヨーロッパ大陸諸国で同一となった。このような類似性である[334]。

　しかるにヴァン・レーによると、イングランドの世俗裁判所におけるローマ＝カノン訴訟の継受は、ヨーロッパ大陸ほどの成功を収めなかった。ヨーロッ

---

333)　*Id.*, 35-36.

334)　*Id.*, 36-37.

パ大陸での継受が始まった12世紀に、1066年以前は未発達であったコモン・ローのシステムが効率的かつ迅速に拡大して時代の要請に応える一方で、コモン・ローにおいては訴訟方式が状況を支配しており、どの令状を利用できるかに応じて別異の手続ルールが適用されるなど、訴訟法と実体法が絡み合っていたために、ローマ＝カノン訴訟はイングランドでは十分な基盤を獲得できなかったのである。しかしながら、ヴァン・レーは次のように注目すべき議論を展開し、双方の訴訟手続には類似性も認められたとする。第1に、いわゆる審理不出頭申立て（essoiners；essoins）や双方審尋主義（audite et alteram partem）のような、ヨーロッパ大陸にローマ＝カノン訴訟が導入され、イングランドに訴訟方式が導入される以前の、古い訴訟形態（forms of process）が残っている場合があった。第2に、大法官は聖職者で、ローマ法・カノン法とともにローマ＝カノン訴訟を知悉していたため、初期の段階でエクイティを通じて、イングランド法がローマ法とカノン法（学識法）の影響を受けた。大法官裁判所の訴訟手続は、明らかにカノン法学者の糾問主義的手続（inquisitorial procedure of the canonists）の影響を受けているとされる（ベイカーの指摘）。エクイティのみならず、コモン・ローにもヨーロッパ大陸法の影響が残っており、その一例が初期近代（early-modern period）の証拠法である。マイケル・マクネアの『初期近代エクイティにおける証拠法』（1999年）によれば、証拠法の法源であった（諸国民の普遍的慣行から導き出された）一般的自然法の観念は、ヨーロッパ大陸法および神学上の文献から採用されていたために、コモン・ロー証拠法にヨーロッパ大陸法の影響が及んだのである。コモン・ロー法律家は、必ずしもこれらの典拠を直接参照したのではなく、エクイティのヨーロッパ大陸証拠法上の概念（ディスカヴァリーや罰則付召喚令状［subpoenas ad testificandum]）を「コピー」した場合もあったようである。原本提出の法則（documentary originals）や、証人に対する異議（exceptions to witnesses）などの分野は、コモン・ロー証拠法の初期に既にエクイティ証拠法理として誕生しており、コモン・ロー法律家が直接にヨーロッパ大陸法源を参照していたことが立証できる。このように、コモン・ローとシヴィル・ローが、完全ではないにしても収束へと向かった後、主に18世紀末にヨーロッパ大陸の古い証拠法が廃止され、両者は再度分裂成長していった。つまりコモン・ロー証拠法でさ

500

え、学識法から「高貴なる孤立」を保って繁栄したのではなかった[335]。

　ヴァン・レーによれば、19世紀は民事訴訟法を含めた法典化の時代であり、イングランドでは、ヨーロッパ大陸とは異なって法典化運動は成功を収めなかったが、訴訟の領域では、1873年・1875年最高法院法（Judicature Acts）に代表される立法活動が活発であった。この最高法院法は、コモン・ロー裁判所とエクイティ裁判所を統合し、訴訟方式を廃止して、能率的な裁判所制度と統一的民事訴訟「法典」を提供した。ヨーロッパ大陸では、各国の立法活動によって大陸民事訴訟法の「ヨーロッパ的」外観は失われたものの、裁判法典は伝統から切断されずに、ローマ＝カノン的伝統を基礎としていたため、また1806年フランス民事訴訟法典などが他国に大きな影響を及ぼしたため、全体としては類似性を保っていた。イングランドでは、最高法院法制定の結果、訴訟手続はヨーロッパ大陸モデルに接近したが、その起草過程からは、外国の立法例がどの程度発想源となったのか詳細は明らかではない。同法の20年ほど前の1848年ニュー・ヨーク州民事訴訟法典（フィールド法典）が、ローマ＝カノン訴訟の顕著な影響を受けていることから、イングランド最高法院法がフィールド法典に影響されたことが示されれば、ヨーロッパ大陸とイングランドのギャップは、従来考えられていたほど広いものではない。この点はさらなる研究を必要とするとヴァン・レーは示唆している。なおフィールドは、1848年法典の素材として、エクイティと1825年ルイジアナ州訴訟法典を利用しているが、後者はフランス・スペイン・ローマ民事法を基礎とし、その起草過程ではローマ法大全、スペイン7部法典、さらにドマやポチエの著作が参照されている[336]。

　ヴァン・レーは、以上の発展からすれば、従来説かれていたほど訴訟法はナショナルな主題ではなく、各国訴訟手続間の類似性は外国法システムとの接触に基づくものであると説明できるとして、19世紀ヨーロッパにおける民事訴訟の共通要素と、20世紀における民事訴訟の収束（convergence）とを具体例を挙げて論ずる[337]。

---

335)　*Id.*, 38-41.

336)　*Id.*, 41-42.

337)　*Id.*, 43.

まずヴァン・レーは、19世紀におけるヨーロッパ大陸民事訴訟法とイングランド民事訴訟法との収束を示す例として、①実体法と訴訟法との分離、②訴訟方式（の廃止）、③訴訟原因（cause of action）、④プリーディング、⑤反訴、⑥上訴制度があるとする。すなわち、第1に、訴訟を独立の研究分野としたのは中世ローマ法・カノン法学者であり、イングランドにおいて訴訟法から実体法を分離しようと真摯に試みたのは、フランス・ドイツの著作に関心を示した18世紀の法学者（その好例がブラックストンの『釈義』）で、19世紀の（アメリカのフィールド法典に倣ったと思われる）改正によって、ようやく実際に実体法と訴訟法を分離することが可能となった。現在は、イングランド・ヨーロッパ大陸の双方に独立の訴訟法のテキストブックが存在する。第2に、訴訟方式（forms of action）の領域でも、類似の収束傾向が認められる。すなわち、単一の一般的な訴権（action）のみを付与するローマ＝カノン訴訟（および、それから派生したヨーロッパ大陸のシステム）と、最高法院法の結果として訴訟方式が廃止されたイングランドでは、同じ発展を辿ることとなった。後者の発展は、コモン・ロー法域に初めて単一の訴訟形式を採用したフィールド法典を通じて、ヨーロッパ大陸法の影響を受けたためであろう、とヴァン・レーは重ねて指摘する。第3に、「訴訟原因」概念も、おそらくはフィールド法典（142条が「訴訟原因」に言及する）によって、ヨーロッパ大陸法思想の影響を受けた一要素である。ルイジアナ州実務法典（Code of Practice）を介してフランス民事訴訟法典に遡りうる、とする説がある反面、この概念は既に15世紀のイギリス法源に発見できるとの指摘もあり、さらに研究を要する。第4に、プリーディングは、コモン・ローをヨーロッパ大陸法域から分かつ、一見極めてテクニカルな分野のようであるが、ホウルズワースによれば、最高法院法のプリーディングは、ローマ＝カノン・モデルに基づく海事裁判所の訴訟手続に負うところがあり、民事訴訟の収束に関心を有する者にとって面白い主題である。最高法院法のプリーディングは、主にフランス・スペイン法のローマ＝カノン・システムに依拠した、フィールド法典のプリーディング（fact-pleadingないしcode-pleading）の影響を受けた可能性がある。第5に、ローマ＝カノン訴訟とは異なり、コモン・ローにおいて反訴は認められていなかったが、ホウルズワースによれば、教会裁判所（その手続はローマ＝カノン起源である）に浸透

502

していた実務の影響を受け、最高法院法は一般的に反訴を許容した。第6に、元来イングランドには、裁判所のヒエラルヒーや上訴制度は存在しなかったものの、教会裁判所のローマ=カノン訴訟を通じて、イングランドの法律家も上訴制度の知識を有するようになった。最高法院法は、ルイジアナ州法典に基づくフィールド法典に由来すると思われる上訴制度を導入し、コモン・ロー上の誤審令状（writ of error）を廃止した[338]。

　最後にヴァン・レーは、20世紀における民事訴訟改革が、多くのヨーロッパ諸国の民事訴訟法が収束する原因となったと論じ、収束の一例として、民事訴訟の運営・管理における裁判官の役割の重要性を挙げている。すなわち、ローマ=カノン訴訟やコモン・ローの訴訟方式（forms of action）にインスパイアされたシステムでは、いずれも裁判官の役割は比較的受動的なものにとどまっている。恣意的な裁判を防止し、真実に基づく裁判を保障する目的で、裁判官と当事者に訴訟手続における固定した役割を割り当て、いずれのシステムも弁論主義に由来する当事者対抗主義的性格（adversarial character）を有し、原告の訴え提起・被告の答弁・各当事者による手続的ステップ（procedural steps）の履践について、処分権主義を採用しているためである。しかしながら、訴訟の不当な遅延と高いコストのために、とりわけイングランドにおいては、裁判官の役割をより積極的なものにし、裁判官の指揮権を強化する改革が近年行われた（1998年民事訴訟規則）。この改革の基礎となったウルフ卿（Lord Woolf）の2つの報告書『正義へのアクセス（Access to Justice）』では、イギリス民事訴訟の支配的な特色である当事者対抗主義システムのネガティヴな面が批判されており、裁判官の役割についてもイングランドと大陸で収束が生じつつあるということができる。「イングランドおよび他のコモン・ロー諸国の時代の雰囲気は、アメリカ合衆国の指導に従い、『裁判所の事件管理（Judicial Case Management）』の旗印のもとに、改革の時代に乗り出そう、というものである」[339]。「私は、少なくとも800年にわたって様々なシステムの間で生じた相互作用を説明してきた。この点では、世俗裁判所へのローマ=カノン訴訟の継受、

---

338)　*Id.*, 43-46.

339)　*Id.*, 46-48.

最高法院法およびウルフ卿による改革が極めて重要である。この相互作用から生じた訴訟手続の収束からすれば、ヨーロッパ連合における公的裁判システムの近接化（approximation）は、実現可能な選択肢であると思われる。私見によれば、国家裁判所の訴訟手続の豊かな歴史に関心を持つことによって、ハーモナイゼーションへのイニシアティヴが増大するであろう。訴訟法の領域で分裂しているヨーロッパは、域内市場の適正な機能を歪め、望ましくないと感じている人々の進路を、訴訟の歴史に関する知識は平らかにしてくれる。そのように私は確信している」[340]。

（ⅱ）この論稿はヴァン・レーの英語論文の中では最も視野が広く、通史的性格の強いもので、イングランドにおける学識訴訟の影響について比較的詳しく論じている[341]。各国の相互作用に注目した民事訴訟の歴史の比較研究を通じて、民事訴訟の収束の状況を把握し、訴訟法のハーモナイゼーションに貢献すべきであるとする姿勢は一貫している。現代比較訴訟法学のライトモティーフとされる訴訟制度の近接化・ハーモナイゼーションにつき、ヴァン・レーは別稿「民事訴訟のハーモナイゼーション——歴史および比較のパースペクティヴから」（2012年）で、さらに詳しく論じている。ヴァン・レーは、「現代世界の民事訴訟制度をコモン・ロー族とシヴィル・ロー族とに二分する説明は、殆どその重要性を失っている」として、同一法族内でも民事訴訟制度が大きく異なるようになってきていること、異なる法族間でも差異が減少しつつあることをまず指摘する。すなわち、民事陪審やプリトライアル・ディスカヴァリの役割は英米でも異なる反面（後者はイングランドにおけるディスクロージャーに相当するが、1999年のウルフ卿の改革以後、厳しく制限された）、イングランドとヨーロッパ大陸の大部分で、裁判官は民事訴訟における積極的な事件管理者（active case manager）となっている。そのうえでヴァン・レーは、①内国法

---

340) *Id.*, 48.

341) なおヴァン・レーによるイングランド民事訴訟法史について、van Rhee, English Civil Procedure until the Civil Procedure Rules (1998), in: van Rhee (ed.), *supra* note 276, 129-159.

改正の結果としてのハーモナイゼーション、②訴訟制度間の競争の結果として
のハーモナイゼーション、③国際的なハーモナイゼーション・プロジェクトの
結果としてのハーモナイゼーション（または、意図されたハーモナイゼーショ
ン）、の3つの類型を検討している。この論稿は、民事手続法のハーモナイゼー
ションに関するヴァン・レーの議論の総決算であり、とりわけ法史学的知見に
基づき、訴訟制度間の競争の結果としてのハーモナイゼーションが進行するこ
とを指摘した部分は、圧巻であろう。彼は『オックスフォード比較法ハンド
ブック』に「比較法と私法のヨーロッパ化」を寄稿したツィンマーマンと同様
に、法史学の成果を法のハーモナイゼーションに積極的に活用するスクールに
属し、手続的ユス・コムーネを提唱するのである[342]。ヴァン・レーのハーモナ
イゼーション論は、本論文の最終章「手続的ユス・コムーネの再生」において
再度取り上げる。

（iii）ヴァン・レーは、「民事訴訟における当事者とその弁護士の義務（obligations）
——アメリカ法律協会・ユニドロワの国際民事訴訟原則」と題する論稿で、先
のハーモナイゼーション論においても論及した同「原則」を、次のように位置
づける[343]。「19世紀前半の法典化の最盛期以来、民事訴訟における当事者とそ
の弁護士の義務に関するヨーロッパの理念（ideas）は、劇的な変化を遂げた。
19世紀の民事訴訟の指導的モデルは、明らかにいわゆる自由主義モデルであり、
全能の当事者が弁護士の補助のもとで、比較的受動的な裁判官の前で訴訟を追
行する（ただし裁判官は時として、法規から予想される以上に積極的になるこ
ともあった）。実務上は、自らが代理している（あるいは代理を強制されてい
る）当事者に必ずしも諮らないままで、弁護士が重要な訴訟上の判断をするこ

342）　van Rhee, Harmonisation of Civil Procedure: An Historical and Comparative Perspective,
　　　in: Kramer/van Rhee (eds.), *supra* note 329, 40. 貝瀬「手続的ユス・コムーネの再生」『伊
　　　藤眞先生古稀祝賀論文集　民事手続の現代的使命』（2015年）1304頁以下。

343）　van Rhee, Obligations of The Parties and Their Lawyers in Civil Litigation: The ALI/
　　　UNIDROIT Principles of Transnational Civil Procedure, in: *Fshr. für Peter Gottwalt* (2014)
　　　669-670.

とがしばしばであった。……この消極的裁判官モデルは、民事訴訟は両当事者の私的な権利義務に関するものであるとする思想の結果であり、訴訟係属中でも当事者はこれらの権利義務を自由に処分できる、と考えられていた」。

「しかしながら、19世紀後半になると、見解が変化したという証拠がある。最も顕著な例は明らかにオーストリアの法改革家フランツ・クライン（1854年-1926年）であり、彼の訴訟モデルは、オーストリア民事訴訟のアプローチに劇的な変化をもたらした。……当事者は、法定の裁判所に訴えを提起すると同時に、社会から提供されるサーヴィスを利用し始めるのであるから、当事者とその弁護士は、合理的に訴訟を追行するために若干の義務を遵守しなければならない──このように主張できるのである。同時に裁判官には、当事者とその弁護士に自らの義務を遵守させ、裁判所の時間の効率的利用を保障させるような権限が付与されるべきである」。「現状に目を向ける前に、次のことを強調しておくのが重要である。すなわち、オーストリアの民事訴訟思想（ideas）は、ヨーロッパに影響を及ぼし、とりわけ1920年代以降は、ドイツに始まりオーストリア＝ハンガリー二重帝国に属していた様々な地域が、さらにその後は、例えば1950年代以降のフランスが、ドイツに生まれそこで法学教育を受けたフランスの法改革家アンリ・モテュルスキーの思想の結果、ドイツから大きな影響を受けたのである。……フランツ・クラインの思想に沿った（ただし、これは意図的ではなく、立法者はクラインに言及していない）訴訟モデルを導入した近時のヨーロッパ諸国の改正として、イングランド＝ウェールズ（1999年）、オランダ（2002年）がある。私見では、当事者とその弁護士のより責任ある行動を強調する・こうしたヨーロッパの傾向は、本稿（ヴァン・レーの本論文──貝瀬）の対象であるアメリカ法律協会/ユニドロワの『国際民事訴訟原則』にも、反映されている。先に述べたところから、民事訴訟における当事者およびその弁護士の義務と、裁判官の役割とは、明らかに相互に密接に結び付いている。当事者とその弁護士の義務は、現在では『事件管理（ケース・マネージメント）』と称されているコンテクストの中で論ずることが可能である。しかしながら本稿では、ヨーロッパ法律協会（ELI）/ユニドロワが組織したヴィーンでの近時の学会において、筆者（ヴァン・レー）に割り当てられた、当事者とその弁護士の義務に関する『国際民事訴訟原則』11条のみを論ずる」。この

506

11条は以下のように規定する[344]。

****

11 当事者および弁護士の義務

11.1 当事者およびその弁護士は、裁判所および相手方当事者と対応するにあたり、誠実に対処しなければならない。

11.2 当事者は裁判所とともに、公平で効率的でかつ合理的に迅速な訴訟手続の解決を促進する責任を分かち合う。

11.3 訴答段階において、当事者は合理的具体性をもって、関連する事実、法律上の主張、必要とする救済手段を示すとともに、その主張を裏づけるために申し出る予定の利用可能な証拠を、十分特定して提示しなければならない。当事者が合理的具体性のある関連事実または十分特定した証拠を提示できないことについて、十分な原因を示すときは、裁判所は後の手続の過程で、必要な事実および証拠が明らかになる可能性について、しかるべき配慮をすべきである。

11.4 一方当事者が正当な理由がないのに、相手方当事者の主張に対して適時に応答しないときは、裁判所は、一方当事者に対する警告後、当該主張を自認しまたは承認した者とみなす十分な根拠があると認めることができる。

11.5 当事者の弁護士は、当事者が手続上の義務を遵守することを援助すべき職業上の義務を負う。

****

ヴァン・レーは、本条の主たる特色として、①この原則は「義務」を緩やかに規定するのみで、それが不作為に対するサンクション（例えば、コモン・ロー上の裁判所侮辱のような金銭的サンクション）を伴うPflichtenであるのか、あるいは単に当事者の敗訴などのネガティヴな効果をもたらすにとどまるLastenであるのかを区別していない（ドイツの文献に見られる重要な区別）、②当事者の義務のみに言及する条項が見られる（原則11条5項）、③原則11条の内容に繰り返しが見られる（11条1項が2項ないし5項を殆どカヴァーしている

---

344) 訳文は「アメリカ法律協会・私法統一国際協会 国際民事訴訟原則」判時1998号3頁以下（2008年）による。

ように見える）、といった諸点をまず指摘する。さらに、原則11条およびその解説から、少なくとも5つの義務を確定でき、それらのリストは、世界の大半の法域で承認される、より網羅的なリストを作成する際の良い出発点となる、と評価している。その5つの義務とは、①法律上および事実上合理的に議論する余地のない、請求・抗弁・申立て・その他の主張または答弁（other initiative or response）を行ってはならないという、当事者の義務（遅延を招く策略の禁止）、②公平・効率的・合理的に迅速に訴訟を解決するという、当事者と裁判所が分かち合う義務（手続的濫用の禁止）（11条2項）、③訴答（プリーディング）段階において、相当な具体性をもって（in reasonable detail）、関連する事実上・法律上の主張と必要な救済手段を示すとともに、その主張を裏づけるために申し出る予定の利用可能な証拠を、十分に特定して提示する当事者の義務（同3項）、④相手方当事者の主張に対し、適時に応答する当事者の義務（同4項）、⑤当事者が手続上の義務を遵守することを援助すべき弁護士の義務（同5項）である[345]。

（4）ヴァン・レーの諸論稿は、その規模においてヴァン・カネヘムの『ヨーロッパ民事訴訟の歴史』には及ばず、比較の対象はフランス、オーストリア、イギリス、オランダにほぼ限定される。彼はマーストリヒト大学でヨーロッパ法史および比較民事訴訟法を担当するが、その学問的出発点はオランダ司法制度史にあり、ベルギー出身のカネヘムが英仏の一次資料につき膨大な実証的研究を著わしているのに比べ、比較法史学者としての力量は見劣りするといわざるを得ないであろう。しかしながら、イングランド民事訴訟法制における大陸法（手続的ユス・コムーネ）の影響を具体的に指摘し、比較法史のアプローチを用いて手続的ハーモナイゼーションの進行を描き出し、ヨーロッパ民事訴訟法のコモン・コアである、当事者の協働と裁判官の事件管理を取り入れたものとして高く評価したことは、ヴァン・レーの大きな功績といってよい。

　さらにヴァン・レーは、比較民事訴訟法史のエキスパートとして、マースト

345）　以上は、van Rhee, *Id.*, 673-675.

508

リヒト大学などによるユス・コムーネ・リサーチ・スクールの研究成果を続々
と刊行しており（Ius Commune Europaeumシリーズ）、『法の遅延——民事訴
訟における不当な遅延をめぐる論集』（2004年）、『民事訴訟におけるヨーロッ
パ的伝統』（2005年）、『裁判上の事件管理（ケース・マネージメント）と民事
訴訟における効率性』（2008年）、『正義へのアクセスと司法』（2009年）、『民事
訴訟における真実と効率——比較のコンテクストにおける事実認定と証拠収集
の基本的諸相』（2012年）、『ヨーロッパにおける多数当事者救済のメカニズム』
（2014年）、『誰も完全ではない——民事裁判に対する上訴その他の救済』（2014
年）、『現代の民事訴訟における証拠——比較の視座から見た基本問題』（2015
年）といった、重要テーマをめぐる法史学者・民事訴訟法学者による論集の編
著者を務めている[346]。ヨーロッパ民事訴訟法史という学問分野の普及、法史学
と比較民事訴訟法との交流に果たした彼の役割は顕著であるといってよかろう。
ただしヴァン・レーの場合は、ドイツにおけるヨーロッパ民事訴訟法史研究に
対する目配りが不十分であるため、次章でクヌート・ヴォルフガング・ネルの
『ヨーロッパ大陸民事訴訟概史』（2015年）を代表的業績として紹介したい。

---

346) いずれも Ius Commune Europaeum シリーズであるが、以下列挙しておく。

① van Rhee (ed.), *The Law's Delay: Essay son Undue Delay in Civil Litigation* (2004).

② van Rhee (ed.), *European Traditions in Civil Procedure* (2005).

③ van Rhee (ed.), *Judicial Case Management and Efficiency in Civil Litigation* (2008).

④ Uzelac/van Rhee (eds.), *Access to Justice and Judiciary towards New European Standards of Affordability, Quality, and Efficiency of Civil Litigation* (2009).

⑤ van Rhee/Uzelac (eds.), *Truth and Efficiency in Civil Litigation: Fundamental Aspects of Fact-Finding and Evidence-Taking in a Comparative Context* (2012).

⑥ Harsagi/van Rhee (eds.), *Multi-Party Redress Mechanisms in Europe : Squeaking Mice?* (2014).

⑦ Uzelac/van Rhee (eds.), *Nobody's Perfect: Comparative Essays on Appeals and Other Means of Recourse against Judicial Decisions in Civil Matters* (2014).

⑧ van Rhee/Uzelac (eds.), *Evidence in Contemporary Civil Procedure: Fundamental Issues in a Comparative Perspective* (2015).

Ⅴ．クヌート・ヴォルフガング・ネルの『ヨーロッパ大陸民事訴訟概史』

　本章では、カネヘム、ヴァン・レーと同様に、ヨーロッパ民事訴訟法史を「理解可能な学問分野」として樹立しようとした、K.W.ネル（1935年-2018年）の近作『ヨーロッパ大陸民事訴訟概史』（2015年）を紹介する[347]。表題から明らかなように、イングランド訴訟法史は同書の考察の対象外である。著者のネル（チュービンゲン大学名誉教授）は、教授資格取得論文『初期学識訴訟における裁判官の地位』（1967年）以後、『自然法と民事訴訟』（1976年）、『訴訟は3人の行為である──ヨーロッパにおける民事訴訟法の歴史への寄与』（1993年）、『ローマ＝カノン訴訟法』（2012年）といった一連の著作でヨーロッパ民事訴訟法史研究に大きく貢献し、村上淳一の訳筆にかかる『ヨーロッパ法史入門：権利保護の歴史』（1999年）でもわが国に知られた碩学である[348]。歴史学・民族学・社会学を統合した包括的な「学際的人類学」を最終目標とするカネヘムや、「手続的ユス・コムーネ」と民事手続法のハーモナイゼーションを中核とするヴァン・レーとは異なる法典中心の概説ではあるが、ヨーロッパ（大陸）民事訴訟法史学史からすれば欠かせない一書であるため、特に詳しく検討する。

　ここで取り上げる『ヨーロッパ大陸民事訴訟概史』は著者79歳のときの出版であり、従来のヨーロッパ民事訴訟法史研究の成果をコンパクトに圧縮した高度の概説書といえるであろう（叙述はいささかドライである）。ローマ法、ローマ＝カノン訴訟法を別にすれば、ドイツ、フランス、スイス、オーストリア、の代表的民事訴訟法典の構造を内在的に記述したにとどまる部分が多く、カネ

347）　Knut Wolfgang Nörr, *Ein geschichtlicher Abriss des kontinentaleuropäischen Zivilprozess* (2015).

510

ヘムのような広汎な比較法史の視点に乏しいところに不満は残るが、本格的な
自身の研究書に基づくローマ＝カノン訴訟の章、19世紀訴訟法学を簡潔に叙述
して1877年ドイツ帝国民事訴訟法典に架橋する章（ネルの旧著『自然法と民事
訴訟』の成果を踏まえ、キヨヴェンダ論を加える）、本書中最も詳細な（全体
の約4分の1を占める）1895年オーストリア民事訴訟法典の章など、充実した内
容となっている。

　ヨーロッパ大陸諸国の民事訴訟法の理論家および実務家が、あまり苦労せず
に専門的な意思の疎通が可能であるとすれば、その理由は中世学識訴訟におけ
る共通の遺産にまで遡ることができる。その遺産は、個々の部分に分解すれば、
概ねユスティニアヌス法典の中に発見されてきたが、中世の法律家が解釈と綜
合化（Synthetisieren）によって一貫した訴訟法を構成した。ネルはこのように
指摘して、その「理性」と典型的性質ゆえに（seiner "Vernunft" und Typizität
wegen）、ローマの方式書訴訟から概説を始め[349]、ローマ＝カノン訴訟、1781
年プロイセン訴訟法典、1806年フランス民事訴訟法典、1819年ジュネーヴ民事
訴訟法典、19世紀における訴訟法学、1877年ドイツ帝国民事訴訟法典、1895年
オーストリア民事訴訟法典を順次分析したうえで、最終章の「総決算の試み」
に至るのである。

---

348)　ネルについては、*Zeitschrift der Savigny-Stiftung für Rechtsgeschichte*：Kanonistische
　　Abteilung , Bd. 96., H. 1がネル献呈号であり、またBd. 105, H. 1, 417-422にはRichard
　　Helmholzによるネクロロジーが掲載されている。本文に掲げた著作は次の通りである。
　　①*Zur Stellung des Richters im gelehrten Prozess der Frühzeit : iudex secundum allegata
　　non secundum conscientiam iudicat* (1967).
　　②*Naturrecht und Zivilprozess: Studien zur Geschichte des deutschen Zivilprozessrechts
　　während der Naturrechtsperiode bis zum beginnenden 19. Jahrhundert* (1976).
　　③*Iudicium est actus trium personarum: Beiträge zur Geschichte des Zivilprozessrechts in
　　Europa* (1993).
　　④*Romanisch-kanonisches Prozessrecht : Erkenntnisverfahren erster Instanz in civilibus*
　　(2012).
　　⑤クヌート・W・ネル（村上淳一訳）『ヨーロッパ法史入門――権利保護の歴史』（1999年）
349)　Nörr, *supra* note 347, VIII-XIV.

（1）同書の第1章「ローマ方式書訴訟」は、まず「方式書訴訟の規範的特色」として、現代に比べ裁判規範に至るルートが複雑であり、「ケースごとに私人にあてて発せられる法務官の裁判指示・命令」（Judikationsbefehl）がその核心であるとする。「法務官は彼の1年の在職期間の初めに、いかなる私法関係において法務官が当事者を助けて彼に権利を得させるか、を予告する。彼の告示（Edikt）の中で法務官は、仮定的な先取りの形で（als hypothetisch-antizipierende Figuren）、特定の方式書（formulae）を白地の形で提出し、その中で法務官は私人を裁判人（judex）として任命し、審理プログラムを前もって定めたのである。方式書は綿密に編集された。方式書は訴訟原因（Klagegrund）に関係し、裁判人が裁判を行う範囲を前もって定める。全体として、実体法と訴訟法を区別しないローマ人のアクチオ的思考について語るのが常である。そこでは、アクチオ概念の多義性も役立った」と述べる[350]。

　次いでネルは、方式書訴訟手続を①両当事者内での訴訟の開始（die binnenparteiliche Verfahrenseinleitung）、②法務官の面前での手続（in iure）、③法的紛争を終結させる判決を伴う裁判人の面前における手続（apud iudicem）の三段階に分けて概観する。②と③の間で争点決定（litis contestatio）に進む。ここでの叙述は都市ローマの関係に限定され、特示命令（interdicta）のような特別訴訟形態は考慮しない[351]。

（ⅰ）すなわちまず第1に、両当事者間での訴訟の開始は、原則として、原告が着手する裁判外での訴訟開示（editio actionis）である。「両当事者がローマ市民であれば、原告は市民係法務官（praetor urbanus）の告示に含まれた方式書に従うし、一方ないし双方の当事者がローマ市民権を有していない場合には、外人係法務官（praetor peregrinus）の告示から方式書が選択されるべきである。訴えが基礎とする具体的事実関係につき、適切な方式書が見出せない場合には、かかる新たな事実関係向けにアレンジされた方式書とともに先へ進もうと試みることができる（事実に基づく訴訟［action in factum］）。原告は、得よ

350）　*Id.*, 1-2.　林屋・前注（2）49頁。

351）　*Id.*, 3.

512

うと努めるアクチオを、予定している証拠方法（instrumenta）とともに（口
頭であれ書面であれ）被告に通知しなければならない。それに両当事者間の交
渉が続く可能性がある。すなわち被告は例えば異議を述べるとともに、自らに
有利と思われるアクチオを持ち出す、あるいは、原告のアクチオを認めつつ抗
弁（exceptio）をはめ込み、次いで、場合によっては原告が方式書の再抗弁
（eine formulare replicatio）を提出する。……交渉は、結局、特定の時点に法
務官裁判所（prätorischen Gerichtsstätte : ius）の近くの場所にやって来るとい
う合意に至りうるのであって、それを担保するために、被告は罰金の合意の形
式の出頭保証契約（vadimonium）を締結した。合意のあらゆる試みが失敗し
たときは、原告は（同じく裁判外の行為で）法務官の面前への被告の呼出しを
表明する（法廷召喚［in ius vocatio]）」[352]。

（ⅱ）第2に、ネルは「法務官の面前での手続」を、（ア）被告の出頭、（イ）法
務官の審理（Verhandlung）、（ウ）手続的局面の審査、（エ）訴訟代理、（オ）
宣誓、（カ）裁判人（iudex）の選任、（キ）争点決定（litis contestatio）、の各
項目に分けて解説する[353]。

（ア）被告が原告からの呼出しに従わず、保証人・出頭市民（vindex ;
Gestellungsbürge）も出頭しない場合には、法務官は出頭を強制するために、
被告の破産の一種である総財産の売却（venditio bonorum）にまで至る強力な
措置を講ずる。被告の訴訟代理人（代訟人［cognitor］もしくは管理人
［procurator]）が欠席した場合も同様である。

（イ）法務官の裁判所（Gerichtssitz）での審理は、審理手続（iudicium）の開
始、すなわち、予定されている裁判人（iudex）への方式書の形での裁判指示・
命令（Judikationsbefehl）と審理プログラムの策定（アクチオ、抗弁など）を
目標とし、特定の形式や順序には拘束されずに、公開で実施される。アクチオ
とありうる抗弁について両当事者の意見が一致している場合には、法務官はそ
れに従う。ただし一定の状況下ではさらに事実状態・法律状態の審査が可能で

---

352)　*Id.*, 3-4.

353)　以下の叙述は、*Id.*, 4-6.

あるし（狭義のコグニチオ［cognition im engeren Sinne]）、一種の有理性の審査も行われる。両当事者の意見が一致していない場合には、a. 法務官が被告に有利なアクチオにつき判断したにもかかわらず、なお原告が自己の（アクチオの）選択に固執するときは訴えは拒絶される（訴訟拒絶［denegatio actionis]）。b. 原告のアクチオに有利な法務官の判断がなされ、被告がそれに応ずることを拒んだという逆のケースでは、必要な防御をなさなかったもの（indefensus）と評価され、アクチオの種類に応じた多様な効果が生ずる。

（ウ）法務官は、方式書以外の手続的局面、すなわち呼出しの有効性、当事者能力（奴隷はこれが欠けている）、訴訟能力（婦人の場合に、部分的に欠けている）、弁論能力（17歳未満ではこれを欠く。法務官は、弁論能力を欠く当事者に補佐人［advocatus]を付する）について審査する。訴訟能力の欠缺が確定されず、さらに証拠調べが必要であれば、法務官はそのための抗弁を方式書の中に採用し、裁判人が訴訟要件に取り組む。

（エ）当事者は、代訟人（cognitores）または管理人（procuratores）によって代理されることができ、それらの者は当事者のために当事者として訴訟を追行し、方式書を申請し（postulare）、訴訟行為を行う。代訟人は相手方に向けられた言葉によって正式に選任されるのに対し、管理人は無方式で授権される。原告側の管理人は、当事者が管理人の訴訟追行を承認していることを保証するために、担保を提供しなければならない。被告の側では、代理の2つのヴァリアント（代訟人と管理人）のいずれの場合にも、判決の履行のために担保の提供が必要である。ヴァリアントに応じて、代訟人が代理する被告本人自身による担保提供か、被告の訴訟代理人たる管理人による担保提供かに分かれる。法務官は訴訟代理のための選任の有効性を審査し、必要であれば代理人に関する抗弁（exceptio cognitoria beziehungsweise procuratoria）を方式書に挿入する。

（オ）法務官の面前の手続において、宣誓は少なからぬ役割を果たす。宣誓は判決に関する宣誓と手続に関する宣誓（後者の例として、不濫訴宣誓［iusiurandum calumniate]がある）とに分かれ、前者の判決に関する宣誓には、（当事者が相手方に対し求める）任意的宣誓（iusiurandum voluntarium）と（法務官が当事者に課す）必要的宣誓（iusiurandum necessarium）との2つのカテゴリーがある。任意的宣誓が原告によって被告に転嫁され、被告が宣誓した場

合には、法務官は訴えを退ける（abweisen）。反対に被告から原告に対して宣誓が転嫁され、原告が宣誓した場合には、法務官は事実に基づく訴訟（actio in factum）を認め、その訴訟で裁判人は（請求権の存在が宣誓して保証されると、争う余地がなくなってしまう［unbestreitbar］のであるから）宣誓の提供に関する争点につき判断をする。必要的宣誓（der vom Prätor autorisierte Eid）は特定のアクチオに限定され、原告が被告にこれを転嫁し、被告が宣誓するかまたは原告に再転嫁する（zurückschiebt）のである。

（カ）裁判人（iudex）を選任するのは両当事者の義務であり、予め作成された裁判人リスト（その構成は身分上の条件に基づく）の中から選択できる。しかし両当事者はリスト以外の人物を身分上の制約なしに指名でき、両当事者が合意に至らないときは裁判人リストからの選択手続が必要で、最終的決定権は被告にある。裁判人に定められた者は、障害事由（Hinderungsgründe）を主張できない限り、その職務を引き受けなければならない。

（キ）「両当事者が、争点決定において裁判人の任命と審理プログラムを最終的に受諾した場合にのみ、法務官は裁判人への道を開く。争点決定には、実体法上の効果とともに、一連の訴訟法上の効果も結び付けられている。裁判人と当事者は審理プログラムに拘束され、方式書の変更としての訴えの変更は、方式書訴訟の構造に反する。裁判人の判決の基準となるのは、原則として争点決定の時点での法状態であって、判決を下す時点のそれではない。第3の効果は、司法上の（判決に関する）二分法が基礎にある。すなわち法定の訴訟（iudicium legitimum）と命令権に基づく訴訟（iudicium imperio continens）とが区別される。前者はローマでの訴訟が許容され、全ての関係者がローマ市民である場合に存在する。他の全ての訴訟は命令権に基づく訴訟である。法定の訴訟の範囲内では、市民法（ius civile）の定める債務法上の訴訟（対人訴訟［action in personam］）が重要で、争点決定とともに、訴求されたアクチオは『消耗』し（konsumiert）、その結果として、そのアクチオを再び訴求することはできない。それ以外の場合は全て、二重の行使を阻止するために、（申立てまたは職権により）争点決定完了事項の抗弁（exceptio rei iudicatae vel in iudicium deductae）を第2訴訟の方式書に挿入しなければならない。こうすれば、同様に、争点決定によって生じた『訴訟係属』が判決によって生じた『既判力』と結び付いて

一体となるのである」[354]。

（ⅲ）第3に、「裁判人の面前での手続」は、（ア）審理期間、（イ）手続の進行、（ウ）証拠調べと証拠方法、（エ）判決と判決効、（オ）上訴、の各項目に分けて論じられる。

（ア）裁判人の面前での弁論は複数期日を請求することもでき、その第一回期日は当事者の申立てに基づき法務官が決定するが、原則として、裁判所を設置する法務官の在職期間である1年を超えてはならない（法定の訴訟の特則として18か月）。この場合、在職期間が終了しても訴権は全く影響を受けず、新法務官の面前での手続が新たに開始される。

（イ）裁判人の面前での手続の進行についてはごく僅かの法規があるにとどまり、規格化された慣習から生じたルールに従う。裁判人がまず原告とその弁護人（advocatus）に対し発言し、次いで被告とその補佐人（Beistand）に対し発言するという順序も慣習で、双方審尋の保障原則も裁判慣行的なスタンダードに含まれる。

（ウ）裁判人の面前での手続の中心は証拠調べ（Beweiserhebung）である。証拠法は概念的にはまだ未熟であったが（本証と反証、主観的証明責任［訴訟追行責任］と客観的証明責任のような、今日では周知の区別も十分考慮されていたわけではない）、証明責任については裁判人を拘束する若干の根本原則が妥当していた。すなわち、（a）原告はアクチオの要件、被告は抗弁の要件を立証しなければならない、（b）単なる否認は原則として証明責任を動かさない、などとされた。挙証（Beweis zu führen）と証拠方法は当事者の問題（Sache）で、裁判人が職権で証拠を収集することはないが、裁判人からの発問は妨げない。証拠方法の中では証人証拠（Zeugenbeweis）が第一等の役割を果たし、証人は先行宣誓（Voreid）を行って、裁判人ではなく当事者から質問を受ける。立証の評価において、裁判人は法的拘束力あるルールには従わず、無制限の自由を享受する。

354) *Id.*, 6.

（エ）法務官が裁判指示命令（Judikationsbefehl）において審理と判決を命じても（判決権限付与［condemnato］）、裁判人は「事件が自分には判然としない」（rem sibi non liquere）との宣誓によって当該命令を免れることができ、その場合には新しい裁判人が選任された。判決（sententia）は方式書に従わねばならず、訴えを許容する場合には判決は訴えによる要求（Begehren）の内容と範囲を越えてはならない。普通法では「申立てを越えてはならない」（ne ultra petita）と表現されたこの原則は、訴訟上の請求が過度に高額に定式化されている場合には、特定のアクチオについて「申立てを下回ってはならない」（ne infra petita）の原則に変化した。訴えの一部認容は問題外であったから、過多請求（pluris petition）の危険があった。判決は当事者の申述（Parteivortrag）と立証の結果に従う。これは中世では「当事者によって提示された主張と証拠に基づいて」（secundum allegata et probate partium）と表現された。大半が法律家ではない（素人の）裁判人は、独力で解決できない法律問題については法律家の顧問（consilium）を利用できる。判決は裁判人が公開で言渡すが、今日の基準に則した判決理由は知られていなかった。例外的に原状回復（restitutio in integrum）が認められない限り、同一物に関し（de eadem re）その当事者間での新訴は排除される。「（実体的）既判力については、『既判事項は真実として受け入れられる』（res iudicata pro veritate accipitur）ないし『当事者間の既判力は他の者に害を及ぼさない』（res inter alios iudicatae aliis non praeiudicant）のような覚えやすい命題を発見できるが、既判力はコンテクストによって決定されるもので（kontextbestimmt）、抽象化されないのである」。被告が敗訴したにもかかわらず任意に履行しない場合には、判決債務履行請求訴訟（actio iudicati）の危険に晒される。

（オ）判決に対する固有の意味での不服申立ては、ヒエラルヒー的に確立した審級制度を前提とするが、そのようなものは存在していなかった。不利益を被った当事者は、国法上の手段を利用すること、すなわち執政官、法務官のcollega、護民官（Volkstribune）に近づいて、彼らに異議を申し立てることができた。しかしながら、この異議は裁判人による判決にではなく、法務官の裁判権活動（Jurisdiktionsakte）に対してのみ作用し、一定の場合に法務官は原状復帰（restitutio in integrum）を認めた。これに対し帝政期（Prinzipat）に

おいては、審理手続を経て（vom Kognitionsprozess herüberreichend）裁判人による判決につき皇帝に上訴する可能性が、明確な形をとるに至り、少なからぬ判決無効の場合には、敗訴当事者は判決債務履行請求訴訟（actio iudicati）に対してこの上訴を利用することができた[355]。

（iv）ネルの結論はこうである。「中世のローマ＝カノン訴訟は、方式書手続とではなく、市民法大全における訴訟法的な寄せ集め（Konglomerat）と結び付いた。方式書手続の破片が反復されているような場合（とりわけ争点決定）には、どんなにうまくいっても、いわばユスティニアヌス的なフィルターのかかった、ユスティニアヌス的に芯を取り除いた形（justinianisch entkernter Gestalt）で連続性が問題となる。表現は同じでも全く別のものとなったのである。ユスティニアヌス法もローマ＝カノン訴訟法による加工の中でそのアイデンティティを失った。たしかに学識法曹はユスティニアヌスのルールを極めて忠実に遵守するように努めたが、異なる時代の思想の所産を吸収する場合の……文化的・知覚的制約に関する今日では周知の理解が、彼らには欠けていた」[356]。

（2）ネルの本書（『概史』）の第2章「ローマ＝カノン訴訟」は、彼の詳細な概説書『ローマ＝カノン訴訟法』（2012年）を踏まえて記述されている[357]。ただし同書の分析が第一審訴訟手続に限られていたのに対し、本書は上訴についても比較的詳しい解説を試みている[358]。この第2章は、叙述の対象、手続に関与する者たち、手続法の基本的常数（Grundkonstanten）、手続進行の概要（その1）――争点決定まで、手続進行の概要（その2）――争点決定から終局判決まで、裁判官による判決、判決に対する不服申立て、ローマ＝カノン訴訟の特

355）　以上は、*Id.*, 6-9. なお、過多請求の場合には請求全体が、理由のある部分も含めて敗訴に帰するとするのは、エンゲルマン・前注（3）162頁以下。

356）　*Id.*, 9.

357）　前注（348）の著書④を参照されたい。

358）　Nörr, *supra* note 347, 33ff.

518

色、の各節に分けて論じられている。

（ⅰ）ネルは、民事訴訟における共通のヨーロッパ的遺産は、立法からでも判例からでもなく、学問から生まれたとする。すなわち、市民法大全（Corpus iuris civilis）中の・不格好かつ異質な法文の素材を中心に、イタリアの条例法（Statutarrecht）と法廷慣行、法王の立法たる教皇法令集（Dekretalen）も加わり、ローマ法学者およびカノン法学者の学問的努力によって、中世のユス・コムーネの一部であるローマ＝カノン訴訟法が形成されたが、法廷慣行（stilus curiaeもしくはusus fori）も重要であるから、ここでの叙述はルールの基本型にとどまる、とネルは述べる。また今日では憲法上・行政法上の争訟に分類されるものもcausae civilisに属すること、多くの教会法上の紛争（causae spirituales）には特別のルールが妥当すること、簡易な略式手続には論及しないことを、特にことわっている[359]。

（ⅱ）次いでネルは、「訴訟に関与する人々」として、まず「訴訟は3人（裁判官、原告、被告）の行為である」（Iudicium est actus trium personarum）との格言を挙げ、裁判官、その他の裁判機能担当者、当事者、管理人（Prokurator）、補佐人（Advokat）について概説する。すなわち、まず裁判官については、（ア）誰に裁判官職を委ねるかおよび裁判権の構造は、中世ヨーロッパの政体（における裁判制度）に応じて多様である。（イ）裁判官の地位に関する今日のような憲法上の保障はまだ存在していない。（ウ）受任裁判所（delegierte Gerichtsbarkeit）はあらゆる法域に見られたが、教皇の受任裁判所による法形成が重要である。（エ）不公正を理由とする裁判官の忌避が可能であった[360]。ネルはその他の裁判機能担当者として、両当事者の合意により選任され、証人尋問・裁判官への助言などを行う調査判事（assessor）、調書を作成する書記官（notariusないしtabellio。1215年第4回ラテラノ会議で、教会裁判所に調書強制が導入された）、裁判官の命令を実施するための廷吏（apparitores）など

---

359) *Id.*, 11-12.

360) *Id.*, 13-14.

の補助人を挙げている[361]。対席手続において、学識法曹は、当事者、訴訟代理人（他人の名で［alieno nomine］出頭する）、当事者を補佐する（qui adminiculum causae praestant）補佐人（特にAdvokat）の三層構成を考え出した。補佐人についてのみ、今日の弁論能力に相当する要件が求められたが、当事者能力・訴訟能力・訴訟追行権（Prozessführungsbefugnis）は概念的に区別されず、まとめてlegitimatio personaeと呼ばれた。他人の名で訴訟を追行する者は、後見人（tutor）や保佐人・財産管理人（curator）のような法定訴訟担当、理事（syndics）・財産管理人（actor）・遺言執行者（oeconomus）のような訴訟における必要的代理、任意代理としての管理人（procurator）、の3つのカテゴリーに分けられる。補佐人（Advokat）については、普通法（de postulandoのタイトルで法令集にまとめられている）および地方特別法に規律があり、弁論能力が要求される。中世のテクストでも、postulareとadvocareを同一視するものが稀ではない。地方特別法上、補佐人は独自の職業的地位として発達した。補佐人が調査判事（assessor、auditor）、諮問員（consiliarius）として裁判所のために活動できるかどうかは、裁判所慣行による[362]。

（ⅲ）ネルはローマ＝カノン訴訟法の基本的常数（Grundkonstanten）として、①法定序列主義（Reihenfolgeprinzip）と期日の続行（Terminsequenz）、②口頭性・調書化・書面性、③訴訟行為のカテゴリー、などに言及する。次いで、争点決定に至るまでの手続の進行と、争点決定から終局判決に至るまでの手続の進行を解説する。すなわち、通常訴訟手続においては、当事者と裁判官の訴訟行為の時間的順序が定められ、後行訴訟行為は先行訴訟行為を閉め出す排除効のサンクションを伴う可能性があった。既にユスティニアヌス法において、訴訟上の抗弁に対する争点決定の排除効（失権）が定められていたが、13世紀以降に教皇立法・学説・地方実務によって、排除効（失権）を伴う期間・期限（Fristen und Termin）の制度が——最初は延期的抗弁について、それからこれに倣って滅却的抗弁、証拠申出一般について——生み出された。さらに実務上

361）　*Id.*, 14-15.

362）　以上は、*Id.*, 15-16.

520

の必要と、同時に係属する訴訟をより良く処理する高次の利益とから、個々の訴訟行為に別々の期日（Termine）を配するようになる。期日が増加して訴訟が引き延ばされることを防ぐために、期日と期日の間の期間（Fristen）を、裁判官が自らの裁量で適正に設定するようになった（omnes induciae arbitrariae suntの原則）。なお、口頭性と書面性の分担は、かなりの程度まで地方特別法（Partikularrecht）と裁判慣行によって決定された[363]。

（ⅳ）ネルは手続進行の概要を、①争点決定までと、②争点決定から終局判決までの二段階に分かち、前者では手続の開始と訴えの種類、呼出し（citatio）、懈怠（contumacia）、第一回共通期日における訴訟行為、訴えと訴状、訴えに対する応答すなわち抗弁（exceptio）を論じ、後者では手続状況の概観、証拠法の一般的テーマ、人証、書証、判決に関連する宣誓を論ずる。判決については独立の項目を設け、裁判官による判決発見のための手続原則、判決の要件・無効原因、訴訟費用、既判力を解説する。

　①まず、「学識法曹は、準備手続（praeparatoria iudicii）と審判手続（iudicii）という基本的二分法を連結するために、ユスティニアヌス法から争点決定の像（die Figur der litis contestatio）を取り出した」。原告は管轄裁判所に訴えを提起し、被告の呼出し（citatio）を求める。訴えとともに訴状（libellus）が送達される。手続開始の特別形式として、今日の憲法・行政法のケースを対象とするappellatio extraiudicialisが存在する。給付・確認・形成の訴えという周知の三分法は、中世の法律家には——事実に応じて訴えの種類が存在したため——馴染みのないものであった[364]。学識法曹は、主に第一回共通期日のための呼出しに関するルールを精緻化し、そこではわれわれの言う法的審問保障原則（Grundsatz der Gewährung rechtlichen Gehörs）が具体化されている。懈怠すなわち裁判官の命令に対する当事者の手続的不服従（その中心は被告の欠席）の効果を発生させるには、原則として、相手方からの申立てを要する。当事者主導のローマ＝カノン訴訟の特色である。争点決定前の被告欠席は、被告の出

363）　*Id.*, 18-20.

364）　*Id.*, 22.

頭ないし弁論を強制する効果を有し、争点決定後の欠席は、原告による立証を伴う一方的手続（欠席手続［eremodicium］）へと進む。第一回共通期日（ersten gemeinsamen Termin）における訴訟行為として、ネルは、①事件を迅速に終結させるための被告による認諾（執行認諾［confessio］）が認められていたものの、学識法曹は請求認諾と主張事実の自白とを体系的に区別していなかったこと、②原則として被告は最初の防御活動を行い、無管轄などの法廷回避の抗弁（exceptiones declinatoriae）を提出すること、③第一回期日に裁判官は訴えの有理性を審査でき（Schlüssigkeitsprüfung）、（所有権や相続に基づく特定の請求については）被告の受動適格も法廷質問（interrogatio in iure）により審査されるであろうこと、などを指摘する[365]。呼出しとともに被告に送達されるかまたは期日に手交される訴状（libellus）において、訴えの対象と訴訟原因（Klagegrund）が表示され、原則として審理プログラム（Streitprogramm）が確定する。ユスティニアヌスの訴権（die justinianische actio）は、その名称を示すことが初期においては不可欠であるとされた。学識法のテクストにおける訴権概念は、多義的かつ玉虫色であることを強調すべきである。訴えによる応答すなわち抗弁（exceptio）の学は、延期的抗弁（exceptio dilatoria）と滅却的抗弁（exceptio peremptoria）の二分法を基礎としており、前者は争点決定の前に、後者は争点決定の後に提出されなければならないとするのが原則であった[366]。

　②次いでネルは、争点決定から終局判決に至る手続進行を解説する。「学識法曹の理解によれば、手続の核心は審判手続（iudicium）で、そこにおいては特に事件の中心（merita causae）に関する立証が展開される」。審判手続は、争点決定——「原告がプログラム化した争訟に応ずる準備ができている」旨の・被告による正式な表明——に始まる。これに双方の不濫訴宣誓（iusiuramentum）が続き、原告が訴えによる申立て（Klagebegehren）を事実の主張すなわち訴点（positiones）に分類し、被告が答弁（responsio）で訴点を追加ないし争うことによって、事件の中心の立証段階が開始される。その終了後に両当事者と

---

365) *Id.*, 23-24.
366) *Id.*, 24-25.

522

補佐人が陳述（allegationes）を行って、それ以上の弁論を放棄し（renunciatio）、弁論が正式に終結する（conclusio in causa）[367]。

（ⅴ）証拠法の一般的テーマとして、ネルは以下の諸点を指摘する。①原告の請求の立証のためのルールがまず発達し、相手方が容認しない訴点（positiones）は立証を要する項目（articuli）に変わるという形で、立証主題は裁判官ではなく当事者によって確定された。②前学問的な土着のモデルに従った証拠判決（Beweisurteil）と、初期普通訴訟の証拠中間判決（Beweisinterlokut）とは、学識訴訟では知られていなかった。③証拠方法は原則として当事者も提出しなければならなかったが、裁判官は単なる受動的役割にとどまらず、立証期間・期日を確定し、証明責任を分配し（分配のルールは今日の場合にほぼ対応している）、証拠方法の許容性を審査し、立証の結果を評価する。④証拠収集が裁判官の職責である場合でも、とりわけ人証については、証拠調べは調査判事（auditor）のような他の裁判所構成員に委ねられた（現代の直接主義の意味で理解してはならない）。⑤立証の対象となるのは争いのある事実であって、法規が対象となるのは例外である。⑦学識法曹は、今日では周知の主観的立証責任（subjektiver Beweisführungslast）と客観的確定責任（objektiver Feststellungslast）―証明に失敗した場合のリスク―）の区別に至っていなかった[368]。

　ネルは、証拠方法（その数は法学文献の中でも確定していない）の中から人証、書証、判決に関する宣誓を選んで検討している。まず中世では人証は他の証拠方法に比べて優先的地位を与えられており、証人の提案（testium productio）のために、当事者は1期日以上を利用できるが、裁判官がそのための期限を設定する。証人は当事者の申立てにより裁判所が呼び出す。証言能力の欠如は相手方当事者が立証する。証人は証言および証人宣誓を強制される。立証主題は地方特別法に反しない限り項目（articuli）の中に分類され、裁判官がこれを審理して、不適法ないし事案解明に役立たないと判断した場合には排除される。証人に対し相手方当事者が提出した反問（interrogatoria）に対しても、同様の

367）　*Id.*, 26.

368）　*Id.*, 26-27.

コントロールが及ぶ。さらに、裁判官の質問権（むしろ質問義務）が行使される。証人尋問は、当事者や他の証人が同席せずに秘密に（secrete et sigillatim）行われる。尋問終了後は、それまで保管されていた証人尋問調書は、正式な手続で当事者にアクセス可能となる（publicatio attestationum）。証人の信憑性（Glaubwürdigkeit）は裁判官の自由な評価に委ねられ、信憑性の前提となる証人の数——法定証拠理論の特色である2証人証明の要請——は原則として裁判官を拘束するが、証人1人の場合（半証明［halben Beweis］）であっても、（法廷で要求された）判決に関わる宣誓（iuramentum delatum）などのその他の要素で、完全証明（Vollbeweis）へと補強される[369]。書証は公文書（特に公正証書）と私文書に分かれ、前者は完全証明となるが、公文書と2人の証人による反対証明（Gegenbeweis）とが対立した場合（完全証明のimpugatio）については議論がある[370]。判決に関係する宣誓は、裁判官が当事者に課す必要的宣誓（iuramentum necessarium）と、当事者間で要求・転嫁される裁定宣誓（iuramentum iudiciale）とに分かれる。前者は原則として半証の場合を前提とし、後者は、最初から原告が何ら立証せずに被告に転嫁する場合（宣誓の対象はKlageanspruch全体である）と、判決を下すには立証が不十分である場合（個々の争点も宣誓の対象となる）とに利用される。宣誓を転嫁された者は、争訟決定的な宣誓を行うか、それを押し戻すか（referre）、一定の要件のもとで宣誓を拒否するか（recusare）、いずれかを選択する[371]。

　ネルは裁判官による判決——中間判決（sententia interlocutoria）と終局判決（sententia definitivaもしくはsententia diffinitiva）、訴えを退ける場合は、さらに本案判決（absolutio diffinitive）あるいは訴えの即時却下・訴訟判決（absolutio ab instantia）——を、①裁判官による判決発見のための手続原則、②判決の要件・無効原因、③訴訟費用、④既判力（res iudicata）の各項目に分けて叙述する。まず手続原則として、判決は原告の審理プログラム（Streitprogramm）を志向するものでなければならず、今日の処分権主義が妥

369）　*Id.*, 27-28.

370）　*Id.*, 28-29.

371）　*Id.*, 29.

524

当する。さらに判決は原則として当事者の申立てと挙証の結果を志向しなければならず、職権主義に対する意味での弁論主義が妥当する（iudex secundum allegata et probate partiumの格言。裁判官による事実補充［supplere de facto］の禁止が、この原則を表す）。学識法曹は、裁判官による証拠評価を包括的・総合的概念として理解・整理することはできず、自由な場合（個別の挙証、特に証人とその証言の信憑性）と制限される場合（当事者を裁判官の恣意から保護し、法的安定を保障するための法定証拠理論）とを、無関係に並列するのみである[372]。裁判官は判決とその言渡しに際しては、当事者および公衆に対する公開の要請に従わなければならず、原則として書面で作成した判決を朗読する。判決内容は訴えによる請求（Klageanspruch）を要約して、判決主文は特定の方式に従うことが厳格に要求され、判決理由は不要である。判決言渡しの際のルールが遵守されない場合は、判決は無効となるが、学識訴訟法においては本質的な手続の瑕疵（今日で言えば訴訟要件の欠缺など）も判決の無効をもたらすとされた。訴訟全体の手続が適式に進行したことが、判決のための要件だからである。地方特別法が顧問（consilium）の提案を判決に取り入れることを裁判官に義務づけている場合、これに違反すれば手続上の瑕疵として無効となる[373]。訴訟費用は原則として敗訴当事者が負担する。判決上重要な法律問題につき、法律家の間で争いがあるような場合は、正当な原因（iusta causa des Prozessierens）ありとして、訴訟費用は当事者間で調整される。訴訟費用の分担は判決それ自体の中で示される。10日間の上訴期間の経過によって、原則として形式的既判力が生ずる。実体的既判力は客観的には訴訟物の同一性を前提とし、主体的には当事者間で――状況に応じて第三者に対しても――作用する。既判力ある判決が存在するときは、当事者は滅却的抗弁（exceptio peremptoria）を提出できるが、職権によっても顧慮されなければならない[374]。

（ⅵ）判決に対する不服申立てについて、ネルは、ローマ法学者とカノン法学

---

372)　*Id.*, 30-31.

373)　*Id.*, 31.

374)　以上は、*Id.*, 32.

者の見解が一致するような完結したカタログは存在しないが、学識法の文献では上訴（appellatio）が特に詳しく述べられているとする。終局判決だけではなく中間判決に対しても上訴できるかにつき、カノン法とローマ法（ius legale）では見解が統一されていない。カノン法上は、中間判決（sententia interlocutoria）、裁判人（iudex）が当事者に与えた訴訟の要点（gravamen）に対しては、原則として上訴できた。ローマ法上は、終局判決の効力を有する中間判決や、終局判決に対する上訴では除去できない不利益を与える中間判決に対しては、上訴ができるとされていた。「上訴は、第一審裁判所が属する政治的統一体の裁判所制度が創設した審級に従い、段階的になされなければならない。法皇に対しては、中間審級を考慮せずに直接に上訴できる。通常裁判所の判決のみではなく、受託裁判官の判決に対しても（後者の場合は受託裁判所に）上訴できる。同一事件につき、2回の上訴が可能である」。地方特別法上不服額が定められていたり、不上訴合意がなされたりする場合は、上訴は制限される。上訴できるのは利害関係人（is cuius interest）である。敗訴当事者、一部認容の場合は両当事者、手続に参加しない第三者でも、判決がその者の不利に作用する場合は当該第三者が、これに該当する。欠席者（contumax）はこれに含まれない。原則として原審裁判官（iudex a quo）に対して申し立てられる上訴の形式は、終局判決と中間判決とでは異なる。終局判決に対する上訴状には、上訴理由を挙げる必要はなく、判決言渡し後に口頭で調書に対し直接に上訴することもできる。複数の争点の一部（項目）に対する上訴も可能である。不変期間である上訴期間は、地方特別法に別段の定めがない限り10日間で、判決が言渡されてこれを知ったときから開始する。その他の法定期間は当事者および裁判官の自由処分に委ねられ、短縮可能である。上訴人は判決言渡しから30日以内に、原審裁判官の上訴審裁判官に対する意思表示である伝達状（apostoli）を取得しなければならない。終局判決に対する上訴がなされると、既判力は発生せず、執行を開始できない。確定遮断効と移審の効果（Suspensiv-undDevolutiveffekt）が生ずることになる。中間判決に対する上訴の場合には、第一審裁判官が上級審裁判官に上訴を送付するならば、原審の手続を次の段階に進めることはできなくなる。原審裁判官が中間判決に対する上訴を許容せずに、拒絶伝達状（apostoli refutatorii）の形で拒絶の意思を表明するならば、上級審裁判官が発

する正式の制止（inhibitio）によって禁じられるまで、原審の手続は続行できる。上訴人の上訴審における弁論は、第一審で提出された訴訟資料（Prozesstoff）――書面と調書は上訴審にわたっている――新たな法的評価に委ねることに限られ、新たな訴訟上の請求や訴訟物は排除される。ただし、終局判決に対する上訴においては、既に呈示されていた事実に関する新証拠の提出は、両当事者に許される。第一審で既に論じられていた争点（項目）に関する人証につき、ローマ法は原則として許容するが、カノン法はこれを認めない。上訴審裁判官の面前での手続は、概ね第一審と同様のルールに従う。上訴を容れる判決には理由を付す必要がある[375]。上訴以外の不服申立方法として、ネルは請願（supplicato）、原状回復（restitutio in integrum）、無効（確認）の訴訟・無効抗告（querela nullitatis）を挙げている[376]。

（vii）最後にネルは、「ローマ＝カノン訴訟の特色」として、中世学識訴訟の基本的特色を訴訟対象の支配、手続の支配、手続的正義に分かって説明する。ただし学識訴訟はその初歩的考察を試みたにすぎず、後期自然法時代（der späten Naturrechtsperiode）以降に、訴訟法が基本思想と構成原理に従って解析されるようになってから、その大半が構想されたものである。

　まず訴訟対象の支配については、審理プログラムを確定し、判決の基礎となる事実を特定するのは当事者であり、処分権主義と弁論主義が手続を形成する訴訟のアゴン的構造（die agonale Struktur des Prozesses）からすれば、ローマ＝カノン訴訟は対席的ないし当事者対抗的手続の類型（dem Typus des kontradiktorischen oder adversativen oder isonomen Verfahrens）に分類されるべきであると指摘する。

　手続の支配については、当事者の処分権主義が出発点であり、その限りでは対席的手続というべきである。しかし裁判官は手続の進行に関して受動的役割にとどまるのではない。当事者の訴訟行為の許容性と事件解決上の有益性（Sachdienlichkeit）をコントロールし、また手続上の瑕疵による判決の無効を

---

375)　以上は、*Id.*, 31-36.

376)　*Id.*, 37-39.

回避することも裁判官の任務であるから、そのための広範な審査と規制を行う必要がある。手続の連続的構造（der serielle Aufbau）は遅延の危険を伴うから、裁判官は手続の迅速化のための多様な手段を利用できる。例えば、裁量により期間を決定し、複数の訴訟行為を期日に集約し、排除効（失権）を伴う期日（präkludierende Termine）を設定し、原則として無制限な質問権を行使して遅延の策略を阻止するなどである。

　手続的正義については、①呼出方式と呼出期間の綿密な規律が、現代の双方（の法的）審尋の原則（Grundsatz der Gewährung beiderseitigen rechtlichen Gehörs）に対応している、②当事者の防禦権の保障（die Sicherung der Abwehrrechte）のために、手続進行の適式性（Rechtsförmlichkeit）がしばしば過剰になる、③これらの措置を講じている目的は、当事者のより良い権利が勝利を収めるよう援助するとともに、法秩序を制度的に保証するという双方的なものである、などと論ずる[377]。

　ネルは、ローマ＝カノン訴訟法によって、ヨーロッパの広い部分で共通のルールの集成すなわちユス・コムーネが利用可能となったが、その特色は差異と特殊性を伴った地方的発展に対してオープンだったところにあると指摘する。共通の遺産を全面的にふるい落とすことなく、訴訟の地域化と「国家化」とが次第に進行し（ただしヨーロッパ内部でもその進行の程度は一様ではなかった）、至るところで固有の制定法が生成した。このテーマを検討すると、人文主義や宗教改革の民事訴訟法への影響、自然法と啓蒙の影響といった注目すべき新たなテーマが生じた近代（Neuzeit）へと境界を越えてゆくことになる。ネルは、啓蒙的絶対主義の精神を訴訟法典にプロトタイプ的に実現しようとした著名な例として、プロイセンを採り上げる[378]。

(3) ネルの本書の第3章「1781年プロイセン訴訟法の手続」は、手続原則、手続のリズム（Rhythmus）、手続進行の概要、プロイセン＝フリードリッヒ訴訟法典の特色、の各節から構成される。

---

377)　*Id.*, 40-42.

378)　*Id.*, 42.

（ⅰ）第1の「手続原則」の節は次の通りである。ネルは、プロイセン国王の司法改革は、司法に携わる人々への人的要請およびプロフェッションとしての要請（die personlichen und professionellen Anforderungen）を徹底的に定め、全ての裁判所に関する規則を確実に実施すること、手続の規範的枠組みの改革をプログラムに立脚させることに重点が置かれたと指摘する。訴訟改革の課題として、形式面では、普通ローマ＝カノン法のテクストと、普通法が確認しもしくは変更を加えた地方特別法のテクストとの、堆積した大きな塊を、統一的で完結した訴訟法典に変えることが要求された。内容面では、そのような見通しのきかない素材を、「確固たる基礎の上に立ち、考え抜かれた体系に組み込まれているがゆえにアクセスしやすい」ルールの作品（Regelwerk）に変えることが求められた。

　前者（完結した訴訟法典）の課題は1781年の「フリードリッヒ大全、第1部訴訟法」（CJF）で実現され、その後の修正を経て、1793年・1795年「プロイセン一般裁判所法」（AGO）にまとめられた。1781年訴訟法典が立脚する基礎についての解説は、フリードリヒ2世の閣令に基づき作成され、法典よりも先に出されたVorberichtの中で行われている。そこでは「裁判官が自ら真実を探求する立場に立つこと」と、その埋め合わせとして「当事者をあらゆる恣意的な扱いから保護すること」が、手続の最も高貴なEntzweckであると述べられている[379]。

　さらに「裁判官と当事者の役割分担」では、普通訴訟と明らかに区別されるのが、裁判官の判断の基礎となる事実の収集とその立証の責任（「真実の探求」）が、通常訴訟においても裁判官に課せられた点であるとする（原理的には審問主義〔Untersuchungsgrundsatz〕が優位に立ち、当事者は裁判官の任務を援助しなければならない）。「こうした関係は、補助官（Assistenzrat）という裁判官像に明瞭に現れている。国王は訴訟の本質を誤解させた主たる責任は弁護士の態度にあるとして、訴訟における弁護士の地位を俸給を受ける補助官と代えるために、即座に弁護士を追放した。実情に疎いこうした改正は、当事者の側

379）　*Id.*, 43-44. プロイセン一般裁判所法については、鈴木・前注（3）300頁以下に詳細である。

に二重の課題を与えた。一方で補助官は、最初から割り当てられた当事者を、証拠方法の提出を含む訴訟事件の全状況について徹底的に調べなければならず、その際に原則として当事者本人からの聴き取りを行う。補助官は手続の進行と訴訟の結果を予想し、彼の側の当事者の手続上の損失を考慮して、そうした結果を裁判官合議体に伝えなければならない。他方で補助官は、彼の当事者のために法律上の陳述を行わなければならず、これは普通法上の主張の段階（Allegationsstadium）に対応して、審理の終了から判決言渡しまでの間の時点に留保される。ここでは補助官は裁判所の機関というよりも、当事者の法律上の補佐（Rechtsbeistand）として機能する」。真実の探求にあたっては、当事者が裁判官を援助し（その限りで補助官と同じく裁判官の補助者［Gehilfen des Richters］である）、その結果無制限の真実義務を負う。「これは証拠調手続において特に顕著であり、そこでは補助官を動員しつつ、裁判官団（Kollegium）の別の一員である受命裁判官（Deputierten）が指導を行い、真実ありのままに、かつ完全に証拠方法を陳述する義務を当事者が果たせるように配慮しなければならない」。ただし訴訟対象と全体としての手続については職権主義（Offizialmaxime）は支配せず、当事者の自由処分に委ねられる[380]。

「裁判官の間の役割分担」として、「審問主義の実施により、裁判官と当事者の間に生ずる権力の格差を緩和するために、プロイセンの立法者は、手続上の新たな工夫として少なくとも4種の裁判官像に裁判官の機能を巧みに配分することを思い付いた」。すなわち、①当事者に付される既述の補助官、②（証拠調べを含む、審問ないし審理［Untersuchung oder Instruktion］を指揮する）受任裁判官に加え、③訴状の受付・審理担当裁判官（Dezernent）、④判決起案裁判官（Referent）が挙げられる。「立法者は、至るところで相互にコントロールする裁判官の義務を、役割分担と結び付けたのである。特に補助官がこうした任務を託された」[381]。

（ⅱ）第2の「手続のリズム」の節では、裁判官組織に手続支配の重点が移動し

---

380)　以上は、*Id.*, 44-46.

381)　以上は、*Id.*, 46-47.

たこととともに、失権・排除効の法的形態（die Rechtsfigur der Präklusion）が、普通訴訟と著しく異なるプロイセン訴訟のメルクマールであると指摘する。

　まずネルは「統一と分割」と題して以下のように述べる。普通訴訟は法定序列主義に基づく一括審理主義（der auf dem Reihenfolgeprinzip beruhenden Eventualmaxime）の形式をとり、後行訴訟行為の後に先行訴訟行為はなしえないとして、訴訟行為の順序・連続的推移に強行的性格を与えた。プロイセン訴訟の場合には、4つに区切られた裁判官組織が存在したことから、手続の段階的区分はあったものの、このような「区切り」（Zäsuren）は、当事者間の争いをコントロールし、上訴可能な証拠中間判決（Beweisinterlokut）制度を廃止するもので、失権・排除効を伴わなかった。中間的紛争は本案と併せて弁論され、ともに終局判決で判断された。すなわち手続の統一性をプロイセン訴訟の特色として挙げることができる[382]。

　次に「期間、形式」の項目に移ると、手続の「区切り」の間の期間は原則として裁判官の裁量で決定できる（審問請求権は保障されなければならない）。多様な裁判官組織が活動することから、証拠調べを含む弁論の直接性が極めて重要となる。訴状の受付・事件審査担当官（Deputierte）が終局判決に協力する限りで（補助官はこれにかかわらない）、最終的に判決を行う合議体に関していえば、部分的直接性（partieller Unmittelbarkeit）があるといえる[383]。

（ⅲ）第3の「手続進行の概要」の節は、（ア）弁論から証拠調べまで、（イ）証拠調べから判決言渡しまで、（ウ）判決、（エ）不服申立て、の各項目に分かたれている。

（ア）「プロイセン＝フリードリッヒの訴訟改革は、ヨーロッパのあちこちで法曹に知れわたったが、それは基本概念に関してであって、手続の細部に関してではなかった」。立法者は訴訟の迅速な終結を推し進めたが、「三段階の訴え提起という贅沢（Luxus）」を提供した。すなわちまず第1に、原告による仮の申立て段階である。ここで訴状の受付・審査担当裁判官が合議体に報告し、管轄

382）　*Id.*, 48-49.

383）　*Id.*, 49.

の有無が審査される。第2に、補助官が訴えの受理と審査（Aufnehmung und Instruktion）を処理する段階である。補助官は15点に及ぶ質問などのカタログに沿って原告から情報を得て、原告の申立ての適法性と有理性を審査し、疑義があれば裁判官に報告する。第3に、補助官の調書（Aufnahmeprotokol）とともに主報告書（Hauptbericht）が訴状受付・事件担当裁判官に交付され（後者が合議体に報告する）、再度適法性・有理性が審査されて、疑義がなければ主報告書の形式で被告に送達される段階である。被告の欠席は自白（confessio）の機能を有し、敗訴判決に至るが、被告が出頭すれば被告側にも同様に補助官が付され、答弁の受理と準備を担当する。被告が提供する情報には抗弁を構成する事実も含まれるが、立法者は抗弁理論（Lehre von den Einwendungen oder Exzeptionen）については同時代の普通法学説に依存している。手続に関する延期的抗弁（dilatorische Exzeptionen）は、補助官、訴状受付・審査担当裁判官のいずれの審査においても検討され、抗弁が明白でなくて証拠調べを要する場合には、本案の審理（der Instruktion der Hauptsache）の際にともに審査される。被告側の審査にも主報告書が作成され、これによって原告に伝えられる。「実際の」審理のための期日が同時に決定されて、その指揮を行う審査担当裁判官（Deputierte）が選任される。この期日のために補助官は立会いを求められ、審査担当裁判官は、訴え提起および答弁の際に実施された尋問と調査を繰り返し、その内容を補充する。当事者間の争点（Status controversiae）の確定は、当事者双方の尋問を通じて行われなければならないが、例えば証明の必要について審査担当裁判官と当事者（ないし補助官）とで見解が一致しない場合は、手続を中断せずに合議体の決定を得る[384]。

（イ）証明と証拠調べ（Beweisaufnahmen）は裁判所（審査担当裁判官）の職務（Sache）である。当事者は審査担当裁判官を援助し、その指示に従わなければならない。挙証責任（Beweisfuhrungslast）は重要ではなく、その時々に当事者が証拠調べの成功ないし失敗を負担すること（FeststellungslastないしRisko der Beweislosigkeit）は念頭に置いていない。証明段階では中間手続・

---

384) *Id.*, 50-52.

中間判決の余地はない。証拠方法については自白と推定が「むしろ付け足りで」
(eher beilaufig) 処理され、裁判官による検証の他に、書証、証人証拠、当事
者宣誓による証明に独立の節が置かれていて、証人証拠（Zeugenbeweis）の
手続を除けば全体として普通法と異ならない。証人証拠については、原則とし
て確定した「当事者間の争点」に従って証拠調べが行われ（できる限り審査担
当裁判官が尋問する）、補助官は審査担当裁判官を監視するために立会いを求
められる。呼び出された証人は原則として尋問を免れることはできない（証人
宣誓を伴う証言強制）。証言が矛盾する証人同士は対席させられる
(gegenubergestellt)。当事者宣誓において立法者は、普通法上周知の、当事者
から当事者に転嫁される宣誓（転嫁宣誓）と、裁判官が当事者に課す必要的宣
誓ないし裁定宣誓との区別を行った。後者の場合に裁判官は、既に他の証拠が
提出されていても、その補完ないし解明のために宣誓を命ずることができる[385]。
（ウ）普通訴訟と比べたプロイセン訴訟の特色は、独自に取り消しうる中間判
決を放棄したことである。"Dekrete"などの各種の名の決定（Bescheide）は、
判決とともに上訴できるにとどまった。判決は主任裁判官（Referenten）が準
備した後、合議体によって下され、普通法上の訴権の分類と方式（genera et
formulae actionum）を考慮することは禁止された。事実状況に疑義があると
きは、合議体の多数決により決せられ、法律問題につき疑義があるときは、
Gesetzes-Kommissionの判断を求めるものとされた。明文規定はないが、法文
の全体的関連からして、裁判所は訴えによる申立てに拘束され（処分権主義）、
裁判官は訴訟行為で伝えられる現実の事象（Vorgänge in der Lebenswirklichkeit）
のみに依拠しなければならず、判決は裁判官の私知に依存してはならない、と
する不文の命題が妥当するものとされた。証拠方法の信憑性の存否は裁判所の
義務的裁量（pflichtgemässen Ermessen）により評価される。普通法上の法定
証拠理論についてもこの信憑性を留保しておくことで、立法者はその相対化を
図った。例えば、提出された証拠方法が矛盾しているために、証拠調べが確実
な結果に至らない場合には、最終的には裁判所が自由に評価できる。その他の

---

385)　*Id.*, 52-54.

不確定な場合においても、裁判所は必要的宣誓をいずれの当事者に求めるのか
を自由に決定できる。判決理由は公表される。訴訟費用についても言渡される。
10日間の上訴期間が経過すると、判決に既判力が生ずる。普通法の伝統によれ
ば、既判力の形成は実体法に委ねられるが、第三者に既判力が拡張される若干
の場合については、訴訟法に規定されている[386]。

（エ）上訴は移審効（Devolutiveffekt）を基準に分類できる。控訴（die
Appellation）と再考案の申立て（die Revision）は移審効を伴うが、無効の訴
え、原状回復の申立て（Gesuch um Restitutio in integrum）、被告欠席を理由
とする欠席判決（Contumacial-Resolution）に対する被告からの回復申立ては、
いずれも移審効を欠く。控訴は大体において、第一審に対応する手続を作動さ
せ（当事者双方から新事実と新たな証拠方法［Nova］が提出可能）、第一審と
同じく多数の種類の裁判官が関与する。控訴審判決に対しては、再度の考案の
申立てができ（審理期日を伴う手続、新事実・新証拠方法の提出は不可）、再
考案裁判所は自判もしくは再審理のための差戻しを行う[387]。

（iv）最後にネルは、プロイセン＝フリードリヒ訴訟法典の2つの指導理念のう
ちで、①裁判官による真実探求（審問主義［Untersuchungsgrundsatz］と裁判
官による訴訟運営）は、後世の訴訟法典・草案にとってインスピレーションの
源泉となったが、もう1つの、②裁判官の機能を多くの者に分配することは殆
ど無視された、と評価する。訴訟プログラムと訴訟追行とその終了についての
判断は当事者が支配するが、審理（die Instruktion）すなわち判決にとって重
要な事実関係の探求とそのための手続上の措置は、裁判官が支配する。裁判官
による真実探求にあたり、当事者は単に裁判所の補助者の役割を果たすにとど
まる。規範類型的・法様式的には、抽象的・仮説的な性質の規定よりも論証的
で常軌を逸した法文が教育的・不満気なトーンで定められている（［半］専制
国家性の表れである）。法典論からすれば、訴訟法典の対象は、あらゆるニュ
アンスでの臣民に即したプログラム（dem Programm gemäss die Unterarten in

---

386)　*Id.*, 54-56.

387)　*Id.*, 56-57.

534

allen Schattierungen）であった。プロイセン民事訴訟法典以外にも、啓蒙絶対
主義時代の訴訟法典としては、1753年バイエルン裁判所法典（der bayerische
Codex juris Bavarici judiciarii）、1781年オーストリア一般裁判所法典があるが、
いずれも手続の進行を原則として地方特別法の規律に委ねている点で異なる。
この両法典がその目的設定・方法・形式・内容においてどこまで（初期）自然
法思想に倣っているかは、いまだ十分詳しく解明されてはいない[388]。

（4）ネルの本書第4章「フランス民事訴訟法典の手続」は、①フランス民事訴
訟法典の成立条件、②裁判所制度と関係人、③手続法の基本的常数
（Grundkonstanten）、④手続進行の概要、⑤証拠、⑥判決、⑦判決に対する不
服申立て、⑧フランス民事訴訟法典の手続の特色、の各節からなる。順次検討
してゆこう。

（ⅰ）まず1806年民事訴訟法典は、全体として見れば、革命の努力の成果でも
ナポレオンが法典化に参画したことの成果でもなかった（民事訴訟法規には殆
ど関心が向けられなかった）。訴訟法典起草のために1802年に設置された委員
会は、アンシャン・レジーム期に活動し、当時の法状態を良好かつ合目的的
（gut und zweckmässig）であると考えていたプロフェッションの諸勢力から構
成され、1667年民事王令（Ordonnance civile. ルイ法典）とパリ最高法院の実
務を立法作業の出発点とした。起草委員会のメンバー（その中心はピゴー
[Eustache Nicolas Pigeau]）は、手続法への同時代人の批判の中から、手続の
遅延（lenteurs）、規律の甚だしい多様性・厳格さ、手続コストがかさむことな
どの主たる欠陥を取り集めたが、実務における形式主義、コスト、遅延の策略
を抑制するだけの改正には至らなかった。しかしながら、新法典はアンシャ
ン・レジーム下の規律を基礎としつつも、革命期の手続法の相当重要な要素を
導入した。治安判事制度（justice de paix）、通常手続に前置された調停
（conciliation）、証人証拠の自由評価、判決理由を付する裁判官の義務、控訴期

388）　*Id.*, 58-59.

間の短縮である。フランス民法典の場合に比べ、民事訴訟法典を全面的に成功した立法作品として評価する者は少ないが、それはフランスの国境を越えて伸長し、諸国の民事訴訟法典に数十年にわたって影響を与え、少なくとも間接的にその形成に協力したのである[389]。

（ⅱ）アンシャン・レジーム特有の多様な裁判権に代わり、革命期以降は、同形で統一的でヒエラルヒー的な裁判所の構造が登場する。それは通常裁判所（下級ないし第一審裁判所と控訴裁判所）と特別裁判所（治安判事、商事裁判所、労働裁判所［conseils de prud'hommes］）とに分かれ、二審級の原則（des Prinzip des double degré de jurisdiction）が妥当する。王座を占める破毀院は、法律違背を理由とする判決の取消しに管轄が限定されているため、第三審とはいえない。通常裁判所を構成するのは、原則として6つのカテゴリーの人々で、俸給を与えられる裁判官職は（ア）裁判所の長、（イ）多くの部に分配される裁判官がこれに属し、独立性・原則的な解任不可能性などの国家的保障を享受する。裁判所付属吏（officiers ministériels）としては、（ウ）裁判所書記（greffier）、（エ）執行吏（huissier）、普通法上の代理人（procurator）の後身である（オ）代訴士（avoué）がある。公益の保護を職務とする（検事局［ministère public］の代表者である）（カ）主任検察官（procureur）は、歴史的特異性を有する裁判所関係者（Gerichtspersonen）である[390]。

（ⅲ）ネルは通常裁判所（tribunaux de droit commun）の手続法の「基本的常数」として、（ア）指導原理（principes directeurs）、（イ）口頭性と書面性、訴訟行為の形式主義（Formalismus）、（ウ）最小限の手続と附帯請求事項（Mindestverfahren und incidents）、（エ）期間（訴訟の遅延）、の論点を取り上げる。
（ア）訴訟手続の開始と維持は、原則として当事者の問題（Sache）であるが、フランス民事訴訟法典にそのような命題を探し求めても無益である。原理的・

389）　*Id*., 61-63.

390）　*Id*., 64-65.

理論的表現とは異質で、合理的な体系思考・体系的モデルの構築には関心を示さないのである。理論的概念の価値を高め、民事訴訟の指導原理——処分権主義（principe dispositif）と対審原則（principe du contradictoire）がこれに含まれる——を発展させたのは、後世の訴訟法学である（ネルはH. Vizioz, Etudes de procédure［1956］の参照を求めている）。特に対審原則は純粋なフランス思想の所産（Gedankengut）であり、双方的審問請求権の保障という一般原則の具体化である。両当事者は自らの事件（Sache）に有益な全てのものを手続において提出し、双方の策略に対し意見を表明する防禦の機会を与えられなければならない[391]。

（イ）フランス民事訴訟法典が他国に影響を及ぼしたのは、その口頭性と公開性のおかげである。ネルは「口頭性と公開性の双方の手続規範は、法政策的にではないが、訴訟法理論的および訴訟法技術的に同等の重要性を有した」と述べている。口頭弁論を含む広義の審理（instruction）——終局判決前の訴訟行為の総体——は手続の基本的リズムに従って、①裁判所が関知することなく、当事者の代訴士（avoués）間で訴状・呼出状を含む書面が交換される段階と、②申立書（conclusions）で開始される口頭弁論（audience）の段階とから構成される。証拠調べの直接性が規定されていない証拠の場合には、裁判所は調書に依拠する。人証（enquête）、検証、鑑定証拠、事実項目に対する当事者尋問（interrogatoire sur faits et articles）の場合である。フランス訴訟の書面性を特に示すものとして、訴訟行為論が本質的には書面行為（schriftlichen actes）の要式論に尽きていることが挙げられる（特に裁判所付属吏が当事者のために作成する文書）。文書の有効性は適式な送達を前提とするが、費用がかさむことから、書面性を拡大させることに対してはかねてから批判が強かった。文書に印紙税が課され、裁判所付属吏や代訴士（avoué）の文書には頁や行ごとに手数料が生じ、代訴士間の書面の交換は法廷執行吏（huissier）を通じた送達によらなければならず手数料が生ずる、などのコストに対する批判である。口頭弁論の形態については、あまり批判は寄せられなかった。そこでは当事者自身

---

391)　*Id.*, 66-67.

と代訴士が発言し、特に最終弁論は弁護士（avoué）が担当した。「口頭弁論は必ず当事者公開であるが、一般公開であるとは限らないので、フランス民事訴訟法典が口頭弁論を一般公開としたことは、訴訟法上は必ずしも重要ではないが、法政策上は極めて重要である。法政策的な観点からすれば、口頭性は一般公開の単なる道具にすぎない（もっとも、書面性と一般公開は理論上は調和しうるけれども、実際には実現困難である）」[392]。

（ウ）通常訴訟の最小限の手続は、代訴士間での裁判外での書面交換、裁判官の前での口頭弁論、終局判決の言渡し、の三段階で進行するが、その各段階で事情により附帯請求事項（incidents）ないし狭義の中間判決（jugement d'avant-direあるいはjugement d'avant-faire droit）に至る場合がある。附帯請求事項の多くは失効の効果（der Folge der Präklusion [déchéance]）を伴っていて、本案に対する防禦（défense au fond）の前に提出すべきであるが、終局判決まで許されるものもある。民事訴訟法典には附帯請求事項として、反訴を含む附帯請求、訴訟参加、裁判官の忌避、訴えの取下げなどが規律されているが、これに関する紛争は「訴訟内の訴訟」（Prozess im Prozess）として閉ざされた統一体を形成し、中間判決がなされると新たに訴訟事件登録（mise au rôle）がなされ、呼出しが必要となる。附帯請求事項が訴訟を引き延ばすのは明白である[393]。

（エ）訴訟の期間（délais de procédure）は、民事訴訟法典が原則として強行的なものと規定しており、例外的な場合に限り期間の短縮ないし延長が可能である。失権の効果（déchéance）を伴う期間の場合には、その期間が公序に属し、職権で考慮さるべきでなければ、当事者の申立てに基づくときに限って失権が認められる[394]。

（ⅳ）手続進行の概要として、「訴訟法学においては、（民事訴訟法典は混同しているが）actionとdemandeを正確に区別しており、前者は（ドイツの概念に

392）*Id.*, 68-69. 1806年フランス民事訴訟法典につき、林屋・前注（2）257頁以下。

393）*Id.*, 69.

394）*Id.*, 70.

よれば）訴権を意味し、後者は具体的な法的紛争において提起された訴えを意味している」と述べ、最小限の手続と抗弁を検討する。「最小限の手続」では、この訴え（より正確にいえば、要式の訴状と呼出状）とともに手続が開始され、その第一段階では、裁判所が関知することなく代訴士と当事者間で書面が交換され、第二段階としては口頭弁論が開始される、と要約する。「訴状には、無効のサンクションのもとで、主に原告・被告の氏名、書面での交流の責任を負う代訴士の選任（constitution）、訴えの対象と（要約的な）訴えの原因（moyens）の表示、裁判所の申立て、被告の出頭期限（délai pour comparaître）の設定が記載されていなければならない（民事訴訟法第61条）。訴えは、治安判事のもとでの義務的な和解の勧試の斡旋（Nachweis）である。しかしながら、被告側の出頭は文字通りに受け取られるべきではなく、第三者に対する表示によって授与される代理権（Aussenvollmacht）の形式で、被告側において代訴士を選任する要請を意味する」。訴えに対する答弁・防禦（défense）のために、被告には14日の期限が、それに対する回答（réponse）のために、原告にはさらに8日の期限が与えられる。この期限は実際には守られないことも多かったが、答弁・防禦や回答そのものを奪うことは許されない。

　手続の第二段階としての口頭弁論（audience）は、裁判所書記官（greffier）および執行吏（huissier）の関与のもと、訴訟事件登録（mise au rôle）および裁判所が確定した期日への出廷催告書（avenir）の方法で、勤勉な当事者が督促することによって開始される。代訴士は口頭弁論の冒頭で口頭により繰り返すために、まず書面で申立て（conclusions）を交換する。審理の進行に応じて、訴えの変更に該当しない限度で、この申立てを変更・補充することができる。申立てで訴訟物が確定され、訴訟事件の審理の成熟（Verhandlungsreife des Streitfalls）が生ずる。この訴訟の準備（mise en état [343条]）によって多くの効果が生ずるが、とりわけ訴訟開始時に提出さるべき抗弁、移送の申立て、裁判官の忌避などの一定の訴訟行為が排除され（失権する）、相手方の同意がなければもはや訴えを取下げることができなくなる。必要であれば複数期日に延長できる口頭弁論において、弁護士（avocats）は弁論（die Plädoyers）を行い、裁判所は事実・法律状態を解明するために質問権を行使し、一定限度で証拠法上の措置を講ずることができる。裁判所は、十分に情報を与えられたと判断す

る場合には、弁論の終結を命ずることができる。一定の手続事項（Formalien）について調書が作成され、弁論の終結後に、当事者は判決の基礎として役立つあらゆる文書を裁判所に提出する。要件が満たされている場合には主任検察官（procureur impérial）が介入し、その申立てに当事者が同意しないときは、当事者は合議中の覚書（notes）によって裁判官に反論できる[395]。

　さらにネルは、最小限の手続の進行に伴って生ずる附帯請求事項との関連で、抗弁と証拠調べについて説明する。抗弁は学説上は多くのカテゴリーに分類されるが、基本的には普通法に由来し、本案に対する防禦（défenses au fond）とは区別されてきた。フランス民事訴訟法典は手続上の抗弁のみを、しかも不完全に規定している。移送、訴状・答弁書の方式違背による無効、延期的抗弁（exceptions dilatoires）、書証の伝達（communication des pièces）などである。抗弁は原則として訴訟の開始時に、すなわち本案の弁論前の準備（mise en état）において提出されなければならず、基礎となる事実関係は後に登場する。民事訴訟法典の若干の規定は、抗弁提出の際に遵守さるべき順序を定めている。抗弁の相手方が異議を述べた場合には、裁判所は略式弁論（summarischer Verhandlung）の後に、訴訟判決で判断を下す。フランス法では本案に対する防禦・抗弁の他に、訴訟不受理事由（fins de non-recevoir）がある。これは訴えのUnzulässigkeitとUnbegründenheitとを混同しており、両者の区別は19世紀ドイツ法学において完全に明確となったが、フランス法学を納得させるには至らなかったのである。訴えの利益の欠缺、既判力の抗弁などがこれに属する。しかしながら訴訟不受理事由の研究は熟成しておらず、不明確なところが多かった[396]。

（ⅴ）フランス証拠法の特色は、関連規定が複数の法典に分散していることである。証拠方法は主に実体法典に、証明手続は民事訴訟法典に定められている。証明の対象は原則として事実のみであり（法規範は除かれる）、立証義務を負担しない当事者の自白（avenu）によって不要とならない限り、事実の証明は

---

395)　以上は、*Id.*, 71-72.

396)　*Id.*, 72-74.

当事者に委ねられる。証明責任（これは実体法に属する）をBeweisführungslast
とFeststellungslast（Risiko der Beweislosigkeit）とに分ける、今日では周知の
概念上の区別は知られておらず、証明責任に関する争いは裁判所が中間判決で
判断した[397]。

　証拠方法の配列において、民法典・民事訴訟法典は書証を冒頭に置く。フラ
ンス法の特色として、対象が一定額（ないし価値）を越える法律行為から生じ
た紛争では、人証を禁じていることから、とりわけ書証が実際上重要となる。
立証目的で採用された文書は、口頭弁論に先立って相手方に呈示されなければ
ならず、文書による立証には裁判官の命令（Anordnung）は不要である。一定
の要件のもとで、相手方もしくは第三者は「自己の手中にある（in ihren
Händen befindliche）」文書を引渡さねばならない。ネルは公署証書（l'acte
authentique）、私署証書（l'acte sous seing privé）、権原の原本（la copie du
titre）、承認証書ないし追認証書（l'acte récognitifないしconfirmatif）といった、
民法典の定める書証について簡潔なコメントを加えている[398]。

　人証の手続については、民事訴訟法典に証人尋問（enquête）というタイト
ルで、より詳しく規定されており、当事者の申立てまたは職権により中間判決
で命ぜられる。証拠を提出する当事者は、普通法の伝統に従い項目（Artikeln）
の形式で立証主題を類別し、裁判所が主題とされた事実の許容性・適性・相当
性（Zulässigkeit, Einigung und Erheblichkeit）を審査し、相手方がそれを争う
ことになる。証人尋問は当事者公開にとどまり、項目事実（faits articules）の
範囲内で解明に必要と思われる質問を裁判官が発する。証人は事前宣誓のうえ
で証言する。証人の出頭は当事者が配慮する。証言内容は証拠調べの手続的事
項とともに調書化される。証人による反対証明（Gegenbeweis）は、項目化さ
れた事実に対する対抗（反対）尋問（contre-enquête）、ないし相手方によって
新たに項目化された事実を対象とする各側証人尋問（enquête respective）の、
いずれかの方法によりうる。口頭弁論においては、最終弁論（Plädoyers）が、
証人尋問の結果に対する立場の表明となる。依然として裁判に熟しない場合に、

397)　*Id.*, 75.
398)　*Id.*, 76.

さらに証人尋問を命ずるかどうかは裁判所の自由である。「全体として人証の証拠調べは形式過多であり、それに少なからず無効のサンクションが課されている。その点ではフランス訴訟法は普通訴訟法に全く劣らないのである」[399]。

さらにその他の証拠方法として、ネルは（ア）推定、（イ）裁判上の自白、（ウ）裁判に関連する宣誓、（エ）裁判官による現場検証、（オ）鑑定、（カ）正式の当事者尋問（事実および項目に関するinterrogatoire）、（キ）本人出頭（comparution personelle; die informelle Parteivernehmung）に言及している。まず第1に、民法典は推定を証明責任ルールではなく証拠方法として規定し、法律上の推定と事実上の推定（人による推定）とを区別している。事実上の推定に対し反証が許されるかどうかは、必ずしも当該法規に明記されておらず、判例・学説をさらに調べる必要がある。推定は自白または決訟的宣誓（serment décisoire）により覆される可能性が残っている。事実上の宣誓は人証が許容されている法的紛争に限られており、反証が無制限に可能である。

第2に、民法典が定める裁判上の自白（avecないしconfession）については、その不可分性（Unteilbarkeit）が規定され、事実の錯誤を理由に撤回・取消し（widerrufen）が認められる。今日では周知の請求の認諾と事実の自白との区別は知られていなかった。

第3に、普通法の伝統に従い民法典は、当事者から当事者に要求する（証明義務を負う当事者がイニシアティヴをとる）決訟的宣誓（serment décisoire）と、裁判官により要求される補充的宣誓（serment supplétoire）の2種の「裁判に関連する宣誓」を規定する。決訟的宣誓については、宣誓要求の適法性と有益性とを審査し、宣誓を要求された者は宣誓するかこれを転嫁することができるが、正当な理由なく宣誓を拒むことは許されない。転嫁された宣誓の場合も同様で、最初に宣誓が要求された当事者に再びこれを転嫁することはできない。宣誓もしくは宣誓拒絶は決訟的（streitentscheidend）である。補充的宣誓は裁判官の判決の基礎（Entscheidungsgrundlage）を補完するためのもので、いずれの当事者に宣誓を課すかは、裁判官が有益性の基準（sachdienlichen

---

399) *Id.*, 77-78.

Kriterien）に従って中間判決で決定する（宣誓を相手方に転嫁することはできない）。裁判官は補充的宣誓には拘束されず、理由なき宣誓拒絶が必ずしも証拠・証明決定的効果（beweisentscheidende Konsequenzen）をもたらすとは限らない。

　第4に、現場検証（descente sur les lieux）は民事訴訟法典に規定され、当事者の申立てもしくは職権により中間判決で命ぜられ、受託裁判官（juge-commissaire）が担当する。当事者公開である。検証の過程と結果は調書に記載される。

　第5に、鑑定は民事訴訟法典に規定されている。これも当事者の申立てないし裁判所の命令により実施されるが、別段の定めがなければ当事者の意思により1名ないし3名の鑑定人が選任される。当事者の意思が一致しなければ、裁判所が鑑定人を指名するが、忌避の余地がある。鑑定を引き受ける義務は原則として存在せず、鑑定実施の手続は厳格に形式化されている。当事者が鑑定の結果に服すると前もって合意していない限り、裁判所は鑑定に拘束されない。

　第6に、正式の当事者尋問（interrogatoire sur faits et articles）も民事訴訟法典に規定されている。当事者の申立てに加えて、中間判決の形式での裁判所の要求を必要とし、原則として受託裁判官が担当する。相手方による尋問も尋問の公開も認められない。証人証拠と同様に、項目に分類された事実について尋問が行われるが、裁判官も自発的に質問することができる。尋問事項（Fragestücke）は、少なくとも24時間前に当事者に知らされていなければならない。尋問は自白を獲得することを目標とするが、裁判所には直接性が欠けていて、尋問調書に依拠するのみであるため、当事者の懈怠（不出頭ないし不回答）を自白と評価するかどうかは、裁判所の自由に委ねられる。民事訴訟法典の以上の規定（324条ないし336条）は直ちに厳しい批判にさらされた。公開性・直接性の欠如、回答が徹底的に準備されてしまう可能性があること、手続が鈍重で柔軟さを欠き非効率的であることが非難されたのである。

　第7に、インフォーマルな当事者尋問、すなわち本人出頭（comparution personelle）は裁判官の質問権から発生したもので、民事訴訟法典（119条）は簡単に言及するにとどめているが、実務上独立の証拠方法として発展し、次第に正式の当事者尋問を背後に押しやるようになった。これは職権により中間判

決を必要とするが、尋問される当事者は対象となる事実について予め知らされず、証拠調べの直接性を確保するために受託裁判官は担当しないというものである。相手方も出席し、異議を述べ、裁判所からの質問を受けることができる。裁判所の要請にもかかわらず、当事者が尋問に出席しなかったり、裁判官の質問に応じなかったりする場合には、そのような態度は裁判官の自由心証の徴憑（Zeichen）となる[400]。

　証拠法の記述の末尾で、ネルは次のように評価している。①今日の観点からすれば、裁判官の自由心証（conviction intime）の原則はフランス訴訟法の成果であるが、原則そのものが法典に明示されているのではなく、原則以外のルールを含む法典の諸規定から導き出されるのである。②そのルールの一例は、一定の状況のもとでは一定の種類の証拠方法のみを許容し、証拠力を定めていることである（民法典1341条）。③もう1つの例は、厳格に形式が定められた書証の証拠力ないし決訟宣誓（serment décisoire）に拘束されるとしつつ、証人証拠については自由心証が貫徹されていることである。④それにもかかわらず、証拠評価（自由心証）は、前記の証拠調べのルールを守ることを前提に、弁論主義の枠内で展開した（secundum allegata et probate partium）[401]。

（ⅵ）判決の種類としては、まず終局判決（jugement définitif）と中間判決（jugement d'avant-direないしd'avant-faire）に大別できる。前者には本案判決と、中間的紛争（例えば無管轄の抗弁のような附帯請求事項）を終結させる訴訟判決とがある。後者の中間判決には、仮の判決（jugement provisoire）と事前手続に関する判決（jugement relatif á instruction）とがある。事前手続に関する判決は、準備判決（jugement préparatoire）と先行判決（jugement interlocutoire）に分類でき、準備判決は本案判決とともに上訴しなければならないのに対し、先行判決は独立して上訴の対象となる。裁判官による「判決発見のための手続原則」として、イタリアおよびドイツの訴訟法学が解明した2つのマキシム（Maximen; principii）をネルは列記する。すなわち①裁判官は当事者が確定し

400）　以上は、*Id.*, 78-80.

401）　*Id.*, 81.

た審理プログラムを守らなければならない。Ne ultra petita は原告用の伝来的格言であるが、被告側の反応（例えば一部認諾）にも類推される。さらに②裁判官は当事者の申述と挙証（Vortrag und Beweisführung）に依拠しなければならない（secundum allegata et probate partium indicare）。「裁判所は口頭弁論における最終弁論の終了後、直ちに判決を下すか、予め評議室に閉じこもるか、判決言渡しのための新たな口頭弁論（期日）を決定するか（民事訴訟法116条）、いずれも可能である。複雑なケースでは報告担当裁判官（rapporteur）が任命され、その者が口頭弁論で読み上げる書面の報告書を待つ（報告書についての協議）。それでも不十分であれば、裁判所は書面による事前手続（instruction par écrit）を用いて、95条ないし115条の定める独立の手続を進めることができる」[402]。

　「判決の内容と形式」としてネルは次のように指摘する。判決は公開で言渡されなければならず、さもなければ無効のサンクションを伴う。判決の内容は、関係人の氏名・主文（dispositif）・判決理由（motifs）（判決理由を欠くと、判決は無効となる）という裁判所が責任を負う部分と、勝訴当事者の代訴士（avoué）が引渡す「当事者関係事項を表示する訴訟記録、事実関係の記述（qualités）」（民事訴訟法142条ないし145条）という当事者が責任を負う部分とから構成される[403]。後者には、当事者・その申立て（conclusions）・判決にとって重要な「事実的争点および法的争点（points de fait et de droit）」に関する、より詳しい情報が含まれる。「判決効」については、「判決の言渡しとともに裁判官の任務は果たされ、その審級における訴訟は終了する（裁判管轄権の喪失・事件関与からの解放［dessaisisement du juge]）。判決の変更は原則としてできないが、軽微なミスの訂正、例えば計算ミスの訂正と、判決の不明確な点を解釈によって除去することは許される」とする。特に既判力（chose jugée）に関しては、「立法者は既判力を実体法に分類し、民法典に、ここでは証拠法で（反駁しえない）推定（présomption）の観点から（僅かな）規定すなわち民法1350条を設けた。既判力の要件として、対象すなわち訴訟事件（cause）

402）　*Id.*, 82-83.

403）　*Id.*, 83-84.

の同一性および当事者の同一性が挙げられる（民法1351条）。その場合にメルクマールをどのように画すべきかは、判例および学説に委ねられた。他の問題もまた学説・判例に委ねられ、判決理由に既判力が生じないという点では見解が一致しており、判決主文の射程（Tragweite des Urteilsspruchs）を確定するためには、当然に判決理由を援用できる（ツァハリエ『フランス民法ハンドブック・第6版』第4巻［1875年］580頁・注6）。判決が既判力を顧慮しなくても、既判力は職権によらずに当事者の申立てによって考慮されるのであるから、公序には反しない。既判力の発生時点との関係で、通常の不服申立てと特別の不服申立て（voies de recours extraordinaires）とが区別される。後者の場合には、判決の言渡しとともに直ちに既判力が生ずる。前者の場合（控訴［appel］と、欠席判決に対する故障申立て［opposition］）は、同じことが妥当するのか、それとも法律上の救済（Rechtsmittel）がもはや利用できなくなったときに初めて既判力が生ずるのかについて、争いがある」[404]。

(vii) 判決に対する不服申立てとして、立法者は通常の不服申立て（控訴と、学説の認める欠席判決に対する故障の申立て［opposition］）と特別の不服申立てとを区別する。下級審（tribunal inférieur）の判決に対しては、上訴原告の不服（Beschwerde）および一定の不服額の要件のもとで上訴裁判所への上訴が原則として認められる。上訴期間は3か月で、この除斥期間が遵守されているかどうかを裁判所は職権で監視する。第一審に参加していなかった者は上訴手続に参加できない。主任検察官（procureur）は控訴審においては第一審と同様の職責を負う。上訴被告には手続のいかなる段階でも附帯控訴（appel incident）の道が開かれている。上訴には（仮執行が命ぜられない限り）執行停止効と移審効が伴う。二審級原則（Prinzip des double degré）により、係争事件は原則として新たに審理・判決されるため、新たな攻撃防御方法の提出が求められ、裁判所は新たな立証を命ずることができる。例外はあるものの、新訴の提起・新請求の提出は認められない。別段の定めがない限り、上訴審の手

---

404)　*Id.*, 84.

続には第一審手続の規定が準用され、例えば控訴審判決（arrêt）にも判決理由が必要とされる[405]。

次に、欠席判決に対する故障申立てについてである。被告懈怠（Säumnis）の場合、立法者は被告不出頭の懈怠（défaut faute de comparâitre）と弁論の懈怠（défaut faute de conclure）を区別し、前者の処理をよりマイルドにしている。すなわち、欠席判決を執行する場合に、判決が執行さるべき期間を不出頭の懈怠については6か月短縮し、不出頭の懈怠に対する故障申立期間は判決の執行まで続くとするが、弁論の懈怠に対する故障申立期間は判決送達後8日である。被告欠席判決は、訴えに根拠がある場合にのみ下され、対席手続と同様に裁判所は原告に立証を命ずることができる。欠席判決に対しては故障申立期間経過後に初めて上訴可能となる。故障申立ては執行停止効のみを有し、係争事件はその審級で新たに展開し、対席的に審理される（kontradiktorisch verhandelt）。故障申立てに基づいて下された判決は、他の判決と同様に上訴可能である[406]。

さらに民事訴訟法典は判決に対する特別の不服申立方法として、第三者異議の訴え（tierce opposition）、再審申請（requête civile）、破毀申立て（pourvoi en cassation）を定めている。第三者異議の訴えは、訴訟に関与はしていないが（第一審ないし第二審）判決によって負担を被る（beschwert）者が、その取消しを求める手段である。この訴えは、裁判所が執行の猶予を命じなければ執行停止効は生じない。判決の取消しは相対効を生じさせるにすぎない（後2者についてのネルのコメントは省略する）[407]。

(viii) 最後に、「フランス民事訴訟法典の手続の特色」として、ネルは①裁判官と当事者との間の任務と権限の分配、②手続のリズム・口頭性と書面性、③法典の名宛人と「支柱」（Stützen）、の3つのテーマを検討する。

まず第1に、当事者のみないし裁判官のみが指揮・統括する手続は存在せず、

405）　*Id.*, 85-86.

406）　*Id.*, 86.

407）　*Id.*, 86-87.

両者の組み合わせ・結合・協力と対抗の問題であるが、手続を形成する諸力の正しいバランスについては多様な見解がある。フランス民事訴訟法典とその起草者は、「訴訟の目的」について省察することに馴染んでおらず（その限りで前近代の民事訴訟法典である）、理論的基礎・体系性を欠いていた。「その法典は『市民』に奉仕するものでも、主体的権利の実現を目的とするものでも、『自由な』価値を規定したものでもなく、また、国家的目的を実現するもの、一般的福祉・公役務・『社会的』平均化（調整）・客観的権利の保障であるとも解されない」。裁判官と当事者の役割分担の根本原則は、一般的見解によれば、当事者が手続の主人（Herren）であるというもので、普通法的伝統からして審理プログラムを確定し（裁判官の判決の基礎となる）事実を特定するのは当事者であり、手続を開始しそれを規則的に動かすのも当事者である。裁判官への政治的・法的不信という歴史的理由による。しかし裁判官の中立性・消極性を無制限に強調すべきではなく、とりわけ証拠調べの段階での裁判所の積極性は看過できず、（インフォーマルな当事者尋問に等しい）事案解明・法的解明のための裁判官の質問権を過小評価すべきではない。裁判官のこうした権限にもかかわらず、裁判官の地位を強化する方向の呼び声が早晩高まる[408]。

　第2に、フランス民事訴訟手続のリズム（Rhythmus）について、ネルは以下のように解説している。①争点決定（litis contestatio）が民事訴訟の記憶に刻み込まれて以来、法史学者と比較法学者は目前の訴訟法に、手続を2つの部分に明確に切り分ける（争点決定に類した）「区切り」を探求するようになった。②フランスの場合にも、準備手続（mise en état）における訴訟行為がこのような「区切り」と考えられ、特定の抗弁の失権・排除効などの効果が結び付けられた。しかし当事者の攻撃防御方法の提出は、この「区切り」によっては原則として遮断されなかったので、この「区切り」とそれによる手続の2分割の持つ意義は、甚だしく大きなものではない。③「区切り」は、代訴士（avoués）間での書面の交換から口頭弁論の段階へ移行する場合に有益であるから、手続の2分割は、書面か口頭かという手続の方式にも関連する。口頭弁論の特徴と

408）　*Id.*, 89-90.

なるのは、弁護士（avocats）による最終弁論（Plädoyers）と、裁判官の質問
権の行使により判明する利害関係人の態度および利害関係人間での議論である。
④最小限の手続と附帯請求事項の相互作用も、フランスの手続のリズムにとっ
て少なからぬ重要性を有する（普通訴訟にはこれに類する制度は存在しない）。
例えば抗弁の提出によって附帯請求事項が生ずると、書面および口頭の双方の
段階が進行し、終局判決ないし中間判決に至る中間的紛争がそこから発生しう
る。「中間判決を伴う附帯請求事項は何回か生じうるのであって、その結果ロ
ンド（Rondo）のように主たる紛争と従たる紛争とが互いに入れ替わるのであ
る」[409]。

　第3に、法典は明示的にせよ黙示的にせよ、一定のカテゴリーの名宛人を目
標としている。例えば、法典化の歴史においては臣民ないし市民がこうしたカ
テゴリーを構成するが、民法典とは異なり民事訴訟法典の場合は、少なくとも
通常訴訟手続についてはそのようなカテゴリーは論外である。さらに法典は特
定の人的グループによってその構想と実施が担われ、それが法典の有効範囲の
「支持体」（das Substrat der gesetzlichen Vorgaben）を形成する。フランス民事
訴訟法典の特色は、訴訟当事者と裁判官に加えて、裁判官層の「下方の
（unterhalb）」人的グループすなわち代訴士、執行吏、裁判所書記（greffer）
といった裁判所付属吏（officiers ministériels）を重視していることである（訴
訟行為論はまず第1に書面行為を実施する際の方式論であって、書面と方式は
前述の各職種のメチエ［Metier］である）。「当事者、裁判官、裁判官以外の
人々の3グループの中から、フランス民事訴訟法の特色を際立たせている者を
選ぶとすれば、間違いなく裁判所機構の地位（die Chargen des Gerichtsapparats）
を前面に出し、われわれの法典を裁判所でのオフィシャル（Funktionär）の法
典と名付けるであろう」[410]。

　ネルは、フランス民事訴訟法典がその欠陥にもかかわらず伝播力
（Ausstrahlungskraft）を有した理由として、随所で高く評価されたフランス民
法典の補充として不可欠であった、統一的法典を欠いていた諸国においてはモ

---

409)　*Id.*, 90-91.

410)　*Id.*, 91-92.

第3部 比較法史の実践 *549*

デル的機能を果たした、公開主義と口頭主義のメルクマールが特定の共同体・政治圏における（前記）自由主義的潮流に適合していた、などの諸点を指摘し、従来の土着の法に比べればフランス民事訴訟法典の手続はより合目的的で鈍重さが少ないと評価されたのである、と分析する[411]。

(5)（ⅰ）ネルの本書第5章は、「直接の立法モデルとして、あちこちでフランス法典を斥けた」素晴らしい成功例とされる1819年ジュネーヴ民事訴訟法（loi）を検討する[412]。ネルは、「法の指導理念」（Leitvorstellungen）として、次のように解説する。フランスによる併合後は、民事王令（édits civilis）に代わってジュネーヴでもナポレオン法典が妥当したが、解放後は、悪名高い不十分なフランス民事訴訟法典に全面的に代わる新法典の起草がピエール＝フランソワ・ベロ（Pierre-François Bellot）に託され、1819年9月29日民事訴訟法（Loi sur la procédure civil）に結実した。ベロは民事訴訟の立法史において明晰さと均整で比肩するものがない理由書（Exposé des motifs）を執筆した。フランス民事訴訟法典とジュネーヴ民事訴訟法の本質的相違に限って叙述を進める。ネルは「ベロが定立した2つの原則」を説いている。すなわち、①訴訟法は実体法を補完するもので、その立法は専ら当事者の利益に貢献しなければならない。形式と期間は、裁判機構の担い手よりも当事者の利益のためにあり、民事法（loi civil）の実現に役立たなければならない（ベロはフランス民事訴訟法典の形式主義を厳しく批判した）。②規範作成の方法として、立法者は裁判官にコルセットを強制しないように、非常に抽象的なルールは避け、柔軟さを残しておき、緊急の場合は裁判官の賢慮（Weisheit）を信頼しなければならない。さらに法律は素人にも理解されるべきであるから、法律家のテクニカル・タームはできる限り避けなければならない（これはフランス民事訴訟法典には馴染まない・啓蒙時代の法の観念の残響である）[413]。

---

411) *Id.*, 92.

412) *Id.*, 93. 同法については、堤龍弥「1819年のジュネーヴ民事訴訟法（1）（2） わが法の史的源流の一つの紹介」『神戸学院法学』30巻1号507頁・30巻2号227頁（2000年）が詳しい。

413) *Id.*, 93-94.

550

ベロは、①通常の訴訟法（フランス民事訴訟法典も同様）に見られるように図式的な基準で通常訴訟と略式訴訟を区別するのは、基本的な誤りである、②通常訴訟は単純ではないケースであるのに対し、非通常訴訟はより単純なケースであると考えて、それに対応して法文を区別することも、同じく基本的な誤りであると論ずる。ベロは2種の手続のうちで、より単純で迅速なものを原則手続（Regelverfahren）と位置づけ、一定の制限のもとで個別の事案の必要性に応じて手続の選択を裁判官に委ねた。この原則手続においては、フランスの通常訴訟手続における書面と口頭の二重性（schriftlich-mündlichen Doppelnatur）とは異なり、手続の形式として口頭性および公開性が一貫して用いられている。原則手続の最も短縮された形では、裁判所への訴状と呼出状の提出、特段の準備はなく口頭弁論に着手、証拠調べ、終局判決と進み、弁護士強制は存在しない。しかしながら①裁判所が口頭弁論の準備のために当事者の申請と証拠物件とを相互に知らせるように命ずる（63条・82条）、②裁判所が正式の弁論の準備手続（instruction préalable à la plaidoirie）の利用を決定する、③争点が多数であるため、口頭弁論を経ずに手続を進めて裁判する方が裁判所に得策である（tunlich）と思われる場合や、両当事者が一致して書面手続を申請している場合には、そのように処理する（91条ないし95条）、といった方向に進むこともある。②はフランス民事訴訟法典の通常手続が手本となっているが、弁護士の行態への当事者の従属を避け、文書提出期間を裁判所が決定する旨の規定を置くなど、継承されなかった部分も多い。証拠調べが必要な場合には、公開性と口頭性の要請から、受託裁判官は選任されず、係争裁判所で全ての関係人立会いのもと、一般公開で証拠調べがなされる。この証拠調べの直接性は、ジュネーヴ法の最も重要な成果である[414]。

（ⅱ）ネルは、叙述を①訴え提起から判決まで、②証拠、③判決と上訴、の3項目に分けて、フランス民事訴訟法典との相違に重点を置きつつ、ジュネーヴ法の手続規則を検討している。

414）　*Id.*, 94-95.

まず①では次のように述べる。裁判権と裁判所制度におけるフランス法上の近代化は維持されている。すなわち権力分立、裁判官の独立と国家による俸給制、破毀院制度を除く二段階の審級制である。家事事件を除き、強制調停（conciliation; der obligatorische Schlichtungsversuch）は採用されなかった。被告のために法的審問請求権の原則（den Grundsatz des rechtlichen Gehörs）が明文で確認された（3条）。送達事項が適式に進行するように、一般規定と呼出しのための特別規定が区別された。排斥的抗弁（exceptions à proposer d'entrée de cause）（65条ないし70条）としては、管轄裁判所への移送のための管轄違いの抗弁、外国人原告の訴訟費用の保証（caution）、訴訟告知の3つがある。事前手続（71条ないし83条。前掲（ⅰ）①）に進んだ場合には代訴人（procureur）の選任が強制される。訴状・呼出状に続き、裁判官は執行吏を介さずに代訴人間で（あるいは裁判所書記課を通して）交換する文書の提出をさらに求めることができる。文書交換のための期日は、当事者の出頭と合わせて指定され、文書の内容も規律されている（ペロは、事実の申述と法的議論との分離を特に重視している）。十分に準備が整った（hinreichend instruiert）と裁判官が判断したときは、口頭弁論期日が指定される。公開の口頭弁論（plaidoirie. 84条ないし90条）は手続の核心であり、当事者本人も発言でき、代訴人によって代理されることもできる。理由を付した申立書（conclusions motivées）が読み上げられ、当初からの陳述か弁論の途中での陳述かにかかわらず、調書にとられる。弁論は普通法上の表現に従い、請求（demande）と防禦（défense）、原告の抗弁（réplique）と被告の再抗弁（duplique）に区分される[415]。

　次に②証拠については、ジュネーヴ民事訴訟法はフランス民法典に倣って証拠法の二重性（der legislative Doppelspurigkeit）を維持し、証明手続に限って規定を設けているとネルは述べる。個別の証拠方法に先立って総則規定が置かれ、証拠調べは判決と同様の形式の裁判官の命令（ordonnance préparatoire）に基づいて実施され、「判決に関連する当事者宣誓」の場合を除いて、裁判所はその命令に拘束されない。証拠調べは原則として公開法廷で行われ、第一審

415）　*Id.*, 97-98.

であれば詳細なもしくは略式の調書が作成され、証明手続は終了する。同日または次回期日に口頭弁論と終局判決がなされる。ジュネーヴ法は6つの証拠方法を規定する。すなわち（ア）当事者尋問（interrogatoire des parties）、（イ）裁判上の宣誓（serment judiciaire déféré à une partie）、（ウ）証人尋問（enquête par temoins）、（エ）鑑定（transport des juges sur les lieux）、（オ）検証、（カ）文書の検真（la verification des 'ecritures）である（160条ないし257条）。

　（ア）の当事者尋問には古いジュネーヴ法の痕跡が見られ、フランス民事訴訟法典の「事実項目に関する当事者尋問（interrogatoire sur faits et articles）」に従ってはいない。当事者は当該尋問においてなされる事実に関する質問に対し、予め準備することなく（予め質問内容は伝えられない）、かつ書面の記載を参照せずに回答しなければならない。尋問は相手方も出席のうえ公開の場で裁判所により行われ、続いて双方の対決となり、裁判官と当事者は原則として無制限に質問でき、尋問内容は調書に記載される。正当な理由なく当事者が回答を拒んだ場合は、裁判所は事実が存在するものとみなすことができる（当事者尋問の近代化のみならず、この点でもジュネーヴ法は後世の訴訟法のモデルとなっている）。

　（イ）の裁判上の宣誓は、自由な当事者尋問と自由な証拠評価にもかかわらず、フランス民法典に従ってジュネーヴ法が「判決に関係する当事者宣誓」を維持したものである。

　（ウ）の証人尋問（179条ないし213条）は、フランス法・ジュネーヴ古来の法・一般にヨーロッパで遵守されている実務とは甚だしく異なった手続を採用した。ベロは非公開と書面主義（le secret et l'écriture）を第一の欠陥であるとし、それに代えて公開と口頭主義によるべきであるとした（証拠調べの直接性）。同一の口頭弁論内での尋問と陳述は当事者公開および一般公開で、証人は分離して尋問され、証人の陳述が矛盾するときは互いに対決させられる可能性があった。裁判官および当事者は証人に質問することができた。尋問後に新たな証人を指名することができるが、各当事者1回に限られる。尋問は調書に記録される。次いでベロは証言無能力で証言を否定される場合が多すぎることを第2の欠陥であるとし、証言無能力は特定の親族関係に限定され、その他は全て裁判官の自由心証に委ねられるとしている。

（エ）の鑑定は、裁判所の裁量により口頭ないし書面でなされ、書面の場合は口頭弁論で裁判所書記（greffier）が読み上げる。鑑定は、証人の証言と同様に裁判官の自由心証に委ねられる。

（オ）の検証（229条・230条）は、受託裁判官のみで行うのではなく、裁判所全体で行い、適切な場合には検証の現場で口頭弁論・その他の証拠調べ・終局判決をすることができる。

（カ）の書証については、フランス民事訴訟法典のように私文書と公文書を二分するアプローチをとらず、「文書の検真」（la vérification des ecritures）の表題で統一している[416]。

最後に、前掲③（判決と上訴）について、ネルは次のように解説する。判決（101条ないし113条）は、本案にも附帯請求事項（incidents. 中間的紛争）にも下される。判決言渡しの公開、判決理由記載義務などの重要なルールは、1815年裁判所構成法（Loi sur l'organisation judiciaire）が定める。文書の作成にあたり既に予定されていた事実問題と法律問題の区別が、ここでも再度確認される。判決の編集は裁判所組織の専権事項であり、当事者の代理人が引渡すべき訴訟記録（qualités）の整理はそこから除かれる。口頭弁論において調書に記載された訴訟行為——自白、認諾、訴えの取下げなど——も判決の内容を構成する。フランス民事訴訟法典は、通常の不服申立てと特別の不服申立てとを区別していたが、ジュネーヴ法は移審効（Devoltiveffekts）を基準に不服申立てをグループ分けしている。判決を下した裁判所自らが判断する（移審効を伴わない）不服申立てとしては、①自己の判決の曖昧さと不明確さを自ら解釈する場合、②その判決に対する再審（révision）に関与する場合（フランス民事訴訟法典が定めていたrequête civile、désaveu、tierce opposition）といった多数の制度を集約・修正したもの）、③例えば計算ミスなどから生じた誤りを裁判所が修正（réparation）する場合、という3種が存在する。不服申立ては請求（demande）もしくは申請（requête）の形式で一定の期間内になされなければならない（原則として執行停止効は生じない）。再審（révision）が認められた

---

416) *Id.*, 98-100.

554

ときは裁判所は判決を取り消し、新たに当該訴訟事件につき判断する。欠席判決に対する故障申立て（opposition）も移審効を伴わない。懈怠（défaut. 129条ないし135条）に関しては、フランス民事訴訟法典における被告の不出頭と不弁論との区別を廃止している。被告懈怠の場合には、有理性に反しなければ（das Ergebnis einer Art Schlussigkeitsprufung entgegensteht）請求は認容される（132条）。欠席判決に対する上訴は許されず（306条）、故障申立て（136条ないし149条）は欠席判決の送達後2週間内になされなければならない。故障申立ては原則として執行停止効を生じない。第二審が原判決を審査するのは上訴（appel）（303条ないし334条）であって、附帯請求事項に関する判決に対しても上訴することができる。破毀院への不服申立てを導入しなかった点を除けば、ジュネーヴ法の上訴の規定は一般にフランス民事訴訟法典に従っているのである[417]。

　本章の末尾でネルはこう評価する。「19世紀初めという時代に、民事訴訟の領域で大きな影響力を有する法典が創造されるとともに、重要な学問的議論の新たな時代が始まったのは、歴史的偶然とみなされるべきである。次にわれわれはこの時代に取り組むが、その際2つの潮流すなわち初期自然法学派と概念構成的訴訟法学が強調される」[418]。

（6）ネルの本書の第6章「19世紀における訴訟法学」は、①初期自然法と民事訴訟、②民事訴訟法の構成概念的学問化（die konstruktiv-begriffliche Verwissenschaftlichung）、の2節からなる。

（ⅰ）①においては、「啓蒙の時代と自然法的ないし理性法的諸問題の時代は、法学においては、その後期の段階に至ってようやく——しかしながら、それだけいっそう集中的に——民事訴訟にまで到達した。手続および手続法の『メタ手続的な』基本目的の探求、合理的な学問観に適した素材の体系化の追求、根本的な代替物（Alternativen）すなわち手続をその全体において構成するいわ

417）　*Id.*, 100-101.

418）　*Id.*, 101.

ゆる諸原理（Maximen）の探求が始まった。……自然法がその時代を特徴づけた特質を失った後で、民事訴訟法の学問的議論において特徴的な2つの潮流、すなわち一方では歴史法学派、他方では（世紀の最後の3分の1以降、その分野を支配した）構成的＝概念的志向が利益を得た。歴史法学派の方法を現行訴訟法のために用いるというプログラムは、ベートマン・ホルヴェーク（Bethmann-Hollweg）が何度か表明したが、それに従った普通訴訟法の包括的叙述という目標は達成されなかった。ベートマン・ホルヴェークは彼の方法論的概念のサンプルを、民事訴訟法の個別テーマのモノグラフィー的作品で提供したのである。他の著者たちは歴史的・体系的タイプの同様に重要なモノグラフィーを著わしてこれに続いたが、ヴェッツェル（Wetzell）が初めて普通訴訟のプログラム通りの包括的叙述を試みた。もちろん全ての功績はエレガンスと柔軟さ、外見上骨が折れず明白であることによる説得力からほど遠く、それは今日の研究者が歴史法学派の古典を読んで依然として受ける印象である」、このようにネルは論じ、訴訟および訴訟法の自然法的研究における外因的要素と内因的要素（exogene und endogene Elemente）に分けて分析する[419]。

　まず第1に、訴訟法の自然法的研究をもたらした外因的要素として、ネルは「訴訟の正当化（Rechtfertigung）と訴訟の目的」を挙げる。すなわち、人間社会における物理的力（Gewalt）をコントロールするには、力の手段と行使を独占するのが有効であるとされるが、この見解は自然法的・社会哲学的社会契約論を基礎とし、臣民ないし市民間の法的紛争（訴訟）の審理と判断を国家が設営した裁判所に委ねることを意味する。この理論は、法域のカテゴリーを論じて、私法的紛争が問題であっても全体として公法（ius publicum）すなわち国家法ないし公法に分類される、と判定した。それにとどまらず18世紀のカントの法学の影響のもとで、社会契約に基づく第一目的と並んで、いわゆる第二目的すなわち「我と汝」を保護する秩序（Ordnung der Schutz des Mein und Dein）、民事裁判手続の対象としての「市民の市民に対する私権の主張」が登場した。このような方向転換を表す論者として、その著書（1800年刊）が「訴訟理論の

---

419)　*Id*., 103-104.

556

形成史において新たな一時期を画する出発点」と讃えられたグロールマン（Grolman）が挙げられる。グロールマンは「我と汝」の観点から、訴訟目的を彼の著書の中でいっそう詳細に基礎づけたのである。前記の第一目的（裁判所と手続の秩序）からは手続形成のルール（手続法のルール）を何ら導き出せないが、第二目的（「我と汝」を保護する秩序）は裁判官の職権による手続開始を排除するという手続法の根本原則（処分権主義［Dispositionsmaxime］）をもたらした[420]。

第2に、内因的要素としてネルは「体系および原則の形成」（System-und Maximenbildung）を挙げる。自然法の体系化への努力に共通する成果は、（一般原則から特則が導き出されるような）「演繹的関係を作り出すこと」であり、そのようにしてネッテルブラット（Nettelbladt）が明らかにした訴訟行為のような「類概念」（Gattungsbegriff）が生み出される。目的の設定と体系の形成とが結び付けられて、訴訟法史におけるゲンナー（Gönner）の名を不朽のものとした訴訟原理すなわち「弁論主義」（Verhandlungsmaxime）が誕生した。ゲンナーはカント的な「我と汝」を当事者にあてはめて、訴訟の開始についての原告の自由処分と防禦についての被告の自由処分をそこから導き、訴訟開始後は、資料収集と証明の問題を、召喚され弁論を行う当事者に再び委ねたのである。しかしながら、裁判所への訴え提起と手続の開始には、訴訟事件の審理と判決に必要な訴訟行為を裁判官が実施することについての当事者の同意が含まれると解されるため、「審問主義・職権主義」（Untersuchungsmaxime）が説かれる。原則の形成の時代は決して偶然によるものではなく、原則の考案者は普通訴訟およびプロイセンの訴訟をモデルとして念頭に置いていた。この他にもゲンナーは、裁判官による訴訟指揮的性質を有する行為を萌芽的ではあるが概念化し（Prozessdirektion）、弁論主義の例外であると説き、訴訟指揮は依然として原則に代わる訴訟現象の独自の要素（ein von der Alternative der Maximen unabhängig-eigenes Element der Prozessgeschehens）ではないと論じていた[421]。

420） *Id.*, 104-105.

421） *Id.*, 106.

第3部　比較法史の実践　*557*

（ⅱ）続く「民事訴訟法の構成的・概念的学問化」の節では、ネルはまず「テーマへの導入」としてこう論ずる。①1850年代には、新たな方法論上の標語として「法律構成」（juristischen Konstruktion）が登場し、まず公法（ゲルバー）、次いで私法（後期イエーリング）において成功を収め、それからようやく訴訟法に到達した。この「構成」とは、ヴィントシャイトのいう「法律関係をその基礎にある諸概念に還元すること（die Zurückführung）」であり、新たな法を創造するという課題を担っていた。②民事訴訟法においてこの新思想は、（ア）訴訟法律関係概念の創造（オスカー・ビューロー）、（イ）訴権概念の新構成とそれに伴う訴訟全体の新たな基礎づけ（ハインリッヒ・デーゲンコルプとアドルフ・ワッハ）、という2つの問題提起を行った。この2つは最初は独立に発生し、後に結び付いた。ネルは、19世紀ドイツ訴訟法学の成果を受容し、絶大な体系化能力によって新たな全体像を構築したジュゼッペ・キヨヴェンダにも、続けて言及すべきであるとし、「ビューローと訴訟法律関係」「デーゲンコルプと抽象的訴権」「ワッハと権利保護請求権」「キヨヴェンダの『民事訴訟法原理』」の4つのテーマを論じている[422]。

　まず第1に、ビューローの概念構成（Begriffsbildung）の出発点は普通法上の抗弁理論および判決理論である。当事者による抗弁の多くは、審理の準備（praeparatoria iudicii）の段階で排除効のサンクションに服しつつ提出されることになるが、抗弁の対象となる手続的瑕疵は裁判官が職権で顧慮すべき判決の無効を生ぜしめる、とされる。この矛盾を初めて解決したのがビューローであり、その根底にあったのは近代的な学問へと変容を遂げた実体法学および公法学よりも遅れをとっていた訴訟法学の不快感である。そこで、実体私法学と公法学で発達し、訴訟法学に転用できる概念が探求され、歴史法学派のキー・コンセプト（Schlüsselbegriff）である「法律関係」の形で発見されたのである。この「法律関係」が相互の権利と義務とからなる訴訟法律関係をどのように構成するか、どの訴訟関与者の間でこの関係が展開するのか、についてのビューローの分析は明快であった。ビューローは「訴訟上の権利義務は国家の官署

422）　*Id.*, 107-108.　林屋・前注（2）298頁以下。

558

（Staatsbehörde）と国民（Staatsbürgern）との間に成立し、訴訟においては官吏の活動が問題であって、当事者も裁判官の執務との関係およびそれに対する協力においてのみ考慮されるのであるから、この関係は明らかに公法に属し訴訟は公法関係である」と論ずる。このビューローの立論は訴訟法にその実質的内容を取り戻そうとする企てで、半分の真実（die halbe Wahrheit）にすぎない。公法と私法の伝来の二分法に従った結果として訴訟法を公法に属するものとし、裁判所の義務が問題となるのであるから、訴訟法の立法政策を越えた主観的公権の問題（die Problematik des subjektiven öffentlichen Rechts）が代わりに発生した。後にビューローは当初の訴訟法律関係概念を大幅に変更した。当事者間でも裁判所との関係でも「訴訟行為をなす法的義務（Verpflichtung）」を否定し、当事者間では単に「訴訟法が定めた訴訟関係の法的効果に拘束される相互関係」が存在するにすぎず、当事者と裁判所との関係では、当事者に対する裁判所の一方的な審理義務と、それに対応する当事者の裁判所に対する権利が存在すると論じて、ビューローは裁判所の活動を求める主観的公権を否定したのである。またビューローは、当初の1868年の論文では、訴訟法律関係の「締結」（Abschluss）は当事者と裁判官が関与する公的行為であるとしつつ、どの時点で訴訟法律関係が成立するのかを論じていなかったが、後にそれは訴え提起とともに成立するとして、訴訟要件の審理を訴訟法律関係に含めている。このようにビューローは批判に応じて訴訟法律関係概念を修正したが、訴訟法を実体法から解放したというエポックメイキングな功績は広く認められたとして、ビューローの基本思想の「真実性と生産性」をネルは強調している[423]。

第2に、1877年の『応訴強制と判決規範（Einlassungszwang und Urteilsnorm）』において訴権概念の再構築を行ったのがデーゲンコルプである。学部鑑定（Fakultätsgutachten）に関連して1877年帝国民事訴訟法草案中の確認訴訟に触れたことが、そのきっかけであった。学説が躊躇していたにもかかわらず、裁判実務と多くの地方特別法は一定の要件のもとで確認訴訟を容認していた。確認訴訟論は歴史法学派の観念に根ざしており、給付の訴えを基準に実体法と訴

423）　*Id*., 108-110.

訟法を連結し、給付の訴えは確認の訴えの先駆（Vorläufer）であるという不満足な理解にとどまっていた。デーゲンコルプは、確認の訴えは訴権の基本問題を提出するものであるとし、給付の訴え・確認の訴えと、認容される訴え・棄却される訴えとに共通する分母は、被告に対する応訴強制であると指摘して、応訴強制を訴権概念の新たな中心的形象（Leitfigur）にまで高めた（従来の訴権概念は原告敗訴の場合に欠陥があるとする）。この応訴強制には裁判所も関与するが、デーゲンコルプにとって重要なのは、被告の原告に対する関係での応訴強制であり、どこからそのような応訴強制権が生ずるのかという問いに対するデーゲンコルプの回答は、抽象的訴権説と呼ばれる。デーゲンコルプの議論は実体法・私法と断絶して公法の領域に移動し、そこでは訴権の公的性質が強調され、彼に続くワッハらの論者によって訴権の公的性質はさらに確固たるものとなったが、その他の点ではデーゲンコルプによる実体法からの訣別はワッハらに反対された[424]。

　第3に、デーゲンコルプの立論は多くの賛同を得ることができず、続く反対説として最も重要なものは、ワッハの権利保護請求権理論であった。この見解は、デーゲンコルプに異論を唱えるのみではなく、その間に忌み嫌われるようになったアクチオ法的観点に代えて、「実体法と訴訟法の新たな架橋」を求めるという動機に基づいていた。しかしながら、権利保護請求権の公的性質と、訴訟それ自体ではなく手続前ないし手続外の複雑な状態の中に権利保護請求権の像（Figur）を埋め込んでいることなどの、いくつかの重要な点で両者の立論は異ならない。権利保護請求権は、その名が示すように、訴権とは異なる広い内容を持ち、判決手続に限らず執行・保全手続でも権利保護は与えられる。権利保護請求権の本質的メルクマールは、①請求権が手続前の原因に由来する（vorprozessualen Ursprungs）、②請求権が公的性質を有する、③請求権が、法的地位の主張から生ずる原告に有利な判決の期待を表現している（前述の「実体法と訴訟法との架橋」）、の3点である。権利保護請求権説の支持者の間でも、いずれの訴訟関与者間で権利保護請求権が存在するのかについては見解が一致

---

424)　*Id.*, 110-112.

560

していない。ラーバントによれば、原告に対する国家の関係のみが考慮される。臣民に権利保護を与えるのは国家の任務であり、そこから個別の訴えを通じて国家に権利保護を求める個別の権利が生じ、国家機関たる裁判官がこれに取り組む。給付訴訟は、被告に給付を強制するように国家に対して提起される訴えである。ヘルヴィッヒはこれに従って、国家に対してのみRecht zur Klage は作用すると説くが、ワッハは請求権の三面性（Dreiseitigkeit des Anspruchs）を支持する[425]。

　第4に、民事訴訟の近代史においてヨーロッパ的地位を占める法学者はごく少数であるが、ジュゼッペ・キヨヴェンダは問題なくその中に含まれる。キヨヴェンダはイタリア訴訟法学を初めて基礎づけただけではなく、民事訴訟法理論の感銘深い作である『民事訴訟法原理（Principi di diritto processuale civile）』（1906年初版）を超国家的パースペクティヴから著した。ヨーロッパ的な不滅の業績と評価することができる。この『原理』は訴権論（le azioni）と審理手続（il processo di cognizione）の2部からなり、いずれもドイツ訴訟法学の思索の成果を取り入れて、独自の創造的なやり方で再発展させた内容である。訴権概念はキヨヴェンダ自身が彼の訴訟法学の核心であると位置づけていて、まず主観的意味での権利概念から出発し、diritti potestativi というカテゴリーを強調し（今日の表現では形成権に該当する）、「かくしてキヨヴェンダは訴権を原告の手中にある形成権（Gestaltungsrecht in den Händen des Klägers）と規定したのである」。訴権とは、制定法の意思（Willens des Gesetzes）を現実化する前提として、訴権を有すると主張する個人の意思表明を実現するための法的権能である（Befugnis）（キヨヴェンダの学問全体の特色である制定法実証主義［Gesetzespositivismus］）。訴権は「自律的な（autonom）」ものであって、単に主観的な法的地位の流出物ないし添え物ではなく、原告に有利な判決を期待し、訴訟開始前から既に存在し、国家に対してではなく私人に対して向けられるものである。『原理』の第2部は判決手続の叙述であり、訴訟法律関係（rapporto giuridico processuale）の指導的概念によって刻印されている。この

---

425)　*Id.*, 112-114.

訴訟法律関係とは、訴えの提起から終局判決までの展開における裁判官と当事者の権利義務の総体を包含し、公法に属する。訴えについて判断を下す裁判官の義務が、この権利義務構造の中心である。訴訟法律関係が始まるのは、被告への訴訟送達時である。この義務は国家に対し存在するが、それ以上に当事者に対しても認められるかを問うのは無益である。当事者は、訴えについて判断する基本的義務を裁判官が履行する契機を作る法的可能性を有する、と言えば十分である。裁判官は任意の手段を用いてこの基本的義務を果たすけれども、当事者が設けた限界の制約を受け、その限界は手続原則（Verfahrensprinzipien）の形をとることも稀ではない。後期自然法学派の原則構築（Maximenbildung）の余韻である。例えば対審原則（principio del contradditorio）や弁論主義（principio dispositivo）が妥当するのである。前者は、裁判官は対立当事者に意見表明の機会を与えなければ先に進むことは許されないとするし、後者はドイツ語のVerhandlungsmaximeに相当し、訴訟上重要な事実資料の提出と挙証は原則として当事者のSacheであるとする[426]。

　ネルはこう締めくくる。「われわれは学問から立法へと戻る。19世紀においては西ヨーロッパおよび南ヨーロッパにつき3つの訴訟法圏（Prozessrechtskreisen）を挙げることができる。中世に形成された普通訴訟が当然ながら重要な地方的変形を経ている領域、1806年フランス民事訴訟法典の支配ないし影響下にある領域、そして当然地域的に限定されているが、プロイセン訴訟の領域の3つである。ドイツ語圏で3つの訴訟制度が部分的には激しく対立し、法曹のみならず政治と幅広い公衆も、改革さらには手続法の統一に取り組んだ。19世紀の後半3分の1は、民事手続を規律する正反対のモデルと考えられた2つの大民事訴訟法典に立法的努力が結実した。すなわち1877年ドイツ帝国民事訴訟法典と1895年オーストリア民事訴訟法典であり、民事訴訟の規律の典型的な『自由主義的』モデルと『社会主義的』モデルという政策的標語の対象となった。続く2章はこれらの立法に取り組む」[427]。

426）　*Id.*, 114-117.

427）　*Id.*, 117-118.

562

（7）ネルの本書の第7章「1877年（ドイツ）帝国民事訴訟法典の手続」は、①ドイツ帝国民事訴訟法典（RCPO）の成立条件、②ドイツ帝国民事訴訟法草案一般理由書から、③1877年ドイツ帝国民事訴訟法典による手続のアウトライン、④ドイツ帝国民事訴訟法典の特色の各項からなる[428]。

（ⅰ）まず①についてネルは、次のように説明する。（ア）1871年ドイツ帝国憲法は裁判手続を規律する立法管轄権を帝国に委ね（第4条）、新国家の組織構造上、民事訴訟法草案を作成する課題はプロイセン司法省の管轄に属することとなった。（イ）司法省は、19世紀ドイツ民事訴訟法立法史において明らかに最も重要な人物であるレオンハルトの指揮下に置かれた。（ウ）1871年に完成された草案は、所轄の帝国機関が選任した複数の委員会に提出され、多くの重要な変更が加えられたが、草案の核心に対して異議は唱えられなかった。（エ）草案の内部的成立史については、当時の立法作品には珍しく、起草者自身の迫力に満ちた証言がある。司法大臣レオンハルトは、協力者の一定の準備作業の後、自らの手で「草案理由書」の総論を作成し、誇張なしにヨーロッパ民事訴訟法史における最も重要な文書に数えることができる1個の作品とともに提出した[429]。

（ⅱ）②の草案理由書の検討では、「帝国へと統合された諸領域の現行法と諸草案理由書を観察すると様々な色の斑点があり、細かく分割された1つの像が見えたのであって、ここに道を開くためにわれわれの理由書は素材を僅かに重なり合う4つのグループに区分したのである」と述べる。この4つのグループとは、（ア）その歴史的出自からして、訴訟法の学問的議論で補充された普通訴訟を基礎とする諸立法のグループ、（イ）1793年・1795年のプロイセン一般裁判所法に始まり、1833年・1846年の法令（Verordnungen）によって、再び部分的に普通訴訟のメルクマールに接近したグループ、（ウ）フランス民事訴訟法典と「その子孫たち（Abkömmlinge）」のグループ（すなわち、法文は同じだが

428）　ドイツ帝国民事訴訟法典については、鈴木・前注（3）215頁以下が詳細である。

429）　*Id.*, 119-120.

実務的運用が部分的に異なるプロイセン、ヘッセン、バイエルンのライン州[Rheinprovinzen]、フランス・モデルを多少なりとも志向する1864年・1869年のプロイセンおよびバイエルン草案、1869年ベルギー草案［立法化には至らず］、ジュネーヴ法）、（エ）レオンハルト自身がインスパイアした1850年ハノーヴァー王国民事訴訟法典に始まり、それがドイツ連邦の要請により起草された1866年ハノーヴァー草案（委員会の本拠がハノーヴァーにあったことから、このように呼ばれる）の基礎を提供し、1870年に公表された北ドイツ連邦訴訟法草案の基礎ともなったグループ、である。立法の準備段階では（ウ）（エ）の2グループが、より重要であった[430]。

　ネルは理由書から（a）「口頭性の法理」、（b）「口頭弁論の単一性・一体性（Einheit）の原則」といったテーマを採り上げ、コメントを付している。すなわち（a）に関しては、「書面性から離れ、口頭性に向かう」というのが19世紀に最も強調された改革の要求であったから、「理由書」では先の第3および第4グループ（前掲（ウ）と（エ））における口頭性の種類と方法（Art und Weise）が詳細に検討された。例えば第一審の合議体裁判所（Kollegialgericht）の原則的手続では、第4グループにおける口頭性と書面性の関係は次のようになる。裁判所は口頭で申し述べられたことは準備書面に欠けていても考慮しなければならない反面、口頭で申し述べられなかったことは、準備書面から知られている場合でも考慮してはならない。これに対し第3グループでは、書面に含まれていることであれば、口頭弁論で取り上げられなくても裁判所は自由に利用できた。理由書によれば、双方のシステムを比較すれば、第4のグループにおいてのみ、当事者は「判決を下すことを職務とする裁判官の面前で、法的紛争につき、自由な議論のやり取りを通じて一般的もしくは完全に弁論を行う」ように要請されている、という結論が導かれる。「理由書がここで導く結論は不合理には聞こえないが、訴訟行為の形で知られるに至った諸事実の利用を禁止して、レオンハルトの強制拘束的・教条的な口頭性概念の本質（die zwangshaft-doktrinäre Natur des Mündlichkeitskonzepts Leonhardts）を隠蔽す

430）　*Id.*, 121.

564

ることはできない」。ネルは「判決を下すことを職務とする裁判官の面前」というメルクマールを強調するならば、口頭性というよりも直接性の原則であり（口頭性は直接性の手段として貢献する）、ここで理由書は明らかに、証人尋問が判決裁判所（dem erkennenden Gericht）で実施されず直接性の原則が保障されないという、全ての大訴訟システムに共通の不十分さを是正する動向に従っているのである、と指摘する。口頭の申述から裁判所が得た知識・記憶を確保する「事実関係の確定」という課題に資するように、準備書面・口頭弁論調書（Sitzungsprotokoll）・判決記載の事実（Tatbestand）が考慮される。口頭での申述と準備書面とが食い違う場合には、一定範囲で口頭弁論調書に助けられることになるが、書面による「口頭の申述の細部の固定化（Fixierung des Details der mündlichen Vorträge）」は許されない。書面化へのおそれが非常に大きかったため、理由書は再び教条主義（Doktrinäre）に陥り、事実関係の確定は判決の事実の部分（Tatbestandsteil）に留保された[431]。さらに（b）のテーマ「口頭弁論の単一性（一体性）」に関してネルは、口頭性または直接性の原則との密接な関連から、手続のリズム（Rhythmus）の問題、排除効・失権を伴う訴訟段階および訴訟行為の特定の順序を維持すべきかどうかの問題が生じ、同時提出主義（der Eventualmaxime）の名のもとに専門的議論がなされてきたとして、その対立概念である排除効・失権を伴わない口頭弁論の単一性・一体性原則に論及する（最終口頭弁論終結時まで、当事者は自由に攻撃防御方法を提出できる）[432]。

（ⅲ）③の「1877年ドイツ帝国民事訴訟法典の手続のアウトライン」の節では、（ア）口頭性の形態、（イ）裁判官と当事者の任務と権限、（ウ）証拠、（エ）不服申立制度、（オ）欠席手続の5つの小テーマを取り上げて解説する。

　まず第1の（ア）では、既述の「口頭性の法理」に従って、口頭弁論が裁判官による判決の排他的基礎（die ausschliessliche Grundlage）であるとされたが、手続が長引く場合には裁判官は先行する申述を記憶できないことから、判

---

431)　*Id.*, 122-123.

432)　*Id.*, 123-124.

決前の最終口頭弁論期日に当事者は訴訟資料全体（der gesamte Streitstoff）を再度申述しなければならない、とされた。第一審の合議体裁判所の口頭弁論は弁護士間での書面の交換を前提とし（帝国民事訴訟法74条による弁護士強制）、準備書面の詳細な内容が法定され（いわゆるSollvorschrift）、準備書面が交換されると、裁判所に写しで伝えられる（同124条）。口頭弁論で単に書面を朗読したり引き合いに出したりすることは原則として許されず、自らの言葉で述べる必要がある（beim Wort genommen）（同128条）[433]。

第2の（イ）「裁判官と当事者の任務と権限」では、裁判官と当事者の手続法的役割分担として、(a) 訴訟対象に関する任務および権限と、(b) 手続の進行に関する任務と権限とを区別する必要がある、という。(a) では原則として当事者が手続の支配者（Herren）であり、原理的には（maximentheoretisch）職権主義の反対の当事者処分権主義が妥当し、当事者が訴えと（実体法上の）Einwendungないし抗弁によって審理プログラムを決定する。その結果として「申立事項を越えてはならない（ne ultra petita）」という形で判決が拘束され、当事者が判決の基礎となる事実資料（Tatsachenstoffs）と証拠の確定における原則的支配者となる（技術的意味での弁論主義）。当事者による支配は、訴訟資料と証拠に関する裁判官の包括的質問義務に表れた、裁判官の訴訟指揮の職務（Prozessleitungsamt）によって緩和されるのである。裁判官が当事者自身に質問する必要があると考える場合には、「事実関係解明のための当事者本人の出頭」を命ずることができる（同132条）。(b) については、「手続の進行に関しては、裁判官と当事者は出発点となる原則（Prinzips）の説得力ある基礎を伴わずに、つまり裁判所による訴訟運営と当事者による訴訟運営とのいずれが原則形態であるかを主張することなく、任務と権限を分担している」とする[434]。

第3の（ウ）「証拠」の項では、2つの指導原理、すなわち (a) 証拠結合原則（der Grundsatz der Beweisverbindung）と (b) 裁判官の自由心証（die richterliche freie Beweiswürdigung）とが強調されるべきであるとする。まず

433）　*Id.*, 125-126.

434）　*Id.*, 126-127.

（a）は、「普通訴訟や1850年ハノーヴァー草案に特徴的な・主張と立証の二段階に手続を分割することを克服したのであって、当事者はこの原則により判決前の最終口頭弁論の終結まで、証拠方法と（特に証拠抗弁の形での）それに対する反応（Reaktionen）を原則として妨げられることなく主張できる。裁判官による証拠決定はその性質からして単なる訴訟指揮の処分（Verfugung）であり、時間的にも内容的にも裁判所を拘束しない」。理由書によれば証拠結合原則が制御する手続はドイツ普通訴訟法の手続とは本質的に異なっており、立証は主張と同時・並列的になされ、裁判所ではなく制定法が、自己の請求を実現するためにいずれの当事者が何を立証し、どのような主張をしなければならないかを教えるのである。したがって証拠決定は申請された特定の証拠を採用するかどうかの処分にすぎず、立証の命令や証明責任の規律は含まれない。

　もう1つの指導原理である（b）裁判官の自由心証は、帝国民事訴訟法259条1項に極めて印象的な形で規定されている。（「裁判所は、弁論の内容と証拠調べの結果を考慮し、自由な確信により、事実上の主張が真実か否かを判断しなければならない」）。自由心証原則は、他の手続法の根本原則すなわち①裁判官の質問権に集約される訴訟指揮権と、②特に証人証拠の場合に説かれる（普通訴訟およびフランス訴訟とは相容れない）証拠調べの直接性原則と、密接な関係に立っている[435]。

　第4の（エ）「不服申立制度」の項では、帝国民事訴訟法は、既に1872年草案に見られるように（a）広義の不服申立てと（b）狭義の不服申立てとを区別していると指摘する。（a）は原状回復（Wiedereinsetzung in den vorigen Stand）・故障の申立て（Einspruch）・無効の訴え（Nichtigkeitsklage）・回復の訴え（Restitutionsklage）・異議（Widerspruch）であり、（b）は控訴・上告・抗告である。1872年草案は第一審合議体裁判所の判決に対する控訴を認めず、区裁判所判決に対する控訴のみを許容していた。この立場はレオンハルトが支持したために激しい議論が交わされたが、最終ヴァージョンまでに立法機関の支持を失い、新しい審級を開始する効果を伴う不服申立て方法として、新事実陳述

---

435)　*Id.*, 127-128.

権・更新権（Novenrecht）を含めて控訴が法典に取り込まれた。レオンハルトは第2の事実審は排除する立場をとったが、上級裁判所による法的評価を可能とする不服申立て方法を、上告（Revision）の形式で許容していた。法典の最終版では上告を維持したが、これを控訴裁判所に対する第三審（原則としてライヒ裁判所）とした[436]。

　第5の（オ）「欠席手続」では、当事者の欠席（Versäumnis）——不出頭ないし不弁論を意味する——の規律において、口頭性の法理はどこにも見られないほどの誤った結果をもたらした、と指摘する。すなわち「口頭弁論の一体性原則によれば、定められた複数の口頭弁論期日のうち1期日においてのみ懈怠した場合でも、全手続の懈怠と同様に扱われる。従って、原告側懈怠の場合には、たとえ被告が先行期日において請求の原因（Klagegrund）を認めて延期的抗弁を提出したにすぎなくても、訴えは斥けられる。被告側懈怠の場合には、たとえ先行期日において既に訴えの理由を欠くこと（Unbegründetheit）が立証されていても、原告の事実の申立ては認められたとされる。当事者に対しては、容易に欠席判決に対する故障の申立てを行い、懈怠発生前の状況まで訴訟を戻しうることを示して、これを慰めたのである」[437]。

（iv）最後に「ドイツ帝国民事訴訟法典の特色」では、ネルは次のように述べる。「規範類型論的観点からすれば、帝国民事訴訟法典には抽象的・仮定的に定式化された法典の特色が認められる。規範様式的には、当時の他の諸法典の特色でもある高度の法典文化の証人としての役目を果たしている。法理論的には、法典の名宛人としてプロフェッションとしての訴訟関与者すなわち裁判官と弁護士、さらには一定範囲で当事者が登場する反面、裁判官層の『下方の』裁判所関係者には副次的な役割を与えるにとどめている。というのもフランス訴訟法典は、裁判所におけるオフィシャル（Funktionäre）の法典であるといっても過言ではないからである」。ネルによれば、こうした人的な目標（Zielrichtung）から明らかなように、フランス法とドイツ法には根幹に関わる重要な相違があ

436）　*Id.*, 128-129.

437）　*Id.*, 129.

り、それゆえ「ドイツ帝国民事訴訟法典の手続の出自（Abkunft）はフランスにある」という至るところで目にするテーゼは全体として粗雑である。3つの大きな差異を思い浮かべれば十分である。すなわち①ドイツ訴訟上の口頭主義の学理的な特徴が、フランス訴訟では正当にも考慮されなかった、②フランス訴訟における裁判所の裁判管轄権の喪失・事件関与からの解放（dessaisissement）のシステムが、ドイツ訴訟では正当にも賛同を得られなかった、③証拠調べの直接性がフランス訴訟ではなくドイツ訴訟において原則として承認された、という3点である。

　「ドイツ帝国民事訴訟法典はレオンハルトの名と結び付いているが、今度考察する1895年オーストリア民事訴訟法典はフランツ・クラインの名と結び付いている。双方の民事訴訟の基本観念を並べてみると、殆ど克服できない対立が明らかになる。レオンハルトの目標は、彼の見るところでは最善の民事手続ルールの実現であったが、抵抗に遭ったため彼は次善の解決を求めた。政治的・経済的・倫理的・社会的観点は彼には周辺的なものにすぎなかった。政治的には彼は国家意識に訴えたが、フランス＝ライン訴訟（den französisch-rheinischen Prozess）をそのまま受け継ぐことは彼の基本観からして誤りであると考えたから、そのように主張したにすぎない。既に言及した・純粋に法律家的でない観点に対する彼の冷淡な態度は、（趣味の問題であるが）『自由主義的（liberal）』と名付けてよい。これとまさに対極に立つのがフランツ・クラインであった。クラインの観点からすれば、政治的・経済的・論理的・社会的に考察しようとも、訴訟をすることそれ自体が害悪であった。規定の全体から細部に至るまで、このような認識に基づいて整序された手続のルールが導き出されなければならない。クラインが彼の観念を規範的にどのように実現したかを、以下で見ることになろう。その訴訟観の基礎にある国家像を問うならば、レオンハルトの場合は司法国家（Justizstaat）、クラインの場合は福祉国家（Wohlfahrtsstaat）が姿を現わす。それがクラインの作品に、民事訴訟の『社会的』形成という属性をもたらしたのである」[438]。

---

438)　以上は、*Id.*, 130-131.

第3部　比較法史の実践　　*569*

(8)　本書の第8章「1895年オーストリア民事訴訟法典の手続」は、①民事訴訟改革のためのフランツ・クラインの指導理念、②1895年法──その刺激と方向（Orientierungen）、③手続関与者、④手続の一般規定、⑤口頭弁論の一般規定、⑥第一審の合議体裁判所の手続（証拠法を除く）、⑦証拠および証拠調べの一般規定、⑧証拠方法各論、⑨判決と決定、⑩控訴、⑪その他の不服申立方法概観、⑫オーストリア民事訴訟法典の手続の特色、の各項目からなる。

（ⅰ）　前掲①の冒頭でネルは次のように述べる。「ベロのジュネーヴ民事訴訟法（Genfer Loi Bellots）を別とすれば、1895年オーストリア民事訴訟法典は、他の法典に比べあまりに1人の法律家の作品でありすぎるため、同法を論ずる最初にその改革のイメージを基礎にある目標設定の中でとらえることが得策である。フランツ・クラインは、1890年および1891年に『未来のために（Pro futuro)』と題して発表した論稿においてその改革プログラムを書き記しており、彼に新法の起草が託されたのももっともであると思われる……人格がそこに現れている。クラインが『未来のために』で展開した理念は、すぐに公布される法律の基礎を形成したのである」。ネルはこう論じて、クラインの前記論稿が、草案の公表前に新たな規律の核心を法曹界に伝える必要があったことをまず強調し（同論稿の序論）、訴訟改革の中心問題である・判決の基礎となる事実関係を確定するための裁判官の協働（同第2部）、当事者の訴訟追行における相互援助（同第3部）、裁判所拒絶の抗弁（同第4部）、訴訟促進のテーマ（同第5部）といった合議体裁判所の第一審手続を主に考察していることを指摘する[439]。ネルは前掲①の「フランツ・クラインの指導理念」の節で、これらの重要テーマを順次取り上げてクラインの思想を解説している。

　まず第1に、「事実関係を確定する際の裁判官の協働」についてネルはこう要約する。（ア）クラインの改革提案の出発点は、弁論主義と手続進行に関する処分権の形式での当事者支配に対する厳しい批判である。（イ）当事者支配の結果として誤った判決が生ずる可能性があるうえ、当事者支配は弁護士支配を

───────────────────

439)　*Id.*, 133-134. オーストリア民事訴訟法については、鈴木・前注（3）（2016年）が詳しい。林屋・前注（2）311頁以下も参照。

意味し、資産に乏しい国民層は弁護士を経済的に雇えないことから、社会的観点からしても問題である。（ウ）この不都合な状態に対する治療薬として、クラインは新たな審理原則として裁判官と当事者の協働（Kooperation）を提案し、これはオーストリア固有のものではなく、「各国家共同体の内奥の本質（aus dem innersten Wesen）」から生ずるとする。（エ）協働原則を実現するための前提として、(a) 立法者が活動する前に学問がその基盤を準備しておくことと、(b) 裁判官の審理権限（Instruktionsbefugnisse）の程度と限界を詳しく定めておくことが必要である。（オ）将来の立法では以下の3点で裁判官の権限を規範化すべきである。(a) 裁判官は、実体上の申立て（Sachanträge）の範囲内で、不明確な申立ての解明と、実体上の要求（Begehren）の構成要件的基礎の解明を、裁判官の質問権を行使するとともに、「解明さるべき諸関係をより正確に特定して要請する」という形式で求めることができる（いわゆる実体的訴訟指揮）。この双方の目的で当事者本人の出頭を命ずることができる。(b) 裁判官は当事者の申立てなく、検証と鑑定という証拠方法を利用できる。(c) 裁判官は特定の要件のもとでその他の証拠方法を職権で捜査できる[440]。

　第2に、「当事者の訴訟行為における相互援助」という論点では、2当事者対立訴訟において、手続の「支配」は、国家組織の任務の近代的理解とは相容れない「闘争（Kampf）」（すなわち国家裁判所で戦い抜くこと）を意味し、法治国家のイデーの濫用であって、訴訟法学における当事者間の訴訟関係の具体的理解を妨げる（例えば被告適格や相手方による文書提出の場合）、と批判する。ここで訴訟ドグマティークの出番となり、両当事者間の訴訟関係は、相互の権利と義務の形成体として発展させられなければならない。すなわちクラインによれば、（ア）当事者には、訴訟物に関係する・現在の訴訟追行に重要なあらゆる事情（事実関係や証拠方法）について相互に質問する権能が与えられ、正当な理由なく相手方が回答を拒むときは、彼の態度は裁判官の自由心証に委ねられるのではなく、意図が推断できる自白（konkludentes Geständnis）として評価される。（イ）文書提出義務は従前の法とは異なり、相手方が証明目的で

440）　*Id.*, 134-135.

手を着けていなかった文書についても、当事者は提出を求めることができるところまで拡張される。正当な理由なく提出を拒んだ場合は、裁判官の自由心証によるのではなく、提出を求める者が主張する文書の内容が立証されたものと看做される。（ウ）質問権と提出義務は情報（Auskunftsachen）や検証の対象などに拡張されるが、これを拒んだ場合の制裁を統一的に定めることはできない[441]。

　第3に、「訴訟促進の手段」という論点については、「手続法がルールと形式の維持に価値を置くならば、戦略的目的から当事者がこれを濫用的に利用する危険が生ずる。この種の濫用が重なると、訴訟法は適切と思われる規範で対処し、全体として再び正常に戻ろうとするが、それは長く続かない。当事者は新しい規範に新しい戦略的操作で応じ、そのためにアクションとリアクションが絶え間なく繰り返される。このようにして濫用が法形成を促し、（クラインの強調するところによれば）『まさしく訴訟制度の濫用という訴訟法的発展法則について語る』ことが可能となる」、とする。クラインによれば訴訟遅延の主たる原因は無秩序な延期（das Unwesen der Vertagungen）にあり、当事者の一方の申立てに基づく場合には、裁判官の自由裁量によるのではなく、期間と期日を遵守するために克服し難い障害があるときにのみ申し立てが認められる、と法が定めていなければならない。当事者双方の合意によって延期が申し立てられた場合には、公衆および裁判所の正常な機能発揮（Funktionsfähigkeit）の観点が介入し、一定の要件のもとで拒否権を装備した制御権（ein mit Vetokraft ausgerüstetes Controlrecht）が裁判官に与えられる（手続の中止も可能である）[442]。

　最後に、ネルは以上の内容の「未来のために（Pro futuro）」論文は、最も改革の準備が整い、クラインが説いた諸理念（Ideen）を迎える感性が最高度に達した時代に登場し、そのためにあまり著名でない法律家（クライン）に単独で法案（裁判管轄法、民事訴訟法、強制執行法）を起草する作業が託された、とする。既に立法の準備が先行していたことも、「未来のために」論文が成功

441）　*Id.*, 135-136.

442）　*Id.*, 136-137

を収めた理由であると、ネルはこれまでの総論を締めくくる。クラインは1845年の民事略式手続に関する王令（Hofdekret）、1873年の少額事件手続法、1881年の民事訴訟法草案（これは、クラインの民事訴訟法典への重要な一歩と評されるユリウス・グラーザー［Julius Glaser］が1876年に提出した草案にまで遡る）などに言及している[443]。

（ⅱ）続く「1895年法——その刺激と方向」でネルはこう論じている。（ア）「未来のために」論文で、クラインは将来の手続法を形成すべき一連の基本的要素・指導的構成要素を分析している。この論文は草案ではなくプログラムであり、その断片的性格はクラインも認めている。その要素とは、（a）弁論と証拠調べの直接性の原則（そのためには口頭性と書面性の適正なバランスが必要である）、（b）訴訟行為の排除効（失権）制度（Präklusion von Prozesshandlungen. 弁論の単一性・一体性原則との関連で、規律が必要となる）、（c）クライン独自の着想である・訴え提起後の第一回期日の機能的特定（Funktionsbestimmung）、である。（イ）訴訟法典の起草にあたり、クラインは法史的・比較法的準備を進めている。後期自然法時代以来の慣行を検討し、比較法的にはフランス民事訴訟法典とその実務、1850年ハノーヴァー王国民事訴訟法典、1866年ハノーヴァー・ドイツ連邦草案、1877年ドイツ帝国民事訴訟法典に注目する。（ウ）訴訟政策的ファクターを考慮しなければ、細部の決め手となるのは目的的・実践的考慮であって、原理や原則（Prinzipien und Maximen）ではない。口頭主義・公開主義・自由心証といった大原則も、クラインにとっては目的達成のための手段にすぎなかった[444]。

（ⅲ）オーストリア民事訴訟法典と1895年裁判管轄法（Jurisdiktionsnorm）を主に参照しつつ、ネルは「訴訟に関与する人々」を概観する。まず裁判官は裁判権を行使する裁判所組織の構成員であり、第一審は地方裁判所（Kreis-und Landesgerichte）、第二審は上級地方裁判所（Oberlandesgerichte）、第三審は

---

443) *Id.*, 137-138.

444) *Id.*, 139-141.

最高裁判所（Obersten Gerichtshof）が裁判権を行使する。地方裁判所の部（Senat）は1名の主席および2名の陪席裁判官から構成され、上級裁判所の陪席は4名である。内部構成は1896年裁判所構成法による。裁判官の独立は憲法上保障されており、その職権行使の要件は裁判所構成法および第一審・第二審裁判所規則で定められる。個別のケースで裁判官の職権行使を排除する自由は、裁判官法（当事者の忌避申立てによる排除）、裁判所構成法（裁判官が自身の排除を判断する手続の開始を職権で指示する）、民事訴訟法典（排除を考慮しなかったことは判決の無効事由となる）で不完全に接ぎ木されているにとどまる。裁判官職は、プロイセンのフリードリヒの訴訟（preussisch-friderizianischen Prozess）に比べると、統一的・一体的なものと解されるが、一定範囲で区別が認められる（部の主席・陪席裁判官の別や、受命・受託裁判官の特別な職務など）[445]。

　民事訴訟法典の総則第1章は当事者から始まる。実体法上権利能力を有する者は訴訟法上当然に当事者能力を有すると解されているため、当事者能力については規定されていない。ネルは次のように要約している。①訴訟能力の欠缺は職権で顧慮され、瑕疵が除去されなかった場合は手続は無効となり、瑕疵が除去可能な場合には、サンクションを免れるために、裁判官には欠陥を取り除く一定の措置を実施する権限が与えられる（民事訴訟法6条・7条、529条）。②訴訟への複数人の参加および第三者の追加には、共同訴訟・主参加と補助参加・訴訟告知・本来の被告の指示（Urheberbenennung）があり、これらの場合に中間的紛争が生じたときは、本案手続の続行を妨げないように立法者は努力した（補助参加につき、同法18条）。③訴訟追行の代理は原則として認められ、第一審の合議体裁判所および上訴審の手続では当事者は弁論能力を欠くため、弁護士を選任しなければならず（弁護士訴訟）、弁論能力の瑕疵が除去されなかった場合には手続ないし判決の無効をもたらす（同法477条、529条）などと規定されている。資力に乏しい当事者の訴訟上の救助を受ける権利（Armenrecht）については、予定している訴訟が悪ふざけないし見込みのない

---

445)　*Id.*, 142-143.

574

ものであるかどうかを裁判所は要件として審査しない。弁護士訴訟において当
事者の訴訟追行が見込みがないと評価される場合には、当該救貧弁護士
（Armenanwalt）は自身を訴訟代理人から解任するように裁判所に求める権限
を有する。この申立てを認める裁判の既判力によって、付与されている訴訟上
の救助を求める権利は消滅する（1895年民事訴訟法施行法33条）[446]。

（ⅳ）「口頭弁論」は法典の構成上手続の一部であるが、その表題のもとで裁判
所による訴訟指揮の中心的素材が扱われていることから、まず①書面
（Schriftsätze）、②送達、③期間および期日、④懈怠と原状復帰、⑤手続の休止
といった「手続総論」を扱った後、⑥当事者の申述（Parteivorträge）、⑦訴訟
指揮、⑧弁論調書（Verhandlungsprotokoll）を内容とする「口頭弁論の総論」
を特別に展開する。

　まず第1に「書面」については、「通常手続は書面を放棄することはできない。
証拠結合主義（Prinzip der Beweisverbindung）に従い、書面の中で当事者が
利用したいと思う証拠方法を挙げなければならない。準備書面が交換される場
合には、相手方の提出に応ずる書面は、相手方の証拠方法の許容性に対して意
見を述べるものでなければならず、その推測される証拠力（ihrer vermutlichen
Beweiskraft）に言及してはならない。これは説得力に乏しく、殆ど教義1点張
りのすれすれの区別である。さらに準備書面は法的詳述（Rechtsausfuhrungen）
を含んではならない（以上、民事訴訟法78条）。書面が形式的瑕疵を含んでい
る場合には、裁判所は職権で瑕疵を除去するための手続を開始しなければなら
ない（同法84条以下）」[447]とする。

　第2に、「送達」はオーストリアの伝統を受け継ぎ職権によるが（im
Amtsbetrieb）、弁護士訴訟の場合の重要な例外として弁護士間での送達も可能
である（同法87条・112条）[448]。

　第3に、「期間と期日」については、当事者の攻撃防禦の権利を切り詰めない

---

446)　*Id.*, 143-144.

447)　*Id.*, 145.

448)　*Ibid.*

反面、訴訟引き延ばしの策略を阻止する、という適正なバランスを実現するのが、訴訟法の立法者の最も困難な課題であるとし、この2つの概念を検討する。まず期間は、制定法上ないし裁判官によって確定され、不変期間を除き職権により延長できる。期間の延長は当事者の自由処分に服さず、当事者は延長を申請できるにとどまり、申立てが拒絶された場合には不服申立て（der Rekurs）が許される（同法514条）。次に、期日は当事者の申立てに基づきまたは職権により指定され、期日の変更も同様である。ただし期日の変更は自由裁量によるのではなく、リストアップされている変更原因が存在するか、法が延期を予定している場合に限る。申立てによる期日の延期（Vertagung）の場合は、両当事者の合意による申立てであっても、裁判所は法定の要件が充たされているか否かを審査する。その立証が尽くされていなければ、決定で延期は否定され、当該決定に対する不服申立ては本案手続の進行を阻止しない。合意に基づく延期に対しても法が厳格な態度をとるのは、クラインによれば審理の直接性の持つ長所が完全に活かされなくなる危険を防ぐためなのである[449]。

　第4に、「懈怠と原状復帰」についてである。訴訟行為の懈怠は原則としてその失権・排除（Präklusion）という効果をもたらす（同法144条以下）。懈怠した当事者は、予見ないし回避できない事態により、出頭や適時の訴訟行為ができずに排除効・失権が生じた場合には、原状復帰を求めることができる。申立ては14日内になされねばならず、これは訴訟の進行を妨げないが、裁判所は一定の要件のもとで訴訟の仮の中断（einstweilige Unterbrechung）を命ずることができる。原状復帰を命ずる決定に対する不服申立ては許されないけれども、これを否定する決定に対しては不服申立てができる（以上、146条・148条・152条以下・514条）。原状復帰の要件は厳格法（strenges Recht）であって、相手方の同意をもってこれに代えることは認められない[450]。

　第5に、当事者は、指定された期日における両当事者の不出頭もしくは合意によって、「手続の休止・停止」のきっかけを作ることができるという限りで、手続の主人（Herren des Verfahrens）である（168条ないし170条）。しかしな

---

449)　*Id.*, 146

450)　*Id.*, 147.

576

がら、そうすることで延期の厳格なルールを覆さないように、不出頭・合意の
いずれの場合も、手続の原状復帰は3か月経過後に初めて申立てうるものとし
た。当事者に手続の休止・停止をひるませるためである[451]。

　第6に、「口頭弁論の総論」として、(a) 当事者の申述 (Parteivorträge)、(b)
訴訟指揮、(c) 弁論調書をネルは順次説明する。まず (a)「当事者は法律上の
争訟について当該判決を下す裁判所で口頭弁論を行う」(176条) とするのが、
オーストリア民事訴訟法典の手続全体を支える原則の簡潔な表現である。その
重点は審理の直接性 (Unmittelbarkeit der Verhandlung)――「当該判決を下
す裁判所で」という文言に示されている――にあって、「口頭」性は直接性の
単なる形式にすぎない。この形式を確保するために、書面の朗読は原則として
禁止され、「当事者の申述」は真実・完全・特定の要請に従わなければならな
い (弁護士訴訟では口頭弁論の準備のために書面が交換される [226条以下])。
弁論の一体性の原則の濫用を防ぐために、裁判所は自己の制御権 (Souveranität)
により、一定の要件のもとで新たな陳述を斥けることができる (同法179条)[452]。

　次いで (b) 訴訟指揮についてはこう論じている。この表題でまとめられた
民事訴訟法典の規定 (180条ないし196条) の「訴訟政策的背景は、民事訴訟手
続を福祉国家的・裁判官主導的に立法する必要があるという確信であった。
従って訴訟指揮とは、できる限り広く定められた範囲内での職権による審理
(die Instruktion von Amts wegen) を意味する。普通法上の質問権は、判決に
重要な事実を調査するために裁判官の質問義務へと格下げされる。裁判官の質
問義務を定めるオーストリア民事訴訟法182条以下は、ドイツ法の規定 (帝国
民事訴訟法130条・464条) よりも広範である。他方で、この目的のために当事
者を召喚し、文書の提出を命じ、証人を呼び出すことができる。当事者が召喚
に応ぜず、または応答しない場合には、強制はできないがその者の態度は裁判
官の自由心証に委ねられる (272条)。文書と証人に関する命令は、両当事者が
共同して異議を申し立てることによってのみ排除される。裁判官の質問義務は、
裁判官の監督下で行使された極めて効果的な当事者相互の質問権によって、補

---

451) *Ibid.*

452) *Id.*, 148.

充される（184条）」[453]。

　最後に（c）弁論調書についてネルは、法治国家的で透明な弁論規則であれば一定限度の調書化（Protokollierung）は避けられないが、口頭性を義務づけられている手続であるから、調書化の範囲と内容は簡単に解決できる問題ではないとする。オーストリア民事訴訟法典はドイツ帝国民事訴訟法典ほど教条主義的ではない道を採用し、事実関係に関わる双方の陳述（Vorbringen）の内容を簡潔に要約して調書に記載しなければならない、と規定した（同法209条1項）。口頭主義の原則を汚染するとして本条に反対する見解と、上訴手続に資するとして賛成する見解がある。当事者の個別の申述の調書化を禁止し、当事者ないし弁護士が作成した草案を利用することを禁止するのは、過去との重要な訣別である[454]。

（ⅴ）続く「第一審合議体裁判所の手続（証拠法を除く）」の節では、オーストリア民事訴訟法典の「訴え、答弁、準備手続ならびに弁論・審理」の部分（226条ないし265条）──「多くの小見出しがかなり緩やかな配列の中に挿入され、説得力ある体系を欠く」──から、①訴え、②いわゆる第一審期日（erste Tagung）、③フランツ・クラインと訴訟抗弁、④訴訟抗弁、⑤訴えの答弁、⑥準備手続、⑦争訟的口頭弁論（Mündliche Streitverhandlung）の、証拠法以外の各論点を取り上げる（以下では③と④、⑥と⑦を併せて紹介する）。

　まず第1に、訴えについては「訴えは書面で提起されなければならず、訴状は原告の観点からの審理プログラムを含む。法は給付の訴えの他に、積極的・消極的確認の訴え（228条）を定めている。形成の訴えはオーストリア民事訴訟法典やその他の法典でも周知の概念ではなかったが、その内容は知られていた。訴えが適式に提起されると、第一回口頭弁論期日が決定される（230条）。訴訟要件の領域に属するような一定の事情が存在すると、規律は複雑となる。訴えを審査する場合に、裁判管轄、訴訟能力、当事者の法定代理人の欠缺が明らかになると、それでも弁論期日が決定されるか、欠缺を取り除く処分がなさ

---

453)　*Id.*, 148-149.

454)　*Id.*, 149-150.

れるか（6条2項）、期日の決定に不適切な手続上の理由があるとして訴えを却下する（230条2項）ことになる」[455]。

第2に、「『第一回期日』（239条ないし242条。事前期日［Vortermin］とも呼ぶ）およびそれを前もって争訟的口頭弁論から切り離す制度（257条ないし264条）においては、裁判長と部全体の管轄権の分配が一定限度で存続し、事前期日には裁判長（あるいは委託された部の構成員）が審理を担当し、口頭弁論においても裁判長が審理を行い、多くは部にとどまって、全体として裁判長が最終的発言権を有する（behält er das letzte Wort）」。事前期日における裁判官と当事者の行為は法典に個別に限定列挙され、単に当事者が申し出ておけば足りるものと（裁判上の方法を欠いていること［Unzulässigkeit des Rechtswegs］、無管轄、訴訟係属、既判力などの訴訟抗弁として提出される訴訟要件）、裁判官が決定を行うもの（認諾ないし放棄、訴訟能力の欠缺、訴訟能力を欠く当事者の代理人の代理権の欠缺など）があり、後者については申立てまたは職権により訴訟判決がなされる[456]。

第3に、ネルは「フランツ・クラインと訴訟抗弁のテーマ」という項を特に設け、「訴訟抗弁の申出と訴訟障害に関する裁判を対象とする法典の規定は、クラインのプログラム論文『未来のために』における、この問題に対する彼の議論をさらに詳しく取り上げる契機となる」と述べる。すなわちクラインは同論文の「裁判所が拒絶する抗弁」と題する箇所で、本案への応訴を拒絶できるとする限りにおいて、かかる抗弁には訴訟を引き延ばす効果があることに着目し、本案から分離して審理すべきか、同時に審理すべきかという観点から抗弁を「整理」する。クラインは、訴訟能力や法定代理権の欠缺は前者であって本案から分離し、裁判上の方法・訴訟係属・既判力の抗弁は後者であって本案と同時に審理されるのが、基本原則であると説くのである。その場合に弁論の分離を命ずる権能は、一定の要件のもとで裁判所に留保されている[457]。確かに法典には訴訟要件ないし訴訟抗弁という用語は登場しないが、個別的に言及する

---

455) *Id.*, 151.

456) *Id.*, 152.

457) *Id.*, 152-153.

かまたは詳しく列挙する形で抗弁が取り扱われていて、その法技術からは、訴訟抗弁を提出しても本案への応訴を当然には否定することにはならない、という基本原則がうかがわれる[458]。

第4に、「訴えへの答弁（Beantwortung）」に関しては、以下の点をネルは解説する。（ア）第一回期日においては、訴えと訴状の要件が充足されている限り、裁判官が被告に4週間までの期間を指定し、その間に訴えへの答弁がなされなければならない（243条）。（イ）答弁には準備書面に関する規定が準用される。（ウ）被告が先に列挙した抗弁（前掲「第3」参照）を提出する場合には、分離された弁論において既に命ぜられていなかった限り、抗弁が基礎とする事実と問題となっている証拠方法とを提出しなければならない。（エ）答弁に続いて、口頭弁論の準備手続の開始が命ぜられるか、あるいは呼出状の送達に始まる少なくとも8日の期間を遵守して直ちに口頭弁論のための期日が命ぜられる（244条・257条）[459]。

第5に、「準備手続」として、訴訟資料が広範囲にわたる場合に、口頭弁論の集中（つまり負担軽減）のために、また口頭弁論の迅速な進行を妨げる証拠調べ（例えば連絡困難な証人の尋問）の場合に、裁判所は受命裁判官の面前での準備手続を実施する決定を行うことができる（245条ないし256条、262条ないし264条）。証拠調べの直接性の原則は保障されないが、準備手続の実施のために部（Senat）の構成員が受命裁判官となれば、原則違反が緩和される。また法典の「争訟的口頭弁論（Mündliche Streitverhandlung）」の節（257条ないし264条）の中核となる259条1項は、「争訟的口頭弁論は、口頭弁論の一般規定に従い、証拠調べとその結果の討論（Erörterung）を含む」と定め、準備手続が許可されない場合には、訴えとその答弁に加えて準備書面が交換されなければならず、その後に口頭弁論が開かれる（258条1項）[460]。

---

458) *Id.*, 153-154. 以上は、「フランツ・クラインと訴訟抗弁のテーマ」に続く「訴訟抗弁」の節を抄出したものである。

459) *Id.*, 154.

460) *Id.*, 154-155.

580

（vi）本書の「証拠および証拠調べ総論」の節では、法典のこの部分は①証拠、②疎明（Glaubhaftmachung）、③証拠調べ、④受命および受託裁判官による証拠調べ、⑤証拠調べの手続、の各項目を規定し、証拠法全体が証拠結合原則を前提としているとまず指摘する。すなわち、証拠決定が失権を伴う「区切り」ではないことから、この原則が確認されると述べるのである（ドイツ帝国民事訴訟法典も同様である）。証明責任については法典に手がかりはなく、当時の文献では分類について大いに議論があったが、ネルは実体法に属すると位置づけている[461]。

　そこで前掲①ないし⑤のテーマであるが、まず第1に、法典の「証拠」の項（266条ないし291条）では、（ア）当事者の自白が裁判所を拘束すること、条件付自白の効力、自白の撤回（取消し）などが裁判所の自由評価に服すること（266条以下）、（イ）別段の定めがなければ裁判官の自由心証（証拠の自由評価）原則が支配すること（272条）、（ウ）債務額の確定は一定の要件のもとで裁判官の自由な確信（die Festsetzung der Höhe von geschuldeten Beträgen）に委ねられること、が定められている（273条）[462]。

　第2に、制定法が完全な証明に代わり疎明（普通法上のBescheinung）で十分であるとしている場合には、当事者は当事者尋問を除いてあらゆる証拠方法を提出できる[463]。

　第3に、法典の「証拠調べ」の節（275条ないし281条）の中心は、証拠調べを命ずる証拠決定であり、証拠が提出さるべき係争事実（die beweiserheblichen Tatsachen）と証拠方法がその中で特定されなければならない（277条1項）。この証拠決定は失権させる区切りとしての性質を有さず、その限りで他の手続的決定と異ならない。証拠決定の基礎にある「見解（Auffassung)」に裁判所は拘束されず、これに対する不服申立ては許されない（277条、515条。集中と促進という手続目的に資する）。証拠調べの直接性の基本原則を常に守ることができるとは限らないため、法典は間接的証拠調べのための規定を付け加えてい

461）　*Id.*, 156.

462）　*Ibid.*

463）　*Id.*, 156-157.

る（276条・278条）。訴訟の引き延ばしを防ぐために、一定の要件のもとで証拠申出を却下できる（（iv）の第6の（c）で言及した179条は証拠申出にも関係する）。法典の282条ないし287条は、受託もしくは受命裁判官による間接的証拠調べを規律し（受命・受託裁判官と受訴裁判所間の権限分配の問題など）、証拠調べの結果は、各当事者が利用できるように、後続の争訟的口頭弁論で討論される（259条1項）[464]。

（vii）ネルは「証拠各論」として、法典に記載されている順に、①文書による証明（292条ないし296条）、②証人による証明（320条ないし326条）、③鑑定による証明（351条ないし367条）、④検証による証明（368条ないし370条）、⑤当事者尋問による証明（371条ないし383条）を、立法者がその目的観から特色があると判断したテーマを重視して概観を進める。なお384条以下は証拠保全の規定である。

　まず第1に、書証について証拠力（証明力）の規定が冒頭に置かれ（292条ないし296条）、証明手続は文書の提出に始まり（297条）、裁判官の質問義務の履行にあたって、職権で文書の提出を命ずることができる（182条以下）。原則として文書は口頭弁論において提出されるが（証拠調べの直接性の原則）、受命・受託裁判官に提出する場合はこの例外となる（300条）。相手方が証書提示義務（die Editionspflicht）を負う場合には、法技術的には拒否事由の形式で表現され、その提示義務を相手方が履行しない場合には、彼の行為態様は最終的には裁判官の自由心証に委ねられる（307条）。第三者の証書提示義務は一定の状況がある場合に限られ（308条以下）、提出を命ずる決定に対して第三者は不服申立て（Rekurs）ができる（514条1項、319条）[465]。

　第2に、証人証拠（Beweis durch Zeugen）については、まず「証人の不許（Unzulässigkeit）と拒絶」（320条ないし326条）と題して、（普通法にまで遡るが）ドイツ帝国民事訴訟法典が斥けた尋問禁止と拒絶特権（Vernehmungsverbot und Verweigerungsprivileg）との区別を再び取り入れた。「証言の評価」（327

---

464)　*Id.*, 157-158.

465)　*Id.*, 160-161.

条）では、裁判官の証拠の自由評価の原則を、証人の公正さと証言の信憑性に関連して詳細に規定し確認している。証拠調べの直接性という不動の原則も、「受託および受命裁判官による証拠調べ」（328条）として例外を認める。証人の呼出しも裁判所が行う（329条ないし322条）。証言強制を規定した後（333条ないし335条）、証人尋問とその宣誓を定める（336条ないし345条）。裁判所の管理下で行使される当事者の質問権については個別に言及がある（341条1項と289条1項）。末尾では不服申立て（349条）と証人証拠の規定が鑑定証人にも適用される旨（350条）が定められている[466]。

第3に、鑑定人は鑑定証拠を使用する「必要がある」場合に選任される（351条）。鑑定人による証明は裁判所が——とりわけ、裁判官の質問権の行使ないし検証による証明の際に——職権により命ずるか、当事者が申し立てる。裁判所により選任された鑑定人は、両当事者の一致した提案にも拘束されない。証拠調べは口頭または書面の形式で実施され、書面の場合には、裁判所ないし当事者の要請があれば、鑑定人は鑑定書について説明し、質問に答えなければならない（357条）。鑑定書には理由を付さなければならない（362条）。鑑定書は裁判官の自由心証に服し（272条）、裁判所に対する拘束力がない[467]。

第4に、検証（Augenschein）も裁判官の質問義務がカヴァーするテーマであるとともに、独自の規定が設けられている（368条ないし370条）。検証は職権または当事者の申立てにより命じられ、受命または受託裁判官に委ねられることもある。挙証者の相手方は検証の対象を提出しなければならず（義務ではない）、その行態は裁判官の自由心証によって評価される（369条、303条ないし307条）[468]。

第5に、民事訴訟法改正に際して盛んに論じられたテーマが、当事者宣誓（der entscheidungserhebliche Eid）を維持すべきか（ドイツ帝国民事訴訟410条以下のアプローチ）、それとも当事者尋問をこれに代えるべきかという問題である。法典は1873年少額訴訟手続法をモデルにして当事者尋問を選んだ（371

466）　*Id.*, 161-162.

467）　*Id.*, 162.

468）　*Id.*, 163.

条ないし383条）。当事者尋問は、当事者間の転嫁宣誓（den binnenparteilich zugeschobenen Eid）を排除し、宣誓のうえでの当事者尋問は、裁判官の自由心証原則に無制限に服するという点で、裁判官が要求する宣誓（richterlich auferlegten Eid）からは区別される。当事者尋問は証拠方法に分類されるが、その補充性（371条）と挙証責任（Beweisführungslast）が原則として考慮されない点とで特別な地位を占める。通常は宣誓なしの尋問が両当事者に開始され（376条）、裁判所が宣誓が必要であると判断した場合には、その義務的裁量により、いずれの当事者に宣誓させるかを判断して、単一の事実につき一方当事者にのみ宣誓を要求する（377条・378条）。当事者尋問は、182条以下の裁判官の訴訟指揮権の範囲内での当事者への質問とは、区別されなければならない[469]。

(viii)「判決と決定」の節では①根本問題、②判決の類型論、③懈怠の場合の判決、④決定の各テーマに言及する（判決は390条ないし424条、決定は425条ないし430条）。

　まず第1に、「根本問題」としてネルは次のように論じている。（ア）裁判官の訴訟支配へと重点が移動しているにもかかわらず、法典は審理プログラムについては当事者支配に固執している（ne ultra petiaの命題が妥当する。405条）。（イ）手続それ自体については、直接性の原則が基本的な意義を有しており、判決の言渡しの場合に明記されている（412条）。（ウ）判決の既判力についてはドイツ帝国民事訴訟法（293条・253条）に依拠した411条1項があるのみで、これはサヴィニーの既判力理論・ウンガーおよびヴェッツェルの見解を背景として設けられたものである[470]。

　第2に、判決の類型論として「終局判決、一部判決、中間判決、認諾判決、欠席判決のような多様な判決形式が、時代の手続法的な共有財（Gemeingut）である」とする[471]。

---

469)　*Id.*, 163-164.

470)　*Id.*, 165.

471)　*Ibid.*

第3に、合議制裁判所における「懈怠の場合の判決」につき、法典は懈怠の特殊な効果を伴う3つの手続的状況を区別している（396条ないし403条）。すなわち（ア）事前期日（第一回期日）における懈怠、（イ）答弁を提出したうえでの被告の懈怠、（ウ）争訟的口頭弁論（mündlichen Streitverhandlung）における原告または被告の懈怠の各ケースに分類するのである。（ア）では、原告・被告のいずれの懈怠かを問わず、一種の有理性の審理を許容してから欠席判決がなされる（396条以下）。（イ）では、事前期日に提出された手続的抗弁に関する審理を原告が申し立てなかった場合、あるいは抗弁に関する弁論の分離を裁判所が命じた場合は、直ちに欠席判決がなされる（398条）。（ウ）では、欠席当事者の先の陳述（Vorbringen）が証拠の申請も含む広い範囲で考慮され、出席している当事者の先行する陳述ないし（予め相手方に知らされていた）新たな陳述とともに、裁判所の自由心証に委ねられる（399条）。故障の申立てをモデルとする特殊な不服申立てを法典は定めていないが、それに代えて原状復帰（Wiedereinsetzung in den vorigen Stand）を利用でき、欠席判決は破棄される[472]。

第4に、決定（425条ないし430条）にも判決と同様に直接性の原則が妥当する（425条3項、412条）。裁判所は手続的性質の決定には拘束されない（425条2項）。争いのある申立てを決する場合と申立てを斥ける場合には、決定に理由が付されなければならない（428条）[473]。

(ix)「控訴の不服申立て」の節では、法典の定める不服申立ては控訴・上告・（決定に対する）抗告である。学説はこれらを通常上訴とし、無効の訴えおよび再審の訴えを特別の不服申立てとしている。ネルは、不服申立ての全体系に影響を与えるという点で特に重要である「控訴」を中心に叙述を進めると述べる。

第1に、「法典の基本的判断」として、新しい民事訴訟立法における控訴制度には2つのモデルがあり、①再審理を行う完全に等価な新審級としての控訴

---

472) *Id.*, 166-167.

473) *Id.*, 167.

第3部　比較法史の実践　*585*

（novum iudicium）と、②手続を審査し必要があれば第一審判決を訂正する控訴とに、分けることができる。ドイツ帝国民事訴訟法典はぎりぎりの時点で①のモデルを採用することを決断し、オーストリア民事訴訟法典（461条ないし501条）は②のモデルを基礎とした。このモデルを具体化する核心的規定が同法482条であり、（ア）控訴審の審理においては新たな請求も新たな抗弁も提出できない、（イ）第一審の訴訟記録および判決事実の内容からして、第一審において提出できなかった事実（Tatumstände）および証拠は、控訴手続において主張された控訴理由を根拠づけまたは反駁するためにのみ提出できる。かかる陳述は、予め控訴状ないし準備書面によって相手方に伝えられていた場合にのみ考慮される。明文はないが、第一審で生じた瑕疵で職権で顧慮すべきものについては、新事実を考慮できるとするのは（オーストリアにおいても）自明の前提である。手続技術的には、第一審の弁論を調書化することおよび第一審判決の事実欄を作成すること（die Ausgestaltung des Tatbestandteils）（417条）によって、控訴を手続と判決の再審査・点検（Überprüfung）に限定することが可能となった。全体として更新（新事実）禁止原則（Prinzip des Novenverbots）と表現できる[474]。

　第2に、「導入的諸規定」として、控訴は第一審判決（場合により決定も審査に含まれる）に対して提起でき（461条、462条2項）、控訴審では原則として弁護士強制が採用され（463条2項、465条2項）、判決の送達とともに進行する14日の不変期間内に開始されなければならない（464条、128条1項、416条1項）[475]。

　第3に、「控訴の提起」は第一審裁判所に控訴状を提出し、補助的に調書に対して陳述すること（Erklärung zu Protokoll）によって行われ（465条）、控訴状には準備書面に関する規定（78条）と467条の特別規定（控訴状の内容）が適用される。控訴の申立ては第一審判決を審査する範囲と確定遮断効の範囲を決定し（462条1項、497条3項、466条）、当事者双方の合意があれば申立てを拡張し、他の申立てと交換することができる（当事者の処分権に服する。483条）。

474）　*Id.*, 168-169.

475）　*Id.*, 169.

被控訴人は、第一審での自らの陳述に満足することもできるが、控訴を防禦するために事実および証拠の形式で新資料を提出できる（468条2項）。第一審裁判所は、第一審で提出された文書資料（Schriftgut）を控訴裁判所に提出しなければならない（469条）。控訴部の裁判長は当該記録を検討し（470条）、直ちに控訴審の口頭弁論期日を指定するか（480条）、もしくは事前手続（Vorverfahren）に備えることになる[476]。記録の検討の際に、裁判官が特定の手続的瑕疵——例えば無管轄、控訴状の瑕疵、第一審手続・判決の無効——の疑いを抱いた場合には、控訴審は原則として非公開で口頭弁論を経ずにこの点について判断する（473条）。この事前手続は控訴手続全体を簡易化し、コストを節約し、本案審理の負担を省く[477]。

　第4に、事前審理が行われず、あるいはその結果別段の措置が指示されなかった場合には、「ほぼ」14日間の呼出期間を遵守のうえで、「控訴審の口頭弁論」の期日が指定される（480条）。弁論は、関連する記録資料に基づく訴訟の状況について控訴合議部（Berufungssenat）が情報を提供することから始まり、報告者兼記録係として部の構成員（ein Senatsmitglied）が申述と読み上げを引き受け（主任裁判官が担当する）、次いで当事者がこの点につき発言する（486条）。法典は裁判官による証拠調べを幅広く認めており（488条）、第一審での証拠調べを繰り返すかまたは補充することができ（488条2項・3項、489条）、とりわけ前審の裁判官が不相当と判断した証拠申出を聞き届ける権限を有する[478]。

　第5に、「控訴審判決」（494条ないし501条）として、控訴審判決は控訴に至った事情と控訴手続において顕出された事情に従う。原則として控訴裁判所は自判するが（497条）、例えば第一審判決が本案の申立て（Sachanträge）を完全に解決していない場合には、新たな審理と判決を行うために事件を第一審裁判所に差戻す（496条・499条）。控訴審の審理で初めて顕出された事情に、それまで看過されていた無効が含まれる場合には、それは職権で顧慮されなければ

476）　*Id.*, 170.

477）　*Id.*, 170-171.

478）　*Id.*, 171.

ならず、期限を誤って不当に提起された控訴や、瑕疵ある控訴状の場合も同様である（495条）。当事者の一方ないし双方が懈怠した場合には、固有の欠席判決が下されるのではなく、記録の現状による裁判がなされる（nach Aktenlage entscheiden. 491条）[479]。

第6に、「更新禁止（Novenverbot）の調整方法としての再審の申立て」として、（ア）前訴で提出していたら自己に有利な判決がもたらされたであろう新たな事実を知るに至ったか、新たな証拠方法を発見しまたはそれが利用できる状態になった場合で、かつ（イ）第一審判決の基礎となった口頭弁論の終結前に過失なくして提出できなかった場合にのみ、法典は再審の申立てを認める（530条）。482条の控訴禁止にこの530条が適用され、第一審で当事者がいまだ手を付けていなかった事実や証拠が、控訴審での更新禁止のために利用できなかった場合に、再審の申立てが「間に合わせの代用品としての」（als Behelf und Ersatz）役割を果たすという、類例のない制度である。納得のゆく立法理由が説明されているわけではない[480]。

（ｘ）「その他の不服申立て概観」として、上告（502条ないし513条）、抗告（der Rekurs. 514条ないし528条）、無効の訴え（529条）、再審の訴え（530条ないし547条）が検討されている。

第1に、控訴審裁判所に対する不服申立てである上告についてである。（ア）上告理由（503条）は、無効、その他の手続上の瑕疵、訴訟記録に関する矛盾、実体法上の瑕疵の4つのカテゴリーに分類できる。（イ）上告は第一審裁判所に上告状が提出されることによって始まる（505条）。被上告人も上告答弁書（Revisionsbeantwortungsschrift）を提出できる。控訴審が第一審判決を支持した場合には、不服申立ては執行停止効を欠く（505条3項）。第一審裁判所は訴訟記録を控訴裁判所に提出し、控訴裁判所は自らの記録とともに上告審としての最高裁判所に再送する（508条1項）。（ウ）上告審では原則として口頭弁論は開かれないが（509条）、新たな事実と証拠を欠くと実効性のある攻撃防禦が考

---

479) *Id.*, 171-172.

480) *Id.*, 172.

えられない場合には、当事者はそれらに依拠することができる（504条2項、507条3項）。その場合には受託裁判官が担当する（509条3項）[481]。

第2に、抗告には、取り消すことができないもの、取り消しうる判決と併せて取り消すことができるもの（515条）、独立に（単独で）取り消しうるもの（514条ないし528条）があり、抗告および抗告手続の無効が取消事由となる（514条2項）。抗告は、その決定に対し不服が向けられる裁判所に抗告状が提出されることで開始される（520条以下）。不服申立ては執行停止効を伴わないが、一定の要件のもとで決定裁判所からの申請により執行停止効を発生させることができる（524条）。訴訟指揮の決定に対し抗告が提起されたときは、決定裁判所自らが、その他の場合は原則として抗告裁判所が不服に対処する（522条）。抗告裁判所は口頭弁論を経ずに判断し（526条1項）、抗告が容れられたときは、決定は抗告裁判所により取消しまたは変更となり、必要であれば決定裁判所が再度事案に取り組む（527条）[482]。

第3に、判決および手続の無効を通常の不服申立方法では主張できなくなった場合に、（ア）確定判決を下した裁判官が法律上その職の行使から排除されているが、原告が除斥原因を主張できなかった、あるいは（イ）当事者の訴訟能力ないし法定代理の瑕疵が追認によって治癒されなかったという事実関係に限り、特別の不服申立てとしての「無効の訴え（die Nichtigkeitsklage）」を設けた（529条）。この手続に執行停止効は認められない（547条2項）[483]。

第4に、法典は無効の訴えと併せて再審の訴えを規定しており、訴訟の進行中に訴訟行為が特定の理由から失権した（排除された）場合にもこの訴えを認めている（530条7項）。再審事由は三審級の全てにおいて生じうる（更新禁止の調整方法としてのこの訴えの機能は、前掲（ix）参照）[484]。

（xi）本章（第8章）末尾の「オーストリア民事訴訟法典の特色」は、「訴訟の

---

481) *Id.*, 173.

482) *Id.*, 173-174.

483) *Id.*, 174.

484) *Id.*, 175.

意義と目的を福祉国家的なもの（wohlfahrtsstaatlich）として特徴づける」ことが、立法者の意図に最も近いとする。訴訟における裁判官と当事者の役割分担においては裁判官が優先されるが、彼は第三の権力（Dritten Gewalt）の代表というよりも、行政国家的目的に貢献する社会的・経済的・政治的に「啓蒙された」オフィシャル（Funktionär）なのである。裁判官像の大枠はこのように予め定められているけれども、裁判官の任務と権限に関する具体的規定の驚くべき矛盾、アンビヴァレンスは看過できない、とネルは批判する。すなわち、証拠や当事者の行態の評価について裁判官に大幅な自由を与える一方で、手続の各段階で裁判官は細心の手助けをし、特定の訴訟状況でどのように処置するかなど随所でひどく几帳面に定められている。「冗長で殆ど常軌を逸し、しばしば努力なくては一般に理解できない」条文が存在し、これらは全て「規制過剰なもの（überregulierens）」と特徴づけられる類いの立法の表れである[485]。

（9）本書の最終章は「総決算の試み」である。ネルは「歴史叙述の再構成（Rekonstruktionen der Historiographie）」に基づき、「訴訟法史で繰り返されるテーマ」を語るとして、①裁判官と当事者の役割分担、②訴訟行為の失権（die Präklusion）、③手続の口頭性対書面性、④上訴法の適正な形成、⑤手続的正義の観念、の各論点を検討する。

　まず第1に、「裁判官は実生活の一面を評価しなければならない。それを確定するのは原則として当事者の問題（Sache）であり、当事者は訴えと対抗的権利（Gegenrechten）の主張において審理プログラムを決定する。このように定められた枠内で裁判官と当事者の役割が分配されるが、その場合に2つのルールのグループが重要である。すなわち一方では判決の基礎となる事実資料の確定（申出と証明）が、他方では申立てによるか職権によるかという手続の進行が重要なのである。歴史は時間と空間において極めて多様な解決を提供してきた。19世紀にはモデル型の原則（modelltypisch Maximen）が定式化され、『訴訟の目的』の観点からも議論された。既に述べたように、役割分配は証拠法や

---

485)　*Id.*, 176.

590

手続の重点にも拡張され、一連の問題がさらに規律されなければならなかった。すなわち証明主題がいかにして確定されるか、どの証拠方法が許容されるか、当該判決を行う裁判官が直接に証拠を採用するのか、それとも権限を有するその他の者が間接的に採用するのか、立証をどう評価するのかといった問題である。最後の問題に対する解答は、証明の結果の単なる算術という極端な答え（いわゆる形式的ないし法定証拠理論）と、裁判官の・拘束のない自由な評価との間を移動する」[486]。

　第2に、手続法に明瞭な特徴を与える諸制度の中で、訴訟行為の失権は後回しにされるものではない。失権制度は一連のリズムで経過する手続と弁論の一体性の原則との対立を示すものである。全ての訴訟制度に共通の入念さ（徹底性）と迅速性との二重の要請のディレンマがこの制度にはっきりと表れている。徹底性が優先されると、失権は後退するかもしくは治癒される[487]。

　第3に、「口頭性対書面性のテーマも、19世紀に原理的対決・論争の渦に巻き込まれたが、とりわけ手続の口頭性の要請（そしてその姉妹である公開性の要請）の政治的猛烈さ（die politische Brisanz）が想起されるべきである。アンシャン・レジームの司法の劣悪な状態は刑事訴訟に限られず、何よりもまず手続の書面的で秘密主義的な構造に責任がある。さらに口頭性という政治問題（das Politikum Mündlichkeit）は、立法的転換の途上で極めて多様な手続法的機能を与えられている。2つのヴァリアントを生み出すために口頭性は教条主義的・演繹的性格を帯びる一方で、弁論の直接性のための単なる表現手段（Vehikel）として用いられる。いかに強調された（betont）口頭的の手続でも書面性を完全に放棄することはできない。その場合に、2つの構成要素の混合的関係だけではなく、口頭性の相手方として書面性概念に付与される意義も、また重要なのである。書面性とは当事者が提出した書面を意味するのか、書面が弁論において朗読された場合には、書面性から離れて（verlassen）口頭性が回復されたことになるのか、口頭弁論の調書化はどのような役割を果たすか。口頭弁論の口頭性は必然的に書面性へと一変するのか。それとも調書の内容を

486）　*Id.*, 177.

487）　*Id.*, 177-178.

より詳しく作成することで突然変異の危険（die Gefahr der Mutation）は避けられるのか。これらの、あるいはそれに類した諸問題への答えは期待通りには存在しなかった」[488]。

第4に、上訴法の適切な形成という問題の解答も不統一である。（ア）われわれが考察したあらゆる時代において、終局判決のみが取り消しうるのか、それとも中間判決も取り消せるのかというテーマは、特に扱いにくいものと感じられた。（イ）中間的決定であれ終局判決であれ、その審級の数を規制するにあたり、手続の徹底性と迅速性とのディレンマに直面した。（ウ）新しい事実資料・証拠資料が提出される新しい第二審、単に法適用のみをコントロールする第二審ないし第三審、自判するか審理と判決のために前審に差戻す上訴裁判所、といった多様な可能性が相互に連結・調整された[489]。

第5に、総決算を締めくくるにあたり、ネルは手続的正義（Verfahrensgerechtigkeit）の概念に集約できる（そしてまた、われわれが検討した諸時代において多様な形で主張された）3つの規律領域を簡潔に摘示すると説く。すなわち（ア）双方的な法的審問の保障（die Gewährung beiderseitigen rechtlichen Gehörs）、（イ）公平性が疑われることを理由とする裁判官の忌避の可能性、（ウ）訴訟上の救助を受ける権利や、それに類した措置に具体化されているような、当事者側の「装備の欠如の調整（der Ausgleich von Ausstattungsdefiziten）」である[490]。

(10)「ネル教授の従来の研究は、法学者たちの議論の内在的理解に意識的に集中したものであった。例えば弁論主義の起源を論じた教授資格取得論文『初期の学識法訴訟における裁判官の地位』（1967年）では、弁論主義を他の様々な要因から説明しようとする試みに対して、法学の内在的な理解から弁論主義の議論が成立する過程を明らかにしている。その後の研究も基本的には法学資料の内在的理解とその構造的な説明に努力が傾けられた。……これに対して近年

---

488)　*Id.*, 178.

489)　*Id.*, 178-179.

490)　*Id.*, 179.

592

の教授の研究は、資料の内在的理解を踏まえて、法制史上の諸制度あるいは諸理論について、『それを用意すべき国家というものの性質・体制』……との関連を意識的に追求しながら進められているように思われる。……国制史への関心がヴァイマル期私法史の研究に始まるとすれば、現代的問題意識が歴史研究に持つ意味について考えるうえでの好個の例を提供することになろう」[491]。

本書『ヨーロッパ民事訴訟概史』は、こうしたネルの学問的関心からすれば、「法学資料の内在的理解とその構造的な説明」を中心とするものである。「単なる『訴訟法史』であれば、私法史の伝統に従ってローマ訴訟法（ローマ私法は訴権法であったから、現在の訴訟法が公法に属するとされるのと違って、ローマの訴訟法はローマ私法の中核をなすものであった）から中世ローマ・カノン訴訟法、そして近代の訴訟法への発展を叙述すれば足り」るとされるが、本書は国制史の視点を除いた「通史としての『法史』」なのであろう[492]。

ネルは理性的・典型的なローマの方式書訴訟から叙述を始め、「中世学識訴訟における共通の遺産」であるローマ＝カノン訴訟は、方式書訴訟と直結するのではなく、ユスティニアヌス的なフィルターのかかったその破片、すなわち市民法大全の法文を中心に、ローマ法学者・カノン法学者の学問的努力によって形成された、と論ずる。ネルによれば、ローマ＝カノン訴訟の特色とは次のように要約される。①訴訟対象の支配については、当事者処分権主義と弁論主義が手続を形成する・訴訟のアゴン的構造からすれば、対席的ないし当事者対抗的手続と位置づけうる。②手続の支配については、処分権主義が出発点であるが、手続の進行に関しては、裁判官は受動的役割にとどまるのではなく、迅速化のための多様な手段を利用できる。③手続的正義については、呼出しの期間と方式が現代の双方審尋原則に機能的に対応しており、当事者の防御権の保障のために、手続進行の適式性が過剰に規律される。④このユス・コムーネは差異と特殊性を伴う地方的発展に対してオープンであった。以上である。最後の④の特色から、共通の遺産を残しつつ訴訟の地域化・国家化が進行することが可能となり、固有の制定法が生じた。次いでネルは、人文主義や宗教改革が

---

491)　小川浩三「『ヨーロッパ法史入門』注解」ネル（村上訳）・前注（2）⑤185-186頁。

492)　本文の引用は、小川・前注（2）151-152頁。

第3部　比較法史の実践　*593*

民事訴訟法に及ぼした影響、自然法と啓蒙思想が及ぼした影響といったテーマが生まれた近代（Neuzeit）へと筆を進め、啓蒙的絶対主義の精神の実現を企図した1781年プロイセン訴訟法典を検討する。

　ネルの別著『ヨーロッパ法史入門：権利保護の歴史』によれば、「法制史の時代区分の観点から見れば、17、18世紀は、法秩序全体を形成する力が自然法に認められた時期、それどころか、そうした力の発揮が求められた時期」である。すなわち宗教戦争と植民戦争の時代であって、現状を規律するために、自然法に基づき非キリスト教的諸国民をも拘束する国際法を形成しようとしたのである（啓蒙主義者たちによる自然法の世俗化）。17世紀の自然法論に基礎を有する啓蒙期の法的合理主義、「理性と経験による絶えざる批判の過程」である啓蒙主義が全ヨーロッパ的な現象となって、国民の法的平等の実現・法的確実性（個人の権利の確実性）の保障という根拠から、司法制度の欠陥が批判された。プロイセンでは、君主制的絶対主義の政治体制を維持しつつ（啓蒙絶対主義。革命ではなく改革の道が選ばれた）、「フリードリッヒ大王は、自然法ないし理性法の精神によって育まれた熱心で有能な何人かの法律家の助けを借りて、自分の意見を実現することにした。これらの法律家は、国王により委ねられたのは単に既存の訴訟法を改良する仕事ではなく、新たなスタートを切ること、すなわち新たな構築物を意識的・合理的に設計する仕事だと考えたのである。方法という角度から見れば、特定の目標と原理を掲げて細部の規律にそれを及ぼしてゆくような立法を行うということであった。こうした合理的追求の精神で作られた訴訟法はいまだかつてなかった」[493]。ネルはプロイセン訴訟法典の特色（指導理念）として、①裁判官による真実探求（弁護士の追放と補助官の創設を伴う）、②広範な裁判官の権力・恣意的取り扱いから当事者を保護するために、裁判官の権能を多くの者に分配したこと、を挙げる。前者①は後世の訴訟法典・草案のインスピレーションの源泉となったとネルは評価し、「プロイセン的・フリードリヒ的訴訟は、訴訟理論においてはある程度今日まで生き延びている。それは福祉国家的な構想による権利保護に、その端的な歴史モ

---

493)　引用部分は、ネル（村上訳）・前注（2）90-102頁。

594

デルとして役立つからである」と指摘している。これに対し前掲②の機能分配は極めて技巧的なもので、当事者を混乱させ、訴訟法の透明性を高めるという意図に逆行していたと批判する[494]。

ネルはローマ＝カノン訴訟とともに1806年フランス民事訴訟法典にも多くの頁を割いている。ネルによれば、その起草者が「訴訟の目的」の考察において不十分であったことから、理論的基礎・体系性には欠けていたが、フランス民法典を補充する必要があり、その公開主義と口頭主義のメルクマールが自由主義的潮流に適合したため、土着の法よりは合目的的で鈍重ではないとして広く伝播したのである。ネルはフランス民事訴訟法典の形式主義を批判した1819年ジュネーヴ法に独立の1章をあて、起草者であるベロの理由書を詳しく紹介する。実体法を補完する訴訟法は当事者の利益のために機能しなければならず、そのルールは柔軟であることを要する、というベロの哲学を明らかにして、証拠調べの直接性が同法の最大の特色であるとする。ネルは「19世紀においては、西ヨーロッパおよび南ヨーロッパにつき、3つの訴訟法圏を挙げることができる。中世に形成された普通訴訟が当然ながら重要な地方的変形を経ている領域、1806年フランス民事訴訟法典の支配下ないし影響下にある領域、そして当然地域的に限定されてはいるがプロイセン訴訟の領域がそれである」と論じる。次いでネルは「自由主義的モデル」を代表する1877年ドイツ帝国民事訴訟法典と1895年オーストリア民事訴訟法典の概観に進むが、本書の最大の特色は、それに先立って（『自然法と民事訴訟』、『訴訟は3人の行為である』所収の論稿を基礎とする）「19世紀における訴訟法学」という章を設けたところにあろう。

すなわちネルは、「19世紀における訴訟法学」の章で、訴訟法の自然法的研究をもたらした外因的要素（訴訟の正当化と訴訟目的論）と、内因的要素（体系および原則の形成［Maximenbildung］）とをまず検討し、さらに民事訴訟法の構成的＝概念的学問化（特に「法律構成」の方法論の発達と、訴権概念の新構成）の実例としてビューローからキヨヴェンダに至る系譜を辿っている。しかしながら、こうした訴訟法学の発展が1877年ドイツ帝国民事訴訟法典の自由

494）　ネル（村上訳）・前注（2）104-105頁。

主義的モデルにどのように結び付くのかについて、立ち入った分析はなされていない。ただ、同法典の素材として、「訴訟法の学問的議論で補充された・普通訴訟を基礎とする諸立法のグループ」、「ハノーヴァー法典・ハノーヴァー草案・北ドイツ草案の基礎となったグループ」などが挙げられているにとどまる。

　ドイツ帝国民事訴訟法典に関しては、口頭性の法理・口頭弁論の一体性原則、証拠法における証拠結合原則・裁判官の自由心証（さらに裁判官の訴訟指揮権、証拠調べの直接性）を主な特色として取り上げ、抽象的・仮定的に定式化された法典であると分類する。以上と対極にあるのが、フランツ・クラインの起草にかかる1895年オーストリア民事訴訟法典であるとして、事実認定のための裁判官の協働・当事者の訴訟追行における相互援助・訴訟促進の各テーマに対するクラインの所説を概観する。ネルは同法典の基本的構成要素は、弁論と証拠調べの直接性原則、訴訟行為の失権制度、訴え提起後の第一回期日（事前期日）であるとしたうえで、「訴訟の意義と目的を福祉国家的なものとして特徴づけること」が同法典の特色であると指摘する。ただし、裁判官の任務と権限を対象とする同法典の「驚くべきアンビヴァレンス、矛盾」をもネルは批判している。

　以上の歴史叙述の再構成に基づく「総決算」として、ネルは裁判官と当事者の役割分担、訴訟行為の失権、手続の口頭性対書面性、上訴法の適正な形成、手続的正義の観念の各論点を簡潔に展望するのである。ヴァン・カネヘムやヴァン・レーが比較史のアプローチを明示的に採用し、司法制度のネットワークに着目しつつ、ヨーロッパ民事訴訟法史を「理解可能な（intelligible）研究分野」として論じているのに比べると、ネルの本書は方法論に拘泥せずに代表的な訴訟法典の構造分析を中心に据えた伝統的な「法史」であるといえよう。ただ法典相互の影響関係は必ずしも明確ではなく、確かに出発点をローマ法の方式書訴訟とローマ＝カノン訴訟という共通枠でくくってはいるが、射程をヨーロッパ大陸法に限定し、イングランド訴訟法史を考察の対象から外している。訴訟法のハーモナイゼーションのテーマは検討されず、法典ごとの縦割りの叙述が展開するのみで、最終章での「総決算」もいささか不満足な内容となっている。しかしながらネルは比較史としてはカネヘムの力作が既に存在することに配慮し、国制史の観点にも触れず、ローマ＝カノン訴訟と個別の訴訟

596

法典の構造分析とに意図的に集中したと解することはできまいか。そのように評価すれば、カネヘムらの先行業績の各論としてネルの本書を読むことが可能になるのである（本書では省かれたイングランド訴訟法史についても、カネヘムらの論著が存在する）。なおネルの本書は簡潔な訴訟法の通史であるが、シュリンカー（Steffen Schlinker）の大著『争点決定論——12世紀から19世紀までの学識民事訴訟の基礎に関する考察』（2008年）、同じ著者の「比較史的視座から見た近代初期における訴訟の開始」（2011年）、ネル自身のフランス民事訴訟法理論史には、何らかの形で論及してもよかったのではないかと思われる[495]。

---

495) Steffen Schlinker, *Litis Contestatio : Eine Untersuchung über die Grundlagen des gelehrten Zivilprozess in der Zeit vom 12. Bis zum 19. Jahrhundert* (2008); *id.*, Prozesseinleitung in der frühen Neuzeit in historisch-vergleichender Perspektive , *Zeitschrift der Savigny-Stiftung für Rechtsgeschichte, Germ. Abt. 128Bd.* (2011) 72-113.また、Nörr, Henry Vizioz und René Morel : zwei Erneuerer der französischen Zivilprozessrechtswissenschaft, in: *Festschrift für Jan Schröder* (2013).

VI. 手続的ユス・コムーネの再生

1. 序言

　「現代比較訴訟法学のライトモティーフは、訴訟法の近接化（または『ハーモナイゼーション』）である」と、『ケンブリッジ比較法コンパニオン』（2012年）に寄せた論稿「比較民事司法」において、チェイスおよびヴァラーノは指摘する[496]。本章では、法史学・比較法・民事訴訟法の立場から、（ヨーロッパを中心とする）民事手続法のハーモナイゼーションの基礎理論を検討する若干の論稿を取り上げ、「理解可能な」学問分野としてのヨーロッパ民事訴訟法史の「現代史」を語り、全体の締めくくりとしたい。

2. ヨーロッパ民事訴訟法学の基礎とハーモナイゼーション ──シュテュルナーの場合──

A（1）シュテュルナーの本格的な比較民事訴訟法研究の最初期に位置する論稿「アメリカ合衆国およびヨーロッパの手続観」（1987年）は、アメリカ＝ヨーロッパ間の「司法摩擦」を契機として、相互の歩み寄りの要請から「民事訴訟におけるアメリカとヨーロッパの手続観の相違」を徹底的に検討する必要が生じた、という認識を出発点とする。すなわち、異なる訴訟制度は異なる歴史的経験・共同体の基本的確信・法文化の産物である、と理解できて初めて相互に

496）Chase/Varano, Comparative Civil Justice, in: Bussani/Mattei (eds.), *The Cambridge Companion to Comparative Law* (2012) 210, 236.

598

尊重するきっかけが生まれるのである[497]。

(2) この研究は①各国の訴訟制度自体の相違、②歴史的与件、③デモクラシーと手続観の3部に分かれる。まず①では手続構造論として次のように説く。(ⅰ)ヨーロッパ大陸の訴訟は準備段階と本来の口頭弁論とから構成されるが、準備段階においても、関連性によるコントロールを通じて、法的に重要な事実の収集・初めから法と結合した事実関係の解明（die von vornherein rechtsgebundene Sachverhaltsaufklärung）を実現する。これに対してアメリカ合衆国の訴訟は、自由な事実解明手続（プリトライアル）と厳格に法規の適用と結び付いた手続（トライアル）とに二分され、素人である陪審のために歴史的全事実関係の解明を企てるものであり、ヨーロッパの訴訟構造とは対応しない。イギリスの高等法院の手続は両者の中間的位置を占める。

　さらにシュテュルナーは、このような制度的差異は、歴史的与件の結果でもあると指摘する（前掲②）。すなわち、事実資料を早期にフィルターにかけるヨーロッパ訴訟と、広範囲にわたる事実の探求を求める英米の訴訟は、それぞれローマ的思考モデルとゲルマン的思考モデルの異なった影響を受けている。まずゲルマン訴訟では、裁判官の指示を受けた審判人（die Schöffen）が厳格な法規によらずに、当事者の事実の陳述に基づいて、法的平和を回復する可能性を判定する。このゲルマン訴訟は、イングランドの大法官裁判所（Chancery-Court）がイタリア・カノン訴訟から発展させたプリトライアルと混合して、プリトライアル・ディスカヴァリを伴う今日の陪審手続の原型となった。これに対し、ヨーロッパ大陸では、ローマ訴訟のアクチオ思想をイタリア・カノン訴訟とともに受け継ぎ、その影響が今日に及んでいる。要するに、出発点が歴

---

497)　Stürner, U.S.-amerikanisches und europäisches Verfahrensverständnis, in：*Fschr. für Ernst C. Stiefel* (1987) 763, 763-764. 同論文に基づくシュテュルナーの講演（前掲論文の第2章「歴史的与件と制度上の相違」（S. 775-781）を省略した内容である）の翻訳として、シュテュルナー（石川明＝藤井訳）「アメリカ及びヨーロッパ大陸の手続法の理解」（慶大）『法学研究』65巻9号75頁（1992年）がある。

498)　*Id.*, 764-766, 775.

史的事実関係かアクチオかという違いである[498)]。

　以上が手続構造上の差異についての分析である。次いでシュテュルナーは、裁判官と当事者の訴訟上の役割分担の違いを比較法的に検討する。まずヨーロッパ大陸の民事訴訟においては、弁論主義を原則とするが、裁判官には常に「補充的な事実の提出（ergänzenden Tatsachenvortrag）を求める権限があり、原則として職権による証拠の収集も可能である（実質的訴訟指揮権［das materielle Prozessleitungsrecht]）。またヨーロッパ大陸においては、期日指定・送達・期間の設定・証拠調べの指揮などの形式的訴訟指揮の重点は裁判官にある、といっても過言ではない。英米のプリトライアルでは、当事者のイニシアティヴが支配的であり、アメリカ合衆国のトライアル・ジャッジには、自ら証人を召喚するなどの実質的訴訟指揮が認められているが、それが行使されることは稀である。また英米においては、裁判官の形式的訴訟指揮が完全に排除されているわけではないものの、当事者が必要な活動をしない場合に、稀に行使されるにすぎない[499)]。シュテュルナーは、このように訴訟上の役割分担の相違を整理したうえで、裁判官の訴訟指揮権が定着してゆく歴史的プロセスを検証する。

　すなわち、ヨーロッパ大陸の民事訴訟も英米の民事訴訟も、既述のようにイタリア＝カノン訴訟を共通の起源としており、当事者支配をかなり純粋に実現する内容であった。いずれの国でも、裁判官の訴訟指揮権が次第に強化されてゆくが、その原因はヨーロッパと英米とで異なっている（ちなみに、ヨーロッパ大陸に多大な影響を与えたナポレオン法典も、形式的訴訟指揮権を当事者に大幅に委ねていた）。ヨーロッパでは、①裁判官の責任を拡大したフリードリヒ大王のプロイセン裁判所法が、ドイツ地方特別訴訟法（partikularen Prozessordnungen）およびドイツ民事訴訟法に影響を及ぼし、次いで②社会・福祉国家思想に基づくフランツ・クラインのオーストリア民事訴訟法が、裁判

---

499)　*Id.*, 766-770. シュテュルナーの指導を受けたPiekenbrock, *Der italienische Zivilprozess im europäischen Umfeld* (1998) 328ff.が、実質的訴訟指揮（判決内容に直接影響を与える訴訟資料に関する裁判官の措置）と手続の外形的進行に関する形式的訴訟指揮とに分けて、イタリアを中心とするヨーロッパ民事訴訟法の特色を概観している。

官の権限を紛争解決の鍵と位置づけて、ヨーロッパ大陸の裁判官訴訟（Richterprozess）に刺激を与えた[500]。しかるに英米の訴訟では、裁判官の訴訟指揮権が導入されたのは、厳格なコモン・ロー手続そのものを廃止するとともに、コモン・ロー裁判所およびエクイティ裁判所の二元性をも廃止するという、手続適合性・体系的整合性を求める動きによるものであった。裁判官と陪審の役割分担は、当初は裁判官の訴訟指揮を制限したが、コモン・ロー裁判所にもケース・マネージメントに親しむプリトライアル・ディスカヴァリが導入され、コモン・ロー裁判所とエクイティ裁判所の手続が統合されると、そのような制約は消滅した。プリトライアル・カンファレンスに見られるようなアメリカにおける裁判官の訴訟指揮権の強化も、ヨーロッパの社会的訴訟改革運動とは異なった体系的整合性を求める動きの表れであった。裁判官の母体となる自生的・独立的な弁護士団体の伝統があったために、19世紀の英米の改革は、ヨーロッパ大陸に比べて裁判官主導型の思想（Gedanken richterlicher Instruktion）に期待する傾向が遙かに乏しかったのである[501]。要するに、「訴訟の歴史の示すところによれば、訴訟における役割分担の違いは、訴訟形態史上の偶然にもよるが、福祉国家的・社会国家的基本思潮を受容する姿勢の違いと、司法における自己管理（それは素人の協力と自由弁護士の効率性として表れる）の定着度の違いも原因となっている[502]。

　シュテュルナーは、「デモクラシーと手続観」の章（前掲③）では、ヨーロッパ大陸の手続と英米の手続との主要な違いは、裁判官と当事者の訴訟上の役割分担のみではなく、「真実に対する理解」の違いでもあると言う。当事者中心の訴訟（Parteienprozess）は本来は「形式的」真実に傾くものであろうが、アメリカの訴訟における当事者の権限は、ヨーロッパの裁判官主導の訴訟（Richterprozess）とは無縁の解明厳格主義（Aufklärungsrigorismus）と結び付いているのである。すなわち、陪審という形での素人参加は直接民主主義の具体化であり、素人にとっては法的フィルターにかけない完全な真の事実関係

500）　*Id.*, 775-776.

501）　*Id.*, 776-778.

502）　*Id.*, 778.

（訴訟上の真実ではない、実体的真実）が第一であるから、裁判における直接民主主義の要請が強いほど、実体的正義に傾く[503]。これに対して、大陸ヨーロッパでは、司法を国家の社会福祉的配慮に基づく行為として理解する一方で（従って裁判官の立場は強い）、国家および裁判所の権力が完全に異常をきたしたかつての経験から、司法による干渉の可能性を最小限に抑える手続（僅かな協力義務、稀な直接強制、広い拒絶権を伴う）を採用している。「大陸の訴訟は社会福祉国家的要素と保護的自由主義とからなる独自の中間的存在である。アメリカの訴訟は、一種の『真実自由主義（Wahrheitsliberalismus)』と、選挙で選ばれた裁判官からの保護と権利を追求・立証しようとする市民から相手方を保護することは無用である、という基本思想とによって説明できる」[504]。

　以上の分析を経てシュテュルナーは、ごく最近では双方の訴訟制度が近接化する兆しが見られるとしつつ、ヨーロッパの法思考が——裁判官と当事者の役割分担、関連性（relevancy）、秘匿特権（privileges）といった問題について——アメリカの手続を豊かにできるかどうかは、来るべき将来に明らかになるであろう、実体法とは異なり訴訟の領域では、アメリカ法のヨーロッパへの一方的継受はほぼ確実に行われないであろう、と同論文を締めくくっている[505]。

（3）このシュテュルナー第一論文は、欧米の民事訴訟制度が、イタリア＝カノン訴訟を共通の起源としつつも、アクチオ思考を出発点とするヨーロッパ大陸の訴訟構造と、ゲルマンの訴訟制度と混合して歴史的全事実関係の解明を基本とするに至った英米の訴訟構造とに分岐してゆく、訴訟形態史を明らかにしている。それとともに、福祉国家的思潮の受容の程度、司法の自己管理思想の定着度、手続観の基本にあるデモクラシー思想の内容、といった各要因が訴訟構造に及ぼした影響を巨視的に分析し、シュテュルナーの比較民事訴訟法研究の主要な道具概念を提示している点で、この論稿は重要な意味を持つ。しかしながら本論文は、その末尾で欧米民事訴訟制度の近接化の動向に言及はするもの

---

503)　*Id.*, 781-782.

504)　*Id.*, 782-783.

505)　*Id.*, 783-784.

602

の、依然としてヨーロッパとアメリカの訴訟制度の異質性を強調しているといえよう。これは本論文がヨーロッパとアメリカの「司法衝突」を契機として執筆され、後に述べるような世界的規模での訴訟制度のハーモナイゼーションの試みに先立つ段階で発表されている、という事情によるものであろう。発表時期からいっても、1985年にシュテュルナーが行った高名な講演「アメリカ合衆国とヨーロッパとの間の司法摩擦」の続編として位置づけられるべきであろう[506]。

B（1）この第一論文からうかがわれるように、シュテュルナーの比較訴訟法学は該博な比較法史学的知見に裏打ちされている。シュテュルナーが「ヨーロッパ民事訴訟法」の研究によって、その共通のヨーロッパ的基礎を析出しようとする努力を続ける根底には、「ヨーロッパは訴訟法の緊密な継受を通じた歴史的な意味統一体（Sinneinheit）を形成している」という確信があるものと思われる（「意味統一体」はクルティウス『ヨーロッパ文学とラテン中世』の用語である）。次のパッサウ報告はシュテュルナーの訴訟法継受論を最も本格的かつ具体的に展開した大作である。

（2）1989年にドイツのパッサウで開催された国際手続法学会におけるテーマ「ドイツ民事訴訟法と他の法域へのその影響」に寄せたドイツ側からの報告書の冒頭で、シュテュルナーは「このテーマが訴訟法的な汎ゲルマン主義の現れであると誤解してはならない」、「ヨーロッパ訴訟手続の基本構造の多くはローマ的・イタリア＝カノン的・統一普通法的訴訟手続という共通の根源にまで遡ることができ、ナショナルな独自性に比較的乏しい」と、まず注意を促している[507]。

　シュテュルナーがこの報告のモティーフとして重視しているのは、歴史的比較法（Historische Rechtsvergleichung）への寄与、各国訴訟制度のオープンな競争を刺激すること（学問的・法実務的動機に裏づけられた継受の促進）、各国が同種の研究を行うことによる国際訴訟法学・比較訴訟法学への貢献なので

---

506)　シュテュルナー（春日偉知郎訳）『国際司法摩擦』として訳出されている。

ある[508]。以上のテーマの選定動機についてのコメントに続き、①継受の対象（訴訟法規範・訴訟法学・判例）、②継受の形態（権力政治的行為としての継受、精神史的・共同体的発展の結果としての継受、国家主導的政治改革行為としての継受、文化的連帯から生ずる継受、学問的手続としての継受）、③逆継受（Umkehr der Rezeption）の順で、シュテュルナーは訴訟法継受の総論を展開する。

第1の「継受の対象」ではシュテュルナーは次のように述べる。規範の継受（文言の継受・内容的継受・法典体系そのものの継受）とともに、継受された規範の解釈・形成を容易にするための広汎な学説継受が行われることが多いが（日本におけるドイツ訴訟法学への広い関心、ギリシャにおける「ドイツ学派」の形成）、訴訟法学の場合には規範の継受とは独立に他国訴訟法学に影響を与えることがある。シュテュルナーはその例として、20世紀初頭のイタリア訴訟法学に対するドイツ訴訟法学とオーストリアの訴訟法改革思想（Reformgeist）の大きな影響、スイス・北欧とドイツ訴訟法学の交流、イベロアメリカ訴訟法学に対するイタリア訴訟法学の多大な影響を挙げる[509]。とりわけドイツ訴訟法学が広汎な普及力（Ausstrahlungskraft）を獲得した理由は、以下の2点にある。すなわち①19世紀に学問的対象としての訴訟法学を構築するにあたり、ドイツ訴訟法学が貢献し、手工業的テクニックにすぎなかった訴訟手続を法的素材に昇格させた、②これと密接に関連するが、ドイツ訴訟法学が学問的構成により高度の体系化を達成し、訴訟に独自の正当的価値（Gerechtigkeitswert）を与

---

507) Stürner, Das deutsche Zivilprozessrecht und seine Ausstrahlung auf andere Rechtsordnungen —— von Deutschland aus gesehen, in: W. Habscheid (hrsg.), in：*Das deutsche Zivilprozessrecht und seine Ausstrahlung auf andere Rechtsordnungen* (1991) 5-6. 同論文については、貝瀬『比較訴訟法学の精神』（1996年）234-235頁も参照されたい。法の継受に関するシュテュルナーの業績としては、この他にStürner, Die Rezeption U.S. -amerikanischen Rechts in der Bundesrepublik Deutschland, in：*Fschr. für Kurt Rebmann* (1989) 839 ; ders., Gegenstand und Formen der Rezeption im neueren Prozessrecht, in：*Law in East and West* (1988) 287がある。

508) *Id.*, 6-7.

509) *Id.*, 10-11.

えたため、ナショナルな手工業技術を越えた国際性を獲得するに至った[510]。

第2の「継受の形態」は流動的で、時代の進展に応じて移行する場合もある。例えば意図的な政治的改革行為から文化的連帯に基づく継続的継受まで多様である。個別的に継受の媒体（Katalysator）を探求するためには、以下のカテゴリー化が有益である[511]。第1に、征服・占領などの強権的政治行為による継受がある。第2に、精神史的・共同体的発展の結果としての継受がある。第3に、国家の指導に基づく政治的改革行為としての継受がある。第4に、言語・文化を共通にする文化的統合体内部での継受である。第5に、訴訟上の専門技術やノウ・ハウが学問的比較研究によって輸入される、学問的手続としての継受がある。

第3の「逆継受」「継受の反転」という現象は、継受法がさらに発展して当初の国（母法国）に逆流することであり、継受国に独自の訴訟文化が存在する場合（ドイツ訴訟法を継受したオーストリアからの反転）や、ドイツ訴訟法の古典的継受国（ギリシャ、日本）との関係で生じうる[512]。

（3）以上の総論に続き、シュテュルナーはオーストリア、スイス、日本・東アジア、ギリシャ、イタリア、スペイン・ポルトガル、ラテン・アメリカ、北欧、東欧、旧東ドイツ、トルコ、フランス、英米の各国におけるドイツ民事訴訟法（学）の継受を個別的に追跡して、次のように結論づける。

①ドイツ民事訴訟法が原型のままで継受された例は稀であるが、オーストリアでは永続的な類似性を残しつつ再発展している。20世紀前半には、ドイツがオーストリアから新たな刺激を受け、オーストリア・モデルの穏健なドイツ種が育っている。したがってオーストリアの重要性が減少しているとか、オーストリア訴訟が孤立した現象であるとか理解するのは誤りである。オーストリアの促進力は、ドイツの体系・制度の学問が新しい社会理念と結合されたためである。訴訟法史ではオーストリア＝ドイツ間の影響を論ずるのが最も適切であ

---

510) *Id.*, 11-12.

511) *Id.*, 12.

512) 以上は、*Id.*, 12-18.

第3部　比較法史の実践　*605*

る[513]。

②ドイツ訴訟法学は法規範の継受から相対的に独立した形で、その体系思想および制度学が普及していった。これはオープンな内容を持ちイデオロギー的に補充可能な体系・制度学である。かかる制度学は、いかなるイデオロギーのもとでも法的安定、および訴訟手続の利害関係人の主体的地位の強化に重要な貢献を行った。訴訟は手工業的な規則の体系から主体的権利の体系となったのである[514]。

③現代のヨーロッパ大陸訴訟法に重要な点で決定的な影響を与えたのはオーストリア＝ドイツ訴訟法である。例えばフランス法はこのモデルに接近しており、イデオロギーに左右されやすい「当事者と裁判官の役割分担」の問題では、フランスは職権を強化したオーストリアの社会訴訟法を志向している。このドイツ＝フランス間の接近は、将来のヨーロッパ訴訟に魅力的なモデルを提供している[515]。

④訴訟に国家的プライドは不適切である。ヨーロッパ大陸の訴訟法は各国相互のギヴ・アンド・テイクを通じて時代ごとに変化している。例えばドイツ＝オーストリア訴訟もイタリアおよびフランスの基礎理論（Grundlegung）なしでは考えられない。従って共通の訴訟文化の発展を促すようなナショナルな伝統を育むことこそが重要なのである[516]。

（4）このパッサウ報告は、ドイツの訴訟法規範および訴訟法学の継受のネットワーク・鳥瞰図を描き出すことを通じて、訴訟法・訴訟文化の普遍性を強調しているところに大きな特色があろう。このような普遍性を構築するにあたって、体系思考を特色としイデオロギー的に無色なドイツ訴訟法学が貢献したと指摘されるのである。訴訟法学の継受を支えた多様な歴史的要因（継受の媒体）も詳しく分類されているが、今日では、各国単位の継受のプロセスの分析（古典

---

513)　*Id.*, 39-40.

514)　*Id.*, 40.

515)　*Ibid.*

516)　*Ibid.*

606

的な継受論）を超えたより広い法域（あるいは全世界的規模）でのハーモナイゼーションの基礎理論の構築と、ナショナルな訴訟法学の位置づけとが喫緊の課題となると思われる。かかる問題意識がシュテュルナーの「ヨーロッパ民事訴訟法」研究を深化させ、以下に紹介する一連の珠玉の論稿に結実してゆくのであろう。

C（1）シュテュルナーがヨーロッパ民事訴訟法研究の構想を最も包括的に示したのは、フリッツ・バウアの80歳を祝して行われたチュービンゲン・シンポジウムの報告を収めた『ヨーロッパ民事訴訟法への道』（1992年）の巻頭論文「ヨーロッパ民事訴訟法——統一かそれとも多様性の維持か？」においてである。この論文の目的は、ヨーロッパにおける法の統一が、各国の訴訟および訴訟法学をどのように変容させるのかを予想し、将来のヨーロッパ民事訴訟法において、ドイツ訴訟法学の伝統（特にそのドグマティーク）がどのような役割を果たしうるのか、を考察するところにもあった[517]。

（2）シュテュルナーは、法史学的知見に照らして、ヨーロッパ訴訟法発展の基本モデルは5つ考えられると言う。それらが混合形態をとることもありうる。

第1が、全ヨーロッパの裁判所が同等の訴訟法を適用する「統一的解決モデル」である（例えば1879年ドイツ帝国のように）。

第2が、これとは反対に各国訴訟法の多様性を維持し、その発展をフリー・マーケットに委ねたうえで、比較法による限定的・漸次的ハーモナイゼーションを図る「各国多様性維持モデル」である。このモデルにおいては各国が網目状に結び付くため、共通の国際訴訟法と司法共助規則とが発達し、共通の上級裁判所がその適用をコントロールする。

第3が、各国での訴訟手続と、ヨーロッパ共通法につき判断権を有する・特別に組織された裁判所におけるヨーロッパ共通訴訟法に従った訴訟手続とが併

---

517) Stürner, Das Europäische Zivilprozessrecht ——Einheit oder Vielfalt?, in: Grunsky/
Stürner/Walter/Wolf (hrsg.), *Wege zu einem europäischen Zivilprozessrecht* (1992) 1-2. 同
論文については、貝瀬・前掲注（507）259–262頁を参照されたい。

存する、「複線モデル」である。

第4が、共同体に法的大綱を作成する権限を認め、各国がその細目を埋める「共通法的大綱設定モデル（gemeinsamer rechtlicher Rahmen）」である。

第5が、立法権は欠くけれども政治的・専門的権威を有するグループが、法的拘束力を有しないモデル法を起草し、各国の立法者が当該グループの権威を基礎にハーモナイゼーションを図るという「モデル法案モデル」である[518]。

シュテュルナーは以上のように基本モデルを整理したうえで、従来のヨーロッパ共同体内での民事訴訟法・執行法のハーモナイゼーションは、明らかに「共通の国際訴訟・執行法を伴う各国多様性維持モデル」（前記の第2のモデル）に従っている、と指摘する。このモデルは、加盟国相互間での判決の承認・執行の簡易化を要請するEC設立条約第220条が「最小限の基準」として想定しているものである[519]。こうしたヨーロッパ民事訴訟法の発展にも変化の兆しが見られ、EC委員会の委託を受けた学者グループがヨーロッパ民事訴訟モデル法を起草し、EC構成国がこれに任意に従うことによって法のハーモナイゼーションを図る、という試みが進められつつある（先に、第5として掲げた「モデル法案モデル」）。将来はこのモデル法から、EC構成国に共通の法的大綱となるECディレクティヴを作成しようというのが、EC委員会の野心であろうとシュテュルナーは予想している[520]。

（3）　シュテュルナーによれば、ヨーロッパ民事訴訟法がさらに発展してゆくためには、次の3つの基本的要請に従う必要がある。

第1に、商品やサーヴィスの自由な移動に対応して、域内市場における権利保護の実効性が等価でなければならない。権利保護の様式が多様であれば、それだけでEC構成国国民の武器平等にとって甚だしい障害となるのか（それならば統一が必要となる）、それとも実際に権利保護に格差があって初めて、等

---

518)　以上の整理は、*Id.*, 2-5.

519)　*Id.*, 5.

520)　*Id.*, 6-7. 本文で言及したマルセル・ストーム案（モデル法）については、貝瀬・前掲注（507）325頁以下。貝瀬『国際倒産法と比較法』（2003年）325頁以下。

価性を欠くといえるのか（こちらであれば多様であっても等価であれば足りる）
は、手続の最大限のAngleichungを要請するのみのEC設立条約からは明らかで
ない。

第2に、多様な法域と言語圏を緊密に連結して、最大限に運用できる国際共
通訴訟法が必要である。

第3に、共同体法が統一的に適用されることが必要である。

シュテュルナーはこれら3つの基本的要請に即したヨーロッパ民事訴訟法像
を順次検討する[521]。

まず第1の手続法の形式的な統一を要するか否かという問題は、実質的等価
性があれば足りるとする。その理由は次の通りである。①統一による簡易化と
いう効用を過大評価してはならず、むしろ硬直化の危険があるのに比べ、同一
の経済圏内で多様な法秩序が競合すれば、アメリカの例が示すように刷新力
（Innovationskraft）が生まれる。②手続法は有機的に成長する文化の一部であ
るため、巧妙にミックスされた非自生的な単一の法で統一することは望ましく
ないのみならず、少数の言語（英仏語）による支配を招く。③新生ヨーロッパ
の「普通法」は、国民国家の時代と同様に（内容の一致した法典よりも）各国
の学問および実務に共通の価値観念によって表されるべきものである[522]。

さらにシュテュルナーは、EC構成国の民事訴訟法は本質的に等価であるか
ら、周辺的な修正は必要ではあるが、それは自発的な法発展に委ねるべきであ
ると説く。この発展はおそらくはヨーロッパ共通の触媒（gemeineuropäische
Katalysatoren）によって促進される。すなわちシュテュルナーはEC構成国の
訴訟法が共通の歴史と共通のドグマティークを有することを指摘し（したがっ
て、今日では共通ヨーロッパ民法よりも共通ヨーロッパ民事手続法を描く方が
容易である）[523]、各国法制の共通点と相違点を概観する。若干の具体例を紹介
しよう（なお歴史の共通性として、イタリア、フランス、ドイツ＝オーストリ
ア訴訟は歴史的にギヴ・アンド・テイクの関係で発展し、ベネルクス諸国はこ

---

521)　*Id.*, 8.

522)　*Id.*, 9-10.

523)　*Id.*, 10-11.

の発展と大幅に結び付いてきたし、歴史的には独自の存在といえるイギリス、スペイン、ポルトガルにも、ヨーロッパに共通していたローマ＝カノン訴訟が浸透している、と論じている）。

第1に訴訟構造については、訴訟資料収集のための組織体として2つの基本モデルがあるとする。すなわち、マスターによる準備手続と裁判官によるトライアルとを厳格に区別するイギリスの訴訟と、弁論準備裁判官と判決裁判官の同一性（die Identität von verhandelndem und erkennendem Richter）を強調するドイツの訴訟が両極にある。さらに、両者の中間に位置するフランス、イタリアの事前手続裁判官モデル（die instruktionsrichterlichen Modelle）もあるため（フランス民事訴訟法763条以下・155条2項、イタリア民事訴訟法168条ないし174条）、これら全ての早急な統一は困難である[524]。

第2に書面主義と口頭主義の論争については、証拠調べに至るまでの準備手続では書面を優先させ、本来の弁論では口頭主義を採用する混合形態が、ヨーロッパ人権条約6条1項にも対応するものとして支持できる[525]。

第3に裁判官と当事者の権限の分配については、裁判官主導のドイツ・オーストリア訴訟（さらに、フランス新民事訴訟法およびEC裁判所の訴訟手続が同一方向に進み、イタリアとイベロアメリカがためらいがちにこれを追っている）と、当事者主導型のイギリス訴訟とが対置している。法史的伝統に基づく後者の過度のバリスター・システムに対しては、国内の批判が強まっている[526]。

第4に手続の促進の要請は、手続の各段階あるいは裁判官が定める期間と結び付けられた（かつEC裁判所の手続のように、原則として過失を考慮に入れる）失権システムを備えた訴訟を求めるが、この領域は訴訟法史において急激な変化を経験しているのであり、全ヨーロッパ的統一によってプロクルテスの寝台に押し込むことは耐え難い[527]。

---

524) *Id.*, 11.

525) *Ibid.*

526) *Id.*, 12.

527) *Id.*, 12-13.

第5に証拠・証明法の分野では、事案解明に積極的なイギリス法（新フランス民事訴訟法10条・11条が同一志向）と、証言拒絶権を広く認め、事案解明により謙抑的なドイツ法とが両極に立つものの、事案解明に非協力的な行為態様に対する裁判官の消極的評価が、多くの実定法上の格差をなくしているため、権利保護のうえでの差は殆ど生じていない[528]。

第6に訴訟費用については、敗訴者負担の点でほぼ同質的である[529]。

第7に訴訟への第三者参加、略式手続の中の督促手続や満足的仮処分、執行法における優先主義と平等主義といった領域では、権利保護の格差を除去する必要がある[530]。

シュテュルナーは以上の検討を踏まえて、規範レヴェルに限定してではあるがEC諸国間の権利保護の落差の程度が確定され、原則として等価な訴訟秩序が存在することが明らかになったと分析する。シュテュルナーは、より良い訴訟法秩序を求めての自由競争に対する介入は控えるべきであり、モデル法をディレクティヴに転嫁させるのは致命的であるが、それがより優れた解決のオーソリティにとどまる限り異論はない、と評価する[531]。同論文の末尾でシュテュルナーは、統一的ヨーロッパ民事訴訟法への発展と各国の訴訟法学との関係に言及するが（シュテュルナーは統一の程度があまり高くないことを望んでいる）[532]、このテーマは5年後の別稿でさらに周到に考察されることになる。

(4) 先のパッサウ報告が「ヨーロッパ民事訴訟法」の歴史的基礎づけに貢献したのに対し、このチュービンゲン・シンポジウム報告は、権利保護の等価性こそがヨーロッパ民事訴訟法の形成に不可欠であると指摘し、現在のEU構成国の民事手続法は主要な点で実質的に等価であると論証している。本報告は、かかる「ヨーロッパ民事訴訟法」は統一法典よりも各国の学問と実務に共通の価

---

528) *Id.*, 13-14.

529) *Id.*, 14-15.

530) *Id.*, 15-16.

531) *Id.*, 16-17.

532) *Id.*, 22-23. その要約として、貝瀬・前注（506）261-262頁。

値観念によって形成されてゆくことを明らかにし、将来の「ヨーロッパ民事訴訟法学」の基礎づけを試みるのである。しかしながら両報告の眼目はヨーロッパ民事訴訟法学の構想・全体像を提示するところにあり、残された課題は少なくない。

まず第1に、シュテュルナー自身が認めているように、権利保護の実質的等価性を各論的に検証した部分は「ヨーロッパ内での比較訴訟の全ての重要問題」を網羅的に論じているのではなく、訴訟物や既判力などの魅力的な——しかし実際の法交通においてはマージナルな——論点を省いているため[533]、より多くの個別問題を詳細に検討する必要がある。

第2に、各論的な検証と並行して、ヨーロッパ民事訴訟法の普遍的な全体構造を、比較法的手法を通じて描き出す必要がある。

第3に、本報告では簡略に触れているにとどまるが、ヨーロッパ民事訴訟法学とナショナルな（各国の）民事訴訟法学との（フィードバックとでも表現すべき）相互関係の解明がさらになされるべきであろう。

このチュービンゲン・シンポジウム報告では、ドイツとイギリスの訴訟構造が対極にあるものとして位置づけられていたけれども、1999年のイギリス民事訴訟規則の改正によって両者は一挙に近接化を遂げることになる。

D（1）チュービンゲン・シンポジウムの後、シュテュルナーは「スイス民事訴訟とヨーロッパ訴訟文化」（1993年）[534]、シュタットラーとの共著「比較訴訟法の独自性」（1995年）[535]、「フランスおよびイギリス強制執行法——ヨーロッ

---

533) *Id.*, 16.

534) Stürner, Der schweizerische Zivilprozess und die europäische Prozesskultur, in：*Gedächtnisschrift für Peter Arens* (1993) 399.

535) Stürner/Stadler, Eigenarten der Prozessrechtsvergleichung, in：Gilles (hrsg.), *Transnationales Prozessrecht* (1995) 263. この論文の骨子は、貝瀬・前注（520）314頁以下で紹介した。

536) Stürner, Das französische und englische Zwangsvollstreckungsrecht：Reform und Tradition in Europa, in：*Fschr. für Hideo Nakamura* (1996) 599.

パにおける改革と伝統」（1996年）[536]、「20世紀末におけるドイツ訴訟法学者」（1997年）[537] といった比較ヨーロッパ民事訴訟法学に関する論稿を発表している。ここでは、ヨーロッパ訴訟法学の生成に際しドイツ民事訴訟法学が果たすべき役割について、チュービンゲン・シンポジウムでの論旨をさらに深化させた最後の1997年論文を取り上げておこう。

(2) 同論文においてシュテュルナーは、19世紀ドイツ訴訟法学が「学問的体系化」の方法によって単なる訴訟手続を学問の対象にまで高め、ナチの破局後には、学問のイデオロギー化に対する警戒から、中立的・体系的な理論構成（konstruktiven Dogmatik; systematische Konstruktion）の客観化機能に信頼が置かれたことをまず指摘する[538]。しかるに①EC裁判所を通じて形成された固有の――ただし英仏法の強い影響下にある――ヨーロッパ訴訟法の継受[539]、②

---

537) Stürner, Der deutsche Prozessrechtslehrer am Ende des 20. Jahrhunderts, in：*Fschr. für Gerhard Lüke* (1997) 829. その翻訳として、ロルフ・シュテュルナー「20世紀におけるドイツ民事訴訟法学者」（慶大）『法学研究』71巻4号83頁（1998年）。

538) *Id.*, 830-832. ドイツでは、ナチズムの経験から、イデオロギー化は危険なファクターであると警戒され、法社会学・手続社会学の隆盛期にも、社会学的訴訟法学（eine soziologische Prozessrechtswissenschaft）は十分に定着しなかった（*Id.*, 832）。ただ、このような体系構成的性格（konstruktiv-systematischer Charakter）にもかかわらず、現代ドイツ訴訟法学においては比較法的努力が顕著であるが、そこでの比較法は極めて静態的で、外国訴訟法を広い範囲で継受しようとするものではなかった（*Id.*, 833).

539) シュテュルナーは、顕著な一例として、裁判管轄および外国判決の承認・執行に関するEC条約の自律的解釈によって、EC裁判所がヨーロッパ共通の訴訟物概念を創造したことを挙げている（*Id.*, 835-836）。詳細は越山和広「欧州司法裁判所における訴訟物の捉え方」『民事手続法研究』創刊第1号（2005年）83頁以下を参照されたい。

540) 法情報収集システムの発達によって各国法の孤立化・硬直化が抑制されるとともに、個別ケースの迅速な解決を法実務が強く要請するようになると、静的な訴訟法体系と体系構成的な思考モデルは、研究としても評価されなくなる（*Id.*, 838-839）。

541) ヨーロッパの裁判制度は、過度に規制された訴訟手続から簡素で自由な手続に至る抜け道を密かに辿りつつあるとし、国際仲裁手続やEU諸国の民事保全手続を例として挙げている（*Id.*, 839）。

法情報収集システムの国際化[540]、③訴訟制度の規制緩和（die Deregulierung）[541]といった一連のファクターによって、ドイツ民事訴訟法学に革命的変革がもたらされ、こうした発展によってドグマティークの必要性が低下してきていると言う[542]。EU内では相互に影響を与え合う多様な法秩序が緊密な共存関係にある連邦構造が発展し、各国の法システムの閉鎖性は失われることになるであろうから、ヨーロッパ共通訴訟法の基本方針（Grundlinien）を比較法によって解明して、「開かれた」システム内での多様な法構造の協調を図ることが訴訟法学の使命となる（die koordinierende Prozessrechtswissenschaft）。従来のドイツ民事訴訟法学の体系的構成（至上）主義（Konstruktivismus）は放棄されるべきであるとシュテュルナーは論ずるのである[543]。しかしながら統一法は必要な限度にとどめ、その余の部分は多様性を残し、それ以上のハーモナイゼーションは学問と実務に委ねるべきであるとする方向で見解は一致しており、民事訴訟法についても同様の認識があてはまるから、各国の民事訴訟法学は単一のヨーロッパ民事訴訟法学に吸収されるべきではない[544]。各国固有の思考および言語の伝統を打ち破って外国の法文化と言語を全面的に継受するのは、ヨーロッパ訴訟文化の貧困化・画一化を招く誤った道である[545]。したがって「現代ドイツ訴訟法学がパンデクテン的な体系的構成（至上）主義と訣別し、国際的・ヨーロッパ的協調という課題を受け入れるとしても、それはドイツ語およびドイツ文化と結び付いた思考スタイルを一般的に捨て去るという意味ではない。この思考スタイルをヨーロッパの演奏会に持ち込み、その際に自らは寛容

---

542) *Id.*, 835, 840.

543) *Id.*, 841. すなわち、「ドグマーティッシュな小品」によってではなく、各国の実定法規範の彼方にある基本的なつながり（Grundzusammenhängen）を認識する作業によって、訴訟法は初めて学問となるのである（*Ibid.*）。

544) *Id.*, 841-842. シュテュルナーは、法文化を含む世界文化ないし統一ヨーロッパ文化への発展は、珍奇な自国中心の誤解（bizarre nationale Verirrungen）を避け、世界的規模での情報収集を可能とし、全国家を一般的に承認されたルールで結合するという点で、大きな長所を有すると説く（*Id.*, 842）。

545) *Id.*, 843.

614

(Toleranz) を発揮するとともに他国にも寛容を求めることが重要なのである」[546]。

(3) 同論文は比較法によって「ヨーロッパ共通訴訟法の基本方針」を解明し、多様な法構造の協調を図ることが訴訟法学の使命となるから、伝統的ドイツ訴訟法学の体系的構成（至上）主義は放棄されるべきであるが、ヨーロッパ訴訟文化の豊穣さを失わないようにするために、各国固有の「思考スタイル」まで一般に捨て去るべきではないとする。比較法による「開かれた」訴訟法学を志向しているといえよう。1992年に発表された先のチュービンゲン・シンポジウム報告が、ドイツ訴訟法学の体系性が再評価される「ヨーロッパのルネッサンス」の到来を強く期待していたのに対し、5年後の本論文では「ヨーロッパ共通訴訟法」学の使命がより強調されているのではなかろうか。

E（1）ヨーロッパ民事訴訟法学の構想およびドイツ比較民事訴訟法学の課題を確定してからのシュテュルナーの研究は、①ヨーロッパ民事訴訟法の構造の解明、②証拠法史・証明責任の分配・当事者尋問・鑑定・第三者参加・既判力・仮の権利保護といった各論的テーマにおけるヨーロッパ共通訴訟法ないし共通の基本方針（Grundlinien）の探求、③欧米（国際）民事訴訟法のハーモナイゼーションの可能性の分析に重点が置かれるようになる[547]。この③の分野は次に取り上げることにして、ここでは①の分野の総合的な論稿を紹介しておきたい。

(2) 論文「ヨーロッパ民事訴訟の構造について」（2001年）でシュテュルナーは、ヨーロッパ諸国の民事訴訟はその構造上共通するところがあるとして、次のように整理している。
①訴訟が原則として私人の訴えによって開始される。

---

546) *Ibid.* すなわち共同体化と自国のアイデンティティを意識することとは、決して対立するものではなく、寛容の精神のもとでは、両者は緊張関係に立ちつつ共存するのである（*Id.*, 842）。

②原告が自ら主張する法律効果を基礎づける事実を述べる。

③被告はこの事実を認め、あるいは否認するとともに、それと対立する権利および例外的要件（Ausnahmetatbestände）を基礎づける新たな事実を提出できる。

④争いのある事実に関する証拠調べの後に、裁判官が裁判の形で法律効果について意見を表明する。

　シュテュルナーによればこうした基本的訴訟観は、手続進行の基本的責任を当事者に負わせる「訴訟における当事者自治」を採用した結果である。法律以前のコモンセンスと実践性からしても、当事者の権利が中心である以上は当事者が法律効果を主張し、事実を提出する（判決の前に事案解明段階が来る）訴訟構造が当然である。シュテュルナーは、以上の共通する基本的訴訟観（das gemeinsame prozessuale Grundverständnis）は共通の訴訟法の歴史から生まれたものであるとさらに指摘し、ヨーロッパ訴訟法史の概観に進む[548]。

　すなわちまず第1に、手続の早期第一段階終了後は「同一の対象についてさらに手続を進めることは許されず、現在の手続の訴訟上の基礎（prozessualen

---

547）　シュテュルナーのこれらの業績および比較民事訴訟法の基礎理論については、貝瀬・前注（520）298頁、314-319頁。そこでの文献リストに、Stürner, Europäische Justiz und Demokratie, in：*Fschr. für Winfried Brohm* (2002) 153; ders., Die Organisation des Beweisverfahrens im europäischen Verfahrensrecht,in：*Magister Artis Boni et Aequi : Studia in Honorem Németh János* (2003) 817 ; ders., Parteidisposition uber Tatsachen und Beweismittel im Prozess ausgewählter europäischer Staaten, in : *Fschr. für Kollhosser* (2004) 725 ; ders., Parteidisposition über Anfang, Gegenstand, und Umfang des Verfahrens in wichtigen europäischen Prozessordnungen, in : *Fschr. für Andreas Heldrich* (2005) 106を追加する。翻訳として、ロルフ・シュテュルナー（春日偉知郎訳）「ヨーロッパにおける仮の権利保護」『竹下守夫先生古稀祝賀　権利実現過程の基本構造』（2002年）405頁、春日偉知郎『渉外民事訴訟ルール草案』に対するヨーロッパ側の反応——シュテュルナー鑑定意見の翻訳」『国際商事法務』28巻3号281頁・同4号407頁（2000年）。

548）　以上は、Stürner, Zur Struktur des europäischen Zivilprozesses, in：*Fschr. für Ekkehard Schumann* (2001) 491.

616

Grundlagen）は争われないという根本思想」、「遅れた異議の排除（Präklusion verspäteten Vorbringens）という一般思想」の限度で、ローマ訴訟手続の二段階構造が現代ヨーロッパ訴訟法に痕跡を残しているにとどまる。シュテュルナーによれば、「ローマ訴訟において、ローマ制定法の形式的アクチオを実現した法律訴訟（Legisaktionsprozess）も、共和政中期に登場した——法務官の衡平法を通用させた——方式書手続も、裁判所法務官（Gerichtsmagistrat）の面前でのin iure手続および裁判人の面前におけるapud judicem手続という2つの区分を知っていた。この区分は、第1の手続部分において、選定された裁判所法務官が適用さるべき法ルールを確定すべきで、当事者は判決の基礎としてこのルールに服従しなければならない、とする見解を反映するものであった（争点決定。litis contestatio）。こうした服従があって初めて、裁判人のもとでの本来の訴訟が開始される。この訴訟はあまり形式的でなく構成された弁論（Verhandlung）である。……裁判人の面前での手続それ自体は、将来に強い影響を及ぽすほどには構造化されていなかった」[549]。

　第2に、形式主義的な陳述と反対陳述（formasierter Rede und Gegenrede）からなる初期ゲルマン訴訟の本案弁論（Hauptverhandlung）が、イギリス訴訟の基本モデルとして継承された。すなわち「初期のゲルマン訴訟は形式化された陳述と反対陳述を通じた紛争の審理——それに続いて、法的識見を有するゲマインデ団体（Gemeindegenossen）の判決がなされる——を特色とする。その判決は『二段式の』判決であり、証明を命ずると同時に証明の結果に応じて何が生ずべきかを決定するものである。後期ゲルマン訴訟においては、陳述と反対陳述という形式主義と、証拠法の形式主義は次第に緩和された。残ったのは証拠判決（Beweisurteil）であり、証明の結果は裁判所により確定され（形式主義が緩和された結果である）、その際には多くの等価な判決がなされる可能性がある。初期ゲルマン訴訟の本案弁論と、それに部分的に組み込まれた証拠調べのみがヨーロッパ法史に影響を残したにとどまり、イギリス訴訟の基本モデル（Grundmuster）として生き残った。証拠判決が実際にゲルマン訴訟文

549）　*Id.*, 491-492.

第3部　比較法史の実践　*617*

化の子孫であるかどうかは疑わしいが、古典コグニチオ手続（das klassische Kognitionsverfahren）は、類似の形態（interlocutio）を既に認めていた」[550]。

　第3に、シュテュルナーは「イタリア＝カノン訴訟による根本的・構造的影響」として、こう解説する。「上部イタリアのゲルマン＝ローマ混合訴訟と、とりわけ教会裁判所が育んだ後期ローマ的伝統とから、ヨーロッパに根本的影響を及ぼしたイタリア＝カノン訴訟が14世紀および15世紀に発展した。訴状における原告の権利主張に、被告の反対主張・答弁（Gegenbehauptung）が続き、許容性に対する抗弁を被告が提出しない場合には、争点決定（litis contestatio）に至る。それに続く書面による『訴点手続』（Positionalverfahren）において、当事者は個別の主張および反対主張を掲げる。争いある主張についての証明主題（Beweissätze）すなわち『項目』（articuli）と、通常は委託された裁判官のもとでの非公開の証拠調べ——その結果は書面で確定される——が、これに続く。当事者は結論について意見を述べる（いわゆる申立て［conclusio］）。それから、証拠調べを実施した裁判官とは異なる判決裁判所によって判決が下される。『盲目の』正義の女神（Justitia）のイメージを文字通り取り入れているのである。この手続の特色は、紛争解決のための長く・よく整理された多くの一連の期日（Sequenz vieler Termine）であって、それは論理法則に従った真実発見への制御しがたい信頼（スコラ的思想体系の特色である）に対応している」[551]。要するに、イタリア＝カノン訴訟がヨーロッパ民事訴訟の歴史的基礎に根本的影響を与えた、と説明するのである。

　続いてシュテュルナーは、（ⅰ）ロマン法圏の訴訟法、（ⅱ）ゲルマン的伝統とロマン的伝統の間に位置するイギリス訴訟の構造、（ⅲ）ドイツおよびオーストリア民事訴訟の手続構造、（ⅳ）ヨーロッパ法域の基本モデルと今後の発展、を順次論じてゆく。

（ⅰ）第1にロマン法圏の訴訟法は、一定の点でローマ＝カノン訴訟の基本構造を現在に至るまで維持している。イタリア、フランスともに①書面による手続

550）　*Id.*, 492-493.

551）　*Id.*, 493.

618

開始段階、②事前手続ないし審理段階（Instruktionsphase）、③判決段階から
なる共通の構造を有する。しかし事案解明と判決との分断という特色は、単独
裁判官制の浸透により薄れてきている。このように分断されている結果として、
学識普通訴訟の伝統に見られるように、証拠調べの直接性、事案解明裁判官と
判決裁判官との人的一貫性が犠牲にされる[552]。

　シュテュルナーは「現代訴訟文化へとフランスが辿った道」と題して、ロマ
ン法圏におけるパリ最高法院（パルルマン）の訴訟手続を次のように解説して
いる。「中世においてフランスはローマ＝カノン訴訟の自国版（eine nationale
Version）を生み出したが、その際に口頭での当事者の協力をより強く要請す
るという限度で、ゲルマン的伝統の名残をとどめていた。12世紀から15世紀に
は、パリ最高法院の訴訟がフランスの手続モデルとして影響を与えた。訴えは
それが書面（最高法院の『審理部』の『公正状』[lettres de justice]）で許容
された後に大審部での口頭弁論で開始され、当事者は自らの事実と法的議論を
申述する。ここで特に欠席判決が下されることもある。書面による訴え提起と
答弁（Erwiderung）がなされ、その際に被告は延期的抗弁を同時に提出しな
ければならなかった。それから両当事者は（ローマ＝カノン手続と同様に）事
実と証拠方法を書面で申述しなければならず（『要点判決』appointement）、人
証の場合には係争事実に関する詳しい『項目』（articles）が必要であった（『抵
触する事実の要点』appointement en faits contraires）。対審部は当事者の聴聞
によって『証人尋問』（enquête）を回避することができ（『事実項目に関する
当事者尋問』interrogatoires sur faits et articles）、それは事実を争いなくする
かまたは自白の作用を果たした。予審部への委託により受命裁判官が証人尋問
を実施した。対審部では口頭弁論となり、証拠調べの続行ないし終結がそこで
命令される。証拠調べを終了する場合、『予審部』は立証の結果を『調査官』
または『報告官』（rapporteur）の援助のもとに整理して、その結果に基づい
て大審部が判決を下した。多くの伝統および制度に制約された複雑さにもかか
わらず、主張段階、事案解明および判決段階という基本構造が現れており、主

552）　*Id.*, 497.

張段階の初めと事案解明の最後には二分された口頭弁論を伴う。国王の『オルドナンス』により、フランスの手続は簡素化され、ますますその近代的形態に近づいた」[553]。

　さらにシュテュルナーは、ナポレオン法典とその後の発展をこう分析する。「1806年ナポレオン法典はフランスの手続に今日まで残る明確な基本構造を与えた。すなわち書面による訴え、文書の交換を伴う答弁、合議体の（vollbesetzten）裁判所、証人および鑑定人による受命裁判官（juge commis）のもとでの事案解明、当事者の審問（Anhörung）および判決である。ここでも今日の訴訟の構成をたやすく見て取ることができる。すなわち書面手続における『請求』（demande）と『防禦』（défense）の交換（その際できる限り迅速に文書が交換されなければならない）、遅れた若干の『訴訟抗弁』（exceptions de procédure）はもはや提出できないこと、判決に熟した場合の（bei Entscheidungsreife）『部』における弁論（audience）、あるいは『部』の『裁判長』による『準備手続裁判官』（juge de la mise en état）への指示（Verweis）、その終結後にはさらなる『申立て』は原則として排除する『事前手続』（instruction）、『口頭弁論期日』および『判決』。長い発展の中で、1806年ナポレオン法典に対し、とりわけ裁判所および『準備手続裁判官』の指揮権および諸権限（Kompetenzen）が強化された。単独裁判官のもとでの手続は基本構造を何も変化させなかったが、それでも『準備手続裁判官』と『裁判所』（tribunal）の間の人的同一性は存在する」。より古い手続とは異なり、この構造では司法はもはや『盲目』ではなく、当事者と証拠方法を自己自身の観察から理解するのである」[554]。

（ⅱ）第2に、初期ゲルマン訴訟の影響を受けたアングロ・サクソンの訴訟手続では、まずノルマン・コンクェストによって陪審制が導入された。コモン・ロー裁判所における排他的訴訟方式たる令状（writ）が発達するのと並んで、ローマ＝カノン訴訟モデルに従う大法官裁判所でのエクイティ訴訟が発生する。19世紀には──書面による開始段階と事案解明段階からなる──大法官訴訟手

553）　*Id.*, 494-495

554）　*Id.*, 495.

620

続にコモン・ロー訴訟手続の口頭・公開のトライアルが導入され、陪審の担当領域が縮小された。1999年の民事訴訟規則改正後も、①書面による開始、②ヒアリングを伴うプリトライアルでの準備的解明段階、③残った争点の最終的証拠調べを伴うトライアルと判決、といった手続の三層構造は維持されている。

　シュテュルナーは、「コモン・ローのトライアル・コート」につきこう述べている。「ゲルマン的訴訟構造はイギリスの訴訟に永続的な影響を与えた。初期のアングロ・サクソン訴訟は、初期ゲルマン訴訟のように主張と反対主張で始まり、証拠判決で終わった。ノルマン人は『陪審』を当初は『共同体的証人』（community witnesses）として持ち込んだが、その機能はヨーロッパ大陸と同様に『提出された証拠に基づく事実認定者』（triers of fact）へと変化した。陪審のもとで、特に公開の弁論における証人を通じた証拠調べが許された。証拠判決に続いて――後期ゲルマン訴訟と同様に――終局判決がなされ、それが証拠調べの結果を確定した。国王裁判所に管轄権を発生させる国王の大法官の書面（訴訟開始令状［brevia originalia］）から、コモン・ロー裁判所のもとでの排他的訴訟方式である・非常に形式的な『令状』へと発展した。それとともに2つに区分された手続が展開した。すなわち①形式的な書面の開始手続、②『トライアル・コート』の『陪審』のもとでの証拠調べ・弁論・それに続く判決である。この手続は19世紀末まで本質的に同じ構造を保った」。「コモン・ロー訴訟も全くヨーロッパ共通の伝統（gemeineuropäischer Tradition）の中にある。『令状』（writs）はローマの方式書訴訟やパリ最高法院の『公正状』（lettres de justice）との類縁性を示す。中心的な訴訟機関（Prozessstation）としてのゲルマン的『陪審審理』は生き残った。ドイツおよびフランスとは異なり、ローマ的伝統がゲルマン的伝統と並んでまず確立され、19世紀には大陸の普通訴訟（der gemeine kontinentale Prozess）として、別個の継受された訴訟の全体像（ein anderes rezeptives prozessuales Gesamtgebilde）が確立されたからである」[555]。

　またシュテュルナーは、「大法官府裁判所のローマ＝カノン的伝統」として

555）　*Id.*, 497-498.

次のように解説している。「コモン・ロー裁判所と並んで、ローマ＝カノン的基本モデルに負うところがあるエクイティ裁判所ないし大法官府裁判所の訴訟が存在する。すなわち①『令状』の形式性を伴わないプリーディング（訴答）、②事案解明段階としての、『受命裁判官』（commissioners）ないし『尋問官』（examiners）による、証人および当事者への『質問』（interrogatories）（『証言録取書』depositions）、③裁判官による判決である。全体として、ローマ＝カノン的特徴を有する1312年クレメンティア・サエペ（Clementia Saepe）に類した略式手続である」556)。さらに、「19世紀におけるローマ＝カノン的志向（Grundorientierung）と現代に至るまでの訴訟構造にそれが及ぼした効果」について、シュテュルナーは分析を進める。「1875年最高法院法（Judicature Act）は2つの訴訟形態の統一のための基礎を提供し、それは1883年裁判所規則（Rules of Court）において最終的に実現されたが、ようやく1965年にその基礎が大きく改められた。大まかにいえばその改正は、大法官府の手続のあまり形式的でない書面の開始段階および事案解明段階を取り入れたが、コモン・ロー手続の判決前の口頭かつ公開のトライアルをはめ込み、それに続く時代には『陪審』の適用範囲がますます縮小された。最も近時の1999年改正後は、イギリスの手続の3区分（Dreiteiligkeit）を語ることができる。すなわち①書面による開始、②『ヒアリング』を伴うプリトライアルにおける準備的事案解明（präparatorische Sachaufklärung im pretrial mit hearings）、③残った争点に関する最終的な証拠調べを伴う『トライアル』と判決である。明らかに90パーセントを超える多くの手続が、『サマリ・ジャッジメント』、『欠席判決』（default judgment）、『和解』によって、トライアルなしで終結する。これらの場合には証拠調べを伴うトライアルを欠くので、ロマン的手続モデルに極めて類似した手続構造となる。書面による手続開始とプリトライアルは、本来の裁判官（『事実審裁判官』trial judge）に委ねられるトライアルとは別の裁判官（補助裁判官［muster］、地方裁判所裁判官［district judge］）が担当する」557)。

---

556) *Id.*, 498-499.

557) *Id.*, 499.

622

（ⅲ）第3に、「ドイツおよびオーストリア民事訴訟の手続構造」としてシュテュルナーは、（ア）普通訴訟におけるローマ＝カノン的影響、（イ）啓蒙的法典の構造、（ウ）ドイツ帝国民事訴訟法の構造と現代に至るまでの変遷、（エ）オーストリアの構造的モデル機能の各項目を論ずる。

（ア）まずドイツにおいては、ローマ＝カノン訴訟を基礎とする帝室裁判所の普通訴訟（der kammergerichtliche gemeine Prozess）——訴えおよび応訴による開始、書面の訴点手続および項目手続（Positional-und Artikelverfahren）、書面の報告（Relation）を伴う非公開の証明手続から構成される——が発達した（ただしザクセンの訴訟は、訴点手続・項目手続を簡易化し、証明手続で単一の証拠判決によって確定するために、訴えおよび答弁の際に、ほぼ完全な経過の説明［Geschichtserzählung］を要求した）。ドイツ普通訴訟の最終形態は、①上訴可能な証拠中間判決（Beweisinterlokut）で終結する主張段階、②証拠申出と挙証（Beweisantretung und Beweisführung）に区分される証明段階、③判決段階の3つに区分できた。この手続は書面中心、非公開で、証拠調べは間接的である[558]。

（イ）1793年プロイセン一般裁判所法においては、福祉国家的啓蒙の精神が従来の構造を破壊し、①書面による開始段階、②口頭の審査段階（Instruktionsphase）（口頭弁論における審査裁判官による審査が続き、審査裁判官は合議体に書面の「事実争点書」［status causae et controversiae］を送付し、それに基づき証拠調べが決定される。証拠判決は伴わない）、③証明段階（証拠調べは普通訴訟のルールに従う）、④判決段階と改めた。この審査裁判官は、フランス刑事訴訟の「予審判事」（juge d'instruction）の借用である。19世紀にはプロイセンの訴訟は、受け継がれた弁論主義をより強調し、口頭的要素を強化することによって変貌した[559]。

（ウ）19世紀ドイツでは、1806年フランス民事訴訟法典（ローマ＝カノン的伝統に従って、受命裁判官［juge commis］のもとでの証拠調べを残した）・普通訴訟・プロイセン訴訟が優位を求めて争い、多数の領邦単位の法典がより良い

558）　*Id.*, 499-500.

559）　*Id.*, 500-501.

手続構造を求めて争ったが、結局1877年帝国民事訴訟法典とともに、受命裁判官なしの・フランス民事訴訟を強く志向する手続が原則となった。すなわち①書面による開始段階、②当該判決を下す裁判所（erkennenden Gericht）のもとでの口頭弁論、③当該判決を下す裁判所のもとでの解明および証拠調べ、④証拠調べに関する口頭弁論、⑤判決と進む。受命裁判官による準備手続（ein vorbereitendes Verfahren）は、複雑な考慮を要する事件についてのみ認められた。しかしながらこの手続構造は、本案弁論（Hauptverhandlung）と証拠調べの効率的な準備を欠き実用性に乏しいことが判明し、1924年・1933年の改革で準備的単独裁判官（den vorbereitenden Einzelrichter）が創設され、審査手続（Instruktionsverfahren）を伴うロマン的手続構造に大きく接近した。この裁判官は、直接的な印象がなければ合議体が適正な評価ができないことから、合議体のもとでの「審理（弁論）に熟する」（Verhandlungsreife）まで事件を準備し証拠調べを行うことができた。この結果、合議体による審理と判決まで単独裁判官による期日が延々と続く（eine lange Sequenz einzelrichterlicher Termine）という、ロマン的手続構造の弱点も現実化した。1976年改正法は、シュトゥットガルト・モデルの経験を取り入れてより根本的な構造転換を図り、「民事事件における本案弁論」を中心に据えた訴訟モデルを採用した。すなわち、当該判決を下す複数の裁判官のもとでの1回の審理において、弁論と同時に紛争解決に重要な証拠の提出がなされねばならず、1回の本案期日では書面による事前手続（Vorverfahren）（民事訴訟法276条以下）および裁判官による準備的措置を行うことができる（同273条・358条のa）。現代ドイツの訴訟は①書面の開始手続、②書面の命令（Anordnungen）ないし口頭の期日を伴う準備段階（Vorbereitungsphase）、③それに続く判決という三段階の構造を有する。単独準備裁判官と合議体との交替は原則として許されず、単独受命裁判官は例外である[560]。

（エ）1895年オーストリア民事訴訟法は、フランツ・クラインの社会的保護思想に立脚するとともに、クレメンティア・サエペと略式の普通訴訟の伝統の伝

---

560) *Id.*, 501-502. このような民事訴訟の構造は、ドイツの刑事訴訟手続をモデルとする国内での比較（innerstaatlicher Rechtsvergleichung）に負うところが大きい（*Id.*, 502）。

統に基づく、1781年一般裁判所法の少額手続（Bagatellverfahren）をモデルとする適正な手続構造を採用した。口頭性と集中性は、①早期第一回期日を伴う開始段階、②証拠調べとそれに続く判決を伴う口頭の争訟的弁論（Streitverhandlung）、の二段階の手続で実現される。争訟的口頭弁論は、原則として複数の期日を必要とし（単一の本案期日ではなく、現代ドイツ民事訴訟法とは全く異なる）、1877年のドイツ帝国民事訴訟法により近い基本構造を有する。オーストリアの第一審は常に単独裁判官が担当する[561]。

（iv）第4に、シュテュルナーは、現在も利用されている基本モデルとしてロマン法圏モデルとドイツおよびイギリス・モデルを挙げる。前者は書面による開始段階、証拠調べを伴う審査段階（Instruktionsphase）、証拠調べを極力伴わない本来の口頭弁論、と進む。後者は本案弁論モデルであり、書面による開始段階、準備的解明段階、最終的証拠調べを伴う弁論、と進む。大陸ヨーロッパのように、手続の全ての段階を同一の単独裁判官が担当するようになると、手続を分割することの意義が希薄になる。なぜなら、審査段階または準備段階における短い口頭期日の機能と、判決前の本来の「本案弁論」の機能がぼやける（verwischen）からである。以上のように指摘したうえで[562]、シュテュルナーはこの論文をこう締めくくる。

　「訴訟構造は、多数の審理期日の連続（eine Sequenz mehrerer Verhandlungstermine）をできる限り回避するように、調整されるべきである。最終的弁論を伴う解明的審査（eine aufklärende Instruktion）によって、あるいは最終的弁論と証拠調べを伴う準備段階（Vorbereitungsphase）によって、それが達成できるかどうかは、判断の有効な決め手を欠く。あらゆる部分で同一の裁判官が活動する場合には、直接性の議論も重要性を失う。とはいうものの、準備の後に、できる限り全てが一度に1回の審理で処理され、準備のための口頭期日がむしろ例外にとどまる場合には、集中の思想（Gedanken der Konzentration）がより良く実現されるように思われる。スイスの多彩な地域

561）　*Id.*, 502-503.

562）　*Id.*, 503-504.

では、ローマ的審査（Instruktion）の訴訟モデル、口頭弁論後の訴訟モデル、口頭弁論における証拠調べモデルが併存していることを、しっかりと把握しておくのは無駄ではなかろう。多くのカントンは『事前審理』（Vorverhandlung）と、弁論と証拠調べの時間的順序とを裁判所の裁量に委ねている」[563]。

　シュテュルナーは言う。「審査モデル（Instruktiosmodell）と本案弁論モデルのいずれが勝利を収めるかを予測するのは、現時点では困難であると認めざるを得ない。双方のモデルが併存し、ある程度まで収斂することがあるかもしれない。すなわち事前手続と本案弁論の準備との境界は流動的であり、書面性の増加傾向は、審査段階（Instruktionsphase）と準備段階（Vorbereitungsphase）とを平準化するように働く。1つの歩み寄りとして、証拠調べの核心的部分のみを『本案弁論』に委ね、それ以外の点は、既に準備段階において広汎に『審査する』（instruieren）という道がありえよう。最も近時の法典たるイギリスの新モデルが、この考えに極めて近い。一方では弁論の負担軽減を、他方では直接主義および集中化を等しく適切に考慮することが可能であろう。おそらくヨーロッパの訴訟の歴史は、一貫して厳格な手続の仕組みは、何も生み出さず、迅速かつ正当な判決を実現できるかどうかは、事件処理を行う裁判官の人格が決定的である、ということも示してきたであろう。それゆえ、裁判官に個別に適切な訴訟構造を決定する広い裁量の余地を残す、現代オーストリア・ドイツの訴訟が比較的成功を収めたのである。確かに当事者による支配は、あまりにも容易に表皮を硬化させるような・堅固な構造を必然的に要求するようになる。当事者の強い支配を伴う強固な手続構造を備えた法文化において、調停的手続（mediativer Verfahren）が増加しているのは偶然ではなく、法の個別化（Individualisierung）の表れであるとともに、民事訴訟を迅速な満足をもたらす制度として認めていないことの表れでもある。かかる発展からして、より柔

---

563)　*Id.*, 504. なおEC裁判所の手続構造はロマン法圏のそれに倣っているが（書面による開始、受命裁判官ないし裁判所自体の面前での準備措置および証拠調べ、口頭最終弁論）、そこでの当事者は一般市民とは異なるエリートであって、日常紛争の解決においてもこのモデルが本案弁論モデルよりも優れている、とする根拠にはならない（*Ibid.*）。

564)　*Id.*, 505.

626

軟な訴訟モデルが真に有効であることが確認されたと考えてよいであろう」[564]。

(3) この論文の功績は、ヨーロッパの訴訟制度をロマン法圏モデルと英独の本案弁論モデルとに大別したうえで、両者が歩み寄りつつあると指摘したことであろう。シュテュルナーは、本論文やハーモナイゼーションを扱った諸論稿では、歩み寄りの好例としてイギリス新民事訴訟規則に注目している。裁判官に適切な訴訟構造を決定する広い裁量権を委ねた・柔軟な訴訟モデルを高く評価しているのも、本論文の特色であろう。

このヨーロッパ民事訴訟構造論に顕著にうかがわれるのは、マウロ・カペレッティのモニュメンタルかつ古典的な名品「比較法から見た民事訴訟の発展的主要傾向」(1968年) と共通の志向である。シュテュルナーの本論文は、ヨーロッパ民事訴訟の共通の構造を形成しているのが、ローマ＝カノン訴訟と訴訟における当事者自治の原則であることを、比較法史の知見に基づき検証したうえで、異種法族間のハーモナイゼーションの動きを追う。カペレッティもヨーロッパの訴訟制度が共通の源泉 (共通類型) を有していた時代にまで遡り、そこから共通類型が歴史的に発展してゆくプロセスを辿って、「ヨーロッパ訴訟法」統一への求心力を明らかにしてゆこうとする[565]。シュテュルナーの独創性はむしろ、ハーモナイゼーションの進行過程をより緻密に指摘したところにある。次節ではこの点を中心に分析してみよう。

ところでシュテュルナーが2003年に発表した講演「訴訟法と法文化」[566] は、「訴訟構造の発展」と題する章を設け、以上のヨーロッパ民事訴訟構造論を補完する分析を試みている。同講演については、F (629頁) で改めて論及することにして、ここでは「訴訟構造」の部分のみを要約しておこう。すなわちシュテュルナーは同講演のこの章において、(i) 訴訟資料を手続内でactioとexceptio

---

565) カペレッティの見解につき、貝瀬・前注 (507) 210-211頁。

566) Stürner, Procedural Law and Legal Cultures, in : Gilles/Pfeiffer (hrsg.), *Prozessrecht und Rechtskulturen* (2004) 9. なお同書は同一内容のStürner, Prozessrecht und Rechtskulturen, in : Gilles/Pfeiffer (hrsg.), *id.*, 31を含む。本文での紹介にあたっては、基本的には巻頭に置かれている英語版に依拠したが、全面的にドイツ語版も参照・対比した。

に分類整理すること（die innere Gliederung des Prozessstoffes）によって、訴訟当事者の活動をコントロールするローマの訴訟構造が、イタリア＝カノン訴訟を通じて後世に受け継がれた、（ii）中世後期・近代初期の学識訴訟とゲルマン訴訟とが、各法文化の中で数世紀にわたって共存し、折衷的手続を形成していった、とまず指摘する[567]。ロマン法圏・ゲルマン法圏・英米法圏と分類して、訴訟手続の構造を検討すると[568]、①ローマ訴訟を元型とする「連続期日訴訟モデル」（das Prozessmodell der Terminsequenz）、②ドイツ・スペイン・イギリス・イベロアメリカ模範法典のとる「本案弁論モデル」（Hauptverhandlungsmodell; main hearing modell）、③アメリカおよび若干のコモン・ロー諸国の「陪審モデル」の3つの訴訟モデルを抽出できる。①は、（ア）書面による手続開始、（イ）事案解明および証拠調べのための一連の期日、（ウ）通常は証拠調べを伴わない口頭弁論と進む。②は、（ア）書面による開始、（イ）本案弁論の準備や

---

567) *Id.*, 12-13. 後期ゲルマン訴訟は、真実発見と集中的口頭弁論における素人の評決を重視し、訴訟当事者に対する裁判官の印象を基礎としていた。これに対し、学識訴訟はスコラ的概念で構成されており、そこでは「学識ある」裁判官のみ適用可能な証拠法則によって真実が確定され、証拠調べの責任を負うexaminatorが提出した結果報告書に基づき、訴訟当事者や証人に対する個人的印象を持たないままで、裁判がなされたのである（*Id.*, 13）。

568) この部分の叙述は前掲論文ヨーロッパ民事訴訟の構造について」と若干重複する。シュテュルナーによれば、ロマン法圏を代表するフランス民事訴訟法は、今日に至るまで驚くほど一貫性を保っており、フランス革命前の王令（ordonnance）によって既にある程度完成していた（訴状と答弁書→準備手続裁判官［juge de la mis en état］による予審［instruction］→最終的口頭弁論と判決、というプロセスは今日まで残っている）。フランス革命は口頭主義と自由心証主義を強化したが、直接性が極めて制限された「準備手続裁判官」による証拠調べと、書証を好む証拠規則は今でも変わっていない。この点でフランス、イタリア、（そして改正前の）スペインは学識訴訟の影響をとどめている。スペイン法が「早期第一回期日」と判決裁判所における証拠調べの制度を導入したのは、現代ドイツおよびイギリスのアプローチへの転換を示すものである。スペイン以上に伝統的なローマ訴訟モデルの支配下にあった中南米諸国が、これと同様のアプローチを採用する模範民事訴訟法典を受け入れたのは、注目に値する（Stürner, *id.*, 35-36）。

証拠調べを行い、裁判所と当事者に情報を提供する解明段階、（ウ）重要争点に関する証拠調べを行う集中的本案弁論と進む。③は、（ア）書面による開始、（イ）当事者への情報提供のみを目的とするディスカヴァリー、（ウ）証拠調べを伴う本案弁論と進む。こうした訴訟構造の差異は、単に法文化相互の交流、政治的・経済的ヘゲモニー、偶然の反映にすぎないのか、それとも深く根づいた政治文化が原因であるのか、という疑問が生ずるであろう。第2の「本案弁論モデル」が法圏を越えてドイツ、スペイン、イギリス、ラテン・アメリカに受け入れられつつあるが、これはワールドワイドな訴訟文明のプラグマティックな要請に基づき（prozess-pragmatischer Erwägungen einer prozessualen

また英米法圏（法族）についてシュテュルナーは次のように述べている。英米の民事訴訟はロマン法圏・ゲルマン法圏と共通するところのない独自のものであるといわれるが、エクイティを確立した大法官裁判所の訴訟手続はローマ＝カノン訴訟の大陸法的特色を備えている。各種の証拠法則（evidentiary admissibility rule, hearsay ruleなど）は、学識訴訟の法定証拠規則がその目的と機能を変容させつつ、陪審手続の中で再生したものであることが、近年の研究で解明された。イギリス訴訟手続の独自性とは、コモン・ロー裁判所の陪審手続とエクイティ裁判所のローマ＝カノン的訴訟手続が数世紀にわたって共存し、19世紀に双方が結合したところにある。その際に、大法官府裁判所の手続の書面による開始および証拠調べ段階（ローマ＝カノン起源のプリトライアル段階）と、コモン・ロー手続の口頭・公開のトライアル（古ゲルマン起源のトライアル段階）とが結合させられ、前者の目的が——裁判所への証拠提供から——陪審および裁判官に対する証拠提出の準備、および不意打ち回避のために双方の当事者に情報を提供することへと、大きく変化した。その結果、ローマないしゲルマン起源の大陸訴訟手続とは異なり、トライアルまで至らずに和解ないし取下げで終わる訴訟が大半となった。イギリス新民事訴訟規則のもとでは陪審は原則として廃止され、裁判所が決定した重要な争点については、プリトライアル段階でも証拠調べが可能とされたために、プリトライアルは当事者および裁判所の双方に情報提供する機能を果たすこととなった。しかしながら、1938年連邦民事訴訟規則の影響を受けたアメリカの訴訟手続では、この訴訟構造を発展させ、当事者の自律的な情報入手を目的とするプリトライアル・ディスカヴァリを完成させた。憲法上陪審裁判を受ける権利が保障され、陪審制度が法的思考の中に深く根づいているアメリカでは、全体の2、3パーセントにすぎない陪審裁判が全民事訴訟の構造を決定しているのである（Id., 15-17）。

Zivilsachen）、法文化の伝統的な壁が相当程度越えられていることを示す。ド
ラマティックな本案弁論に先立って、当事者に情報を提供するためにのみディ
スカヴァリーの段階を設ける「陪審モデル」は、二重の事案解明を認めるもの
で、素人裁判官による裁判が政治的信念と化している国においてのみ維持可能
である。したがって、それ以外の「連続期日訴訟モデル」と「本案弁論モデル」
との間で、ワールドワイドな競争が展開されるであろう。アメリカ法律協会
（ALI）およびユニドロワの「渉外民事訴訟原則」（原則9とその注釈）、イベロ
アメリカ模範法典（300条・301条・303条）は、いずれも後者の「本案弁論モ
デル」に好意的である[569]。以上がシュテュルナー講演の該当部分の骨子である。

F（1）前項で検討した「ヨーロッパ民事訴訟法」研究と前後して、シュテュ
ルナーは、欧米間の国際民事訴訟法のハーモナイゼーションに関する優れた論
稿を発表する。それとともに、初期の名作「アメリカ合衆国およびヨーロッパ
の手続観」（1978年）で展開された米・欧比較民事手続法研究に対する関心を
再燃させ、講演「訴訟法と訴訟文化」（2003年）をメキシコ・シティでの第12
回世界訴訟法会議において試みる一方で、ピーター・マレー（ハーヴァード大
学客員教授）との英文の共著『ドイツの民事司法』（2004年）を刊行する。

　まずシュテュルナーは、1999年から2000年にかけて、ハザード＝タルッフォ
起草の「渉外民事訴訟ルール草案」について、英独仏各国語で充実した鑑定意
見書などを公表する（1999年には各論分野での労作「ヨーロッパにおける既判
力」がいち早く発表されているが、これらの一連の論稿の紹介は他日を期した

569）　*Id.*, 17-18.

570）　Stürner, Modellregeln für den internationalen Zivilprozess ?, in：*ZZP.* 112 (1999) 185; *id.*,
　　　Some European Remarks on a New Joint Project of the American Law Institute and
　　　UNIDROIT, *Int'l Law.* 34 (2000) 1071.ドイツ語版の翻訳として、春日・前掲注 (547) が
　　　ある。この他、*id.*, Anglo-American and Continental Civil Procedure: The English
　　　Reform as a Model for Further Harmonization？, in: Andenas/Andrews/Nazzini (eds.),
　　　*The Future of Transnational Civil Litigation：English Responses to the ALI/UNIDROIT
　　　Draft Principles and Rules of Transnational Civil Procedure* (2004) 9 も参照されたい。

630

い）[570]。2004年3月9日には前掲「ルール草案」を基礎とする「アメリカ法律協会およびユニドロワの渉外民事訴訟原則および規則（Principles and Rules）」の最終草案[571]が公表された。草案作成のための共同作業グループを設置するユニドロワ評議会決議の重要な資料となったのが、シュテュルナーによる鑑定意見である。シュテュルナーは、最終草案のユニドロワ側の共同報告者でもあった。欧米の国際民事訴訟法の状況を巨視的に把握し、双方のハーモナイゼーションの実現可能性（feasibility）を探ったこの意見書の内容を簡単に要約しておこう。

（2）シュテュルナーは、法秩序間の競争・法文化の多様性を維持しつつ、明快な法的調和を図る訴訟法のハーモナイゼーションは、有益であるとともに十分に成功の見込みがあるという[572]。本案弁論での完全な証拠調べ（die voll Beweisaufnahme der Hauptverhandlung; the taking of evidence at trial）に書面の準備手続が先行する点で、イギリスとドイツの訴訟構造は共通しており、これはドイツにおけるような裁判官の能動性の強化（verstärkte Richteraktivität）がコモン・ローの伝統と調和しうることを示す。またアメリカの陪審システムのもとでも、陪審への証拠提出の際に、手続を運営する職業裁判官の能動性が強化されれば、弁護士による駆け引き的訴訟追行の危険は減少し、シヴィル・ローの参審制（合議体への素人の参加）に接近するのであるから、陪審の意義を過大評価するのは妥当ではない。アメリカでも全ての手続が陪審手続であるわけではなく、陪審を伴わない手続の場合にはより調和の可能性が高い。このようにシュテュルナーは指摘するのである[573]。シュテュルナーは、アメリカ法律協会の「渉外民事訴訟原則および規則」（1994年4月の「検討草案」）に対しては、各国による手続形成の余地を明確に残す「モデル・ルール」というアプローチを高く評価したうえで[574]、草案の成果を次のように概括的に評価する。

---

571) この最終草案は、Andenas/Andrews/Nazzini (eds.), *id.*, 175ff.にも掲載されている。

572) Stürner, *supra* note 570 (ZZP. 112) 190, 202. 春日訳・前注（547）286–287頁、411頁。

573) *Id.*, 191. 春日訳・前注（547）287頁。

574) *Id.*, 191-192. 春日訳・前注（547）288頁。

「若干の領域で、草案はヨーロッパ大陸訴訟とアメリカ訴訟との妥協を試みている（例えば、裁判所と当事者の役割分担、証人尋問、鑑定人［court expert］、証拠調べの結果の記録［Protokollierung von Beweisergebnissen］、費用規則、仮の権利保護）。他の領域では、結局はアメリカ的ないし英米的な考えが支配しており、それ以外の世界で容認される度合いはより低い（例えば、証拠収集および証拠調べの範囲、拒絶事由、証拠規則、手続構造、第三者の参加）。渉外訴訟の若干の重要な紛争領域は、たとえ条約が今なお存在せず、あるいは本質的改善をもたらすことができていないとしても、多かれ少なかれ除外されている（訴状の送達、国際裁判管轄、訴訟競合、外国裁判の承認、外国での証拠調べ）。モデル・ルールのスタイルは連邦規則、またはイギリス裁判所規則・民事訴訟規則に対応しており、ヨーロッパ大陸の諸法典（ヨーロッパ大陸、ラテン・アメリカ、日本、東アジア、ロシア、場合によっては将来的に中国）に対応する部分はより少ない」[575]。

　シュテュルナーは、アメリカ法律協会とユニドロワの共通作業グループで、重要な訴訟文化がバランス良く代弁され、より良い妥協のための作業がさらに続けられなければならない、とする。そのためには仲裁における経験や、EUおよびラテン・アメリカでのハーモナイゼーションの努力が参考になると言う。この共同作業の評価基準となるのは、①国際訴訟追行の容易さ（障害の除去ないし最小化）、②多様な法秩序を収斂させ、重要な法文化的伝統に対しては寛容であること、③モデル・ルールができる限り渉外手続の全領域に広汎に適用されるように保障することである[576]。

（3）　なお、先の「渉外民事訴訟原則および規則」のために「イギリス国際法および比較法研究所」で2002年5月に開催されたコロキウムに提出したペーパー「英米およびヨーロッパ大陸民事訴訟——さらに進んだハーモナイゼーション

---

575)　*Id.*, 202. 春日訳・前注（547）411-412頁。この部分については、貝瀬・前注（520）（『国際倒産法と比較法』）332-333頁を参照されたい。そこでは各論点に対するシュテュルナーのコメントを要約している。

576)　*Id.*, 203, 193-194. 春日訳・前注（547）289頁、412頁。

632

のためのイギリスの改革？」において、シュテュルナーは、「『渉外民事訴訟原則』についての議論は、世界の訴訟制度の相違を分析することに限られるべきではない。起草者は、世界の訴訟制度の外見がいかに異なっていようとも、民事訴訟は共通の歴史を有し、同じ法族の出身なのだということを忘れてはならない」と提言する[577]。シュテュルナーは新イギリス民事訴訟規則と大陸（特にドイツ）訴訟手続の近接化を明らかにし、「イギリスとドイツの発展が同一方向に収斂しつつあるのは注目すべきであり、このことは職業裁判官のもとでのトライアルの長所と、（トライアルでの証拠調べを補って、不要な二重の事実認定［fact-finding］を避けるような）円滑に機能するディスカヴァリー段階の長所とを結び付けようとする、近時の傾向を示すものである」[578]、と論じている。

すなわちシュテュルナーによれば、まずドイツ（および近時のスペイン）では、最終弁論ないし本案弁論で証拠調べが行われるが、それ以前は当事者および裁判所に情報を提供して——英米のトライアルに類した——集中的本案弁論（concentrated main hearing）に備える、準備段階となっている。証拠調べのための一連の弁論（sequence of hearings）を伴うローマ＝カノン・モデルからの離脱である[579]。他方イギリスでは、陪審制度が殆ど消滅し、準備的なプリトライアル・ディスカヴァリとトライアルでの証拠調べとを峻別する必要がなくなったことを前提に、新民事訴訟規則のもとで、ディスカヴァリーの結果の重要部分がトライアルでの証拠調べに代わりうる、とされたのである。すなわちディスカヴァリーは、当事者のみならず裁判所にも情報を提供できる[580]。

（4）以上のシュテュルナーの鑑定意見などは、国際民事訴訟法研究にも比較（訴訟）法学者としての資質が不可欠であることを示している。例えば、訴訟法のハーモナイゼーションが十分に見込みがあると判断する1つの前提として、

---

577) Stürner, in: Andenas/Andrews/Nazzini, *supra* note 570, 11.

578) *Id.*, 12.

579) *Id.*, 10, 12.

580) *Id.*, 11-12. プリーディングについては、*Id.*, 11.

プリトライアルとトライアルが分離された手続構造であっても、プリトライアル段階における裁判官の積極性（裁判官主導のケース・マネージメント）が保障されていれば、ヨーロッパの伝統的訴訟法と調和するであろう、とシュテュルナーは説くのである[581]。またシュテュルナーは、手続構造は各国の法文化および政治文化の根本的価値に立脚しているが、アメリカとの手続的協調を図る場合には、以下のアメリカ法文化の4大特質を考慮に入れるべきであるとする[582]。すなわち、①アメリカのデモクラシーの伝統と陪審審理とアドヴァーサリ・システムとの関係、②陪審裁判と証拠規則による純粋にアメリカ的な真実発見方法、③アメリカ法曹の強力な地位、④国際訴訟における国家主権的発想の減少といった特質である。①②③の特質とヨーロッパ大陸法とのハーモナイゼーションについては、アドヴァーサリ・システムとジュディシャル・マネージメントとの優れた歩み寄りを示しているイギリスの発展が大きな励みとなる[583]。

　シュテュルナーの講演「訴訟法と法文化」（2003年）は、①当事者処分権主義の勝利、②訴訟構造の発展、③証拠法の発展、④書面主義・口頭主義・公開主義の相互関係、⑤正義へのアクセス、⑥訴訟における裁判所と当事者の役割、という各トピックにおいて、訴訟法と法文化（究極的には政治文化）との相互関係を分析する。本講演は、形式上は多様な民事訴訟制度が、実は多くの共通の特色を有していて、共通点がますます増加しつつあることを明らかにする。その理由はシュテュルナーによれば、大半の民事訴訟法が歴史的にヨーロッパ起源であり、文明の世界的同化が法文化・訴訟制度のハーモナイゼーションを招いているからである[584]。講演で取り上げられているテーマは多岐にわたるが、シュテュルナーは結論として「政治文化の影響を受けた訴訟文化と法文化の間には明らかな共通の特色がある、という最初のテーゼは相当程度確認された」と述べ、全体を次のように要約する。

---

581)　Stürner, *Int'l Law.* 34 (2018) 1071, 1083.

582)　*Id.*, 1083-1086.

583)　*Id.*, 1086.

584)　Stürner, *supra* note 566, 9-10.

訴訟文化と法文化の共通性は、「まず第1に、維持に値する極めて貴重な財産である、当事者処分権主義と個人主義的法文化との関係についてあてはまる。多様な訴訟構造を分析すると、伝統的に合理的かつ非個人的なロマン法圏の手続と、個人的な認識および確信に基づき、近代個人主義の要請に適合した『本案弁論モデル』とは、依然として相異なるところがある。しかしながら主要な相違は、一連の審問期日を伴うロマン法圏モデルと本案弁論モデルとではなく、この2つのモデルと二重の事実認定を強制する陪審モデルとの間にある。証拠法においても、（実際上は必要ないのだが）素人裁判官保護のために、法定証拠規則を残してきたのは陪審モデルなのである。とりわけ現代社会における大規模不法行為の場合の裁判所へのアクセスを論ずる場合に、成功報酬を伴うアメリカのクラス・アクションと、ヨーロッパ大陸のより穏健な団体訴訟ないし代表訴訟との競争については、決着はついていない。ワールドワイドに強制できる規律を欠く、ワールドワイドな市場の自由を調整するには、アメリカ・モデルの方が有益であると思われる。とりわけヨーロッパ、日本、ラテン・アメリカが穏健な対抗モデルを依然として開発できていない現状では、この評価があてはまる。訴訟上の役割分担と政治文化との関係は、結局のところ極端な場合にのみ、極めて限定的に指摘できるにすぎない。リベラルかつ民主主義的なモデルである積極的な協働的裁判官（a more active cooperating judge）を目指す重要な傾向がうかがわれる。しかしここでも、素人裁判官は必然的に職業裁判官よりも受動的であることから、アメリカの陪審制は、次第に形成されつつある国際的コンセンサスの外にある。アメリカの法文化は、他国の法文化よりも、完全な当事者対抗主義的法思考の要求に適合する調停という紛争解決の方式を好む。しかしながらアメリカは、陪審の影響を受けた手続モデルと並んで、イギリス、ヨーロッパ大陸、イベロ・アメリカ模範法典に酷似した・職業裁判官の前でのみ実施される弁論を伴う第2の手続を発展させることが期待されている。アメリカ法律協会が指導する『渉外民事訴訟原則』は、この期待の表明である。それは統一法ではなく、穏健な個人主義に基づく政治文化の・ワールドワイドな収斂を考慮した、ハーモナイゼーションのためのガイドラインとして提案されているのである」[585]。

第3部　　比較法史の実践　　*635*

585)　*Id.*, 29-30. ここで、以下の本文では言及しなかった①③④⑤⑥の各論点に関するシュ
テュルナーの分析を整理しよう。

（ⅰ）まず第1に、シュテュルナーは、全ての訴訟法上の法族に共通の当事者処分権主義
は（例として、フランス民事訴訟法1条、2000年スペイン新民事訴訟法29条、1994年イ
ベロアメリカ模範民事訴訟法典1条、2003年アメリカ法律協会およびユニドロワ渉外民
事訴訟原則10条［*Id.*, 10-11]）、個々の市民の人権を経済秩序・国家秩序の中核に据え
る政治文化の反映であって、決して自明の原則ではない（ein besonders kostbares Gut
である）と論ずる。訴訟上の私的自治の起源は、古代ローマやゲルマンの訴訟手続に遡
ることができるけれども（イタリア＝カノン訴訟を経て、英米の訴訟文化にも受け継が
れた）、個人主義的アプローチが全ての人民に拡張されたのは、19世紀以降であるし、
社会主義国家における反個人主義的法文化——そこでは、重要な経済紛争は行政庁によっ
て解決されたし、民事訴訟も公益が優先される後見的手続であった（例えば、裁判所は
当事者の申立てを越えて判決でき、和解や訴えの取下げには裁判所の許可が必要であっ
た）——が崩壊したのは、ごく最近の政治革命の結果なのである（*Id.*, 10-12）。ただし、
シュテュルナーは、社会主義諸国における個人主義的法文化への革命的移行は、これま
でのところ効率的・経済的考慮に基づいており、個人の価値および人権についての確信
を必ずしも伴っていない、と批判する（*Id.*, 12）。

（ⅱ）第2に、証拠法の発展と法文化の関係を扱った章では、「既述の訴訟構造の発展は、証
拠法の運命と明らかに関係がある」と、まず指摘する。宗教上の理由からフォーマライズ
されていた初期の段階を過ぎてからは、ローマ方式書訴訟の「審判（人）手続」（Verfahren
apud iudicem）において自由心証原則が発展したが、こうした証拠法の自由化にもかかわ
らず、強制宣誓とその反対要求の制度は、当事者処分権の表れとして存続した（なお、野
村秀敏「ローマ法における当事者宣誓制度——当事者尋問制度の系譜［その1]——」『三ヶ
月章先生古稀祝賀　民事手続法学の革新（中）』451頁［1991年]）。ユスティニアヌス帝期
に、書証に最高の証拠力を認める証拠法則とともに、証言能力および（書証と同等の完全
な証明に必要な）証人の数を律する証拠法則が確立し、学識訴訟がこれを発展させ、啓蒙
の時代を経て証拠法則の体系が完成した。主観的感情や偶然を排して証拠法則によって真
実を発見するという夢（理想）は、ヨーロッパ全土を支配したが、大陸の訴訟手続および
イギリス大法官府裁判所（エクイティ）の訴訟手続における証拠法則の目的は、職業裁判
官による真実発見を直接規律することにあったのに対し、コモン・ロー裁判所の陪審裁判
における証拠法則の目的は、素人裁判官を疑わしい証拠方法から保護するところにあった。
法秩序の中心に個人が位置づけられるようになると、裁判官および証人の能力に対する
不信に基づく証拠法則は崩壊し始め、ドイツ法文化圏や陪審制の原則的廃止後のイギリ
ス、スペインのように、職業裁判官が主宰する「本案弁論モデル」を採用した諸国では、

自由心証主義がさらに浸透し、証拠法則は減少した。しかるにロマン法圏では、フランス革命の影響にもかかわらず、現在もなお書証を相対的に重視し（芸術および哲学にもうかがわれるようにclear formを愛する国民性から、証拠の合理性に固執するのであろう）、「無能力証人」（testis inhabilis）や決訟（強制）宣誓の制度を完全には廃止していない（*Id.*, 18-20）。将来は電子化文書の価値が高まり（人的証拠方法の地位の低下）、ワールドワイドなコミュニケーション社会が、共通の訴訟文化（証拠法）の形成に貢献するかもしれないので、性急な結論に飛びつくことは避けるべきである（*Id.*, 21）。

アメリカの法文化は陪審制に高い価値を置き、証拠の許容性に関する伝統的ルールを維持しているけれども、素人裁判官の直接民主主義的正統性と伝統的証拠法との関係は歴史的なものにすぎず、許容性ルールの実際の効用（manipulating dramaturgyからの保護）は疑わしい（なお、英米においても、素人裁判官＝陪審の確信形成のためには自由心証主義が不可欠であった。ところが、時代精神からして、超個人主義的合理主義が陪審裁判にも必要であるとされ、真実発見を主目的とするローマ＝カノン訴訟起源の証拠法則の中で適切なものが、許容性ルールの体系に改造されたのである（*Id.*, 20-21, 19）。

（ⅲ）第3に、「異なった法文化の反映としての書面・口頭・公開手続」と題する章では、次の①ないし⑤のように歴史的変遷を整理する。①ローマ、ゲルマンの民事訴訟においては、殆どの当事者が文書を作成できず、かつ裁判が公衆の参加・協力を要する政治的行為であったことから、口頭性および公開性が維持された。②東ローマ帝国ユスティニアヌス帝期に、判決裁判官は裁判所補佐人（assessor）に事案解明と証拠調べを命ずることができ、裁判所補佐人は書面の報告書を提出するものとされて以来、書面化の傾向が始まった。③中世の学識訴訟で、書面の・間接主義的な・非公開の手続が最高潮に達し、裁判官の判断は抽象的なルールの体系・スコラ的学識の産物で、政策的行為ではないとされた。④ロマン法文化圏では書面的かつ非公開の手続が支配的となり（イギリス大法官府裁判所の手続も同様であったが、コモン・ロー裁判所の手続は公開であった）、フランス革命では、自由市民の・裁判所への直接のアクセスを意味する直接主義と公開主義の理念が高唱されたけれども、ロマン法圏の審査モデル（Instruktionsmodell）では、口頭・直接・公開主義は今日でもなお完全には実現されていない（学識訴訟の伝統に従って、裁判官の意思決定が政策的行為というよりも学問的認識行為と理解されているからであろう）（*Id.*, 21-22）。⑤英米・ドイツ・スペイン・スカンジナヴィア・若干の南米諸国のように、「本案弁論モデル」が成功を収めたところでは、弁論および証拠調べ手続の完全な口頭・直接・公開主義が顕著である（ただし、法文化の如何に関わらず、どの法域でも書面中心の準備、口頭証言の書面による代替——フランスのattestationやイギリスのwitness statement——に向かう傾向が顕在化している）（*Id.*, 22-23）。

さて、こうした公開主義・口頭主義の最小限の基準（Mindestmass）は現代憲法・条約

に対応しており、殆ど人権に等しい性質を持つが、多様なアプローチが生ずる原因は、①裁判運営と法創造との関係、②裁判運営への公衆のアクセス（透明性）とプライヴァシー権との関係にある。すなわち第1に、英米法圏のような判例法システムのもとでは、あらゆる法的紛争において法創造がなされるので、法の民主主義的正統性を確保するには、完全な公開主義によって公衆の不断の協力を求める必要がある。これに対し、法典を有する法文化圏では、裁判所による制定法の実現は認識行為にとどまり、司法権の濫用を防ぐためにのみ、公衆の協力が必要となる。この両システムの収斂（折衷的システムの形成）により、法典国の多くが公開主義をいっそう強化する方向に向かってきている（*Id.*, 23）。第2に、アメリカではデモクラシーの理解にあたり、出発点から人民の平等を重視する。そしてその実現のために、透明性と公衆のアクセスを要求するので、プライヴァシー権は第二次的存在で、民事訴訟における秘匿特権も極めて制限されている。これに対しヨーロッパにおいては、プライヴァシー権は、民主主義的正統性を有しない国家権力からの保護という重要な機能を果たしたのであって、したがってアメリカほどの透明性は要求されなかった（民主主義が西欧で発展した現代でも、裁判の客観性およびプライヴァシーに対するマスメディアの脅威という新たな課題が生じている）。透明性および平等と同じく、プライヴァシーおよび個人的領域の保護も、個人の自由とデモクラシーの重要な構成要素なのであるから、デモクラシーが公開・口頭・直接主義の民事訴訟に対応し、官僚的・ヒエラルヒー的思考が不完全な口頭主義・部分的な書面主義に対応する、と論ずるのはあまりに単純にすぎる（*Id.*, 23-24）。

(iv) 第4に、現代福祉国家および大衆社会における主要なトピックである「裁判所へのアクセス」を論じた比較的短い章では、裁判所へのアクセスを確保する多様な手段を各国とも組み合わせて用いており、資力に乏しい当事者をアクセス可能にするためには、公的ないし私的に組織された財政上の救助、私的な権利保護保険、勝訴を条件とする成功報酬制度などが通常利用されていること、大量不法行為の場合には公共機関による公共訴訟、消費者団体による団体訴訟（Verbandsklagen）、代表訴訟（representative actions）によって処理されることを、まず指摘する（*Id.*, 24-25）。これらの手段のうちで、アメリカ民事訴訟法は成功報酬制とクラス・アクションを重視する。ヨーロッパ大陸民事訴訟法は、公的リーガル・エイドと消費者団体訴訟を志向する。前者は、規制緩和（deregulation）、権利の私的・自律的追求（private autonomous pursuit）、デモクラシーに対応し、後者は、規制維持（regulation）、官僚制的ヒエラルヒー構造、権威主義的伝統（authoritarian traditions）に対応する。前者のアメリカン・モデルは、公的組織に依存するところが少なく、国境を越えた企業活動の規律に適しているので、世界的規模でのフリー・マーケットに向かう過程では、ヨーロッパ大陸モデルよりも有利である。「正義へのアクセス」の領域では、ワールドワイドな支配力を有するアメリカのロー・

ファームが、特殊な救済手段を利用するアメリカ裁判所を好むこと、ヨーロッパ大陸の伝統を有する多くの国でアメリカ法の継受現象が見られること（例えばブラジルにおけるクラス・アクション）からして、アメリカ法文化の直接的影響とアメリカ的法思考のヘゲモニーがとりわけ顕著である（*Id.*, 25-26）。

（ⅴ）第5に、「裁判官および訴訟当事者相互の役割分担」という、比較訴訟法・比較法文化論でも馴染み深いテーマを、シュテュルナーは最後に検討する（「国際シンポジウム現代の民事訴訟における裁判官および弁護士の多重的な役割とその相互関係」『民事訴訟雑誌』50号87頁以下［2004年］を参照されたい［貝瀬］）。すなわちまず、訴訟上の当事者自治が極めて広汎に認められている国では、デモクラシーの確立した政治文化が浸透しているのに対し、裁判官の指揮が優先する国では社会のヒエラルヒー構造が強固であって、全体主義の懸念すらあるのではないか、という議論は説得力に欠けると指摘する（例えば、デモクラティックであったとはいいがたい中世学識訴訟の裁判官、ヴィルヘルム時代および第三帝国時代の裁判官は、第二次大戦後のドイツに比べてかなり受動的であったのに対し、近時のイギリス、スペインでは管理者型ないし積極的裁判官への移行が見られる［*Id.*, 26-27]）。安定したデモクラシーを発展させてきた英米において、受動的裁判官への志向が強いことは、先の議論を支える根拠となりそうであるが、役割分担の違いを生じさせている根本的な理由は、素人裁判官・陪審制度の存在と、法についての理解の相違である。デモクラシーの基本的制度であるとされる陪審の活動は、職業裁判官が本案弁論の準備まで一貫して行う場合に比べて受動的・制限的であり、プリトライアルとトライアルにおいて二重に事実認定（fact-finding）が行われなくてはならない、という不経済な効果を伴う。一審限りで事実認定を済ませて、上訴は原則として法律問題に限るために広汎なディスカヴァリーを認めるのも、コストを要する陪審審理を繰り返すのが困難だからである。陪審審理にまで至るのはごく一部の紛争にすぎないのに、陪審制度が全ての事件の訴訟構造を決定している（*Id.*, 27-28）。またアメリカでは、法を社会における紛争解決の一手段、実践的な経験とコモンセンスに立脚した存在ととらえ、法を個人の幸福追求の要請に適合させることが、社会全体の不断の使命であると解されている。シュテュルナーは、このような法の理解が、（アメリカ人の法的信念と化している）陪審の強固な地位のみならず、権威的な評決（authoritarian verdict）よりも当事者の合意・人間的なコモンセンスによる個別的解決（individually formed party agreements）が重視され、調停——しかもinterest based mediation——が流行することの理由となっている、と説く。判決による迅速かつ大量の紛争処理を行う意図がうかがわれず、ごく少数の紛争処理を対象とする陪審審理を訴訟のモデルとしている法制は驚くべきものだが、判決の取得まで手間がかかることも、人間的なコモンセンスに基づいたインフォーマルな紛争処理を促す長所と考えられている（*Id.*, 28-29）。

第3部　比較法史の実践　*639*

G. マレー/シュテュルナー共著の『ドイツの民事司法』は、英文によるドイツ民事司法制度概論の末尾に、80頁に及ぶ「若干の比較考察」の章を設けている。そこでは、ドイツとアメリカの民事司法制度に共通の主要目的、すなわち、「私人間の紛争の迅速・効率的・公正な・法に基づいた裁決（adjudication）および私的権利の回復と実現（vindication and enforcement）」[586] という目的を達成するための、両国の民事司法の同等な諸機能（identified function）を比較している（比較民事訴訟法的アプローチの採用）。比較の対象となる「諸機能」とは、①司法制度の独立性と信頼の維持、②訴訟当事者に事実と法についての高度の決定を提供すること、③手続的および制度的フェアネスを訴訟当事者に保障すること、④不当な遅滞を伴わず、合理的なコストで得られる実現可能な終局判決を下すこと、⑤訴訟当事者に裁判への適度に自由なアクセスを許容すること、⑥法の発展に建設的に寄与すること、⑦訴訟当事者および国民全体に民事司法および法の支配に対する満足と信頼を生ぜしめること、以上7つである。これらの「諸機能」は、アメリカ法律協会・ユニドロワ起草の「渉外民事訴訟原則」に掲げられた31の原則を圧縮した①ないし⑤に、マレー/シュテュルナーが重要と考える⑥⑦を加えたものである[587]。この大作は共著であるとともに、ドイツとアメリカの法制の比較に叙述が限定されているので、立ち入った紹介は別の機会に委ねたい。比較民事訴訟法の包括的・体系的なフレームワークを提示したところに、『ドイツの民事司法』の大きな功績が認められよう。

H. これまでの叙述において、筆者はシュテュルナーの「ヨーロッパ民事訴訟法学」の形成過程をいわば追体験し、ごく簡略な評価を加えてきた。最後にこれまでの論評を今一度整理しておきたい。

　まず第1に、ドイツを軸に訴訟法（学）の継受史をワールドワイドな規模で描き出し、訴訟法・訴訟文化の普遍性を基礎づけようとしたことは、比較法および法史学の双方に通じたシュテュルナーならではの重要な貢献である。ヨーロッパ訴訟手続の基本構造は、「ローマ的、イタリア＝カノン的、統一普通法

---

586)　Murray/Stürner, *German Civil Justice* (2004) 578.

587)　*Id.*, 574.

的訴訟手続」という共通の根源にまで遡ることができ、ナショナルな独自性に比較的乏しいとするのが、シュテュルナーの思索の出発点なのである。しかしながら、シュテュルナーが論稿「比較訴訟法の独自性」（1995年）で論じているように訴訟法は純粋な「生ける法」であり、比較訴訟法は比較私法の場合以上に法社会学と連携する必要性が高い。法史学的知見のみで普遍性を基礎づけようとする・初期のシュテュルナーの試みが果たして十分に成功しているかどうか、疑問なしとしない。近時の彼の講演「訴訟法と訴訟文化」に見られる比較訴訟文化論が、法社会学の成果をより柔軟に取り込んでゆく可能性を示している。

　第2に、このような訴訟文化の普遍性を基礎に、「ヨーロッパ民事訴訟法学」のあるべき姿を模索し、主要な制度における権利保護の等価性を検証してゆくことが、その重要な課題であると指摘した点も画期的である。かかる基礎作業の一環としてシュテュルナーは「ヨーロッパ民事訴訟」の構造を分析し、準備的解明段階から最終的証拠調べを伴う集中的本案弁論へと進行する「本案弁論モデル」が、伝統的な法圏を越えて広く受け入れられているとして（例えば、イギリスとドイツの訴訟構造の接近）、訴訟法のハーモナイゼーションの出発点とするのである。ただ、この「本案弁論モデル」と対比されるロマン法圏の訴訟モデルを、「審査モデル」と特徴づけるのか「連続期日訴訟モデル」と位置づけるのか、比較のための道具概念がいささか明確さを欠く。初期のパッサウ報告では、むしろドイツ・フランス間の訴訟構造の接近が指摘されている。

　第3に、比較訴訟法研究の知見を踏まえ、訴訟法のハーモナイゼーションは十分に成功の見込みがあると評価して、ユニドロワの作業に理論的・学問的支柱を提供するとともに、ヨーロッパ共通訴訟法の基本方針を比較法によって解明し、多様な法構造の調和を図ることが訴訟法学の使命であると喝破する。このように体系的構成至上主義からの訴訟法学の解放を提言していることも、比較訴訟法学者としてのシュテュルナーの視野の広さを示す。ただし、各国固有の「思考スタイル」の重要性を強調し、各国の訴訟法学を単一のヨーロッパ訴訟法学に吸収することは、ヨーロッパ訴訟文化の貧困化を招くとして、各国訴訟制度・訴訟法学のオープンな競争をシュテュルナーは尊重する。

　第4に、比較ヨーロッパ訴訟法研究の当初から、アメリカ訴訟法との包括的

な比較を視野に入れ、アメリカ法律協会とユニドロワの協働の成果である「渉外民事訴訟原則」を基軸に総合的な比較訴訟法研究のフレームワークを設定し、『ドイツの民事司法』という具体的な労作を（英文で）刊行したことも、特筆されるべきであろう。この著作自体は比較訴訟法の入門書としての性格が強く、必ずしも奥行きの深い比較法的考察が展開されているわけではないが、同書の提示したフレームワークは十分に応用可能な内容である。

3. 法史学からの貢献──ヴァン・レーのハーモナイゼーション理論──

1. 民事訴訟制度のハーモナイゼーションというテーマについて次に挙げるべき基本的文献は、クレイマー（Kramer）およびヴァン・レー共編の論集『グローバル化する世界における民事訴訟』（2012年）である[588]。これは2010年7月に2日間にわたって、エラスムス大学ロー・スクールとマーストリヒト大学法学研究科のジョイント・プロジェクトとして、ロッテルダムで行われたカンファレンスの成果を収めている。

2. 同書の中核となるのは、ヴァン・レーの論稿「民事訴訟のハーモナイゼーション──歴史および比較のパースペクティヴから」である。ヴァン・レーは、①内国法改正の結果としてのハーモナイゼーション、②訴訟制度間の競争の結果としてのハーモナイゼーション、③国際的なハーモナイゼーション・プロジェクトの結果としてのハーモナイゼーション（または、意図されたハーモナイゼーション）の3つの類型を検討している[589]。

　まず第1に、内国法改正の結果としてのハーモナイゼーションについて、次

588）　Kramer/van Rhee, *supra* note 329, 14-15, 16. その書評として、Main, *Am.J.Comp.L.* 61 (2013) 467. 手続的ハーモナイゼーションの概説としては、Zekoll, Comparative Civil Procedure, in: Reimann/Zimmermann (eds.), *The Oxford Handbook of Comparative Law* (2nd ed., 2019) 1306, 1313ff.が詳細である。

589）　van Rhee, *supra* note 342, 40-42.

のように論ずる。（ア）内国訴訟制度改革の際に、外国における経験から特定の手続規則の現実の機能を知ることができる賢明なアプローチとして、比較民事訴訟法が利用されてきたため、各国の訴訟制度が類似してゆく傾向を示すことがある[590]。（イ）法改革プロジェクトにあたって通常参照されるのは、訴訟の分野に限らず、法一般・経済・政治・文化において密接な接触があり、その結果として比較的容易に実現できる例を提供できるような関係にある法域である[591]。（ウ）EU構成国での法的・経済的・政治的・文化的統合は、ヨーロッパにおける民事訴訟の「自然発生的」ハーモナイゼーションないし近接化（approximation）を促す強い刺激であり、その一例が裁判官の事件管理権限（case management power）の強化である。オーストリアで19世紀末に発生したこの傾向が、ヨーロッパ統合の刺激を受けてEU構成国で受容されていった可能性を、ヴァン・レーは指摘する。この例が示すように、自発的ハーモナイゼーションは現代世界の民事訴訟制度の重要な諸相にも及ぶ[592]。（エ）「世界の各部分を、より大きな実体へと法的・経済的・政治的・文化的に統合する結果

---

590) *Id.*, 42. 例として、フランス・ブルゴーニュの訴訟法（French-Burgundian procedural law）に倣った15世紀・16世紀の低地諸国（Low Countries）（16世紀のハプスブルク家支配のもとでも、フランスの影響は続いた）、19世紀・20世紀のオランダとベルギーを挙げている（この地域は、フランスにより併合され、フランスの法制が導入された）（*id.*, 42-43）。

591) *Id.*, 42-43. 1980年にドイツ民事訴訟法を導入した日本の場合は例外である（段階的・漸次的法改革が原則である）、と言う。ここでもベルギーおよびオランダにおけるフランス民事訴訟法の強い影響が例として挙げられ、20世紀初めにはドイツ・オーストリア、21世紀初めにはイングランドが、オランダの法改革プロジェクトに影響を及ぼした、と指摘されている（*Id.*, 43）。

592) *Id.*, 44. 民事訴訟の社会的機能（Sozialfunktion）・福祉的機能（Wohlfahrtsfunktion）を説くフランツ・クラインの理念——これは19世紀のリベラルな訴訟観（民事訴訟は私的事項であって、訴訟当事者のみの利害にかかわるものであるとする1806年フランス民事訴訟法の理念）に対するリアクションである——がヨーロッパで受容され、事件管理者（case manager）としての裁判官という新しいパースペクティヴが普及したことを、*id.*, 45は詳論する。

をもたらす、国際化とグローバリゼーションのペースが高まることによって、本節で述べたようなハーモナイゼーションが将来ますます大きな規模で生ずることが期待できよう。結局国際化とグローバリゼーションは、多数の諸国が法的・経済的・政治的・文化的領域においてますます密接に接触することを意味し、その結果として、明示ないし黙示的に比較法プロジェクトを採用する国家法改革プロジェクトにおいて、関連のある外国訴訟モデルの数がますます増加するであろう」[593]。

第2に、ヴァン・レーは、前掲②の「訴訟制度間の競争の結果としてのハーモナイゼーション」では、「民事訴訟のための競争的な（他国に負けない）フォーラムを創造しようという願望が、その副次的効果として、民事訴訟法のハーモナイゼーションをもたらす」と述べ、将来はこれが世界の法改革者たちの主要な目標になるであろうと分析する[594]。本書第3部Ⅳ．「ヴァン・レーの比較民事訴訟法史」（3）（ⅱ）を併せて参照されたい。

最後に、前掲③「意図されたハーモナイゼーション」では、ヨーロッパ規模でのハーモナイゼーションとワールドワイドな規模でのハーモナイゼーション（「国際民事訴訟原則」）を論じている。後者についてヴァン・レーはこう述べている。「『国際民事訴訟原則』が示す手続モデルは、プリーディング段階（事件の陳述）、中間段階（準備）、最終弁論（主審問・本案弁論）の三段階から構成される（原則9）。シュテルナーはこれを『主審問・本案弁論モデル』（main hearing model）と呼ぶ。このような裁判官の積極的スタンスは、外国法を含む法の争点を判定する責任を裁判所も負うことを意味する。他方で『原則』は、訴訟当事者が事前に提示していなかったか、または、少なくとも簡潔に言及さえしていなかった新たな事実を、裁判所が採用することは許されないとする（原則10）。しかしながら、迅速な裁判を保障することは裁判所の責務で、ある程度は当事者も共同で負担する責任（原則11.2）でもある（原則7.1）。アメリカ合衆国におけるようなノーティス・プリーディング（notice pleading）は定められていない（原則11.3）。ノーティス・プリーディングでは、プリーディ

---

593) *Id.*, 46.

594) *Id.*, 46-47.

ング段階で、詳細な事実の主張と正確に特定された証拠方法の提出とが要求されるのである。当事者のあらゆる主張は、裁判所により考慮さるべきである（原則22）。終局判決原則（principle of finality）は支持されている（原則26）。『原則』は費用に関するアメリカ・ルール（各当事者は自己の費用を負担するというルール）には従っていない（原則25）。しかしながら、『原則』は『裁判所の友』（amicus curiae）を認める（原則13）。控訴は覆審（new hearing）ではなく、第一審判決の再評価に限定される（原則27）。『原則』は、手続に関する義務に従うことを怠るか、またはそれを拒んだ当事者・弁護士・第三者に対する制裁を論じている（原則17）」。

　『原則』がカヴァーしていない論点もある。例えば、ウルフ改革以後のイングランドにおける訴え提起前のプロトコル（pre-action protocols）のような、潜在当事者間での交渉による訴え提起前の調整や、多数当事者訴訟などである。したがってこの『原則』は、グローバルな規模での手続的ハーモナイゼーションの最終段階ではなく、フォローアップを誘うきっかけ（initiative）と考えられるべきであるとヴァン・レーは位置づける[595]。

　ヴァン・レーはこの論文の「結語」として、「民事訴訟をハーモナイズしようとする試みが、過去数十年の間に（民事訴訟法史を含む）比較民事訴訟法研究を実に面白い分野にした。元来、比較民事訴訟法研究は、主に近隣の法域に注目しつつ、自国のために新民事訴訟法典ないし改正法典を起草する自国法の改革者の領分であった。グローバリゼーションが、比較民事訴訟法研究をより広い観客のための研究分野にしたのである。例えば各国の訴訟制度が、訴訟ビジネスのために互いにしのぎを削り合っているように見えるところは、将来有望な研究エリアなのである。法廷地選択に関して、よりいっそう可動性を増した当事者の選好（preferences）を考慮する場合に、各国は国際競争の場における自国訴訟制度の強弱を、比較民事訴訟法によって評価できるようになる」と述べる。民事訴訟と（訴訟）文化との関係を考慮することによって、比較民

---

595)　*Id.*, 56-60. なお、本文で言及しているシュテュルナーの「本案弁論モデル」については、貝瀬幸雄『普遍比較法学の復権』（2008年）27頁。

596)　*Id.*, 60-61.

事訴訟法研究を深化させることが可能となるが、訴訟法改革が外国訴訟モデルによってどの程度まで黙示的な影響を受けているか（implicitly influenced）に注目すべきである、と今後の課題を提示するのである[596]。

　ヴァン・レーは別稿でイングランドにおける学識訴訟（ローマ＝カノン訴訟）の影響について比較的詳細に論じ、外国訴訟法との「モデルの交流」（相互作用）によって訴訟法族間の差異が減少して、シヴィル・ロー族とコモン・ロー族に二分する（訴訟）法族論の意義が失われていると指摘している。ヴァン・レーは近接化の基礎として、比較法を通じた国内法改正、訴訟制度間の国際競争、国際的なハーモナイゼーション・プロジェクトを挙げている。さらにヴァン・レーは、1998年イギリス民事訴訟規則を20世紀ヨーロッパ民事訴訟法史の終点であるとし、ヨーロッパ民事訴訟法の「共通の核心」である「当事者間の協働と裁判官の事件管理」が同規則の基本理念であると分析したうえで、この規則によって訴訟法族間の近接化・収束がさらに大きく推し進められた、と評価するのである。すなわちEUにおける民事裁判システムの近接化は実現可能である[597]。

4.　比較法学からの挑戦──グレンの法伝統論を中心に──

A.　（1）比較民事訴訟法・ヨーロッパ民事訴訟法研究にも卓越した業績を発表しつつあるロルフ・シュテュルナーの古稀記念論文集第2巻は、これらの分野の優れた諸論稿も収めている。その中から比較法学者ヴァラーノの労作である「ヨーロッパにおける民事司法制度──現代の近接化傾向」をまず取り上げる。ヴァラーノは、伝統的に裁判運営および訴訟法規は強固にローカルな結び付きを有していたが、比較の知見に照らせば手続的な近接化およびハーモナイゼーションへと向かう広汎な改革の動き（収束の哲学［philosophy of convergence］）が生じつつあるとする。そこでは収束の一例として、イギリス民事訴訟規則に

597）　van Rhee, Public Justice : Some Historical Remarks, in: A. Uzelac/C.H. van Rhee (eds.), *Public and Private Justice: Dispute Resolution in Modern Societies*（2007）および van Rhee, Introduction, in: van Rhee (ed.), *supra* note 276 (2005) の2論文に詳しい。

646

大幅に依拠した2008年ノルウェー新民事訴訟法典を挙げている。「当事者対抗主義的」コモン・ロー・モデルと、「糺問主義的」シヴィル・ロー・モデルの対比が持つ説得力は失われてしまった。いずれのモデルも、民事訴訟の根本原則（独立公平な裁判官、審問を受ける権利）とその目的（私的紛争の効率的で公正な処理）は同じであり、当事者処分権主義を基礎としているとヴァラーノは言う[598]。

（2）ヴァラーノは、このような訴訟システムの収束への顕著な動きとして、①事件管理（case management）の積極的権限、②紛争類型に応じたフレキシビリティの理念、③事件の十分な準備（preparation）という理念、④ディスカヴァリーへのアプローチの変化、⑤上訴制限（最上級審への上訴にフィルターを設ける）、⑥ADRのメカニズムの伝播、⑦集団訴訟ないし団体訴訟の導入、の7点を指摘している[599]。

　まず①については、当事者相互の協働の促進、早期段階での争点の特定、いずれの争点が完全な調査とトライアルを必要とするかを迅速に決定すること、タイムテーブルの決定などの積極的ケース・マネージメント、を定めるイギリ

---

598) Varano, Civil Justice Systems in Europe : Current Approximation Trends, in : *Fschr. für Rolf Stürner*, Bd. 2 (2013) 1841-1843. ヴァラーノによれば、いずれの法族の証拠法も等しく弁論主義（principle of party presentation）が支配するが、以下の重要な違いがある。①シヴィル・ローの証拠法では歴史的に書証が人証（oral evidence）に優越する。②シヴィル・ローの証拠法は、コモン・ロー伝統に典型的な排除法則をあまり許容しない自由心証主義に立脚する。③当事者は一般に証人として尋問される適格を有しない。④シヴィル・ローは交互尋問を規定せず、全ての尋問は――当事者が促す場合でも――裁判官が行う。⑤一般にシヴィル・ローは裁判所が選任した鑑定人を要求するのに対し、コモン・ロー伝統では党派的な鑑定人システム（partisan expert system）を採用する。ただし、イギリス新民事訴訟規則は、鑑定人の利用を裁判所のコントロールに委ね、その採用にあたり両当事者の協働を促し、共同鑑定人（joint expert）の利用を勧める（*Id.*, 1843）。

599) *Id.*, 1844-1851.

600) *Id.*, 1844.

ス新民事訴訟規則を例として挙げ、フランス、スペインのようなシヴィル・ロー諸国も裁判官の役割を相当に強化したとヴァラーノは解説する[600]。

　②についてヴァラーノは、相当な（reasonable）時間と費用で実効性のある権利保護を保障するのが民事司法の目的であるのならば、個別の事件の特性に応じた多様な手続モデルすなわちフレキシビリティが必要であるとする。具体例としては、事件の係争額と複雑さに応じた3種の異なるトラック（tracks）を定めたイギリス新民事訴訟規則、事件の複雑さに応じた3種のトラック（circuits）を定めたフランス民事訴訟法典（審理契約［contrat de procédure］も興味深い制度である、という）、手続開始段階で早期第一回審理期日（early first hearing）ないし書面による準備手続を先行させることができるとしたドイツ民事訴訟法典の柔軟な手続モデル（同法275条・276条）、準備手続（vorbereitende Tagsatzung）における訴訟プログラムの策定を導入した2002年オーストリア民事訴訟法改正などを挙げている。イタリア、ノルウェーもtrack-systemを採用した[601]。

　③についてヴァラーノは、次のように論ずる。「より迅速で合理的で規律正しい処理のための十分な準備という理念は、コモン・ロー法律家には非常に馴染み深かったが、シヴィル・ロー法律家には、それよりもずっと縁遠いものであった。実際にシヴィル・ロー諸国では『準備（訴答）書面の交換・その保管のための期日の指定・証拠収集』を目的とする一連の審問を通じて、極めて密度の薄い方法で事件処理を行うのが、伝統的特色である。すなわち日本の高名な学者が極めて適切に表現したように、『五月雨式』ないし『歯科医方式』なのである。この方法がもたらす結果は、遅延の増大、口頭弁論の価値の低下（および一般的に第一審手続の価値の低下）、事実と証拠からの裁判官の疎遠である。したがって、多くのシヴィル・ロー訴訟制度が第3の改革の動向に従い、手続の二段階モデル（bifurcated model）を採用し（例えば、フランス、スペイン。日本も挙げることができよう）、あるいはそれを併合して（例えば、ドイツ、オーストリア）、コモン・ロー諸国の経験に接近しつつあることは、驚

601）　*Id.*, 1844-1846.

602）　*Id.*, 1846-1847.

くにあたらない。手続の第一段階は事件の準備にあてられるが、第二段階すなわち主審問（main hearing）は証拠収集と事件の判断にあてられる。準備段階を実効的なものにするために、全般的に強力な権限が裁判官に与えられ、その職務・機能は、真の争点を適時に解明して紛争の核心に到達することである。ドイツやスペインの若干の代表的な学者が、彼らのシステムは構造的に英米の二段階システムに極めて類似してきており、……口頭性が増加していると論じていることは注目に値する」[602]。

④についてヴァラーノは、こう解説する。アメリカの伝統的実務である「告知訴答」（notice pleading）に対し、シヴィル・ローの手続モデルでは「事実訴答」（fact-pleading）が広く浸透している。事実訴答の場合、最初の請求の趣旨および原因の陳述（initial statement of claim）において、係争事実、請求の基礎となる法律論を詳細に述べ、証拠の申請・救済の申立てを含む。そのためシヴィル・ローの訴訟制度は、伝統的にアメリカのディスカヴァリーに類した制度を有していなかったが、集中審理と実体的正義の要請から、シヴィル・ロー諸国におけるディスカヴァリーへのアプローチも変化しつつある。ただしアメリカにおいても、純粋な告知訴答モデルから離れて、より事実によって基礎づけられた訴答・プリーディングと、請求のplausibilityを求めるテストが判例上採用され、シヴィル・ローとの間に収束の兆しがうかがわれる。

ヴァラーノはシヴィル・ロー諸国の立法例として、訴訟上の開示義務をアストラント（astreinte）により担保するフランス法（フランス民法10条の改正、民事訴訟法11条。同145条の解釈をめぐる判例）、ドイツ民事訴訟法142条・144条の革命的改正（争点との関連性のみを根拠に、文書の開示を命ずる権限を裁判所に付与した）、類似の制度を導入したオランダ・スペイン・日本法を挙げている。広汎でかつ「魚漁りの旅」（fishing expeditions）を伴うアメリカのディスカヴァリーは、イギリスの法律家にも異別なものと感じられる。イギリスでは「事実訴答」に類した構造をとり、裁判所が開示を合理的な範囲に制限できる。ヴァラーノは非常に興味深い例として、訴え提起前のプロトコルによる・和解の可能性を探るための情報交換にも、言及している[603]。

---

603) *Id.*, 1847-1848.

⑤については、上訴制度も改正と近接化を免れなかったとする。最上級裁判所への上訴は、コモン・ロー諸国では常に選択的裁量上訴であり、シヴィル・ロー諸国では常に権利上訴であった。したがって最上級裁判所への上訴が殺到し、コモン・ロー諸国に比べて後者においては裁判所のオーソリティが低下した。「効率性を回復し、法の統一および公正を図る最高裁判所の役割を強調する必要から、コモン・ロー諸国ほど広い裁量権ではないにしても、最高裁判所への道に若干のフィルターを設ける法システムが生じ始めた」とヴァラーノは言う。その例として、2002年に改正されたドイツ民事訴訟法（543条）、2001年6月のフランス組織法律（loi organique）、2009年に改正されたイタリア民事訴訟法（360条以下）、2000年スペイン新民事訴訟法、2002年のオーストリア法改正を挙げている[604]。

⑥についてヴァラーノは、ADR伝播の動きは2008年5月21日EU指令（ヨーロッパ議会および評議会の民事および商事事件における調停［mediation］の若干の局面に関する指令）（Directive 2008/52/EC）のためもあって、シヴィル・ロー諸国で勢いを得つつある、と述べる。例として、調停前置を採用した2010年3月4日のイタリアのデクレ（前掲EU指令を立法化した）、スイス新民事訴訟法（213条）に言及する[605]。

(3) 以上の国家法レヴェルでの近接化の動きに加え、ヴァラーノは超国家レヴェルでのハーモナイゼーションを簡潔に解説する。

まず第1に、モデル法典（ソフト・ロー）を通じたハーモナイゼーションの典型例が、『国際民事訴訟原則ならびに規則』である。これは民事訴訟のユス・ゲンティウム（jus gentium）であり、内国法改正のモデルを世界の立法担当者に提供するという野心的な目標も有する。

第2に、EUレヴェルでのハーモナイゼーションである。アムステルダムおよびリスボン条約により、ヨーロッパ連合の機能に関する条約81条が修正され、その直接の結果として構成国訴訟法に影響を及ぼす多くの規則・指令が発せら

---

604) *Id.*, 1849-1850.

605) *Id.*, 1850-1851.

650

れ、正義へのアクセスの向上などの共同体のポリシーが構成国に顕著な影響を与えた（例えば前掲（2）⑥⑦）。

　第3に、アムステルダム条約以前から、ヨーロッパ司法裁判所（European Court of Justice）の判例が、ハーモナイゼーションの過程で要としての役割（pivotal role）を果たし、構成国の共通の憲法伝統およびヨーロッパ人権条約（6条・13条）により承認されている、実効性のある裁判上の保護を受ける権利の重要性を強調してきた[606]。

　1998年の改正によってイングランドも法伝統を横断する自発的ハーモナイゼーションのプロセスに参加したが、それでもなお裁判運営の機能と実効性に強いインパクトを及ぼす重要な差異が存在しているから、グローバル市場における・不可避であるとともに望ましくもある多様な法システム間の競争がもたらされるのである。イングランドは、費用はかかるが最も実効性のある司法制度を提供していると思われる。ヴァラーノはこのように論稿を締めくくっている[607]。

B.　（1）高名な比較法学者パトリック・グレン（本書第1部参照）は、ウォーカー/チェイス共編の『コモン・ロー、シヴィル・ロー、そして諸カテゴリーの将来』に論稿「西洋法伝統（A Western Legal Tradition）か？」を寄せている。グレンによれば、「ハロルド・バーマンの『法と革命——西洋法伝統の形成』が1983年に刊行されて以来、西洋法伝統の概念は広く用いられてきた。これは、シヴィル・ロー伝統とコモン・ロー伝統について考察する場合に明らかに重要であって、両者の（区別の）消滅に貢献する可能性がある。もしも両者

---

606)　*Id.*, 1852-1855.

607)　*Id.*, 1857. イングランドの司法制度の長所として、ヴァラーノは「極めて有能で熟練したベンチとバー、豊富な仮の略式救済手段、中でも『法廷侮辱』のような強力な手段によって強化された極めて有名なworldwide freezing injunction、合理的だが濫用的でない『開示』（disclosure）システム、『効率的かつ効能のある』執行手続、裁判所の新しい事件管理権限と現在の許可上訴制度を主な原因とする・訴訟遅延のドラスティックな減少、最後に、英語を伝達言語とする長所も無視できない」とする。

の区別とその手続法の区別が従来は誇張されてきたのであって、基底に深い共通性が存在するならば、ハーモナイゼーションを進展させることへの現実の障害は認められないであろう」。しかしながらグレンは、この西洋法伝統をめぐる議論の一般性・抽象性が高すぎるので、手続法および司法制度の具体的コンテクストでその有効性を検証してみよう、と提言する[608]。

　まず第1に、『法と革命』においてバーマンは、法領域における宗教思想の重要性を明らかにし、西ユーラシア法域の法に対し宗教改革が及ぼした影響を検討する。しかしながらキリスト教という宗教的要素の共通性は、それだけではシヴィル・ローとコモン・ローという法伝統を消滅させる根拠とはならず、またキリスト教法伝統という表現も用いられていない。キリスト教自体が、統一困難なサブ伝統（sub-traditions）を内包しているのである。

　第2に、西洋法伝統を超えて活躍するイスラーム法学者、ローマ法を西洋法伝統の根本的要素とするローマ法学者（例えばトニー・オノレ［Tony Honoré]）、シヴィル・ローとコモン・ローの区別を「時代遅れ」であるとする比較法学者（ジェームズ・ゴードレー）などは、西洋法伝統という観念を支持するが、その特色を述べる者が殆ど見られないのは驚くべきことである[609]。

　第3に、シヴィル・ロー伝統とコモン・ロー伝統の区別を最も明瞭に支持する「法的起源」説（legal origins thesis）の立論には、賛成できない。この説は、国家経済発展の根本原因は、国家法がシヴィル・ローとコモン・ローのいずれに属しているかに依存する、という。すなわち、フランス的シヴィル・

---

608)　Glenn, A Western Legal Tradition ?, in : J. Walker/O. G. Chase (eds.), *supra* note 250, 601. 本文中でグレンの引用するハロルド・バーマンの著作は、Harold Berman, *Law and Revolution : The Formation of the Western Legal Tradition* (1983) ; idem, *Law and Revolution II : The Impact of the Protestant Reformation in Western Legal Tradition* (2006) である。その翻訳として、ハロルド・J・バーマン（宮島直幾訳）『法と革命（1)』（2011年）、同『法と革命（2)』（2010年）がある。

609)　*Id.*, 605-606. 本文で言及した「法的起源」説については、五十嵐清「比較法と経済学——『法的起源説（*Legal Origin Theses*)』を中心に（1)（2・完)」『札幌法学』22巻1号（2010年）・23巻1号（2011年）が詳細である。

652

ロー諸国は規制が厳しく、財産権の保障に乏しく、政府が非効率的で、政治的自由も劣る。12世紀以降の法制度の歴史的発展が、英仏の裁判制度の構造と機能を決定したのであって、現代のシヴィル・ロー諸国の裁判所は手続が遅延し、判決における一貫性・誠実さ・フェアネスを欠くものとなっている。このように「法的起源」説は論ずるが、イングランドよりもフランスの方が中央集権化が進んでいたとする歴史的理解は誤りである。21世紀以降の国民経済の態様は、12世紀の裁判所の構造よりも現代の政治的選択によるところが大きい。例えばインドや中国がそうである。これらの理由から「法的起源」説は支持困難である。

　第4に、長年の法的信念・法実務は融和不能なメンタリティであってヨーロッパ法は収斂できない、コモン・ローおよびシヴィル・ロー法律家の思考パタンは公約数を欠く、とするピエール・ルグラン（Pierre Legrand）の見解は誇張しすぎである[610]。

　第5に、以上のように西洋法伝統に反対する所説をグレンは検討してゆき、「西洋法伝統──一般的議論」と題する総論をこう締めくくる。西洋法伝統に関する一般論から結論は出せないが、区別とカテゴリーは真実の反映というよりも思考の道具である。例えばダマシュカの「理念型」的アプローチや、フィーヴェクのトピック論がそうである。法伝統とは、他の代替的な法伝統を完全に排除することなく影響を与える（ある程度まで両者は共存できる）規範的情報（normative information）から構成されるもので、カテゴリーの要不要に関する議論は、こうした伝統の重要な性格を看過しているように思われる」[611]。

（2）次いで、グレンは「制度的および手続的（諸）伝統」（Institutional and Procedural Traditions）の章を設け、議論を進める。「西洋法伝統を支持する議論は、法的・非法的双方のパースペクティヴからなされてきたが、手続法学者

---

610)　以上は、*Id.*,606-608.

611)　*Id.*, 608-609.

612)　*Id.*, 610.

第3部　比較法史の実践　*653*

によってはそうした議論は行われていなかったようである。手続法学者は、シヴィル・ローとコモン・ローの上にアーチを架ける1つの伝統（an overarching tradition）を正当化しないまま、この両者の区分を批判してきたのである。さらにその批判は、ある程度まで依然として統制力を有する諸伝統の内部から発せられているようである。これはシヴィル・ローとコモン・ローの区分が（司法）制度と手続に関係するために、両者の区分が比較的強いことを物語っているであろう」と指摘する[612]。グレンは「本質的・歴史的にシヴィル・ロー伝統とコモン・ロー伝統の相違は制度および手続上の相違であり、実体法上の相違ではない。仮に実体法上の相違があったとしても、取るに足りないものであった」[613]としたうえで、こう論じている。「19世紀にはコモン・ロー伝統の大改

---

613) *Id.*, 612. グレンの説くところによれば、「ノルマン民族がイングランドに導入した訴訟手続には、ローマ的基盤はなく、ノルマンの制度と手続は、現場の状況に合わせて慎重に（それはブリリアントですらあった）構築された。それゆえ、訴訟手続に対する大法官のコントロール、陪審、巡回裁判官、訴訟手続の口頭性、トライアルとして知られる圧縮された手続、争点への訴答と証拠提出のための弁護士の利用を、支持する選択がなされた。それは、大陸に浸透していた制度と手続とは非常に異なったものであったが、状況に適っていたのである。それは、多大の忠誠心（loyalty）をもたらした。同様に、ヨーロッパ大陸においても、状況に極めて適合的な訴訟手続に対する忠誠心の増加が生じ、こうしてわれわれは、シヴィル・ロー伝統およびコモン・ロー伝統と同じほど長く続いている制度的・手続的伝統と、それへの忠誠に出会うのである」（*Id.*, 611）。「今日では、われわれは、訴訟手続は実体法を実現するための手段であると考えるが、……コモン・ローにおいては、最初は実体法と訴訟法の相互の役割について、このような考えはとられていなかった。メイトランドの忘れがたい表現によれば、実体法は『訴訟手続の隙間に隠されていて』、評議において実体法を適用する責任を負う各地域の陪審のみに知られていた。シヴィル・ロー伝統とコモン・ロー伝統の実体法は、後者の実体法が確認できる限りにおいて、十分に同一ないし同等だったはずである。seisinの概念は、封建制の影響を受けたあらゆる形態の土地保有において知られていたように思われる。若干違った表現でいえば、イングランドと大陸の実体法には、前者は陪審の評議の過程に大幅に解消されてしまっているので、判明している対立（known opposition）は存在しなかったということである」（*Id.*, 611-612）。「エクイティは、コモン・ローよりも明確に実体法を提示したが、エクイティの原則は、ローマ＝カノン的伝統を教えられた大法官に由来するものであった」（*Id.*, 612, N. 42）。

654

革があった。令状システムは廃止され、拡散していた裁判所の管轄の構造は簡素化され、上訴裁判所が創設された。これらは制度および手続の改革であり、コモン・ローをシヴィル・ローにより接近させた。しかしながら、その最も重要な効果は、コモン・ローにおける実体法の観念を生じさせ、それゆえ実体法を明確に表す法源が必要になったことであった。新たな実体法は大きくシヴィル・ローの影響を受け、ポチエ（Pothier）はイングランドの判例法に次いでよく引用された。こうしてシヴィル・ローとコモン・ローの実体法の潜在的な共通性がより良く目に見えるものとなった。しかしながらコモン・ローの本質的なものの多くは不変であった。上位裁判所はその上位性を維持し、裁判官は巡回を続け、陪審は廃止されず、弁護士は争点につき訴答することと証拠を提出することを続けた。他方で、エクイティとの融合は、ディスカヴァリーの過程で新しい事実解明の方式を提供することによって、訴訟手続の当事者対抗的性質（adversarial character）を強調した。……シヴィル・ロー伝統およびコモン・ロー伝統の観点からすれば、これらの諸伝統にアイデンティティを付与してきたのは、制度と訴訟手続なのである」[614]。

　グレンによれば、①訴訟手続の探求的（従来の表現では、糺問主義的）形式（investigative forms of procedure）と当事者対抗主義的形式の長短をめぐるラングバイン（Langbein）らの論争、②コモン・ロー法域におけるケース・マネージメントをめぐる論争、③各国家法には国家的法伝統が埋め込まれていること、以上のいずれも、「手続的伝統の過去の歴史的経験への依存性（path dependency）」と、「シヴィル・ロー伝統およびコモン・ロー伝統（探求的訴訟形式と当事者対抗主義的訴訟形式）を現在も区別する重要性」とを示す、現代的指標（indicator）である。西洋法伝統論は③の国家法伝統を見逃しているのである[615]。グレンは、シュトルメ報告書やアメリカ法律協会/ユニドロワ共作の『国際民事訴訟原則』のようなハーモナイゼーションへの努力には賞賛を惜しまないが、ハーモナイゼーションにより、制度的・手続的伝統において西洋法伝統に到達するのは困難であるとする。ハーモナイゼーションはそれ自体

614）　*Id.*, 612-613.

で正当化できるのではなく、法改革のプロセスにおける刺激と指針となるのである[616]。グレンによれば、「あらゆる形式の実体法よりも深く根づいている、発達中のシヴィル・ロー伝統とコモン・ロー伝統を損なってまで西洋法伝統を語るのは、適切でない。外国では西洋の諸伝統はヘゲモニックに見えるのであって、その内部の多様性を隠さないことがよいのである。これらの諸伝統は、その中で国家の構造を分類学的に整理するための・具象化されたカテゴリーととらえるべきではない。それは個別的な状況のもとで効力を生ずる、生成中の規範の提示・陳述（ongoing normative statements）であり、惰性・怠惰・無知・既得の利益の持つ力を常に監視する必要があるものと理解されるべきである」[617]。グレンのユニークな法伝統論については、本書第1部を参照されたい。

C.　以上のグレン論文に対する比較民事訴訟法学者ミケーレ・タルッフォ（Taruffo）（フィレンツェ大学）のコメント「訴訟モデルに関する若干の意見」が、ウォーカー/チェイス共編・前掲書には収められている。タルッフォは、グレンが検討する訴訟モデルとは異なる訴訟モデルを特徴とする他の法伝統も考慮に入れるべきではないかという[618]。以下ではタルッフォの見解を要約する。

---

615)　*Id.*, 613-616. ケース・マネージメントについては、「ジョロヴィッツ教授は、イングランドの改革に探求的訴訟形態（investigative forms of procedure）への根本的移行を見て取り、この点について彼は結果的に正しかったかもしれない。それでも、独立の訴訟代理人（independent actors）という制度的・手続的伝統を、形式的ルールの制定によって変更することは容易ではなく、そのことを示す論議とリアクションがコモン・ロー法域を通じて集中的に生じているのを、現在われわれは目の当たりにしている。オンタリオにおいては、増加した負担を処理するのに十分なだけの裁判官がいないので、ケース・マネージメントからの離反が生じている。……シヴィル・ローの世界には、事件管理に十分なだけの裁判官が存在するようであるが、コモン・ロー伝統の本質は小さな司法（small judiciary）にあったのである」（*Id.*, 614-615）。

616)　*Id.*, 616-617.

617)　*Id.*, 619.

618)　Taruffo, Some Remarks about Procedural Models, in : Walker/Chase (eds.), *supra* note 250, 621.

まず第1にタルッフォは、主に英米の研究者が強調してきた・ミスリーディングな「当事者対抗主義的モデル対糺問主義的モデル」という図式は捨て去るべきである、と言う。従来のダマシュカの指摘に加え、ヨーロッパ大陸民事訴訟法史においては、争点たる事実を裁判官が積極的に探査するという探求主義ないし真の糺問主義的システムは存在せず、常に当事者対抗主義的であって、手続の主導権は当事者が独占してきたからである、とタルッフォは説明する[619]。

　第2に、民事訴訟のコモン・ロー・システム対シヴィル・ロー・システムという周知の区分は、2つの主要システムが収斂しつつあることを示すために用いられることが多いが、これも議論の余地がある。すなわち、①民事訴訟のコモン・ロー・モデルが依然として存在するのかどうかが極めて疑わしく、②単一かつ同質的なシヴィル・ロー・モデルの存否についても同様だからである。まず①についてタルッフォは以下のように分析する。民事訴訟規則の1998年改正によって、イングランドは伝統的な英米訴訟制度から切り離され、大陸法システムとの距離が減少した。アメリカの訴訟モデルはますます例外的なものとなり（手続的なアメリカの「孤立主義」）、伝統的なコモン・ロー諸国内での収斂（convergence）を妨げている。アメリカ国内でも州ごとの訴訟制度の多様化が進んでおり、アメリカの訴訟制度はモデルとしての一般性を失っている。次に②についてタルッフォは以下の諸点を指摘する。西洋の訴訟モデルは、フランス型（ベルギー、イタリアもこれに属する）、オーストリア＝ドイツ型、スペイン型の3つのサブ・モデルが存在し、一様ではなかった。社会主義レジームの崩壊後、ドイツ・モデルの影響を受けつつも新しいモデルと呼ぶべきものが、以前の社会主義圏において——旧来のヨーロッパ・モデルに戻るのではなく——形成されつつある。スペインは、2000年の民事訴訟法制定後はシヴィル・ローとコモン・ローの中間の混合体系、ないし全く新しい訴訟モデルとなったのではないかと思われる（大半のラテン・アメリカ諸国も同様である）。中国・イスラエル・南アフリカ・アフリカの旧植民地など、伝統的な訴訟モデルに分類できない重要な訴訟制度が存在する[620]。「それゆえ、コモン・ローと

---

619)　*Id.*, 621-622. ダマシュカの説は、貝瀬・前掲注（520）334頁以下。

第3部　比較法史の実践　*657*

シヴィル・ローの訴訟モデルというラフな区分に基づくアプローチは、あまりに曖昧かつミスリーディングであることは明らかである。実際それは、多様な訴訟制度の実態に何ら対応しない2つのモデルについての、粗雑で一般的な理念を示唆するにすぎない。そのようなアプローチは理論的に不正確で、多様な制度の特色である極めて重要な多くの差異をわかりにくくする。現実の差異は、それを考えることによって、様々な文化的・政治的・法的ファクターの影響を歴史的伝統とともに探り出せるので、虚偽の（架空の）類似性よりも遙かに興味深いのである」[621]。

　第3に、多様な訴訟制度のワールドワイドなハーモナイゼーションの可否を論ずる場合に重要なのは、有意義な程度のハーモナイゼーションを達成できるレヴェルを特定することである。その適正なレヴェルとは、一般的な裁判を受ける権利の憲法的保障（例えば、正義へのアクセス、デュー・プロセス、司法の独立）と手続的細則との中間領域にある。イベロ・アメリカ諸国のモデル法典（Código Modelo）やアメリカ法律協会/ユニドロワ『国際民事訴訟原則』（2006年）などのモデル法はこの中間領域に属し、内国訴訟法改正のための「共通参照枠」ないしハーモナイゼーションのための有益な「モデル」を提供する[622]。

　最後に、将来の展望として、タルッフォは「カテゴリー」によって考察することについては懐疑的である。「文化の（そしてまた法的思考の）殆どの領域において、伝統的なドグマやあまりに抽象的かつ曖昧な概念の使用は、法現象の歴史的・社会的・イデオロギー的次元に立脚したより具体的なアプローチへ

620）　*Id.*, 622-624. 旧社会主義諸国の現状につき、Uzelac, Survival of the Third Legal Tradition ?, in : Walker/Chase (eds.), *supra* note 250, 377ff. スペイン民事訴訟法については、Carlos Esplugues-Mota/Silvia Barona -Vilar (eds.), *Civil Justice in Spain* (2009). イスラエルについては、Fassberg, Civil Procedure in a Mixed System : Israel , in : Walker/Chase (eds.), *supra* note 250, 295ff. 南アフリカについては、Kelbrick, *Civil Procedure in South Africa* (2010).

621）　*Id.*, 625.

622）　*Id.*, 626-627.

と移行した。他方で、現代世界における訴訟モデルの多様化・分裂は、将来新たな統一的概念に到達するのではなく、おそらくますます増大してゆくであろう。だからといって、概念が無用となりつつあるというのではない。すなわち新しい『大きなカテゴリー』（Grand Categories）の創造が訴訟法研究の目的ではない、と強調しておくのが適切である」。タルッフォは、カテゴリーよりも民事裁判の運営において実現されるべき諸価値（values）によって考察する方が、多様な訴訟制度をより良く理解し、その限界と不備を探索し、改革の方法を発見することが可能となる、と結論づけている。そのような諸価値として、タルッフォは実効性のある平等な正義へのアクセス、全ての者の権利の実効性のある保護、事実に合致した法の正しい解釈に基づく公正な判決、裁判官による効率的な事件管理を挙げるのである[623]。

5. 結語

（1）民事手続法のハーモナイゼーションが生ずる原因としては、①比較民事訴訟法を用いた内国法の改正、②各国訴訟制度間の競争（国際的に魅力のあるフォーラムの提供）、③国際的なハーモナイゼーション・プロジェクトを挙げることができよう。国家法レヴェル（手続的近接化が顕著である）、モデル法ないしソフト・ローのレヴェル、EUないし超国家的立法機関のレベルでの手続法のハーモナイゼーションが推進されている。この第3部では、①コモン・ロー伝統とシヴィル・ロー伝統が、民事訴訟制度において統一的な西洋法伝統に達するのは困難であるとしつつも（ただし法伝統相互で規範的情報の交換が進んでいる）、手続法のハーモナイゼーションの努力は法改革のプロセスにおける刺激と指針となる、②そもそも同質的なコモン・ロー訴訟モデルや、シヴィル・ロー訴訟モデルが存在するかどうかは疑わしく、多様な訴訟制度のハーモナイゼーションを達成するには、モデル法に示されているような、ハーモナイゼーションの適正なレヴェルを特定することが必要である、といった見

---

623)　*Id.*, 627-628.

第3部　比較法史の実践　*659*

解を紹介した。手続法のハーモナイゼーションの研究は法制史・比較法・民事訴訟法の協力が必要不可欠である。法と経済学の視点も逸することはできないであろう[624]。第3部では、例えば『国際民事訴訟原則』の詳細な比較訴訟法的分析など、手続的ハーモナイゼーションの具体的成果に立ち入ることができなかった。今後の課題であろう。

(2)　この第3部の目的は、主に法史学の知見を借りて、「ヨーロッパ民事訴訟法史」が、ヨーロッパの各エリアにおける民事訴訟の発展過程の相互関係を、「理解可能な現象」としてとらえる学問分野として成立しうる、ということを示すところにあった。ローマ法・カノン法学者の学問的努力によって、市民法大全・イタリア条例法・法廷慣行・教皇法令集から、ローマ＝カノン訴訟法（中世のユス・コムーネの一部）が形成され、元来は教会裁判所で適用されていたこの「手続的ユス・コムーネ」が、その合理性・安定性ゆえにヨーロッパ大陸の世俗裁判所に普及し、19世紀ヨーロッパ大陸における民事訴訟の法典化のモデルとなった[625]。イングランドでは、自生のコモン・ロー訴訟と、学識訴訟に類似した大法官府裁判所の訴訟手続とが、19世紀に最高法院法により融合し、大陸モデルに接近した。カネヘムは、「12世紀以降、ヨーロッパ的・国家的・地方的レヴェルでの訴訟の近代化（訴訟手続の専門化・書面化・証拠ないし証明の合理化）が進行したが、ローマ＝カノン訴訟の影響を受けた程度に応じて、各国の訴訟制度に差異が生じた。訴訟の近代化および司法改革が早い段階で生じた地域では、ローマ法の影響は小さかった」とする。「すなわちカネヘムは、各国におけるモダニゼーションの発生時点というファクターに注目して、コモン・ローとヨーロッパ大陸法とを比較し、12世紀以降の両者の分岐の原因を説明しようとするのである」[626]。「第2期中世（12世紀ないし15世紀）におけるロー

---

624)　例えば、Louis Visscher, A Law and Economics View on Harmonisation of Procedural Law, in : Kramer/van Rhee (eds.), *supra* note 329, 84.

625)　本書486-487頁以下。

626)　本書478-489頁以下。

627)　本書456頁以下。

660

マ＝カノン訴訟の継受の現実的動因は、君主などの政治的権威者であった」[627]。第3部で強調したのがヨーロッパ民事訴訟法の現代史の重要性であり、これを民事訴訟のハーモナイゼーションの進行という視座から描き出そうと試みたのである。

（3）　さて、別稿『比較法学者たちの饗宴』で論じたように、比較法の理論的目的（学問的効用）としては、①法認識の深化および法学的視野の拡大、②法発展の傾向の発見ないし予測、③諸法秩序の共通要素（共通法）の発見、④法の一般理論への寄与、⑤国際的コミュニケーションの促進と文化的寛容さの育成、⑥新たな学問分野の充実への寄与、を挙げることができる。比較法の実務的目的としては、①国内法改正のためのモデルの提供、②解釈の補助手段としての寄与、③外国法の適用に際しての援助、④法の統一・ハーモナイゼーション・近接化への貢献、が考えられる[628]。ヨーロッパ民事訴訟法史も、比較法の各論の1つである以上、これらの目的ないし効用を共有する。ヴァン・レーは、特にヨーロッパにおける民事訴訟法のハーモナイゼーションと、将来の民事訴訟法改正に対する法史学の貢献を検討している[629]。またシュテルナーは、豊富な法史学的知見を踏まえ、準備的解明段階から最終的証拠調べを伴う集中的本案弁論へと進行する「本案弁論モデル」が、伝統的な法圏・法族を越えて広く受け入れられていることを、訴訟法のハーモナイゼーションの出発点とする。ヴァラーノは、「比較の知見に照らせば、手続的な近接化およびハーモナイゼーションへと向かう広汎な改革の動き（収束の哲学）が生じつつあり、収束の顕著な動きとして、積極的な事件管理、紛争類型に応じたフレキシビリティ、事件の十分な準備という理念などが認められる」とする。こうしたハーモナイゼーションは、少なくとも法改革のプロセスにおける刺激と指針となる（グレンの指摘）[630]。

　「歴史的正義のために、より良い歴史記述のために、そして少なくとも正義

628）　貝瀬幸雄「比較法学者たちの饗宴（2）」『立教法務研究』5号（2012年）88頁以下。

629）　本書488頁、641頁以下。

630）　本書645頁以下。

についてのグローバルな対話の前提条件として、ヨーロッパ史についてのグローバルなパースペクティヴが要請されている」として、ヨーロッパ法史の概念・方法・課題の再検討が唱えられている。グローバルなパースペクティヴからのヨーロッパ法史の出発点として、①「法的空間」（Legal Spaces）、②「多元的規範性」（Multinormativity）、③「文化的翻訳」（Cultural Translation）、④ローカルな実務との「衝突」（Conflict）が挙げられている。すなわち、これらを若干敷衍すれば、①コミュニケーション・プロセスと結合した「法的空間」の形成につき考察することが、法史学の重要な課題である、②異別の法理念（idea of law）により構成された、異別の態様の規範性の法（law in the environment of other modes of normativity）を理解するためには、規範性のトランスカルチュラルな分析概念が必要である、③トランスナショナルなコンテクストからすれば、規範性の（再）創造プロセスを理解するための方法論が必要である（文化移転をめぐる議論から生まれた「文化的翻訳」概念が、法史学には有益である）、④ローカルな実務に焦点を合わせた法史学を重視すべきである（「衝突」に注目すれば、生ける法を発見できるなどの効用がある）、と説かれるのである。ヨーロッパ民事訴訟法史論についても、同様の構想が必要となるであろう[631]。

---

631) Duve, European Legal History ──Concepts, Methods, Challenges, in : Thomas Duve (ed.), *Entranglements in Legal History : Conceptual Approaches* (2014) 31, 55ff. より近時のドゥーヴェの論稿として、Duve, What is global legal history ?, *Comparative Legal History* 8 (2020) 73-115.

結論——比較法学再考——

　グローバリゼーションが比較法（学）に及ぼした影響を分析し、グローバル比較法学を構築するためには、国民国家を前提とした機能主義では不十分であり、コスモポリタニズムおよびグローバルな法多元主義に立脚し、学際的方法を活用することが必要不可欠である。グローバル比較法の方法としては、方法論的多元主義を前提とし、法人類学の開拓者でもある比較法学者ロドルフォ・サッコが提唱した、法の担い手に着目する法的フォルマントの理論が極めて有望ではないかと思われる。西欧法文化の多元的起源を端的に認め、ドイツを中心とする法史学が比較法学に及ぼしたバイアスからは解放される必要があろう。西欧の国民国家から出発した伝統的な法族論においては、（例えばルネ・ダヴィッドのように）カテゴリカルな「西洋法族」を構想する余地があったが、グローバリゼーションの進行につれ、「混合法」が大きな比重を占め（むしろ、エリュジュが説くように原則化し）、西洋法・西欧法の至高性は希薄化してゆくのである。先のフォルマントの理論とともに高く評価されるべきは、流動的な内容の法伝統相互の多様性の維持・「共生」を説き、普遍法とローカルな法との交流を指摘するパトリック・グレンの普遍法論・法伝統論・コスモポリタン法学であろう。本書では法史学と比較法学の協働を中心に、「ヨーロッパ民事訴訟法史」の「理解可能性」の問題を、具体的に法史学の成果を踏まえて検討したが、「グローバル法史」の方法論から再構成する余地がある。従来はヨーロッパ民事訴訟法史・グローバル法史（グローバル法史については、本書第1部および第3部末尾のドゥーヴェ論文を参照されたい）・比較法学の連携が十分にとれていなかったが、前述のように学際的方法を積極的に開発してゆくべきである。ヨーロッパ民事訴訟法の現代史の一部を構成するモデル法の発展

（ローマ統一私法国際研究所［UNIDROIT］とアメリカ法律協会・ヨーロッパ法律協会によるモデル法の起草）については、本書では言及できなかった。今後の課題である。方法論的多元主義の観点からすれば、比較法原論の分野における数量的比較法の可能性も、さらに探究される余地がある。

索　引

あ　行

アーリア・モデル　*186, 187, 190, 225, 226, 231, 312*

IT法（lex digitalis）　*167*

曖昧さ（ambiguity）　*299*

アキ・コミュノテール（acquis communautaire）　*97*

アクチオ　*511, 512, 513, 598, 616*

アサイズ（assize）　*354, 352*

アストラント（astreinte）　*648*

新しい商人法（a new lex mercatoria）　*17, 26*

アッシリア法　*191*

アテナイ人の国制　*303*

アドヴァーサリ・システム　*469, 633*

アフォンソ法　*373*

apud judicem　*342, 616*

アフリカ・セム・モデル　*189, 225, 226, 283, 312, 315*

アフロ・アジア　*267*

アメリカ合衆国　*273, 453*

アメリカ司法史　*453*

アメリカ法の継受　*638*

アメリカ法律協会（ABA）およびユニ

ドロワによる共同プロジェクト　*495*

アメリカ法律協会/ユニドロワ『国際民事訴訟原則』　*504, 629, 657*

アラゴン　*371*

アリアーノ法　*368*

アリストテレス的（合理的）構成主義　*304, 314*

アルカラ法令集（Ordenamiento）　*402*

アルフォンソ10世　*372, 373*

アルフォンソ法典　*404*

アルベルト大公およびイザベラの永続令　*405*

アルマンジョン/ノルド/ヴォルフ　*268*

アレクサンドル1世　*442*

アレクサンドル2世　*442*

アングロ・サクソンの訴訟手続　*619*

アンシャン・レジーム　*329, 379, 388, 534*

アンシャン・レジームの学識訴訟　*460*

アントニヌス勅令　*201, 207, 220, 226*

EC　　607

EU　　105, 157, 488, 642

EU指令　　649

EUレヴェルでのハーモナイゼーション　　649

イェーリング　　282

五十嵐清　　37

イギリス証拠法の複線的性格　　471

イギリス民事訴訟規則　　485, 488, 492, 495, 611, 645

生ける法　　67, 106, 295, 313, 640

イシュー・プリーディング（issue pleading）　　454

移植　　235

意思理論　　292

移審効　　533, 553

イスラーム法　　438

イスラーム法伝統　　56

移送令状（writs of certiorari）　　360

イタリア　　367, 390, 406, 436, 458, 461, 464

イタリア・カノン訴訟　　598, 599, 617, 627

イタリア民法典　　436

一括審理主義　　530

一般裁判所法（Allgemeine Gerichtsordnung）　　438, 439

イデオロギー　　232, 235, 264, 269, 270, 272, 276, 282, 284, 304, 310, 315

イデオロギーとユートピア　　303

イベロアメリカ模範法典　　627, 629, 657

inquisitio　　425

イングランド　　408, 448, 459, 461, 466, 498

イングランド訴訟法史の独自性　　468

イングランドと大陸　　452

イングランドにおけるコモン・ローの誕生　　478

『イングランドの法および慣習に関する論考』（Tractatus de Legibus et Consuetudimibus Angliae）　　354

イングランド法に対するローマ＝カノン訴訟の影響　　472

インジャンクション　　377, 449

in iure　　342, 616

インド・ヨーロッパ・モデル　　282, 312

インフォーマルな当事者尋問　　542

ヴァカリウス（Vacarius）　　332, 479

ヴァヌアツ共和国　　99

ヴァラーノ　　645, 660

ヴァルッケ　　127

ヴァレンシア　　371

ウィグモア　　267

ヴィトリア　　148, 149, 150

ウィリアム征服王　　159

ヴィレ・コトレ（Villers-Cotterêts）の王令　　366, 397, 398

ヴィントシャイト　　557

ヴェーバー　　144

ウェストミンスター第2法律　　355

ヴェッツェル　　555

訴え提起後の第一回期日（事前期日）　　572, 595

訴え提起前のプロトコル（pre-action protocols）　　493, 644, 648

ウルビアヌス　　220, 284

索　引　667

ウルフ改革　479, 644
ウルフ卿　493, 502
ウルマン　264

英仏民事訴訟法の比較研究　468
エイムズ　245
ADR　646, 649
ALI/UNIDROITによる手続法のハーモナイゼーション　497
エールリッヒ　106
エカテリーナ2世　426, 442
エクイティ　376, 378, 412, 413, 449, 470, 487, 499
エクイティ裁判所　408, 455, 621
エクイティとコモン・ロー　160, 162
エクロガ法典　420, 422
エジプト法　206
エジプト法学　191, 202, 284
エスマン　261
エリュジュ　91, 95, 98, 255, 663
延期的抗弁（dilatory exceptions）　343, 363, 521, 531
エンゲルマン『民事訴訟法概史』　323

王会（curia regis）　362
王座部　352, 377
『応訴強制と判決規範』（Einlassungszwang und Urteilsnorm）　558
王令（curia regis）　351, 361, 390, 406, 458
オースティン　75
オーストリア　464
オーストリア＝ハンガリー二重帝国

440
オーストリア一般裁判所法（1781年）　440
オーストリア民事訴訟法　485, 488, 599
オーストリア民事訴訟法典　445, 510, 561, 568, 569, 572, 595
obysk　425, 426

か　行

カーラン　156
ガイウス　220
外国人法務官　284
外国訴訟法との「モデルの交流」（相互作用）　645
外国法学・立法評論（Kritische Zeitschrift fur Rechtswissenschaft und Gesetzgebung des Auslandes　188
海事裁判所（Court of Admiralty）　332, 408, 450, 453, 492, 501
外人係法務官（praetor peregrinus）　511
改訂領邦条例（Verneuerte Landesordnungen）　383, 384
ガヴァナンス・プロジェクト　233, 300
カウンティおよびハンドレッド裁判所　351
科学としての現代歴史学　473
学際性とコスモポリタニズム　173
学際的・国際的共同研究（研究チーム）　31
学際的比較法学　28, 31
学際的方法　663
学識ある専門職裁判官　330, 332,

457

学識訴訟（ローマ＝カノン訴訟）
　332, 344, 346, 361, 368, 380, 383,
　390, 405, 412, 426, 503, 627, 636,
　638, 645

学識訴訟の継受　437

学識訴訟の法定証拠規則　628

学識法　341, 384, 391

学識法曹　330, 375, 380, 405, 452,
　481

学説彙纂（Digesta）　337, 419

確定遮断効と移審の効果　525

学問（自律的学問分野）としての比較
　法　244

学問的体系化　612

確約的宣誓（assertory oath）　381

隔離尋問　413

隠れたカリキュラム（hidden
　curriculum）　22

隠れた混合（covert mix）　100

過去性（pastness）　50, 114, 122,
　126

カスティリヤ　372

カスティリヤ勅令集（Ordenazas
　Reales de Castilla）　402

カスティリヤ法　402

カタロニア　371

カネヘム　323, 325, 473

カネヘム『イングランドのコモン・
　ローの誕生』　158

カネヘムのヨーロッパ民事訴訟法史
　457

カノン法　159, 329, 404

カペレッティ　626

カルマー（von Carmer）　433

慣習法　419, 426

ガンス　281

間接的証拠調べ　581

完全な証明（plena probatio）　375,
　385

完全に準ずる証明（semi-plena probatio）
　385

鑑定　542, 553

鑑定書　582

鑑定人　582

カントン　388, 437

観念史（history of ideas）　139

寛容　613

管理者型ないし積極的裁判官　638

官僚制　212

ギアツ　120

機械法学（mechanical jurisprudence）
　108

期間　519, 520, 575

期日　520, 575

貴族院（House of Lords）　450, 452

『貴族制ハンガリー国家慣習法の3部
　書』　382

機能主義　246, 295, 310, 313, 663

機能主義的方法　277

機能的アプローチ　93, 246

機能的等価性　93

機能的比較法　472

規範性（normativity）　121

規範的グローバル法　8, 16

規範的根拠に基づく伝統というパラダ
　イム　127, 135

規範的情報　43, 52, 122, 135, 148,
　151, 152, 154, 156, 176

規範的情報としての伝統　126

既判力（chose jugée）　514, 516,

索引　669

524, 533, 544, 545
客観的真実　440, 441
宮廷裁判所令（Hofgerichtsordnung）
　375, 396
糾問主義　426, 434, 646, 654, 656
糾問主義的手続　499
キヨヴェンダ　557, 560
教会関係法令集　419, 421, 422
教会裁判所　458
教会裁判所における略式手続　368
教会裁判所の国際的ネットワーク
　338
教皇法令集　339, 518
共時的な比較方法と通時的な歴史的方
　法　74
共生（convivencia）　39, 42, 47, 58,
　79, 90, 117, 118, 119, 176, 663
鏡像理論（mirror theory）　97
共存　146
共通原則（common principles）　86,
　91
共通参照枠　657
共通参照枠草案（the Draft Common
　Frame of Reference）　86
共通の核心（common core）　92,
　93, 230, 494, 645
共通ヨーロッパ私法典　480
協働（co-operate）　490, 492, 493
許可控訴　493
ギリシア　443, 465
ギリシア法　206
キリスト教　651
記録にないものは世界にない（quod
　non est in actis, non est in mund）
　の原則　343
近接化（approximation）　163, 494,

503, 632, 642, 645
近代化　340
近代法　232
近代法創造の物語　278
近代法典　454
近東諸法典　218, 225

楔形文字　218
具象化　117, 118, 121
グスタフ・ヴァーサ国王　416
グラーティアーヌス　340
クライン　439, 440, 490, 505, 568,
　569, 595, 599, 642
クラス・アクション　634, 637, 638
グラツィアデイ　101
グランヴィル　332, 354, 387, 414
クリギア　113
グレン　19, 36, 46, 96, 244, 252,
　278, 650, 663
グレン『普遍法論』　98
黒いガイウス　181, 182
グローバリゼーション　2, 47, 61,
　102, 107, 128, 171, 175, 221, 229,
　249, 258, 290, 300, 311, 312, 316,
　644, 663
グローバル・ガヴァナンス　8, 11,
　169, 227, 228, 254, 273, 311
グローバル化する世界における民事訴
　訟　641
グローバル化するリーガリティ　26
グローバルな言語多元主義　24
グローバルな法言語　24
グローバルな法多元主義　3, 13, 14,
　16, 18, 19, 21, 25, 26, 27, 173,
　322, 663
グローバルな立憲主義　14, 15, 26

グローバル比較法学　*1, 97, 27, 94,*
　100, 176, 663
グローバル法　*4, 8, 9, 11, 26, 106,*
　111, 112, 274
グローバル法史　*5, 26, 27, 56, 147,*
　176, 663
グロールマン　*556*
グロスフェルト　*84*

形式的訴訟指揮権　*599*
継受　*222, 305, 361, 362, 365, 391,*
　445, 602, 604
系図　*268, 280, 312*
啓蒙　*427*
啓蒙主義　*436, 593*
啓蒙絶対主義　*534, 593*
啓蒙専制君主　*433, 438*
ケース・マネジメント　*633, 654,*
　655
ケース・ロー　*159*
下知令状（writ praecipe）　*354*
懈怠　*554, 584*
決訟宣誓（decisory oath）　*437*
決訟的宣誓（serment décisoire）
　541
欠席（default）　*400*
欠席手続　*521, 567*
欠席判決　*584, 621*
欠席判決に対する故障申立て
　（opposition）　*546, 554*
決定証拠論　*344, 411*
ケネディ　*290, 294, 297, 316*
ケベック　*96, 99*
ゲルマン慣習法　*334*
ゲルマン訴訟　*627*
ゲルマン的訴訟　*373, 620*

ゲルマン民族の大移動　*201*
原告第一訴答　*353, 358*
原告第二訴答（replication）　*359*
県裁判所法（County Courts Act）
　450
検察官（prokuratura）　*443*
検察官の積極的参加　*441*
検証　*542, 553, 582*
原状復帰　*575*
原初的訴訟　*333*
原則（principles）　*482*
現代法の主要体系　*269*
ケント　*453*
ゲンナー　*556*
憲法的正義（constitutional justice）
　79
権利上訴　*649*
権利の実効性のある保護　*658*
権利保護　*610*
権利保護請求権の公的性質　*559*
権利保護の実効性　*607*
権利保護の等価性　*610, 640*
権利保護保険　*637*
権利令状（writ of right）　*353*

公開・口頭・直接主義　*637*
公開かつ口頭のトライアル　*442*
公開主義　*439, 637*
公開主義・口頭主義の最小限の基準
　636
公開主義から秘密主義（secrecy）
　455
公開主義と口頭主義　*452, 552, 594*
公開の口頭弁論　*435, 551*
合議体の裁判所　*619*
後期註釈学派　*348, 368*

公共訴訟　*637*

公共の福祉制度としての民事訴訟　*440*

攻撃防御方法　*394*

抗告　*588*

交互尋問　*345, 412, 452*

公式法　*95*

更新（新事実）禁止原則　*585*

公正状（lettres de justice）　*362, 618, 620*

公正な判決　*658*

控訴　*566*

控訴院（Court of Appeal）　*450*

構造主義的方法　*248*

控訴期間の短縮　*534*

控訴審の口頭弁論　*586*

公的リーガル・エイド　*637*

口頭　*333, 342, 374, 387, 406*

口頭・直接・公開主義　*636*

口頭主義　*399, 426, 433, 435, 439, 568*

口頭主義から書面主義　*455*

口頭主義と当事者主義　*489*

口頭性および公開性　*536, 550, 636*

口頭性と集中性　*624*

口頭性と書面性　*520, 563, 572, 590*

口頭性の法理　*563, 564, 595*

口頭の争訟的弁論　*624*

口頭弁論　*397, 398, 430, 491, 536, 538, 574, 618, 623*

口頭弁論調書　*564*

口頭弁論の一体性　*567, 595*

口頭弁論の集中　*579*

口頭弁論の準備　*550*

口頭弁論の単一性・一体性　*563, 564*

口頭弁論の直接性　*343*

高等法院（High Court）（High Court of Justice）　*450, 493*

衡平　*377*

衡平な救済　*378*

抗弁　*342, 358, 521, 539*

公法　*209*

公法と私法　*79*

項目（articles）（Artikeln）　*343, 345, 364, 522, 540, 617, 618*

効率性　*274, 314*

合理的権威主義　*301*

合理的構成主義　*303, 305, 313, 316*

コーイング　*467*

コークツェーイ（Samuel von Cocceji）　*433*

ゴードレー　*249, 472*

国王裁判所（royal courts）　*159, 161, 234, 329, 330, 350, 458*

国際化とグローバリゼーション　*643*

国際共通語（lingua franca）　*24*

国際通貨基金（IMF）　*11*

国際的なハーモナイゼーション・プロジェクト　*658*

国際法　*16, 103, 148, 151*

国際民事訴訟原則　*643, 654, 659*

国際民事訴訟法　*630*

国際民事訴訟法のハーモナイゼーション　*629*

国制史　*592*

告知訴答（notice pleading）　*648*

cognitio　*215*

国民国家　*8, 39, 49, 165, 663*

コシャーカー　*189*
誤審修正令状（writ of false judgment）
　359
誤審令状（error）（writ of err）（writ
　of error）　*359, 360, 367, 409, 458*
コスモポリタニズム　*38, 47, 58,*
　101, 111, 165, 166, 168, 169, 171,
　173, 174, 663
コスモポリタニズム・グローバル法多
　元主義・学際性　*175*
コスモポリタン国家　*39, 49, 57,*
　147, 163, 164, 166, 171, 174
コスモポリタン国家論　*163, 166,*
　176
コスモポリタン市民権（citizenship）
　167
コスモポリタン多元主義法学　*174*
コスモポリタン的・多元的法観念
　19, 27
コスモポリタン的比較（cosmopolitan
　comparison）　*174*
コスモポリタン法　*10, 42, 155,*
　156, 322
コスモポリタン法学　*36, 46, 59,*
　175, 176, 663
古代イスラエル法　*218*
古代ゲルマン法　*282*
古代地中海法　*185, 202, 225, 316*
古代法　*73, 267*
古代法史学派　*193*
国会制定法（Acts of Parliament）
　481
国家中心主義　*157*
国家法　*106, 111, 175*
国家法の崩壊　*68*
古典的法思想　*290, 291*

古典的法思想のグローバル化　*312*
コプト法　*202*
コモン・ロー　*41, 57, 157, 269,*
　275, 308, 332, 349, 408, 413, 448,
　458, 483, 486, 499
コモン・ロー裁判所　*338, 350,*
　352, 376, 408, 455, 636
コモン・ロー裁判所とエクイティ裁判
　所　*331, 600*
コモン・ロー族　*260*
コモン・ロー訴訟手続の口頭・公開の
　トライアル　*620*
コモン・ロー手続法（Common Law
　Procedure Act）　*449*
コモン・ロー伝統とシヴィル・ロー伝
　統　*658*
コモン・ローとエクイティ　*377,*
　451, 454, 492
コモン・ローとシヴィル・ロー（ヨー
　ロッパ大陸法）　*230, 234, 481,*
　499
コモン・ローにおける実体法の観念
　654
コモン・ローの訴訟形式　*327*
固有法（iure propria）（jus proprium）
　41, 91, 92, 175
ゴルトシュミット　*193, 284*
根元法　*189*
混合性・雑種性　*99*
混合法　*55, 91, 92, 96, 468, 481,*
　663
コンスタンティヌス帝　*201*
コンテクスト　*93, 94, 100*
コンテクストにおける法（law-in-
　context）　*19, 257*

さ 行

差異　*166, 228, 242, 255, 266, 298*

最高法院（Supreme Court of Judicature）　*361, 362, 390, 452*

最高法院法（Judicature Acts）　*331, 450, 468, 487, 492, 500, 501, 621, 659*

最終口頭弁論期日　*565*

最終的証拠調べを伴う弁論　*624*

最終的弁論と証拠調べを伴う準備段階　*624*

最終的弁論を伴う解明的審査　*624*

最新司法改革法（Novissima Reforma Judiciária）　*404*

再審の訴え　*588*

裁定宣誓　*523*

裁判鑑　*341, 348*

裁判官相手取り訴訟（prise à partie）　*431*

裁判管轄法　*572*

裁判官と当事者の協働（Kooperation）　*570*

裁判官と当事者の役割分担　*528, 547, 565, 589, 599, 609*

裁判官と陪審の役割分担　*600*

裁判官により要求される補充的宣誓（serment supplétoire）　*541*

裁判官による効率的な事件管理　*658*

裁判官の協働　*569*

裁判官の事件管理権限　*642*

裁判官の私知　*532*

裁判官の質問義務　*576*

裁判官の質問権　*570*

裁判官の自由心証（証拠の自由評価）　*442, 543, 565, 566, 580, 595*

裁判官の受動的態度　*432*

裁判官の証拠の自由評価　*582*

裁判官の職務（officium judicis）　*433*

裁判官の積極的役割　*440*

裁判官の訴訟指揮権　*451, 565, 595, 599*

裁判官の役割　*441, 502*

裁判官法（judge-made law）　*295, 480*

裁判記録　*338*

裁判記録の保管　*374*

裁判上の自白　*541*

裁判上の宣誓　*552*

裁判所書記　*535*

裁判所の裁判管轄権の喪失・事件関与からの解放（dessaisissement）　*568*

裁判所の自由心証　*429*

裁判所の友（amicus curiae）　*644*

裁判所侮辱　*414*

裁判所付属吏　*535, 548*

裁判所へのアクセス　*637*

裁判所補佐人（assessor）　*636*

『裁判手続論・訴訟要覧』（ordines judiciarii）　*341*

裁判人（iudex）　*514*

裁判を受ける権利の憲法的保護　*657*

財務府会議室裁判所（Court of Exchequer Chamber）　*409*

財務府裁判所　*352*

サヴィニー　*71, 72, 187, 188, 224, 231, 281*

サエペ教令　*376, 394, 458*

ザクセンシュピーゲル　*396*

ザクセン普通訴訟手続　*374*

ザクセン民事訴訟法　*396*

差止命令令状（writ of injunction）　*414*

ザッキー（Szacki）　*121*

サッコ　*243, 315, 663*

雑種・混合（hybrids）　*92*

サブ伝統　*115, 138*

サマリ・ジャッジメント　*621*

五月雨式　*647*

サラマンカ学派　*56, 147, 148, 155*

サレイユ　*245*

参審員団（nämnd）　*381, 418*

参審裁判所　*374*

参審制　*630*

3部法典　*422*

事案解明　*610*

事案解明段階　*621*

ジームス　*173, 315*

シヴィル・ローとコモン・ロー　*470, 651*

司教代行裁判官（officialities）　*366, 498*

事件管理（case management）　*469, 485, 486, 492, 493, 646*

事件管理者（case manager）としての裁判官　*642*

事件管理と協働　*487, 494*

事件の準備　*648*

至高性のバイアス　*215, 312*

思考様式　*292, 313*

自国中心主義　*10, 65, 170*

事実項目に関する当事者尋問　*400, 430, 552*

事実争点書　*433*

事実訴答（fact-pleading）　*648*

事実調査制度（inquisitio）　*334*

事実認定のための裁判官の協働　*595*

事実プリーディング（fact-pleading）　*492*

事前期日（第一回期日）　*584*

事前手続（instruction）　*586, 619*

自然法　*322, 416*

自然法と民事訴訟　*322*

7部法典（Siete Partidas）　*372, 373, 402, 459*

失権　*519, 537, 609*

実効性のある権利保護　*647, 650*

執行停止効と移審効　*545*

執行認諾（confessio）　*521*

執行吏　*535*

実質的訴訟指揮権　*599*

実体的正義　*601*

実体的訴訟指揮　*570*

実体法と訴訟法　*501, 653*

質問権と提出義務　*571*

質問書（interrogatories）　*413, 416, 452, 449*

自白　*343, 344, 413, 539, 580*

自発的証人（volunteer witnesses）　*377*

自発的ハーモナイゼーション　*650*

司法運営の近代化と中央集権化　*498*

司法改革　*340, 433*

司法改革のための民事王令（ルイ14世）　*365*

司法権の集中　*332, 457*

司法衝突　*602*

索　引　675

司法の国際化　*17*
司法の中央集権化　*367*
私法の統一　*482*
市民法大全（Corpus iuris civilis）
　518
社会志向的法思想　*290, 296, 297*
社会志向的法思想のグローバル化
　312
社会主義国家　*635*
社会主義的訴訟手続　*456*
社会主義法　*269, 440, 456*
社会的正義　*276*
借用　*194, 216, 287, 288*
19世紀における訴訟法学　*594*
宗教法　*267*
宗教法伝統　*144*
終局判決　*344, 519, 520, 543*
自由心証主義　*430, 446, 636*
集成（summae）　*341*
収束　*502*
集団訴訟　*646*
集中的本案弁論　*632, 640*
主権国家　*102*
主審問　*648*
主審問・本案弁論モデル　*643*
受託および受命裁判官による証拠調べ
　582
受託裁判官　*364, 542*
出廷催告書　*538*
出頭保証契約（vadimonium）　*512*
シュテュルナー　*323, 470, 471,*
　495, 597, 660
シュトゥットガルト・モデル　*623*
受動的裁判官　*638*
シュトルメ（Storme）・グループ
　488, 497

主任検察官（procureur）　*535*
受任裁判官　*529*
ジュネーヴ民事訴訟法典　*437, 510,*
　549
受命裁判官（enquêteur）
　（commissioners）　*338, 364, 400,*
　429, 430, 619
受命裁判官（juge commis）のもとで
　の証拠調べ　*622*
主要な大法伝統（major legal
　traditions）　*119, 120*
シュレジンジャー　*272*
巡回裁判　*161, 351, 357, 458*
巡回陪審裁判制度（nisi prius system）
　355
巡察（eyres）　*161, 351*
巡察裁判官　*352, 479*
順序主義（Ordnungsprinzip）　*394*
準備裁判官　*395*
準備書面　*398, 563, 565, 574*
準備的解明段階　*624, 640*
準備手続（mise en état）　*520, 547,*
　579, 647
準備手続整理係裁判官（juge de la
　mise en etat）　*491, 492*
渉外民事訴訟原則および規則　*630,*
　641
渉外民事訴訟ルール草案　*629*
少額訴訟手続（Bagatellverfahren）
　439, 624
召喚状（summons）（brieves of
　summons）　*378, 387, 415*
召喚令状（writ of commons）　*449,*
　492
証言拒絶権　*610*
証言録取書　*395, 430, 439, 621*

証拠・証明の合理化　337, 344

上告（Revision）　435, 567, 587

証拠結合原則　565, 566, 574, 580, 595

証拠決定　566

証拠調べ（Beweiserhebung）　515, 551, 580, 586, 620, 632

証拠調べの直接性　550, 552, 568, 579, 580, 582, 595

証拠調べを伴う審査段階　624

証拠中間判決（Beweisinterlokut）　394, 397, 439, 489, 522, 622

証拠の許容性　636

証拠排除法則　411

証拠判決（Beweisurteil）　334, 374, 375, 394, 435, 522, 616, 620, 622

証拠法　376, 411, 499

証拠法則　486, 628, 635

証拠方法　346, 395, 522, 570

上訴　368, 393, 418, 435, 441, 442, 452, 525, 533, 554

上訴期間　525, 533

上訴制限　646

上訴制度　343, 384, 409, 458, 502, 649

上訴制度の合理化　431

上訴呼出状　367

上訴理由　525

証人　384, 400

証人証拠　515, 532, 566, 581

証人尋問（enquête）（enquêtes）　338, 345, 384, 363, 364, 366, 385, 416, 458, 540, 552, 582, 618

証人尋問調書　523

証人宣誓を伴う証言強制　532

証人の公開・口頭のトライアル　409

証人の秘密尋問　365

商人法（lex mercatoria）　16, 66, 167

情報としての伝統　119

証明責任　515, 540

証明と証拠調べ　531

証明の合理化　332, 457

証明方法　334, 384

初期ゲルマン訴訟の本案弁論　616

初期自然法と民事訴訟　554

書証　437, 523, 540, 553, 581, 635

書証の優越　421

職権主義　397, 434, 524, 529

職権調査　449

職権による証拠収集　490

ショニック　80

処分権主義　339, 429, 502, 523, 526, 532, 536, 556

書面　342, 343, 398, 399, 574

書面化　338, 636

書面主義　426, 427, 439, 609

書面手続　368, 389, 394, 428, 458

書面手続における請求（demande）と防禦（défense）の交換　619

書面による事前手続（instruction par écrit）　544, 623

書面による準備手続　430, 490, 647

書面による証言録取書　412

ジョロヴィッツ　468

素人裁判官　629, 634, 635, 638

侵害訴訟令状（writ of trespass）　355

進化法則　75

進化論的決定主義　69

人権　16, 79, 266, 635

人権についてのディスコース　　298,
　313
審査担当裁判官　　531, 532
真実義務　　490, 529
真実発見　　636
人種　　282
新自由主義　　316
新自由主義（ネオリベラリズム）の市
　場優先的（pro-market）パラダイム
　298
人証　　522, 540
新侵奪不動産占有回復訴訟（assize of
　novel disseisin）　　354
迅速で実効性のある手続　　495
迅速な裁判　　643
侵奪の訴え・占有侵害の訴え（actio
　spolii）　　347
新勅法　　216
審判手続（iudicium）　　520, 521
審判人（judex）　　213, 214
神判の廃止　　379
新法律要覧（Nueva Recopilación）
　（Novisima Recopilación）　　402
人民間訴訟裁判所　　352, 357, 377,
　450, 458
審問（inquest）　　387, 400
尋問官（examiners）　　413
審問主義　　433, 528, 533
審問請求権　　530
審理契約（contrat de procédure）
　647
審理手続（iudicium）の開始　　512
審理不出頭申立て（essoiners；essoins）
　363, 499

スイス　　388, 437, 460, 464

スイス民事訴訟法の統一　　388
スイス民法典　　438
推定　　541
水平的コスモポリタニズム　　167
スヴェア高等裁判所（Svea Hovrätt）
　417
スウェーデン　　381, 416, 444, 459,
　462, 465
スウェーデン王国法典（Sveriges
　Rikes Lag）　　417
数理的比較法　　76, 664
数量的方法　　310, 314, 317
スカンジナヴィア　　444
スコットランド　　386, 415, 445,
　460, 462, 465
スジェーブニク　　426
鈴木正裕『近代民事訴訟法史・ドイツ』
　323
スタイン　　199, 288
ステア子爵ジェームズ『スッコトラン
　ド法提要』　　416
ストーリー　　453
スペイン　　446, 459, 461, 466, 656
スペイン民事訴訟法　　370
スラヴ法　　263

西欧文明　　233
西欧法　　199, 216, 269, 311
西欧法族　　185, 186, 234, 235
西欧法伝統　　182, 194, 195, 224,
　226, 231, 232, 315
西欧法伝統の多文化的起源　　181,
　239, 315, 316, 663
西欧法の至高性　　232
西欧法の文化的ガヴァナンス　　316
請願裁判所（Court of Requests）

408

正義へのアクセス（Access to Justice）
495, 502, 637, 657, 658

成功報酬制度　637

政治的決断　456, 472

政治的権威者　458, 660

制度（institutions）　80, 90

制度的および手続的（諸）伝統
652

政府のイニシアティヴ（政治的決断）
466

成文法地域（pays de droit écrit）
362

政務官（magistrate）　214, 217

西洋の法文化的ディスコース　278

西洋法族　279, 663

西洋法伝統　272, 273, 287, 304,
312, 650, 651, 654, 658

『世界史的発展における相続法』
281

『世界の諸法伝統』　43, 49, 60, 78,
81, 82, 101, 109, 124, 127, 163,
244

『世界の法システムのパノラマ』
267

世界法　41

世俗裁判所　331, 338, 340, 347,
382

世俗的法律家　216

雪冤宣誓　377, 379, 395

積極的事件管理（ケース・マネージメ
ント）　469

遷延的異議（dilatory exceptions）
347

先行判決訴訟　104

宣誓　344, 395, 513, 523

宣誓供述書　452

宣誓証言　345, 358

宣誓に基づく証人尋問　413

宣誓補助者　333, 381, 384

選択的裁量上訴　649

専門職裁判官　338, 455

占有回復の訴え　348

占有妨害排除訴権　348

先例（precedent）　159, 350

先例拘束性（stare decisis）　275,
481

ソヴィエト連邦　443

早期第一回期日　624, 647

争訟的口頭弁論　577, 578, 579,
584, 624

争点決定　342, 344, 347, 363, 364,
369, 421, 511, 514, 517, 519, 520,
521, 547, 617

双方審尋主義（audite et alteram
partem）　486, 499, 592

訴権　501, 557, 594

訴権内容の提示　368

訴権の公的性質　559

訴権論　560

訴状（bill, bill of complaint, libellus）
342, 378, 412, 413, 520, 521

訴訟王令（Rättegångsordinantie）
417

訴訟開示（editio actionis）　511

訴訟開始令状（original writ）　353,
354, 378, 458

訴訟形式　350

訴訟原因　501

訴訟原因項目（count）　353, 358

訴訟行為　530

索引　　*679*

訴訟行為の懈怠　　*575*
訴訟行為の失権　　*590, 595*
訴訟行為の排除効（失権）制度
　572
訴訟指揮権　　*421, 566*
訴訟事件登録　　*538*
訴訟上の開示義務　　*648*
訴訟上の私的自治　　*635*
訴訟上の役割分担と政治文化　　*634*
訴訟資料　　*565, 579, 626*
訴訟制度間の競争の結果としてのハー
　モナイゼーション　　*602, 643, 658*
訴訟促進　　*571, 595*
訴訟代理人　　*519*
訴訟遅延　　*400, 571*
訴訟手続開始令状登録簿　　*356*
訴訟手続の専門化・書面化　　*337*
訴訟手続の秘密性　　*432*
訴訟における当事者自治　　*615, 626*
訴訟における必要的代理　　*519*
訴訟のアゴン的構造　　*526, 592*
訴状の受付・審理担当裁判官　　*529,*
　530
訴訟能力　　*513*
訴訟の期間　　*537*
訴訟の指導原理（principes directeurs
　du proces）　　*491, 492*
訴訟の準備　　*538*
『訴訟は3人（裁判官、原告、被告）の
　行為である』　　*518*
訴訟判決　　*543*
訴訟費用　　*524, 533*
訴訟費用敗訴者負担　　*610*
訴訟不受理事由（fins de non-recevoir）
　539
訴訟文化　　*605, 631*

訴訟文化と法文化　　*634*
訴訟文化の普遍性　　*639, 470, 640*
訴訟法（Ley de Enjuiciamento）
　（Rättegångsförordning）　　*403, 418*
訴訟法学の継受　　*605, 639*
訴訟法学の使命　　*640*
訴訟法国際学会　　*470*
訴訟方式（forms of action）　　*330,*
　353, 352, 387, 448, 499, 451, 487,
　501
訴訟方式（forms of action）から統一
　的な召喚令状（writ of summons）
　に　　*492*
訴訟方式の廃止　　*456*
訴訟法族　　*470, 494*
訴訟法族間の近接化・収束　　*645*
訴訟法典（Ley de Enjuiciamiento）
　446, 528
訴訟法典（Rättegångsbalk）（1942年）
　444
訴訟法と実体法　　*499*
訴訟法の近接化　　*597*
訴訟法のハーモナイゼーション
　640
訴訟法律関係　　*557, 558, 560*
訴訟要件の審理　　*558*
訴訟要覧（ordines judiciarii）　　*348,*
　368
訴点（positiones）　　*343, 521, 522*
訴点決定　　*368*
訴点手続　　*617*
訴点手続および項目手続　　*622*
訴答　　*338, 458*
訴答と上訴　　*358*
訴答不十分の抗弁（demurrer）
　358

ソフト・ロー　44
疎明　580

た　行

ダーウィン的進化論　70
第一回期日　578
大王令　365
体系構成的性格　612
体系的構成至上主義　640
大巡察（General Eyre）　377
代訟人（cognitores）　513
対審原則　536, 561
大審部（Grand' Chambre）　362,
　365
代訴士（avoué）　535
代訴士間での裁判外での書面交換
　537
代訴人　347
代替的紛争解決　497
第2法務官　201
大法官　355, 378, 499
大法官裁判所でのエクイティ訴訟
　619
大法官府裁判所　332, 360, 376,
　408, 412, 449, 450, 459, 468, 470,
　598, 636
大法官府裁判所の主事（masters）
　412
大法官府裁判所のローマ＝カノン的伝
　統　620
ダヴィッド　269, 311
多価的思考　82, 91, 176
多元主義（pluralism）　81, 104,
　183, 257, 298
多元主義とコスモポリタニズム
　175

多元的法システム　97
ダマシュカ　308, 652, 656
タマナハ（Tamanaha）　19, 21, 43
多様性（diversity）　40, 66, 81, 91,
　104, 105, 119, 266, 298
多様性の維持　46, 166, 176
多様性の推定（praesumptio
　dissimilitudinis）　247
多様体の調和・共存　166, 171
タルッフォ　655
タルムード法　56, 136, 141, 146
単一共同専門家（single-joint expert）
　493
弾劾的訴訟形態から糾問的訴訟形態
　455
団体訴訟　634, 637, 646
単独裁判官　368, 421, 623, 624

治安判事制度　534
地域法（フェロ法）　403
地中海法　193, 225
千葉正士　105
地方の裁判所（local courts）　351
中央国王裁判所　351
中央裁判所　331, 359, 380, 387,
　450
中間判決　343, 344, 432, 525, 537,
　543
中国における法の支配　12
註釈学派　348
抽象的訴権説　559
中世学識訴訟　510
中世学識法　329
超国家レヴェルでのハーモナイゼー
　ション　649
調書　345, 421, 534, 536, 539, 552,

索　引　　*681*

634, 638

調停前置主義　　*430, 649*

調和・和解（reconciliation）　　*119*

直接性の原理　　*564*

直接民主主義　　*600*

勅法集成（Codex）　　*419*

ツィンマーマン　　*194, 199, 288,*
480

ツヴァイゲルト/ケッツ　　*247, 270,*
311

通時的性格　　*122*

通常訴訟と略式訴訟　　*550*

通約可能性　　*51*

通約不可能性（incommensurability）
121, 136

ディゲスタ（学説彙纂）　　*216, 223*

帝国最終決定（Jungster
Reichsabschied）　　*393, 395*

帝国民事訴訟法典　　*623*

帝室裁判所（Kammergericht）
（Reichskammergericht）　　*388,*
330, 392, 375, 391

帝室裁判所の普通訴訟　　*393, 622*

帝室裁判所法　　*417*

ディスカヴァリー　　*379, 414, 449,*
628, 646, 648, 654

ディスクロージャー　　*503*

低地諸国（Low Countries）　　*379,*
404, 459

ティボー　　*71*

ディレクティヴ　　*607, 610*

デーゲンコルプ　　*557, 558*

テオドシウス法典　　*222*

手続方例集（styles）　　*362*

手続的正義　　*469, 527, 591, 592*

手続的トラック（procedural tracks）
493

手続的なアメリカの孤立主義　　*656*

手続的ユス・コムーネ　　*486, 487,*
504, 659

手続の公正さ（フェアネス）　　*495*

手続法のハーモナイゼーション
496

デデク　　*46*

デモクラシー　　*633, 638*

デモクラシーと手続観　　*600*

デュー・プロセス　　*657*

転嫁宣誓　　*395*

伝統　　*43, 55, 64, 94, 101, 111, 113,*
114, 115, 118, 120, 146, 194, 195,
278, 312

伝統としての情報　　*123*

伝統としての法システム　　*128, 135*

伝統と独創性（本源性）　　*261*

伝統の堕落・腐敗（corruptions）
117, 124

伝統の通時的性質　　*116*

伝聞証拠の禁止　　*411*

ドイツ　　*270, 391, 432, 459, 460,*
463

ドイツおよびイギリス・モデル
624

ドイツ訴訟法学　　*603, 612*

ドイツ帝国民事訴訟法典　　*490, 510,*
561, 562, 567, 595

ドイツ普通訴訟（gemeiner Prozess）
394, 396, 437

ドイツ法圏　　*270*

ドイツ法史におけるローマ法崇拝

279

ドイツ民事訴訟法　　373, 604

ドイツ民事訴訟法学の体系的構成（至上）主義　　613

ドイツ民法典　　435, 482, 487

ドイツ歴史法学派　　75, 316

トイブナー　　106

統一的召喚令状（writ of summons）　　451

統一的ドイツ民事訴訟法典　　434

ドゥーヴェ　　147

当事者間の協働と裁判官による事件管理　　494, 507, 645

当事者支配　　439, 569

当事者処分権主義　　565, 592, 634, 635, 646

当事者尋問　　542, 552, 582

当事者尋問補充性　　583

当事者宣誓　　382, 384, 412, 445, 532, 582

当事者対抗主義　　493, 494, 502, 634, 646, 654, 656

当事者対抗主義手続と糾問主義手続　　491

当事者の防禦権の保障　　592

当事者本人の証人不適格性　　452

同時提出主義（Eventualmaxime）　　432, 435, 439, 564

当然令状（writs de cursu; writs of course）　　354, 355

ドゥランティス　　341, 346, 348

登録簿（register）　　355

トゥワイニング　　19, 42, 78

特殊主張令状（writs upon the case）　　355

独創性（本源性）　　224, 261, 263,

266

ドクタズ・コモンズ（Doctors' Commons）　　409

特定履行　　379

特別裁判所　　535

特別受命裁判官（special commissioners）　　413

特別訴訟手続（extra ordinem）（procedure extra ordinem）　　342, 421

ドグマティークの必要性　　613

独立の証人（independent witness）　　359

トライアル　　598, 638

トライアルでの証拠調べ　　632

トラック（tracks）　　647

トランスナショナル比較法学　　176

トランスナショナル法　　4, 8, 95

トリボニアヌス　　220, 223

トルコ　　97, 100

トルコ法　　438

トルコ民事訴訟法典　　438

トレント・プロジェクト　　482

ドロイゼン　　203

トロ法（Leyes de Toro）　　403

な　行

内国法改正の結果としてのハーモナイゼーション　　641

ナイサイ・プライアス（nisi prius）　　410

ナポレオン法典　　262, 386, 549, 619

ナポレオン民事訴訟法典　　397, 429

ニコライ1世　　442

索　引　　*683*

西ゴート族のスペイン（西ゴート王
　国）　*370*
20世紀民事訴訟法史　*468*
二審級原則（Prinzip des double
　degré）　*535, 545*
ニュー・ヨーク州民事訴訟規則
　454
任意的宣誓　*513*
認識論上の共同体（epistemological
　community）　*40, 128*
認識論的共同体　*152, 153, 156*

ヌーシャテル民事訴訟法典　*438*

ネオリベラリズム（新自由主義）の市
　場優先型（自由市場）モデル
　313
ネル　*322, 509*
ネルケン　*136*

ノーティス・プリーディング　*643*
ノモス・ゲオルギコス　*420*
ノモスの地理学　*259, 311*
ノルウェー新民事訴訟法典　*646*
ノルマン・コンクェスト　*356*

は　行

パーマー　*99*
バーマン　*195*
バーマン『法と革命——西洋法伝統の
　形成』　*650*
ハーモナイゼーション　*93, 105,*
　250, 322, 470, 487, 503, 504, 597,
　606, 613, 626, 631, 634, 641, 654,
　657
ハーモナイゼーションないし近接化

　469
バイイ　*331, 362*
ハイエク　*301*
排除効・失権　*564, 575*
陪審　*161, 162, 338, 350, 356, 378,*
　381, 382, 409, 410, 411, 412, 415,
　449, 455, 458, 469, 470, 598, 600,
　620, 628, 630, 632, 633, 634, 636,
　638, 654
陪審査問（attaint）　*359, 409*
陪審審理法　*445*
陪審と通常の証人　*358*
陪審の起源　*357*
陪審の評決　*357*
陪審モデル　*627, 629*
破毀　*401, 431, 442*
破毀院　*535*
バシリカ法典　*419, 420, 443*
パス　*267*
バックランド/マックネア　*204*
罰則付召喚令状（writs of subpoena）
　379, 414
パトロネージ　*217, 219*
ハノーヴァー王国民事訴訟法典
　435, 489
バビロニア法　*191*
ハムザ　*194, 226*
林屋礼二『西欧における民事裁判の発
　達と展開——西欧大陸民事訴訟法史
　概』　*323*
パラダイム　*54, 68, 292, 297*
パリ会議　*245*
パリ最高法院（パルルマン）　*330,*
　331, 361, 367, 362, 458, 534, 618
バルカン諸国　*421, 443*
バルドゥス　*346*

ハンガリー　　*382, 459*

判決起案裁判官　　*529*

判決権限付与（condemnato）　　*516*

判決債務履行請求訴訟（actio iudicati）
　　516

判決に対する不服申立て　　*545*

判決の既判力　　*583*

判決非難（Urteilschelte）　　*392*

判決への強制的理由付記　　*430*

判決理由　　*524, 533, 534, 545*

半証明　　*346*

反訴　　*501*

反対尋問　　*416*

パンデクテンの現代的慣用　　*482*

ハンドレッド（hundreds）　　*381*

比較（com-paring）　　*51, 477*

比較可能性　　*247*

比較言語学　　*70, 74, 189, 232, 282,
312*

比較史　　*478, 479*

比較主義（comparativism）　　*69,
230, 280, 312*

比較訴訟法　　*503, 640*

比較訴訟法の独自性　　*640*

比較の第3項（tertium comparationis）
　　246

比較法学雑誌（Zeitschrift für
vergleichende Rechtswissenschaft）
　　75

比較法研究・比較法学（comparative
legal studies）　　*93, 100*

比較法研究への数量的アプローチ
　　309

比較法国際エンサイクロペディア
　　323

比較法史　　*73, 181, 287, 510, 626*

比較法と経済学　　*76, 305, 306, 314,
316*

比較法と法史学（法制史）　　*472*

比較法と法史学の学際的協働　　*322*

比較法と歴史学の相互援助　　*312*

比較法における国家中心的バイアス
　　171

比較法による開かれた訴訟法学
　　614

比較法による理論構成（comparative
reasoning）　　*71*

比較法の孤立　　*30*

比較法の思想　　*175*

比較法の実務的目的　　*660*

比較法の方法　　*67*

比較法の理論的目的（学問的効用）
　　660

比較法文化論　　*37*

比較方法　　*71, 181, 474*

比較民事訴訟法　　*322, 507, 644,
658*

比較民事訴訟法史　　*472, 486*

比較民法概論　　*269*

比較立法学　　*110, 112*

比較立法協会　　*244*

引受訴訟令状（assummpsit）　　*355*

非公開主義　　*426*

非公式の法　　*67*

ピゴー（Pigeau）　　*399*

被告第二訴答（rejoinder）　　*359*

非国家的共同体　　*134*

非国家的裁判所　　*136*

非国家法　　*4, 44, 111*

ビザンティン帝国　　*419, 426, 462*

非訟裁判権　　*338*

索 引　685

非常上訴　*401*

非西欧法伝統　*67*

卑俗慣習法　*333*

必要的宣誓　*513, 523, 533*

否認宣誓（oath of denial）　*375*

批判的比較法　*95*

秘密審問（secret inquest）の廃止
　430

ビューロー　*557*

評決　*458*

費用に関するアメリカン・ルール
　644

ピョートル大帝　*426, 441, 442*

非連続モデル　*284*

ピレンヌ　*480*

ヒンドゥー法　*18*

ファクト・プリーディング　*454*

フィーヴェクのトピーク論　*652*

フィールド法典　*454, 492, 500,*
　501

フーコー　*196*

フェリペ法典　*404*

フォイエルバッハ　*72*

フォーム・クリティシズム　*228*

フォルマント　*227, 235, 237, 238,*
　239, 243, 322

フォン・バール委員会　*482*

深いレヴェルの比較研究　*94, 176*

複雑な混合　*95, 97, 100, 176*

福祉国家　*490, 568, 589, 593, 595,*
　622, 637

フサ　*2, 84, 173, 255*

不上訴特権　*396*

附帯請求事項　*537, 539, 553*

普通（共通）フランス民事訴訟法
　397

普通訴訟（gemeiner Prozess）　*392,*
　403, 432, 530, 561

普通法　*5, 40, 153, 329, 371, 402,*
　435, 528, 608

ブッサーニ　*54, 60*

不動産占有回復令状（writs of entry）
　387

不服申立て　*553, 566*

普遍言語　*108*

普遍主義　*9, 174*

普遍的法思想　*290*

普遍的法思想のグローバル化　*313*

普遍法　*42, 85, 91, 92, 98, 100,*
　103, 108, 147, 148, 149, 150, 151,
　154, 155, 156, 175, 176, 187, 322,
　663

普遍法史　*72, 281*

普遍法としてのサラマンカ学派
　152

普遍法論　*86, 166*

プライヴァシー権　*637*

ブラクトン　*332, 351, 355, 481*

ブラジル　*447*

ブラックストーン　*158*

プラトン的歴史主義　*304, 314*

ブラン・タブ　*63, 67, 79, 119, 120,*
　121, 123, 126, 140, 152

フランケンベルク　*253*

フランス　*429, 458, 460, 463*

フランス訴訟の書面性　*536*

フランス破棄院　*275*

フランス民事訴訟法典　*398, 434,*
　436, 468, 487, 500, 510, 534, 536,
　561, 562, 594, 622

フランス民法典　*291*

不濫訴宣誓（calumny oath）
（iusiuramentum） *342, 369, 395,*
513, 521
プリーディング *350, 412, 492,*
501, 621
フリードマン *137, 277*
フリードリヒ大王のプロイセン裁判所
法 *599*
フリードリヒ法大全（Corpus Juris
Friedricianum） *433, 528, 593*
プリトライアル *598, 628, 638*
プリトライアル・ディスカヴァリ
503, 600, 628, 632
プリトライアルにおける準備的事案解
明 *621*
プリングスハイム *360*
ブルガリア *421, 422, 443*
不連続性モデル（Discontinuity
model） *186, 191, 200, 204, 225,*
287, 288, 289
プロイセン一般裁判所法（AGO）
434, 528, 622
プロイセン訴訟法典 *510, 534,*
593
プロケイロン法典 *420*
プロズブル *142*
プロズブルによる革新 *145*
文化多元主義 *183*
文化的コンテクスト *267*
文化としての法（law-as culture）
94, 98
文書化の原則 *392*
文書の検真 *553*
文書の交換を伴う答弁 *619*
紛争類型に応じたフレキシビリティ
646

分類学的本質主義 *69, 70, 72*

平和共存 *46*
ヘーゲル *53*
ヘクサビブロス *420, 422, 423*
pesquisa（調査・取調べ） *370*
ヘッケ *256*
ベル *78*
ベルギー（Belgian） *405*
ベルギーの裁判法典 *491*
ヘレニズム *203, 207, 210, 218,*
225
ベロ（Bellot） *437, 549, 594*
ベロ法典 *489*
弁護士強制 *430, 434, 439, 565,*
585
ヘンリー2世 *458, 479, 483*
弁論主義 *339, 426, 429, 433, 439,*
442, 502, 524, 526, 556, 561, 565,
569, 591, 592, 599
弁論調書 *577*
弁論と証拠調べの直接性原則 *572,*
595
弁論の一体性の原則 *590*
弁論能力 *513, 519*
弁論の公開性・口頭性 *429*
弁論の準備手続（instruction préalable
à la plaidoirie） *550*
弁論の直接性 *530, 590*

法/非法の二元的コード *129, 136*
法移植 *96, 100, 225, 227, 234,*
241, 277, 296, 301, 315, 483, 484
法一元主義（legal monism） *102,*
111
法改革のための国家立法（制定法）の

索　引　*687*

積極的活用　*300*

法学提要（Institutiones）　*22, 419*

法観念　*292*

法技術と法概念の類似性　*269*

防禦権の保障　*527*

法言語　*24*

封建土地法　*483*

報告担当裁判官（rapporteur）　*544*

法史学　*315, 659, 663*

法史学と比較法学の協働　*663*

法史学と比較民事訴訟法　*508*

方式書訴訟　*214, 322, 497, 510, 511, 620, 616*

法実証主義　*19, 46, 62, 68, 77, 95, 175, 176, 228*

法人類学　*109, 110, 112*

法曹学院（Inns of Court）　*160, 235, 336*

法創造エリート　*197, 242, 310*

法族　*50, 241, 259, 298, 311, 503*

法族論　*268, 307, 472, 645, 663*

法族論と地政学的背景との並行関係　*270*

法族論におけるイデオロギー的要素　*311*

法多元主義　*4, 8, 18, 20, 21, 92, 94, 95, 96, 97, 100, 102, 105, 106, 108, 111, 115, 128, 139, 146, 176, 310, 314*

法単一主義　*103*

法治国家　*79*

法中心主義（legal centralism）　*20*

法廷召喚（in ius vocatio）　*512*

法定証拠理論　*342, 343, 346, 368, 429*

法定序列主義　*519, 530*

法的一元論　*104*

法的感性　*120*

法的起源（legal origins）　*227, 234, 241, 275, 308*

法的起源説（legal origins thesis）　*651*

法的グローバリゼーション　*7, 20, 21, 23, 26*

法的コスモポリタニズム　*16, 26, 147, 173*

法的審問請求権の原則　*551*

法的多様性　*310*

法的地理学　*259*

法的ディスコース　*237, 238, 300*

法的ナショナリズム　*68, 77*

法的比較主義・比較法思想（legal comparativism）　*68, 77, 232*

法的フォルマント　*182, 227, 234, 236, 315, 316, 663*

法的歴史主義　*187, 231, 280*

法典化　*235, 329, 438, 481, 487, 500*

法典化・近代化・統一化　*438*

法典化の必要性　*407*

法伝統　*37, 90, 113, 135, 137, 139, 147, 148, 149, 154, 157, 166, 175, 176, 243, 287, 322, 663*

法伝統と革新（innovation）　*137*

法伝統としての法システム　*127*

法伝統の区分　*80*

法統一運動　*456*

法と開発　*11, 12*

『法と革命——西欧法伝統の形成』　*195*

法と金融　*274, 276, 307, 311, 314, 316*

法とグローバリゼーション　*3*

法と経済学　*297, 659*

法と言語　*109*

法と国民性（国民のアイデンティティ）　*483*

法と政治のグローバル言語　*155, 156*

法における「他者性」　*72*

法における過去性（past）　*113*

法における持続可能な多様性　*136, 146*

法における多様性　*20, 66*

法の改革と比較法　*302*

法の経済分析　*300, 313*

法の支配　*10, 12, 26, 82, 280*

法の借用・法理念の伝播　*197*

法の自律性　*197, 268*

法の脱構築　*237*

法の統一　*438*

法の担い手　*239*

法のハーモナイゼーション　*9*

法の民主主義的正統性　*637*

法文化　*7, 37, 94, 97, 105, 116, 117, 236, 241, 267, 277, 301, 496, 627, 629*

法文化の異別化・エキゾティック化　*278*

方法論的多元主義（methodological pluralism）　*21, 27, 31, 77, 176, 249, 663*

法務官　*201, 511*

法様式　*261*

法律上の推定と事実上の推定　*541*

法律訴訟（Legisaktionsprozess）　*616*

法律大全（Svod Zakonov）　*442*

法領域における宗教思想の重要性　*651*

ホウルズワース（Holdsworth）　*377*

方例（style）　*407*

法令全集（Polnoe Sobranie Zakonov）　*442*

ポーランド　*385, 441, 460, 465*

北欧比較法学　*28*

北部慣習法地域　*366*

補助官　*528, 529, 531, 532, 593*

補助裁判官（muster）　*621*

補助宣誓　*395*

ポスト・コロニアル研究　*298*

ポスト社会主義諸国における法改革プログラム　*12*

ポピュリズム　*57, 170*

ボヘミア王国　*383, 459*

ポルトガル　*403, 404, 446*

ホワイト　*186*

本案の弁論前の準備（mise en état）　*539*

本案判決　*543*

本案弁論モデル　*625, 626, 627, 629, 634, 635, 636, 640, 660*

本人出頭　*542*

翻訳　*108*

ま　行

マウラー　*443*

マクネア　*499*

マクロの比較　*50, 78, 84*

マクロの比較法史　*331*

マケドニア　*211*

魔術からの解放　*305*

魔術性と外来性　*286*

マリーヌ大評議会（最高法院）　*405*

マレー／シュテュルナー『ドイツの民
　事司法』　*639*

ミクロの比較　*78, 84, 248*

ミクロの比較とマクロの比較の相互作
　用　*91*

ミシュナ　*141*

水野浩二「西洋中世における訴権の訴
　訟上の意義」　*323*

ミッタイス　*193, 284*

ミヘールズ　*301*

『未来のために（Pro futuro）』　*569*

民事王令（edits civilis）　*398, 399,*
　549

民事王令（Ordonnance civile. ルイ法
　典）（1667年）　*534*

民事関係アサイズ裁判所（the Assizes,
　Civil Side）　*451*

民事事件における職責（officium
　judicis）　*400*

民事上級裁判所（Court of Session）
　415, 446

民事訴訟規則　*620, 656*

民事訴訟における裁判所の事件管理と
　効率　*486*

民事訴訟における秘匿特権　*637*

民事訴訟におけるヨーロッパ的伝統
　487

民事訴訟の指導原理　*536*

民事訴訟の社会的機能　*490*

民事訴訟の収束　*503*

民事訴訟のハーモナイゼーション
　658, 660

民事訴訟の法典化　*659*

『民事訴訟法原理』（Principi di diritto

processuale civile）　*560*

民事訴訟法典（Côdigo de Processo
　Civil）　*404, 436*

民事訴訟法典（1806年）　*430*

民事訴訟法典（1877年）　*435*

民事訴訟法典（1895年）　*439*

民事訴訟法典の国際的影響（1806年）
　431

民事訴訟法の構成的・概念的学問化
　554, 557, 594

民事陪審　*387, 388, 445, 451, 503*

民族学的法律学　*75, 76*

無意識のイデオロギー　*263, 311*

ムーラン（Moulins）王令　*366,*
　397, 398

メイトランド　*160, 162*

メーン（Maine）　*73, 244*

滅却的抗弁　*343, 521*

メンスキー　*19, 27, 81*

メンタリティ　*481, 652*

申立て（conclusions）　*538*

申立事項　*565*

申立書（petition）　*362, 378*

モスクワ大公国　*425*

モダニゼーションの進展　*479*

モテュルスキー　*505*

モデル法　*469, 607, 610, 630, 631,*
　663

モデル法典（ソフト・ロー）を通じた
　ハーモナイゼーション　*649*

モナテリ　*181, 240*

モンティル・レ・トゥールの王令
　367

問答（口頭）契約（stipulatio）　205

や　行

約束宣誓（promissory oath）　345

ユーゴスラビア　444
宥和への希望　118, 127, 176
ユス・コムーネ　86, 92, 157, 159,
　162, 163, 329, 385, 388, 480, 481,
　482, 486, 496, 497, 498, 527, 592
ユスティニアヌスの訴権　521
ユスティニアヌス法典　5, 216, 222,
　234, 333, 336, 419, 510
ユダヤ法　202
ユニドロワ・プロジェクト　482

様式（style）　117, 228, 271, 311
要点判決（appointment）　363, 399,
　618
ヨーゼフ2世　438
ヨーゼフ2世の司法改革　406
ヨーロッパ（大陸）民事訴訟法史学史
　509
ヨーロッパ議会および評議会の民事お
　よび商事事件における調停
　（mediation）の若干の局面に関する
　指令　649
ヨーロッパ共通訴訟法の基本方針
　613
ヨーロッパ共通の訴訟物概念　612
ヨーロッパ共同体　607
ヨーロッパ契約法原則　482
ヨーロッパ司法裁判所　104
ヨーロッパ司法裁判所（European
　Court of Justice）の判例　650
ヨーロッパ証拠法　471

ヨーロッパ人権裁判所　104, 488
ヨーロッパ人権条約　488, 650
ヨーロッパ訴訟文化　614
ヨーロッパ訴訟法学　612
ヨーロッパ訴訟法史　615
ヨーロッパ大陸法族　260
『ヨーロッパ大陸民事訴訟概史』
　509
ヨーロッパ大陸民事訴訟法とイングラ
　ンド民事訴訟法との収束　501
ヨーロッパにおける法の統一　606
ヨーロッパにおける民事訴訟法のハー
　モナイゼーション　488
ヨーロッパの自民族中心主義　61
ヨーロッパ比較民事訴訟法思想史
　487
ヨーロッパ不法行為原則　87
ヨーロッパ法　233, 484
ヨーロッパ法史　428, 661
ヨーロッパ法伝統　222
ヨーロッパ法の統一　480
ヨーロッパ法律協会（European Law
　Institute）　101
ヨーロッパ民事訴訟の歴史　323,
　325
ヨーロッパ民事訴訟法　602
ヨーロッパ民事訴訟法学　322, 331,
　332, 455, 479, 493, 495, 508,
　509, 595, 611, 613, 640, 659, 660
ヨーロッパ民事訴訟法研究　470
ヨーロッパ民事訴訟法史の理解可能性
　663
ヨーロッパ民事訴訟法の現代史
　467, 645, 660, 663
ヨーロッパ民事訴訟法のコモン・コア
　507

良き理性の法（Lei da Boa Razão）　*404*

予審判事（juge d'instruction）　*622*

予審部（Chambre des Enquêtes）　*363*

呼出し　*520*

呼出状（summons）　*342*

ら　行

ラ・ポルタ　*307*

ラーベル　*245*

ライマン　*315*

ラデン　*83*

Lapouge　*284*

ラングデル　*292*

ラングバイン　*654*

ランドー委員会　*482*

ランベール　*245*

リーガリティ（legalities）　*3, 10*

リーガル・プロセス・アプローチ　*286*

リーガル・プロフェッション　*4, 90, 227, 238*

リーガル・マインドのグローバリゼーション　*22, 27*

リーガル・リアリズム　*238*

理解可能な（intelligible）研究分野　*457, 467*

理解可能な学問分野としてのヨーロッパ民事訴訟法史　*597*

リステートメント　*483*

立憲的（憲法的）普及主義　*15*

立証項目　*439*

立証資料（proof material）の自由評価　*445*

リバタリアン的批判　*297*

理論的・認識論的グローバル法　*8*

類似性の推定（praesumptio similitudinis）　*247*

類似点と相違点　*95, 250, 259*

ルイ14世　*361*

ルースカヤ・プラウダ　*424*

ルーマニア　*421, 423, 443*

ルーマン　*52, 132, 136*

ルグラン（Legrand）　*252, 255, 247, 277, 301, 481, 652*

ルスコラ　*13*

令状（writ, royal writ）　*161, 338, 350, 353, 354, 355, 377, 387, 410, 458, 619, 620*

令状登記簿　*388*

冷戦　*270*

Revillout　*284*

レー　*467, 485, 641, 660*

レー『ヨーロッパ大陸民事訴訟法概史』　*323*

レオンハルト　*435, 562*

歴史家の役割　*476*

歴史主義　*312*

歴史主義の貧困　*303*

歴史的比較法　*602*

歴史法学　*43*

歴史法学派　*555*

レスタ　*67*

連続期日訴訟モデル　*627, 629, 640*

連続モデル　*186, 196, 200, 204, 225, 284, 288, 289*

連邦民事訴訟規則（1937年）　*454*

ロー・スクール　*234*

ロー・ファーム　*637*

ロー・フレンチ　*350*

ローカル・ナレッジ　*111, 120*

ローマ＝カノン証拠法　*471*

ローマ＝カノン上訴制度　*367*

ローマ＝カノン訴訟（学識訴訟）
*322, 327, 330, 332, 338, 339, 340,
341, 342, 344, 347, 348, 365, 366,
368, 369, 373, 376, 380, 381, 382,
383, 385, 386, 390, 397, 404, 413,
415, 416, 419, 428, 437, 441, 456,
457, 460, 467, 470, 486, 492, 498,
499, 501, 510, 517, 518, 520, 526,
592, 618, 622, 626, 636, 659*

ローマ＝カノン訴訟の継受　*375,
458, 479, 498, 659*

ローマ＝カノン訴訟の証拠方法
344

ローマ＝カノン法学　*374*

ローマ＝ゲルマン訴訟　*391, 396*

ローマ＝ゲルマン法上の訴点決定手続
413

ローマ＝ゲルマン法族　*271, 398,
480*

ローマ契約法の原始性　*206*

ローマ市民権　*220*

ローマ市民法（jus civile）　*215*

ローマ訴訟手続の二段階構造　*616*

ローマ的思考モデルとゲルマン的思考
モデル　*598*

ローマの裁判機構　*286*

ローマの非凡さ　*279*

ローマの法律訴訟　*213*

ローマの本源主義（originalism）と再
生能力　*284*

ローマ法　*183, 184, 186, 199, 267,
279, 281, 329, 332, 336, 338, 375,
386, 406, 415, 445, 483*

ローマ法系オランダ法（Roman-Dutch
Law）　*390, 405*

ローマ法崇拝　*312*

ローマ法大全（Corpus Iuris Civilis）
329, 335, 340, 342, 419

ローマ法のグローバリゼーション
5

ローマ法のグローバル化　*201*

ローマ法の継受　*159, 234, 371,
384, 388, 437*

ローマ法の再生（renewal）　*200,
289*

ローマ法の裁判機構　*213*

ローマ法の至高性　*224, 226, 315*

ローマ法の崇拝　*187*

ローマ法の独自性（uniqueness）
188, 190, 194, 232

ローマ法の独創性というイデオロギー
312

ローマ法の卑俗化（vulgarization）
221

ローマ法の本源主義　*239*

ロシア　*262, 462, 465*

ロシア共和国民事訴訟法典　*443*

ロシア社会主義連邦共和国新民事訴訟
法典　*443*

ロスバッハ　*188, 282*

ロマン主義理論　*282*

ロマン的手続構造　*623*

ロマン法圏　*270, 624, 626, 634*

ロマン法圏とドイツ法圏　*311*

ロマン法圏の訴訟法　*617*

わ　行

和解　*621, 628*

ワシントン・コンセンサス

（Washington Consensus）　*11*

ワッハ　*557*

ワッハの権利保護請求権理論　*559*

ワトソン『法移植論』　*197, 301*

〈著者略歴〉

貝瀬幸雄（かいせ・ゆきお）

1958年　山梨県に生まれる
1981年　東京大学法学部卒業
1984年　東京大学大学院法学研究科修士課程修了（法学修士）
1984年　東京大学法学部助手
1987年　法政大学法学部助教授
1991年　名古屋大学法学部助教授
1995年　名古屋大学法学部教授
2000年　東北大学法学部教授
2004年　東北大学法科大学院教授
2007年　立教大学法務研究科（法科大学院）教授
2021年　立教大学法学部教授
2023年　立教大学法学部特別専任教授
2024年　東北大学名誉教授

主要著書
『国際倒産法序説』（東京大学出版会、1989年）、『国際化社会の民事訴訟』
（信山社、1993年）、『比較訴訟法学の精神』（信山社、1996年）、『国際倒産
法と比較法』（有斐閣、2003年）、『普遍比較法学の復権』（信山社、2008年）、
『比較法学入門』（日本評論社、2019年）、『現代アメリカ比較法学の行方』
（日本評論社、2022年）

比較法の作法──思想と方法

2025年3月31日　初版第1刷発行

著　者	貝瀬　幸雄	

発行所　**立教大学出版会**

〒171-8501
東京都豊島区西池袋3丁目34-1
電話（03）3985-4955
email rikkyo-press@rikkyo.ac.jp

RIKKYO
UNIVERSITY PRESS

発売所　**丸善雄松堂株式会社**

〒104-0033
東京都中央区新川1丁目28-23

編集・制作　丸善プラネット株式会社
組版　株式会社明昌堂　印刷・製本　大日本印刷株式会社
©2025, Kaise Yukio, Printed in Japan
ISBN　978-4-901988-40-7　C3032

JCOPY ＜出版者著作権管理機構 委託出版物＞

本書（誌）の無断複製は著作権法上での例外を除き禁じられています。複製される場
合は、そのつど事前に、出版者著作権管理機構（電話03-5244-5088、FAX 03-5244-
5089、e-mail: info@jcopy.or.jp）の許諾を得てください。